Identitätsdiebstahl und Identitätsmissbrauch im Internet

Georg Borges · Jörg Schwenk
Carl-Friedrich Stuckenberg · Christoph Wegener

Identitätsdiebstahl und Identitätsmissbrauch im Internet

Rechtliche und technische Aspekte

Professor Dr. Georg Borges
Ruhr-Universität Bochum
Lehrstuhl für Bürgerliches Recht,
deutsches und internationales
Wirtschaftsrecht, insb. IT-Recht
Universitätsstr. 150
44801 Bochum
Deutschland
georg.borges@rub.de

Professor Dr. Carl-Friedrich Stuckenberg
Universität des Saarlandes
Lehrstuhl für Strafrecht, Strafprozessrecht pp.
Campus
Gebäude C3.1 Zi. 114
66123 Saarbrücken
Deutschland
c.stuckenberg@mx.uni-saarland.de

Professor Dr. Jörg Schwenk
Dr. Christoph Wegener
Lehrstuhl für Netz- und Datensicherheit
Universitätsstr. 150
44801 Bochum
Deutschland
joerg.schwenk@rub.de
christoph.wegener@rub.de

ISBN 978-3-642-15832-2   e-ISBN 978-3-642-15833-9
DOI 10.1007/978-3-642-15833-9
Springer Heidelberg Dordrecht London New York

Die Deutsche Nationalbibliothek verzeichnet diese Publikation in der Deutschen Nationalbibliografie; detaillierte bibliografische Daten sind im Internet über http://dnb.d-nb.de abrufbar.

© Springer-Verlag Berlin Heidelberg 2011
Dieses Werk ist urheberrechtlich geschützt. Die dadurch begründeten Rechte, insbesondere die der Übersetzung, des Nachdrucks, des Vortrags, der Entnahme von Abbildungen und Tabellen, der Funksendung, der Mikroverfilmung oder der Vervielfältigung auf anderen Wegen und der Speicherung in Datenverarbeitungsanlagen, bleiben, auch bei nur auszugsweiser Verwertung, vorbehalten. Eine Vervielfältigung dieses Werkes oder von Teilen dieses Werkes ist auch im Einzelfall nur in den Grenzen der gesetzlichen Bestimmungen des Urheberrechtsgesetzes der Bundesrepublik Deutschland vom 9. September 1965 in der jeweils geltenden Fassung zulässig. Sie ist grundsätzlich vergütungspflichtig. Zuwiderhandlungen unterliegen den Strafbestimmungen des Urheberrechtsgesetzes.
Die Wiedergabe von Gebrauchsnamen, Handelsnamen, Warenbezeichnungen usw. in diesem Werk berechtigt auch ohne besondere Kennzeichnung nicht zu der Annahme, dass solche Namen im Sinne der Warenzeichen- und Markenschutz-Gesetzgebung als frei zu betrachten wären und daher von jedermann benutzt werden dürften.

Einbandentwurf: WMXDesign GmbH, Heidelberg

Gedruckt auf säurefreiem Papier

Springer ist Teil der Fachverlagsgruppe Springer Science+Business Media (www.springer.com)

Vorwort

Die vorliegende Studie wurde vom Bundesministerium des Innern finanziert und entstand 2009 im Auftrag des Bundesamts für Sicherheit in der Informationstechnik. Identitätsdiebstahl und Identitätsmissbrauch im Internet sind eine ernst zu nehmende Bedrohung der Rechtssicherheit in der elektronischen Kommunikation. Unzulässige Kopien und Sammlungen personenbezogener Daten von Internetnutzern füllen in den letzten Jahren in Form zahlreicher, teils sehr gravierender sogenannter Datenschutzpannen die Tagespresse. Täter verfügen über riesige Sammlungen persönlicher Daten, mit denen reger Handel betrieben wird.

Identitätsmissbrauch im Internet ist in Deutschland seit 2004 unter dem Gesichtspunkt des Phishing im Onlinebanking bekannt geworden. Allein im Onlinebanking wurden seitdem weltweit Schäden in Milliardenhöhe verursacht. Die Angriffe werden sowohl in der technischen Ausführung als auch in den Angriffszielen professioneller. Ein Ende dieser Entwicklung ist nicht abzusehen.

Identitätsdiebstahl und Identitätsmissbrauch wurden bisher nur in einzelnen Aspekten untersucht. Eine systematische Analyse der gesamten von den Tätern eingesetzten Angriffsmethoden fehlt bisher, sodass auch keine verlässlichen Prognosen zur weiteren Entwicklung dieser Kriminalitätsform abgegeben werden können. Ebenso fehlte es an einer umfassenden Untersuchung der straf- und zivilrechtlichen Bewertung der Angriffe und ihrer Folgen.

Die vorliegende Studie untersucht Identitätsdiebstahl und Identitätsmissbrauch aus technischer und rechtlicher Perspektive und leitet hieraus Handlungsempfehlungen ab.

Schwerpunkte der Studie liegen auf der systematischen Darstellung gegenwärtiger Angriffe (Kap. 2) und der künftigen Entwicklung von Angriffen (Kap. 3), der Bedeutung des neuen Personalausweises und des damit ermöglichten elektronischen Identitätsnachweises für die Bekämpfung von Identitätsmissbrauch (Kap. 4), der Strafbarkeit und Strafverfolgung von Tätern sowie der Haftung für Identitätsmissbrauch (Kap. 5).

Die Untersuchung vergleicht die Situation in Deutschland mit anderen Staaten (Kap. 6) und fasst Handlungsempfehlungen zusammen (Kap. 7).

Die Autoren haben das Werk als interdisziplinäre Studie aus technischer und rechtlicher Sicht verfasst. Die technischen Ausführungen verantworten die Autoren

Schwenk und Wegener, die rechtlichen Ausführungen die Autoren Borges (Zivilrecht) und Stuckenberg (Strafrecht). Das einleitende Grundlagenkapitel sowie die Empfehlungen verantworten alle Autoren gemeinsam.

Das Manuskript ist auf dem Stand November 2009. Vereinzelt konnten spätere Veröffentlichungen berücksichtigt werden. Hinsichtlich der Veröffentlichung des Werkes als Buch haben die Autoren für wertvolle Unterstützung seitens der jeweiligen Lehrstühle zu danken. Der Dank gilt dem Team des Lehrstuhls Borges, das die Manuskripte zusammenführte, vor allem Herrn Rechtsanwalt Stefan Preußner und Frau Alla Hajut, sowie am Lehrstuhl Schwenk insbesondere Herrn Dominik Birk, der einen Teil der Recherche übernommen hat.

Bochum/Saarbrücken
im August 2010

Georg Borges
Jörg Schwenk
Carl-Friedrich Stuckenberg
Christoph Wegener

Inhalt

1 Grundlagen 1
   I. Begriff der Identität 1
      1. Divergierende Begriffe der Identität 1
      2. Begriff der Identität im rechtlichen Sinne 3
      3. Identitätsbegriff der Studie 4
      4. Begriff der Identität im technischen Sinne 5
   II. Identitätsmissbrauch und Identitätsdiebstahl 9
      1. Der Begriff des Identitätsmissbrauchs 9
      2. Der Begriff des Identitätsdiebstahls 10
      3. Schutz von Identitäten (Überblick) 11
   III. Fallgruppen des Identitätsdiebstahls und -missbrauchs ... 12
      1. Identitätsdiebstahl und -missbrauch ohne
         IT-Bezug (Überblick) 12
      2. Identitätsdiebstahl und -missbrauch mit
         IT-Bezug (Überblick) 14
   IV. Ähnliche Phänomene 15

2 Strukturen von Identitätsdiebstahl und -missbrauch unter Einsatz von Informationstechnologie 17
   I. Vortäuschung einer technisch nicht geschützten
     Identität (Spoofing) 17
   II. Diebstahl von durch Wissen geschützten Identitätsdaten ... 25
      1. Benutzername/Passwort, PIN 25
      2. TAN 27
      3. iTAN 28
   III. Man-in-the-Middle-Angriffe gegen den Nachweis einer
      Identität durch Besitz 29
      1. Hardwaretoken 30
      2. One-Time Passwords (OTP)/elektronische TANs (eTAN) ... 35
      3. eTAN+ 35
      4. mTAN 36
      5. HBCI/FinTS 37

	6.	FinTS+/Secoder	38
	7.	(Qualifizierte) elektronische Signaturen	38
	8.	SSL Clientzertifikate	39
IV.	Weitere Methoden zum Nachweis einer Identität		40
	1.	Biometrie	40
	2.	CAPTCHAs	43
V.	Man-in-the-Middle-Angriffe		48
	1.	Man-in-the-Middle im Internet	48
	2.	Man-in-the-Middle im PC	50
VI.	Standardsicherheitsmaßnahmen		56
	1.	Antivirenprogramme	57
	2.	Personal Firewall	60
	3.	Firefox-Add-Ons	62
	4.	Weitere Standardsicherheitsmaßnahmen	67

3 Künftige Entwicklung von Identitätsmissbrauch und Identitätsdiebstahl ... 71

I.	Prognose: Angriffsszenarien		71
	1.	Business Cases zukünftiger Angreifer	71
	2.	Umgehung von Standardsicherheitsmaßnahmen	73
	3.	Umgehung spezieller softwarebasierter Schutzmechanismen	82
	4.	Umgehung spezieller hardwarebasierter Schutzmechanismen (Chipkarten, HSM)	83
	5.	Umgehung von Sicherheitsmechanismen auf Serverseite	84
	6.	Netzwerkbasierte Angriffe	87
	7.	Klassische Malware: neue Trends	92
	8.	Social Engineering	96
	9.	Malware + JavaScript, Web 2.0-Angriffe	101
	10.	Google-Hacking	107
II.	Prognosen: Zielplattformen		111
	1.	Zielplattformen	111
	2.	Neue Computing-Paradigmen: Browsertechnologien	123
	3.	Neue Computing-Paradigmen: Servertechnologien	126
	4.	Neue Computing-Paradigmen: Kommunikationstechnologien	128
	5.	Neue Computing-Paradigmen: Web 2.0 und SaaS	135
	6.	Neue Computing-Paradigmen: Webservices, SOAP und Cloud Computing	138
	7.	Neue Computing-Paradigmen: Single-Sign-On	141
	8.	Neue Computing-Paradigmen: neue Schutzmaßnahmen	144
	9.	Kombination mehrerer Angriffstechniken	145

4 Identitätsdiebstahl und neuer Personalausweis ... 151

I.	Einführung		151
	1.	Der elektronische Identitätsnachweis	151

		2.	Einsatzbereiche des elektronischen Identitätsnachweises	153
	II.	Technische Rahmenbedingungen		154
		1.	Bestandteile des Neuer-Personalausweis-Gesamtsystems	157
		2.	Beschreibung der Anwendungsmöglichkeiten des neuen Personalausweises	158
		3.	Beschreibung der Protokolle des neuen Personalausweises	164
		4.	Art des Chipkartenlesers	170
		5.	Kombination der einzelnen kryptografischen Protokolle (für Webanwendungen: SSL)	172
		6.	Klassifikation der Dienste auf Basis des neuen Personalausweises	174
	III.	Rechtliche Rahmenbedingungen des neuen Personalausweises		176
		1.	Überblick	176
		2.	Das Personalausweisgesetz	176
		3.	Gesetzliche Regeln zum Einsatz des Personalausweises	179
		4.	AGB mit Bezugnahme auf den Personalausweis	185
		5.	Ergebnis: Die Bedeutung des Personalausweises als Identitätsnachweis	188
	IV.	Verhinderung von Identitätsdiebstahl und -missbrauch durch Einsatz des neuen Personalausweises		190
		1.	Realistische Ziele	191
		2.	Mögliche Ziele	192

5 Rechtsfragen des Identitätsmissbrauchs 195

	I.	Überblick		195
		1.	Strafrechtliche Aspekte	195
		2.	Zivilrechtliche Aspekte	198
	II.	Gesetzliche Rahmenbedingungen		200
		1.	Grundrechtsschutz	200
		2.	Datenschutzrecht	203
		3.	Strafrecht	207
		4.	Zivilrecht	211
	III.	Aktuelle Geschäftsbedingungen		213
		1.	Regeln zum Identitätsmissbrauch in AGB	214
		2.	Risikoverteilung und Haftungsregeln in AGB	229
	IV.	Strafbarkeit de lege lata		233
		1.	Strafbarkeit des Erlangens der fremden Identität (Identitätsdiebstahl)	233
		2.	Strafbarkeit des Verwendens der fremden Identität (Identitätsmissbrauch)	244
		3.	Probleme der Rechtsanwendung	252
	V.	Risikotragung bei Identitätsmissbrauch		253
		1.	Risikoverteilung im Onlinebanking	254
		2.	Risikoverteilung bei Handelsplattformen	264
		3.	Ergebnis und Ausblick	268

VI.	Verkehrspflichten im Internet	269
	1. Verkehrspflichten der Anbieter	270
	2. Verkehrspflichten der Internetnutzer	272
VII.	Verhaltenspflichten und Haftung der Identitätsinhaber	275
	1. Grundlagen der Haftung	275
	2. Verhaltenspflichten des Identitätsinhabers in Fallgruppen	281
	3. Haftung für Pflichtverletzungen	290
	4. Haftungsbeschränkungen	292
VIII.	Verhaltenspflichten und Haftung der Anbieter	294
	1. Überblick	294
	2. Verhaltenspflichten im Onlinebanking	295
	3. Verhaltenspflichten in anderen Feldern	297
IX.	Zivilrechtliche Beweisfragen	299
	1. Überblick	299
	2. Der Beweis der Urheberschaft im gerichtlichen Verfahren	300
	3. Der Anscheinsbeweis für die Urheberschaft elektronisch übermittelter Erklärungen	303

6 Deutschland im internationalen Vergleich ... 317

I.	Technische Rahmenbedingungen in anderen Staaten (Überblick)	318
	1. Im Onlinebanking (eTAN+, FinTS/HBCI, Secoder, mTAN)	318
	2. In ausgewählten anderen Diensten	319
II.	Überblick zu Angriffs- und Schadensszenarien	320
	1. Vergleich der Angriffsszenarien im Bereich Onlinebanking: transaktions- vs. kontobezogene Sicherheitsmechanismen	323
	2. Vergleich der Angriffsszenarien in ausgewählten weiteren Diensten	324
III.	Rechtliche Rahmenbedingungen in anderen Staaten (Überblick)	325
	1. Strafbarkeit von Identitätsdiebstahl und -missbrauch (de lege lata)	325
	2. Zivilrechtliche Verantwortlichkeit für Identitätsmissbrauch	351
IV.	Die Positionierung Deutschlands im Vergleich	356
	1. Technisch: Vergleich im Bereich Onlinebanking (Überblick)	356
	2. Rechtlich: Vergleich im Bereich Onlinebanking (Überblick)	357

7 Handlungsoptionen/Abwehrmaßnahmen und Empfehlungen ... 359

I.	Technische Maßnahmen	359
	1. Empfehlungen zum Einsatz von Standardsicherheitsmaßnahmen	359
	2. Empfehlungen zum Einsatz bestimmter Technologien	360
	3. Empfehlungen zur Erstellung von Best-Practice-Richtlinien für bestimmte Einsatzszenarien	364

		4.	Aufzeigen gezielten Forschungsbedarfs (z. B. in den Bereichen Malware, Bot-Netze, Browsersicherheit, Betriebssystemsicherheit, kryptografische Sicherheitsmodelle für reale Applikationen)	365
	II.	Organisatorische Maßnahmen		367
		1.	Schulungsinhalte	368
		2.	Meldestellen für entdeckte Schwachstellen, neue Angriffe etc. mit Anreizmechanismen (nicht monetär)	373
	III.	Polizeiliche Maßnahmen		373
		1.	Zentrale Meldestelle (z. B. zur Meldung von Phishingservern)	374
		2.	Information zur Prävention/Aufklärung	374
	IV.	Gesetzliche/regulatorische Maßnahmen		374
		1.	Vorgaben zur Produktgestaltung	375
		2.	Umgang mit gespeicherten Kundendaten	376
		3.	Strafrechtliche Maßnahmen	377
		4.	Gesetzliche Haftungsregeln für Anbieter und Nutzer	379
		5.	Regulierung von Verhaltenspflichten	380
	V.	Information und Aufklärung der Nutzer		387
	VI.	Internationale Abkommen für das Internet (Strafverfolgung)		389
	VII.	Aufwandsschätzungen für die Umsetzung		390
	VIII.	Restrisiken		390
		1.	Gezielte Angriffe	390
		2.	Spionageangriffe	390

Literatur		391
I.	Technik	391
II.	Recht	395

Abbildungsverzeichnis (Technik)

1	Schematische Darstellung des ISO/OSI-Modells	18
2	Standalone-OTP-Generator der Firma RSA Inc	31
3	Chipkartenleser der Sicherheitsklasse 1	32
4	Chipkartenleser der Sicherheitsklasse 2	33
5	Chipkartenleser der Sicherheitsklasse 3	34
6	Beispiel für ein 3D-CAPTCHA des tEABAG_3D-Projektes	43
7	Beispiel eines reCAPTCHAs	44
8	Entwicklung verschiedener Malwaretypen	53
9	Die Abbildung zeigt ein Beispiel einer Rogue-Software, in diesem Fall ein gefälschtes Sicherheitscenter	60
10	Verteilung von Schwachstellen bei der Ausnutzung von Sicherheitslücken in Webbrowsern	63
11	Anteil an Schwachstellen in Drittapplikationen (wie Adobe Reader, Real Player) bei Angriffen auf den Internet Explorer am Beispiel von Microsoft Windows Vista	64
12	Firefox-Erweiterung „NoScript!"	66
13	Firefox-Erweiterung „Request Policy"	66
14	Entwicklung der verschiedenen Sicherheitsprobleme im Zeitraum 1. HJ/2004 bis 1. HJ/2009	68
15	Die Abbildung zeigt, ob Patches für die Sicherheitslücken verfügbar sind oder nicht	68
16	Social Engineering-Angriff im Zusammenhang mit Software-Updates ...	69
17	Tool Multi AVs Fixer	75
18	Tool KIMS	76
19	Ergebnis spezieller Google-Suchanfragen im Zusammenhang mit der IFrame-Verseuchung diverser Websites	78
20	Schrittfolge eines WET-Angriffs	79
21	Statistiken eines T-IFRAMER-WETs	80
22	Der Kaminski-Angriff auf das Domain Name System	89
23	Dynamic Pharming-Angriff zum Diebstahl von Identitätsdaten	89
24	Anzahl neuer Malwaresamples pro Jahr	94

25	Neue Malwarevarianten 2008 (*linker Balken*) und 2009 (*rechter Balken*)	94
26	Rogueware-Website nutzt Fehlermeldung des Mozilla Firefox	98
27	Scareware-Website, die eine Vireninfektion vortäuscht	99
28	Aufforderung einer russischen Ransomware-Malware, die den Nutzer zum Versand einer kostenpflichtigen SMS zwingen will	100
29	Statistik der populärsten Sicherheitslücken in Webanwendungen; die Zahlenwerte wurden dem Bericht des WASC aus dem Jahre 2008 entnommen	102
30	Sicherheitswarnung des Mozilla Firefox beim Nachladen von unverschlüsselten Inhalten	103
31	Auszug einer Phishingnachricht in einem Onlineforum für PSN-Spieler	121
32	Auszug von Anweisungen eines PSN-Phishers in einem Onlineforum	121
33	Positive Kommentare zu Schadsoftware auf YouTube	122
34	Funktionsweise der Same Origin Policy	124
35	Das SSL/TLS Handshake-Protokoll	125
36	Darstellung des XML-Dokuments aus Tab. 1 als DOM-Baum	130
37	Kleiner Ausschnitt der XML-Welt	131
38	Das „role"-Attribut zur Steuerung der SOAP-Kommunikation über mehrere beteiligte Instanzen	132
39	Die IBM/Microsoft-Roadmap zur Absicherung von Webservices	133
40	Beispielhafter Aufbau einer SAML-Assertion. („@" bezeichnet ein Attribut)	135
41	Gegenüberstellung von Kerberos und einem webbasierten Single-Sign-On-Protokoll	141
42	Sicherheitsprobleme eines generischen Single-Sign-On-Protokolls	142
43	Beispiellayout Vorderseite elektronischer Personalausweis	156
44	Gesamtüberblick Verbindungsaufbau. (aus [BSI-TR-03112-7])	159
45	Ablauf des PACE-Protokolls. [BSI-TR-03112-7]	165
46	Terminal Authentication, Version 2. [BSI-TR-03112-7]	167
47	Chip Authentication, Version 2. [BSI-TR-03112-7]	168
48	Restricted Identification. [BSI-TR-03112-7]	170
49	Altersverifikationsproxy zur Umgehung der Altersverifikation	173
50	Man-in-the-Middle-Angriff auf die SSL-Verbindung	174

Tabellenverzeichnis (Technik)

1 Ein einfaches XML-Dokument.. 130
2 Schematische Darstellung des <Security>-Headers
   aus WS-Security 133
3 eID-Datengruppen. Die Datengruppen DG11-16 und DG19-21 werden
   im neuen Personalausweis nicht genutzt; sie spielen im Rahmen
   des elektronischen Aufenthaltstitels eine Rolle 157

Abkürzungsverzeichnis (Recht)

a. A.	Andere(r) Ansicht
ABl.EG	Amtsblatt der Europäischen Gemeinschaft
Abs.	Absatz
ACPR	Australian Centre for Policing Research
AEUV	Vertrag über die Arbeitsweise der Europäischen Union
AG	Amtsgericht
AGB-Banken	Allgemeine Geschäftsbedingungen der privaten Banken und andere Klauselwerke
AGG	Allgemeines Gleichbehandlungsgesetz
AJP/PJA	Aktuelle Juristische Praxis/Pratique juridique actuelle (Schweiz)
BayDSG	Bayerisches Datenschutzgesetz
BBG	Bundesbeamtengesetz
BbgDSG	Brandenburgisches Datenschutzgesetz
BDSG	Bundesdatenschutzgesetz
BetrVG	Betriebsverfassungsgesetz
BGB	Bürgerliches Gesetzbuch
BGBl.	Bundesgesetzblatt
BGH	Bundesgerichtshof
BGHR	Systematische Sammlung der Entscheidungen des Bundesgerichtshofs in Strafsachen
BGHSt	Entscheidungen des Bundesgerichtshofs in Strafsachen
BGHZ	Entscheidungen des Bundesgerichtshofs in Zivilsachen
BKR	Zeitschrift für Bank- und Kapitalmarktrecht
BlnDSG	Berliner Datenschutzgesetz
BremDSG	Bremer Datenschutzgesetz
BT-Drs.	Bundestagsdrucksache
CFR	Code of Federal Regulations (USA), http://www.gpoaccess.gov/cfr/
Chi.-Kent L. Rev.	Chicago-Kent Law Review
CIPPIC	Canadian Internet Policy and Public Interest Clinic
Cm	Command Paper (England)
Cong.Rec.	Congressional Records (USA)

CR	Computer und Recht
DRiZ	Deutsche Richterzeitung
DSG NRW	Datenschutzgesetz Nordrhein-Westfalen
DSG-LSA	Datenschutzgesetz Sachsen-Anhalt
DSG M-V	Datenschutzgesetz Mecklenburg-Vorpommern
ECOSOC	Economic and Social Council
EG	Europäische Gemeinschaft
EU	Europäische Union
EuGH	Europäischer Gerichtshof
EWiR	Entscheidungen zum Wirtschaftsrecht
FBI	Federal Bureau of Investigation (USA)
Fed.Reg.	Federal Register (USA), http://www.gpoaccess.gov/fr/
FIDIS	Future of Identity in the Information Society, www.fidis.net/home/
FPEG	EU Fraud Prevention Expert Group
GA	Goltdammer's Archiv
h. A.	Herrschende(r) Ansicht
h. M.	Herrschende(r) Meinung
Harv. J.L. & Tech.	Harvard Journal of Law and Technology
HDSG	Hessisches Datenschutzgesetz
HmbDSG	Hamburgisches Datenschutzgesetz
HRRS	HRRS: Online-Zeitschrift für Höchstrichterliche Rechtsprechung im Strafrecht, http://www.hrr-strafrecht.de/hrr/
ICE	United States Immigration and Customs Enforcement
Int'l Trade L.J.	International Trade Law Journal
J.F.R. & C.	Journal of Financial Regulation and Compliance
JA	Juristische Arbeitsblätter
JR	Juristische Rundschau
JURA	JURA: Juristische Ausbildung
jurisPK-ITR	juris PraxisKommentar Internetrecht
jurisPR-BKR	juris PraxisReport Bank- und Kapitalmarktrecht
jurisPR-ITR	juris PraxisReport IT-Recht
JurPC	Internet-Zeitschrift für Rechtsinformatik
JuS	Juristische Schulung
JZ	JuristenZeitung
K&R	Kommunikation & Recht
KG	Kammergericht
LDSG	Landesdatenschutzgesetz
LG	Landgericht
Loy.Consumer L.Rev.	Loyola Consumer Law Review
LPK-SGB	Lehr- und Praxiskommentar Sozialgesetzbuch
Mich.Telecomm. & Tech.L.Rev.	Michigan Telecommunications and Technology Law Review

MMR	Multimedia und Recht
MünchKommBGB	Münchener Kommentar zum Bürgerlichen Gesetzbuch
MünchKommHGB	Münchener Kommentar zum Handelsgesetzbuch
MünchKommStGB	Münchener Kommentar zum Strafgesetzbuch
NDSG	Niedersächsisches Datenschutzgesetz
NdsVBl	Niedersächsische Verwaltungsblätter
NJW	Neue Juristische Wochenschrift
NK-StGB	Nomos Kommentar zum Strafgesetzbuch
NStZ	Neue Zeitschrift für Strafrecht
NStZ-RR	NStZ – Rechtsprechungs-Report Strafrecht
NVwZ	Neue Zeitschrift für Verwaltungsrecht
OECD	Organisation for Economic Co-operation and Development
OLG	Oberlandesgericht
Or.Ct.App.	Oregon Court of Appeals
Or.L.Rev.	Oregon Law Review
ÖRZ	Österreichische Richterzeitung
P.3d	Pacific Reporter, third series
Pub.L.	Public Law (USA), www.gpoaccess.gov/plaws/browse.html
R.S.C.	Revised Statutes of Canada
RG	Reichsgericht
RGSt	Entscheidungen des Reichsgerichts in Strafsachen
Rz.	Randziffer
SächsDSG	Sächsisches Datenschutzgesetz
SCRIPTed	A Journal of Law, Technology & Society, www.law.ed.ac.uk/ahrc/script-ed/
SDSG	Saarländisches Datenschutzgesetz
SoldGG	Gesetz über die Gleichbehandlung der Soldatinnen und Soldaten
SSA OIG	Social Security Administration, Office of the Inspector General (USA)
Stat.	United States Statutes at Large (USA)
StGB	Strafgesetzbuch
ThürDSG	Thüringisches Datenschutzgesetz
U.S.C.	United States Code
UAbs.	Unterabsatz
UN Doc.	United Nations Document
UNCITRAL	United Nations Commission on International Trade Law
UNODC	United Nations Office on Drugs and Crime
VBlBW	Verwaltungsblätter für Baden-Württemberg
wistra	Zeitschrift für Wirtschafts- und Steuerstrafrecht
WM	Wertpapier-Mitteilungen
WuB	Kommentierende Entscheidungssammlung zum Wirtschafts- und Bankrecht
ZIP	Zeitschrift für Wirtschaftsrecht
ZStW	Zeitschrift für die gesamte Strafrechtswissenschaft
ZUM	Zeitschrift für Urheber- und Medienrecht

Kapitel 1
Grundlagen

I. Begriff der Identität

Für eine Untersuchung der Problematik des Identitätsdiebstahls und Identitätsmissbrauchs sind die Begriffe der „Identität" sowie des „Diebstahls" und des „Missbrauchs" einer Identität grundlegend. Daher werden diese Begriffe nachfolgend kurz erörtert und für die Zwecke dieser Untersuchung definiert.

1. Divergierende Begriffe der Identität

Der Begriff der Identität ist schillernd[1] und hat in den verschiedenen Disziplinen unterschiedliche Bedeutung. Die ersten Überlegungen zum Identitätsbegriff entstammen der Philosophie, auch hier wurden und werden unterschiedliche Begriffe verwendet.[2]

Auch im Hinblick auf Identitäten im Internet divergieren die Beschreibungen von „Identität". Einige aktuelle Zitate aus verschiedenen Bereichen zeigen, dass mit dem Begriff der Identität jeweils ein ähnliches Anliegen verfolgt wird, aber diesem durchaus unterschiedliche, disziplinspezifische Verständnisse des Begriffs zugrunde liegen.

- „An identity is any subset of attributes of an individual person which sufficiently identifies this individual person within any set of persons. So usually there is no such thing as ‚the identity', but several of them."[3]
- „Eine Identität ist eine in ihrem Verwendungskontext eindeutige, wiedererkennbare Beschreibung einer natürlichen oder juristischen Person oder eines Objektes, die sich aus Attributen und einem Identitätsbezeichner zusammensetzt."[4]

---

[1] *J. Meyer*, S. 9.
[2] Siehe einen kurzen Überblick bei *Höffe*, S. 2 ff.
[3] *Pfitzmann/Hansen*, S. 29.
[4] BITKOM-Leitfaden zu Web-Identitäten, Oktober 2005.

- „Identität ist die Summe derjenigen Merkmale, anhand derer ein Individuum von anderen unterschieden werden kann."[5]
- „Bei der Identität, die im Fokus steht, geht es um die kommunikativ zugängliche Repräsentanz einer Person."[6]
- „Der Begriff Identität bezeichnet eigentlich nur die Zuordnung eines Bezeichners [...] zu einer Entität (Person), die [...] bei der Geburt der Person festgelegt wird und dann als definiertes Bündel von Eigenschaften gilt, mit dem verglichen wird."[7]
- „In der Begriffswelt des Identitätsmanagements werden mit einer Person verkettete Identifier wie Namen, Adressen, Bitfolgen etc. als deren partielle Identitäten verstanden. Die partiellen Identitäten [...] bestimmen in wesentlichen Teilen und unmittelbar die Identität dieser Person."[8]
- „Ein Individuum kann in den Augen anderer nur dann Einheitlichkeit und Kontinuität besitzen, wenn es von diesen wiedererkannt wird; je nach der Form des Wiedererkennens und der Informationen, über die die Anderen bereits verfügen, verändert sich auch die Identität des Individuums. Identität ist damit der Weg, auf dem der Einzelne mit der Gesellschaft interagiert."[9]
- „Rechtlich bezeichnet Identität die Übereinstimmung personenbezogener Daten mit einer natürlichen Person."[10]

In Bezug auf die technische Darstellung von Identitäten oder in Bezug auf das Internet wird häufig der Begriff der „digitalen Identität" verwendet. Auch hier sind die Definitionen nicht einheitlich, wie nachfolgende Beispiele zeigen:

- „Eine digitale Identität ist definiert als ein eindeutiger, digitaler Identifikator, dem personifizierende Attribute zugeordnet sein können."[11]
- „Geht man von der Identität eines Menschen mit all ihren Facetten aus, ist dessen digitale Identität die Untermenge dessen, was technisch abgebildet wird."[12]
- „Eine digitale Identität ist eine Identität, die von einem Rechner verstanden und verarbeitet werden kann."[13]
- „Digital identity denotes attribution of attributes to an individual person, which are immediately operationally accessible by technical means."[14]

Die Beispiele zeigen, dass die Untersuchung nicht auf ein interdisziplinär einheitliches Verständnis der Identität zurückgreifen kann.

---

[5] *Mezler-Andelberg*, S. 9.
[6] *Hansen/Krasemann/Rost/Genghini*, DuD 2003, 551.
[7] *Bräuer*, DuD 2005, 24.
[8] *Rost/Meints*, DuD 2005, 216, 217.
[9] *Hornung*, S. 31.
[10] *Meints*, DuD 2006, 576.
[11] *Baier*, S. 39.
[12] *Hansen/Meissner*, S. 22.
[13] BITKOM-Leitfaden zu Web-Identitäten, Oktober 2005.
[14] *Pfitzmann/Hansen*, S. 30.

2. *Begriff der Identität im rechtlichen Sinne*

Ein einheitlicher Begriff der Identität im rechtlichen Sinn existiert nicht.[15] Das Gesetz verwendet den Begriff meist im Sinne von Identifizierung.[16] Ein strafrechtliches Beispiel ist etwa § 163b StPO, der von der „Feststellung der Identität" spricht. Ein Beispiel aus dem Zivilrecht ist § 312c Abs. 1 S. 2 BGB. Danach hat der Unternehmer dem Verbraucher bei der Kontaktaufnahme „seine Identität [...] offen zu legen". Das Gesetz geht aber auch teilweise von einem anderen Verständnis aus. So wird in einer Reihe von Normen von der „sexuellen Identität" gesprochen,[17] womit die sexuelle Orientierung gemeint ist.[18]

Der Begriff der Identität wurde aus rechtlicher Sicht bisher nur selten untersucht. Die erste umfassende Untersuchung des Begriffs der Identität und ihres rechtlichen Schutzes in Bezug auf die elektronische Kommunikation liegt nunmehr in Form einer aktuellen Bochumer Dissertation von *Julia Meyer* zur Identität und ihrem Schutz im Internet[19] vor. *J. Meyer* unterscheidet auf der Grundlage einer Auseinandersetzung mit den in der Psychologie und Soziologie verwendeten Identitätsbegriffen aus rechtlicher Sicht in Bezug auf die Identität natürlicher Personen im Internet drei Begriffe: die numerische Identität, die soziale Identität und die virtuelle Identität.

Numerische Identität einer natürlichen Person ist die „erkennbare Übereinstimmung von Dateien mit einer einzigen Person".[20] Der Sache nach wird dieser Begriff auch in anderen Definitionen in diesem Sinne verstanden, etwa in den oben genannten Definitionen von *Bräuer* und *Meints*.[21] Diejenigen Daten, die geeignet sind, eine Person von allen anderen zu unterscheiden (zu identifizieren), bezeichnet *J. Meyer* als „Identitätsdaten".[22]

Der Begriff der sozialen Identität, der vor allem in der Psychologie und in den Sozialwissenschaften Bedeutung hat,[23] wird danach als „Übereinstimmung von subjektivem Inneren, der Selbstwahrnehmung, und gesellschaftlichem Außen, der Wahrnehmung durch Andere", definiert.[24]

---

[15] *J. Meyer*, S. 12.
[16] *J. Meyer*, S. 12.
[17] Etwa in §§ 1, 19 Abs. 1, 20 Abs. 1 S. 1 und Abs. 2, 33 Abs. 3 S. 1 AGG, § 8 Abs. 1 S. 1 BBG, § 75 Abs. 1 BetrVG, § 19a S. 1 SGB IV, § 1 Abs. 1 SoldGG.
[18] *J. Meyer*, S. 12; *Roloff*, in Rolfs/Giesen/Kreikebohm/Udsching, § 1 AGG Rz. 9; *Schlachter*, in ErfKomm, § 1 AGG Rz. 13.
[19] *Julia Meyer*, Identität und virtuelle Identität natürlicher Personen im Internet. Schutz durch besondere Persönlichkeitsrechte und das Allgemeine Persönlichkeitsrecht, Diss. Bochum 2010.
[20] *J. Meyer*, S. 15.
[21] Siehe oben Fn. 7 u. 10.
[22] *J. Meyer*, S. 16.
[23] *J. Meyer*, S. 43 ff.
[24] *J. Meyer*, S. 45 m. w. Nachw.; vgl. auch *Gerhard*, S. 43; *Henrich*, in Marquard/Stierle, S. 134; *Oerter/Dreher*, in Oerter/Montada, S. 291; *Peifer*, S. 7; *Teichert*, S. 4; Brockhaus Band 13, "Ich-Identität".

Der Begriff der virtuellen Identität wird vor allem in den Sozialwissenschaften verwendet.[25] Aus rechtlicher Sicht definiert *J. Meyer* diesen Begriff als „ein Nutzerprofil einer Person, das auf Dauer angelegt ist, konsistent genutzt wird und daher für andere Nutzer wiedererkennbar ist, ohne dass die dahinterstehende natürliche Person erkennbar ist."[26]

Für die vorliegende Untersuchung ist vor allem der Begriff der numerischen Identität von Interesse, der in gleicher Weise auch auf juristische Personen und sonstige Rechtsträger anwendbar ist.

3. *Identitätsbegriff der Studie*

Der Identitätsbegriff der Studie sollte sich nach dem Zweck der Studie richten. Gegenstand der Analyse sind das Sichverschaffen und das missbräuchliche Verwenden von Bezeichnungen im Rechtsverkehr, die zur eindeutigen Unterscheidung und Adressierung von Personen benutzt werden. Dies sind klassischerweise Namen sowie heute deren moderne technische Äquivalente; im allgemeinsten Sinn: personenbezogene (aber das ist hier selbstverständlich) Daten.

Die Studie verwendet – als Arbeitsgrundlage, ohne Anspruch auf abschließende wissenschaftliche Klärung der Begrifflichkeiten – folgende Begriffe:

- Identifizierung einer Person: eindeutige Bestimmung einer Person i. S. einer numerischen Abgrenzung von anderen Personen,
- Identität einer Person: Menge an Daten, durch die eine Person in einem bestimmten Zusammenhang eindeutig bezeichnet und von anderen unterschieden werden kann.

Beispiel:
Person: der Mensch Erich Mustermann; Identität mit beispielsweise den Merkmalen = Daten „Name" Erich Mustermann, „Geburtsdatum" 15.3.1954, „Augenfarbe" grau/blau, „Körpergröße" 182 cm, „Wohnanschrift" Hauptstraße 5, 6755 Heusenstamm.

Diese Identität wird der konkreten Person zugewiesen. Die Person wird mit der Identität „Erich Mustermann" bestimmt und von anderen Personen unterschieden.

Mit diesem Verständnis ist die „Identität" zunächst nur ein Datensatz. Diese Daten können als Identitätsdaten bezeichnet werden.

- Definition: Identitätsdaten sind Daten, anhand derer eine Person in einem bestimmten Zusammenhang bezeichnet wird.

Dieser Datensatz muss einer Person zugeordnet werden, um diese zu bestimmen. Damit hat diese Zuordnung entscheidende Bedeutung. Die Zuordnung findet nach sehr unterschiedlichen Kriterien durch unterschiedliche Institutionen statt, oft durch Behörden (z. B. Personalausweisnummer, in Streitfällen letztlich durch gerichtliche Feststellung).

---

[25] Siehe dazu den Überblick bei *J. Meyer*, S. 47 ff.
[26] *J. Meyer*, S. 50.

I. Begriff der Identität

Die Identifizierung ist die nachvollziehende Feststellung dieser Zuordnung.
Ausgangspunkt dieser Begrifflichkeit ist die Person im Sinne einer „realen" Entität. Personen sind danach vor allem natürliche Personen (Menschen) sowie juristische Personen, ebenso weitere Entitäten mit Rechtsfähigkeit.
Die Definition lässt aber auch zu, einer fiktiven Person eine Identität zuzuordnen. Auch eine Romanfigur beispielsweise hat danach eine Identität.

4. Begriff der Identität im technischen Sinne

Im Bereich der IT existiert eine Vielzahl von Datensätzen, die in einem bestimmten Kontext die obige Definition einer Identität erfüllen. Als „soziale Identität" bezeichnen wir im Folgenden Daten, die auch ohne Verwendung von IT mit einer natürlichen oder juristischen Person in Verbindung gebracht werden können. Hierzu zählen unter anderem

- Privatpersonen (Name, Adresse, Geburtsdatum, Personalausweisnummer, Passnummer, Geburtsurkunde) und
- juristische Personen (Handelsregistereintrag).

An diese soziale Identität können weitere Datensätze (in Software oder Hardware) gebunden werden. Dies kann durch einen Vertrag oder durch eine technische Maßnahme erfolgen.
Beispiele für eine Bindung durch Vertrag sind

- Benutzername/Passwort: Akzeptieren der AGB einer Webapplikation, Eingabe der Adresse, Auswahl von Nutzername/Passwort.
- E-Mail-Adresse (keine anonymen E-Mail-Adressen): Vertrag mit dem Internet Service Provider; hierdurch wird die E-Mail-Adresse an eine Rechnungsadresse gebunden.
- Telefonnummer: Vertrag mit dem Telekommunikationsunternehmen.
- Mobilfunknummer und International Mobile Subscriber Identity (IMSI), gespeichert in einer SIM-Karte: Vertrag mit einem Mobilfunkanbieter.
- Personalnummer: Arbeitsvertrag.
- Domainname: Vertrag mit einem Domainregistrar.
- Chipkarte: Eine personalisierte Chipkarte wird nach Abschluss eines Vertrages an den Kunden ausgegeben.

Beispiele für eine Bindung durch eine technische Maßnahme sind

- Bestätigungsmail: Eine E-Mail mit einem Passwort oder sonstigen Sicherheitstoken wird an die angegebene E-Mail-Adresse gesandt.
- Zertifikat: Eine juristische oder technische Adresse wird an einen öffentlichen Schlüssel gebunden. Diese Bindung wird durch eine digitale Signatur gegen Fälschung geschützt.
- Single-Sign-On-Token: Eine Aussage über eine Identität wird vom Authentifizierungsserver an den Dienstserver übermittelt (SAML).

Schutz von Identitätsdaten
Da diese weiteren Identitäten, die wir im Folgenden zur Abgrenzung als „technische Identitäten" bezeichnen wollen, nur Datensätze sind, können sie kopiert und von unbefugten Dritten verwendet werden. Jede technische Identität sollte also im Idealfall mit einer Methode verknüpft sein, mit der sich der eigentliche Besitzer gegenüber unbefugten Dritten abgrenzen kann. Diese Methoden können auf Wissen, Besitz oder Sein beruhen und stark oder schwach sein. (Als vierte Methode wird in der Literatur noch der Ort genannt.)

Oft wird auch argumentiert, dass allgemein „Technik" eine Identität schützen könne. Dieser Schutz ist aber in der Regel sehr schwach und nur schwer zu quantifizieren.

Schutz durch „Technik"
Für viele technische Identitäten ist ein gewisser Schutz durch die sie definierende technische Infrastruktur gegeben. Diese Infrastruktur verhindert nur gewisse Missbrauchsszenarien, sie verhindert nicht Identitätsmissbrauch im Allgemeinen.

- Beispiel IP-Adressen[27]: Jeder Angreifer kann in die von ihm gesendeten IP-Pakete eine beliebige Absenderadresse schreiben (vgl. Abschnitt zu IP-Spoofing, S. 17 ff.). Allerdings wird er in den meisten Fällen keine Antwort auf dieses IP-Paket empfangen können, da diese von der Routing-Infrastruktur an das Gerät gesendet wird, das diese technische Identität tatsächlich besitzt.
- Beispiel E-Mail-Adressen: Hier gilt ein analoger Sachverhalt, der z. B. zum Ausstellen von E-Mail-Zertifikaten oder zur Erstanmeldung in einem Internetportal ausgenutzt wird: Eine Bestätigungsmail mit einem Passwort oder einer zufälligen Zahl wird an die angegebene E-Mail-Adresse geschickt. Um diese E-Mail abzufangen, müsste ein Angreifer Zugriff auf die E-Mail-Infrastruktur haben.

Nachteil dieses „Schutzes durch Technik" ist, dass dieser Schutz nicht genau quantifiziert werden kann. In den meisten Fällen ist dieser Schutz relativ leicht zu umgehen, wie die in dieser Studie genannten Beispiele zu Routing-Protokollen und DNS-Angriffen zeigen.

Schutz durch Wissen
Schutz durch Wissen ist die immer noch am häufigsten eingesetzte Schutzmethode. Beispiele hierfür sind

- Passwörter: In der Regel bieten sie nur einen schwachen Schutz, da die meisten Passwörter eine niedrige Entropie haben und daher leicht geraten werden können. Datenbanken, die alle häufig verwendeten Passwörter enthalten, stehen zur freien oder kommerziellen Nutzung bereit. Darüber hinaus sind Passwörter, da sie in der Regel in ein Eingabefenster einer unsicheren grafischen Nutzeroberfläche eingegeben werden müssen, anfällig für Phishingangriffe.
- Kryptografischer Schlüssel: Am anderen Ende der Entropieskala stehen kryptografische Schlüssel. Sie haben eine sehr hohe Entropie, sind aber sehr schwer

---

[27] http://www.heise.de/meldung/Beweismittel-IP-Adresse-fragwuerdig-980685.html.

zu memorieren. Viele Verschlüsselungstools erlauben eine direkte Eingabe des Schlüssels oder von Werten, aus denen dieser Schlüssel direkt abgeleitet wird. Daher können auch kryptografische Passwörter unter der Rubrik „Schutz durch Wissen" aufgelistet werden.

Schutz durch Wiedererkennen
Einige interessante neue Ansätze lassen sich zwischen „Wissen" und „Sein" einordnen, da sie versuchen, die Entropie beim Authentifizierungsvorgang zu erhöhen, indem Besonderheiten des menschlichen Geistes berücksichtigt werden.

So wurde z. B. von der Firma Passmark Security, die mittlerweile von RSA aufgekauft wurde, eine Methode entwickelt, Nutzer teilweise durch ihre Fähigkeit zum Wiedererkennen von Bildern gegen Phishingangriffe zu schützen. Hierzu wurde im Eingabefenster für die Passworteingabe ein persönliches Foto angezeigt, das der Nutzer vorher auf den Server geladen hatte. Die Idee war, dass ein Angreifer dieses Foto, das in der Menge aller Fotos eine große Entropie besitzt, raten müsste, um den Nutzer zur Eingabe seines Passwortes zu verleiten.

Dieses Verfahren könnte man auch direkt für das Log-in verwenden, indem man den Nutzer bittet, aus einer Menge von zufällig angeordneten Bildern gezielt seine persönlichen Bilder herauszusuchen.

Schutz durch Sein
In der Regel versteht man hierunter den Schutz durch den Abgleich biometrischer Merkmale (z. B. Fingerabdruck, Gesicht, Iris etc.). Die Sicherheit dieser Methoden ist wiederum schwer einzuschätzen, da hier viel von der konkreten technischen Ausführung des Erfassungsgeräts abhängt. So konnte z. B. die erste Generation von Fingerabdruckscannern relativ leicht durch nachmodellierte Plastikfinger getäuscht werden.

Schutz durch Besitz
Die heute sicherste Methode, eine Identität nachzuweisen, ist der Nachweis durch Besitz, oft gekoppelt mit einem (lokalen) Nachweis von Wissen. In diesem Fall benötigt man ein Hardware-Sicherheitstoken, etwa eine Chipkarte (SIM, nPA, Gesundheitskarte, EC-Karte), einen Einmal-Passwortgenerator oder ein komplexeres USB-Sicherheitstoken.

Oft werden diese Geräte erst durch Nachweis des Wissens einer PIN aktiviert.

Verkettung von Identitäten
Eine Verkettung bei der Ausstellung von Identitäten ist möglich und in der Praxis üblich. In der Regel dient dabei eine soziale Identität als Ausgangspunkt. An diese wird durch einen juristischen Vertrag eine erste technische Identität gebunden. An diese erste technische Identität können dann mithilfe rein technischer Maßnahmen, die aber juristisch abgebildet werden können, weitere technische Identitäten gebunden werden.

Folgendes Beispiel soll zur Erläuterung dieser Sachlage dienen:

- Ein durch Nutzername/Passwort geschütztes Nutzerkonto wird durch Vertrag mit dem Internet Service Provider an die Rechnungsadresse des Kunden gebunden (oft ist hiermit auch eine initiale Vergabe einer E-Mail-Adresse sowie eine temporäre Vergabe einer IP-Adresse an den jeweiligen Kunden verknüpft).

- Das Nutzerkonto stellt die erste technische Identität dar. Der Kunde kann sich mit dem Nutzernamen/Passwort einwählen. Er erhält temporär eine IP-Adresse zugeordnet und kann in der Regel über ein Webinterface neue E-Mail-Adressen erzeugen.
- Über die E-Mail-Adresse als technische Identität der zweiten Stufe kann der Kunde nun bei einem anderen Anbieter ein Nutzerkonto eröffnen oder auch ein Clientzertifikat beantragen. Beides wird durch eine Bestätigungsmail an die angegebene Adresse verifiziert.
- Mit dem Clientzertifikat kann er sich ggf. im Rahmen der SSL-Client-Authentifizierung identifizieren.

Als weiteres Beispiel soll ein zukünftiger Einsatzbereich des neuen Personalausweises skizziert werden.

- Die Ausgabe eines neuen Personalausweises erfolgt nach persönlichem Erscheinen und persönlicher Identifikation auf einem Amt. Damit wurde durch diese Amtshandlung der nPA als erste technische Identität an die Identität des Nutzers gebunden.
- Im Rahmen des elektronischen Identitätsnachweises kann der Nutzer sich nun gegenüber Anbietern identifizieren. Hier ist die Kette aber noch nicht zu Ende.
- Der Betreiber eines eID-Dienstes kann durch Ausstellung eines SAML-Token die durch den nPA verifizierte Identifikation gegenüber einem dritten Webdienst nachweisen. Dieses SAML-Token ist vom eID-Dienst elektronisch signiert.

Transaktionsidentitäten/Einmalidentitäten
Im Bereich des Identitätsmissbrauchs sind noch Transaktionsidentitäten/Einmalidentitäten wichtig. Diese Identitäten dürfen nur einmal verwendet werden und sind an eine andere, dauerhafte Identität gebunden. Beispielhaft seien genannt:

- TAN, iTAN: Diese Einmalidentitäten sind an ein Bankkonto gebunden, sie sind zeitlich unbegrenzt verwendbar.
- eTAN: Diese Einmalidentität ist ebenfalls an ein Bankkonto gebunden und zeitlich nur befristet verwendbar.
- eTAN+, mTAN: Diese Einmalidentitäten sind an ein Konto und eine bestimmte Transaktion gebunden.

Authentifizierung einer Sitzung/Authentifizierung einer Transaktion
Generell können Identitäten im Internet eingesetzt werden, um eine komplette Sitzung zu authentifizieren oder um einzelne Transaktionen zu authentifizieren. Während einer Sitzung können mehrere Transaktionen initiiert werden. Eine Sitzung kann nach Ablauf einer bestimmten Zeitspanne (alternativ: Zeitspanne der Untätigkeit) beendet werden, oder durch aktives Beenden der Sitzung vonseiten des Clients („Log-out") oder des Servers („Termination"). Um die Authentifizierung einer Identität über die gesamte Dauer der Sitzung aufrechtzuerhalten, werden verschiedene technische Hilfskonstrukte (z. B. http Sessioncookies, SSL state) eingesetzt.

- Einsatz von Identitäten zur Authentifizierung von Sitzungen:
    - Nutzername/Passwort, PIN

- Clientzertifikate in SSL
- eID-Funktion des nPA
- Einsatz von Identitäten zur Authentifizierung von Transaktionen:
  - TAN, iTAN, eTAN, eTAN+, mTAN
  - digitale Signatur von Datensätzen (HBCI, Signaturgesetz)

Markenrecht
Ein sehr interessanter Fall von Identitätsmissbrauch tritt dann auf, wenn der Angreifer eine technisch verschiedene, aber „ähnliche" technische Identität verwendet.

- Firmenlogo und Firmendesign: In vielen Phishing-E-Mails und auf vielen Phishingwebsites wurde das Firmendesign einschließlich der Logos nachgeahmt. Design und Logo sind keine technischen Identitäten im engeren Sinn, da sich ein Logo, von dem viele Varianten (Größe, Format) existieren können, nicht durch einen einzigen Zahlenwert beschreiben lässt.
- „Ähnliche" Domainnamen: Da die Namensgebung im Domain Name System psychologisch wenig aussagekräftig ist, können sehr einfach Namen verwendet werden, die technisch völlig verschieden sind, aber psychologisch ähnlich wirken („banking.bank.de" vs. „bank.banking.de"). Auch homografische Attacken, bei denen ein internationaler Zeichensatz zur Nachahmung eines anderen verwendet wird, sind hier zu nennen.

II. Identitätsmissbrauch und Identitätsdiebstahl

Identitätsmissbrauch und Identitätsdiebstahl sind in Rechtsprechung und Literatur gebräuchliche Begriffe. Allerdings wird ein Verständnis der Begriffe regelmäßig vorausgesetzt, einheitliche Definitionen fehlen bislang.

1. Der Begriff des Identitätsmissbrauchs

Definitionen des Identitätsmissbrauchs sind nur selten zu finden. In der Literatur wird der Begriff etwa als „Nutzung des Identitätsdiebstahls zum Schaden der betroffenen Person" definiert.[28] Von dieser Definition, die von der Definition des „Identitätsdiebstahls" abhängig ist, werden etwa Fälle nicht erfasst, bei denen zunächst legal erlangte Personendaten später missbraucht werden.

In dieser Untersuchung wird der Begriff wie folgt definiert:
- Identitätsmissbrauch: unbefugtes Agieren unter einer Identität.

Dieses Verständnis des Identitätsmissbrauchs deckt nahezu alle Fallgruppen des missbräuchlichen Handelns unter Verwendung einer bestimmten Identität ab.

---

[28] *Busch*, DuD 2009, 317.

Erfasst wird etwa das klassische Handeln unter falscher Identität, d. h. das Handeln gegenüber einem Dritten unter einer anderen als einer eigenen Identität. Erfasst wird auch das unbefugte Handeln unter einer eigenen Identität, bei der eine eigene Identität verwendet wird, die aber in dem jeweiligen Kontext nicht zugelassen ist, z. B. der Kauf von Waren unter einer abweichenden Wohnanschrift, um vom Verkäufer nicht als der (kreditunwürdige) Käufer unter der bisher genannten Wohnanschrift identifiziert zu werden. Nicht erfasst sind sonstige unbefugte Verwendungen fremder Identität (z. B. Datenhandel).

Identitätsmissbrauch ist danach auch nicht das befugte Handeln unter einer fremden Identität (z. B. Handeln auf fremdem eBay-Account mit Billigung des Accountinhabers). Dies schließt Handeln unter einer fiktiven Identität ein.

Gefahren: Schädigung von Dritten, Schädigung des Inhabers der vorgetäuschten Identität.

2. *Der Begriff des Identitätsdiebstahls*

Der Begriff des Identitätsdiebstahls wird in sehr unterschiedlichen Bedeutungen verwendet. Dabei lassen sich in der juristischen Literatur zwei Grundauffassungen unterscheiden. Zum Teil wird er als missbräuchliche Nutzung personenbezogener Daten verstanden.[29] Eine solche Fallkonstellation wurde auch in der Rechtsprechung schon als Identitätsdiebstahl (in Anführungszeichen) betitelt.[30] Die Bundesregierung bezeichnet ebenfalls den „Missbrauch ausgespähter Daten" als Identitätsdiebstahl.[31] Auch findet sich dieses Verständnis außerhalb der juristischen Literatur wieder.[32]

Nach einer anderen Auffassung soll Identitätsdiebstahl als die Aneignung von Daten verstanden werden, mit denen man sich im Rechtsverkehr identifizieren kann.[33] Danach soll nur die Aneignung der Daten selbst, nicht hingegen auch die nachfolgende Verwendung Bestandteil des Identitätsdiebstahls sein. Nach *Spindler* etwa soll ein Identitätsdiebstahl vorliegen, wenn der Handelnde „in den Besitz von Identitäten gelangt".[34] *Schaar* spricht im Zusammenhang mit dem Kopieren und

---

[29] So etwa bei *Gercke*, CR 2005, 233; *Hoeren*, in Hoeren/Sieber, Rz. 206.
[30] OLG Brandenburg, 16. 11. 2005, 4 U 5/05, NJW-RR 2006, 1193, 1195; der BGH verwendet diesen Begriff im Revisionsurteil nicht, siehe BGH, 10. 4. 2008, I ZR 227/05, NJW 2008, 3714 – Namensklau im Internet.
[31] BT-Drs. 16/9160, S. 7.
[32] http://de.wikipedia.org/wiki/Identit%C3%A4tsdiebstahl; http://www.boerse-online.de/wissen/lexikon/boersenlexikon/index.html?action=descript&buchstabe=I&begriff=Identit%E4tsdiebstahl#eintrag; vgl. auch den PayPal-Leitfaden zum Identitätsdiebstahl unter https://www.paypal.com/de/cgi-bin/webscr?cmd=xpt/Marketing/securitycenter/general/UnderstandIdTheft-outside.
[33] *Junker*, in jurisPK-BGB, § 126b Rz. 42; *Schneider*, EDV-Recht, B. Rz. 981; von einer Entwendung der Daten ist die Rede unter http://lexexakt.de/glossar/identitaetsdiebstahl.php.
[34] *Spindler*, in Spindler/Wiebe, Kap. 5, Rz. 98.

Fälschen von Fingerabdrücken von Identitätsdiebstahl.[35] Teilweise werden sehr enge Begriffe verwendet, etwa Identitätsdiebstahl und Phishing gleichgesetzt.[36]

Das erstgenannte Verständnis des Identitätsdiebstahls verwendet den Begriff offenbar als Oberbegriff, der jedwede unbefugte Verwendung personenbezogener Daten abdeckt, oder als Synonym zum Identitätsmissbrauch im oben genannten Sinne. Um die Begriffe auseinanderzuhalten und eine synonyme Verwendung zu vermeiden, erscheint es sinnvoll, zwischen der Erlangung und dem späteren Agieren unter einer fremden Identität zu differenzieren.

In dieser Untersuchung wird der Begriff des Identitätsdiebstahls wie folgt definiert:

- Identitätsdiebstahl: unbefugtes Sichverschaffen einer Identität.

Ein Identitätsdiebstahl liegt danach vor, wenn der Täter sich die Identität einer Person, also eine Menge an Daten verschafft, durch die die betreffende Person in einem bestimmten Zusammenhang eindeutig bezeichnet wird. Beispiele sind etwa das Beschaffen von Name und Kreditkartendaten oder von Name und Anschrift oder von Name und Geburtsdatum.

Von dem Identitätsdiebstahl in diesem Sinne ist das Beschaffen personenbezogener Daten abzugrenzen, die für eine Identifizierung nicht ausreichen. Dies ist etwa bei einer ungeordneten Mehrheit von Identifizierungsdaten (z. B. Kreditkartennummer ohne zugehörigen Namen) der Fall oder wenn nur einzelne Daten (z. B. nur der Name) bekannt sind.

3. *Schutz von Identitäten (Überblick)*

Identitäten sind in vielfältiger Weise geschützt. Insbesondere werden Identitäten durch technische und organisatorische Schutzmaßnahmen sowie durch verschiedene rechtliche Schutzinstrumente gegen unbefugte Verwendung durch Dritte gesichert.

Zu den technischen und organisatorischen Schutzinstrumenten (dazu oben S. 6 ff.) gehören etwa der Schutz durch „Wissen", durch „Besitz" oder durch „Sein".

Die rechtlichen Schutzinstrumente sind vielfältig und haben unterschiedliche Zielrichtungen. Zunächst ist die Identität durch die Grundrechte der Verfassung geschützt. Im Vordergrund steht das Persönlichkeitsrecht der Person, das auch die eigene Identität umfasst (dazu unten S. 200). Es können aber auch weitere Grundrechte betroffen sein.

Die Identität von Personen steht unter dem Schutz des Datenschutzrechts, das die Verwendung personenbezogener Daten, zu denen die Identitätsdaten gehören, grundsätzlich an die Einwilligung des Berechtigten bindet (dazu unten S. 204).

---

[35] *Schaar*, MMR 2008, 137, 138.
[36] So *Löhnig/Würdinger*, WM 2007, 961; ähnlich *Gercke*, CR 2005, 606, 607.

Dem Schutz der Identität dient ferner eine Vielzahl strafrechtlicher Verbote. Schon die unbefugte Erlangung identitätsrelevanter Daten ist umfassend unter Strafe gestellt (dazu unten S. 196 und S. 233 ff.). So können beim Erlangen der bloßen Daten die Straftatbestände der §§ 202a, 202b, 202c, 303a StGB erfüllt sein, bei Entwendung von Datenträgern die §§ 242, 246, 263, 249, 253, 255 StGB. Der Identitätsmissbrauch ist ebenfalls umfassend strafbar (dazu unten S. 197 f. und S. 244 ff.). So ist jeweils § 44 BDSG i. V. m. § 43 Abs. 2 BDSG erfüllt, je nach Kontext auch weitere Straftatbestände, etwa §§ 263, 263a, 267, 269, 270 StGB.

Schließlich kann der Identitätsinhaber durch verschiedene zivilrechtliche Schutzmechanismen gegen die unbefugte Verwendung seiner Identität vorgehen (dazu unten S. 211 ff. und S. 277 ff.). Das klassische Schutzinstrumentarium enthält folgende Instrumente:

- Beseitigungsanspruch, d. h. Anspruch auf Beseitigung, d. h. Beendigung und ggf. Rückgängigmachung einer unbefugten Verwendung,
- Unterlassungsanspruch, d. h. Anspruch auf Unterlassung künftiger unbefugter Verwendung,
- Schadensersatzanspruch, d. h. Anspruch auf Ersatz des durch die Verwendung entstandenen Schadens.

Diese gesetzlichen Schutzansprüche stehen bei unbefugter Verwendung von Identitäten grundsätzlich zur Verfügung.

Hinzu können vertragliche Schutzpflichten mit der Sanktion des Schadensersatzanspruchs bei Pflichtverletzung und weitere Instrumente kommen (dazu unten S. 290 ff.).

III. Fallgruppen des Identitätsdiebstahls und -missbrauchs

1. *Identitätsdiebstahl und -missbrauch ohne IT-Bezug (Überblick)*

Identitätsdiebstahl bzw. -missbrauch kann auch ohne die Zuhilfenahme von IT stattfinden. Die Szenarien lassen sich dabei grob in zwei Klassen unterteilen:

- Identitätsdiebstahl bzw. -missbrauch im „*hoheitlichen*" Bereich. Darunter fallen die Fälle der Fälschung bzw. des Missbrauchs von hoheitlichen Dokumenten (etwa Reisepass, Personalausweis, Geburtsurkunde etc.).
- Identitätsdiebstahl bzw. -missbrauch im „*privaten*" Bereich, bspw. Heiratsschwindelei, Kreditkartenmissbrauch oder auch das Entwenden von persönlichen Informationen aus der häuslichen Umgebung.

Im hoheitlichen Bereich liegt die Zielsetzung meist darin, mithilfe einer falschen Identität unterzutauchen, Grenzkontrollen zu passieren oder auch generell einer Strafverfolgung zu entgehen. Dazu gehören in erster Linie alle Formen des

Ausweis-/Passbetrugs, ggf. unter Einschluss der Verwendung von Tarnidentitäten, die dazu benutzt werden sollen, kriminelle Aktivitäten vorzubereiten bzw. auszuführen. Des Weiteren gehören in diese Fallkategorie auch das Untertauchen mit falscher Identität i. V. m. der Eröffnung von Bankkonten etc., die unerlaubte Einreise und der unerlaubte Aufenthalt sowie die Nutzung von Decknamen und Ähnlichem, häufig ebenfalls mit der Zielsetzung verbunden, einer Strafverfolgung zu entgehen.

Im privaten Bereich wird neben der Fälschung von (nichtamtlichen) Ausweispapieren das Annehmen einer falschen Identität betrachtet. Meist geschieht dies in betrügerischer Absicht. In diesem Zusammenhang sind insbesondere die Hochstapelei und der Heiratsschwindel zu erwähnen, ebenso die Urkundenfälschung im weitesten Sinne, etwa in Form der Erlangung von Titeln etc., und schließlich der Scheckbetrug.

Dabei kann sich der Angreifer verschiedener Methoden bedienen, um sich die notwendigen Informationen zu beschaffen. Diese reichen von der simplen Durchforstung eines Papierkorbs bzw. Mülleimers und dem Einbruch und Diebstahl von entsprechenden Gegenständen, beispielsweise aus dem Auto, bis zur heimlichen Entleerung eines Briefkastens, der z. B. den Brief mit der neuen Kreditkarte enthält. Papierkörbe spielen dabei auch in Bankfilialen eine nicht zu unterschätzende Rolle: Werden dort Kontoauszüge oder fehlerhaft ausgefüllte Überweisungsträger unachtsam entsorgt, findet der Angreifer alle benötigten Informationen wie Kontonummer, Bankleitzahl, Name und häufig auch die Adresse des potenziellen Opfers. Auch der Anruf bei der Bank zur Erhöhung des Kreditkartenlimits oder die unbefugte Einrichtung eines Nachsendeauftrags gehören dazu. Darüber hinaus besteht für einen Angreifer die Möglichkeit, sich durch *Skimming*[37] oder *Shoulder surfing*[38] weitere Informationen zu beschaffen. Beide Angriffsverfahren sind diesbezüglich hauptsächlich im Zusammenhang mit Identitätsdiebstahl bzw. -missbrauch von Kreditkarten und Kontodaten interessant. Während beim Skimming die Einordnung als Identitätsdiebstahl bzw. -missbrauch ohne IT-Bezug fraglich ist, da hier in den meisten Fällen Informationstechnologie in Form von Auslesegeräten für Magnetstreifen zum Einsatz kommt, ist der Sachverhalt in Bezug auf Shoulder surfing eindeutig. Hier nutzt der Angreifer den Umstand aus, dass viele Opfer unvorsichtig bei der Eingabe persönlicher Daten sind und keine Vorkehrung gegen ein „Ausspähen über die Schulter" treffen.

Die Zielsetzung liegt für den Angreifer meistens darin, sich einen wie auch immer gearteten Vorteil zu verschaffen. Hiermit kann er sich z. B. illegale Substanzen (bspw. Drogen) beschaffen oder etwa die Erstellung gefälschter Einreisedokumente finanzieren.

Wichtiger Punkt bei der Bekämpfung des Identitätsdiebstahls bzw. -missbrauchs ohne IT-Bezug ist – wie im Übrigen bei allen Szenarien mit IT-Bezug – das schnellstmögliche Melden des Vorfalls. Nur dadurch lassen sich die möglichen Auswirkungen eines Identitätsdiebstahls bzw. -missbrauchs wirkungsvoll minimieren. Entwendet der Angreifer aber bspw. einen Brief aus dem Briefkasten

---

[37] Vgl. hierzu auch: http://de.wikipedia.org/wiki/Skimming_%28Betrug%29.
[38] Vgl. hierzu auch: http://en.wikipedia.org/wiki/Shoulder_surfing_%28computer_security%29.

des Opfers und wurde dieser darüber hinaus auch vom Angreifer – und nicht vom Opfer – angefordert, so entsteht die Schwierigkeit, dass das Opfer gar nicht mit dem Erhalt eines Briefes rechnet und somit den Verlust des Briefes auch nicht bemerkt. Erst wenn der Angreifer – ggf. unter Zuhilfenahme weiterer Maßnahmen – den eigentlichen Identitätsdiebstahl bzw. -missbrauch in einen finanziellen Vorteil verwandelt, hat das Opfer, bspw. durch Kontrolle der Kreditkartenabrechnungen, überhaupt eine Chance, den Identitätsdiebstahl bzw. -missbrauch zu bemerken. Benutzt der Angreifer darüber hinaus weitere Methoden wie etwa die Erstellung eines Nachsendeauftrags zu seinen Gunsten, so bekommt das Opfer auch keine Kreditkartenabrechnung mehr. In einem solchen Fall ist lediglich das Ausbleiben der Kreditkartenabrechnung das auffällige Merkmal, das dem Opfer einen Hinweis auf einen möglichen Identitätsdiebstahl bzw. -missbrauch geben kann. Um das Risiko für das Opfer einzuschränken, ist daher eine regelmäßige Kontrolle des Briefkastens und der Kreditkartenabrechnungen – ggf. auf einem alternativen Wege, etwa durch Überprüfung des Onlinekreditkartenauszuges – dringend zu empfehlen. Selbiges gilt natürlich auch im Zusammenhang mit Kontoauszügen und während einer Urlaubsabwesenheit. Im letztgenannten Fall sollten weitere vertrauenswürdige Personen (etwa Freunde oder Nachbarn) mit der regelmäßigen Kontrolle und Leerung des Briefkastens betraut werden. Um dem Datendiebstahl im Zusammenhang mit Papierkörben und Mülleimern zu begegnen, sollten alle sensitiven Dokumente sicher vernichtet werden. Anzuraten ist dabei, die entsprechenden Dokumente mittels eines Aktenvernichters mit Partikelschnitt[39] zu zerstören.

2. *Identitätsdiebstahl und -missbrauch mit IT-Bezug (Überblick)*

An dieser Stelle soll ein erster Überblick über die Erscheinungsformen von Identitätsdiebstahl und Identitätsmissbrauch gegeben werden, ohne Anspruch auf eine etwaige Systematik zu erheben. Die Beispiele betreffen dabei *technische* Identitäten, wie sie auf S. 6 ff. beschrieben sind.

Nutzung fremder Adressdaten (Spaßbestellungen)
Adressdaten können als technische Identität aufgefasst werden. Sie sind jedoch leicht zu ermitteln und zunächst durch keinerlei technische Maßnahmen geschützt. Der „Inhaber" dieser Daten kann sich nur durch Geheimhaltung der Daten schützen, was in der Praxis schwer durchzuhalten ist, da Adressdaten in Telefonbüchern und Adresssammlungen von Unternehmen vorgehalten werden.

Ein Anbieter von Waren oder Dienstleistungen kann sich jedoch organisatorisch gegen den Missbrauch fremder Adressdaten (z. B. für „Spaßbestellungen") schützen, indem er die Adressdaten an einen geheimen Wert (z. B. Nutzername/Passwort) bindet und die erste Bestellung nur gegen Vorkasse oder per Nachnahme durchführt.

---

[39] Hierzu siehe auch: http://de.wikipedia.org/wiki/Aktenvernichter#Funktionsweise.

Kreditkartenmissbrauch
Die Kreditkartennummer ist keine geheime Information. Da sie sehr oft weitergegeben wird (Eingabe in Webformulare, Weitergabe in Hotels), ist sie anfällig für Phishingangriffe. Vollständige Datensätze von Kreditkarten (Nummer, Prüfziffer, Gültigkeitszeitraum, Name) werden daher im Internet für wenig Geld gehandelt. Überprüfungen der einzelnen Zahlungsvorgänge durch die Kreditkartenfirmen halten die Schäden hier in Grenzen.

Nutzung fremder E-Mail-Accounts
Der Zugang zu E-Mail-Accounts ist in der Regel durch Nutzername/Passwort geschützt. Durch Phishingangriffe kann sich somit ein Unbefugter Zugang zu diesen Accounts verschaffen und sie z. B. zum Versenden von SPAM-E-Mails benutzen.

Spoofing
Technische Identitäten, die nur durch eine technische Infrastruktur geschützt sind, können über diverse Spoofing-Angriffe kompromittiert werden. Die im Rahmen der Angriffe auf Onlinebanking bekanntesten Spoofing-Varianten sind Phishing (E-Mail-Spoofing, Web-Spoofing) und Pharming (DNS-Spoofing).

Nutzung fremder Transaktionsidentitäten
Im deutschen Onlinebanking werden Einmal- oder Transaktionsidentitäten verwendet, um einzelne Transaktionen abzusichern. Diese müssen von einem Angreifer abgefangen werden, und ihre Einlösung bei der Bank muss verhindert werden. Hierzu ist eine aktive Kontrolle des Netzwerks erforderlich.

Man-in-the-Middle-Angriffe
Insbesondere bei Identitätsdaten, die durch Besitz geschützt sind, ist ein Identitätsdiebstahl im Internet praktisch nicht zu realisieren, da hierzu ein realer Diebstahl des verwendeten Hardwaretokens erforderlich wäre. In diesem Fall werden in der Praxis sogenannte Man-in-the-Middle-Angriffe durchgeführt, bei denen der Angreifer den Kommunikationskanal kontrolliert, die Identifikation durch Besitz ungehindert passieren lässt, aber anschließend die ausgetauschten Daten verändert.

Die Kontrolle des Kommunikationskanals kann hierbei im Endgerät (PC) des Nutzers (z. B. über ein eingeschleustes Trojanisches Pferd) oder im Internet selbst durch Umleitung des Datenverkehrs erfolgen.

IV. Ähnliche Phänomene

Eine Reihe von Phänomenen ist den hier interessierenden Angriffen ähnlich, hat aber für die Problematik des Identitätsdiebstahls und -missbrauchs keine Bedeutung. Dazu zählen etwa

- DDos-Angriffe ohne Verwendung fremder Identitäten.
- Unbefugte Speicherung und Verwendung, Handel mit Identitätsdaten.
  Der Datenhandel mit persönlichen Daten (Adressdaten, Bankdaten), die durch Datenschutzbestimmungen geschützt sind, hat in jüngster Vergangenheit in der

Presse große Aufmerksamkeit erfahren. Für diese Studie ist er nicht relevant, da diese Daten in der Regel freiwillig von den Nutzern preisgegeben wurden (wenn auch zu einem eingeschränkten Verwendungszweck), also kein Identitätsdiebstahl vorliegt. Diese Datensätze enthalten in der Regel auch keine geheimen Daten wie Passwörter. Dieser Datenhandel ist in großem Maßstab möglich, da er IT-gestützt ist. Dies verdeutlicht bereits die Problematik von Identitäten, die in IT-Systemen eingesetzt werden: Ein Missbrauch in großem Maßstab ist einfach und mit geringen Kosten durchzuführen.

- Unbefugte Speicherung und Verwendung sonstiger Daten.

Kapitel 2
Strukturen von Identitätsdiebstahl und -missbrauch unter Einsatz von Informationstechnologie

In diesem Kapitel werden gängige Angriffsmechanismen, die in der Praxis zur Durchführung von Identitätsdiebstahl oder Identitätsmissbrauch eingesetzt werden, beschrieben.

I. Vortäuschung einer technisch nicht geschützten Identität (Spoofing)

Zusammenfassung: Technische Merkmale wie beispielsweise IP-Adressen und E-Mail-Adressen lassen sich von Angreifern auf einfache Art und Weise fälschen und haben meist keine besondere Beweiskraft. Dies muss insbesondere bei etwaigen Rechtsstreitigkeiten berücksichtigt werden, da diese Merkmale vor Gericht oft als Beweismittel eingebracht werden.

Der Begriff *Spoofing*[40] stammt aus dem Englischen und bezeichnet generell das Vortäuschen einer Tatsache. Frei übersetzt bedeutet Spoofing „manipulieren", „reinlegen" oder „verschleiern". Spoofing ist eines der bekanntesten Hilfsmittel bei Angriffen im Internet und kann in verschiedenen Varianten eingesetzt werden, wobei ein Angreifer Spoofing dabei im Wesentlichen dazu nutzt, dem Opfer eine (technische) Eigenschaft vorzutäuschen. Im Folgenden wird nun davon ausgegangen, dass die zu manipulierende technische Eigenschaft nicht durch weitere – beispielsweise kryptografische – Maßnahmen geschützt ist und somit vom Angreifer ohne größeren Aufwand verfälscht werden kann. Zudem wird auch unterstellt, dass keine technischen Maßnahmen ergriffen wurden, die es dem Opfer ermöglichen zu erkennen, ob es sich um eine gespoofte Information handelt.

Im Rahmen des Spoofing kommen als Informationen neben den klassischen technischen Formen wie der IP-Adresse oder der *ARP-Tabelle*[41,42] etc. auch Infor-

---

[40] Zu Spoofing-Angriffen siehe auch: http://en.wikipedia.org/wiki/Spoofing_attack.

[41] Die ARP-Tabelle dient dazu, mithilfe des Address Resolution Protocol (kurz: ARP) im lokalen Netz eine Übersetzung zwischen den IP-Adressen und den zugehörigen Media Access Control-Adressen (kurz: MAC-Adressen) vorzunehmen.

[42] Für eine umfassende Beschreibung des ARP siehe: http://de.wikipedia.org/wiki/Address_Resolution_Protocol.

mationen im Zusammenhang mit dem *Domain Name System* (kurz: *DNS*) oder Merkmale wie die äußere Erscheinungsform von Websites oder E-Mails in Frage. Des Weiteren ist auch das Thema der Manipulation von Google-Suchergebnissen relevant, da die Opfer hierdurch auf gefälschte Websites gelockt werden können.

Zum besseren Verständnis wird zunächst eine kurze Einführung in das im Internet gebräuchlichste Kommunikationsmodell, das ISO/OSI-Schichtenmodell[43], gegeben, auf dem auch das weltweit eingesetzte *Transmission Control Protocol auf Basis des Internetprotokolls*[44] (kurz: *TCP/IP-Protokoll*) basiert. Abbildung 1 zeigt

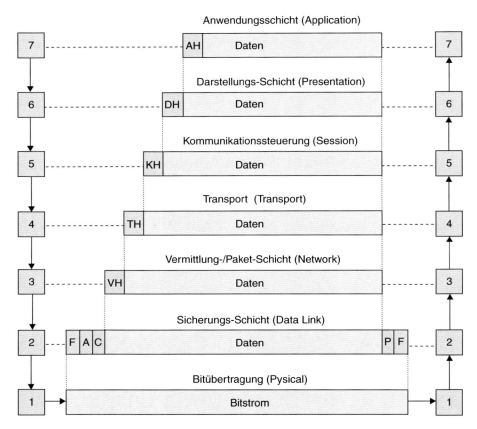

Abb. 1 Schematische Darstellung des ISO/OSI-Modells. (Quelle: http://netzmafia.de/skripten/netze)

---

[43] Zu den Ursprüngen des ISO/OSI-Protokolls siehe beispielsweise die Publikation von Hubert Zimmermann „OS1 Reference Model-The IS0 Model of Architecture for Open Systems Interconnection" in den IEEE TRANSACTIONS ON COMMUNICATIONS, VOL. COM-28, NO. 4, APRIL 1980.

[44] Eine umfassende Erläuterung zum Thema TCP/IP findet sich etwa unter: http://en.wikipedia.org/wiki/Tcp/ip.

die schematische Darstellung des ISO/OSI-Modells mit den verschiedenen *Schichten* und *Headern*.[45]

Das ursprüngliche ISO/OSI-Modell wurde bereits im Jahre 1980 von Hubert Zimmermann[46] vorgeschlagen und bildet bis heute die Grundlage aller wesentlichen Kommunikationsprozesse im Internet. Es besteht aus insgesamt sieben Schichten (engl.: Layer), die unterschiedliche Funktionen ausüben.

- Schicht 1: Die unterste Schicht des ISO/OSI-Schichtenmodells ist die *physikalische Schicht* (engl.: *Physical Layer*). Die physikalische Schicht wird oft auch als Bitübertragungsschicht bezeichnet und stellt mechanische und elektrische Hilfsmittel zur Verfügung, um physikalische Verbindungen zu aktivieren bzw. zu deaktivieren, sie aufrechtzuerhalten und Bits darüber zu übertragen. Sie spielt im Rahmen der weiteren Betrachtungen nur eine untergeordnete Rolle und wird hier nur der Vollständigkeit halber erwähnt.
- Schicht 2: Basierend auf dieser grundlegenden Schicht liegt die *Sicherungsschicht* (engl.: *Data Link Layer*). Die Aufgabe dieser Schicht ist es, eine zuverlässige, weitgehend fehlerfreie Übertragung zu gewährleisten und den Zugriff auf das Übertragungsmedium (vgl. Schicht 1) zu regeln. Schicht 2 lässt sich in zwei Unterschichten (engl.: Sub Layers) untergliedern, von denen die als Media Access Control bezeichnete Schicht im Rahmen des MAC-Spoofing Relevanz hat.
- Schicht 3: Basierend auf Schicht 2 folgt die *Vermittlungsschicht* (engl.: *Network Layer*), die in Anlehnung an die englische Bezeichnung auch oft als Netzwerkschicht bezeichnet wird. Sie sorgt bei paketorientierten Diensten – wie etwa TCP/IP – für die Weitervermittlung von Datenpaketen. Dabei gehört auch der Prozess der Wegsuche (engl.: Routing) mit zur Aufgabe dieser Schicht. Im Rahmen des Internetprotokolls (engl.: Internet Protocol) findet auf dieser Schicht die Adressierung der Kommunikationsendpunkte anhand von IP-Adressen statt. Diese Schicht spielt im Rahmen des IP-Spoofing und der Manipulation des Pakettransports, also der Routing-Tabellen-Einträge, eine bedeutende Rolle.
- Schicht 4: Auf Grundlage der Netzwerkschicht findet sich die *Transportschicht* (engl.: *Transport Layer*), die als erste Schicht eine vollständige Ende-zu-Ende-Kommunikation zwischen Sender und Empfänger bereitstellt. Auf der Grundlage von Schicht 4 finden die anwendungsorientierten Schichten 5 bis 7 eine gemeinsame Basis zum Datenaustausch. Bekannte Protokolle, die auf dieser Schicht basieren, sind das *Transmission Control Protocol*[47] (kurz: *TCP*) und das *User Datagram Protocol*[48] (kurz: *UDP*). Durch Manipulation der Eigenschaften des TCP kann ein Angreifer beispielsweise einen Denial of Service (DoS)[49]-Angriff durchführen.

---

[45] Abbildung entnommen aus: http://netzmafia.de/skripten/netze.

[46] *Hubert Zimmermann* „OS1 Reference Model-The IS0 Model of Architecture for Open Systems Interconnection"; IEEE TRANSACTIONS ON COMMUNICATIONS, VOL. COM-28, NO. 4, APRIL 1980.

[47] Zum Transmission Control Protocol (TCP) siehe bspw.: http://tools.ietf.org/html/rfc1323.

[48] Zum User Datagram Protocol (UDP) siehe bspw.: http://tools.ietf.org/html/rfc768.

[49] Zum Denial of Service (DoS) siehe bspw.: http://de.wikipedia.org/wiki/Denial_of_Service.

- Schicht 5: Die *Kommunikationssteuerungsschicht* (engl.: Session Layer) ermöglicht nun über die Nutzung von Schicht 4 die Kommunikation von Prozessen auf verschiedenen Systemen. Ein bekanntes Protokoll auf dieser Schicht ist das Remote Procedure Call (RPC). Diese Schicht spielt im Rahmen des Spoofing nur eine untergeordnete Rolle und wird daher nur der Vollständigkeit halber erwähnt.
- Schicht 6: Die *Darstellungsschicht* (engl.: *Presentation Layer*) setzt die systemabhängige Darstellung der Daten (zum Beispiel ASCII) in eine unabhängige Form um und ermöglicht somit den syntaktisch korrekten Datenaustausch zwischen unterschiedlichen Systemen. Zu den weiteren Aufgaben der Darstellungsschicht gehören auch die Kompression und Verschlüsselung der eigentlichen Nutzdaten. Die Darstellungsschicht hat dabei unter anderem die Aufgabe, dafür zu sorgen, dass Daten der einen Anwendungsschicht eines Systems von der Anwendungsschicht eines anderen Systems gelesen werden können. Im Rahmen des Identitätsdiebstahls bzw. -missbrauchs spielt die Darstellungsschicht nur eine untergeordnete Rolle und wird hier nur der Vollständigkeit halber erwähnt.
- Schicht 7: Die *Anwendungsschicht* (engl.: *Application Layer*) stellt die letzte der sieben Schichten des ISO/OSI-Modells dar. Sie schafft den Applikationen dabei Zugang zum Netzwerk; dadurch lassen sich dann etwa Log-in-Prozesse oder auch Remote-Sessions umsetzen. Auch die Anwendungsschicht spielt im Rahmen dieses Abschnitts nur eine untergeordnete Rolle und wird im Zusammenhang mit dem DNS-Spoofing noch betrachtet werden.

Nach dieser kurzen Einordnung des ISO/OSI-Modells werden nun die einzelnen Spoofing-Mechanismen im Detail beschrieben. Die Reihenfolge der Darstellung ist dabei an der Reihenfolge der Schichten im ISO/OSI-Modell ausgerichtet.

- MAC-Spoofing: Die Adressierung der Netzwerkpakete erfolgt im lokalen Netz auf Schicht 2 anhand von sogenannten *Media Access Control-Adressen* (kurz: *MAC-Adressen*). Dazu besitzt jedes Netzwerkinterface eine weltweit eindeutige MAC-Adresse. Beim MAC-Spoofing fälscht der Angreifer nun genau diese MAC-Adresse und kann damit etwa Sicherungsmechanismen angreifen, die den Zugang zu Ressourcen anhand der MAC-Adresse reglementieren. Ein gutes Beispiel hierfür sind kabellose lokale Netzwerke (engl.: Wireless Local Area Network [*WLAN*]), da hier häufig eine Zugriffsliste von MAC-Adressen gepflegt wird, die die berechtigten Nutzer ausweist und nur diesen den Zugang über den Access-Point in das WLAN ermöglicht. Ein Angreifer kann sich somit – unter Nutzung einer fremden, aber legitimierten MAC-Adresse – Zugang zu diesem WLAN verschaffen. Auch für Angreifer, die (im lokalen Netzwerk) ihre wahre Identität verschleiern wollen oder verhindern möchten, dass ein Angriff mit ihrem Rechner in Zusammenhang gebracht werden kann, ist MAC-Spoofing ein durchaus nützliches Mittel. Die MAC-Adressen moderner Netzwerkschnittstellen lassen sich zudem einfach per Software ändern, wodurch mit auf MAC-Adressen basierten Zugriffsschutzverfahren nur ein sehr begrenzter Schutz erreicht wird, da ein Angreifer leicht auch ein fremdes Gerät mit der „gültigen" MAC-Adresse konfigurieren kann. Zu diesem Zweck stehen sowohl unter Windows als

I. Vortäuschung einer technisch nicht geschützten Identität (Spoofing)

auch Linux/Unix verschiedene Werkzeuge, sowohl auf der Kommandozeile als auch mit Grafikunterstützung, zur Verfügung.

Als Gegenmaßnahme kommt im Falle der drahtgebundenen Netze vor allem der Einsatz der von vielen Switches[50] unterstützten *Port Security*[51] in Frage. Bei diesem Verfahren lernt der Switch an jedem Port die MAC-Adresse des an diesem Port zuerst angeschlossenen Geräts und trägt diese dann fest in seine Tabelle ein. Wird nun ein anderes Gerät an diesen Port angeschlossen oder die MAC-Adresse des angeschlossenen Geräts durch Spoofing verfälscht, so werden alle entsprechenden Pakete an diesem Port verworfen. Bei den meisten Herstellern kann man das Verhalten nach dem Auftauchen einer „falschen" MAC-Adresse auch auf Shutdown konfigurieren. Der Switch schaltet den betreffenden Port dann komplett ab, er ist erst nach einem administrativen Eingriff wieder nutzbar. Schutzmaßnahmen wie Port Security können aber im Falle gewollter Änderungen – etwa beim Austausch von Netzwerkschnittstellen – einen nicht unerheblichen administrativen Aufwand nach sich ziehen. Daher ist ein Einsatz der Port Security für den Privatanwender in den meisten Fällen zu aufwendig, zumal die meisten Geräte im Bereich Small Office – Home Office (kurz: SOHO) diese Möglichkeit nicht bieten. WLAN-Netze lassen sich zudem durch weitere Maßnahmen vor unerwünschter Mitbenutzung schützen. Zu nennen sind hier zum einen Verschlüsselungsverfahren wie Wi-Fi Protected Access[52] (kurz: WPA) und der Nachfolger WPA2, zum anderen auch Authentifizierungsmaßnahmen wie 802.1x, die dafür sorgen, dass nur legitimierte und etwa durch ein Zertifikat ausgewiesene Geräte am Netzwerk teilnehmen können.

Da dieser Angriffstyp allerdings auf einem Zugang zu einem LAN bzw. WLAN-Bereich basiert, ist er für die typischen Fallkonstellationen im Bereich des Identitätsdiebstahls nur von untergeordneter Bedeutung. Im Regelfall skaliert diese Methode einfach zu schlecht, da der Angreifer „vor Ort" sein muss. Bei gezielten Angriffen durch Mitsurfer in einem Internet-Café, durch andere Mitarbeiter in einem Unternehmen oder durch den WLAN-Surfer auf der Straße vor dem eigenen Haus bietet diese Methode jedoch ein enormes Einfallspotenzial.

- ARP-Spoofing: Die Adressierung von Kommunikationsendpunkten erfolgt in der Regel auf Schicht 3, also – etwa bei Verwendung des Internetprotokolls – über die IP-Adresse der Kommunikationspartner. Netzwerkschnittstellen werden im lokalen Netz aber nicht über die IP-Adresse, sondern über ihre MAC-Adresse angesprochen, dies wurde bereits im vorherigen Abschnitt kurz erläutert. Es muss also eine Art Übersetzung zwischen der IP-Adresse in den IP-Paketen und der MAC-Adresse geben, damit die IP-Pakete von der richtigen

---

[50] Weitere Informationen zum Thema Switches finden sich z. B. unter: http://de.wikipedia.org/wiki/Switch_%28Computertechnik%29.

[51] Weitergehende Informationen zum Bereich Port Security siehe auch: http://de.wikipedia.org/wiki/Port_Security.

[52] Für weitere Informationen zum Thema Wi-Fi Protected Access (WPA) vgl.: http://de.wikipedia.org/wiki/Wi-Fi_Protected_Access.

Netzwerkschnittstelle angenommen und weiterverarbeitet werden können. Das Hilfsprotokoll, das hierfür zuständig ist, heißt *Address Resolution Protocol* (kurz: *ARP*). Es übersetzt im lokalen Netzwerk zwischen den beiden Adresstypen IP- und MAC-Adresse und hält entsprechende Tabellen vor, in denen die Paare von zusammengehörigen IP- und MAC-Adressen abgelegt sind. Ein Angreifer im lokalen Netzwerk kann nun die entsprechende Tabelle manipulieren, dafür benötigt er allerdings Zugang zum lokalen LAN bzw. muss sich im Funkbereich des WLAN-Zugangspunktes befinden. Ist dies der Fall, kann er mittels ARP-Spoofing Opfer beliebig von der Kommunikation mit der Außenwelt abschneiden oder durch geschickte Manipulation dafür sorgen, dass das Opfer den Angreifer als Gateway zum Internet benutzt. Im letztgenannten Fall wird dann sämtlicher Datenverkehr über den Angreifer geleitet. Setzt der Angreifer zusätzlich gefälschte Zertifikate ein, die vom Opfer akzeptiert werden, kann er auch mittels SSL geschützten Datenverkehr mitlesen und beliebig manipulieren.

Gegenmaßnahmen basieren auf der Analyse der ARP-Datenpakete und der Protokollierung der Zuordnung von IP-/MAC-Adressen im lokalen Netzwerk. Neben freien Werkzeugen wie etwa arpwatch[53] gibt es auch einige kommerzielle Tools, um dem Problem des ARP-Spoofing zu begegnen. Dazu gehören unter anderem das von der Firma Cisco eingesetzte Dynamic ARP Inspection[54] (kurz: DAI) oder auch ARP-GUARD[55]. Wichtig ist zudem, dass Maßnahmen wie Port Security keinen Schutz vor ARP-Spoofing bieten (können), da der Angreifer in diesem Falle nicht seine MAC-Adresse fälschen muss, sondern lediglich die Beziehung zwischen dieser und der IP-Adresse des zu imitierenden Rechners manipuliert.

Angriffe mittels ARP-Spoofing basieren aber wie auch MAC-Spoofing-Angriffe auf einem lokalen Zugang zum Netzwerk und skalieren daher entsprechend schlecht. Für gezielte (also personalisierte) Angriffe bietet sich mittels ARP-Spoofing allerdings ein probates Mittel hinsichtlich eines erfolgreichen Identitätsdiebstahls und -missbrauchs im lokalen Netzwerk an. Mit der weiteren Verbreitung von WLANs wird die Angriffsfläche zudem weiter vergrößert.

- IP-Spoofing: Die Technik des IP-Address-Spoofing beruht auf dem Fälschen der Absender-IP-Adresse von IP-Paketen und kann für verschiedene Angriffe genutzt werden. Möglich sind zum einen Denial-of-Service (DoS)-Attacken: Diese Form eines Angriffs kann beispielsweise durch Versenden von Paketen mit einer falschen Absenderadresse (nämlich der des potenziellen Opferrechners) an eine Vielzahl von Rechnern geschehen, die dann durch ihre Antworten den Rechner des Opfers lahmlegen können. Darüber hinaus lassen sich mittels IP-Spoofing auch Systeme angreifen, die mithilfe einfacher ACLs gesichert sind. Ein weiteres Ziel eines IP-Spoofing-Angriffs kann sein, sich Zugang zu per Zugangsberechtigungslisten (engl.: Access Control List, kurz: ACL) gesicherten Systemen

---

[53] Quelle zu arpwatch: http://ee.lbl.gov/.
[54] Zum Einsatz von DAI siehe beispielsweise: http://www.nwlab.net/know-how/Cisco/dynamic-arp-inspection.html.
[55] Quelle zu ARP-GUARD: https://www.arp-guard.com/.

I. Vortäuschung einer technisch nicht geschützten Identität (Spoofing)

zu verschaffen. Voraussetzung für den Erfolg dieser Form des Angriffs ist allerdings, dass der betreffende, per ACL legitimierte Rechner temporär nicht erreichbar ist (zum Beispiel nach einem Angriff per SYN-Flood[56]) oder einfach nur später als der Angreifer auf die vom System des Opfers zurückgesendeten Pakete antwortet. Ein IP-Spoofing-Angriff kann zudem auch die Grundlage für weitere Angriffsformen bieten, etwa für TCP-Sequenznummer-Attacken[57], bei denen man durch „Erraten" der aktuell gültigen Sequenznummer ein Paket in eine bereits bestehende Verbindung einschleust. Ein bekanntes Beispiel für diese Vorgehensweise ist der Angriff, der 1994 von Kevin Mitnick durchgeführt wurde, um in das Netz des bekannten Sicherheitsexperten Tsutomu Shimomura einzudringen.[58]

Während die Abwehr dieser Angriffstechnik für den einzelnen PC-Nutzer nur schwer möglich ist, lassen sich IP-Spoofing-Angriffe gegen LANs meist wirksam durch entsprechende Filterregeln auf der externen Schnittstelle des lokalen Routers (sogenanntes Ingress Filtering[59]) verhindern. Dort verwirft man dann einfach alle an der äußeren Schnittstelle eingehenden Pakete, wenn diese eine IP-Absenderadresse aus dem internen IP-Bereich haben.

Im Zusammenhang mit Identitätsdiebstahl und -missbrauch spielt IP-Spoofing keine große Rolle, obwohl es nicht wie MAC-Spoofing oder ARP-Spoofing auf einen lokalen Zugang zu einem Netzwerk angewiesen ist. Problematisch ist in diesem Fall eher, dass der Angreifer zwar Pakete einschleusen kann, es aber in den meisten Fällen problematisch ist, auch die entsprechenden Antwortpakete zu erhalten. Dazu muss in den allermeisten Fällen eine zusätzliche Manipulation an den beteiligten Routing-Mechanismen vorgenommen werden. Für Angriffe im Zusammenhang mit DoS-Szenarien – etwa einen Angriff auf BGP-Verbindungen – ist IP-Spoofing jedoch ein mächtiges Werkzeug.[60]

- Neben Angriffen auf Basis des Internetprotokolls bzw. der IP-Adressen lässt sich auch das Domain Name System (kurz: DNS) für Spoofing-Angriffe missbrauchen; hier findet der Angriff dann auf Schicht 7 – der Applikationsebene – statt. Das DNS ist selbst ein hierarchisch organisiertes System, das dazu dient, numerische IP-Adressen in lesbare Host- und Domainnamen zu übersetzen.[61] DNS-Spoofing wurde erstmals im Jahre 1997 durch den Angriff von Eugene Kashpureff auf die Website des Internic bekannt.[62] Beim DNS-Spoofing wird dem Opfer durch manipulierte DNS-Antworten eine falsche IP-Adresse für einen vorgegebenen Rechnernamen untergeschoben. Dies kann dazu benutzt werden, Websites zu

---

[56] Siehe dazu beispielsweise: http://de.wikipedia.org/wiki/SYN-Flood.
[57] Für eine Übersicht siehe beispielsweise: http://www.linux-magazin.de/Heft-Abo/Ausgaben/2005/08/Reset-Risiko.
[58] Siehe dazu: http://www.gulker.com/ra/hack/.
[59] Zur Erläuterung des Ingress Filtering siehe beispielsweise: http://de.wikipedia.org/wiki/Ingress_Filter.
[60] Siehe ebenfalls: http://www.linux-magazin.de/Heft-Abo/Ausgaben/2005/08/Reset-Risiko.
[61] Zur Funktionsweise von DNS siehe: http://de.wikipedia.org/wiki/Domain_Name_System.
[62] Zu den Details siehe: http://de.wikipedia.org/wiki/Eugene_Kashpureff.

kidnappen oder auch E-Mails an bestimmte Domains über einen anderen E-Mail-Server umzuleiten. Der Angriff beruhte in der Vergangenheit oft auf einer sogenannten Cache Pollution. Dabei wird dem Opfer neben der gewollten DNS-Antwort auch eine weitere ungewollte (im Falle der E-Mail-Umleitung zum Beispiel ein MX-Record[63]) untergeschoben, die es dann in seinem Cache speichert. Eine weitere Möglichkeit beruht darauf, die Query-ID einer nächsten Nameserveranfrage zu „erraten" und dem anfragenden Server dann eine falsche Antwort zu liefern, womit auch alle Clients diesen falschen Eintrag weitergereicht bekommen. DNS-Spoofing-Angriffe lassen sich zum Teil durch die *DNS Security Extensions*[64] (kurz: *DNSSEC*) nach den RFCs 4033, 4034 und 4035 wirksam unterbinden, denn dabei können die Nameserver durch Überprüfung einer digitalen Unterschrift die Echtheit der erhaltenen Informationen sicherstellen. Dieses Verfahren wird aber bis heute noch nicht flächendeckend eingesetzt, was zum einen an Schwierigkeiten bezüglich der technischen Umsetzung, zum anderen aber auch daran liegt, dass der Sinn und Nutzen dieser Sicherungsmaßnahme nach wie vor kontrovers diskutiert wird.

Im Rahmen des Identitätsdiebstahls und -missbrauchs spielen Angriffe auf Basis des DNS-Spoofing, die in diesem Zusammenhang auch als Pharming[65] bezeichnet werden, eine entscheidende Rolle.

- Web- und E-Mail-Spoofing (etwa in Form des klassischen Phishings) bilden eine weitere Form des Spoofing.
- Google-Spoofing (etwa in Form der *Search Engine Optimization*, kurz: *SEO*): Eine weitere Form des Spoofing ist auch unter dem Namen Google-Spoofing bekannt. Der Täuschungsvorgang beruht hier darauf, dass einem arglosen Nutzer mittels der Suchmaschine Google bösartige Links untergeschoben werden. Dazu kann der Angreifer sowohl legitime als auch mehr oder weniger unsaubere Methoden der Search Engine Optimization anwenden. In jedem Fall führt dies dazu, dass die bösartige Website im Google-Ranking auf der ersten Trefferseite auftaucht und ggf. höher gerankt ist als die legitime Website, nach der der arglose Nutzer eigentlich gesucht hat.

Mit diesem Vorgehen lassen sich für den Angreifer zwei Ziele erreichen: Er kann Nutzer, die zufällig bei Google nach dem entsprechenden Stichwort suchen, auf seine bösartige Seite weiterleiten, ohne diesen Nutzern vorher eine präparierte E-Mail schicken zu müssen, die einen entsprechenden Link enthält, aber möglicherweise von einem Spam-Filter abgefangen oder vom Nutzer selbst als nicht vertrauenswürdige E-Mail eingestuft wird. Auf der anderen Seite lassen sich damit auch Schutzmaßnahmen umgehen, die darauf beruhen, dass Nutzer auf Google vertrauen und keine URLs mehr aus E-Mails verwenden oder selbst eingeben, um nicht auf entsprechende Phishingseiten zu gelangen.

---

[63] Erläuterungen zum Thema MX Records finden sich auch unter: http://de.wikipedia.org/wiki/MX_Record.

[64] Eine weitergehende Beschreibung der Domain Name Security Extensions (DNSSEC) enthält: http://tools.ietf.org/html/rfc4033.

[65] Zu weiteren Erläuterungen zum Pharming siehe auch: http://de.wikipedia.org/wiki/Pharming.

II. Diebstahl von durch Wissen geschützten Identitätsdaten

Die praktisch am einfachsten einzusetzende Schutzmaßnahme ist der Schutz durch Wissen. Hierfür wird keine technische Infrastruktur benötigt. Allerdings hat diese Maßnahme mehrere Schwachstellen:

- Sichere Preisgabe des Wissens: Woher weiß ein menschlicher Nutzer, wann er sein Wissen preisgeben darf? Im realen Leben gibt es hier Vertrauensmechanismen, die zwar nicht perfekt sind, sich aber im Großen und Ganzen bewährt haben. In der elektronischen Welt, und insbesondere im Internet, fehlen diese.
- Niedrige Entropie der Wissensdaten: Damit ein menschlicher Nutzer sich die Wissensdaten zuverlässig merken kann, darf deren Informationsgehalt ein gewisses Maß nicht übersteigen. Diese niedrige Entropie kann für eine vollständige Suche (z. B. mittels Wörterbuchangriffen) ausgenutzt werden. (Eine mögliche Variante wäre hier „Wissen durch Wiedererkennen", z. B. von Gesichtern oder Fotos, die eine wesentlich höhere Entropie ermöglichen würden. Dies wurde jedoch erst ansatzweise untersucht.)
- Passwörter müssen im PC oder auf dem Server gespeichert werden. Dies kann im Klartext oder in gehashter Form geschehen. Werden sie im Klartext gespeichert, so kann das Auffinden der Passwortdatei den Diebstahl vieler Identitäten zur Folge haben. Werden sie in gehashter Form gespeichert (d. h. in der Form h_{pw} = hash [pw]), so können die Passwörter über einen Wörterbuchangriff zurückgerechnet werden. Eine höhere praktische Sicherheit bietet die Speicherung mithilfe eines mit „Salt" berechneten Hash-Wertes, d. h. in der Form (ID, h_{pw}, r), wobei r ein Zufallswert und h_{pw} = hash (pw,r) ist.

1. *Benutzername/Passwort, PIN*

Die einfachste Art der wissensbasierten Identifikation ist die Identifikation über ein festes, unveränderliches Geheimnis. Dieses Geheimnis wird je nach Ausprägung *Passwort*, *Passphrase* oder *„Persönliche Identifikationsnummer"* (kurz: *PIN*) genannt.

Mit einem solchen Geheimnis kann der Besitz einer kompletten elektronischen Identität nachgewiesen werden. Alle nachfolgenden Aktionen sind dadurch bereits autorisiert.

Folgende Angriffsformen sind bekannt und dokumentiert:

- Keylogger: Keylogger sind Schadprogramme, die lokal auf einem Rechner ausgeführt werden und alle Tastatureingaben mitprotokollieren.[66] Keylogger findet man leicht im Internet.[67] In der Rechtsprechung sind sie international bekannt.[68]

---

[66] http://en.wikipedia.org/wiki/Keystroke_logging.
[67] http://www.dmoz.org/Computers/Security/Products_and_Tools/Monitoring/Keyloggers/.
[68] http://www.viruslist.com/en/analysis?pubid=204791931.

- Sniffing: Passwörter, die im Klartext über ein Netzwerk übertragen werden, können dort mit frei verfügbaren Tools mitgelesen werden. Als Beispiel sei hier das leicht zu bedienende Tool Wireshark[69] genannt. Die Übertragung von Passwörtern sollte daher nur verschlüsselt (in der Regel mit SSL/TLS) erfolgen.
- Web-Spoofing/-Phishing [Felten97]: Um Passwörter über das Internet abzufragen, wird in der Regel ein HTML-Formular benutzt. Hier gibt es einen speziellen Formulareingabetyp „password". Die Verwendung dieses Eingabetyps bewirkt aber nur, dass die eingetippte Zeichenfolge am Bildschirm nicht im Klartext dargestellt wird, und hat keine weiter reichenden Schutzmechanismen. D. h., ohne weitere Schutzmechanismen wie z. B. SSL/TLS wird das eingegebene Passwort im Klartext an den Server gesendet. Ob der Nutzer sein Passwort preisgibt, muss er anhand von technischen und visuellen Merkmalen der Website entscheiden:
  - Visuelle Merkmale sind das Design der Website und bestimmte „Sicherheitssiegel" („Verified by Verisign"), die in den HTML-Code eingefügt wurden. Diese Merkmale sind leicht zu fälschen und daher völlig unsicher; trotzdem entscheiden viele Nutzer allein anhand dieser Merkmale, was maßgeblich zum Erfolg der Phishingangriffe beigetragen hat [DTH06]. Eine erhebliche Mitschuld muss hier den Anbietern von Sicherheitslösungen für Websites gegeben werden, da diese solche Maßnahmen propagiert haben.
  - Technische Merkmale sind die URL in der Adresszeile des Browsers, die Anzeige, ob SSL aktiviert ist oder nicht, und weitergehende SSL-Informationen. Diese Merkmale waren in der Generation der Browser um das Jahr 2004 nur schwer zu interpretieren und absolut unzuverlässig. So wurde z. B. in [Gajek04] ein Proof-of-Concept für den Internet Explorer 6 Service Pack 1 implementiert, bei dem sämtliche technischen Merkmale gefälscht werden konnten. Teile dieses Proof-of-Concept wurden auch bei realen Web-Spoofing-Angriffen im Internet beobachtet; diese betrafen ausschließlich die Adresszeile (z. B. Überlagerung des Adressfensters mit einem rahmenlosen Pop-Up-Fenster der gleichen Größe, das mittels JavaScript erzeugt wurde). Mittlerweile haben die Browserhersteller große Fortschritte bei der verständlichen Darstellung der technischen Merkmale gemacht. So wird z. B. im Internet Explorer 8 und Chrome der Domainname innerhalb der URL deutlich hervorgehoben, und der SSL-Status wird über einen Farbcode in der Adresszeile dargestellt.
- Browser-Plug-ins: Eine Kombination der Techniken, die für Keylogger und Web-Spoofing verwendet wurden, ist in Form von bösartigen Browsererweiterungen in der Praxis beobachtet worden. Hier wurde eine klassische Schadsoftware auf dem PC des Opfers installiert, die aber nicht mehr alle Tastatureingaben mitprotokolliert, sondern nur die Eingaben in bestimmte Browserfelder. Dies hat den Vorteil, dass der Angreifer nur bestimmte Daten einsammeln kann, z. B. alle Eingaben in die Felder „Nutzername" und „Passwort". Mit ähnlichen Techniken können auch andere Clientprogramme angezapft werden [Langweg06], da

---

[69] http://www.wireshark.org/.

Browser jedoch gerade im Onlinebanking große Anwendung finden, wurden sie besonders häufig Opfer dieser Angriffe.

- Mindestens seit 4.11.2004 sind solche Trojanischen Pferde bekannt.[70] In den Datenbanken der AV-Anbieter wurde dieser Trojaner z. B. unter den Namen Win32.Grams oder TrojanSpy.Win32.Small.bl geführt. Er beobachtete den Internet Explorer über Windows OLE-Methoden. Enthielt die URL den String „*e-gold.com/acct/login.html", so wurde der Trojaner aktiv, denn der Kunde war jetzt authentifiziert. Er öffnete ein für den Kunden unsichtbares Fenster und fragte den Kontostand ab. Anschließend füllte er ein Überweisungsformular mit dynamisch geladenem Zielkonto und Betrag gleich Kontostand aus und sendete dieses ab. Dieses Trojanische Pferd war noch keine Bedrohung für deutsche Banken, da der TAN-Mechanismus solche Angriffe abblockt.
- Roger A. Grimes beschrieb in [SSLTrojan] ein anderes Trojanisches Pferd. Dieses durchsuchte die „Temporary Internet Files", um herauszufinden, welche Bankseiten das Opfer besucht. Es legte dann eine lokale Kopie der Log-in-Seite dieser Bank an, fing den Aufruf der echten Log-in-Seite ab und lud stattdessen die lokale Seite. (Das SSL-Vorhängeschlosssymbol blieb hierbei unverändert.) Die eingegebene PIN wurde dann an den Angreifer und an die „echte" Log-in-Seite gesendet.

Der von den deutschen Banken verwendete TAN-Mechanismus bot eine Zeit lang einen gewissen Schutz, doch konnten die Verfahren der Angreifer schnell angepasst werden.

2. TAN

Die Verwendung von *Transaktionsnummern* (kurz: *TAN*) bietet gegenüber der rein accountbezogenen Identifizierung durch PIN oder Passwort einen erheblichen Vorteil: Jeder potenzielle Angreifer musste sich für jede einzelne Transaktion Wissen vom Kontoinhaber aneignen. Allerdings ist dieses Wissen nicht mit einer konkreten Transaktion verknüpft, ein Angreifer kann also auch seine eigene Transaktion mit diesem Wissen authentifizieren.

Der Kunde erhält bei diesem Verfahren von seiner Bank eine Liste von zufällig erzeugten TANs, die über einen sicheren Kanal (in der Regel die normale Briefpost) übermittelt werden. Für jede Transaktion darf er eine beliebige TAN von dieser Liste verwenden und muss diese anschließend als „verbraucht" auf der Liste markieren.

Da TANs nach Verwendung ungültig werden, mussten die oben genannten Angriffstechniken leicht modifiziert werden:

- Keylogger/Browser-Plug-ins: Schadsoftware musste um eine Abbruchfunktionalität erweitert werden, die nach Eingabe der TAN die Verbindung zum

---

[70] http://www.lurhq.com/grams.html.

Bankserver unterbricht und dem Nutzer hierfür eine plausible Fehlermeldung präsentiert. Hier zeigen sich die Vorteile einer als Browsererweiterung agierenden Schadsoftware gegenüber einem reinen Keylogger: Ein Keylogger kann nicht entscheiden, ob gerade eine TAN oder einfach nur eine Ziffernfolge eingegeben wird. Eine Browsererweiterung erkennt dies jedoch sofort an dem Feld, das für die Eingabe verwendet wird, und kann entsprechend reagieren.
- Sniffing: Sniffing könnte, um eine Abbruchfunktionalität ergänzt, auch eingesetzt werden. Da hier eine aktive Kontrolle des Netzwerks vorausgesetzt werden muss, sind die Hürden für einen solchen Angriff aber sehr hoch.
- Pharming: Eine besondere Form der aktiven Netzwerkkontrolle wurde unter dem Begriff *Pharming* bekannt. Durch Manipulation der Namensauflösung im Domain Name System konnten Daten, die für eine bestimmte IP-Adresse (also einen bestimmten Server) bestimmt waren, an eine andere IP-Adresse weitergeleitet werden.
- Web-Spoofing/-Phishing: Gefälschte Websites konnten sehr einfach modifiziert werden, um eine, mehrere oder sogar beliebig viele TANs vom Opfer abzufragen. Dies wurde gezielt mit Methoden des Social Engineering kombiniert, z. B. mit der Drohung, ein Bankkonto am Freitagabend zu sperren, wenn die Eingabe verweigert würde.

3. *iTAN*

Eine konsequente Weiterentwicklung der TAN-Idee mit etwas höherem Sicherheitsniveau sind die *indizierten TANs* (kurz: *iTAN*). Der Kunde erhält hierzu wiederum von seiner Bank eine Liste mit TANs, wobei aber jede TAN noch mit einer fortlaufenden Nummer (dem Index) versehen ist. Zur Authentifizierung einer Transaktion fragt die Bank nun durch Angabe des Index eine bestimmte TAN ab.

Dieses Verfahren reduziert die Erfolgswahrscheinlichkeit eines naiv agierenden Angreifers beträchtlich: Er kann eine erbeutete iTAN nur dann einsetzen, wenn die Bank genau den Index dieser TAN abfragt. Allerdings haben direkt nach Einführung zwei unabhängige Forschungsgruppen auf die Gefahren dieses Verfahrens hingewiesen:

- Das RedTeam aus Aachen stellte der Presse ein Trojanisches Pferd vor, das als Browsererweiterung die vom Kunden eingegeben iTANs nutzte, um einen (vom Trojanischen Pferd) geänderten Betrag auf ein (vom Trojanischen Pferd) geändertes Konto überweisen zu lassen. Dies ist heute, nach der flächendeckenden Einführung von iTANs, die Standardangriffsmethode, die in viele Hackertools integriert ist.
- Die Arbeitsgruppe „Identitätsschutz im Internet" (a-i3)[71] stellte einen alternativen Angriff vor, der auf einer gefälschten Website beruhte, die als Man-in-

---

[71] https://www.a-i3.org.

the-Middle zwischen Kunde und Bank agierte. Über ein PHP-Skript wurde die Anfrage des Kunden an seine Bank weitergeleitet, der Index der iTAN aus der Antwortseite der Bank extrahiert und in die dynamisch generierte Phishingseite eingebaut. Der Kunde gibt so die von der Bank verlangte iTAN ein, die allerdings vom PHP-Skript in eine veränderte Transaktion eingebaut wird. Das iTAN-Verfahren wird so effektiv umgangen (iTAN05).

Das iTAN-Verfahren realisiert genau genommen zwei Sicherheitsziele:
- Bei einem Offlineangriff, bei dem ein Angreifer über einen einfachen Phishingangriff iTANs erbeutet hat, um sie zeitversetzt bei illegalen Transaktionen einzusetzen, sinkt die Erfolgswahrscheinlichkeit signifikant.
- Um eine bessere Erfolgswahrscheinlichkeit zu erzielen, sind Angreifer gezwungen, Onlineangriffe in Echtzeit (etwa als Man-in-the-Middle) durchzuführen, was technisch aufwendiger ist. Da solche Onlineangriffe aber heute sehr einfach mit kommerziell vertriebenen Angriffstools realisiert werden können, gibt es hier keine signifikante Hürde mehr für den Angreifer.

Auf die oben genannten Angriffstechniken wirkte sich die Einführung der iTAN wie folgt aus:
- Malware: Einfache Keylogger können nicht mehr eingesetzt werden; Browsererweiterungen müssen entweder die iTAN an einen Server weiterleiten, der diese in Echtzeit verarbeiten muss, oder die Schadsoftware kann sich die Kontonummer des Finanzagenten vom Server herunterladen und die Transaktionsdaten beim Absenden modifizieren. Letzteres scheint zurzeit die Standardangriffsmethode zu sein.
- Pharming kann, wie von a-i3 demonstriert, prinzipiell als Angriff gegen iTAN eingesetzt werden. Techniken zum Einschleusen von Malware sind allerdings weitverbreitet und einfacher einzusetzen, sodass Pharming keine große Rolle spielt.
- WebSpoofing/-Phishing: Hier haben die Aufklärungskampagne und mehr noch der Verzicht vieler Banken auf den Versand von E-Mails Erfolg gezeigt. E-Mails werden vorwiegend zur Verbreitung von Malware eingesetzt. Dies kann durch Malware geschehen, die als Attachment an die E-Mail angefügt ist (dieser Trend ist eher rückläufig, da auch hier aufgeklärt wurde), oder bevorzugt in Kombination mit Drive-by-Downloads auf maliziösen oder gehackten Websites.

III. Man-in-the-Middle-Angriffe gegen den Nachweis einer Identität durch Besitz

TAN- und iTAN-Verfahren stellen eine Zwischenstufe dar, die sowohl als Verfahren zum „Nachweis einer Identität durch Wissen" (im Prinzip könnte der Kunde die Liste auswendig lernen) als auch als Verfahren zum „Nachweis einer Identität durch

Besitz" (der [i]TAN-Liste) klassifiziert werden können. Dies ist für die nachfolgend beschriebenen Verfahren nicht mehr der Fall: Hier handelt es sich eindeutig um „Besitz", da der Besitz eines Hardwaretokens Voraussetzung ist. Hier führen nur noch Onlineangriffe in Echtzeit zum Erfolg, der Angreifer muss also immer als Man-in-the-Middle agieren. Für fortgeschrittene Sicherheitsverfahren wie eTAN+ und mTAN sind heute keine realistischen Angriffsszenarien bekannt.

1. Hardwaretoken

Zusammenfassung: Hardwaretoken können als klassische Variante des OTP oder in der Ausprägung als Chipkarten die Sicherheit von Authentifizierungs- und Autorisierungsvorgängen erhöhen, bieten aber in den allermeisten Fällen keinen Schutz vor Man-in-the-Middle-Angriffen oder Manipulationen der Transaktionen durch eine spezialisierte Malware. Erst Chipkartenleser ab der Sicherheitsklasse 3 sind überhaupt dazu in der Lage, etwaige Manipulationen wirksam zu verhindern. Aktuell ist aber die eingeschränkte Anzeigemöglichkeit auf dem zweizeiligen Display eines Chipkartenlesers der Sicherheitsklasse 3 ein nach wie vor ungelöstes Problem.

Zur Authentifizierung und Autorisierung kann auch auf Hardwarekomponenten zurückgegriffen werden. Insbesondere der Einsatz von sogenannten One-Time-Passwortgeneratoren und Chipkarten ist mittlerweile weit verbreitet. Im Folgenden werden diese beiden Varianten einer hardwaregestützten Authentifizierung bzw. Autorisierung näher betrachtet.

a) Klassische Tokensysteme

One-Time-Password (kurz: OTP)-Generatoren, z. B. die SecureID-Token der Firma RSA, waren schon lange vor 2004 bei Firmen im Einsatz, um beispielsweise das Log-in für Firmennetze abzusichern. Bei diesem Verfahren generiert ein kleines Hardwaretoken, das in der Regel nicht mit dem PC verbunden ist, zeitabhängig oder auf Anforderung einen pseudozufälligen Wert. Dieser Wert muss zusammen mit der ID des Hardwaretokens oder der entsprechenden Benutzer-ID in ein Eingabefeld am PC eingetragen werden und wird an einen Authentifizierungsserver im Intranet der Firma übermittelt. Dort wird mit den gleichen Parametern (ID, Zeit oder Zählerstand) ebenfalls ein pseudozufälliger Wert berechnet und mit dem übermittelten verglichen. Stimmen die beiden Werte überein, so wird der Zugang gewährt.

Zur Verbesserung der Robustheit werden auf Serverseite oft mehrere Vergleichswerte berechnet, z. B. für alle Zeitwerte innerhalb eines bestimmten Zeitfensters oder für eine bestimmte Folge von Zählerständen. Dadurch funktionieren diese Verfahren auch noch bei nur schwach synchronisierter Zeit oder nach mehreren Fehlversuchen.

Abb. 2 Standalone-OTP-Generator der Firma RSA Inc. (Quelle: http://de.wikipedia.org/wiki/SecurID)

OTPs werden in verschiedenen Bauformen angeboten:

- Als Standalone-Gerät, das dann mindestens mit einem Display und ggf. auch mit einer Anforderungstaste versehen sein muss. Da dieses Gerät nicht mit einem anderen Gerät verbunden ist und auch keinerlei Netzzugang besitzt, kann ein entfernter Angreifer keinen direkten Einfluss auf das OTP nehmen. Die Abb. 2 zeigt einen Standalone-OTP-Generator der Firma RSA Inc.[72]
- Als Softwareapplikation auf einem mobilen Gerät, z. B. einem Mobiltelefon oder einem Organizer. Hier werden die Ein- und Ausgabemöglichkeiten des mobilen Geräts für die Anwendung als OTP-Generator mitbenutzt. Diese Vorgehensweise vermeidet ein zweites Gerät für die OTP-Funktionalität, bietet einem Angreifer aber erweiterte Möglichkeiten. Im Fall der Mitbenutzung des Mobiltelefons kann der Angreifer dieses über eine der meist zahlreich vorhandenen Schnittstellen angreifen und damit gleichzeitig das OTP kompromitieren.
- Als Softwareapplikation mit Zugriff auf ein Sicherheitsmodul, z. B. eine Chipkarte oder eine SIM. Diese Variante bietet einer spezialisierten Malware ebenfalls die Möglichkeit der direkten Manipulation der OTP-Generierung.

OTPs können zur Authentifizierung von Sitzungen („Sessions"; das typische Einsatzgebiet ist hier das Log-in von Firmenmitarbeitern ins Intranet der Firma) oder zur Authentifizierung von Transaktionen (z. B. im Onlinebanking) eingesetzt werden. Dabei bieten die meisten OTPs aber keinerlei Schutz gegen sogenannte Man-in-the-Middle-Angriffe (kurz: MitM)[73], bei denen der Angreifer sich in die Verbindung einklinkt, um die übertragenen Daten abzuhören oder sogar zu verändern.

---

[72] Quelle: http://de.wikipedia.org/wiki/SecurID.
[73] Zum Stichwort Man-in-the-Middle-Angriffe siehe auch: http://de.wikipedia.org/wiki/Man-in-the-middle-Angriff.

b) Chipkartensysteme

Die Nutzung von *Chipkarten*[74,75] zur Authentifizierung und Autorisierung basiert in den meisten Fällen auf der Existenz spezieller Hardware und dem Wissen des Anwenders. Es handelt sich hier also um eine *Zwei-Faktor Authentifizierung*[76] durch Besitz (in diesem Fall der Chipkarte) und Wissen (in diesem Fall der zur Chipkarte gehörenden *Personal Identification Number,* kurz: *PIN*). Neben der Chipkarte und der Kenntnis der entsprechenden PIN benötigt der Anwender in diesem Fall aber auch noch eine spezielle Hardware, um die Karte überhaupt benutzen zu können: den Chipkartenleser. Chipkartenleser werden dabei anhand einer Spezifikation des *Zentralen Kreditausschusses* (kurz: *ZKA*) in verschiedene *Sicherheitsklassen* eingeordnet.[77]

- *Chipkartenleser der Sicherheitsklasse 1* besitzen lediglich eine Kontaktiereinheit, mit der die Chipkarte angesprochen werden kann, und eine Schnittstelle (etwa einen USB-Anschluss) zu einem anderen System. Auf diesem weiteren System, das in vielen Fällen durch den PC des Anwenders repräsentiert wird, erfolgt dann auch die Eingabe der PIN. In Ausnahmefällen *kann* der Chipkartenleser zusätzlich auch eine Tastatur und/oder ein Display besitzen. Diese stehen dann aber *nicht* unter alleiniger Kontrolle des Chipkartenlesers, sondern können auch vom PC gesteuert werden. Die Abbildung 3 zeigt einen Chipkartenleser der Sicherheitsklasse 1.[78]

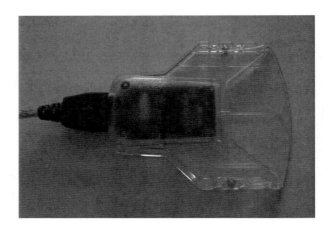

Abb. 3 Chipkartenleser der Sicherheitsklasse 1

---

[74] Referenzwerk zur Technik der Chipkarten ist das Buch von *Wolgang Rankl* und *Wolfgang Effing*: Handbuch der Chipkarten, Hanser-Verlag, 5. Auflage 2009, ISBN: 978-3-446-40402-1.
[75] Eine gute Online-Referenz zum Thema Chipkarten: http://de.wikipedia.org/wiki/Chipkarte.
[76] Zur Zwei-Faktor Authentifizierung siehe auch: http://de.wikipedia.org/wiki/Authentifizierung#Kombination_von_Methoden.
[77] Eine leicht verständliche Übersicht zu diesem Thema findet sich etwa unter: http://www.geldkarte.de/_www/files/pdf2/chipkartenleser_uebersicht_initiative-geldkarte_280808.pdf.
[78] Weitere Infos auch unter: http://de.wikipedia.org/wiki/Kartenlesegerät.

Abb. 4 Chipkartenleser der Sicherheitsklasse 2. (Quelle: http://de.wikipedia.org/wiki/ Kartenlesegerät)

- *Chipkartenleser der Sicherheitsklasse 2* besitzen neben der Kontaktiereinheit und der Schnittstelle zu einem anderen System auch noch zwingend eine eigene Tastatur, die unter *alleiniger Kontrolle* des Chipkartenlesers steht. Ein Mitlesen der Daten durch das PC-System des Anwenders ist in diesem Fall nicht möglich. Die Abb. 4 zeigt einen Chipkartenleser der Sicherheitsklasse 2; zu erkennen ist die autarke Tastatur.[79]
- *Chipkartenleser der Sicherheitsklasse 3* besitzen darüber hinaus zusätzlich ein eigenes Display, das (zumindest zeitweise) unter *alleiniger Kontrolle* des Chipkartenlesers steht. Bei diesem Display handelt es sich in der Regel um ein zweizeiliges, alphanumerisches Display. Da sowohl die Tastatur als auch das Display unter alleinige Kontrolle des Chipkartenlesers gestellt werden können, kann der PC des Anwenders weder die Daten der Tastatur mitlesen noch die Daten des Displays manipulieren. In diesem Zusammenhang spricht man daher manchmal auch von einem Trusted Display. Die Abb. 5 zeigt einen Chipkartenleser der Sicherheitsklasse 3. Gut zu erkennen sind die autarke Tastatur und das autarke Display, der Leser besitzt zudem keine Schnittstelle zu einem externen (PC-)System.[80]
- *Chipkartenleser der Sicherheitsklasse 4* haben neben dem autarken Display und der autarken Tastatur von Lesern der Klasse 3 noch ein weiteres Sicherheitsmodul eingebaut. Dieses dient etwa zur eindeutigen Identifikation des Chipkartenlesers, häufig besitzt das Sicherheitsmodul zudem RSA-Funktionalität.[81]

---

[79] Quelle: http://de.wikipedia.org/wiki/Kartenlesegerät, Urheber: Steffen Heinz, Abbildung unter Creative Commons (http://creativecommons.org/licenses/by/2.5/deed.de).
[80] Quelle: http://de.wikipedia.org/wiki/Kartenlesegerät.
[81] Dies bedeutet, dass das Sicherheitsmodul Daten mittels des RSA-Algorithmus signieren und verschlüsseln kann.

Abb. 5 Chipkartenleser der Sicherheitsklasse 3. (Quelle: http://de.wikipedia.org/wiki/ Kartenlesegerät)

Der ZKA hat im März 2008 zudem noch Chipkartenleser mit der Zusatzbezeichnung *Secoder*[82] spezifiziert. Diese Spezifikation sieht vor, dass der Chipkartenleser neben den üblichen Eigenschaften der Sicherheitsklasse 3 noch weitere Anforderungen in Bezug auf seine Firmware erfüllen muss. So gehört beim Secoder beispielsweise eine integrierte Firewall mit zur Ausstattung des Chipkartenlesers, die dafür sorgen soll, dass direkte Angriffe aus dem Internet auf die Geldkarte und die PIN abgefangen werden können. Die Secoder-Funktionalität unterstützt zudem die Generierung dynamischer *Transaktionsnummern* (kurz: *TAN*). Dadurch erzeugt der Nutzer im Onlinebanking mit seiner EC-Karte die Transaktionsnummer anhand der Überweisungsdaten elektronisch, statt sie aus einer Papierliste zu übernehmen. So kann die Bank etwaige Manipulationen – beispielsweise durch einen Man-in-the-Middle-Angriff – zuverlässig erkennen und dann die Verarbeitung der Transaktion stoppen.

Aus den obigen Erläuterungen wird ersichtlich, dass ein Chipkartenleser der Sicherheitsklasse 1 keinen Schutz vor spezialisierter Malware auf dem PC-System des Anwenders bieten kann. Auch bei Chipkartenlesern der Sicherheitsklasse 2 ist dies – aufgrund des fehlenden Displays – nicht möglich. Auch wenn die PIN hier nicht mehr mittels eines Keyloggers mitgelesen werden kann, manipuliert die Malware in diesem Falle einfach die Anzeige der zu autorisierenden Daten am PC. Erst ein Chipkartenleser der Sicherheitsklasse 3 *kann* einen Schutz vor spezialisierter Malware bieten. Problematisch bleibt dabei allerdings die sehr begrenzte Anzeigemöglichkeit des zweizeiligen Displays. Aus Gründen der Benutzerfreundlichkeit

---

[82] Zum Secoder-Standard siehe auch: http://www.zka-online.de/zka/zahlungsverkehr/secoder-1. html.

wird daher oft auf die Anzeigekomponente eines PC-Systems ausgewichen, was andererseits aber wieder Manipulationen durch Malware ermöglicht.

2. One-Time Passwords (OTP)/elektronische TANs (eTAN)

Mithilfe der ab S. 30 beschriebenen OTPs, die im Umfeld von Onlinebanking auch als *elektronische TAN-Generatoren* (kurz: *eTAN*) bezeichnet wurden, kann man als Sicherheitsziel für transaktionsbezogene Sicherheit durchsetzen, dass nur noch Onlineangriffe in Echtzeit zum Erfolg führen: Wird eine erbeutete eTAN vom Angreifer aufbewahrt, so wird sie mit der nächsten korrekt durchgeführten Authentifizierung des Kunden ungültig.

Diese gegenüber dem iTAN-Verfahren nur geringfügig verbesserte Sicherheit wird allerdings mit hohen Kosten nicht nur für die Hardware, sondern auch für den Kundensupport bezahlt. Da diese Kosten identisch sind mit jenen für das höherwertige eTAN+-Verfahren, das im nächsten Abschnitt beschrieben wird, ist hier eindeutig der Einsatz von eTAN+ zu empfehlen.

3. eTAN+

Beim *eTAN+-Verfahren* fließen in die Generierung des pseudozufälligen Wertes noch weitere transaktionsabhängige Daten ein. Diese Daten sollten zumindest die Zielkontonummer umfassen, da eine Veränderung dieses Wertes das Hauptziel des Angreifers ist. Es können weitere Daten wie der Überweisungsbetrag mit einfließen.

Diese zusätzlichen Daten sind dem eTAN+-Generator (im Gegensatz zur ungefähren Uhrzeit oder einem Zählerstand) nicht bekannt und müssen daher an diesen übermittelt werden.

- Dies kann durch den Nutzer geschehen; für Onlinebanking ist hier eine Zifferntastatur ausreichend. Hierbei ist auf eine aussagekräftige Benutzerführung zu achten, um Fehlbedienungen zu vermeiden.
- Eine automatische Übertragung zwischen PC und eTAN+-Generator ist ebenfalls möglich. Dies erhöht den Bedienkomfort und die Kundenakzeptanz erheblich. *Um die Sicherheit des Verfahrens zu gewährleisten, müssen die Daten aber noch einmal angezeigt und vom Nutzer bestätigt werden.* Um aufwendige Treiberinstallationen auf dem PC zu vermeiden, wird hier in den meisten Fällen auf sehr einfache Verfahren zurückgegriffen:
    - Beim Einsatz eines sogenannten *Flicker-Codes* werden die Transaktionsdaten als zeitlich veränderliche Helligkeitswerte in einem Teil des Browserfensters angezeigt. Der eTAN+-Generator kann diese Helligkeitswerte über einen einfachen Fotosensor empfangen.

– Die Daten können auch als Barcode am PC dargestellt, über eine Kamera im eTAN+-Generator eingelesen und mit einem Bildverarbeitungsprogramm decodiert werden.

Bei korrekter Benutzerführung sind keine effektiven Angriffe gegen das eTAN+-Verfahren bekannt. Es ist daher im Bereich des Onlinebanking als optimale Lösung einzustufen.

Das eTAN+-Verfahren ist allerdings nicht ohne Weiteres auf andere transaktionsbasierte Authentifizierungsprobleme übertragbar: Wenn die zu authentifizierenden Daten zu umfangreich sind (z. B. ein Vertragstext), so ist weder die Eingabe noch die Anzeige aller dieser Daten mit einem eTAN+-Generator sinnvoll umsetzbar.

4. mTAN

Das *mobile TAN-Verfahren* (kurz: *mTAN*) nutzt den Umstand, dass fast jeder PC-Benutzer auch ein Handy besitzt, beide Geräte heute noch nicht miteinander verbunden sind und sie daher getrennte Übertragungskanäle nutzen.

Dies würde allerdings nicht ausreichen, um das Verfahren gegen Onlineangriffe abzusichern: In einer unsicheren und in der Praxis nicht verwendeten Variante des Verfahrens würde die Bank lediglich einen pseudozufälligen Wert per SMS an das Handy des Kunden senden, den dieser in das entsprechende Formularfeld zu übertragen hätte. Da dieser Wert aber nicht von den konkreten Transaktionsdaten abhinge, könnte ein Angreifer weitere wichtige Daten wie z. B. Zielkonto und Betrag verändern. Die Sicherheit dieses Verfahrens wäre in etwa mit der Sicherheit von OTP/eTAN zu vergleichen und könnte für eine sitzungsbasierte Identifikation (Log-In ins Intranet der Firma) durchaus Sinn machen.

Im Bereich des Onlinebanking sind heute aber nur Varianten des mTAN-Verfahrens als sicher zu bewerten, bei denen innerhalb einer SMS die transaktionsrelevanten Daten (Zielkonto, Betrag) zusammen mit der mTAN übertragen werden. Diese Verfahren sind sehr durchdacht: Z. B. stehen in der Regel Zielkonto und Betrag in der SMS vor der mTAN, um zu verhindern, dass der Kunde nur die mTAN abtippt, ohne die anderen Daten zur Kenntnis zu nehmen.

Der Ablauf des mTAN-Verfahrens ist also im Detail wie folgt: Der Kunde muss zunächst seine Transaktion an die Bank übermitteln. Diese extrahiert daraus die wichtigsten Daten und sendet diese zusammen mit der pseudozufälligen mTAN in einer SMS an den Kunden. Wenn der Kunde die mTAN danach wieder über den PC an die Bank übermittelt, ist die Transaktion authentifiziert.

Selbst ein Onlineangreifer kann dieses Verfahren nicht brechen: Wenn er die an die Bank übermittelten Transaktionsdaten verändert, so übermittelt die Bank diese veränderten Daten per SMS an den Kunden. Dieser kann die Veränderung sofort erkennen und wird die mTAN demzufolge nicht an die Bank übermitteln: Die gefälschte Transaktion wird so nicht ausgeführt.

Zurzeit gehört das mTAN-Verfahren zu den sichersten Verfahren im Onlinebanking. Dies kann sich jedoch in Zukunft ändern, da moderne Handys immer neue

Softwarefunktionalitäten bieten und damit auch anfälliger gegen Malwareangriffe sind. Zudem werden Handys und PCs immer öfter direkt synchronisiert, sodass eine Malware auch vom PC auf das Handy (oder umgekehrt) übertragen werden könnte und der Angreifer damit beide Geräte unter seiner Kontrolle hätte. Onlinebanking mittels Handy sollte auf keinen Fall mit mTAN abgesichert werden, da hier keine Trennung der Geräte mehr existiert.

5. HBCI/FinTS

Seit 1984 wurden PIN/TAN-Verfahren im Banking über BTX/Datex-J eingesetzt. Diese Verfahren waren nicht kompatibel zum Internet. Von verschiedenen Banken wurden proprietäre Standards für die Verbindung Kunde–Bank entwickelt, für Internetbanking mittels Finanzsoftware und Webbrowser. Im Hintergrund wurde in der Regel weiterhin das BTX-System mit PIN/TAN-Verfahren eingesetzt, das über ein Gateway an die moderne Internetwelt angeschlossen wurde. Bis hierher gab es keine einheitlichen Standards (keine Multibankfähigkeit der Softwareprodukte) und kaum Sicherheit. Es war z. B. kein Statusabruf möglich. („Ist nach Leitungsstörung die Transaktion erfolgreich durchgeführt worden oder nicht?") Seit 1996 wurde dann das Homebanking Computer Interface (kurz: HBCI) entwickelt.

Grundsätze bei der Entwicklung waren:

- Jede Nachricht wird grundsätzlich verschlüsselt.
- Es gibt keine TANs mehr.
- Offener Standard für alle Banken.
- Nutzung über jeden Internetprovider möglich.
- Multibankfähigkeit.

Geschützt wurde die Übertragung der Transaktionen zwischen dem Client des Bankkunden und dem Rechenzentrum der Bank. Ähnlich wie bei der Erzeugung allgemeiner elektronischer Signaturen wurde vorausgesetzt, dass eine Manipulation der Transaktion vor der Verschlüsselung nicht stattfindet und dass die Signaturschlüssel nicht preisgegeben werden.

Nach der Integration neuer Geschäftsvorfälle wurde mit HBCI Version 2.2 auch die Möglichkeit eingeführt, PIN/TAN über HBCI einzusetzen. Dabei wurde allerdings keine der in HBCI spezifizierten (kryptografischen) Sicherheitseigenschaften genutzt.

Mit FinTS 3.0, dem XML-basierten Nachfolger von HBCI [FinTS], wurde dies offiziell spezifiziert. Man setzte auf SSL-Verschlüsselung mit Serverauthentifizierung als Sicherheitsmechanismus. Die PIN/TAN-Daten wurden in das Signaturelement von FinTS integriert; eine FinTS-eigene Verschlüsselung war nicht vorgesehen.

Die von Banken als sicherster Weg beworbene Variante, um elektronische Bankgeschäfte zu betreiben, ist HBCI-Homebanking mit Nutzung einer Chipkarte. Diese enthält die Signaturschlüssel und führt den Signaturvorgang in einem geschützten

Modul aus. Werden diese mit einem Chipkartenleser kombiniert, der über eine eigene Tastatur verfügt, sei man gegen Phishing wie auch gegen Keylogger gefeit.

HBCI/FinTS ist trotz der eingesetzten Kryptografie nicht sicher gegen Malwareangriffe, wie in [LS07] gezeigt werden konnte: Da der eingesetzte Chipkartenleser entweder über kein Display verfügte (Klasse-2-Leser) oder das Display nur zur Anzeige standardisierter Texte verwendet wurde („Bitte geben Sie jetzt Ihre PIN ein"), konnten die Transaktionsdaten von einer lokal auf dem PC ausgeführten Malware gelesen und verändert werden. Sämtliche auf dem deutschen Markt angebotenen HBCI-Softwarelösungen waren davon betroffen, der Aufwand für die Erstellung einer spezialisierten Malware war mit 1 bis 2 Personentagen sehr gering.

HBCI/FinTS ist daher nicht als sicheres Verfahren einzustufen; Angriffe auf HBCI/FinTS konnten nur deshalb nicht beobachtet werden, weil die Marktdurchdringung von HBCI so gering ist, dass ein Angriff nicht lohnt.

6. FinTS+/Secoder

Die Sicherheit von FinTS kann deutlich verbessert werden, wenn ein Klasse-3-Chipkartenleser auf korrekte Art und Weise eingebunden wird. Hierzu müssen die relevanten Transaktionsdaten aus dem FinTS-Datensatz extrahiert, als kleine Textdatei an den Chipkartenleser übermittelt, dort angezeigt und anschließend in die Hash-Wert-Berechnung mit einbezogen werden. Auf diese Art und Weise ist es möglich, eine beweisbar sichere FinTS-Variante auf einem unsicheren PC zu implementieren [GLS07].

Bei der Secoder-Spezifikation[83] wurden diese Ideen aufgegriffen; allerdings geht diese Spezifikation wohl nicht so weit, auch die Hash-Werte im Kartenleser berechnen zu lassen. Da die Spezifikation nicht öffentlich ist, steht eine Sicherheitsanalyse noch aus.

7. (Qualifizierte) elektronische Signaturen

Elektronische Signaturen, meist auf Basis von Public-Key-Signaturverfahren, werden meist dazu genutzt, um beliebige Transaktionen zu authentifizieren. Ein spezielles Beispiel ist hier die elektronische Vertragsunterzeichnung, die die Transaktion „Abschluss eines Vertrags" authentifiziert.

Leider ist mit Ausnahme des Onlinebanking das Problem der sicheren Anzeige der Transaktionsdaten noch immer nicht gelöst:

- In den technischen Regelungen zum deutschen Signaturgesetz werden hier Annahmen zur Sicherheit der eingesetzten PCs gemacht, die in der Praxis nicht mehr zutreffen, da im Zuge der Phishingwelle die Angriffsmethoden immer aus-

---

[83] http://www.zka-online.de/zka/zahlungsverkehr/secoder-1.html.

gefeilter wurden. In [Langweg06] wurde dies für alle am Markt erhältlichen, zertifizierten Softwarelösungen nachgewiesen.
- Von der Gematik wurde die Spezifikation des „Secure Viewer", der dieses Problem für die Signaturerstellung im Gesundheitswesen lösen soll, noch immer nicht fertiggestellt.
- Auch in der Forschung gibt es hier für große Transaktionsdatensätze keine praktisch einsetzbaren Lösungen:
  - Klasse-3-Chipkartenleser können, da sie nur über ein sehr kleines Display verfügen, nur sehr kurze Transaktionsdatensätze im Textformat sicher anzeigen. Der Ansatz aus [GLS07] ist hier allerdings auf alle kurzen Datensätze erweiterbar.
  - Vorschläge, neben den PC ein etwa gleich mächtiges Gerät zur sicheren Anzeige der Daten zu stellen, sind zwar trivial, aber praktisch nicht umsetzbar. Allein die Zertifizierung eines solchen Geräts und seiner Software würde jeden Rahmen sprengen und es deshalb unbezahlbar machen.
  - Die bloße Umwandlung der Daten in ein standardisiertes visuelles Format wie TIFF oder JPEG löst das Problem ebenfalls nicht, da der Nutzer nie sicher sein kann, dass die auf dem PC angezeigten Daten auch tatsächlich signiert werden: Eine lokal ausgeführte Malware hat vollständige Kontrolle über den Bildschirm des PCs!
  - Realisierbar, aber teuer könnte eine Kombination der beiden vorgenannten Ansätze sein: Ein Gerät mit großem Display, aber lediglich mit einer Software zum Anzeigen von JPEG-Bildern und einem Chipkartenleser versehen, könnte sicherstellen, dass zumindest dieses JPEG-Bild signiert wird; im Streitfall müsste dieses JPEG-Bild als Beweis hinzugezogen werden.
  - Techniken wie Trusted Computing[84] sind praktisch noch nicht ausgereift und können bereits mit neuartigen Angriffen wie *Return Oriented Programming*[85,86,87] [BRSS08] umgangen werden.

8. SSL Clientzertifikate

Als Reaktion auf Phishingangriffe, die sich bei passwortbasierten Verfahren nie ganz verhindern lassen, hat eine schon lange vorhandene, aber in der Praxis äußerst selten eingesetzte Authentifizierungsmethode an Bedeutung gewonnen: SSL/TLS Clientzertifikate.

Der schlechte Leumund und die geringe Verbreitung dieser Methode sind auf die Meinung zurückzuführen, man müsse Clientzertifikate in eine Public-Key-Infrastruktur einbetten. Dies hatte zur Folge, dass in der Vergangenheit immer

---
[84] http://www.trustedcomputinggroup.org/.
[85] http://en.wikipedia.org/wiki/Return-oriented_programming.
[86] http://www.usenix.org/events/sec09/tech/slides/hund.pdf.
[87] https://eldorado.tu-dortmund.de/bitstream/2003/26309/1/02-09.pdf.

wieder große PKI für Clientzertifikate aufgebaut und mangels Akzeptanz wieder abgebaut wurden.

In jüngster Zeit geht man andere Wege: So gibt die Firma Amazon selbst Clientzertifikate zur Authentifizierung eines Browsers an der Amazon Cloud heraus.[88] Zweck dieser Zertifikate ist es vor allen Dingen, einen Browser sicher wiederzuerkennen: Im Browser gespeicherte, vertrauenswürdige Wurzelzertifikate, Distinguished Names und Zertifikatserweiterungen stören nicht, sind aber zu diesem Zweck nicht erforderlich. Im Prinzip reicht zum Wiedererkennen eines Browsers ein selbst signiertes Zertifikat aus.

Vorteile dieser Methode sind, dass die geheime Information, der zum Zertifikat gehörende private Schlüssel, niemals in ein wie auch immer geartetes Formular eingegeben werden muss (was Phishingangriffe ausschließt) und dass diese Information sogar gegen Malwareangriffe geschützt werden kann, z. B. durch Speicherung des privaten Schlüssels auf einer Chipkarte und deren Einbindung als PKCS#11-Hardwaremodul.

Als gravierender Nachteil dieser Methode werden oft Datenschutzaspekte ins Feld geführt: Der Browser sei durch ein eindeutiges Clientzertifikat über Domaingrenzen hinweg wiederzuerkennen. Dies ist korrekt, lässt sich jedoch durch eine Abfrage des Nutzers, ob er die Authentifizierung per Zertifikat zulassen möchte, unterbinden.

IV. Weitere Methoden zum Nachweis einer Identität

Einige im Internet eingesetzte Sicherheitsmechanismen passen nicht in das Klassifikationsschema „Besitz/Wissen", sondern können am ehesten durch „Nachweis der Identität durch Sein" beschrieben werden. Hier sind zwei große Fälle zu unterscheiden:

- *Biometrie*: Biometrische Eigenschaften gehören im engeren Sinne zum „Sein" einer Person. Sie sind für den Einsatz *im Internet* jedoch heute noch nicht geeignet, da sich in diesem speziellen Einsatzfall „Nachweis durch Sein" auf „Nachweis durch Besitz" reduziert.
- *CAPTCHA*: Mithilfe von CAPTCHAs werden keine individuellen Sein-Eigenschaften einer Person verifiziert, sondern nur die Zugehörigkeit zur Klasse der Menschen (im Gegensatz zur Klasse der Computer). CAPTCHAs sind vom menschlichen Verstand sehr leicht zu lösen (Stichwort: Mustererkennung), verbrauchen aber erhebliche Rechenressourcen auf Computern.

1. Biometrie

Biometrische Eigenschaften eignen sich in der Regel nicht, um eine Identität im Internet nachzuweisen, denn sie müssen lokal auf Seite des Clients erfasst und dann

---

[88] http://awsmedia.s3.amazonaws.com/pdf/AWS_Security_Whitepaper.pdf.

IV. Weitere Methoden zum Nachweis einer Identität

als Datensatz über das Internet transportiert werden. Der Nachweis der Identität durch eine persönliche Eigenschaft wird so auf den Nachweis der Identität durch Wissen reduziert: Wenn ein Angreifer den biometrischen Datensatz abfangen kann, kann er ihn analog zu einem Passwort verwenden. Hierunter fallen alle statischen Biometriedaten wie z. B.

- Gesichtsbilder,
- Fingerabdrücke,
- Irisscans oder
- DNA-Scans.

Eine Ausnahme bilden transaktionsbezogene biometrische Merkmale wie handgeschriebene Fließtexte oder das Tippverhalten während der Eingabe eines Fließtextes.[89] Hier passen die biometrischen Daten nur zu genau einem Dokument und ähneln somit in ihren Eigenschaften einer digitalen Signatur. Diese Verfahren sind allerdings noch sehr fehleranfällig und eignen sich noch nicht für den praktischen Einsatz.

- Praktisch einsetzbar sind diese Verfahren, wenn sie auf konstante Eingaben angewandt werden, z. B. auf handschriftliche Unterschriften, die auf einem Touchpad erfasst werden, oder für das Tippverhalten eines konstanten, mit der Erkennungssoftware trainierten Satzes. Hier reduziert sich jedoch wieder „Sein" auf „Wissen", da einmal erfasste biometrische Daten immer wieder über das Internet übermittelt werden können.
- Für den Einsatz im Internet interessant würden diese Verfahren werden, wenn eine zuverlässige Erkennung auch für variable Datensätze möglich wäre. (Also z. B. für das Tippverhalten bei der Eingabe von Betrag, Zielkontonummer und Namen der Bank in einer Onlinebanking-Anwendung.) Hier sind die Fehlerraten augenblicklich noch zu hoch.

Für die lokale Authentifizierung sind biometrische Merkmale hingegen geeignet, da sie hier direkt nach der Erfassung über einen sicheren Kanal übertragen und verglichen werden können.

Ein großes Problem beim Einsatz von Biometrie stellt auch die Frage dar, wie verhindert werden soll, dass komplette Nutzerprofile für jeden Menschen angelegt werden: Biometrische Merkmale können im Gegensatz zu Namen, Adresse oder Kontonummer nie verändert werden. Dieses Problem soll am Beispiel eines Fingerabdrucks näher erläutert werden.

Damit die Identität einer Person mithilfe des Fingerabdrucks überprüft werden kann, muss der gescannte Fingerabdruck mit einem zentral oder dezentral (Beispiel: neuer Personalausweis) abgespeicherten Wert verglichen werden. Hierzu sind grundsätzlich zwei Vorgehensweisen denkbar:

- Der Scan des Fingerabdrucks wird als Bild oder als Template abgespeichert. In diesem Fall können die verschiedenen zentralen oder dezentralen Datenbanken zusammengeführt und so ein perfektes Bewegungsprofil erstellt werden. Z. B.

---

[89] http://www.horst-goertz.de/3_Preis_2008_2.pdf.

könnten bei einer flächendeckenden Einführung des „Bezahlens mittels Fingerabdruck" in einer großen Supermarktkette Personen, die im Rahmen eines Zeugenschutzprogramms eine neue Identität erhalten haben, durch „Hacken" der Datenbank der Supermarktkette und Vergleich der Fingerabdrücke/Templates der gesuchten Person mit den gespeicherten Fingerabdrücken/Templates aufgespürt werden.

- Könnte man den Scan des Fingerabdrucks in einen eindeutigen Zahlenwert umwandeln („Biometric Template Protection" s. u.), so könnte man aus diesem Zahlenwert unter Verwendung eines „Salt" (d. h. eines zufällig gewählten und dann im Klartext abgespeicherten Zahlenwertes) einen Hash-Wert berechnen und diesen zentral speichern. In diesem Fall genügt die Kenntnis des Fingerabdrucks nicht, um einen Abgleich mit einer kompromittierten Datenbank durchzuführen, sondern zusätzlich ist das „Salt" erforderlich. Durch Verwendung verschiedener „Salts" kann so der gleiche Fingerabdruck an verschiedene Identitäten gebunden werden. Dies könnte die Probleme der zentralen Speicherung von Biometriedaten lösen, hier besteht allerdings noch Forschungsbedarf.

Für den Abgleich zwischen gespeicherten und erfassten Biometriedaten gibt es grundsätzlich drei verschiedene Möglichkeiten:

- Match-on-Database: Hier wird das erfasste Biometriemerkmal/Template an eine zentrale Datenbank übertragen und dort mit einem gespeicherten Wert verglichen. Dies ist aus Datenschutz- und Sicherheitsüberlegungen heraus sehr problematisch und stellt höchste Anforderungen an die Sicherheit der Datenbank. Zugleich ist dies die am einfachsten zu implementierende Alternative, da hier dezentral lediglich weniger sicherheitskritische Biometriescanner benötigt werden und die Nutzer keine zusätzlichen Hardwaretoken benötigen.
- Bei der lokalen Überprüfung von Biometriedaten müssen die gespeicherten Referenzwerte in einem sicheren, lokalen Hardwarespeicher untergebracht werden. Hier bietet sich in der Regel eine Chipkarte an. Da Chipkarten hinsichtlich ihrer Leistungsfähigkeit begrenzt sind, unterscheidet man zwei Varianten, die nachfolgend beschrieben werden. Diese Lösung ist deutlich sicherer als die zentrale Speicherung, da bei einem erfolgreichen Angriff immer nur einzelne Biometriedatensätze gewonnen werden können. Die Sicherheitsanforderungen an eine lokale Speicherung können daher geringer sein als an eine zentrale Speicherung.
  - Match-on-Card: Hier wird das erfasste Biometriemerkmal/Template an eine Chipkarte übertragen und dort intern mit einem gespeicherten Wert verglichen. Diese Lösung wurde z. B. für die aktuelle spanische ID-Karte umgesetzt, der neue Personalausweis unterstützt sie nicht.
  - Match-on-Terminal: Hier wird das in einer Chipkarte gespeicherte Biometriemerkmal/Template aus der Chipkarte ausgelesen und an ein gesichertes Terminal übertragen, in dem der Vergleich mit dem erfassten Wert stattfindet.

Im Bereich der Forschung werden darüber hinaus Absätze diskutiert, die oft unter dem Schlagwort „Biometric Template Protection" zusammengefasst werden. Hierzu wird versucht, aus biometrischen Daten in deterministischer Art und Weise statistisch gleich verteilte Zahlenwerte mit möglichst hoher Entropie zu erhalten („secure sketch"). Mit diesen Zahlenwerten könnten dann direkt kryptografische Operationen wie Entschlüsselung oder Berechnung kryptografischer Prüfsummen durchgeführt werden. Diese Verfahren befinden sich derzeit noch in der akademischen Diskussion.

2. CAPTCHAs

Eine sehr spezielle Form des Nachweises, dass ein menschliches Individuum agiert, sind sogenannte *CAPTCHA*s. Die Abkürzung CAPTCHA steht für *Completely Automated Proof to Tell Computers and Humans Apart*. Genau genommen soll durch ein CAPTCHA überprüft werden, ob eine bestimmte handelnde Entität ein Computer oder ein Mensch ist. CAPTCHAs sind ein relativ neuer Begriff im Bereich der Informationstechnik und wurden erst im Jahre 2000 von Forschern der Carnegie Mellon Universität in Pittsburgh und IBM entwickelt.

Verfahren, die mithilfe von CAPTCHAs feststellen sollen, ob es sich bei den handelnden Identitäten auch wirklich um Menschen handelt, bauen in der Regel auf einem *Challenge-Response-Verfahren*[90] auf. Die Aufgabe (Challenge) ist meist ein optisches oder akustisches Muster, welches von der Identität gelöst werden muss. Menschen können solche Muster in der Regel recht schnell lösen, wohingegen sie für künstliche Intelligenz schwer lösbar sind. In der Antwort (Response) wird dann die Lösung des Musters an die fragende Instanz geschickt.

Optische CAPTCHAs können in verschiedene Klassen eingeteilt werden:

- Bei t*extbasierten CAPTCHAs* werden ein oder mehrere Wörter zufällig oder aus einem Wörterbuch ausgewählt und als Bild mit zusätzlichen Verzerrungen, Farben und Objekten dargestellt.
- Bei einem *objektbasierten CAPTCHA,* wie beispielsweise dem Bongo-Projekt[91], besteht die Aufgabe darin, Objekte z. B. in Größe oder Form voneinander zu

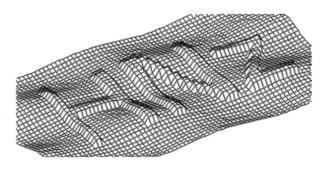

Abb. 6 Beispiel für ein 3D-CAPTCHA des tEA-BAG_3D-Projektes. (Quelle: http://www.ocr-research.org.ua/index.php?action=teabag)

---

[90] http://de.wikipedia.org/wiki/Challenge-Response-Authentifizierung.
[91] http://www.captcha.net/captchas/bongo.

unterscheiden. Das ESP-Pix-Projekt ist zwar auch ein objektbasiertes CAPT-CHA, beruht allerdings auf einem anderen Ansatz. Dem Nutzer werden bei diesem Verfahren vier Bilder präsentiert, die alle ein Schlüsselwort gemeinsam haben. Der Anwender muss nun das richtige Schlüsselwort aus einer Liste auswählen.
- CAPTCHAs können auch durch *Animationen* als Flash oder MPEG realisiert werden, bringen dann allerdings dieselben Schwachpunkte mit wie CAPTCHAs, die in Bildern realisiert wurden. Zudem erfordern sie mehr Prozessor- und Bandbreitenressourcen.
- Eine weitere Möglichkeit, CAPTCHAs zu realisieren, sind *3D-Bilder*. In diesem Fall wird Text dreidimensional dargestellt, wie beispielsweise im Projekt tEA-BAG_3D[92]. Die daraus resultierenden CAPTCHAs sind zwar härter zu brechen, allerdings erfordert die Erstellung der 3D-Bilder eine hohe Serverlast. Dies führte letztlich dazu, dass die meisten CAPTCHAs auf verzerrtem Text aufbauen, der in ein Bild eingebunden wird.

Akustische CAPTCHAs bestehen in der Regel aus einer Audiodatei, die auf Wunsch des Nutzers über einen Player (Flash Player, Quicktime Player etc.) abgespielt wird. Um die Challenge erfolgreich zu lösen, muss der Nutzer das Wort bzw. die Wörter, die durch den Player wiedergegeben werden, in ein Textfeld eintragen und an den Server übertragen.

Das bekannteste der visuellen CAPTCHA-Projekte ist sicherlich reCAPTCHA, das im September 2009 von Google aufgekauft wurde. Ein Beispiel für ein reCAPTCHA ist in Abb. 7 dargestellt. Das reCAPTCHA-Projekt war ein Spin-off der Carnegie Mellon Universität und verwendet keine zufälligen Buchstabenfolgen, sondern gescannten Text, bei dem die Texterkennung (OCR) versagt hat. So kann recht gut sichergestellt werden, dass eine Software den Text nicht erkennen kann. Zugleich werden die Eingaben des Anwenders dazu genutzt, um gescannte Texte auf diesem Weg von Menschen erkennen zu lassen. Google erhofft sich mit der Übernahme Hilfe bei der Digitalisierung von Büchern.

Abb. 7 Beispiel eines reCAPTCHAs

---

[92] http://www.ocr-research.org.ua/index.php?action=teabag.

Für ein starkes CAPTCHA ist aber nicht nur das grundlegende Verfahren existenziell. Des Weiteren muss beachtet werden, dass ein CAPTCHA durch einen Zufallsgenerator ausgewählt und nur einmalig verwendet werden darf. Zudem sollte der generierende Algorithmus von Experten geprüft werden, um etwaige Schwachstellen in der Logik zu vermeiden.

a) Angriffe auf vorhandene CAPTCHA-Techniken

Da es sich bei einem CAPTCHA letztlich um ein kryptografisches Protokoll handelt, dessen Sicherheit auf einem für künstliche Intelligenz schwer zu lösenden Problem beruht, gibt es auch hier Möglichkeiten, das Protokoll zu brechen.

Das Projekt *PWNtcha*[93] steht für *Pretend We're Not a Turing Computer but a Human Antagonist* und beschäftigt sich mit Methoden, um CAPTCHAs verschiedener Softwareanwendungen zu brechen. So wurden CAPTCHAs von Webanwendungen wie *phpBB*[94] oder *vBulletin*[95], aber auch von kommerziellen Websites wie Paypal und Yahoo! auf ihre Sicherheit untersucht.

Die CAPTCHAs von Yahoo! beruhen auf dem Gimpy-Projekt und werden als schwer lösbar eingestuft. Dennoch gelang es Forschern der UC Berkeley und Simon Fraser Universität, diese CAPTCHAs mit einer Erfolgswahrscheinlichkeit von 92 % zu brechen.[96] Aus dem Gimpy-Projekt entstanden noch zwei Varianten namens EZ-Gimpy und Gimpy-r, die aber beide auch mit einer hohen Erfolgswahrscheinlichkeit gebrochen werden können. Ahmad et al zeigten in ihrem Papier *A Low-Cost Attack on a Microsoft CAPTCHA*[97], dass auch CAPTCHAs von Google und Microsoft gebrochen werden können.

CAPTCHAs besitzen mit Blick auf Spam nochmals einen ganz anderen Stellenwert. Sollten die CAPTCHAs eines Freemail-Anbieters durch Bots gebrochen werden können, so kann dies von Spammern dafür missbraucht werden, viele E-Mail-Accounts automatisiert anzulegen. Diese frisch angelegten Accounts kann der Spammer anschließend zum automatisierten Versand von Spam-Nachrichten benutzen.

Es gibt für Spammer jedoch eine weitere Möglichkeit, um CAPTCHAs zu überwinden, ohne das eigentliche Verfahren zu brechen. Es werden billige Arbeitskräfte, meist in Ländern der dritten Welt, rekrutiert, die für Dumping-Löhne CAPTCHAs manuell lösen. Bekannt wurde diese Art der Überwindung, als Softwareentwickler von Google anomale Zeitpunkte für die Registrierung von E-Mail-Accounts feststellten, die untypisch für das spezifische Land waren. Laut den Aussagen von Google werden Teile des Registrierungsprozesses einer E-Mail automatisiert

---

[93] http://caca.zoy.org/wiki/PWNtcha.
[94] http://www.phpbb.de.
[95] http://www.vbulletin-germany.com.
[96] http://www.cs.sfu.ca/~mori/research/gimpy/.
[97] http://homepages.cs.ncl.ac.uk/jeff.yan/msn_draft.pdf.

von einem Bot abgearbeitet, und nur die Eingabe des CAPTCHAs muss von der Arbeitskraft erledigt werden. Die Bezahlung solch einer Arbeitskraft liegt zwischen 3 USD bis 8 USD pro Tag.

Bei einer weiteren trickreichen Methode zum manuellen Lösen von CAPTCHAs wird der Nutzer mithilfe eines kleinen Programms und des Bildes einer attraktiven Frau zur Lösung von CAPTCHAs verleitet. Das Programm fordert den Nutzer auf, ein CAPTCHA zu lösen, um die Frau nach und nach zu entkleiden. Je mehr CAPT-CHAs der Nutzer löst, desto mehr entblößt sich die Frau auf dem Bild. Die gelösten CAPTCHAs werden nebenbei an den Server eines Spammers übertragen, der diese anscheinend zur Erstellung von Yahoo!-E-Mail-Accounts nutzte.

Auch der Ansatz, CAPTCHAs mit einer Art *Rainbow-Table*[98] zu brechen, existiert. Im März 2008 tauchten im Netz PHP-Skripte auf, die nach dem Download und Entpacken tausende CAPTCHA-Bilder von Yahoo!, Google und Hotmail in einem Ordner speicherten. Diese Sammlung sollte Spammern helfen, neue Erkennungstabellen einfacher zu erstellen und den eigenen OCR-Algorithmus besser überprüfen zu können.

Zuletzt kann zur Überwindung von CAPTCHAs auch auf die Software *XRumer* zurückgegriffen werden. Der chinesische Entwickler behauptet, seine Software könne die CAPTCHAs diverser Foren, Gästebücher, Blogs, Wikis etc. brechen und anschließend mit vorgefertigten Nachrichten fluten. Das Tool benötigt anscheinend nicht einmal einen Browser, kann aber mit gängigen JavaScript-Schutzmechanismen umgehen. Wird ein CAPTCHA entdeckt, lädt das Programm vollautomatisch das Bild herunter, analysiert es, löst die CAPTCHA-Challenge und füllt das HTML-Formular für die Registrierung aus. Der Autor von XRumer erklärte im Oktober 2008, dass er diverse Foren analysiert und dabei festgestellt hatte, dass die in diesen Foren verwendeten CAPTCHAs dieselben Bilder verwenden würden. Entsprechend würde XRumer diese anhand ihrer Größe in Bytes unterscheiden können.

b)   Einsatzgebiete von CAPTCHAs

CAPTCHAs werden hauptsächlich zur Unterbindung von Spams genutzt. In diesem Fall wird durch das CAPTCHA verhindert, dass automatisierte Bots sich beispielsweise bei einem Freemail-Service anmelden und über das so erstellte Account Spams versenden. E-Mail-Adressen können durch CAPTCHAs allerdings auch vor automatisierter Aufnahme in eine Spamliste geschützt werden. Der Besucher einer Website, der beispielsweise die E-Mail-Adresse des Betreibers der Website herausfinden möchte, muss zunächst ein CAPTCHA lösen, bevor er die E-Mail-Adresse im Klartext angezeigt bekommt.

Des Weiteren können CAPTCHAs zur Unterbindung automatischer Crawlings beitragen. Im Falle von sozialen Netzwerken besteht das Kapital der Anbieter lediglich aus den Daten der Nutzer, die diese freiwillig dem Netzwerk zur Verfügung

---

[98] http://de.wikipedia.org/wiki/Rainbow_Table.

IV. Weitere Methoden zum Nachweis einer Identität

stellen. Werden diese Daten von automatischen Crawlern im großen Stil bezogen, kann Schaden sowohl für die Betreiber als auch für die Nutzer entstehen. Dies ereignete sich im Oktober 2009 auf dem sozialen Netzwerk *SchülerVZ*[99], bei dem sich ein Angreifer mithilfe eines automatisierten Crawlers Zugang zu rund 1 Mio. Datensätzen verschaffte. In der Presse wurde dieser Vorfall kontrovers diskutiert, da man sich nicht einig war, inwiefern diese eigentlich öffentlich zugänglichen Daten sicherheitstechnisch Probleme darstellen könnten. Es handelt sich bei diesem Problem des automatisierten Crawlens vielmehr um eine Frage des Datenschutzes. Auch über die CAPTCHAs des großen US-amerikanischen sozialen Netzwerks Facebook gab es Gerüchte, dass diese gebrochen wurden und es Spammern somit möglich war, automatisiert Nutzeraccounts anzulegen.[100]

Prinzipiell ist es den Betreibern solcher sozialen Netzwerke ein großes Anliegen, den automatisierten Datenbezug möglichst zu unterbinden. Dies wird in der Regel durch ein CAPTCHA gelöst, welches beispielsweise nach den ersten 20 Profilaufrufen erscheint und weitere Profilaufrufe erst nach erfolgreicher Lösung der CAPTCHA-Challenge ermöglicht.

Im Onlinebanking werden CAPTCHAs zur Verhinderung von Man-in-the-Middle-Angriffen und automatischen Log-in-Vorgängen genutzt. Beispielsweise muss der Nutzer bei der Anmeldung über das Web Frontend zusätzlich ein CAPTCHA lösen. Damit soll verhindert werden, dass potenzielle Angreifer per *Brute-Force-Methode*[101] in ein Konto eines Nutzers gelangen können.

Des Weiteren sollen CAPTCHAs in Zusammenarbeit mit dem iTAN-Verfahren mögliche Man-in-the-Middle-Angriffe vereiteln. Dieses Verfahren wird *iTANplus-Verfahren* genannt. Hierbei wird vor Eingabe der iTAN ein CAPTCHA angezeigt, in dem sämtliche Transaktionsdaten noch einmal aufgeführt werden. Außerdem wird als Hintergrund des CAPTCHAs das Geburtsdatum des Kontoinhabers aufgezeigt, welches einem Man-in-the-Middle-Angreifer in der Regel nicht bekannt ist, sondern nur der Bank. Dadurch soll eine automatische Generierung des CAPTCHAs durch einen Angreifer massiv erschwert werden. Nachteil dieses Verfahrens ist die Verschlechterung der Bedienung, da das CAPTCHA schwieriger zu lesen ist als die Aufforderung zur iTAN-Eingabe in normaler Textform. Dennoch ersetzt iTANplus beim Großteil der Volks- und Raiffeisenbanken das bisherige iTAN-Verfahren.

Um das Problem der Ergonomie von CAPTCHAs zu lösen, hat sich auch die *W3C Working Group*[102] der Thematik angenommen, denn CAPTCHAs stellen vor allem Blinde, Menschen mit Sehschwäche, Farbenblinde und Menschen mit *Dyslexie*[103] oder *Alexie*[104] vor enorme Probleme.

---

[99] http://www.schuelervz.net.
[100] http://securitywatch.eweek.com/social_networking/facebook_attack_may_be_using_automated_pages.html.
[101] http://de.wikipedia.org/wiki/Brute-Force-Methode.
[102] http://www.w3.org/TR/turingtest/.
[103] http://de.wikipedia.org/wiki/Dyslexie.
[104] Als Alexie wird das Unvermögen zu lesen bezeichnet.

V. Man-in-the-Middle-Angriffe

Unter dem Oberbegriff *Man-in-the-Middle-Angriff* (kurz: *MitM*) sollen im Folgenden diejenigen Angriffsformen zusammengefasst werden, die eine Aktion des Angreifers in Echtzeit zwischen Client und Server erforderlich machen. Der Ansatzpunkt für diese Angriffe kann dabei an beliebiger Stelle auf dieser Strecke erfolgen. Die nachfolgende Klassifikation orientiert sich daher auch an den verwendeten Angriffstechniken.

1. Man-in-the-Middle im Internet

Netzwerkbasierte Man-in-the-Middle-Angriffe können mit verschiedenen Techniken realisiert werden, die in Abschn. I. beschrieben werden:

- In lokalen Netzwerken mit MAC-Spoofing oder ARP-Spoofing. Für diese Angriffsvektoren sind besonders *drahtlose Netzwerke* (engl.: Wireless LANs) als Angriffsziel interessant.
- Auf Netzwerkebene durch Manipulation der Routing-Protokolle. Dass hier enorme Sicherheitsdefizite vorliegen, hat unter anderem [Brown08] gezeigt.
- Auf *DNS-Ebene* durch Manipulation der Auflösung von Domainnamen in die zugehörigen IP-Adressen. Hier wurde durch [Kaminski08] aufgezeigt, dass die Sicherheit des DNS ohne die Einführung von DNSSEC nicht weiter erhöht werden kann.

Insgesamt spielen netzwerkbasierte Man-in-the-Middle-Angriffe noch eine untergeordnete Rolle, da die ab S. 50 beschriebenen Angriffe wesentlich einfacher durchzuführen sind.

Im Zusammenhang mit Netzwerk und Sicherheit werden kryptografische Protokolle oftmals falsch verstanden. *SSL/TLS*[105] ist zwar der Defacto-Standard für sichere Kommunikation im Internet. Allerdings wird häufig vergessen, dass SSL/TLS lediglich den Datenkanal sichert und keinen Einfluss auf die Vertrauenswürdigkeit der Daten innerhalb des Kanals hat. Des Weiteren hat SSL/TLS nur wenig Einfluss auf die Art und Weise, wie ein Browser Daten aus dem sicheren Kanal verarbeitet, die eventuell schädlich sein könnten (siehe hierfür auch S. 123). Cross-Site-Scripting (XSS), Angriffe mit schädlichem Payload, Cross-Site-Request-Forgery und Browserexploits können daher nicht durch SSL/TLS verhindert werden. Gerade diese Tatsache ist vielen Nutzern nicht bewusst.

Des Weiteren kann SSL/TLS ohne eine zertifikatsbasierte Authentifizierung mit einem Man-in-the-Middle-Angriff ausgehebelt werden. Wird eine Man-in-the-Middle-Attacke vor der Übergabe des Schlüssels durchgeführt, kann er mit beiden Kommunikationspartnern den Schlüssel tauschen und so den gesamten

---

[105] http://www.ietf.org/rfc/rfc2246.txt.

V. Man-in-the-Middle-Angriffe

Datenverkehr im Klartext mitschneiden. Um solche Angriffe zu vereiteln, wird eine entsprechende vertrauenswürdige Public-Key-Infrastructure[106] (kurz: PKI) benötigt.

Implementierungsfehler im SSL-Zertifikatshandling haben in verschiedenen Browsern in der Vergangenheit immer wieder Einfallstore für Angreifer ermöglicht. So war es zum Beispiel möglich, einen Man-in-the-Middle-Angriff auf Nutzer von Browsern zu starten, die auf der Mozilla Engine basieren. Das Problem beruhte auf einem Fehler bei der Verarbeitung alternativer Domainnamen und Wildcards für Domains. Damit war es möglich, durch ein im Verlauf einer Session temporär akzeptiertes Zertifikat die Zertifikate für Phishingwebsites als gültig erscheinen zu lassen bzw. keine Fehlermeldung mehr zu provozieren, dass die unterzeichnende Stelle unbekannt sei.

Ein weiterer Man-in-the-Middle-Angriff wurde im Februar 2009 von Moxie Marlinspike auf der Hackerkonferenz Blackhat in den USA vorgestellt.[107] In seinem Angriff wird aber nicht direkt das SSL/TLS-Protokoll attackiert, sondern vielmehr die Tatsache ausgenutzt, dass viele große Auftritte im Web teilweise immer noch unverschlüsselt aufrufbar sind. Beispielsweise ruft ein Nutzer, der seine E-Mails bei einem großen Freemail-Provider abrufen möchte, zunächst die Hauptseite per ungesichertem HTTP auf. Dort gibt er seine persönlichen Zugangsdaten in ein Formular ein, welches die Daten eigentlich über einen SSL/TLS-gesicherten Kanal an den Server übertragen soll. Marlinspikes Man-in-the-Middle-Proxy namens *SSLStrip*[108] nutzt nun die Tatsache aus, dass viele Nutzer nicht genau prüfen, ob ihr Log-in-Versuch über einen verschlüsselten Kanal übertragen wird. Der Proxy kommuniziert mit dem Browser nur über HTTP und wandelt sämtliche HTTPS-Kommunikation des Servers in normalen HTTP-Verkehr um. Allerdings kommuniziert der Proxy beispielsweise beim Log-in über eine SSL-gesicherte Verbindung mit dem Server, falls dieser dies voraussetzt. Da der Browser nie eine verschlüsselte Verbindung zum Server aufgebaut hat, bekommt der Nutzer auch keine Fehlermeldung über ein fehlerhaftes Zertifikat präsentiert. Zwar wird im Browser keine typische Reaktion einer gesicherten Verbindung provoziert, beispielsweise die Färbung der Adresszeile in grün, allerdings argumentiert Marlinspike, dass die Anzeige eines Schlosssymbols als sog. Favicon viele Anwender zufriedenstellen würde. Der Angriff von Marlinspike ist somit kein Angriff auf das SSL-Protokoll an sich, sondern vielmehr eine Art Social-Engineering-Angriff (siehe auch S. 96 ff.), der wieder einmal das schwächste Glied in der Kette, den Nutzer, attackiert.

In diesem Zusammenhang gab es einen offenen Brief von knapp 40 Sicherheitsexperten[109] an Google, in dem der Konzern aufgefordert wurde, die versprochenen Maßnahmen für den Schutz der Privatsphäre der Nutzer endlich umzusetzen. Hierzu gehört beispielsweise der vollständige Schutz der Clientserver-Kommunikation

---

[106] http://de.wikipedia.org/wiki/Public-Key-Infrastruktur.
[107] http://www.blackhat.com/presentations/bh-dc-09/Marlinspike/BlackHat-DC-09-Marlinspike-Defeating-SSL.pdf.
[108] http://www.thoughtcrime.org/software/sslstrip/.
[109] http://www.cloudprivacy.net/letter/#signers.

durch SSL/TLS, was bei den meisten Google-Anwendungen derzeit immer noch nicht der Fall ist.[110]

2. Man-in-the-Middle im PC

Die Vergangenheit hat gezeigt, dass Angreifer Endanwender als das schwächste Glied in der Sicherheitskette von IT-Systemen ansehen. Dies hat zur Folge, dass verschiedene Angriffsvarianten entworfen wurden, um das System des Endanwenders zu kompromittieren. Meist ist dies ein einfacherer Weg, als zu versuchen, die eventuell gehärteten Sicherheitsvorkehrungen aufseiten des Servers zu umgehen.

Heute stehen einem Angreifer diverse Möglichkeiten zur Verfügung, ein Clientsystem mit Schadcode zu infizieren, der als *Man-in-the-Middle auf dem System* agiert und private Daten des Opfers an den Angreifer weiterleitet. Problematisch für die Nutzer ist hierbei vor allem die Tatsache, dass das eigentliche Endgerät des Nutzers nur sehr schwer gegen solche Angriffe zu schützen ist.

Man-in-the-Middle-Angriffe können im PC-System des Endanwenders auf verschiedenen Ebenen stattfinden. Auf Applikationsebene (siehe S. 51 ff.) wird die Anwendung auf dem Clientsystem direkt angegriffen und beispielsweise die Logik von Sicherheitsprotokollen kompromittiert, die von Anwendungen des Systems genutzt werden. Trojanische Pferde auf Betriebssystemebene (siehe S. 53 ff.) stellen nach wie vor ein großes Sicherheitsrisiko für Endanwender dar und werden aufgrund ihrer großen Effizienz von der Untergrundszene ständig weiterentwickelt. Angriffe auf das Endanwendersystem auf Hardwareebene (siehe S. 56) erfordern physikalischen Zugang zum System und sind daher eher selten. Dennoch sollte auch dieser Angriffsvektor nicht unterschätzt werden.

Ein gern genutztes Einfallstor für Angreifer ist der Browser des Nutzers. Erst kürzlich veröffentlichte der Sicherheitsdienstleister Trusteer, dass auf etwa 2,5 Mio. Systemen, die im Rahmen des Rapport-Sicherheitsdienstes überwacht wurden, rund 80 % der Flash Player-Installationen verwundbar seien.[111] Das Flash Player-Plug-in der Firma Adobe bietet potenziellen Angreifern eine leichte Möglichkeit, beispielsweise mittels bösartig präparierter Flash-Applets in Websites ein Endsystem mit Malware zu infizieren. Der Internetbrowser Firefox warnt[112] seine Nutzer in den neueren Versionen des Browsers vor veralteten Plug-ins, die zu Sicherheitsproblemen führen könnten.

Prinzipiell kann eine Infektion durch jegliche installierte Software auf dem Clientsystem stattfinden, die beispielsweise veraltet und daher auf irgendeine Art und Weise verwundbar ist. Bei ihren Untersuchungen fand die Firma Trusteer des Weiteren heraus, dass auf fast 84 % der Rechner eine verwundbare Version des Adobe-

---

[110] http://www.google.com/corporate/security.html.
[111] http://www.trusteer.com/files/Flash_Security_Hole_Advisory.pdf.
[112] http://blog.mozilla.com/security/2009/09/04/helping-users-keep-plugins-updated/.

Readers installiert war. Durch bösartige pdf-Dokumente ist es so möglich, auf dem Endsystem des Nutzers Schadcode auszuführen.

Für Angreifer bietet veraltete Software eine attraktive Angriffsmöglichkeit, mit der man schnell und effizient Endsysteme infizieren kann, denn die Sicherheitslücken älterer Systeme sind in vielen Fällen bereits veröffentlicht worden, bzw. es existieren womöglich sogar schon entsprechende Exploits, die ein Angreifer lediglich auf sein konkretes Szenario anpassen muss.

Abseits der softwarebasierten sind hier noch hardwarebasierte Angriffe mittels speziell erstellter Keylogger zu nennen, die beispielsweise die Tastatureingaben vor der Ankunft am eigentlichen Nutzersystem abgreifen können.

a) Man-in-the-Middle-Angriffe auf Applikationsebene

Browser sind heutzutage das wichtigste Werkzeug, um sich im Internet bewegen zu können, denn immer mehr Anwendungen werden im Zuge der Entwicklung des Web-2.0 auf das Web portiert und können so allein durch den Browser bedient werden. So ist es offensichtlich, dass auch Angreifer vermehrt den Browser als Angriffsziel sehen, denn mit der Zunahme der Technologiekomplexität steigen auch potenzielle Angriffsmöglichkeiten.

Bei einem Man-in-the-Middle-Angriff speziell auf den Browser spricht man unter anderem auch von einem *Man-in-the-Browser-Angriff*. Diese Angriffe liegen dann vor, wenn ein Angreifer in der Lage ist, beispielsweise mit einem Trojanischen Pferd die Interaktion des Nutzers mit der Onlinebanking-Anwendung zur Laufzeit zu stören. Dadurch sind die Man-in-the-Browser-Angriffe näher am Nutzer und können schwerer entdeckt werden als beispielsweise Man-in-the-Middle-Angriffe im Netzwerk.

Hersteller von Browsern liefern sich mit Angreifern auf dieser Ebene ein ständiges Wettrüsten. Sobald Sicherheitslücken veröffentlicht werden, versucht der Hersteller, entsprechende Patches zu publizieren, um das Sicherheitsrisiko für die Nutzer zu reduzieren. Allerdings nimmt dieser Prozess aufseiten der Hersteller oftmals eine relativ große Zeitspanne ein, in der die Nutzer des Browsers meist schutzlos der Sicherheitslücke ausgeliefert sind. Genau dieser Zeitraum wird von Angreifern ausgenutzt, um automatisiert mit entsprechend präparierten Websites (siehe auch S. 73 ff.) ungepatchte Browser und deren Systeme mit Malware zu infizieren.

Onlinebanking-Websites waren in der Vergangenheit immer wieder auf Basis von *Cross-Site-Scripting-Schwachstellen* (kurz: *XSS-Schwachstellen*, siehe dazu auch S. 101 ff.) verwundbar. Ein Angreifer kann sich so eine Schwachstelle zunutze machen und beispielsweise eine gefälschte Website in den Kontext einer Onlinebanking-Website mit einbetten. Je nachdem, ob es sich um eine persistente oder nichtpersistente XSS-Schwachstelle handelt, wird die gefälschte Website bei jedem Besuch der Onlinebanking-Website oder nur bei Besuch einer spezifischen URL angezeigt. Dem Opfer kann so ein gefälschtes Formular angezeigt werden, welches eingegebene Daten nicht an die eigentliche Onlinebanking-Applikation, sondern an einen Server des Angreifers versendet. Die meisten Browser warnen den Nutzer allerdings durch eine Warnmeldung, dass Inhalte über eine ungesicherte Verbindung nachgeladen wurden.

Viele Browserhersteller bieten dem Nutzer die Möglichkeit, Erweiterungen für den Browser zu installieren. Diese Erweiterungen, auch *Addons* genannt, sollen dem Nutzer die Möglichkeit geben, den Browser nach seinen eigenen Vorstellungen individuell zu gestalten und zu erweitern. Gerade für den Mozilla Firefox gibt es mittlerweile eine Vielzahl von Addons frei zum Download. Ein Addon bietet enorme Vorteile gegenüber clientseitigen Skriptsprachen wie JavaScript, die lediglich für das DOM-Scripting ausgelegt sind. Ihr Funktionsumfang ist nahezu unbeschränkt, und durch erweiterte Technologien wie XPCOM[113] (kurz für: Cross-Platform Component Object Model) und XUL[114] (kurz für: XML User Interface Language) werden Addons schnell zu eigenen, sehr mächtigen Anwendungen im Browser.

Doch auch in diesem Bereich wurden bereits die ersten Schädlinge entdeckt, welche, einmal installiert, ein komplettes System kompromittieren können. Gefährlich hierbei ist vor allem die Tatsache, dass man beispielsweise beim Mozilla Firefox ein Addon mit wenigen Klicks installiert hat. Lediglich eine Warnmeldung fragt den Nutzer, ob er das Addon auch wirklich installieren möchte. In der Vergangenheit gab es bösartige Mozilla Firefox Addons,[115] die sich als Adobe Flash Player-Update tarnten und die Google-Suchergebnisse des Nutzers negativ beeinflussten, indem das Addon *Google-Ad*s[116] in die Ergebnisse einfließen ließ. Des Weiteren konnten Angreifer mithilfe des Addons das Surfverhalten des betroffenen Nutzers ausspähen und an einen Server übertragen, der in der Hand des Angreifers war. Problematisch hierbei ist aber, dass bösartige, installierte Addons auch als Man-in-the-Browser auf dem Nutzersystem agieren und so beispielsweise eingegebene Nutzerdaten für Onlinebanking an Dritte weiterleiten können.

Allerdings sind bisher keine Möglichkeiten bekannt, Addons automatisiert ohne Mitwissen des Nutzers zu installieren. Social Engineering (siehe S. 96 ff.) kann dem Angreifer jedoch helfen, das Opfer zu täuschen. Im eben genannten Flash Player-Update war die Extension als Aktualisierung für den Adobe Flash Player getarnt und wurde über Einträge in Foren verbreitet. Der Vorteil eines Angreifers liegt darin, dass er im Falle des Mozilla Firefox das Addon nur in eine Website einbetten muss. Der Browser erkennt beim Aufruf der Seite dann, dass es sich bei der xpi-Endung um eine mögliche Firefox-Erweiterung handelt und fragt den Nutzer automatisch, ob er diese installieren möchte. Im Zusammenhang mit Websites, wo multimediale Inhalte per Flash-Plug-in angezeigt werden, könnte so ein unbedarfter Nutzer leicht getäuscht werden.

---

[113] https://developer.mozilla.org/en/xpcom.
[114] https://developer.mozilla.org/En/XUL.
[115] http://blog.trendmicro.com/firefox-addo-spies-on-google-search-results/#ixzz0PrRKYNPm.
[116] http://www.google.de/intl/de/ads/.

b) Man-in-the-Middle-Angriffe auf Betriebssystemebene

Bereits im Jahre 2000 wurde durch eine Proof-of-Concept-Implementierung gezeigt,[117] dass das HBCI-Verfahren durch ein Trojanisches Pferd auf dem Nutzersystem kompromittiert werden kann. Voraussetzung ist allerdings, dass die PIN über das infizierte System des Nutzers und nicht über eine Tastatur auf dem externen Kartenleser eingegeben wird (siehe hierfür auch S. 32 ff.).

Mittlerweile stellen Angriffe durch Trojanische Pferde eine der häufigsten Methoden dar, um persönliche Daten eines Opfers auszulesen.

Sie agieren auf dem Nutzersystem und schalten sich zwischen verschiedene Schnittstellen auf dem kompromittierten System. Trojanische Pferde zielen meist darauf ab, möglichst unerkannt auf dem Nutzersystem zu agieren, und werden beispielsweise nicht zum Versand von Spams oder zum Attackieren (etwa im Rahmen eines Denial-of-Service) von anderen Systemen genutzt. Trojanische Pferde besitzen dabei viele verschiedene Verbreitungsarten. Zu einer sehr gefährlichen Infektionsmethode gehört der Drive-by-Download, der eine Schwachstelle im Browser des Opfers ausnutzt. Aber auch der Versand per E-Mail war vor einiger Zeit sehr populär. Eine weitere Methode besteht darin, an beliebte Software ein Trojanisches Pferd anzuhängen und anschließend auf Websites oder über P2P-Netzwerke illegal zum Download anzubieten. Dies war beispielsweise bei einem infizierten iWork-

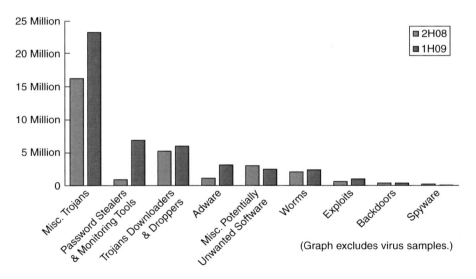

Abb. 8 Entwicklung verschiedener Malwaretypen. (Quelle: Microsoft Security Intelligence Report 1. HJ 2009)

---

[117] http://www.heise.de/newsticker/meldung/Homebanking-mit-HBCI-ist-nicht-trojaner-fest-19482.html.

Paket für Betriebssysteme von Apple[118] der Fall. Mit Trojanischen Pferden können prinzipiell alle drei Arten der Kartenleser kompromittiert werden. Je nach Art des Kartenlesers wird aber die Mithilfe des Opfers vorausgesetzt.

Eines der bekanntesten Trojanischen Pferde für den Passwortdiebstahl ist derzeit *Sinowal*.[119] Es wird gerne in Zusammenarbeit mit dem *StealthMBR-Rootkit*[120], auch bekannt als Mebroot, genutzt. Das Rootkit infiziert zuerst den Master-Boot-Record, um Kontrolle über das System zu bekommen, bevor dieses überhaupt gebootet wurde. Sinowal beinhaltet zusätzlich komplexe Vorgänge des API-Hookings[121], um selbst seine Funktion als Trojanisches Pferd ausführen zu können, aber auch um Desktopfirewalls und Virenscanner auszutricksen. Sobald ein Opfer beispielsweise in einem Onlineshop die Eingabe seiner Kreditkarteninformationen tätigen möchte, erkennt Sinowal dies und schaltet sich mit einem persistenten Pop-Up dazwischen. Dieses Pop-Up fordert das Opfer zur Eingabe der Kreditkarteninformationen auf, wobei es sich über das eigentliche Fenster im Browser legt. Sinowal ist allgemein ein sehr aggressives Trojanisches Pferd, das gegen sämtliche Software, die ihm schaden könnte, rigoros vorgeht. Zudem werden nicht nur von Browsern Passwörter gesammelt, sondern auch von Software wie Microsoft Outlook, Eudora, Mozilla Thunderbird, VanDyke SecureCRT, WinSCP und PuTTY.

Ein weiteres Trojanisches Pferd, das hauptsächlich auf Onlinebanking-Zugänge zielt, ist *Zbot*.[122] Es besitzt ähnliche Funktionen wie Sinowal, führt das API-Hooking aber auf Nutzerebene aus, anstatt sich wie Sinowal auf Kernelebene des Betriebssystems in Prozesse einzuklinken.

Wie diese beiden Trojanischen Pferde zeigen, ist die Kompromittierung von Klasse-1-Kartenlesern recht einfach. Durch einen Keylogger wird die PIN oder das Passwort auf dem System mitgelesen und gegebenenfalls an den Angreifer übertragen. Bei Angriffen gegen Klasse-2-Kartenleser kann das Trojanische Pferd die Transaktionsdaten erfolgreich manipulieren, da keine visuelle Kontrolle durch den Nutzer möglich ist. Die Sicherheit von Kartenlesern der Klasse 3 hängt von den auf dem externen Display dargestellten bzw. darstellbaren Informationen ab. Mithilfe von Social Engineering-Methoden könnte das Opfer allerdings auch hier getäuscht werden.

Hanno Langweg diskutierte auf der Sicherheitskonferenz *D-A-CH Security 2007*[123] Sicherheitsaspekte von Klasse-2-Kartenlesern, die durch den Einsatz von Trojanischen Pferden ausgehebelt werden können. Die Forscher um Hanno Langweg stellten dabei in ihrem Vortrag verschiedene Angriffsszenarien gegen Anwendungen wie StarMoney, Quicken 2007, WISO Mein Geld 2006 und VR-NetWorld

---

[118] http://www.theregister.co.uk/2009/01/22/mac_trojan_attack/.

[119] http://www.heise.de/security/meldung/Trojaner-stiehlt-Zugangsdaten-von-300-000-Bankkonten-214911.html.

[120] http://www.avertlabs.com/research/blog/index.php/2008/03/19/stealthmbr-rootkit-enhances-its-capabilities/.

[121] http://en.wikipedia.org/wiki/Hooking.

[122] http://www.sophos.com/security/analyses/viruses-and-spyware/trojzbotiz.html.

[123] http://www.hanno-langweg.de/hanno/research/dach07t.pdf.

3.0 vor und kamen zu dem Urteil, dass mit Klasse-2-Kartenlesern nur eine trügerische Sicherheit gegenüber Trojanischen Pferden erreicht werden kann.

Auf der DeepSec-Konferenz im November 2009 in Wien stellte Felix Gröbert einen Angriff der besonderen Art gegen einen Klasse-1-Kartenleser vor, der zusätzlich eine „gehärtete" Software auf einem USB-Stick nutzt. Bei der Software handelte es sich um einen präparierten Mozilla Firefox-Browser, der speziell für die Funktion Onlinebanking zugeschnitten wurde. Gröbert gelang es mithilfe eines für diesen Anlass implementierten Trojanischen Pferdes, das Onlinebanking-System zu kompromittieren. Das Trojanische Pferd infizierte das DOM im präparierten Browser mit bösartigem JavaScript, sobald durch den Browser eine Transaktion getätigt werden sollte. Das JavaScript manipulierte anschließend die Transaktionsdaten. Durch diesen Angriff wurde gezeigt, dass selbst speziell gehärtete Software bei Kompromittierung des Nutzersystems durch ein Trojanisches Pferd die Transaktion nicht schützen kann.

Aber nicht nur gängige PC-Systeme fallen bösartigen Trojanischen Pferden zum Opfer. Im Frühjahr 2009 berichtete der Antivirenhersteller Sophos[124] über ein Trojanisches Pferd in russischen Bankautomaten. Laut der Experten von Sophos wird dies aber einer der wenigen Fälle bleiben, da der Schadcode höchstwahrscheinlich durch einen Insider in den Bankautomaten eingeschleust wurde. In der IT-Sicherheitsszene ist man sich bezüglich der Zukunft von Trojanischen Pferden einig: Die Entwicklung von professionellen Trojanischen Pferden wird auch zukünftig rapide zunehmen, denn Trojanische Pferde haben den Wandel in der Informationstechnik erfolgreich absolviert. Ursprünglich als „standalone"-Anwendung auf dem kompromittierten System installiert, besitzen Trojanische Pferde heute oftmals eine gewaltige, im Hintergrund agierende Infrastruktur von zugehörigen Dropzones und Systemen für die Weiterverbreitung. Unter einer Dropzone versteht man einen Ort im Internet, an dem das Trojanische Pferd geklaute Daten und Informationen abspeichert, bevor sie vom Angreifer dort abgeholt werden. Die Kommunikation mit Dropzones und Kommandoservern wird heute oftmals auf *FastFlux-Netzwerke*[125] ausgelagert, um deren Entdeckung und Sperrung zu erschweren. Es ist sogar denkbar, dass Schadsoftware bei Verbindungsverlust zum Command-and-Control-Server[126] (C&C-Server) selbständig einen neuen C&C-Server sucht.

Des Weiteren könnte sich auch die als Rückgrat agierende Malwareindustrie bezüglich des Vertriebs von Schadsoftware ändern. Auf vergangenen Sicherheitskonferenzen fiel erstmals der Begriff Fraud-as-a-Service[127] (FaaS), welcher in Anlehnung an die Begriffe rund um das Cloud Computing generiert wurde. Die heutige Malwareindustrie ist gut aufgestellt und bietet vom Hosting der Malware über Infektionskits für Trojanische Pferde bis zu Cashout-Dienstleistungen ein breites Feld an Dienstleistungen an. Dieser Dienstleistungssektor wird sich möglicherweise in den nächsten Jahren weiterentwickeln, und das Angebot wird zusätzlich ausgebaut werden.

---

[124] http://www.sophos.com/blogs/sophoslabs/v/post/3577.
[125] http://honeyblog.org/junkyard/paper/fastflux-malware08.pdf.
[126] http://de.wikipedia.org/wiki/Botnet.
[127] http://www.finextra.com/community/fullblog.aspx?id=1440.

So könnten womöglich ganze Bot-Netze mit zugehörigen Trojanischen Pferden, C&C-Servern und Hosting-Infrastruktur als Paket angeboten werden. Man bezahlt dabei für das komplette Paket einen fixen Preis und kann gegebenenfalls für zusätzlich anfallende Kosten weitere Dienste wie beispielsweise das passende Web Exploit Toolkit (kurz: WET, siehe hierfür auch S. 76 ff.) dazu kaufen bzw. buchen.

c) Man-in-the-Middle-Angriffe auf Hardwareebene

Hardware-Keylogger bieten eine weitere Möglichkeit, in den Besitz von persönlichen Zugangsdaten und sensiblen Informationen zu gelangen. Keylogger können entweder über Programmcodes in die BIOS-Firmware, in die Firmware in der Tastatur oder alternativ physisch zwischen Tastatur und Interface (beispielsweise USB oder PS/2) des Nutzersystems angebracht werden. Ist solch ein Keylogger erst einmal installiert, speichert er sämtliche Tastaturanschläge in einem internen Speicher, der bei Bedarf ausgelesen werden kann. Der Vorteil solcher Keylogger liegt auf der Hand: Sensible Daten wie Zugangsaccounts werden abgefangen, bevor sie innerhalb des Betriebssystems, etwa durch kryptografische Methoden, geschützt werden können. So ist selbst die stärkste Verschlüsselung nutzlos. Fortgeschrittene Versionen von Hardware-Keyloggern können die mitgelesenen Daten sogar per Wireless-Schnittstelle an eine entferntere Basisstation senden. Allerdings erhöht die Implementierung von neuen Funktionen die Gefahr, dass der Keylogger entdeckt wird. Auch für Funktastaturen und -mäuse sind Keylogger möglich.

Im August 2009 wurde das FBI misstrauisch,[128] als eine staatliche US-Behörde mehrere Laptops zugesandt bekam, die nicht explizit bestellt worden waren. Die Laptops der Firma Compaq waren in Pakete der Firma Hewlett-Packard verpackt. Es wird vermutet, dass die empfangenen Laptops der Firma Hewlett-Packard ein Trojanisches Pferd enthalten könnten, welches sensible Daten an Angreifer übermitteln soll. Dieser Fall wird vom FBI derzeit noch untersucht.

Aufgrund des stetigen Anstiegs von Schadsoftware auf externen Datenträgern wie USB-Sticks, CDs und Flash-Karten hat das US-Militär die USB-Schnittstelle für externe Datenträger offiziell gesperrt. Damit soll ein mögliches Einfallstor für Angreifer geschlossen werden.

VI. Standardsicherheitsmaßnahmen

Zusammenfassung: Standardschutzmaßnahmen wie ein Antivirenprogramm oder auch eine Personal Firewall bieten zwar einen Basisschutz gegen eine Vielzahl einfacher Malwarevarianten. Moderne Malwareformen und -verbreitungsmechanismen wie etwa die Variante des Web Exploit Toolkits (kurz: WET)[129] *können*

---

[128] http://wvgazette.com/News/politics/200908240818.
[129] Siehe dazu auch S. 76 ff.

VI. Standardsicherheitsmaßnahmen 57

diese Standardschutzmaßnahmen aber leicht umgehen. Selbst durch die Nutzung erweiterter Mechanismen wie etwa spezieller Browser-Add-Ons (beispielsweise NoScript![130]) lässt sich kein vollständiger Schutz realisieren. Stattdessen leidet aber die Benutzerfreundlichkeit unter diesen Mechanismen. Teilweise sind moderne Websites, die zwingend auf Erweiterungen wie JavaScript angewiesen sind, gar nicht mehr benutzbar. Zudem liegt das große Problem aktueller Antivirenprogramme in ihrer Reaktivität, denn sie können in den allermeisten Fällen nur Malware zuverlässig finden, die bereits bekannt ist. Technische Maßnahmen lösen zudem nicht alle Sicherheitsprobleme. Vielmehr ist eine umfassende Aufklärung der Anwender von großer Bedeutung, um diese insbesondere vor ausgefeilten, modernen Social Engineering-Angriffen schützen zu können.

Verschiedene Stellen weisen seit geraumer Zeit auf die Notwendigkeit einiger Standardsicherheitsmaßnahmen hin. In den folgenden Abschnitten wollen wir die drei wesentlichen Standardsicherheitsmaßnahmen

- Antivirenprogramme,
- Personal Firewalls und
- Sicherheits-Add-Ons am Beispiel Firefox

untersuchen, die Schutzwirkung aufzeigen, aber auch auf potenzielle Gefahren bei der Verwendung von Standardsicherheitsmaßnahmen hinweisen.

1. *Antivirenprogramme*

Zusammenfassung: Antivirenprogramme haben sich als Schutz vor Malware nicht nur im professionellen, sondern auch im heimischen Anwendungsbereich fest etabliert. Klassische Antivirenprogramme kämpfen allerdings immer mit der extrem schnellen Entwicklung neuer Malware, die das Programm oftmals nicht erkennen kann. Im schlimmsten Fall wird dem Anwender vorgegaukelt, ein sicheres Antivirenprogramm zu benutzen, bei dem es sich allerdings selbst um Malware handelt.

Ein *Antivirenprogramm* (kurz: *AV*, oft auch als *Virenscanner* oder *Virenschutz* bezeichnet) gehört mittlerweile zu den absoluten Standardmaßnahmen,[131] wenn es um den Schutz des heimischen PCs vor unerwünschter *Malware* geht. Der Name Antivirenprogramm greift dabei allerdings ein wenig zu kurz, da es auch zur Erkennung und Beseitigung anderer Formen von Malware wie beispielsweise *Würmern* oder *Trojanischen Pferden* genutzt wird. Nachdem Antivirenprogramme zunächst in Unternehmen eine weite Verbreitung fanden, sind sie aufgrund der immer weiter steigenden Gefahr durch etwaige Malwareinfektionen seit einigen Jahren auch bei der Auslieferung von Endnutzer-PCs vielfach ab Werk auf dem Rechner installiert.

---

[130] Siehe dazu auch S. 62 ff.
[131] Zu den Empfehlungen des BSI in diesem Zusammenhang siehe auch: https://www.bsi-fuer-buerger.de/cln_136/BSIFB/DE/ITSicherheit/SchuetzenAberWie/schuetzenaberwie_node.html.

Ein Antivirenprogramm dient ganz allgemein dazu, *bereits bekannte Malware* aufzuspüren, die betroffenen Dateien in eine *Schutzzone* (oft auch als *Quarantänezone* bezeichnet) zu verschieben, den Nutzer über die Gefahr zu informieren und anschließend die betroffenen Dateien ggf. zu reinigen oder – falls eine Reinigung nicht möglich ist oder vom Nutzer nicht gewünscht wird – vollständig zu löschen.

Antivirenprogramme lassen sich dabei in zwei Hauptklassen einordnen:

- Der *Echtzeitscanner* (engl.: On-Access Scanner oder Real-Time Protection) ist ständig im Hintergrund aktiv und scannt dabei alle Dateien sowie den Arbeitsspeicher. Oft werden auch Teile des Internetverkehrs (etwa *http-Anfragen*[132] oder *ftp-Downloads*) mit in die Untersuchung auf Malware einbezogen. Je nach Konfiguration findet die Überprüfung von Dateien dabei während des Lese- oder nur während des Schreibvorgangs auf die Dateien bzw. den Speicher statt. Letzteres hat den großen Nachteil, dass der Zugriff auf durch Malware befallene, aber nicht aktiv verwendete Dateien unerkannt bleibt. Benutzer ziehen diese Methode aber oft vor, da sie die Performance des Systems weniger einschränkt als die sicherere Überprüfung beim lesenden Zugriff auf eine Datei.
- Der *manuelle Scanner* muss im Gegensatz zum Echtzeitscanner vom Benutzer selbst gestartet werden. Diese Methode sollte nicht als Standardfall, sondern allenfalls als zusätzliche Option – etwa im Rahmen von sogenannten *Onlinescannern* – gesehen werden. Bei einem Onlinescanner werden meist sowohl das auszuführende Programm (der eigentliche Scanner) als auch die *Virensignaturdateien*[133] online aus dem Internet geladen und dann ein Scandurchlauf auf allen Dateien des Rechners gestartet. Manuelle Scanner eignen sich generell nicht zum proaktiven Schutz des Systems, wohl aber zu dessen Säuberung bei einem etwaigen Malwarebefall (reaktiver Schutzansatz).

Die Erfolgswahrscheinlichkeit der klassischen *reaktiven Antivirenprogramme* hängt aber ganz entscheidend von der Güte und Aktualität der Virensignaturdateien ab. Reaktive Scanner gehören zum Standardrepertoire moderner Antivirenprogramme, haben aber einen entscheidenden Nachteil: Malware, die dem Hersteller der Antivirenprogramme bisher (noch) nicht bekannt und daher auch noch nicht in den Signaturdateien enthalten ist, *kann* vom Scanner *nicht* gefunden werden.

Durch die immer schneller entstehenden, neuen Malwarevarianten stößt die reaktive Erkennung daher schnell an ihre Grenzen. Stattdessen werden sogenannte *proaktive Scanner* immer wichtiger. Diese nutzen oft *Heuristiken*, eine *Verhaltensanalyse* unbekannter Programme oder die Technologie des *Sandboxing*. Bei letztgenannter Methode – die im Jahre 2001 vom norwegischen Antivirensoftwarehersteller Norman[134] vorgestellt wurde – lässt man ein unbekanntes Programm zunächst in einem gesicherten Bereich laufen und versucht, aus dem Verhalten des Programms zu schließen, ob es sich um eine (noch unbekannte) Malware handelt. Dieses Vor-

---

[132] Dies sind beispielsweise alle Aktionen mittels eines Internetbrowsers beim „Surfen" im Internet.
[133] Mithilfe dieser Datei kann bereits bekannte Malware über eine Checksumme identifiziert werden.
[134] http://www.norman.com/technology/norman_sandbox/de.

gehen hat zwar den großen Vorteil, gegenüber den signaturbasierten Ansätzen auch bisher noch unbekannte Malware erkennen zu können, zeichnet sich aber durch einen recht großen Performanceverlust (= lange Wartezeiten beim Anwender) und viele *Fehlalarme* (engl.: *False Positives*) aus. Gerade letztere Nebenwirkung ist aber für den Endkundenmarkt ein erhebliches Problem, da die Anwender meist keine entsprechende Kompetenz haben, selbst zu entscheiden, was nun „richtig" ist. Die Sandbox-Technologie wird daher primär bei Herstellern von Antivirenprogrammen genutzt, um im Labor entsprechende Signaturen (für den Endkundenmarkt) zu generieren.

Neben den bereits angesprochenen Problemen der Aktualität von Virensignaturdateien kann das Antivirenprogramm auch selbst zum Angriffspunkt werden. Da Antivirenprogramme Dateien nach speziellen Mustern durchsuchen, beinhalten sie meist sogenannte *Parser*, die diese Aufgabe übernehmen. Leider waren diese Parser oder andere Mechanismen im Antivirenprogramm in der Vergangenheit immer wieder unsauber programmiert,[135] sodass ein Angreifer mit einer speziellen Datei das zugehörige Programm zum Absturz bringen oder in seinem Kontext Befehle ausführen konnte.[136] Erschwerend kommt hinzu, dass die Antivirenprogramme meist als Systemdienste ausgeführt werden und damit weitreichende Rechte im System haben. Darüber hinaus sind Fehlalarme, die je nach Einstellung des Systems auch zu einem automatischen Verschieben in die Quarantäne oder gar zu einem Löschen der Datei führen können, äußerst kontraproduktiv für die Akzeptanz von Antivirenprogrammen durch die Nutzer.

In der letzten Zeit haben sich im Bereich der Antivirenprogramme auch spezielle Angriffe mittels Social Engineering etabliert, unter Verwendung sogenannter *Rogue-Software*.[137] Hierbei nutzt der Angreifer unter anderem auch den Umstand aus, dass Antivirenprogramme vom normalen Anwender als unentbehrlich angesehen werden, und schiebt dem ahnungslosen Anwender ein (oft kostenloses) Antivirenprogramm unter. Dieses ist aber nur ein *Fake-Antivirenprogramm*[138] und zusätzlich selbst eine Malware. Damit gibt der Nutzer während des von ihm selbst initiierten Scanvorgangs unbemerkt einem Angreifer Zugriff auf alle Dateien, der diese dann in aller Ruhe nach persönlichen Informationen durchsuchen kann und zudem in die Lage versetzt wird, weitere Malware tief versteckt im System des Opfers zu platzieren. Anhand dieser Beispiele wird wiederum ersichtlich, wie wichtig eine entsprechend umfassende Aufklärung der Anwender ist. Die Abbildung 9 zeigt ein Beispiel einer Rogue-Software, hier ein gefälschtes Sicherheitscenter. Zu beachten ist die professionelle grafische Ausgestaltung, die dem Anwender Sicherheit

---

[135] Beispielsweise bei F-Secure: http://www.f-secure.com/en_EMEA/support/security-advisory/.

[136] Für eine (unvollständige) weitere Übersicht siehe auch: http://www.securityfocus.com/vulnerabilities.

[137] Siehe dazu beispielsweise: http://blogs.paretologic.com/malwarediaries/index.php/category/rogue-software/.

[138] Siehe dazu beispielsweise auch im „Microsoft Security Intelligence Report 1. HJ 2009" auf S. 100 ff.: http://www.microsoft.com/security/portal/Threat/SIR.aspx.

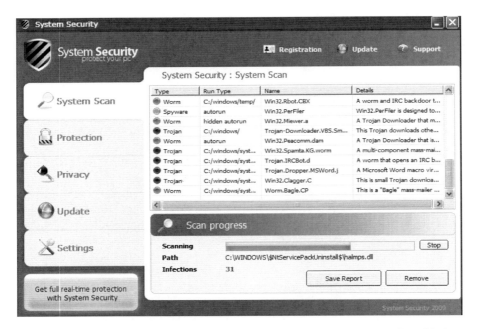

Abb. 9 Die Abbildung zeigt ein Beispiel einer Rogue-Software, in diesem Fall ein gefälschtes Sicherheitscenter.(Quelle:http://blogs.paretologic.com/malwarediaries/index.php/category/rogue-software/)

suggerieren soll. Der Zweck des Programms besteht aber ausschließlich darin, die Kontrolle über das System des Anwenders zu übernehmen.[139]

2. Personal Firewall

Zusammenfassung: Als zweite wichtige Säule der Standardsicherheitsmechanismen ermöglicht die Personal Firewall das Entdecken von bösartigen Angriffen auf ein System von außen. Entscheidende Eigenschaft einer Personal Firewall ist es aber – auch wenn die dabei verwendete Malware den Antivirenprogrammen noch nicht bekannt ist –, Angriffe aus dem Inneren eines Netzwerks aufdecken zu können. Doch auch hier bietet der unbedarfte Anwender nach wie vor durch sein unwissendes Verhalten Schwachstellen, die ein Angreifer ausnutzen kann.

Eine *Personal Firewall* (aus dem Englischen wörtlich übersetzt: *Persönliche Brandmauer*, oft auch als *Desktopfirewall* bezeichnet) ist eine Softwarekomponente, die den ein- und ausgehenden Netzwerkverkehr eines PCs filtert, und gehört wie auch die Antivirenprogramme zu den *Standardschutzmaßnahmen*.[140] Der Hauptvor-

---

[139] Quelle: http://blogs.paretologic.com/malwarediaries/index.php/category/rogue-software/.
[140] Siehe Fn. 131.

teil einer Personal Firewall gegenüber einer (zentralen) *Netzwerkfirewall*[141] besteht in der Möglichkeit, dass die Personal Firewall auch die an der Kommunikation beteiligten PC-Programme mit in die Analyse und Filteroptionen einbeziehen kann.

Hauptzweck einer Personal Firewall ist der Schutz des PCs vor Angriffen aus dem Netz, wobei es sich dabei sowohl um das Internet als auch ein lokales Netz handeln kann. Durch die selektive Blockade des Netzwerkverkehrs kann der PC so vor dem Befall mit Malware wie beispielsweise Würmern oder auch vor dem Ausnutzen von Softwareschwachstellen über einen offenen Netzwerkport geschützt werden. Eine Personal Firewall kann aber auch dazu dienen, den ausgehenden Netzwerkverkehr zu kontrollieren, und so etwa zur Entdeckung von *Backdoorprogrammen* (engl.: *Hintertürprogramme*) beitragen, wenn diese „offen" nach außen kommunizieren.

Zu dem oben genannten Zweck nutzt die Personal Firewall einen sogenannten *Paketfilter,*[142] der den Netzwerkverkehr anhand definierter Regeln entweder erlaubt oder verbietet. Die in diesem Paketfilter angewendeten Regeln können auf verschiedene Art und Weise erstellt werden. Ein Teil des Regelsatzes wird meist vom Hersteller der Personal Firewall mitgeliefert. Viele Produkte bieten darüber hinaus auch die Möglichkeit, Regeln automatisch zu erzeugen: Wann immer ein bisher nicht in Aktion getretenes Programm den Zugriff auf die Internetverbindung erfordert, wird automatisch oder mittels Rückfrage beim Anwender eine entsprechende neue Regel im Filter eingetragen. Zusätzlich bieten die meisten Personal Firewalls dem Nutzer auch die Möglichkeit, selbst frei definierbare Regeln zu erstellen.

Eine Personal Firewall kann den Anwender dabei sowohl vor Angriffen von außen als auch von innen schützen. Viele Angriffe von außen – die sich oft gegen entsprechend angebotene Netzwerkdienste richten – können aber auch ohne Personal Firewall wirksam verhindert werden: Das Abschalten nicht benötigter Netzwerkdienste und das regelmäßige Einspielen von Sicherheitsupdates verkleinern die Angriffsfläche enorm. Lediglich bei sogenannten *Zero Days*[143], also Sicherheitslücken, für die bisher kein Patch angeboten wird, kann eine Personal Firewall einen Mehrwert bieten. Bei Angriffen von innen kann eine Personal Firewall aber wertvolle Hinweise auf eine potenzielle Infektion mit einer Malware geben, wenn diese „unvorsichtig" nach außen kommuniziert oder Ports für eine Backdoor öffnen will. Gegen geschickte Malwarevarianten ist auch eine einfache Personal Firewall machtlos. Erschwerend kommt hinzu, dass nur versierte Nutzer dazu in der Lage sein werden, die Hinweise in den Logdateien entsprechend zu interpretieren.

Eine Personal Firewall kann, wie bereits angesprochen, keinen vollständigen Schutz bieten und sollte niemals als alleinige Sicherheitskomponente eingesetzt werden. Microsoft hat auf diesen Umstand bereits im Jahre 1996 hingewiesen.[144]

---

[141] Für eine rudimentäre Erläuterung siehe beispielsweise: http://de.wikipedia.org/wiki/Firewall.

[142] Für eine einfache Erklärung siehe beispielsweise: http://de.wikipedia.org/wiki/Paketfilter.

[143] Zur Diskussion bzgl. Zero Days siehe beispielsweise: http://de.wikipedia.org/wiki/Exploit#Zero-Day-Exploit.

[144] Zu dieser Diskussion siehe: http://www.microsoft.com/technet/technetmag/issues/2006/05/SecurityMyths/default.aspx.

Dies hat zum einen technische Gründe, zum anderen liegt das Problem aber auch auf der Seite des unwissenden Anwenders. In technischer Hinsicht kann eine Personal Firewall Malware bzw. deren Verbreitung nur dann aufdecken oder verhindern, wenn es entsprechende Regeln im Paketfilter gibt. Kommuniziert eine Malware aber etwa über den Port 80[145] ins Internet, ist eine Entdeckung nur dann möglich, wenn die Personal Firewall auch die entsprechende Anwendungskomponente, die die Kommunikation aufbauen will, mit in die Analyse einbezieht. Erst dann kann überhaupt auffallen, dass es sich nicht um den vom Nutzer verwendeten Internetbrowser, sondern um die Malware handelt. In diesem Zusammenhang hängt der Sicherheitsgewinn also entscheidend davon ab, wie gut sich die Malware auf die Mechanismen der verwendeten Personal Firewall einstellt.

Darüber hinaus bietet der technisch nicht versierte Anwender eine große Angriffsfläche, denn wie trifft man (als unwissender Anwender) die Entscheidung, ob man einem Programm, was gerade neu installiert wurde und nun den Zugriff auf das Internet möchte, diesen erlaubt oder blockiert? Die meisten Anwender tendieren in einer solchen Situation dazu, eher zu viele als zu wenige Freigaben zu erteilen, um die Gebrauchsfähigkeit der Software nicht einzuschränken. Oft gibt es dabei sogar den guten Vorsatz, die Freigaben hinterher auf das benötigte Minimum zu reduzieren, leider bleibt es aber in vielen Fällen bei dem guten Vorsatz. Zusammenfassend lässt sich festhalten, dass der Mehrwert einer Personal Firewall durchaus kritisch hinterfragt werden darf. Wichtiger sind in jedem Fall regelmäßige Updates der verwendeten Software (Betriebssystem *und* Anwendungen) und ein vernünftiger und bewusster Umgang mit dem Medium Internet.

3. *Firefox-Add-Ons*

Zusammenfassung: Für den speziellen Schutz der Kommunikation eines Systems über das World Wide Web reichen Antivirenprogramme und Personal Firewalls nicht immer aus, um auch den Ansprüchen eines unbedarften Anwenders gerecht zu werden. Hier bietet der meist genutzte Webbrowser Firefox eine Reihe von integrierbaren Zusatzanwendungen, die das Surfen im Netz sicherer machen können, zum Teil aber mit Einbußen in der Benutzerfreundlichkeit einhergehen.

Der Internetbrowser stellt in der heutigen Zeit einen der wesentlichen Pfade dar, über den Angreifer Malware an den Nutzer verteilen. Besonders problematisch ist dies vor allem aus zwei Gründen:

- Bei der Kommunikation über den Webbrowser handelt es sich um einen vom Nutzer angeforderten und damit erwünschten Kommunikationsvorgang. Der durch den Browser geöffnete Kanal zur entfernten Website kann und darf daher nicht durch eine etwaige Personal Firewall blockiert werden. Damit wird allerdings auch die Möglichkeit eröffnet, durch den einfachen und einmaligen

---

[145] Dies ist der Kommunikationsport, der bei nahezu allen http-Anfragen per Webbrowser verwendet wird.

Besuch der entfernten Website Schadcode auf den PC des Nutzers zu bringen. Entsprechenden Schutz vor solchen Angriffen bieten nur geeignete Antivirenprogramme, die auch die Kommunikation des PCs mit dem Internet überwachen, oder entsprechende *Einbruchserkennungssysteme* (engl.: Intrusion Detection Systems). Hierbei taucht allerdings das Problem auf, dass die meisten aktuell verwendeten Systeme nur reaktiv arbeiten und neue Angriffsvektoren nicht oder ggf. nur unter Zuhilfenahme heuristischer Verfahren erkennen können.
- Moderne Webbrowser bieten eine Vielzahl von Schnittstellen, um multimediale Inhalte und damit auch diverse Applikationen innerhalb des Browsers nutzen zu können. Bekannte Beispiele hierfür sind etwa *Java, JavaScript*[146] und *Flash*[147] als „Programmiererweiterungen" oder Plug-ins wie *Adobe Acrobat Reader*[148], *Real Player*[149] und viele weitere mehr. Nicht zuletzt die Verfügbarkeit von Schnittstellen für diverse multimediale Inhalte hat zur Akzeptanz und Verbreitung und damit auch zum großen Erfolg des World Wide Web beigetragen.

Die Abbildung 10 zeigt die Verteilung von Schwachstellen bei der Ausnutzung von Sicherheitslücken in Webbrowsern. Weitverbreitete Drittapplikationen wie beispielsweise der Adobe Flash Player oder der Real Player stellen die Haupteinfallstore für Schadcode dar. Direkte Schwachstellen im MS Internet Explorer tragen – nach Aussage von Microsoft – nur zu einem geringen Anteil zum Problem bei.[150]

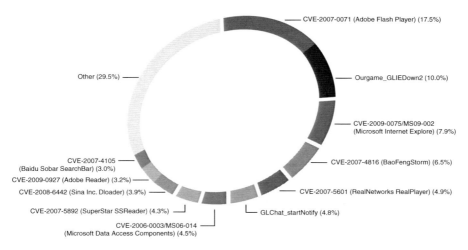

Abb. 10 Verteilung von Schwachstellen bei der Ausnutzung von Sicherheitslücken in Webbrowsern. (Quelle: Microsoft Security Intelligence Report 1. HJ 2009)

---

[146] Zum Thema Java siehe: http://www.java.com/de/download/manual.jsp#whatisjava.
[147] Zum Thema Flash siehe beispielsweise: http://de.wikipedia.org/wiki/Adobe_Flash.
[148] Zum Thema Adobe Acrobat Reader siehe auch: http://get.adobe.com/reader/.
[149] Zum Thema Real Player siehe auch: http://germany.real.com/realplayer/.
[150] Quelle: Microsoft Security Intelligence Report 1. HJ 2009, online verfügbar unter http://www.microsoft.com/security/portal/Threat/SIR.aspx.

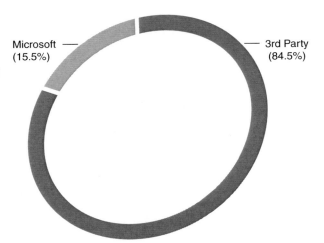

Abb. 11 Anteil an Schwachstellen in Drittapplikationen (wie Adobe Reader, Real Player) bei Angriffen auf den Internet Explorer am Beispiel von Microsoft Windows Vista. (Quelle: Microsoft Security Intelligence Report 1. HJ 2009)

Die Abbildung 11 zeigt am Beispiel von Microsoft Windows Vista, welchen Anteil Schwachstellen in Drittapplikationen (wie Adobe Reader, Real Player) bei Angriffen auf den Internet Explorer mittlerweile erreicht haben. Dies verdeutlicht nochmals die Gefahr, die von der Einbindung zahlloser Applikationen in den Browser ausgehen kann.[151]

Die Vielzahl von Dateiformaten und die damit verbundenen Schnittstellen bzw. Applikationen erhöhen aber auf der anderen Seite auch die mögliche Angriffsfläche enorm. Besonders problematisch ist dabei, dass viele Mechanismen, die heute zum Standardbrowser gehören, nicht für die Verwendung in (ungeschützten) Netzwerken entwickelt worden sind. Daher fehlen an vielen Stellen die entscheidenden Sicherheitsfunktionen. Zugleich existieren aber eine Reihe von Features, die ein Angreifer auch für seine Zwecke ausnutzen kann.

Eine weitere Möglichkeit zum Schutz vor unerwünschter Malware stellt somit die Absicherung des Internetbrowsers dar. Der Schutz des Browsers ist heute eine entscheidende Herausforderung bei der Absicherung von Anwendungen im World Wide Web. Da die Mechanismen, die die Internetbrowser aktuell zur Verfügung stellen, in vielen Fällen nicht ausreichen, ist der Anwender in den meisten Fällen auf die Nutzung von externen Komponenten angewiesen.

Für den Internetbrowser *Firefox*[152], der mittlerweile einen immer größeren Marktanteil erlangt, existieren eine ganze Reihe von sogenannten *Erweiterungen* (engl.: Add-Ons)[153], die dazu beitragen können, die Auswirkungen von Angriffen mittels Cross-Site-Scripting[154] (kurz: XSS) und Cross-Site-Request-Forgery[155] (kurz:

---

[151] Siehe Fn. 150.
[152] Siehe hierzu: http://www.mozilla-europe.org/de/firefox/.
[153] Siehe hierzu auch: https://addons.mozilla.org/en-US/firefox/.
[154] Zur Definition des Cross-Site-Scripting siehe beispielsweise: http://www.cgisecurity.com/xss-faq.html.
[155] Zur Definition des Cross-Site-Request-Forgery siehe: http://www.cgisecurity.com/csrf-faq.html.

VI. Standardsicherheitsmaßnahmen

CSRF) zu minimieren, und damit auch indirekt dazu beitragen, dass Malware auf den PC des Anwenders gelangen kann. Darüber hinaus können entsprechende Erweiterungen auch dazu beitragen, den sicheren Umgang mit *Cookies*[156] zu gewährleisten.

Aus der Vielzahl der verfügbaren Firefox-Erweiterungen sollen hier die Varianten *NoScript!*[157], *Request Policy*[158] und *Better Privacy*[159] exemplarisch vorgestellt werden.

- NoScript! ist eine Erweiterung von Giorgio Maone für den Firefox und andere Mozilla[160]-basierte Internetbrowser und wird unter der Gnu Public License, einer Lizenz für quelloffene Software, zur Verfügung gestellt. Es gehört zu den beliebtesten Add-Ons für Firefox, bietet aktuell einen der besten Schutzmechanismen vor XSS-Angriffen (und damit beispielsweise vor Clickjacking[161]) und sorgt dabei auch dafür, dass JavaScript, Java, Flash und andere Plug-ins nur in vom Nutzer freigegebenen Internetumgebungen lauffähig sind. Dadurch wird dem Nutzer die Möglichkeit gegeben, eine *Weiße Liste* (engl.: *Whitelist*) zu pflegen, mittels der er die von ihm als vertrauenswürdig eingestuften Website fein granular verwalten kann. Zudem lassen sich auch eigene Regelsätze zur Verhinderung von XSS-Angriffen erstellen. Diese Möglichkeit bzw. Granularität wirkt sich allerdings – wie bei allen white- bzw. blacklistingansatzbasierten Systemen – zugleich auch nachteilig aus, da der Nutzer in vielen Fällen mit der Pflege der entsprechenden Listen überfordert sein wird und daher die Gefahr besteht, dass auch nicht vertrauenswürdige Websites auf die Whitelist gelangen. Hierzu können auch entsprechende Social Engineering-Angriffe beitragen. Die Entscheidung, was vertrauenswürdig ist und was nicht, ist im Übrigen oft auch nicht einfach zu treffen – insbesondere beim erstmaligen Besuch einer Website. Die Abbildung 12 zeigt die Firefox-Erweiterung „NoScript!". Zu erkennen ist dabei, dass im Standardfall die Ausführung von JavaScript-Code verboten ist, aber trotzdem die Möglichkeit für den Anwender besteht, einzelne Websites in die Whitelist aufzunehmen.[162]

Zudem muss berücksichtigt werden, dass bei konsequenter Nutzung von NoScript! – also dem konsequenten Verbot von Java, JavaScript etc. – ein Großteil der modernen Websites schlichtweg nicht mehr nutzbar ist. Dieser Aspekt trägt ebenfalls dazu bei, eher mehr Websites auf der Whitelist einzutragen. In manchen Fällen verwenden Webprogrammierer aus „Bequemlichkeit" oder „Unwissen" sogar selbst Mechanismen wie Cross-Site-Scripting, um etwa die Authentifizierung des Nutzers auf einer anderen Website zu ermöglichen, ohne die „Darstellung" im Browser zu ändern.

---

[156] Siehe dazu auch: http://de.wikipedia.org/wiki/HTTP-Cookie.
[157] NoScript! ist verfügbar unter: http://noscript.net/.
[158] Request Policy ist verfügbar unter: http://www.requestpolicy.com/.
[159] Better privacy ist verfügbar unter: https://addons.mozilla.org/de/firefox/addon/6623.
[160] Zur Website des Mozilla-Projektes: http://www.mozilla-europe.org/de/.
[161] Zum Clickjacking siehe beispielsweise: http://www.heise.de/security/meldung/Clickjacking-Jeder-Klick-im-Browser-kann-der-falsche-sein-210045.html.
[162] Quelle: http://noscript.net/.

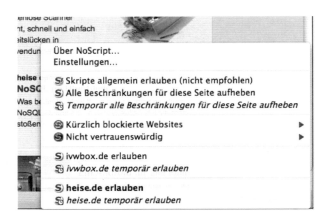

Abb. 12 Firefox-Erweiterung „NoScript!"

- Request Policy ist ebenfalls eine Erweiterung für Mozilla-basierte Browser und bietet unter anderem Schutz vor Angriffen auf Basis des Cross-Site-Request-Forgery. Wie NoScript! wird auch Request Policy über eine Whitelist vom Nutzer gesteuert. Dabei lässt sich im Detail festlegen, wie von welcher Website und auf welche Website entsprechende Anfragen des Browsers erfolgen dürfen. Die Abbildung 13 zeigt die Firefox-Erweiterung „Request Policy". Zu erkennen ist dabei die Möglichkeit für den Anwender, Anfragen (engl.: Request) gezielt permanent in die Whitelist einzutragen oder die Anfragen nur temporär zuzulassen.[163]

Aufgrund der komplexen Kommunikationsbeziehungen zwischen verschiedenen Servern im modernen Web ist aber nicht immer leicht ersichtlich, ob und welche Kommunikationspfade als vertrauenswürdig einzustufen sind und welche nicht – insbesondere dann, wenn der Inhalt von den Anwendern geändert oder erstellt werden kann, wie dies z. B. bei Internetforen, Blogs etc. der Fall ist. Dies wird auch durch zahlreiche „Werbebanner" und ähnliche Mechanismen erschwert, die dazu führen, dass von einer dem Nutzer vertrauten Website

Abb. 13 Firefox-Erweiterung „Request Policy"

---

[163] Quelle: http://www.requestpolicy.com/.

auf verschiedenste andere, dem Nutzer nicht direkt bekannte Websites Zugriffe erfolgen. Damit steht und fällt der Sicherheitsgewinn auch in diesem Fall mit der Qualität der Whitelist und damit letztlich mit der Kompetenz des Anwenders, die richtige Entscheidung zu treffen, welche Websites mit welchen kommunizieren dürfen/sollen.

- Better Privacy bekämpft im Gegensatz zu den beiden vorherigen Mozilla Add-Ons nicht die Auswirkungen von XSS und CSRF, sondern kümmert sich um die Probleme des Datenschutzes durch die missbräuchliche Verwendung von Cookies, insbesondere von sogenannten *Cookies der 2. Generation*[164]. Aus datenschutzrechtlicher Sicht sind dabei vor allem die sogenannten *Flash-Cookies*[165] und *DOM-Storage-Cookies*[166], die unbemerkt Informationen auf dem PC des Anwenders hinterlegen, interessant. Der Anwender erfährt dabei weder, dass überhaupt Daten gespeichert werden, noch wo diese liegen und welche Informationen sie beinhalten. Better Privacy bietet dem Nutzer nun die Möglichkeit, unter Zuhilfenahme von Flash abgelegte Cookies zu löschen[167], und deaktiviert darüber hinaus die Nutzung von DOMStorage.

4. Weitere Standardsicherheitsmaßnahmen

Neben der expliziten Verwendung von Antivirenprogrammen, Personal Firewalls und entsprechenden Browsererweiterungen gehören auch Updates des Betriebssystems und der genutzten Anwendungen zu wichtigen Standardsicherheitsmaßnahmen. Die Abbildung 14 zeigt die Entwicklung der verschiedenen Sicherheitsprobleme im Zeitraum 1. HJ/2004 bis 1. HJ/2009.[168] Die Abbildung 15 zeigt darüber hinaus, ob Patches für die Sicherheitslücken verfügbar sind oder nicht.[169] Es ist zu erkennen, dass für nahezu zwei Drittel der Sicherheitslücken entsprechende Maßnahmen existieren, die vor einem Ausnutzen der Sicherheitslücke durch einen Angreifer schützen können. Umso wichtiger ist es, dass Anwender und Administratoren sich dieser Situation bewusst sind und schnellstmöglich relevante Maßnahmen ergreifen.

---

[164] Siehe dazu auch: http://testlab.sit.fraunhofer.de/content/output/article/demo/cookies.php?s=3.
[165] Siehe hierzu auch: http://de.wikipedia.org/wiki/Flash-Cookie.
[166] Siehe hierzu auch: http://msdn.microsoft.com/en-us/library/cc197062%28VS.85%29.aspx.
[167] Einstellungen zu den Flash-Cookies lassen sich auch direkt mit dem Einstellungsmanager von Adobe steuern. Der Einstellungsmanager bietet dem Nutzer dazu die Möglichkeit, die Größe der Cookies als auch die generelle Möglichkeit selbst entsprechend einzuschränken. Der Einstellungsmanager ist unter folgender URL verfügbar: http://www.macromedia.com/support/documentation/de/flashplayer/help/settings_manager03.html.
[168] Siehe Fn. 150.
[169] Siehe Fn. 150.

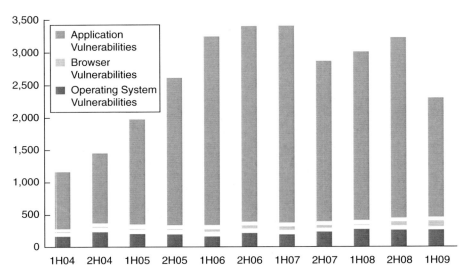

Abb. 14 Entwicklung der verschiedenen Sicherheitsprobleme im Zeitraum 1. HJ/2004 bis 1. HJ/2009. (Quelle: Microsoft Security Intelligence Report 1. HJ 2009)

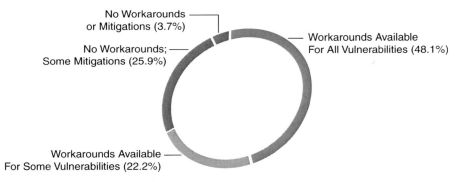

Abb. 15 Die Abbildung zeigt, ob Patches für die Sicherheitslücken verfügbar sind oder nicht. (Quelle: Microsoft Security Intelligence Report 1. HJ 2009)

Leider wird dieses wachsende Bewusstsein aber bereits von Angreifern entsprechend genutzt. Dazu gaukelt man dem Nutzer mit mehr oder weniger geschickten Argumenten ein notwendiges Update einer weitverbreiteten Softwarekomponente vor. Aufgrund der hohen Komplexität und der Vielzahl der verwendeten Programme im Bereich der multimedialen Anwendungen besteht für den Angreifer eine gute Chance, dem Nutzer ein entsprechend mit Malware behaftetes Update für einen der zahlreichen Multimediaplayer unterzuschieben. Der Angreifer nutzt hier die Tatsache aus, dass der Nutzer gerne die entsprechenden multimedialen Inhalte ansehen möchte.

VI. Standardsicherheitsmaßnahmen

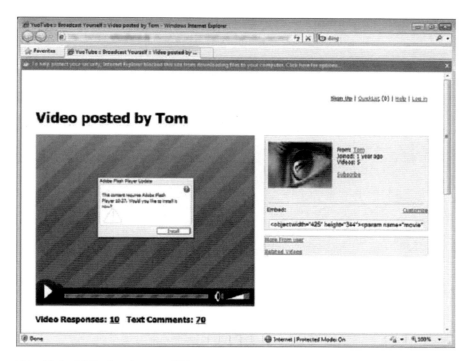

Abb. 16 Social Engineering-Angriff im Zusammenhang mit Software-Updates. (Quelle: Microsoft Security Intelligence Report 1. HJ 2009)

Viele Nutzer haben in der Vergangenheit zudem schon die Erfahrung gemacht, dass Multimediakomponenten regelmäßig aktualisiert werden müssen, weil ansonsten eine Wiedergabe aktueller Mediastreams aufgrund von Treiberproblemen scheitern könnte. Diese Tatsache und die bereits angesprochene „Gier" des Anwenders steigern die Erfolgswahrscheinlichkeit eines solchen Angriffs enorm. In der Abb. 16 ist ein Social Engineering-Angriff im Zusammenhang mit Software-Updates zu erkennen. Der Anwender, der gerade ein Video anschauen möchte, wird zunächst dazu aufgefordert, ein Update seines Players zu installieren. Dieses Update ist aber für die Wiedergabe des Videos nicht notwendig, sondern hat lediglich den Zweck, Malware auf dem System zu platzieren.[170]

---

[170] Siehe Fn. 150.

Kapitel 3
Künftige Entwicklung von Identitätsmissbrauch und Identitätsdiebstahl

Identitätsmissbrauch wird in Zukunft eine Vielzahl von Formen annehmen, die heute noch nicht komplett überblickt werden können, da auch eine Fülle von neuen Techniken, Paradigmen und Plattformen immer neue Angriffsszenarien ermöglicht.

Gleichzeitig werden die Werkzeuge, die Identitätsmissbrauch ermöglichen, immer ausgefeilter und technisch ausgereifter sein. Hier ist vor allem eine nicht kriminelle Hackerszene („White Hat") zu nennen, die in einer von der akademischen Welt (vielleicht mit Ausnahme der USA) weitgehend unbeachteten Community immer neue Wege findet, Schutzmechanismen zu umgehen. Ohne diese „White Hat"-Community gäbe es keine Forschung auf diesem wichtigen Gebiet. Zudem geht sie sehr verantwortungsvoll mit ihren Entdeckungen um.

Das generelle Problem kann man ökonomisch umschreiben: Es ist billiger und effizienter, ein System zu hacken, als es gegen diese Hackerangriffe abzusichern. Hier fehlen generelle Konzepte, die auch die Kryptografie in Schutzparadigmen mit einbeziehen sollten.

I. Prognose: Angriffsszenarien

Prognose: Zukünftige Angriffsszenarien werden deutlich vielfältiger werden: Jeder Dienst, für den ein Angreifer einen lohnenden Business Case aufstellen kann, wird früher oder später angegriffen werden. Jeder Schutzmechanismus, der nicht ein beweisbares Sicherheitsniveau besitzt, wird umgangen werden. Und jede neue Technologie, die mit neuen Features die Welt des (mobilen) Internets bereichert, kann zu einer Basis für zukünftige Angreifer werden.

1. Business Cases zukünftiger Angreifer

Prognose: Alle Dienste, für die der Angreifer einen „Business Case" berechnen kann, bei dem nach Abzug aller Investitionen ein Gewinn erzielt wird, werden früher oder später Gegenstand eines Angriffs werden. Angriffe auf Onlinebanking und verwandte Dienste (Giropay, Sofortueberweisung.de) werden hier auch weiterhin im Fokus stehen, da der dahinter liegende Business Case sehr gut bekannt ist und ständig weiterentwickelt wird.

Für zukünftige Dienste kann man den erwarteten Umsatz nicht im Vorhinein einschätzen, hier ist zeitnahes Handeln erforderlich. Abschätzen kann man heute aber schon die zu tätigenden Investitionen. Durch Arbeitsteilung werden diese Investitionen minimiert, sodass herkömmliche Kriterien wie z. B. die Angreiferklassifikation der Common Criteria überarbeitet werden müssen.

Folgende Investitionen können abgeschätzt werden:

- Umgehung von Antivirensoftware, die auf AV-Signaturen beruht: Malware wird heute überwiegend in Hochsprachen geschrieben. Funktionsidentische Varianten, die unterschiedliche MD5-Prüfsummen aufweisen, können daher sehr leicht durch Veränderung der Compilereinstellungen verändert werden. Dies führt zu einem explosionsartigen Anwachsen der Zahl der Malwaresignaturen. Hier sind daher für einen Angreifer nur geringe Investitionen zu kalkulieren (vgl. auch [GP09]). Einige Zitate dazu:

In den ersten acht Monaten 2008 hat PandaLabs mehr Malware identifiziert als in den vergangenen 17 Jahren zusammen – 22.000 täglich. [PandaLabs08-AR]
2008 entdeckten die Sophoslabs durchschnittlich 16.173 neu mit Schadcode infizierte Websites pro Tag. [Sophos08-STR]

- Umgehung von AV-Software, die auf verhaltens- oder strukturbasierter Analyse beruht: Bei diesen neuen Analyseansätzen wird Schadsoftware entweder anhand ihres Verhaltens (Welche Funktionen des Betriebssystems ruft sie auf, wie verläuft ihre Kommunikation mit dem Internet?) oder anhand ihrer Struktur (Aus welchen Unterprogrammen besteht sie, wie rufen diese sich gegenseitig auf?) erkannt. Da hier noch keine marktfähigen Produkte vorliegen, können die Investitionen in die Umgehung dieser Mechanismen noch nicht abgeschätzt werden.
- Umgehung von Personal Firewalls: Diese sind heute schon nutzlos, da sich die Black-Hat-Community sehr schnell von der Ausnutzung von Schwachstellen in Netzwerkdiensten im Betriebssystem auf sogenannte Drive-by-Downloads [Google08] umgestellt hat.
- Umgehung chipkartenbasierter Sicherheitsmechanismen: Chipkarten als alleiniges Allheilmittel für Sicherheitsprobleme im Internet sind in [Langweg06] und [LS07] entzaubert worden. Bei vernünftiger Aufteilung der Aufgaben zwischen PC und Chipkarte/Kartenleser (vgl. [GLS07]) sind die realisierten Systeme aber technisch unknackbar. (Es bleibt ein Risiko für Social Engineering-Angriffe, dies kann aber durch entsprechende Gestaltung der Nutzerschnittstelle minimiert werden.) Nicht alle Dienste können aber über einen korrekt eingebundenen Chipkartenleser abgesichert werden.
- Arbeitsteilung: Die Umgehung von neu eingeführten Schutzmaßnahmen ist in der arbeitsteiligen Black-Hat-Community nicht mehr Aufgabe des eigentlichen Angreifers, sondern wird von Spezialisten für eine Vielzahl von Kunden erle-

digt. Dies schlägt sich in den Preisen nieder, die für vollautomatische Angriffstools verlangt werden:

- mPack: ca 700–1.000 USD
- IcePack: ca 400 USD
- FirePack: ca 3.000 USD

Zur Abschätzung der zukünftigen Entwicklung wird also der betriebswirtschaftliche Aspekt immer wichtiger: Eine Applikation sollte so abgesichert sein, dass sich ein kommerzieller Angriff nicht lohnt. Hier besteht allerdings noch erheblicher Forschungsbedarf.

2. Umgehung von Standardsicherheitsmaßnahmen

Prognose: Standardsicherheitsmaßnahmen bieten aktuell nur noch einen rudimentären Basisschutz und werden in Zukunft immer mehr an Bedeutung verlieren. Keinesfalls dürfen sie daher als alleinige Lösung für die Probleme des Identitätsdiebstahls gesehen werden. Wichtig ist vielmehr der verantwortungsbewusste Umgang mit dem Medium Internet. Allerdings muss einschränkend erwähnt werden, dass es dem normalen Nutzer nicht abzuverlangen ist, eine korrekte Entscheidung über die Vertrauenswürdigkeit von Websites zu treffen. Wichtig sind daher weitere Entwicklungen, die den Nutzer dabei unterstützen.

Zur Absicherung der Clientcomputer setzt man – wie bereits auf S. 56 ff. beschrieben – häufig auf die Kombination von Antivirensoftware und Personal Firewalls, eventuell unter Zuhilfenahme von Browsererweiterungen. Ziel dieses Abschnittes ist es, nun zu zeigen, mit welchen Methoden bzw. mit welchem Aufwand ein Angreifer diese standardmäßigen Schutzmaßnahmen umgehen kann. Die Angreifer bedienen sich dabei auch immer mehr der Methoden des Social Engineering und nutzen dabei zum einen die „Gier" der Anwender, zum anderen aber auch immer mehr explizit das Gefahrenbewusstsein des Anwenders aus.

a) Umgehen von Antivirenprogrammen

Prognose: Antivirenprogramme lassen sich bereits heute vom Angreifer mit relativ geringem Aufwand umgehen. In Zukunft werden die Aufklärung der Anwender und der daraus resultierende bewusste und vorsichtige Umgang mit dem Medium Internet immer wichtiger werden. Zugleich sind die Hersteller von Antivirenprogrammen gefordert, ihre Erkennungsmechanismen vor allem in Richtung einer proaktiven Erkennung von Malware weiter zu verbessern.

Häufig werden Antivirenprogramme als Standardsicherheitsmaßnahme empfohlen. So spricht sich beispielsweise auch das Bundesamt für Sicherheit in der Informationstechnik (BSI) explizit für den Einsatz von Antivirenprogrammen aus.[171]

---

[171] Vgl. dazu auch die Websites des BSI: https://www.bsi-fuer-buerger.de/cln_164/BSIFB/DE/ITSicherheit/SchuetzenAberWie/schuetzenaberwie_node.html.

Leider wird im Zuge dieser Diskussion aber gerne verschwiegen, dass Antivirenprogramme nur einen *Basisschutz* bieten können. Wird dieser Aspekt nicht ausreichend kommuniziert, wägt sich der Anwender in scheinbarer Sicherheit, denn gerade Antivirenprogramme können von Angreifern relativ einfach umgangen werden. Auf S. 57 ff. wurde bereits ausführlich diskutiert, dass die Angreifer sich immer mehr auch der Methoden des Social Engineering bedienen und das Gefahrenbewusstsein der Anwender ausnutzen. Sogenannte Rogue-AV-Programme müssen heute als Standardangriffsweg angesehen werden – eine entsprechende Schulung der Nutzer ist somit unbedingt erforderlich. Angreifer können die heute überwiegend reaktiven Erkennungsmechanismen bei Antivirenprogrammen aber auch ohne den Einsatz von Social Engineering relativ einfach umgehen. Dies soll nun an zwei konkreten Beispielen verdeutlicht werden.

Zum einen sind in entsprechenden Kreisen zahlreiche Programme im Umlauf, die den Angreifer dabei unterstützen, dass seine Malware von aktuellen Antivirenprogrammen nicht erkannt wird.[172] Tools wie Multi AVs Fixer, Scanlix, KIMS[173] und weitere dieser Art bieten dem Angreifer dabei professionelle Unterstützung.[174] Dabei kann zum einen der parallele Scan mit verschiedenen Antivirenprogrammen durchgeführt werden. Zum Teil haben die Tools zudem auch die Option, die erstellte Malware automatisch so zu modifizieren, dass kein Antivirenprogramm die Malware erkennt. Diese Tools sind im Internet frei erhältlich, zum Teil existieren sogar Videoanleitungen[175] für den richtigen Gebrauch. Es muss allerdings betont werden, dass ein Angreifer auch leicht ohne diese automatisierten Tools auskommen kann. Möglicherweise sind die Tools vor allem deswegen ungefährlich, weil sie hauptsächlich von den technisch nicht versierten Angreifern genutzt werden. Ein Verbot solcher Tools kann daher durchaus kritisch diskutiert werden: Technisch versierte Angreifer werden im Zweifel auch ohne diese Tools auskommen, die Massenangreifer lassen sich aber durch diese Tools besser beobachten. Die Abbildungen 17 und 18 zeigen die Tools Multi AVs Fixer[176] und KIMS[177]. Beide bieten dem Angreifer die Möglichkeit, seine Malware auf einfache Art und Weise auf die Erkennung durch Antivirenprogramme zu testen und anschließend so zu modifizieren, dass sie von aktuellen Antivirenprogrammen nicht mehr erkannt wird.

Greveler und Puls konnten zudem in einem Beitrag[178] zum 11. Deutschen IT-Sicherheitskongress des BSI im Jahre 2009 zeigen, dass sich der Aufwand, eine

---

[172] Siehe dazu auch folgenden Bericht: http://www.itweb.co.za/index.php?option=com_content&view=article&id=2519.

[173] Zur Diskussion bzgl. KIMS siehe auch: http://foro.portalhacker.net/index.php/topic,65709.0.html.

[174] Ein detaillierter Bericht zu den verschiedenen Tools findet sich beispielsweise unter: http://pandalabs.pandasecurity.com/archive/Multi-AVs-Scanners.aspx.

[175] Siehe beispielsweise unter: http://www.4shared.com/file/39095752/e615d1ea/MultiAVFixer-VideoTutorial.html.

[176] Quelle: http://pandalabs.pandasecurity.com/.

[177] Zur weiteren Diskussion siehe auch: http://foro.portalhacker.net.

[178] Siehe dazu den Beitrag „Über den Aufwand, Malware auf einem privaten PC zu installieren – Wie einfach lassen sich Virenscanner und Personal Firewalls umgehen?" von *Greveler* und *Puls* im Tagungsband zum 11. Deutschen IT-Sicherheitskongress „Sichere Wege in einer vernetzten Welt".

I. Prognose: Angriffsszenarien

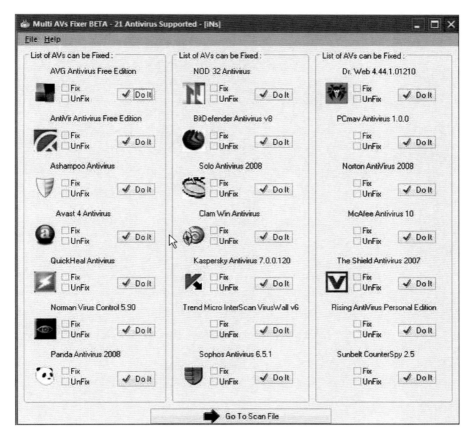

Abb. 17 Tool Multi AVs Fixer. (Quelle: http://pandalabs.pandasecurity.com/multi-avs-scanners/)

Malware zu entwickeln, die von keinem aktuellen Antivirenprogramm gefunden wird, in Grenzen hält. Auf Basis des bekannten Remote-Administrationtools *Back Orifice 2000*[179] entwickelten sie dazu eine Malware, die von keinem der 36 verschiedenen und zum Zeitpunkt der Untersuchung mit aktuellen Virensignaturdateien ausgestatteten Antivirenprogrammen erkannt wurde. Dazu modifizierten sie die Malware in verschiedenen Schritten: Als erster Schritt stand die Neukompilierung der Binärdatei aus dem Quellcode. Bereits dies führte dazu, dass die Malware nur noch von 16 Antivirenprogrammen erkannt wurde. Durch eine weitere Modifikation mittels eines HEX-Editors wurde das Programm schließlich so umgebaut, dass sowohl die Erkennung auf Basis der Virensignaturdateien als auch mittels der Heuristisk vollständig ausgeschaltet werden konnte. Dies ist bemerkenswert, da es sich bei Back Orifice 2000 um eine der bekanntesten Malware handelt. Greveler und

---

[179] Zu den Details von Back Orifice 2000 siehe beispielsweise: http://www.bo2k.com/whatis.html.

Abb. 18 Tool KIMS

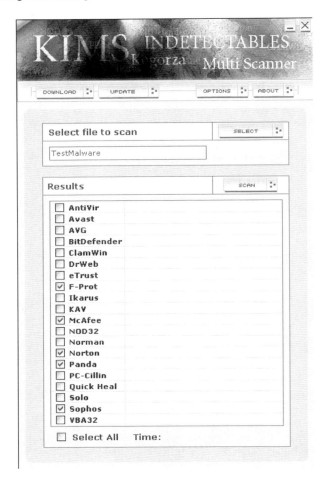

Puls stellen in ihrem Beitrag zudem fest, dass der Einsatz von den oft empfohlenen Standardsicherheitsmaßnahmen durchaus kontrovers diskutiert werden sollte. Sie werfen dabei auch die Frage auf, ob die von Antivirenprogrammen und Personal Firewalls suggerierte, aber oft nicht wirklich erzielte Sicherheit kontraproduktiv wirkt, da sich der Anwender blind auf die Funktionalität verlässt und deswegen unvorsichtig wird. Diese Beispiele zeigen eindrucksvoll, dass Angreifer keine großen Kenntnisse benötigen und ein Verzicht auf die im ersten Absatz dieses Abschnitts diskutierten Tools leicht möglich ist.

b)   Umgehen von Personal Firewalls

Prognose: Schutzmaßnahmen wie Paketfilter-orientierte Personal Firewalls werden in Zukunft weiter an Bedeutung verlieren. Moderne Malwareverbreitungsmechanismen nutzen immer mehr freigegebene Kanäle, um nach außen zu kommunizieren.

Erforderlich sind daher mehr und mehr Maßnahmen, die eine vollständige Analyse des Internetverkehrs ermöglichen. Schwierig bleibt dabei aber die Erstellung der Referenzdatenbasis. Zudem muss beachtet werden, dass die Personal Firewalls der Zukunft aufgrund der steigenden Komplexität dann auch zu dem entscheidenden Angriffsvektor im System werden können.

Personal Firewalls werden als Basisschutz empfohlen, bieten gegen moderne Infektionsroutinen aber definitiv auch nicht mehr als einen solchen. Vor allem moderne Drive-by-Malware[180,181] ist in der Lage, die Sicherheitsfunktionen der Personal Firewalls auszuhebeln. Interessant sind in diesem Zusammenhang die sogenannten Web Exploit Toolkits (kurz: WET), die seit Ende 2006 immer mehr an Relevanz gewinnen und eine sehr effektive Art von Angriffssoftware darstellen. WETs spielen im Geschäftsprozess rund um die Malware eine bedeutende Rolle, weil sie maßgeblich für die Infektion neuer Clients und damit den wirtschaftlichen Erfolg des gesamten Malwarekreislaufs verantwortlich sind. WETs integrieren betroffene Clientsysteme – häufig handelt es sich um Systeme, die Windows als Betriebssystem verwenden – beispielsweise in Bot-Netze. Alternativ kann der Betreiber des WET-Servers infizierte Clientsysteme auch an Interessierte weiterverkaufen, die diese dann beispielsweise für Denial-of-Service(DoS)-Angriffe oder SPAM-Aktionen nutzen können. Bekannte Vertreter der WET sind beispielsweise *IcePack*[182], *MPack*[183] oder auch *Neosploit*[184].

Die Infektion eines Clients vollzieht sich dabei in mehreren Schritten: Zunächst muss der Client bzw. dessen Anwender auf eine Website gelockt werden, auf der der entsprechende Schadcode vorhanden ist. Gerne werden dazu Websites verwendet, denen der Nutzer ein gewisses Grundvertrauen entgegenbringt. In der Vergangenheit waren so auch die Websites von News.com, USA Today und auch Unicef betroffen[185]. Ein weiteres Kriterium für die Auswahl der Website kann auch deren Frequentierung durch die Nutzer sein. Erfolgt der Angriff in zeitlicher Hinsicht geschickt, lässt sich das Ausmaß der Infektion entscheidend beeinflussen. Dies wurde beispielsweise beim Angriff auf die Website der Miami Dolphins ausgenutzt, die kurz vor dem entscheidenden Spiel im amerikanischen Football, dem Superbowl, entsprechend manipuliert wurde.[186] Die Abbildung 19 zeigt das Ergebnis spezieller

---

[180] Zur Thematik der Drive-by-Malware siehe auch: http://www.heise.de/security/meldung/Drive-By-Malware-und-Wegwerfviren-im-Trend-206078.html.

[181] Eine umfassende Untersuchung zur Drive-by-Malware von *Niels Provos*, *Dean McNamee*, *Panayiotis Mavrommatis*, *Ke Wang* und *Nagendra Modadugu*, „The ghost in the browser: analysis of web-based malware", (veröffentlicht auf der HotBots'07-Konferenz) ist online verfügbar: http://www.usenix.org/events/hotbots07/tech/full_papers/provos/provos.pdf.

[182] Für eine detaillierte Analyse und Beschreibung von IcePack siehe auch: http://pandalabs.pandasecurity.com/blogs/images/PandaLabs/2007/12/18/Icepack.pdf.

[183] Für eine detaillierte Analyse und Beschreibung von MPack siehe auch: http://pandalabs.pandasecurity.com/blogs/images/PandaLabs/2007/05/11/MPack.pdf.

[184] Siehe hierzu auch: http://dxp2532.blogspot.com/2007/12/neosploit-exploit-toolkit.html.

[185] In diesem Zusammenhang soll auch auf die Möglichkeit hingewiesen werden, mittels spezieller Google-Suchanfragen IFrame-verseuchte Websites zu lokalisieren.

[186] Siehe dazu auch: http://www.webappsec.org/projects/whid/byid_id_2007-10.shtml.

Abb. 19 Ergebnis spezieller Google-Suchanfragen im Zusammenhang mit der IFrame-Verseuchung diverser Websites

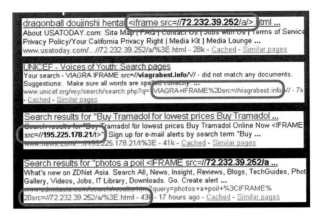

Google-Suchanfragen im Zusammenhang mit der IFrame-Verseuchung diverser Websites.[187]

Darüber hinaus lassen sich auch Methoden der Search Engine Optimization[188] (kurz: SEO) dazu verwenden, den Nutzer mittels Google-Suchergebnissen auf verseuchte Websites zu lenken. Eine weitere Möglichkeit für den Angreifer ist der Kauf von Domains mit ähnlichem Namen in der Hoffnung, dass sich die Anwender vertippen oder den Unterschied bei einem publizierten Link einfach nicht bemerken. Zudem kann der Angreifer Anzeigen bei Google schalten, die dann bei der Suche nach bestimmten Begriffen eingeblendet werden.

Damit die weiteren Schritte des Angriffs Erfolg haben, muss aber zunächst der Schadcode auf dem Webserver platziert werden. Dazu kann etwa die Methode der Remote File Inclusion[189] (kurz: RFI) verwendet werden, bei der meist fehlerhafte PHP-Skripte dazu genutzt werden, eine Shell auf den Webserver zu bringen. Mithilfe dieser Shell kann der Angreifer dann im Kontext des Webserverprozesses beliebige Befehle ausführen und so beispielsweise den Inhalt von auf diesem Server gehosteten Websites manipulieren. Dabei schleust der Angreifer etwa einen (unsichtbaren) *IFrame*[190] ein, der einen Verweis auf die Schadfunktion enthält.

Surft ein Nutzer nun auf eine solche präparierte Website und ist sein Browser anfällig für den dort abgelegten Exploit, so erfolgt die Übernahme des PCs. Der Angriff bzw. das Einbringen des Schadcodes auf den Client erfolgt dann in mehreren Schritten:

1. Initialer Schritt ist, dass der Client auf die manipulierte Website hereinfällt.
2. Das auf dem Webserver platzierte PHP-Skript analysiert den Client – insbesondere die verwendete Browserversion –, indem etwa der User-Agent ausgewertet

---

[187] Quelle: eigene Arbeiten.

[188] Zur Erklärung von SEO siehe beispielsweise: http://de.wikipedia.org/wiki/Search_Engine_Optimization.

[189] Zur Erklärung der Remote File Inclusion siehe: http://de.wikipedia.org/wiki/Remote_File_Inclusion.

[190] Zur Diskussion bzgl. IFrames siehe beispielsweise: http://de.wikipedia.org/wiki/Inlineframe.

wird. Damit lassen sich unter Umständen auch Rückschlüsse auf das verwendete Betriebssystem ziehen. Die IP-Adresse des Clients kann zudem Hinweise zum Standort und damit auch zur verwendeten Sprachversion liefern.
3. Auf Basis der im vorherigen Schritt gesammelten Daten wird ein passender Exploit für den Client ausgewählt, an diesen übertragen und dann dort ausgeführt. Zugleich wird der PC des Opfers – je nach verwendetem WET – auf dem Server „registriert", um zu verhindern, dass ein und derselbe Rechner mehrfach attackiert wird.
4. Nun lädt der vom WET-Server auf den Client übertragene Exploit eine weitere Datei vom WET-Server oder einem weiteren Server nach, den sogenannten Loader. Durch die Verwendung eines weiteren Servers kann der Angreifer die Verfolgung und Bekämpfung zusätzlich erschweren.
5. Anschließend sorgt dieser Loader dafür, dass die eigentliche Malware auf den Client geladen und dann dort ausgeführt wird.

Die Abbildung 20 zeigt diese Schritte noch einmal in grafischer Form.[191]

Durch die Aufteilung der Infektion in mehrere Schritte – wobei auch mehrere unterschiedliche Server an der Verteilung der einzelnen Komponenten beteiligt sein können – wird die Bekämpfung und Rückverfolgung der Angreifer erheblich erschwert. Zusätzlich lässt sich anhand von dedizierten Logging- und Auswertungskomponenten auf den WET-Servern feststellen, dass mittlerweile eine erhebliche Professionalisierung der Malwareszene stattgefunden hat: Die Verbreitung und auch die anschließende Nutzung der malwareverseuchten PCs folgt einem strikten Geschäftsmodell, das auf Gewinnmaximierung ausgelegt ist und nichts mehr mit der „spielerischen" Komponente vergangener Tage zu tun hat.

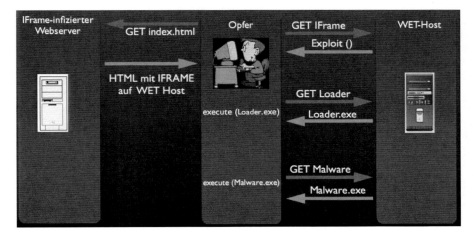

Abb. 20 Schrittfolge eines WET-Angriffs

---

[191] Quelle: eigene Arbeiten.

Abb. 21 Statistiken eines T-IFRAMER-WETs. (Quelle: http://mipistus.blogspot.com/2009/11/t-iframer-kit-para-la-inyeccion-de.html)

Wie in anderen Softwaresparten versucht man beispielsweise auch hier, auf Nutzerfreundlichkeit für den Angreifer zu setzen. Grundlegend sind neuartige WETs in vier verschiedene Teilbereiche zu gliedern:

- Statistiken:
  Über sämtliche versuchte wie erfolgreiche Infektionen werden Statistiken für den Betreiber des WETs geführt. So kann sich der Angreifer zu jeder Zeit einen Überblick über das Ausmaß seines WETs verschaffen.
  Zusätzlich lassen sich unter diesem Punkt auch Dateien mit kompromittierten FTP-Accounts hochladen, was exemplarisch in der Abb. 21 aufgezeigt wird. Die WET-Skripte versuchen anschließend, die hochgeladenen Accounts sukzessive auf ihre Validität zu überprüfen. Mit dieser Methode ist es für Angreifer einfach geworden, Malware oder sogar ganze WETs schnell und problemlos weiterzuverbreiten.
- Manager:
  Bei diesem Menüpunkt handelt es sich um die Managementoberfläche zur allgemeinen Administration des WETs. Über diesen Punkt werden auch die getesteten FTP-Accounts verwaltet. Als Administrator des WETs kann man hier festlegen, was mit den FTP-Accounts passieren soll.
- IFrames:
  In diesem Unterpunkt spezifiziert der Betreiber des WETs, wie die IFrame-Infektionen stattfinden sollen. Oftmals referenzieren bösartige IFrames nicht direkt ein WET, sondern leiten den Nutzer zunächst auf ein oder mehrere weitere IFrames um. Somit soll letztlich die Verfolgung des WETs erschwert werden.
- Injector:
  Das Injectormodul ist für die eigentliche Infektion des Clientsystems verantwortlich. Hier können der Exploitcode ausgewählt, Länder- oder IP-Adress-Bereiche

I. Prognose: Angriffsszenarien

von der Infektion ausgenommen und Schlüsselwörter für die Durchsuchung von kompromittierten FTP-Servern angegeben werden.

Im Falle eines neuartigen WETs mit dem Namen *T-IFRAMER* haben die Entwickler auch auf vielfältige Exploitmöglichkeiten Wert gelegt. Im Folgenden werden einige davon aufgezählt:

- CVE-2009-0927 (Adobe getIcon),
- CVE-2008-2463 (Office Snapshot Viewer),
- CVE-2008-2992 (Adobe util.printf overflow),
- CVE-2008-0015 (MsVidCtl Overflow) und
- CVE-2007-5659 (Adobe Collab overflow).

Die Malware, die letztlich auf das Clientsystem geladen wird, steht den Exploits in Sachen Vielfältigkeit in nichts nach.

- *ehkruz1.exe*
  Hierbei handelt es sich um einen Trojaner, der bereits mit vielen verschiedenen und zufälligen Dateinamen aufgetaucht ist. Es wird vermutet, dass der Trojaner Accountdaten für den WebMoney-Service abgreifen soll.
- *egiz.pdf*
  Das bösartige PDF enthält Exploits wie CVE-2007-5659, CVE-2008-2992 und CVE-2009-0927, um PDF-Reader zu attackieren.
- *manual.swf*
  Diese Datei beinhaltet einen Exploit für den Adobe Flash Player.
- sdfg.jar
  Hierbei handelt es sich um einen Trojaner, der mit einem Exploit als Downloader fungiert.
- *ghknpxds.jpg*
  Diese Datei beinhaltet einen als Bild getarnten Exploit.

Die Infektion eines PCs durch ein WET ist leider nur schwer zu verhindern. Vor allem Standardschutzmechanismen – wie die oft empfohlenen Antivirenprogramme und Personal Firewalls – können hier nur einen sehr geringen Schutz bieten. In jedem Fall ist aber ein regelmäßiges Updaten des Betriebssystems und vor allem auch der verwendeten Internetbrowser zu empfehlen. Auch Maßnahmen wie die Verwendung der Firefox-Erweiterung „NoScript!" können in der Regel Angriffe mittels WET nicht immer verhindern. Der Angreifer hat in vielen Fällen gerade eine vom Nutzer als vertrauenswürdig eingestufte Website unter seine Kontrolle gebracht, sodass der Whitelisting-Ansatz hier völlig fehlschlägt.

c) Umgehen von weiteren Schutzmaßnahmen

Wie bereits aus den vorherigen Kapiteln zu entnehmen ist, ist ein 100 %iger Schutz vor Malware durch Virenscanner, Firewalls etc. praktisch nicht möglich. Gerade WETs werden häufig in weiteren Releases mit neuen Exploits aufgestockt, sodass Angreifer den Antivirenherstellern meist ein Stück voraus sind. Handelt es sich bei diesen Schwachstellen auch noch um sogenannte *Zero Day-Schwachstellen*[192] (auch *O-Days* oder *0days* genannt), ist die Infektionsgefahr sehr groß. Bei O-Days handelt es sich um nicht veröffentlichte Schwachstellen, für die aus diesem Grund auch kein Patch existiert. In der Untergrundszene können sie dem Finder sowohl finanziellen als auch reputativen Vorteil bescheren.

Im Jahre 2007 machte eine Auktionsplattform für O-Days namens *WabiSabiLabi*[193] auf sich aufmerksam, die nach dem gleichen Prinzip wie eBay organisiert ist, nur dass dort eben keine herkömmlichen Waren, sondern nicht publizierte Exploits gehandelt werden. Nach kontroversen Diskussionen in der IT-Sicherheitsszene ist die Plattform mittlerweile wieder vom Netz genommen worden.

Da es sich bei der genannten Auktionsplattform eher um eine moralisch anfechtbare Lösung für die *Veröffentlichung* (engl.: Disclosure) *von Sicherheitslücken* handelt, wurde hierfür die Zero Day-Initiative (kurz: ZDI)[194] ins Leben gerufen. Diese Initiative setzt sich für die Belohnung von Sicherheitsforschern ein, die eine Schwachstelle auf eine verantwortungsvolle Art und Weise veröffentlicht haben. Denn oftmals ist die aggressive Haltung der betroffenen Unternehmen mit Schuld daran, dass Sicherheitslücken auf dem Schwarzmarkt gehandelt werden. Sicherheitsexperten, die Lücken in der Software kommerzieller Unternehmen finden und melden, haben oftmals Angst vor juristischen Schritten.

Es ist in der Szene nach wie vor umstritten, wie mit gefundenen Sicherheitslücken umgegangen werden soll. Einerseits ist man überzeugt, dass die betroffenen Unternehmen ein Recht auf das Wissen über eine Lücke haben. Andererseits will man sich nicht dem Risiko aussetzen, nach der Aufklärung über die Lücke mit einem Verfahren konfrontiert zu werden. Viele Sicherheitsforscher behalten O-Days daher für sich oder teilen das Wissen nur mit einem vertrauten Kreis.

3. Umgehung spezieller softwarebasierter Schutzmechanismen

Bei vielen Softwareprodukten, die den heutigen Markt bestimmen, handelt es sich um proprietäre Software bzw. Closed Source-Software. Der Begriff *Closed Source* (engl.: *geschlossene Quellen*) bezeichnet ein Paradigma für die Geschlossenheit von Quelltexten einer Software. Bekannte Beispiele für proprietäre Software sind Microsoft Windows, Adobe Flash Player, iTunes, Adobe Photoshop, Google Earth, Mac OS X, Skype und WinZip.

Die Vor- und Nachteile quelloffener und -geschlossener Software werden in der IT-Sicherheitsszene kontrovers diskutiert, wobei wirtschaftliche, gesellschaftliche und sicherheitstechnische Aspekte im Vordergrund stehen.

Die größte Gefahr liegt hierbei in der sogenannten Security-by-Obscurity-Methodik, die besagt, dass beispielsweise ein benutztes Verschlüsselungsverfahren

---

[192] http://de.wikipedia.org/wiki/Exploit.
[193] http://www.wslabi.com/wabisabilabi/home.do?.
[194] http://www.zerodayinitiative.com/.

einer proprietären Software zwar nicht veröffentlicht wurde, aber deshalb als sicher klassifiziert wird. Dies bedeutet somit gleichzeitig, dass die weltweite Gemeinschaft von Sicherheitsexperten das genutzte Verfahren nicht weiter untersuchen konnte und somit keinerlei objektive Aussage über die Sicherheit des Verfahrens gemacht werden kann. Oftmals erweist sich das Verfahren nach der Security-by-Obscurity-Methodik daher als falsch, denn das Kerckhoffsche Prinzip[195] besagt, dass die Sicherheit eines Verschlüsselungsverfahrens auf der Geheimhaltung des Schlüssels beruhen sollte und nicht auf der Geheimhaltung des Verschlüsselungsalgorithmus. Die Vergangenheit hat zudem gezeigt, dass nahezu jede proprietäre Software früher oder später Sicherheitslücken aufzeigt.

4. Umgehung spezieller hardwarebasierter Schutzmechanismen (Chipkarten, HSM)

Prognose: Der Einsatz von chipkartenbasierten Identifizierungssystemen (z. B. neuer Personalausweis) kann den Identitätsschutz im Internet zwar verbessern, die Gefährdung aber nicht grundsätzlich beseitigen, da diese Identifizierungssysteme mithilfe von Malware umgangen werden können.

Der Einsatz von Chipkarten zur Absicherung von Webanwendungen ist noch ein recht junges technisches Gebiet mit einer geringen Marktdurchdringung, daher liegen noch keine Daten zu realen Angriffen vor. Beispielhaft wurden solche Angriffe jedoch in den Publikationen von Hanno Langweg untersucht, zuletzt in den Jahren 2006 und 2007.

In [Langweg06] standen die Softwareprodukte im Vordergrund, die zur Erzeugung qualifizierter elektronischer Signaturen nach dem deutschen Signaturgesetz zugelassen waren. Eine vorangegangene Untersuchung im Jahre 2001 [CrSL01] hatte hier erhebliche Mängel zu Tage gefördert. Die wichtigste Kritik in dieser ersten Studie bezog sich auf die Tatsache, dass Klasse-1-Leser eingesetzt wurden und somit die PIN des Nutzers über einfache Keylogger mitgelesen werden konnte.

Fünf Jahre später standen diese Produkte erneut auf dem Prüfstand, diesmal aber durchwegs mit Klasse-2-Lesern ausgestattet. Die Eingabe der PIN am Kartenleser genügte indes nicht, die Produkte sicherer zu machen: Mit bekannten Angriffsmethodiken war Herr Langweg in der Lage, Dokumente signieren zu lassen, ohne dass der legitime Nutzer diese jemals zu Gesicht bekommen, geschweige denn bewusst signiert hat. Ähnliche Ergebnisse lieferte [LS07]. Keine der untersuchten HBCI-Implementierungen hielt den Standardangriffen stand.

Es ist hier zu betonen, dass die von Herrn Langweg eingesetzten Angriffstechniken nicht speziell für chipkartenbasierte Systeme entwickelt wurden, sondern zum Stand der Technik in der White-Hat-Community gehörten. Dies impliziert, dass diese Angriffe leicht mit geringen Kosten von der Black-Hat-Community in Angriffstools integriert werden können. Da dies arbeitsteilig geschieht, ist hier von

---

[195] http://de.wikipedia.org/wiki/Kerckhoffs%E2%80%99_Prinzip.

einem Angreifer auszugehen, der die geringsten Fähigkeiten laut Common Criteria aufweisen muss.

Als Fazit ist hier festzuhalten, dass chipkartenbasierte Systeme in Zukunft nur dann eine hohe Sicherheit bieten können, wenn Chipkarte und Kartenleser fest in die Gesamtapplikation integriert werden. Ein Beispiel hierfür bietet [GLS07].

5. Umgehung von Sicherheitsmechanismen auf Serverseite

Zu den Hauptzielen von Angreifern gehören nach wie vor auch Serversysteme, denn die Kompromittierung von häufig besuchten Websites ist eine gern benutzte Möglichkeit, um beispielsweise Masseninfektionen von Clients durch Web Exploit Toolkits (kurz: WETs) auszuführen. Meist sind hierbei nicht die Informationen auf dem Server selbst das Ziel, sondern langfristig gesehen lediglich die Infektion von Clientsystemen.

Problematisch für Serverbetreiber ist hierbei die Tatsache, dass die Absicherung der Server nicht einfach ist. Denn der Angreifer verfügt über einen entscheidenden Vorteil: Er muss lediglich eine Schwachstelle im System ausnutzen, wohingegen der Verteidiger das System gegen sämtliche Gefährdungen absichern muss. Selbst wenn das System soweit gegen bekannte Angriffe abgesichert werden konnte, besteht die Gefahr durch sogenannte Zero Day-Exploits[196], für die noch kein Sicherheitspatch zur Verfügung steht.

Hinzu kommt, dass sich die Art der Angriffe auf Serversysteme in den letzten Jahren gewandelt hat. Früher spielten sich die meisten Angriffe auf TCP/IP-Ebene des ISO/OSI-Modells ab. Dies hat sich mit der steigenden Popularität von Webanwendungen geändert. Viele Massenkompromittierungen wurden in der Vergangenheit durch Schwachstellen in Webanwendungen ausgeführt – und dieser Trend hält an. Daher ist es nicht verwunderlich, dass Angriffe auf Webanwendungen die TOP-10 der Sicherheitsschwachstellen anführen[197].

Zu den beiden populärsten und weitverbreitetsten Schwachstellen für Webserver zählen die *SQL-Injektion* und die Remote File Inclusion-Schwachstelle. Auf beide Schwachstellen wird im Folgenden genauer eingegangen.

a) SQL-Injektion-Schwachstelle

Im Jahre 2008 waren ungefähr 20 % von 5.600 Schwachstellen, die in die National Vulnerability Database des NIST[198] eingetragen wurden, SQL-Injektionen. SQL-Injektionen erfreuen sich einer großen Beliebtheit unter Angreifern, da sie weitverbreitet sind und sehr einfach automatisiert ausgenutzt werden können.

---

[196] http://de.wikipedia.org/wiki/Exploit.
[197] http://www.sans.org/top20/.
[198] http://nvd.nist.gov.

Ein weiterer Punkt ist, dass sich Entwickler von Webanwendungen nicht bewusst sind, wie Angreifer die SQL-Abfragen von serverseitigen Skripten verändern und für ihre bösartigen Absichten missbrauchen können. SQL-Injektionen existieren aufgrund *mangelnder Überprüfung* (engl.: Insufficient Input Validation) von Benutzereingaben. Der Angreifer versucht dabei, über die Anwendung, die den Zugriff auf die Datenbank bereitstellt, eigene Datenbankbefehle einzuschleusen. Sein Ziel ist es, Daten in seinem Sinne zu verändern oder Kontrolle über den Server zu erhalten. Mit SQL-Injektionen können Daten erstellt, gelesen, verändert oder gelöscht werden. Auch das Ausführen von Systemkommandos kann durch eine SQL-Injektion ermöglicht werden.

In der Regel werden SQL-Injektion-Schwachstellen mit zwei Zielsetzungen ausgenutzt:

- Der Angreifer erhofft sich durch die Ausnutzung einer SQL-Injektion den Zugriff auf sensible Datensätze wie Kontodaten oder Passwörter. In diesem Fall wird der Webserver nicht automatisiert per Skript, sondern meist individuell attackiert. Im Frühjahr 2009 stand eine rumänische Crackergruppe in den Schlagzeilen, die gezielt versuchte, Websites von Sicherheitsfirmen wie Kasperky, Symantec, F-Secure und BitDefender anzugreifen.[199]
- Durch automatisierte Skripte und Programme werden SQL-Injektion-Schwachstellen in populären Webanwendungen wie Typo 3, Joomla und Wordpress im großen Stil ausgenutzt. Durch die SQL-Injektion werden anschließend Einträge in der Datenbank geändert, um beispielsweise auf der Indexseite Referenzen auf bösartige Websites anzulegen. Beim Besuch einer infizierten Indexseite lädt der Browser die bösartige Referenz nach. Über diesen Weg wird dann versucht, das Clientsystem z. B. mit einem Trojaner zu infizieren (siehe hierfür auch I.2.a)).

Bei den Untersuchungen von großen SQL-Injektion-Kampagnen wird immer wieder China als Ursprung der Angriffe genannt. Konkrete Ursachen dafür sind nicht bekannt. Allerdings wird vermutet, dass die fortgeschrittene Entwicklung komfortabler Scanningtools einer der Gründe sein könnte.[200]

b) RFI-Schwachstelle

SQL-Injektion-Schwachstellen sind zwar eine recht weitverbreitete Möglichkeit für die Kompromittierung von Servern, allerdings nicht die einzige. Eine weitere, sehr beliebte Methode der Serverkompromittierung ist in letzter Zeit die sogenannte Remote File Inclusion (kurz: RFI). Diese Schwachstellenart resultiert aus fehlerhaft geschriebenen Webserverskripten (meist auf Basis der Programmiersprache PHP[201]), die einen häufig per HTTP-GET-Parameter übergebenen Dateipfad

---

[199] http://www.findmysoft.com/news/Romanian-Hackers-Expose-Kaspersky-USA-Site-Open-to-SQL-Injection/.

[200] http://securitywatch.eweek.com/sql_injection/china_flooding_web_with_sql_injection_attacks.html.

[201] http://php.net.

interpretieren. Dieser Dateipfad muss nicht auf dem eigenen, sondern kann auch auf anderen Servern liegen. Für eine erfolgreiche Kompromittierung muss lediglich ein verletzliches Serverskript gefunden und der Dateipfad direkt in die URL mit eingebaut werden. Eine solche URL könnte wie folgt aussehen:

http://vuln-site/setup.php?ConfigPath=http://server/shell.txt.

Bei der eingebundenen Datei handelt es sich meist um ein Skript in txt-Form. Das Skript, in diesem Fall setup.php, lädt dann je nach Vorhaben ein bösartiges Skript nach, installiert eine PHP-Shell oder infiziert alle Indexdateien auf dem Server mit einer *IFrame*[202]-Referenz auf eine bösartige Seite. RFI-Schwachstellen sind als sehr kritisch einzuordnen, da sich ein Angreifer sehr leicht weitere Rechte auf dem System verschaffen kann. Solche Schwachstellen können unter anderem durch einen sicheren Quellcode und die detaillierte Überprüfung von Nutzereingaben verhindert werden.

RFI-Schwachstellen für populäre Portalskripte, Foren und Weblogs lassen sich leicht über präzise Suchanfragen in Suchmaschinen finden. Diese Methode ist als *Google Dorking*[203] bekannt und ermöglicht eine breite Suche nach verwundbaren Servern. Es gibt zudem bereits fertige Skripte und Programme, die eigenständig nach RFI-verwundbaren Skripten im Netz suchen.

Ein weiteres Problem, das unter anderem durch RFI-Schwachstellen auftreten kann, sind Massen-ARP-Poisoning-Angriffe[204] in Serverumgebungen. Durch eine RFI-Schwachstelle kann sich ein Angreifer Zugriff zu einem Server verschaffen. Dort startet er dann ARP-Poisoning-Angriffe auf weitere Server im Netzwerk und leitet sämtlichen Verkehr über das gekaperte System. Trickreich an diesem Angriff ist die Tatsache, dass der Angreifer nicht versucht, andere Server zu kompromittieren, sondern lediglich sämtlichen HTTP-Verkehr zum Client mit bösartigem JavaScript infiziert. Der Angreifer versucht somit, das System des Opfers zu infizieren. Die Untersuchung dieses Angriffs gestaltet sich sehr schwierig, da aufseiten des Servers die eigentlichen HTML-Seiten nicht infiziert werden, sondern nur der Netzwerkverkehr. Der Angriff kann aufseiten der Betreiber allerdings durch Abschottung der Server auf Netzebene, ständige Beobachtung des ARP-Verkehrs und einen statischen *ARP-Cache*[205] unterbunden werden.

c) **Weitere Angriffsmöglichkeiten**

Zwar stellen Sicherheitslücken in Webanwendungen eine der bedeutendsten Gefahren für Server dar, andererseits sind sie aber nur eine Möglichkeit des Einbruchs. Im Frühjahr 2008 wurde eine Schwachstelle in der *OpenSSL*[206]-Bibliothek des

---

[202] http://de.selfhtml.org/html/referenz/elemente.htm#iframe.
[203] http://www.wecon.net/files/37/AI3_2009-SH.pdf.
[204] http://de.wikipedia.org/wiki/ARP-Spoofing.
[205] http://de.wikipedia.org/wiki/Address_Resolution_Protocol.
[206] http://www.openssl.org.

Betriebssystems *Debian*[207] bekannt. Das Debian-Sicherheitsteam entdeckte, dass der Zufallszahlengenerator von OpenSSL in Debian und seinen Derivaten eine Schwäche enthält. Als ein Ergebnis dieser Schwäche waren bestimmte kryptografische Schlüssel sehr viel einfacher zu berechnen, als sie es sein sollten, sodass ein Angreifer den Schlüssel mittels einer Brute-Force-Attacke mit minimalem Wissen über das System erraten konnte. Dies betraf insbesondere die Verwendung von Verschlüsselungsschlüsseln in OpenSSH, OpenVPN und SSL-Zertifikaten. Aber auch die Schlüssel für DNSSEC und X.509-Zertifikate waren betroffen. Da Schlüssel auf Debian-Systemen erstellt und anschließend auf andere Systeme portiert werden, waren auch weitere Systeme und deren Anwendungen anfällig.

Bei Massenkompromittierungen von Servern spielen immer wieder FTP-Accounts eine entscheidende Rolle. So gab es beispielsweise Masseninfektionen von Dateien auf Webservern mit bösartigen IFrames, die durch gestohlene FTP-Zugangsdaten möglich wurden. Diese Accounts wurden durch Schadsoftware auf infizierten Clientsystemen gesammelt und an den Angreifer übertragen. Dieser konnte die Zugänge mit automatisierten Programmen testen und – im Falle der Validität – automatisch Dateien auf dem Webserver infizieren, um entweder ein Trojanisches Pferd zu verbreiten oder Seiten auf dem Webserver zu infizieren.

Im September 2009 wurde bekannt, dass eine Reihe von Linux-Webservern in ein Bot-Netz eingegliedert wurden, welches Malware an Clients ausgibt[208]. Neben dem Standardwebserver Apache wurde ein zweiter Webserver namens *nginx*[209] installiert, der die Malware ausliefert. Bei den kompromittierten Systemen soll es sich anscheinend um eines der ersten Server-Bot-Netze handeln. Zur weiteren Verschleierung wurde dieses Bot-Netz mit einem Bot-Netz verknüpft, das lediglich aus Clientsystemen besteht.

6. *Netzwerkbasierte Angriffe*

Prognose: Netzwerkbasierte Angriffe werden an Bedeutung gewinnen. Dies liegt zum einen daran, dass wichtige Netzwerkdienste wie das Domain Name System (DNS) an die Grenzen ihrer Sicherheit gelangt sind. Zum anderen werden immer mehr Daten und Anwendungen „ins Netz" verlagert (Stichworte: Web 2.0, Cloud Computing), sodass ein Angriff auf den lokalen Computer nur noch dazu dient, Zugriff auf die im Netz gespeicherten Daten zu erhalten.

Das Internet und insbesondere das World Wide Web sind zu einer kritischen Ressource geworden, ohne dass dies den Entscheidungsträgern bewusst geworden ist:

- Immer mehr klassische Kommunikationsdienste werden über das Internet abgewickelt. Die rasante Abwärtsentwicklung der Preise im Telekommunikations-

---

[207] http://www.de.debian.org.
[208] http://www.theregister.co.uk/2009/09/12/linux_zombies_push_malware/.
[209] http://nginx.net.

bereich ist nicht zuletzt auf den verstärkten Einsatz von Voice-over-IP (VoIP) zurückzuführen. Somit kann fast jedes Telefonat heute durch einen Angriff auf das Internet mitgehört werden, und Notrufnummern können durch internetbasierte Denial-of-Service-Angriffe lahmgelegt werden. Mit ENUM ist sogar ein Verfahren standardisiert worden, bei dem Telefonnummern bequem im Domain Name System (DNS) hinterlegt werden können. Ebenso bequem können aber dadurch auch Telefonate durch Angriffe auf das DNS [Kaminski08] abgehört werden.

- Durch das Auftreten eines neuen, besonders aggressiven Internetwurms (Conficker) wurden ganze Truppenteile der Bundeswehr und der französischen Luftwaffe lahmgelegt.
- In neuen Informatikparadigmen (Webservices, serviceorientierte Architekturen, Cloud Computing) spielen die Unique Ressource Identifier (URL) aus dem WWW eine Schlüsselrolle: Über sie (und nicht etwa über IP-Adressen oder ähnliche Adressierungsmechanismen) werden Softwarekomponenten für komplexe Anwendungen angesprochen oder geladen. URLs beinhalten als wichtigsten Bestandteil den Domainnamen, und zur Auflösung dieses Domainnamens hin zur eigentlichen IP-Adresse spielt das Domain Name System die Rolle einer kritischen Infrastruktur.
- Auf der Ebene unterhalb des DNS sichern Routing-Protokolle den Transport der Daten ab. Der YouTube-Pakistan-Zwischenfall[210] und ein aktueller Vorfall bei einem chinesischen Provider[211] haben allerdings gezeigt, wie unsicher Routing-Protokolle in der Realität sind. Dies wurde von einer aktuellen Studie untermauert [BFZ07].

Netzwerkbasierte Angriffe haben gegenüber Malwareangriffen den Vorteil, dass sie besser skalieren: Man kann viele Opfer gleichzeitig mit den gleichen Methoden attackieren.

Sicherheit des Domain Name System
In einigen Bereichen ist die Unsicherheit des DNS offenkundig: Z. B. wird im Bereich WLAN DNS-Spoofing ganz legal eingesetzt, wenn der Internetzugang über ein offenes WLAN durch eine Passworteingabe in einem HTML-Formular abgesichert wird. In diesem Fall wird jede Anfrage nach einem beliebigen Domainnamen auf den Log-in-Server des Anbieters umgeleitet (legales Pharming!).

Den Sargnagel zur Sicherheit des DNS hat Dan Kaminski im Jahr 2008 auf der Black-Hat-Konferenz eingeschlagen [Kaminski08]: Er kombinierte auf clevere Weise einen Geburtstagsparadoxon-Angriff auf die 16 Bit lange Zufallszahl, die zur Identifizierung legaler Antworten auf eine DNS-Anfrage dient (Anfrage und Antwort müssen die gleiche 16-Bit-Zufallszahl enthalten), mit sogenannten Additional Records. Dadurch wurde es möglich, einen DNS-Cache innerhalb von nur

---

[210] http://www.heise.de/meldung/Routing-Kleinkrieg-Ursache-fuer-YouTube-Ausfall-205345.html.
[211] http://www.heise.de/meldung/Chinesischer-Provider-entfuehrt-kurzzeitig-Teile-des-Internets-975137.html.

I. Prognose: Angriffsszenarien

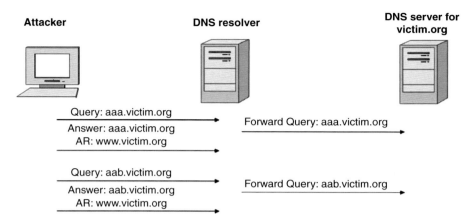

Abb. 22 Der Kaminski-Angriff auf das Domain Name System

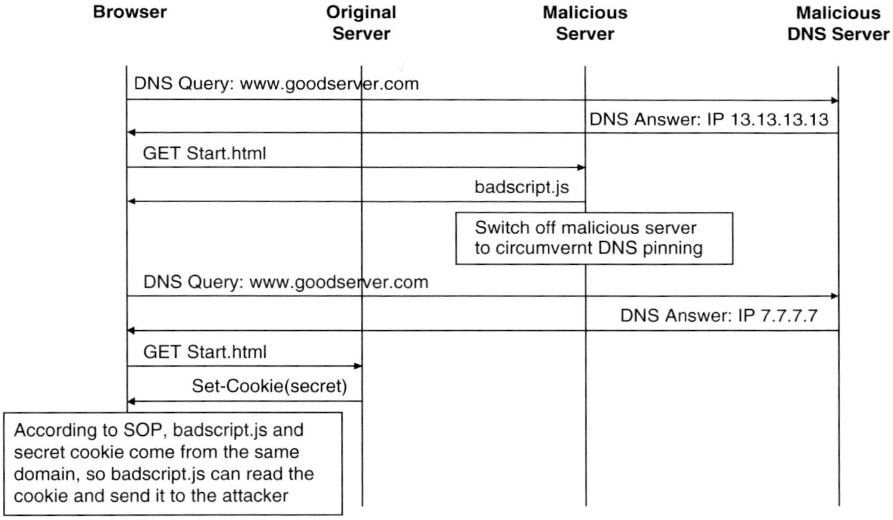

Abb. 23 Dynamic Pharming-Angriff zum Diebstahl von Identitätsdaten

10 s zu „vergiften" („DNS Cache Poisoning"). Dieser Angriff wurde lange Zeit vor seiner Veröffentlichung den Herstellern von DNS-Software mitgeteilt, woraufhin eine Ad-Hoc-Lösung integriert wurde. Diese Ad-Hoc-Lösung war mit DNS allein allerdings nicht zu erreichen, es musste eine Protokollgrenze überschritten und der UDP Source Port mit in diese Lösung einbezogen werden. Damit ist offensichtlich geworden, dass die Sicherheit des DNS an eine harte Grenze gestoßen ist, die nicht überschritten werden kann.

Weitere Angriffe auf das Domain Name System wurden in der wissenschaftlichen Literatur vorgestellt und gegen komplexe, kryptografisch abgesicherte Systeme eingesetzt. So wurde z. B. mithilfe eines Dynamic Pharming-Angriffs das Cardspace-System von Microsoft gebrochen [GSSX09].

Für zukünftige Webanwendungen darf daher die DNS-Information allein nur als Hilfsinformation verwendet werden und nicht die Basis von Sicherheitsentscheidungen darstellen. Dies ist allerdings heute noch nicht der Fall.

DNS Security (DNSSEC[212] [RFC 4033], [RFC 4034], [RFC 4035]) könnte mit großem kryptografischen Aufwand einige dieser Probleme lösen. Allerdings ist unklar, ob DNSSEC überhaupt im großen Stil funktioniert, da Feldversuche fehlen, die den enormen organisatorischen Aufwand widerspiegeln. Bei diesen Feldversuchen muss es weniger um die schiere Masse der digitalen Signaturen, die erstellt werden müssen, als vielmehr um die Zertifizierung von Public Keys in der größten und strengsten, jemals geplanten Public-Key-Infrastruktur gehen.

Informationen zu aktuellen Feldversuchen sind im Internet verfügbar[213]. Es bleibt aber offen, ob DNSSEC alle Probleme lösen kann: Man kann zwar verhindern, dass fremde Domainnamen vom Angreifer an die eigene IP-Adresse gebunden werden, aber nicht, dass fremde IP-Adressen mit einer Domain des Angreifers verknüpft werden. Außerdem sind Angriffe auf die dem Internet zugrunde liegenden Routing-Protokolle weiterhin möglich.

Sicherheit von Routing-Algorithmen

Das Internet besteht aus sogenannten *Autonomen Systemen* (kurz: *AS*), die über das Border Gateway Protocol (kurz: BGP) untereinander den Transport von IP-Paketen aushandeln. Innerhalb der AS werden Routing-Protokolle eingesetzt, die das vorhandene Netz möglichst effizient nutzen sollen. Das BGP-Routing-Protokoll basiert dagegen überwiegend auf Regeln, die die Geschäftsbeziehungen der einzelnen AS zueinander widerspiegeln.

Über die (Un-)Sicherheit von Routing-Protokollen ist viel publiziert worden, eine praxistaugliche Standardisierungsinitiative wie bei DNSSEC ist aber nicht vorhanden.

Routing-Protokolle stehen nicht im Fokus aktueller Angriffe, einzelne Vorfälle sind aber dokumentiert. Im Februar 2008 wurde die Pakistanische Telekom (AS 36561) von ihrer Regierung angewiesen, eine Besonderheit des BGP-Protokolls auszunutzen und den Internetverkehr zu den IP-Adressen von YouTube umzuleiten [Brown08]. Pakistanischen Internetnutzern sollte es so unmöglich gemacht werden, die Seiten von YouTube aufzurufen. Die so absichtlich geänderten Routing-Tabellen wurden dann von den pakistanischen Routern über das BGP-Protokoll weitergeleitet, und viele andere AS leiteten ihre IP-Pakete, die für YouTube bestimmt waren, nach Pakistan um. Dieser Vorfall dauerte 2 h und 13 min und war unkritisch, da nur ein Unterhaltungsdienst betroffen war. Wäre der Adressbereich einer im Internet agierenden Firma, z. B. eines Börsenbrokers, betroffen gewesen, hätten die Folgen kommerziell verheerend ausfallen können, ganz zu schweigen von kritischen Infrastrukturen wie dem Stromnetz.

---

[212] http://www.dnssec.net/.
[213] http://www.dnssec.net/projects.

Ein weiterer Vorfall wurde auch China gemeldet.[214] Im Bereich der Sicherheit von Routing-Protokollen besteht erheblicher Forschungs- und Entwicklungsbedarf, insbesondere bei der Entwicklung von Schlüsselvereinbarungsmechanismen, die eine manuelle Konfiguration von Schlüsseln ersetzen.

Sicherheit von SSL
Die Sicherheit der meisten Webapplikationen beruht heute auf dem naiven Einsatz von SSL [TLS1.0]: Der Server sendet während des SSL-Handshakes ein Zertifikat an den Browser, das von einer der vielen Zertifizierungsstellen weltweit zu einem Preis zwischen 50 USD und einigen 10.000 USD (EV-Zertifikate[215]) ausgegeben wird. Der Browser prüft dieses Zertifikat zunächst gegen die in seinem Zertifikatsspeicher abgelegten Wurzelzertifikate. Ist diese Prüfung erfolglos oder stimmt der Domainname im Zertifikat nicht mit dem im Browser angezeigten Domainnamen überein, so wird der Nutzer um eine Entscheidung gebeten. Moderne Browser legen hier nahe, den Verbindungsaufbau abzubrechen. Trotzdem ist, wie eine Studie [DTH06] gezeigt hat, davon auszugehen, dass der durchschnittliche Internetnutzer nicht in der Lage ist, diese Entscheidung korrekt zu treffen. *Dies liegt vor allem in der Tatsache begründet, dass es visuell fast keinen Unterschied zwischen einer korrekt mit SSL geschützten Seite und einer vollständig ungeschützten Seite gibt: Gewarnt wird nur, wenn SSL auch eingesetzt wird.*

Erschwerend kommt hinzu, dass Browser immer noch Zertifikate akzeptieren, die unter Verwendung der Hash-Funktion MD5 erstellt wurden. In einem sorgfältig ausgearbeiteten Versuch haben holländische Forscher nachgewiesen, dass es möglich ist, durch Ausnutzung der ungenügenden Kollisionsresistenz von MD5 ein illegales CA-Zertifikat zu berechnen, mit dem es dann möglich ist, beliebige und von jedem Browser als gültig akzeptierte SSL-Zertifikate auszustellen [SSAL-MOdW08]. Zitat:

> In combination with known weaknesses in the Domain Name System (DNS) protocol such as Kaminsky's „DNS Flaw"...(see also...), the vulnerability we exposed opens the door to virtually undetectable phishing attacks. Without being aware of it, users can be redirected to malicious sites that appear exactly the same as the trusted banking or e-commerce websites they believe to be visiting. User passwords and other private data can fall into wrong hands.

Da alle genannten Angriffe die Sicherheit des SSL-Protokolls selbst nicht betreffen, wurden Vorschläge für eine verbesserte Nutzung von SSL gemacht. Dies betrifft die heute schon mögliche Nutzung von Clientzertifikaten [GJMS08] auf der einen Seite, die Entwicklung einer neuen Same Origin Policy für den Browser [KSTW07; MS07; GLS08] auf der anderen Seite. Auch hier besteht erheblicher Forschungsbedarf.

---

[214] http://www.heise.de/meldung/Chinesischer-Provider-entfuehrt-kurzzeitig-Teile-des-Internets-975137.html.
[215] http://en.wikipedia.org/wiki/Extended_Validation_Certificate.

7. Klassische Malware: neue Trends

Prognose: Malware wird in naher Zukunft das Problem Nummer 1 bleiben, da die Möglichkeiten der Angreifer hier noch lange nicht ausgeschöpft sind. Wegen der Anstrengungen von Microsoft zur Verbesserung der Sicherheit von Betriebssystemen wird sich der Fokus auf weitverbreitete Anwendungen wie Adobe Acrobat und Browser verlagern.

Drive-by-Downloads: Browser als Angriffswerkzeuge
Als markantes Beispiel dafür, wie schnell und effizient die Black-Hat-Community auf neue Sicherheitsmechanismen reagieren kann, müssen hier Drive-by-Downloads genannt werden.

Während vor einigen Jahren noch das Ausnutzen von Schwachstellen in Netzwerkdiensten auf PCs im Fokus der Angreifer stand, hat sich die Situation durch die Integration von Personal Firewalls in die Betriebssysteme und AV-Software grundlegend verändert. Angreifer konnten nun nicht mehr auf die Netzwerkdienste zugreifen, da diese Zugriffe durch die Firewall geblockt wurden.

Einige wenige Ports mussten aber geöffnet bleiben, um Standarddienste wie HTTP und E-Mail zu ermöglichen. Hier bot sich der Browser als Angriffsziel an, da neben einer zunehmend komplexer werdenden Browserengine auch noch zahlreiche, weitverbreitete Plug-ins als Angriffsziel dienen können. Mit JavaScript steht eine mächtige Skriptsprache zur Verfügung, um all diese Komponenten nach einem Download des entsprechenden Skripts anzusprechen. Und die Wege und Möglichkeiten, solche Skripte einzuschleusen, sind vielfältig.

In einer grundlegenden quantitativen Studie [Google08] haben Forscher der Firma Google die aktuelle Situation im Jahr 2008 untersucht. Sie konnten dabei auf die umfangreiche Datenbasis von Google zurückgreifen. Zitat:

> As the web continues to play an ever increasing role in information exchange, so too is it becoming the prevailing platform for infecting vulnerable hosts. In this paper, we provide a detailed study of the pervasiveness of so-called drive-by downloads on the Internet. Drive-by downloads are caused by URLs that attempt to exploit their visitors and cause malware to be installed and run automatically. Our analysis of billions of URLs over a 10 month period shows that a non-trivial amount, of over 3 Mio. malicious URLs, initiate drive-by downloads. An even more troubling finding is that approximately 1.3 % of the incoming search queries to Google's search engine returned at least one URL labeled as malicious in the results page. We also explore several aspects of the drive-by downloads problem. We study the relationship between the user browsing habits and exposure to malware, the different techniques used to lure the user into the malware distribution networks, and the different properties of these networks.

Bei einem Drive-by-Download wird die Malware über das HTTP-Protokoll an den Browser geschickt. Die Malware ist dabei modular aufgebaut: Meist wird nur ein kleiner Loader über eine im Browser oder in einem der Plug-ins vorhandene Schwachstelle eingeschleust. Dieser kontaktiert dann (wiederum über HTTP) einen Server des Angreifers und lädt Instruktionen und die benötigten Schadmodule nach.

Neben relativ neuen, noch kaum gepatchten Schwachstellen wird den Loadern teilweise auch ein ganzes Bündel alter Schwachstellen mit auf den Weg gegeben: Dies ist für den Angreifer billiger, da diese alten Schwachstellen bereits bekannt sind und der Exploitcode für sie frei verfügbar ist. Da es kein zentrales Update-Management für alle Softwarekomponenten eines PCs oder Browsers gibt, ist die Wahrscheinlichkeit sehr hoch, dass das Betriebssystem, der Browser oder ein Plug-in dieses Browsers noch einen veralteten Softwarestand mit diesen alten Schwachstellen besitzt. (Hier bietet sich als zentrale Dienstleistung des BSI für Bürger die Einrichtung einer Website an, die den Browser und alle geladenen Plug-ins auf ihre Aktualität hin prüft und Empfehlungen zu verfügbaren Updates gibt.)

Die Wege zum Einschleusen des Loader-Moduls in einen Browser sind vielfältig: Ein solches Modul kann auf einer nicht vertrauenswürdigen Website versteckt sein, wobei [Google08] aufgezeigt hat, dass es hier keine besonders gefährlichen Bereiche („Rotlichtbezirk") im Internet gibt, sondern dass die Infektionsgefahr relativ gleichmäßig verteilt ist. Diese Tatsache ist auch dadurch zu erklären, dass immer wieder reguläre, vertrauenswürdige Websites mit Malware verseucht werden[216] und dass sogar die Internetwerbung zur Verbreitung von Schadsoftware genutzt wird [Google08].

Neben seiner Rolle als Einfallstor wird der Browser auch zur Umgehung von Sicherheitsmechanismen des Betriebssystems genutzt: Da die genaue Platzierung von Schadcode im Stack oder Heap des Betriebssystems in Windows Vista aufgrund der ASLR-Technologie immer schwieriger wurde, wurde von der White-Hat-Community die Technik des Heap Spraying[217] entwickelt: Mithilfe von JavaScript wird nicht nur eine, sondern werden gleich viele Versionen des Schadcodes an verschiedene Stellen des Heaps geschrieben. Die Wahrscheinlichkeit, diesen Schadcode dann auch ansprechen zu können, steigt entsprechend.

Malware schützt sich gegen AV-Signaturen
Da Malware nach dem Erfolg der Phishingangriffe zunehmend kommerziell motiviert erstellt wird, ist es nicht mehr wichtig, durch eine große Verbreitung Ruhm in der White-Hat-Community zu ernten, sondern möglichst unentdeckt zu agieren.

Um dieses Ziel zu erreichen, sind die Ersteller von Malware dazu übergegangen, ein in einer Hochsprache (C, C++) entwickeltes Schadprogramm immer wieder mit unterschiedlichen Optionen neu zu kompilieren. Diese Binärprogramme sind von ihrer Funktionalität her gleichwertig, werden aber als unterschiedliche Bytefolgen übertragen. Da die AV-Signaturen, die heute von allen AV-Firmen in unterschiedlicher Ausprägung verwendet werden, im Wesentlichen aus regulären Ausdrücken über diese Bytefolgen bestehen, benötigt man im Extremfall für jede kompilierte Variante eine neue AV-Signatur. Dies hat zur Folge, dass in jüngster Vergangenheit die Anzahl der benötigten Signaturen exponenziell gewachsen ist. Eine relativ

---
[216] http://securitylabs.websense.com/content/Alerts/3326.aspx.
[217] http://en.wikipedia.org/wiki/Heap_spraying.

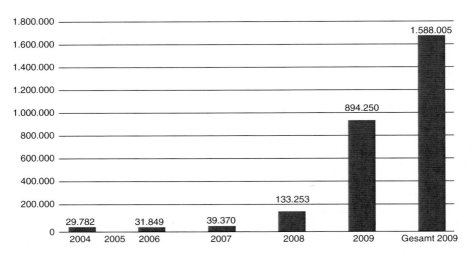

Abb. 24 Anzahl neuer Malwaresamples pro Jahr. (Quelle: GData)

anschauliche Begründung, warum diese Vorgehensweise zum Ziel führt, findet man in [GP09]. Zitat:

> Im ersten Halbjahr 2009 identifizierte GData 663.952 neue Schädlinge. Das sind mehr als doppelt so viele wie im gleichen Zeitraum ein Jahr zuvor. Gegenüber dem zweiten Halbjahr 2008 konnte lediglich eine leichte Steigerung um 15 % erzielt werden. Die Zahl der aktiven Malwarefamilien dagegen sank um 7 %.[218]

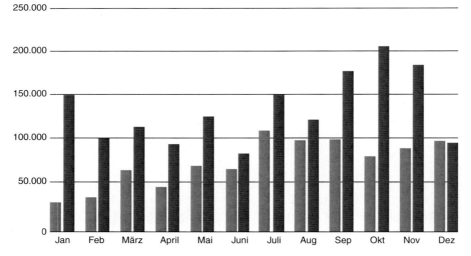

Abb. 25 Neue Malwarevarianten 2008 (*linker Balken*) und 2009 (*rechter Balken*). (Quelle: GData)

---

[218] http://www.gdata.de/virenforschung/info/whitepaper.html → MalwareReport 2009 1-6 DE 2 01.

Da absehbar ist, dass die benötigten AV-Signaturen nicht hinreichend schnell aktualisiert werden können, werden verschiedene Forschungsansätze verfolgt:

- Verhaltensbasierte Analyse: Hierbei wird das Verhalten einer unbekannten Software innerhalb einer „Sandbox" untersucht. Zeigen sich dabei Verhaltensmuster, die typisch für Schadsoftware sind (z. B. schreibender Zugriff auf die Windows Registry, kombiniert mit dem Nachladen von weiteren Softwarekomponenten aus dem Internet), so wird diese Software als schadhaft klassifiziert. Probleme bereiten bei diesem Ansatz die Vermeidung von Fehlalarmen („False Positives") und die Tatsache, dass die Malwareautoren als Gegenmaßnahme testen können, ob sie sich in einer „Sandbox" befinden, und daher unterschiedliche Verhaltensweisen für „in der Sandbox" und „außerhalb der Sandbox" in die Software mit einbetten. In Deutschland ist die Arbeitsgruppe um Felix Freiling an der Universität Mannheim hier mit führend.
- Strukturbasierte Analyse: Hierbei wird der gefundene Binärcode disassembliert und seine Struktur in einem Graphen auf zwei Ebenen dargestellt – auf der obersten Ebene als Callgraph, der das Hauptprogramm und seine verschiedenen Unterprogramme darstellt, und als Flussgraph, der den Kontrollfluss innerhalb jedes Unterprogramms darstellt. Durch Vergleich dieser Strukturen können unbekannte Programme sehr schnell bekannten Malwareklassen zugeordnet werden. False Positives können weitgehend ausgeschlossen werden. Das von der Firma Zynamics[219] entwickelte Verfahren ist sehr rechenaufwendig und eignet sich damit nicht zum Einsatz auf dem heimischen PC. Als „Nebenprodukt" ist hier aber eine Methodik entstanden, wie man AV-Signaturen für eine Vielzahl von äquivalenten Binärcodes entwickelt [Blichmann09].

Data Mining
Angriffe mit Malware sind so erfolgreich, dass die Angreifer mittlerweile vor dem Problem stehen, die Flut von erbeuteten Identitätsdaten manuell nicht mehr auswerten zu können. Daher wird entweder versucht, nur potenziell wertvolle Daten zu sammeln (z. B. durch Einsatz von Browser-Plug-ins, die gezielt nur Passwörter mitschneiden, als Ersatz für Keylogger), oder es werden Data Mining-Techniken eingesetzt, um die wertvollen Daten herauszufiltern. Hier bieten sich in Zukunft eine Fülle von Möglichkeiten für einen Datenabgleich an, z. B. soziale Netzwerke und die Datensammlungen von Suchmaschinen wie Google.

Arbeitsteilung
Die Arbeitsteilung in der Black-Hat-Community wird weiter zunehmen. Dieser Trend, der bereits bei der Vermarktung von Tools wie mPack oder IcePack zu beobachten war, ist sinnvoll, da die eingesetzten Technologien im Internet und die Endgeräte immer vielfältiger werden. Bei einer Einschätzung des Risikos nach Common Criteria ist daher die schwächste Angreiferkategorie anzusetzen.

JavaScript
Dass man allein mit JavaScript eindrucksvolle Angriffsszenarien realisieren kann, haben [Felten97] und [SRJ06] belegt. Weitere Angriffe sind zu erwarten.

---

[219] http://www.zynamics.com/.

Neue Forschungstrends in der White Hat-Community
Die White Hat-Community hat sowohl auf die Herausforderungen von Windows Vista und Trusted Computing als auch auf die zunehmende Differenzierung im Bereich der Endgeräte reagiert. Folgende Stichpunkte sollen hier als Beispiel für neue Trends benannt werden.

- Return Oriented Programming: Es gibt auf dem Markt Schutzmechanismen, die wirkungsvoll verhindern, dass ein ausführbarer Code in einen Prozess eingeschleust wird, der im Kernelmode des Betriebssystems läuft. Um diese Mechanismen zu umgehen, wurde die Technik des Return Oriented Programming entwickelt. Man benötigt zur Ausführung dieses Angriffs nur eine Schwachstelle, die es ermöglicht, beliebige Rücksprungadressen auf einen Stack zu schreiben. Diese Rücksprungadressen zeigen jeweils auf ein Codefragment einer Standardbibliothek kurz vor einer Returnanweisung. Diese Codefragmente werden durch die verschiedenen Rücksprungadressen auf dem Stack zu einem sinnvollen Schadprogramm zusammengebunden.[220]
- Heap Spraying[221]: Um neue Sicherheitstechniken wie Address Space Layout Randomization[222] (kurz: ASLR), die mit Microsofts Betriebssystem Windows Vista in den Massenmarkt eingeführt wurden, zu kompensieren, werden verstärkt Skriptsprachen wie JavaScript und ActionScript für Vorbereitungsangriffe eingesetzt.

Weitere Trends werden in den nachfolgenden Abschnitten beschrieben.

8. *Social Engineering*

Phishing ist heute sicherlich der bekannteste Angriff aus der Familie der Social Engineering-Angriffe, um Zugriff auf vertrauliche Dokumente zu erlangen. Allerdings liegen die ersten Identitätsdiebstähle mit Social Engineering-Methoden schon sehr viel länger zurück.

Grundsätzlich kann Social Engineering als das Erlangen vertraulicher Informationen durch Annäherung an Geheimnisträger mittels gesellschaftlicher oder gespielter Kontakte definiert werden. Das grundlegende Problem beim Social Engineering ist die Tatsache, dass Menschen manipulierbar und generell das schwächste Glied in einer Kette sind.[223] Egal ob in der IT oder irgendwo anders – der Mensch selbst ist der größte Risikofaktor, denn eine „Vertrauensbasis" ist schnell aufgebaut bzw. vorgetäuscht, und so können Menschen relativ leicht manipuliert werden.

---

[220] http://en.wikipedia.org/wiki/Return-oriented_programming.
[221] http://en.wikipedia.org/wiki/Heap_spraying.
[222] http://en.wikipedia.org/wiki/Address_space_layout_randomization.
[223] http://www.britannica.com/bps/additionalcontent/18/28111529/The-Human-Element-The-Weakest-Link-in-Information-Security.

Identitätsdiebstahl mit Social Engineering-Methoden muss aber nicht zwangsweise im Internet stattfinden. Eine frühe Form des Social Engineering wurde in den 1980er-Jahren mit Phreaking[224] praktiziert. Hierbei riefen Phreaker unter anderem bei Telefongesellschaften an, gaben sich als Systemadministratoren aus und baten um neue Passwörter, mit denen sie schließlich kostenlose Modemverbindungen herstellten.

Mittlerweile gibt es im Internet Projekte, die versuchen, Social Engineering Awareness zu automatisieren und somit schnell und effizient Audits für z. B. die eigene Firma zu erstellen. Das Social Engineering Toolkit[225] kann im Rahmen von Metasploit ausgeführt werden und ermöglicht es, beispielsweise zu Awareness-Zwecken automatisiert Phishing-E-Mails zu verschicken.

Eine weitere, modernere Methode des Social Engineering ist das sogenannte Dumpster Diving.[226] Hierbei wird der Müll des Opfers durchwühlt und nach Hinweisen und Anhaltspunkten über das soziale Umfeld durchsucht. Diese können dann in einem darauf folgenden Anruf dazu verwendet werden, das Vertrauen des Opfers zu erschleichen. Manchmal ist dies jedoch gar nicht notwendig, wenn beispielsweise auf einem achtlos weggeworfenen Zettel bereits Log-in-Daten notiert sind.

Allerdings können auch im Bereich Social Engineering neue Methoden der Angreifer verzeichnet werden. Neugier, Angst und Gewinnsucht sind menschliche Eigenschaften, die Angreifer ausnutzen können. Diese psychologischen Tricks nehmen zu und sind auch eine Gefahr für erfahrene Surfer.

Scareware-, Rogueware- und Ransomware-Angriffe
Scareware[227] heißt eine neue Social-Engineering-Taktik, die darauf ausgelegt ist, den Benutzer zu verunsichern und zu verängstigen. Fällt das Opfer auf den Trick herein, so wird ihm häufig gegen Bezahlung eine Beseitigung der nicht vorhandenen Gefahr angeboten. In anderen Fällen soll das Opfer durch den Glauben an einen erfolgreichen Angriff zu Handlungen verleitet werden, welche den tatsächlichen Angriff erst ermöglichen. Scareware kann, muss aber nicht als eine Art Malware angesehen werden, da sich Scareware-Angriffe auch ohne eigentliche Schadprogramme durchführen lassen. Beispielsweise kann sich ein Nutzer lediglich durch den Besuch einer geschickt präparierten Website täuschen lassen.

Bei *Ransomware* handelt es sich definitiv um Malware, die sich auf dem System des Opfers einnistet. Dort versucht sie, den Nutzer zur Herausgabe von Geld zu zwingen, was etwa durch Verschlüsselung von Dateien, ganzen Festplatten oder durch Aussperren des Nutzers realisiert wird. Der Anwender erhält erst nach Zahlung eines bestimmten Betrags Zugriff auf seine Dateien.

---

[224] http://en.wikipedia.org/wiki/Phreaking.
[225] http://www.social-engineer.org/framework/Computer_Based_Social_Engineering_Tools:_Social_Engineer_Toolkit_%28SET%29.
[226] http://www.kuro5hin.org/story/2003/1/29/215523/088.
[227] http://www.stern.de/digital/computer/abzockmasche-scareware-der-betrug-mit-der-angst-649746.html.

a) Rogueware

Eine praktizierte Methode von Scareware-Angriffen ist die sogenannte *Rogueware*. Rogueware gibt vor, Schadsoftware wie beispielsweise einen Trojaner gefunden zu haben, und bietet gleichzeitig an, diesen kostenpflichtig zu löschen. Die tatsächliche Bedrohung durch die Schadsoftware hat aber niemals bestanden. Bekannte Beispiele für Rogueware sind Namen wie *AntiSpyCheck*, *Antivirus 2009*, *IE Defender* und *Pc-Antispyware*.

Das eigentliche Ziel von Rogueware ist es, den Nutzer beispielsweise mithilfe von Pop-Ups und visuellen Effekten, die einem tatsächlichen System sehr ähneln, so zu verunsichern, dass dieser einwilligt und bereit ist, Geld für die Entfernung der nichtexistenten Schadsoftware zu bezahlen.

Dem Angreifer stehen für die Realisierung verschiedene Möglichkeiten zur Verfügung, da gängige Betriebssysteme und Programme relativ viele Fehlermeldungen an den Nutzer zurückgeben. Dies machen sich manche Rogueware-Websites zunutze, indem sie beispielsweise Fehlermeldungen des Internetbrowsers Firefox nachahmen. Problematisch ist hier allerdings, dass diese Fehlermeldungen auch in Browsern wie dem Internet Explorer angezeigt werden, wie in der Abb. 26 zu sehen ist.

In der Abb. 27 ist eine Scareware-Website dargestellt, die eine fiktive Vireninfektion vortäuscht. Der Nutzer wird durch diese Warnung dazu verleitet, eine kostenpflichtige Software zur Entfernung herunterzuladen.

Oftmals werden Scareware- bzw. Rogueware-Kampagnen mit anderen Angriffsvektoren kombiniert, um die Effizienz des Angriffs zu erhöhen. So wurden Rogueware-Kampagnen in der Vergangenheit gerne mit *Blackhat-SEO-Methoden*

Abb. 26 Rogueware-Website nutzt Fehlermeldung des Mozilla Firefox. (Quelle: sunbeltsoftware.com)

I. Prognose: Angriffsszenarien

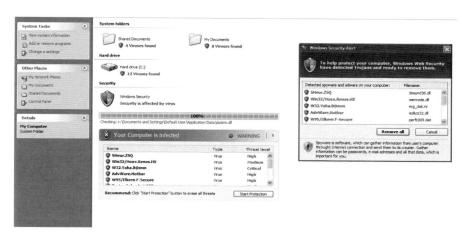

Abb. 27 Scareware-Website, die eine Vireninfektion vortäuscht. (Quelle: http://www.zdnet.com/blog/security/scareware-scammers-hijack-twitter-trending-topics/4389)

kombiniert.[228] Dies bedeutet, dass die Suchergebnisse nach beliebten Schlagwörtern von Angreifern bösartig modifiziert werden, um somit Websites von Rogueware-Kampagnen im Ranking der Suchmaschine weiter oben zu platzieren. Die Suchmaschinenergebnisse für beliebte Schlagwörter des aktuellen politischen Tagesgeschehens sind daher oftmals Opfer von Blackhat-SEO-Angriffen. Eine Liste von beispielhaften Schlagwörtern, die Ziel einer kürzlichen Blackhat-SEO-Kampagne auf Google waren, enthält unter anderem folgende Einträge:

> Obama Speech, GM group enterprises, Apple, Beatles, America, White House, Jon Gosselin, Live Interview, School Season, Swine Flu.

Laut dem Antivirenhersteller F-Secure[229] waren auch die Erdbeben in Samoa Ende September 2009 Thema einer Rogueware-SEO-Kampagne.

Rogueware verbreitet sich auch über Werbe-Adds auf großen Websites und Portalen. Dies ereignete sich im September 2009 auf den Websites der New York Times.[230] Besucher der Website NYTimes.com bekamen ein Pop-Up-Fenster angezeigt, das sie aufforderte, ein Antivirusprogramm zu installieren. Problem war in diesem Fall nicht der Inhalt der NYTimes.com-Website, sondern die Tatsache, dass Werbe-Adds von Dritten auf der Website eingebunden wurden. Diese Adds stammten von einem Werbenetzwerk, das anscheinend seine Anzeigen nicht gründlich genug überprüfte. So war es für Angreifer möglich, bösartigen Inhalt in den Publikationszyklus des Netzwerks einzuspeisen. Es wird in diesem Zusammenhang kontrovers diskutiert, wer die eigentliche Verantwortung für solch einen Vorfall übernimmt.

---

[228] http://blogs.zdnet.com/security/?p=3962.
[229] http://www.f-secure.com/weblog/archives/00001779.html.
[230] http://securitywatch.eweek.com/malware/nytimescom_users_hit_by_malicious_ad.html.

b) Ransomware

Rogueware versucht lediglich, den Nutzer zu täuschen. *Ransomware* hingegen zwingt den Nutzer, eine Tätigkeit durchzuführen.[231] Wie der Begriff schon sagt, handelt es sich bei dieser Malware um Schadcode, der den Nutzer dazu zwingt, etwa für Daten oder Informationen ein Lösegeld zu bezahlen. Ransomware tauchte in der jüngeren Vergangenheit auf unterschiedliche Art und Weise im Netz auf. Die eigentliche Motivation für diese Art von Malware war aber immer die finanzielle Bereicherung des Angreifers.

Im Gegensatz zu anderer Malware versucht Ransomware, dem Nutzer den Zugriff zu seinen Daten etwa durch Verschlüsselung oder Aussperren zu verweigern. Bekannte Namen von Ransomware sind *Trojan.Ransomlock*, *Trojan.Randsom* und *Trojan.Ransomcrypt*.

Je nach Art der Ransomware wird der Nutzer z. B. aus dem laufenden System ausgeperrt und muss, um sich erneut einloggen zu können, mit seinem Mobiltelefon eine teure Kurznachricht (SMS) an eine spezielle Nummer schicken oder eine kostenpflichtige Hotline anrufen. Meist wird dem Nutzer in diesem Kontext eine definitive Deadline gesetzt, deren Überschreitung dazu führt, dass das System nicht mehr genutzt werden kann.

Die Ransomware Trojan.Ransomcrypt hingegen verschlüsselt alle Dateien mit spezifischen Endungen (etwa .doc, .jpg, .rar, .zip, .txt usw.) auf der Festplatte und löscht die Originaldateien. Nach erfolgreicher Verschlüsselung und Löschung der Originaldateien wird das System automatisch neu gestartet. Anstelle des herkömmlichen Log-in-Screens stehen nun Anweisungen, denen der Nutzer Folge leisten muss, wenn er seine Daten zurückhaben möchte. Meist muss auch hier eine sehr teure Nummer angerufen werden. Das Starten des Windows-Systems im Safemode hilft bei dieser Art von Malware nicht. Weiterer Druck auf den Nutzer wird dadurch aufgebaut, dass alle 30 min eine zufällige Datei gelöscht wird.

Prinzipiell ist es bei bisheriger Ransomware möglich gewesen, die kompilierte Binärdatei mit Techniken des Reverse Engineering zu zerlegen und zu versuchen,

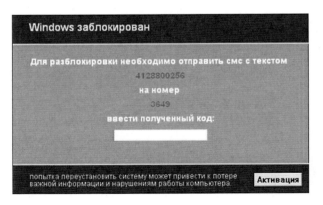

Abb. 28 Aufforderung einer russischen Ransomware-Malware, die den Nutzer zum Versand einer kostenpflichtigen SMS zwingen will. (Quelle: http://www.zdnet.com/blog/security/new-ransomware-locks-pcs-demands-premium-sms-for-removal/3197)

---

[231] http://www.heise.de/security/meldung/Scareware-wird-zu-Ransomware-209804.html.

den Schlüssel der Verschlüsselung zu erhalten. Dies hat sich grundlegend mit dem Einsatz des Public-Key-RSA-Verfahrens mit einer Schlüssellänge von 1024 Bit geändert. Die Daten des Opfers werden hierbei mit dem öffentlichen Schlüssel verschlüsselt, und nur der Betreiber der Ransomware besitzt den zugehörigen privaten Schlüssel. Ein Reverse Engineering der Binärdatei ist in diesem Fall also sinnlos.

Eine abgeschwächte Art der Ransomware wurde vom Antivirenhersteller Symantec entdeckt.[232] Die eigentliche Ransomware macht dabei nichts anderes, als einen persistenten Inline-Add in alle verfügbaren Browser auf dem System zu legen. Dieser Add weist das Opfer permanent darauf hin, dass eine kostenpflichtige Nummer kontaktiert werden muss, um entfernt zu werden. In diesem Fall werden die Nerven des Opfers konstant durch ein blinkendes Werbe-Add strapaziert. Allerdings konnte, im Gegensatz zu anderen Arten von Ransomware, das Problem durch eine Neuinstallation des Systems gelöst werden. Private Daten wurden nicht verschlüsselt oder geblockt.

9. *Malware + JavaScript, Web 2.0-Angriffe*

Das Web 2.0 ermöglicht durch seine Technologievielfalt diverse neue Funktionen für Betreiber und Nutzer. Allerdings haben sich durch die Technologien auch neue Angriffsvektoren gebildet, die von Angreifern dazu genutzt werden können, sowohl Nutzer als auch Betreiber von Webanwendungen zu gefährden. Die Statistik des Web Application Security Consortium (WASC)[233] für das Jahr 2008 zeigt, dass Sicherheitslücken in Webanwendungen weiterhin stark auf dem Vormarsch sind und höchstwahrscheinlich auch bleiben werden.

Interessant ist hierbei aber, dass verglichen zu 2007 die Anzahl der SQL-Injektion- und XSS-Schwachstellen zunächst um 13 % bzw. 20 % gefallen ist. Die Chance, ein System mit automatisierbaren Mitteln zu kompromittieren, stieg allerdings von 7 % auf 13 %. Im Folgenden werden einige dieser neuen Angriffsvektoren diskutiert und ihr Gefahrenpotenzial vorgestellt.

a) Cross-Site-Scripting (XSS)

Cross-Site-Scripting (XSS)[234] bezeichnet das Ausnutzen einer Sicherheitslücke in Webanwendungen, wobei Informationen aus einem nicht vertrauenswürdigen Kontext in einen anderen Kontext eingefügt werden, in dem sie als vertrauenswürdig gelten. Aus diesem vertrauenswürdigen Kontext kann dann ein Angriff gestartet werden. Ziel ist es meist, an sensible Daten des Opfers zu gelangen, um beispiels-

---

[232] http://www.symantec.com/connect/blogs/browsers-and-ransoms.
[233] http://projects.webappsec.org/Web-Application-Security-Statistics.
[234] http://www.cgisecurity.com/xss-faq.html.

Abb. 29 Statistik der populärsten Sicherheitslücken in Webanwendungen; die Zahlenwerte wurden dem Bericht des WASC aus dem Jahre 2008 entnommen

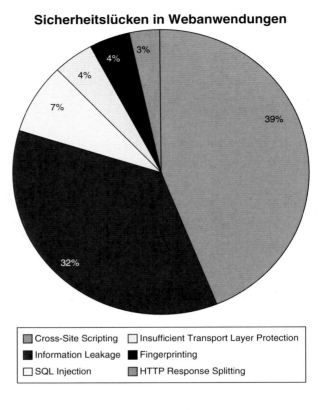

weise Identitätsdiebstahl zu betreiben. Eine sehr verbreitete Methode hierfür ist, bösartiges JavaScript als Payload der XSS-Schwachstelle zu übergeben. Dieses JavaScript wird dann im vertrauenswürdigen Kontext im Browser des Opfers ausgeführt.

XSS-Schwachstellen werden meist über schlecht programmierte Serverskripte ausgelöst, wohingegen der eigentliche Payload auf dem Client ausgeführt wird. Bei XSS-Schwachstellen kann zwischen zwei verschiedenen Arten differenziert werden – zwischen *persistentem* und *nicht persistentem* (reflektivem) XSS.

Bei dem persistenten XSS wird der Payload aufseiten des Servers beispielsweise in einer Datenbank gespeichert und bei jedem Besuch durch den Browser des Clients ausgeführt. Bei dem nicht persistenten XSS muss das Opfer eine individuell kreierte URL aufrufen, was dazu führt, dass der XSS-Payload nur einmalig in diesem Kontext ausgeführt wird.

XSS-Schwachstellen sind gerade im Kontext von Onlinebanking- und Social Network-Anwendungen mit hoher Nutzerinteraktion kritisch, da dort zwei Ziele relativ einfach erreicht werden können: Identitätsdiebstahl und das Ausführen von bösartigem JavaScript auf vielen Nutzersystemen, um z. B. Nutzersysteme mit Malware zu infizieren.

Onlinebanking-Anwendungen mit XSS-Schwachstellen können relativ einfach für Identitätsdiebstahl missbraucht werden.[235] Handelt es sich beispielsweise um eine nicht persistente Schwachstelle, erstellt der Angreifer einen individuellen Link mit JavaScript-Payload und propagiert diesen im großen Stil, beispielsweise über Phishing-E-Mails. Der bösartige Link könnte wie folgt aussehen:

https://www.beispiel-bank.com/login.asp?content=<script>evil()</script>.

Der Vorteil eines Angriffs mit ausgenutzter XSS-Schwachstelle gegenüber einer normalen Phishingattacke liegt auf der Hand. Die Verbindung zum Server der Bankanwendung ist nach wie vor über SSL/TLS geschützt und wird beim Opfer kein Misstrauen erwecken. Die Funktion evil() wird nun im Kontext der vertrauenswürdigen Website ausgeführt und könnte beispielsweise das Cookie bzw. die SessionID des Nutzers an einen Server des Angreifers übertragen. Eine SessionID wird bei Anwendungen auf zustandslosen Protokollen als Identifikationsmerkmal verwendet. Dies bedeutet, dass es die SessionID ermöglicht, bei mehreren zusammengehörigen Anfragen eines Nutzers diese Anfragen einem Nutzer genau zuzuordnen. Meist besteht eine SessionID aus einer zufällig gewählten Zeichenkette und hat zusätzlich den Nachteil, dass sie prinzipiell nicht durch weitere Authentifizierungsmechanismen wie beispielsweise ein Passwort geschützt ist. Dies bedeutet, dass ein Angreifer, der in den Besitz einer SessionID gekommen ist, sich prinzipiell als der eigentliche Besitzer der zugehörigen Identität ausgeben kann. Viele große Websitebetreiber wie eBay und Amazon fragen mittlerweile das Passwort trotz Authentifizierung durch die SessionID vor einer Transaktion aus Sicherheitsgründen nochmals ab. Eine weitere Maßnahme gegen die feindliche Übernahme der SessionID wäre die Bindung an die IP-Adresse des Nutzers. Auf diese Maßnahme sollte man sich allerdings nicht ausschließlich verlassen, da sich beispielsweise Nutzer hinter Proxies nicht eindeutig zuordnen lassen.

Je nach Art des JavaScript-Codes wird der Nutzer darauf hingewiesen, dass Content von einer nicht vertrauenswürdigen Quelle nachgeladen wird. In der Abb. 30 wird die Sicherheitswarnung des Mozilla Firefox beim Versuch, unverschlüsselte Inhalte von fremden Quellen nachzuladen, veranschaulicht. Falls der Nutzer allerdings erstmalig kein Häkchen setzt, wird die Warnung beim nächsten Mal nicht wieder angezeigt.

Diese Warnmeldung wird viele Nutzer allerdings nicht davon abhalten, dem Inhalt von Websites zu vertrauen, wo Dateien von weiteren Parteien heruntergeladen

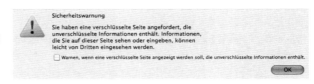

Abb. 30 Sicherheitswarnung des Mozilla Firefox beim Nachladen von unverschlüsselten Inhalten

---

[235] http://news.netcraft.com/archives/2008/01/08/italian_banks_xss_opportunity_seized_by_fraudsters.html.

werden. Problematisch ist allerdings, dass es sich bei den Inhalten Dritter um bösartige Skripte handeln könnte, die beispielsweise die Inhalte eines Webformulars an eine fremde Partei schicken. Viele Websites wie z. B. große Portale nutzen die Methode des Nachladens unverschlüsselter Dateien von Dritten für die eigene Finanzierung durch Werbe-Adds. In diesem Fall ist das Nachladen gewollt, birgt aber auch seine Risiken, da der nachgeladene Inhalt meist nicht im Vorfeld überprüft wurde.

Der Sessiondiebstahl im Kontext von sozialen Netzwerken oder anderen interaktiven Plattformen könnte anders verlaufen, vorausgesetzt, die Serverskripte enthalten eine XSS-Schwachstelle. Das Opfer erhält eine personalisierte Nachricht über die Plattform, die beim Öffnen automatisch bösartigen JavaScript-Code in die geladene Seite einbettet und dieser somit vom Browser des Opfers ausgeführt wird[236]. Je nach den technischen Möglichkeiten muss das Opfer auch zuerst durch Social Engineering-Methoden zum Aufruf eines Links verleitet werden. Der bösartige JavaScript-Code überträgt anschließend die SessionID zu einem Server des Angreifers. Der Angreifer kann anschließend die SessionID übernehmen und sich als Opfer ausgeben.

XSS-Schwachstellen sind nach wie vor sehr verbreitet und werden von vielen Webentwicklern weiterhin ignoriert. Dies dürfte wohl daran liegen, dass vielen Verantwortlichen das enorme Gefahrenpotenzial nicht bewusst ist. Oftmals werden XSS-Schwachstellen auch geduldet, da sie laut der Administratoren im spezifischen Kontext der Website keine Gefahr darstellen.

b) Cross-Site-Reference-Forgery (XSRF)

XSRF, auch bekannt als Cross-Site-Request-Forgery (CSRF)[237], ist eine Angriffsmethode, bei der ein Angreifer unberechtigt Daten in einer Webanwendung im Kontext eines Opfers verändert. Spezifische URLs wie die Folgende erlauben es dem Angreifer hierbei, den Browser eines Opfers dazu zu bringen, eine gewünschte Aktion durchzuführen.

> http://www.example.com/user.php?action=new_user&name=Max&password=test123

Der obige Link erlaubt es beispielsweise dem Administrator der Website example. com, einen neuen Nutzer „Max" mit dem Passwort „test123" anzulegen. Um diese Aktion durchführen zu können, muss sich der Administrator gegenüber dem System authentifizieren. Dies geschieht dadurch, dass er sich mit Nutzername und Passwort dem System gegenüber ausweist. Ist ein Administrator im System eingeloggt und besucht z. B. in einem weiteren Tab des Browsers eine andere Website, die als Image-Tag den obigen Link verankert hat, so ruft der Browser diesen Link automatisch im Kontext des Administrators auf. Dies bedeutet, dass ein Angreifer den Browser des Opfers ohne Mitwissen des Nutzers dazu verleiten kann, nicht autorisierte Aktionen durchzuführen. Eine Schwierigkeit für den Angreifer könnte es sein,

---

[236] http://www.computer.org/portal/web/csdl/doi/10.1109/CSE.2009.424.
[237] http://www.owasp.org/index.php/Cross-Site_Request_Forgery_%28CSRF%29.

I. Prognose: Angriffsszenarien

Hintergrundwissen über die Linkstruktur einer Website zu erlangen. Allerdings ist dies in vielen Szenarien sehr einfach, da der Angreifer z. B. selbst ein Nutzer mit eingeschränkten Rechten ist. In anderen Angriffsszenarien, wie beispielsweise dem Angriff auf die Webadministrationsoberfläche eines Routers, kann der Angreifer das benötigte Wissen durch den Kauf solch eines Routers erwerben.

Im Bereich des Onlinebanking könnte es sein, dass der Angreifer selbst Kunde bei der betroffenen Bank ist.[238] Nehmen wir beispielsweise an, eine Überweisung eines Onlinebanking-Systems wird mit folgendem Link durchgeführt:

http://www.bank.com/transfer.pl?konto=12345&betrag=5000.

Ein Angreifer könnte versuchen, diesen Link, versehen mit einer von ihm kontrollierten Kontonummer und einem hohen Geldbetrag, im großen Stil auf gut besuchten Websites einzubetten. Alle Besucher dieser Website, die gleichzeitig mit ihrem Bankaccount eingeloggt sind, führen automatisch diese Transaktion aus. Problematisch hierbei ist vor allem die Tatsache, dass der Nutzer von dieser Transaktion nichts mitbekommt.

Dass dieses Szenario durchaus realistisch ist, zeigten Ed Felten und Bill Zeller in ihrem Beitrag über Cross-Site-Request-Forgery-Schwachstellen. Denn da z. B. in Amerika beim Onlinebanking anscheinend keine TANs oder ähnliche Sicherheitsmaßnahmen verwendet werden, können auf den Websites diverser Banken Überweisungen über CSRF-Angriffe durchgeführt werden.

c) **Web 2.0-Würmer**

Der erste allgemein bekannt gewordene Web 2.0-Wurm wurde im Herbst 2005 auf die Plattform MySpace losgelassen. Ein Nutzer namens Samy war der Ansicht, er hätte zu wenig Freunde auf MySpace. Daher programmierte er einen Web 2.0-Wurm, der dieses Problem beseitigen sollte und seither als *Samy-Wurm*[239] in die Geschichte einging.

Der Autor fand eine persistente XSS-Schwachstelle auf der MySpace-Plattform. So war es ihm möglich, bösartigen JavaScript-Code auf seiner eigenen Profilseite einzubetten. Beim Besuch der Profilseite von Samy verbreitete sich der Wurm nun automatisch über eine persistente XSS-Schwachstelle auf die Profilseiten der Besucher. Denn durch die XSS-Schwachstelle interpretierte der Browser des Besuchers die in der Schadfunktion enthaltenen Steuerbefehle als legitime Befehle seitens der MySpace-Plattform. Die Schadfunktion wurde unbemerkt ausgeführt und enthielt zwei Steuerbefehle: „Kopiere die Schadfunktion in die persönliche Homepage des Besuchers" und „Füge den Benutzernamen des Angreifers zu der Liste der eigenen Freunde hinzu." Auf diese Weise verbreitete sich der Wurm lawinenartig schnell.

---

[238] http://www.freedom-to-tinker.com/blog/wzeller/popular-websites-vulnerable-cross-site-request-forgery-attacks.
[239] http://namb.la/popular/tech.html.

Innerhalb von 24 h hatte der Nutzer Samy eine Million Freunde.[240] Allerdings war die Absicht des Wurms nicht, Passwörter zu stehlen oder eine andere Plattform zu attackieren. Trotzdem musste MySpace den Betrieb vorübergehend komplett einstellen, um den Wurm zu stoppen und alle befallenen Seiten zu reinigen.

Der Wurm Samy blieb allerdings nicht der einzige seiner Art. Im Laufe der letzten Jahre wurde fast jedes größere Portal oder soziale Netzwerk von einem Wurm befallen. Web 2.0-Würmer haben die Eigenschaft, dass sie sich ausschließlich auf Webapplikationsebene bewegen und fortpflanzen. Diese Art von Würmern kann daher mit „digitalen Krankheiten" von Massively Multiplayer Online Role-Playing Games (kurz: MMORPGs)[241] verglichen werden, da diese sich auch ausschließlich über das betroffene Spiel weiterverbreiten. Im Jahre 2005 war beispielsweise das MMORPG „World of Warcraft" durch einen Programmierfehler von einer digitalen Epidemie betroffen.[242]

Web 2.0-Würmer hatten in den meisten Fällen lediglich die Absicht, dem Autor Ruhm und eine Menge neuer Freunde zu bescheren. Sie befielen nur die Profile von Nutzern und nicht die eigentlichen Endsysteme. Allerdings könnten Würmer solcher Art auch für bösartige Zwecke erstellt werden, um beispielsweise die Nutzer auf Websites mit schädlichem Inhalt zu locken und anschließend zu versuchen, das Endsystem des Nutzers zu kompromittieren.

Die Ursachen für einen Wurm wie den Samy-Wurm sind bekannt und weitverbreitet. In der Regel benötigt der Programmierer eine XSS-Schwachstelle auf der Website, über welche er JavaScript-Schadcode im Kontext der Website ausführen kann. Noch einfacher für den Autor wird es, wenn es sich bei der XSS-Schwachstelle um eine persistente Cross-Site-Scripting-Schwachstelle handelt. Denn dann wird der Schadcode z. B. direkt im Profil des Autors abgelegt, und jeder eingeloggte Besucher führt diesen Code automatisch aus.

Anfang diesen Jahres wütete ein Wurm[243] auf der Plattform Twitter[244], der sich genau dieses Verfahren zunutze machte. Sobald ein eingeloggter Nutzer ein infiziertes Profil besuchte, wartete der Schadcode zunächst drei Sekunden, bevor er vom Browser den Namen des Nutzers und das Twitter-Cookie anforderte. Anschließend konnte der Schadcode über die Twitter-API im Namen des Nutzers sogenannte Tweets (Kurznachrichten) verschicken und sich im Profil des Nutzers verewigen, um auf diese Weise weitere Besucher zu infizieren.

Web 2.0-Würmer haben den Vorteil, dass sie meist aus nur relativ wenigen Zeilen Code bestehen. Verfügt die betroffene Website über eine persistente XSS-Schwachstelle, so kann der Schadcode bequem im Profil eingebettet werden und muss nicht über bösartige Links und Social Engineering-Methoden verbreitet werden.

---

[240] http://www.guardian.co.uk/media/2006/mar/09/newmedia.technology.
[241] http://de.wikipedia.org/wiki/Massively_Multiplayer_Online_Role-Playing_Game.
[242] http://www.securityfocus.com/news/11330.
[243] http://blog.twitter.com/2009/04/wily-weekend-worms.html.
[244] http://twitter.com.

I. Prognose: Angriffsszenarien

Es ist daher davon auszugehen, dass Web 2.0-Würmer auch in Zukunft auf großen Web 2.0-Anwendungen wüten werden. Hierbei ist zu hoffen, dass die Endsysteme der Nutzer zukünftig weiterhin verschont bleiben.

10. Google-Hacking

Zusammenfassung: Internetsuchmaschinen bieten einem Angreifer auch im Rahmen des Identitätsdiebstahls bzw. -missbrauchs eine gute Hilfestellung. Google bietet dabei mit seiner Vielzahl von Möglichkeiten und Optionen eine besonders gute Ausgangsbasis. Zudem kann sich ein Angreifer Suchmaschinen auch durch Methoden der Suchmaschinenoptimierung zunutze machen und Anwender so auf malwareverseuchte Webserver locken.

Google[245] ist wohl die bekannteste und größte Suchmaschine (Marktanteil[246] [Stand Oktober 2009] etwa 80 %) und wird schätzungsweise täglich von mehr als 200 Mio. Nutzern zur Recherche im Internet genutzt. Neben der Suche über eine einfache Eingabe von Suchbegriffen besitzt Google aber auch die Möglichkeit, mit einer Google-eigenen Syntax gezielte Abfragen zu stellen. Neben Google existieren zudem noch weitere Suchmaschinen, bekannt sind beispielsweise noch MSN, Yahoo! und AltaVista. Darüber hinaus gibt es noch spezielle Dienste, die neben dem aktuellen Inhalt von Websites auch die zeitliche Entwicklung des Inhalts beobachten können. Dazu zählt beispielsweise die Way Back Machine.[247]

Google indexiert alle im Internet gefundenen Webinhalte, wenn dies nicht durch spezielle Maßnahmen – etwa durch Einträge in der Datei robots.txt[248] – verhindert wird. Einträge in robots.txt werden vor allem deshalb erstellt, damit Google sensitive Daten nicht indexiert und damit auch nicht in seinen Cache aufnimmt. Damit kann ein potenzieller Angreifer die Daten zwar nicht mittels Google (oder anderen Suchmaschinen) finden, bekommt aber über robotx.txt zugleich die Information, in welchem Verzeichnis des Webservers sich die vom Serveradministrator als sensitiv eingestuften Daten befinden.[249] Zudem existiert das Problem, dass sich nicht alle

---

[245] Zu den Hintergründen von Google siehe beispielsweise auch: http://de.wikipedia.org/wiki/Google.

[246] Zu den Nutzerstatistiken von Suchmaschinen siehe auch: http://www.webhits.de/deutsch/index.shtml?/deutsch/webstats.html.

[247] Siehe hierzu auch: http://www.archive.org/web/web.php.

[248] Zum Umgang mit der robots.txt siehe beispielsweise: http://de.wikipedia.org/wiki/Robots_Exclusion_Standard.

[249] Auch dazu kann eine spezielle Google-Abfrage ("robots.txt" "disallow:" filetype:txt) genutzt werden. Eine Beispielseite, die mittels dieser Anfrage gefunden wird, ist etwa http://www.focus.de/robots.txt. Diese Seite enthält alle Bereiche, die auf der Webpräsenz von www.focus.de nicht

Suchmaschinenanbieter an die Konventionen von robots.txt halten und trotzdem den gesamten Webauftritt einer Domain durchsuchen.

a) Funktionalität von Google

Google kann also in vielen Fällen Informationen liefern, die sich im Rahmen des Identitätsdiebstahls bzw. -missbrauchs verwenden lassen. Im Folgenden wird nun das entsprechende Potenzial aufgezeigt, das Google einem Angreifer bietet. Zunächst stellen wir die Suchmöglichkeiten mit Google im Detail dar.

Suchoptionen
Google bietet dem Nutzer eine Vielzahl von Suchoptionen und Möglichkeiten und lässt sich sogar als Taschenrechner *Google Calc*[250] und Übersetzungsdienst *Google Translate*[251] verwenden. Neben diesen speziellen Angeboten kann aber auch über die eigentliche Suchanfrage sehr viel an Funktionalität erzielt werden.

Suchen innerhalb einer speziellen Site[252] werden über das Keyword *site* ermöglicht. Die Abfrage *site:a-i3.org phishing* findet somit alle Websites auf a-i3.org, die das Suchwort Phishing enthalten. Auf ähnliche Art und Weise lässt sich die Suche auch auf spezielle Typen von Dokumenten (mittels filetype) oder Dateiendungen (mittels *ext*) einschränken. Die gezielte Suche innerhalb des Titels von Websites oder innerhalb des Unified Ressource Locators (kurz: URL) ist mittels intitle bzw. inurl ebenfalls möglich. Zudem ist es auch möglich, nach Links innerhalb von Dokumenten zu suchen. Dazu wird der Suchstring *link* benutzt: *link:www.google.de* findet somit alle Dokumente, die einen Link auf www.google.de enthalten.

Google erlaubt dabei auch Verknüpfungen verschiedener Suchanfragen. Im Standardfall werden die Suchbegriffe durch ein logisches *Und* verknüpft. Durch | bzw. OR kann ein logisches *Oder* eingebaut werden. *Haus OR Hütte* findet somit alle Dokumente, die entweder das Stichwort *Haus* oder das Stichwort *Hütte* enthalten. Auch Platzhalter sind möglich, so findet **stuhl* sowohl Dokumente mit dem Stichwort *Lehnstuhl* als auch mit dem Stichwort *Dachstuhl*. Zudem kann auch nach ganzen Phrasen gesucht werden. Dies geschieht über die Verwendung von. *"Dieser Suchstring sucht nach einer ganzen Phrase"* findet somit nur Dokumente, die die Phrase *Dieser Suchstring sucht nach einer ganzen Phrase* enthalten.

Suchen von Passwörtern
Die Suche nach Passwörtern unter Google lässt sich bspw. mit dem Suchstring *intext:"password/pass/passwd" (ext:sql/ext:dump/ext:dmp) intext:values* realisieren. Dadurch kann ein Angreifer allzu häufig Zugangsdaten zu Webservern erlangen und diese dann im Anschluss missbrauchen, um sich auf dem Webserver und/

---

durch Google indexiert werden sollen, liefert einem Angreifer aber gleichzeitig Informationen über die Struktur des Webauftritts.
[250] Google als Taschenrechner zu finden unter: http://www.google.com/help/features.html.
[251] Google als Übersetzungsdienst: http://translate.google.de/#.
[252] Mit „Site" ist hier der Inhalt eines Webauftritts gemeint.

I. Prognose: Angriffsszenarien

oder der Datenbank einzuloggen und die dortigen Inhalte auszulesen oder gar zu manipulieren.[253],[254]

Suchen von Multimediageräten
Durch eine Suchanfrage wie bspw. *intitle:"live view/-axis"* lassen sich z. B. auch Webcams finden. Den Anwendern ist dabei oftmals gar nicht bewusst, dass ihre Webcam weltweit per Google gefunden werden kann. Unter Umständen kann sich ein Angreifer dadurch Informationen beschaffen, die ihm helfen, sein potenzielles Opfer besser zu charakterisieren. Darüber hinaus kann die Webcam auch das Einfallstor in das Netzwerk des Anwenders sein.[255],[256],[257]

Suchen von IT-Infrastruktur
Darüber hinaus lassen sich auch die Administrationsoberflächen von Druckern oder auch VPS-Zugangspunkten mittels Google-Anfragen finden. *intitle:"Cisco Systems, Inc. VPN 3000 Concentrator"* findet bspw. die Administrationsoberfläche des VPN-Concentrators. *inurl:hp/device/this.LCDispatcher* und *inurl:"printer/main.html" intext:settings* finden z. B. die Administrationsoberflächen von Netzwerkdruckern.

Suchen von vertrauenswürdigen Dokumenten
Auch die gezielte Suche nach als „vertraulich" gekennzeichneten Dokumenten ist mittels Google einfach möglich. Dazu reicht die Eingabe von *filetype:ppt "confidential"*, was dann ppt-Dateien zurückliefert, die das Stichwort „confidential" enthalten.

b) Suchmaschinenoptimierung

Eine weitere Form des Google-Hacking ist die sogenannte *Suchmaschinenoptimierung* (engl.: Search Engine Optimization, kurz: SEO). Diese wird auch im Rahmen der Funktionalität der Drive-by-Malware, etwa den Web Exploit Toolkits[258] (kurz: WET), genutzt, um Anwender auf die entsprechend manipulierten Webserver zu locken. Hier manipuliert der Angreifer die Reihenfolge, in der die Suchergebnisse von Google anzeigt werden. Er versucht, seine Website bzw. die des versuchten Servers möglichst weit oben in der Liste der Suchergebnisse zu platzieren, also hoch zu

---

[253] Google liefert beispielsweise: http://euchina-cdm.org/cdm_db.sql.

[254] Bei solchen Suchanfragen werden nicht nur einzelne Links, sondern auch Verweise auf ganze Archive von entsprechenden Daten gefunden: http://www.hotfile123.com/index.php?q=index+of+admin+inurl+passwd+txt&filetype=&page=2.

[255] Ein Beispiel findet sich unter: http://24.231.158.230:8888/ViewerFrame?Mode=Motion&Language=0.

[256] Ein Beispiel findet sich unter: http://cam102053.miemasu.net:60003/ViewerFrame?Mode=Motion.

[257] Ein Beispiel findet sich unter: http://212.248.100.101:88/ViewerFrame?Mode=Motion.

[258] Vgl. dazu Kap.3 I.2.b).

ranken. Bei einer bereits erfolgten Massenverbreitung entsprechender Malware geschieht dies – bedingt durch den häufigen (wenngleich ungewollten) Aufruf durch die Anwender – nahezu von selbst. Darüber hinaus sind aber auch diverse Methoden bekannt, diesen Effekt künstlich zu erzeugen. Google kann somit indirekt dazu beitragen, die Verbreitung von Malware zu intensivieren. Google bemüht sich zwar seit geraumer Zeit, Manipulationen mittels SEO zu minimieren. Dies ist allerdings nicht in allen Fällen möglich, da der Angreifer im Prinzip völlig legitime Methoden benutzt. Anwendern kann nur geraten werden, die Ergebnisse einer Google-Suche mit Vorsicht zu behandeln und zumindest die empfohlenen Standardsicherheitsmaßnahmen einzusetzen.[259]

c) Schutzmaßnahmen

Als Schutzmaßnahme gegen die in diesem Abschnitt beschriebenen Möglichkeiten kommt zunächst einmal eine sichere Servereinstellung in Frage. Der verwendete Webserver sollte dabei immer so konfiguriert werden, dass das sogenannte *Need-to-Know-Prinzip* eingehalten wird. Wann immer möglich, sollten die einzelnen Webpräsenzen auf dem Server mittels *Zugriffsregeln* (engl.: *Access Control Lists*, kurz: *ACL*) so abgesichert werden, dass der Zugriff nur noch durch berechtigte IP-Adressen möglich ist. Die Verwendung von Authentifizierungsmechanismen kann die Sicherheit weiter erhöhen. Dabei ist allerdings zu beachten, dass die Authentifizierungsdaten bei Verwendung der Standardauthentifizierung ohne weitere Maßnahmen oft im Klartext über das Netzwerk übertragen werden[260] und somit von einem potenziellen Angreifer mitgelesen werden können. Eine wesentlich sicherere Authentifizierung ermöglicht die Verwendung von Clientzertifikaten in Verbindung mit der Transport Layer Security[261] (kurz: TLS). Hierbei muss sich der Nutzer mittels eines Clientzertifikats authentisieren, das sich entweder auf einer Smartcard befinden kann und dort mittels der PIN vor unberechtigtem Zugriff geschützt ist oder als Softwarezertifikat[262] im Browser mittels eines Passworts geschützt vorliegt. Da hier sowohl der Besitz des Clientzertifikats als auch die Kenntnis des Geheimnisses (PIN oder Passwort) nachgewiesen werden müssen, handelt es sich um eine Zwei-Faktor Authentifizierung.

Darüber hinaus kann der zielgerichtete Einsatz einer robots.txt-Datei zumindest verhindern, dass Google sensitive Dokumente indexiert.[263] Wie bereits diskutiert, bietet dies aber nur einen rudimentären Schutz und kann einem Angreifer sogar

---

[259] Zu den Standardsicherheitsmaßnahmen vgl. S. 56 ff.
[260] Ein Beispiel hierfür ist die Verwendung der Basic Authentication beim Apache Webserver.
[261] Zur Transport Layer Security siehe beispielsweise: http://en.wikipedia.org/wiki/Transport_Layer_Security.
[262] Gegenüber der Verwendung einer Smartcard ist dies die wesentlich unsicherere Variante, da eine Malware Zugriff auf die Zertifikatsdatei und/oder das zugehörige Passwort erlangen könnte.
[263] Sensitive Dokumente sollten natürlich nie in einem öffentlich zugänglichen Bereich eines Webauftritts liegen.

wertvolle Informationen liefern. Wesentlich ist in jedem Fall der bewusste und sensitive Umgang mit Daten bei der Veröffentlichung im Internet. Die konsequente Umsetzung des Need-to-Know-Prinzips und des Ansatzes einer Absicherung auf mehreren Schichten (engl.: Layered Defense) kann dazu beitragen, das Schutzniveau entsprechend zu erhöhen. Da heute eine Vielzahl von Geräten vom Werk aus mit aktivierten Webschnittstellen ausgestattet ist, ist die Standardkonfiguration vor einer Inbetriebnahme auf die aktuellen Bedürfnisse anzupassen. Der Einsatz einer Firewall kann zudem dazu beitragen, den unkontrollierten Datenabfluss zu minimieren.

II. Prognosen: Zielplattformen

Prognose: Neben dem Windows-PC als bevorzugte Zielplattform für Angriffe werden weitere mobile (Windows Mobile) und stationäre (Apple OS) Plattformen im Fokus der Angreifer stehen. Daneben treten gleichberechtigt Angriffe auf plattformübergreifende Software wie Mozilla Firefox, Apple Safari, Google Chrome und Adobe PDF sowie Flash in den Vordergrund.

Im Bereich der Zielplattformen kann grundlegend zwischen vier Clientsystemen differenziert werden:

- Microsoft-Systeme wie Windows XP, Windows Vista und neuerdings Windows 7,
- Linux- und Unix-Systeme, zu denen die verschiedenen Linux-Derivate und Mac OS-Systeme gehören,
- mobile Plattformen, zu denen Android, Apples iPhone OS, Symbian, RIMs Blackberry und Microsoft Windows Mobile zu zählen sind, und
- Spielekonsolen wie XBOX-360, Wii und Playstation 3.

Diese Zielplattformen sind unterschiedlichen Angriffen und Szenarien ausgesetzt, sodass im Folgenden nun einzeln auf diese Plattformen und die damit verbundenen Gefahren eingegangen wird.

1. Zielplattformen

a) Microsoft Windows 7

Die Systemplattformen von Microsoft besitzen nach wie vor einen Marktanteil von rund 80 %, was sie zu attraktiven Zielplattformen für potenzielle Angreifer macht. Daher stehen Angriffe auf Microsoft Windows-Systeme immer noch an der Spitze der Angriffsstatistik.

Laut Microsoft wurde die Sicherheit des Systems in Windows 7 nochmals verbessert. Man hat von Anfang an einen *Security Development Lifecycle* (SDL)[264]

---

[264] http://blogs.msdn.com/sdl/.

mit in den Entwicklungsprozess integriert. Der SDL erweitert die Phasen der Softwareentwicklung um mehrere auf Sicherheit abzielende Aktivitäten. Zu diesen Aktivitäten zählen die Entwicklung von Bedrohungsmodellen beim Softwareentwurf, die Verwendung von Tools zur statischen Codeanalyse bei der Implementierung sowie das Durchführen von Codeüberprüfungen und Sicherheitstests bei einer gezielten Suche nach Sicherheitsmängeln. Beispielsweise wurden Verfahren wie Data Execution Prevention (DEP)[265], Address Space Layout Randomization (ASLR)[266] und Maßnahmen gegen das böswillige Patchen des Kernels eingeführt.

Des Weiteren wurden bei den Firewalleinstellungen Veränderungen vorgenommen. Wo es bei Windows Vista noch Probleme mit den verschiedenen Firewall-Policies gab, soll sich das bei Windows 7 nun geändert haben. Vista unterscheidet den Typ der Netzwerkverbindung: Home, Work, Public oder Domain. Dies kann zu Problemen führen, wenn Nutzer sich über das Internet einwählen, sich anschließend aber in das firmeninterne VPN einwählen wollen. Denn Vista wendet zuallererst die Firewall-Policy „Public" für das System an, die anschließend bei Einwahl in das Firmen-VPN nicht mehr auf „Domain" geändert werden kann, da bereits eine Policy besteht. Windows 7 soll dieses Problem dadurch lösen, dass nun mehrere Firewall-Policies auf verschiedene Netzwerk-Interfaces angewendet werden können.

In Windows 7 soll auch die sichere Verbindung zum Firmennetzwerk besser möglich sein. DirectAccess, basierend auf IPv6 und IPsec, soll bisherige VPN-Tunnel überflüssig und in Zusammenarbeit mit dem Windows-Server 2008 RC2 die Arbeit in unsicheren Netzen noch sicherer machen.

Die Verschlüsselung von externen Platten und USB-Sticks wird in Windows 7 per Bitlocker To Go realisiert.[267] Es handelt sich dabei um eine Erweiterung für das Bitlocker-Programm von Windows Vista.

Auch der Bereich Antimalware wurde in Windows 7 ausgebaut. Problematisch war bisher, dass viele Arten von Malware Administratorrechte auf dem eigentlichen Zielsystem benötigten. Sie laufen mit den Rechten eines Administrators und können so die meisten Funktionen ausführen. Das Entziehen der Administratorrechte für Nutzer ist daher ein hilfreicher Schritt in Richtung erhöhter Sicherheit für das System, löst allerdings das Malwareproblem nicht grundlegend. Denn viele Nutzer installieren Programme, die sie per USB-Stick mitbringen oder sich aus dem Netz laden. Mit der *AppLocker*-Anwendung von Windows 7 sollen Administratoren nun wieder mehr Kontrolle über die Programme auf dem System bekommen. AppLocker schaltet sich zwischen Kernelaufrufe, die versuchen, neue Prozesse zu erstellen oder Bibliotheken zu laden, und hinterfragt, ob der eigentliche Programmcode die notwendigen Rechte besitzt, um ausgeführt zu werden. AppLocker soll somit versichern, dass nur berechtigte Programme auf dem System ausgeführt werden.

---

[265] http://en.wikipedia.org/wiki/Data_Execution_Prevention.
[266] http://www.ngssoftware.com/papers/xpms.pdf.
[267] http://www.microsoft.com/windows/enterprise/products/windows-7/features.aspx.

Der Antivirenhersteller Sophos hat Windows 7 in Hinsicht auf derzeit gängige Malware getestet.[268] Auf einem frisch installierten Windows 7-System ohne zusätzliche Gegenmaßnahmen wurden allerdings acht von zehn Malwaresamples erfolgreich ausgeführt. Laut Sophos ist die UAC-Maßnahme in Windows 7 nicht dafür geeignet, das System vor Malware zu schützen.

Aber nicht nur Microsoft selbst hat eingesehen, dass zusätzliche Maßnahmen für die Sicherheit des Systems notwendig sind. Einige der großen Antivirenhersteller haben ihre Produkte bereits auf Windows 7 portiert.

Die oftmals bemängelten UAC-Sicherheitsanfragen von Windows Vista an den Nutzer in Form von Pop-Ups sollen um 30 % reduziert worden sein. Der Nutzer kann nun selbst einstellen, wie viele Sicherheitsanfragen er bekommen möchte. Ob dies zur erhöhten Sicherheit des Systems beiträgt, bleibt aber offen. Es wird sich in näherer Zukunft zeigen, ob Microsoft mit der Einführung von Windows 7 den Angreifern wieder einmal einen Schritt voraus sein konnte.

b) Linux und Mac OS

Zielgerichtete Angriffe auf Linux-Clientsysteme sind nach wie vor kaum zu verzeichnen. Dies liegt sicherlich am geringen Marktanteil von Linux-Derivaten im Desktopeinsatz. Die eventuellen Vorteile in Bezug auf die Sicherheit von Linux-Systemen gegenüber Windows-Systemen werden in der Szene weiterhin kontrovers diskutiert. Der hohe Marktanteil von Microsoft-Betriebssystemen wird häufig als Ursache für die überdurchschnittlich hohe Zahl an Angriffen gesehen.

Beispielsweise sind Drive-by-Angriffe auf Browser unter Linux bisher nicht bekannt. Denn gängige Web Exploit Toolkits (WETs) identifizieren das Opfersystem anhand der Informationen, die sich aus dem HTTP-Request-Header extrahieren lassen. Bei den bisher untersuchten WETs waren keine Linux-Signaturen auffindbar, die auf mögliche Drive-by-Angriffe auf Linux-Clients schließen lassen könnten.

Eine Drive-by-Infektion von Linux-Derivaten wäre aber eventuell möglich, wenn auf dem System Browser mit verwundbaren Plug-ins installiert sind. Über eine Schwachstelle im Plug-in könnte dann eventuell auch ein Linux-System mit Schadcode infiziert werden.

Das auf BSD-Unix basierende Mac OS X aus dem Hause Apple hat dagegen diverse Probleme mit Drive-by-Angriffen in der Vergangenheit aufzuweisen. Bei der Auslieferung des neuen Systems *Snow Leopard* wurde eine veraltete Version des Adobe Flash Players integriert.[269] Diese veraltete Version des Players enthielt Sicherheitslücken, die das Mac-System für Drive-by-Angriffe verletzlich machten. Es wurde daher durch die Presse empfohlen, den Adobe Flash Player manuell schnellstmöglich upzudaten.

Paradox erscheint hierbei die Tatsache, dass Apple sein neues System Snow Leopard mit einem rudimentären Malwareblocker ausgestattet hat, der jedoch

---

[268] http://www.sophos.com/blogs/chetw/g/2009/11/03/windows-7-vulnerable-8-10-viruses/.
[269] http://blogs.adobe.com/psirt/2009/09/flash_player_update_and_snow_l.html.

bislang nur zwei Malwaretypen erkennt. Der als *XProtect* bekannte Schutzmechanismus[270] greift zudem lediglich bei Downloads und bietet keinen Echtzeitschutz oder manuelles Scannen der Festplatte an. Es kann hier also keinesfalls von einem vollständigen Schutz vor Schadsoftware geredet werden.

Auch Apples Browser Safari war in der Vergangenheit immer wieder Opfer von Zero Day-Exploits. Dies zeigte der Sicherheitsexperte Charlie Miller beim Pwn2Own Contest in Vancouver, indem er ein vollständig gepatchtes Mac OS X durch eine Schwachstelle im Safari Browser innerhalb weniger Minuten kompromittierte.[271]

In der IT-Sicherheitsszene wird derzeit heiß diskutiert, wie das Gefährdungspotenzial von Mac-Systemen einzuschätzen ist. Denn Fakt ist, dass Apple-Nutzern derzeit weniger Schutzmaßnahmen vor Viren und anderer bösartiger Software zur Verfügung stehen, als dies bei Windows-Nutzern der Fall ist. Allerdings wird argumentiert, dass sich Mac-Nutzer immer noch sicherer im Netz bewegen als Windows-Nutzer, da die Anzahl der vorhandenen Schadsoftware für Mac-Systeme relativ gesehen sehr gering ist.[272] Der Virenspezialist Dmitry Samosseiko des Herstellers Sophos referierte auf der Konferenz *Virus Bulletin 2009* über die Verbreitung von Malware auf Mac OS X-Plattformen und kam zu dem Schluss, dass diese derzeit wohl noch als zu unattraktiv für Angreifer gelte.[273] In diesem Zusammenhang erklärte Samosseiko, dass für infizierte Mac-Systeme etwa 43 US-Cent auf dem Untergrundmarkt geboten wurden, wohingegen Windows-Systeme zwischen 50 und 55 Cent gehandelt werden. Nun bleibt die Frage offen, wie lange dieser Zustand noch anhält.

Da Apple zunehmend Marktanteile gewinnt, steigt auch die Attraktivität der Plattform für Angriffe jeglicher Art. So tauchten bereits die ersten speziell auf Mac OS X ausgerichteten Trojanischen Pferde im Netz auf, die über präparierte Websites verbreitet werden. Angreifer machen sich auch hier die Informationen aus den HTTP-Request-Headern zunutze, um zwischen Windows- und Mac OS X Nutzern zu differenzieren. Je nach verwendetem Browser und Betriebssystem wird entweder eine exe- oder dmg-Datei ausgegeben und mit Social Engineering-Methoden versucht, den Nutzer zum Ausführen der Datei zu verleiten.

Der erstmals Ende 2007 erkannte Mac-Trojaner *RSPlug*[274] ist seit seiner Erstentdeckung in verschiedenen Versionen im Netz verfügbar. Die Infektionsroutinen beruhen entweder auf Drive-by-Browser-Exploits, oder es wird versucht, das Schadprogramm als Video-Codec zu tarnen.

Die Anzahl von Mac-Schadsoftware ist zwar weiterhin relativ leicht überschaubar, das Risiko für eine Infektion ist heute jedoch sehr viel höher als noch vor zwei Jahren.[275]

---

[270] http://www.sophos.com/blogs/sophoslabs/v/post/6269.
[271] http://blogs.zdnet.com/security/?p=2917.
[272] http://www.wired.com/gadgetlab/2009/09/security-snow-leopard.
[273] http://www.sophos.com/sophos/docs/eng/marketing_material/samosseiko-vb2009-paper.pdf.
[274] http://www.intego.com/news/ism0705.asp.
[275] http://oreilly.com/catalog/9780596523039.

II. Prognosen: Zielplattformen 115

c) **Mobile Plattformen**

Mobile Plattformen bieten Nutzern die Möglichkeit, viele herkömmliche Desktopanwendungen auch auf dem mobilen Endgerät auszuführen. In den letzten Jahren konnte die Entwicklung im Bereich mobiler Plattformen einen enormen Fortschritt verzeichnen. Jedoch steigt mit der Portierung von Desktop-anwendungen auf mobile Plattformen auch das Gefahrenpotenzial. Nach Meinung vieler IT-Sicherheitsexperten ist es nur eine Frage der Zeit, bis entsprechende Schadsoftware auch für mobile Plattformen verfügbar sein wird.

Im Juni 2004 wurde die erste Proof-of-Concept-Malware für die Symbian-Plattform entdeckt. *EPOC.Cabir*[276] hatte ursprünglich keine bösartigen Absichten, sondern sollte lediglich zeigen, dass Malware auch für mobile Plattformen existieren kann. Der Cabir-Wurm verbreitete sich via Bluetooth-Schnittstelle und war so programmiert, dass jedes infizierte Gerät über Bluetooth weitere Geräte suchte, die infiziert werden konnten.

Prinzipiell kann mobile Malware verschiedene Ereignisse auf einem Smartphone auslösen.

- Ohne Wissen des Nutzers wird eine Massenaussendung von SMS und/oder MMS durchgeführt. Zusätzlich können teure Nummern, beispielsweise im Ausland, angerufen werden. Der Nutzer wird dieses Fehlverhalten erst bei der nächsten Monatsabrechnung bemerken.
- Daten des Nutzers wie beispielsweise das Telefonbuch oder private Dokumente können vernichtet werden. Es können zudem vertrauliche Informationen gestohlen und/oder einzelne Funktionen des Smartphones wie SMS, Spiele, Mikrofon oder Kamera blockiert werden.
- Der Akku des Smartphones könnte sich schneller als normal entladen.
- Unter dem Namen des Nutzers könnten per E-Mail, W-LAN oder Bluetooth andere Smartphones oder Systeme attackiert und infiziert werden. Die Einträge im Adressbuch des Opfers könnten hierbei als potenzielle Opfer gelten.
- Bei der Synchronisation von Smartphone und Desktop-PC oder Laptop könnte sich der Schadcode weiter ausbreiten. Hier wäre allerdings hybrider Schadcode notwendig, der sich sowohl auf Smartphone-Plattformen als auch auf PC-basierten Plattformen ausbreiten kann.

Nutzer und Entwickler von Smartphones sollten sich darüber im Klaren sein, dass jede neue Funktion, die dem Nutzer angeboten wird, auch für Angriffe missbraucht werden kann.

So auch im Falle der Bluetooth-Schnittstelle, die z. B. vom *CommWarrior-Wurm*[277] für Symbian-Plattformen zur Weiterverbreitung missbraucht wurde. Hierbei versucht der Wurm, den Nutzer zur Installation zu überreden, und verbreitet sich nach erfolgreicher Installation via Bluetooth-Schnittstelle, MMS oder Speicherkarte weiter. Bei der Weiterverbreitung per Bluetooth sucht das infizierte Mobiltelefon

---

[276] http://www.sophos.com/security/analyses/viruses-and-spyware/symbcabira.html.
[277] http://www.f-secure.com/v-descs/commwarrior.shtml.

nach offenen, potenziellen Empfangsgeräten und verschickt Dateien mit einem zufälligen Dateinamen und der Dateiendung *.SIS*. Der Bluetooth-basierte Infektionsmechanismus ist ohne spezielle Antennen auf ca. 10 m begrenzt.

Auch im Bereich der mobilen Malware gilt das einfache Prinzip: Je größer der Marktanteil, desto höher die Chance, dass für diese Plattform Schadcode entwickelt wird. So gilt Symbian mit einem Marktanteil von 60 % derzeit als die Nummer 1 unter den Smartphone-Plattformen.

Die entdeckte Schadsoftware für mobile Plattformen war bereits in der Vergangenheit recht vielfältig. Der Trojaner *Doomboot*[278], welcher im Juli 2007 entdeckt wurde, gibt vor, eine Version des Shooters Doom 2 zu sein, und hält Nutzer davon ab, das System auf dem Smartphone zu booten. Die im Februar 2006 entdeckte Schadsoftware *RedBrowser*[279] sendete Textnachrichten an eine teure Premiumnummer in Russland. Dahingegen hatte die Malware *FlexiSpy* andere Absichten. Sie versendete Logdateien von Telefonanrufen und Kopien von Text- und MMS-Nachrichten an einen Server.

Die Voraussetzungen für die Entwicklung von Malware für die Plattform Windows Mobile wurden von Boris Michael Leidner Anfang 2007 untersucht. In seiner Diplomarbeit untersuchte er die Voraussetzungen, die für die Entwicklung eines Computerwurms für Windows Mobile 5.0 benötigt wurden. Dazu erstellte er einen Baukasten, der als Machbarkeitsnachweis für einen Computerwurm die Bedrohung durch mobile Malware aufzeigt. Des Weiteren versuchte er, durch Fuzzing-Techniken Sicherheitslücken in Windows Mobile aufzudecken, was ihm aber nicht gelang. Anscheinend stellte die Implementierung von sogenannten *Security Cookies* ein großes Hindernis bei der Ausnutzung von stackbasierten Pufferüberläufen dar.[280] Im Phrack Magazin #63 wurde allerdings ein Proof-of-Concept für einen Pufferüberlauf in Windows CE, dem Vorgänger von Windows Mobile, veröffentlicht.[281]

Colline Mullier und Charlie Miller veröffentlichten auf der Usenix-WOOT-Konferenz eine neue Methode, um Sicherheitslücken in SMS-Implementierungen von Smartphones zu analysieren. Sie behaupten, dass ihr Ansatz unabhängig vom Provider sei, keine zusätzlichen Kosten produziere und reproduzierbare Resultate garantieren würde. Anscheinend gelang es ihnen, mit diesem Ansatz bisher nicht bekannte Sicherheitslücken zu identifizieren, die für Denial-of-Service-Angriffe gegen gängige Smartphones genutzt werden könnten.[282]

Die Autoren waren auch für Gerüchte um einen Bug in der SMS-Implementierung des iPhones verantwortlich, die Mitte des Jahres 2009 entstanden. Sie behaupteten, sie hätten einen Weg gefunden, einen speziell präparierten SMS-Code in das iPhone einzuschleusen, der dort dann mit Root-Rechten ausgeführt werden könnte. Mit so einer Lücke wäre es möglich gewesen, sich beispielsweise Zugriff auf die GPS-Koordinaten oder das Mikrofon des Handys zu verschaffen. Die Autoren

---

[278] http://www.netzwelt.de/news/71830-doomboot-a-trojaner-zerstoert-symbian-handys.html.
[279] http://www.f-secure.com/v-descs/redbrowser_a.shtml.
[280] http://pi1.informatik.uni-mannheim.de/filepool/theses/diplomarbeit-2007-leidner.pdf.
[281] http://www.phrack.org/issues.html?issue=63&id=6#article.
[282] http://www.usenix.org/event/woot09/tech/full_papers/mulliner.pdf.

schafften es anscheinend, das iPhone zum Absturz zu bringen, das Ausführen von beliebigem Schadcode gelang ihnen allerdings nicht. Apple publizierte einen Patch für diese Probleme, spezifizierte in diesem allerdings nicht, um was für eine Lücke es sich letztlich handelte.[283] Im entsprechenden CVE-Report wird hingegen behauptet, es wäre möglich, beliebigen Code auf dem kompromittierten System auszuführen.[284]

Für weitere Schlagzeilen sorgte die Smartphone-Version des Safari Browsers im September 2009. Das Problem war anscheinend eine Inkonsistenz bei der Entdeckung von bekannten Phishingwebsites. So ließen sich bereits erkannte und registrierte Phishingwebsites auf demselben iPhone mal ohne und mal mit Warnung aufrufen. Die Anbindung des iPhones an das Internet machte hierbei anscheinend keinen Unterschied. Die Safari-Variante für den Desktop nutzt, wie diverse Browser, die Google Safe-Browsing-API, um potenzielle Phishingwebsites zu identifizieren. Es ist hier ganz klar zu sagen, dass eine Inkonsistenz in der Erkennung von schädlichen Websites noch gefährlicher für den Endnutzer ist als gar keine Erkennung. Denn bei gar keiner Erkennung kann sich der Nutzer nicht in falscher Sicherheit wiegen, was automatisch der Fall ist, wenn die Erkennung eine Inkonsistenz wie in dem hier aufgezeigten Fall aufzeigt.

Anfang November 2009 wunderten sich etliche iPhone-Nutzer, die mit ihrem Telefon über das UMTS-Netz online gingen, über eine angezeigte Warnmeldung. Diese teilte dem Nutzer mit, dass sein iPhone gehackt worden sei. Für die Lösung des Problems forderte der Angreifer 4,95 USD. Ursache für diesen Sicherheitsvorfall war ein bereits bekanntes Problem mit gleichen Passwörtern für die Nutzeraccounts root und mobile, das aber nur auf iPhones mit Jailbreak vorhanden war. Wenn ein Nutzer nach dem Jailbreak einen SSH-Server installierte, konnte ein Angreifer diesen ausnutzen, um von außen auf das verwundbare iPhone zu gelangen. Der Netzwerkscanner nmap konnte das iPhone zudem über TCP-Port 62078 eindeutig identifizieren. Der Angreifer scannte die IP-Adressbereiche der UMTS-Netze und fand auf diese Weise verwundbare iPhones, auf die er das Hintergrundbild mit der Warnmeldung kopierte. Interessant ist dieser Vorfall vor allem deswegen, weil hier das erste Mal in größerem Umfang Sicherheitsprobleme von iPhones über ihre Mobilfunkverbindung automatisiert ausgenutzt wurden.

Die Sicherheit der Android-Plattform stand im Fokus der *Hack-in-the-Box-Konferenz* Anfang Oktober 2009, wo sich Sicherheitsexperten einig darüber waren, dass Android-Nutzer vermehrt darauf achten sollten, welche Anwendungen sie auf ihrem Smartphone installieren.[285] Zudem wurde vor bösartigen ROMs gewarnt, die das System von Grund auf kompromittieren könnten. Dieses Problem besteht vor allem bei sogenannter *gecrackter* Software, die illegal von Quellen im Netz oder über P2P-Netzwerke bezogen werden kann. Da die eigentliche Quelle dieser Softwarepakete nicht vertrauenswürdig ist, sollte man auf Software aus solchen

---

[283] http://support.apple.com/kb/HT3754.
[284] http://cve.mitre.org/cgi-bin/cvename.cgi?name=CVE-2009-2204.
[285] http://sg.codeandroid.org/2009/10/13/hack-in-the-box-coverage-dangers-of-customized-android-roms-and-malware/.

verzichten. Ein Entwickler mit bösartigen Absichten könnte ein präpariertes ROM im Netz zum Download anbieten, welches einen modifizierten Kernel besitzt und somit in der Lage wäre, Tastatureingaben aufzuzeichnen, private Informationen abzugreifen und als Trojaner auf dem Smartphone zu agieren. Auf der anderen Seite haben modifizierte ROMs auch viele Vorteile wie die Möglichkeit, das System nach eigenen Vorstellungen zu modifizieren. Der Android Forensiker Andrew Hoog beschreibt[286] in seinem White Paper zu Android Forensik, dass der interne Android-Browser sensible Daten wie Nutzernamen, Passwörter und zugehörige URL im Klartext speichere.

Auch Blackberry Smartphones sind mittlerweile im Fokus von Angreifern. Im Oktober 2009 sorgte eine Software namens PhoneSnoop für Schlagzeilen, die für Awareness-Zwecke von einem Blogger mit dem Namen Sheran Gunasekera programmiert wurde.[287] Die Software installiert lediglich einen sogenannten PhoneListener-Service, der auf eingehende Anrufe von einer spezifischen Nummer wartet. Diese Nummer kann vorher vom Angreifer festgelegt werden. Im Falle, dass mit dieser Nummer der Blackberry des Opfers angerufen wird, erkennt der Phone-Listener-Service die Nummer, hebt automatisch ab und stellt das Telefon in den SpeakerPhone-Modus. So kann der Angreifer, ohne vom Opfer direkt bemerkt zu werden, hören, was im Umfeld des Telefons gesprochen wird. RIM, der Hersteller des Blackberry, musste im September 2009 zusätzlich eine potenzielle Lücke für Phishingangriffe auf das Blackberry Smartphone patchen.[288] Mit einem bösartig modifizierten Zertifikat auf einer Website konnte ein Angreifer dem Nutzer des Blackberry vortäuschen, er würde sich auf einer vertrauenswürdigen, gesicherten Website befinden.

Abschließend ist zu sagen, dass das größte Sicherheitsproblem im Bereich mobiler Plattformen nach wie vor der Mensch ist. Eine Studie des Sicherheitsunternehmens TrendMicro zeigte im September 2009 auf, dass Nutzer von Smartphones sich nicht den Gefahren bei der Benutzung von mobilen Plattformen bewusst sind.[289] Anscheinend sind viele Nutzer nach wie vor der fälschlichen Meinung, dass sie bei der Benutzung von Smartphones den gängigen Sicherheitsrisiken anderer Plattformen nicht ausgesetzt sind. Fast 50 % der Studienteilnehmer gaben an, sich nicht wirklich Gedanken um ihre Sicherheit beim Surfen im Netz mit dem Smartphone zu machen. Eine größere Angst bestehe davor, durch Verlust oder Diebstahl des Telefons Datenverlust zu erleiden. Das Schockierende an den Ergebnissen der Studie war aber, dass etwa 45 % der Studienteilnehmer zugaben, bereits Opfer von Malwareangriffen auf ihr Smartphone gewesen zu sein.

Grund zur Panik besteht derzeit jedoch nicht, da die Hochkonjunktur mobiler Malware noch nicht angebrochen ist. Allerdings ist nachweislich erkennbar, dass die Anzahl von Würmern, Viren und Trojanern für mobile Endgeräte in den letzten

---

[286] http://viaforensics.com/android-forensics/android-browser-stores-passwords-sensitive-data-plain-text.html.
[287] http://chirashi.zensay.com/2009/10/remote-listening-for-the-blackberry/.
[288] http://blogs.zdnet.com/security/?p=4500.
[289] http://trendmicro.mediaroom.com/file.php/96/Trend±Smart±Smartphone±Report.ppt.

II. Prognosen: Zielplattformen

Jahren stetig gestiegen ist. Dies könnte daran liegen, dass nach wie vor keine stabile Weiterverbreitungsroutine gefunden wurde. Dies liegt sicherlich auch an der sich noch entwickelnden Verbreitung von Smartphones mit offenen Betriebssystemen. Von einem Monopol seitens Symbian kann trotz großer Marktanteile nicht geredet werden. Für eine effektive Malwareszene fehlt hier also ein Monopolist, so wie Microsoft im Desktopbereich.

Die Antivirenindustrie rüstet sich allerdings für den zukünftigen Kampf gegen Schadsoftware auf mobilen Plattformen. Dass Smartphones massenweise von Epidemien heimgesucht werden, ist nur eine Frage der Zeit. So haben Hersteller wie F-Secure, Kaspersky oder TrendMicro bereits Scanner für die gängigen Smartphone-Betriebssysteme entwickelt. Mit der zunehmenden Nutzung des Smartphones als Bezahlmittel werden diese sicherlich mehr und mehr in den Fokus von Angreifern rücken.

d) Spielekonsolen

Bei den Spielekonsolen lassen sich die Angriffsziele auf die drei größten Netzwerkplattformen beschränken: *PlaystationNetwork* (PSN)[290], *Xbox-Live*[291] und *WiiConnect24*[292]. Formen des Identitätsdiebstahls auf Spielekonsolen tauchten erstmalig auf, als die einzelnen Hersteller große Internetplattformen für ihre Konsolen entwickelten. Über diese Plattformen ist es für Konsolenspieler möglich geworden, gegen Spieler anderer Länder in verschiedenen Spielekategorien anzutreten, Erfahrungen auszutauschen oder sich digital zu vernetzen.

Die älteste Plattform ist die aus dem Hause Microsoft stammende Xbox-Live-Plattform, welche im Jahre 2002 gegründet wurde. Die wichtigste Funktion des Netzwerks stellt die Fähigkeit dar, online gegen Spieler auf der ganzen Welt spielen zu können, sofern das Spiel eine entsprechende Funktion anbietet. Des Weiteren kann ein Spieler seine Erfolge einem virtuellen Profil zuweisen und sich so mit Freunden vergleichen. Der Xbox-Live-Marktplatz bietet die Möglichkeit, sowohl kostenlos als auch kostenpflichtig Demos, Trailer und Addons herunterzuladen.

Der Nutzer kann mit einer Xbox 360 über zwei verschiedene Zugänge auf das Xbox-Live-Netzwerk zugreifen, die sich in Umfang und Funktion teilweise unterscheiden. Xbox-Live-Silber stellt den grundlegenden Zugang zu Xbox-Live dar und steht jedem Spieler kostenfrei zur Verfügung. Xbox-Live-Gold ist kostenpflichtig und kann entweder per Kreditkarte, Bankeinzug oder mit einer Guthabenkarte für drei oder zwölf Monate im Voraus bezahlt werden.

Durch die potenzielle Nutzung einer Kreditkarte sind vor allem Xbox-Live-Gold-Nutzer zum Ziel von Identitätsdieben geworden. Meist werden die Nutzer über persönliche Nachrichten oder bösartige Links in Gamer-Foren und -Portalen auf präparierte Websites gelockt, auf denen sie anschließend zur Eingabe ihrer Xbox-Live-

---

[290] http://de.playstation.com/psn/.
[291] http://www.xbox.com/de-DE/live/bestoflive/connectnow.htm.
[292] http://wiiportal.nintendo-europe.com/1351.html.

Zugangsdaten verleitet werden. Der Angreifer macht sich hierbei die Methoden des Social Engineering (siehe hierzu auch S. 96 ff.) zunutze und verspricht den Opfern etwa 2.000 Microsoft-Punkte. Es werden also nicht direkt Bankdaten angefordert, sondern lediglich der Name (Gamertag) des Nutzers, das Passwort und die dazugehörige E-Mail-Adresse. Mithilfe dieser Informationen kann sich der Angreifer anschließend im Namen des Nutzers am Xbox-Live-System anmelden und dort weitere persönliche Informationen, wie vollständiger Name, Adresse und Kreditkartendetails, auslesen. Microsoft-Punkte sind hierbei die Währung, die beispielsweise zum Kauf von Spielen und Inhalten auf dem Xbox-Live-Netzwerk genutzt werden kann. Sie ist aber unter anderem auch für die *Windows Live Gallery*[293] und *Zune Onlineshops*[294] gültig. Neben dem Abgreifen von Kreditkarteninformationen und persönlichen Informationen stellen diese Microsoft-Punkte sicherlich einen weiteren Anreiz für Angreifer dar. Denn mit ihnen kann man beispielsweise Geschenke für befreundete Spieler einkaufen. Ein Angreifer kann mithilfe eines übernommenen Xbox-Live-Accounts alle Microsoft-Punkte des Kontos in Geschenke für sich oder andere investieren und anschließend das Account kündigen.

Aber nicht nur über präparierte Phishingwebsites versuchen Angreifer Xbox-Live-Nutzern ihre Accounts zu stehlen. Auf der Onlineplattform YouTube werden schon seit längerem Videos propagiert, die einen sogenannten *Xbox Point-Generator* in Aktion zeigen. Es handelt sich hierbei um ein kleines Programm, das behauptet, kostenlos Microsoft-Punkte zu erstellen. Für die Generierung solcher kostenlosen Microsoft-Punkte ist jedoch das Nutzeraccount des Spielers notwendig. Sobald das Opfer die Accountdaten eingegeben hat, werden diese an den Angreifer übertragen.

Die PSN-Plattform ist eine Onlineplattform für Multiplayerspiele und digitalen Content, die im Jahre 2006 von Sony gegründet wurde. Das Angebot steht den Nutzern der Playstation 3-Konsole und der Playstation Portable zur Verfügung. Das Vertriebskonzept und das Nutzermanagement des PSN sind denen der Xbox-Live-Plattform sehr ähnlich – es wird auch hier ein Account benötigt, der mit Kreditkarteninformationen ausgestattet werden kann, um kommerzielle Inhalte konsumieren zu können.

Auch im Falle des PSN werden unbedarfte Nutzer mit kostenfreien Zusatzpunkten angelockt und dazu verleitet, ihre persönlichen Zugangsdaten freizugeben. Dabei läuft die Masche haarscharf genauso ab wie bei der Xbox-Live-Plattform. Den Opfern werden kleine Programme zum Download angeboten, die vorgeben, bei Eingabe des PSN-Accounts neue PSN-Prepaid-Karten zu generieren. Allerdings wird das PSN-Account bei Eingabe direkt an den Angreifer übertragen, und dem Opfer wird lediglich ein nutzloser Code ausgegeben, der keinerlei Bedeutung besitzt.

Eine weitere Methode von Angreifern besteht darin, unbedarfte Nutzer als Beta-Tester für Spiele anzuwerben, die noch nicht auf dem Markt sind.[295] In der Abb. 31 ist eine solche Nachricht zu sehen, die in einem Onlineforum für PSN-Nutzer pub-

---

[293] http://gallery.live.com.
[294] http://www.zune-online.com.
[295] Für einen beispielhaften Fall siehe etwa: http://www.anotha.com/f162/ive-been-selected-to-beta-test-3-ps3-t63900/.

II. Prognosen: Zielplattformen 121

Congrats!!! You have been invited by a Sony Mod to Sony's Beta Center. Here you will be required to do one thing and you can choose three betas from our list of choices below.

Darksiders
Guitar Hero 5
DiRT 2
G-Force
Final Fantasy XIII
MAG
Tekken 6
God of War III
Mafia II
Need for Speed SHIFT
The BIGS 2

Abb. 31 Auszug einer Phishingnachricht in einem Onlineforum für PSN-Spieler

liziert wurde. Die genauen Anweisungen des Phishers sind in der Abb. 32 zu sehen. Das Opfer wird hier unter anderem aufgefordert, eine präparierte Website aufzurufen und sich dort mit dem PSN-Account einzuloggen. Nach Betätigung des Submit-Buttons werden die Accountdaten an den Phisher übertragen, der, wie im Falle der Xbox-Live-Accounts, versuchen wird, persönliche Informationen und Kreditkartendaten aus den gephishten Accounts auszulesen. Laut einer Pressemeldung von Sony[296] kann ein Angreifer aber mit dem PSN-Account nicht die eingetragenen Kreditkarteninformationen auslesen.

Im Frühjahr 2009 wurden die ersten Scam-Angriffe für die Wii entdeckt. Die Währung der Wii nannte sich ursprünglich Wii-Punkte, wurde aber nach der Einführung des Nintendo DSi und dem Download-Angebot auf Nintendo-Punkte umbenannt. Die Nintendo-Punkte können als Währung im Wii- und Nintendo DSi-Shop genutzt und beispielsweise durch Belastung einer Kreditkarte erstanden werden.

Requirements

1st. Sign up to the Website below. Use the llink below.
2nd. You need to have one offer confirm.
3rd. You need more than 1 cent, not including the $1 dollar bonus in your July earnings.
4th. You must do the offer for us to send you the a beta code.
Please read everything below!

Sign Up Here

Abb. 32 Auszug von Anweisungen eines PSN-Phishers in einem Onlineforum

---

[296] Quelle: http://uk.playstation.com/home/news/articles/detail/item98438/Notice-to-PLAYSTATION%C2%AENetwork-Users/.

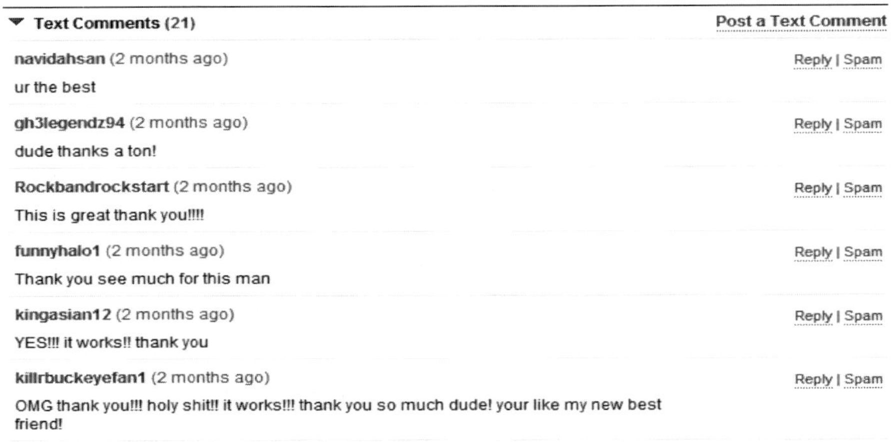

Text Comments (21)	Post a Text Comment
navidahsan (2 months ago) ur the best	Reply | Spam
gh3legendz94 (2 months ago) dude thanks a ton!	Reply | Spam
Rockbandrockstart (2 months ago) This is great thank you!!!!	Reply | Spam
funnyhalo1 (2 months ago) Thank you see much for this man	Reply | Spam
kingasian12 (2 months ago) YES!!! it works!! thank you	Reply | Spam
killrbuckeyefan1 (2 months ago) OMG thank you!!! holy shit!! it works!!! thank you so much dude! your like my new best friend!	Reply | Spam

Abb. 33 Positive Kommentare zu Schadsoftware auf YouTube

Der Angriff auf die Nintendo-Punkte war, wie auch bereits bei Xbox-Live und PSN, ein sogenanntes *Generatorprogramm*, welches vorgibt, entsprechende Punkte kostenlos zu erstellen. Ein wesentlicher Unterschied zu den Generatorprogrammen der anderen Plattformen existiert allerdings. Das Programm *Wii Points Generator* infiziert das Endsystem des Nutzers mit einer Backdoor namens *Bifrose*[297], welche Angreifern die Kontrolle über das System übergibt. Die Verbreitung der Malware wurde auch im großen Stil über die Plattform YouTube betrieben, die bis heute keine effiziente Lösung für das Problem der Publikation von Schadprogrammen über ihre Plattform gefunden hat. Denn für die Meldung krimineller Inhalte gibt es auf YouTube nach wie vor keine geeignete Möglichkeit. Des Weiteren wird durch geschicktes Kommentieren der entsprechenden Einträge versucht, potenzielle Opfer von der Seriosität des Angebotes zu überzeugen. In der Abb. 33 sind einige dieser positiven Kommentare zu sehen.

Das grundlegende Problem ist dem anderer Plattformen und Systeme ähnlich: Der Druck der Spielergemeinschaft bringt die Konsolenhersteller in immer größere Zwänge, neue Software und Hardware in kürzeren Abständen auf den Markt zu bringen. Problematisch ist hierbei, dass eine saubere und sichere Implementierung unter diesen Umständen nicht mehr möglich ist. Es entsteht also ein ähnliches Phänomen, wie wir es aus der Softwareentwicklung für Desktopanwendungen bereits kennen. Durch unsichere Implementierung ist es unter Umständen möglich, die laufende Software der Konsole mit Schadcode zu kompromittieren. Im August 2007 berichtete der Antivirenhersteller Symantec über mögliche Sicherheitslücken in den Konsolen Wii und PS3[298]. Demnach können Sonys PS3 und die Nintendo Wii durch

---

[297] http://www.sophos.com/security/analyses/viruses-and-spyware/malbifrosex.html?_log_from=rss.
[298] http://www.techradar.com/news/gaming/consoles/wii-and-ps3-vulnerable-to-hacks-and-phishing-161313.

Schadsoftware und Phishingangriffe kompromittiert werden. Für die PSP von Sony gibt es bereits als Unlocker getarnte Schadsoftware, die bei Ausführung auf der PSP diese irreparabel zerstört.

Aufgrund der Anbindung an das Internet und der Möglichkeit, Geschäfte durchzuführen, sind Spielekonsolen heute ebenfalls ein lohnendes Angriffsziel. Die Tatsache, dass die meisten der heutigen Spielekonsolen ständig ans Internet angebunden sind, macht sie zu einem interessanten Ziel für Angreifer aller Art. Das Gefahrenpotenzial, welches von solchen Spielekonsolen ausgeht, ist nicht zu unterschätzen. Konsolenhersteller sollten diese Tatsache in ihre zukünftigen Produktentwicklungsprozesse mit aufnehmen.

Die Konsole Wii beispielsweise ist standardmäßig mit einem voll funktionsfähigen Browser ausgestattet, allerdings ohne zusätzliche Schutzmaßnahmen wie Schutz vor potenziellen Phishingwebsites. Fraglich ist hierbei auch, inwiefern Wert auf eine sichere Implementierung des Browsers gelegt wurde. Laut Symantec gilt die Xbox 360 aus dem Hause Microsoft als sicherste der drei großen Konsolen.

2. Neue Computing-Paradigmen: Browsertechnologien

Prognose: Der Browser spielt als zentrales Werkzeug in fast allen neuen Computing-Paradigmen eine herausragende Rolle. Identitätsdaten werden im Browser gespeichert oder über den Browser eingegeben. Der Schutz dieser Daten muss in Zukunft verbessert werden.

Im Browser gibt es drei zentrale Sicherheitsparadigmen: Sandboxing, Informationsflusskontrolle (mittels der Same Origin Policy) und SSL/TLS.

Sandboxing
Durch verschiedene Sandboxing-Mechanismen für Java-Applets und geladenen JavaScript-Code soll verhindert werden, dass über aus dem Internet geladene Codefragmente persönliche, auf dem PC des Internetnutzers gespeicherte Daten gelesen werden können.

Dieses Paradigma verliert zunehmend an Bedeutung, weil die wichtigen persönlichen Daten zunehmend im Browser gespeichert werden:

- Passwörter werden im Passwortmanager des Browsers gespeichert.
- Clientzertifikate und die dazugehörigen privaten Schlüssel werden im PKCS#11-Modul des Browsers gespeichert.
- Authentifizierungsdaten wie HTTP-Cookies oder SAML-Assertions werden im Document Object Model des Browsers dauerhaft oder vorübergehend gespeichert und können dort über die unter II.5. beschriebenen browserinternen Angriffe ausgelesen werden.

Außerdem wird das Sandboxing durch die Installation zahlreicher Plug-ins ausgehöhlt, die lokale Zugriffsrechte besitzen: Wenn ein Angreifer Zugriff auf lokale Ressourcen des PCs benötigt, wird er den Nutzer einfach bitten, ein Plug-in zu installieren. Dies kann mithilfe von Social Engineering getarnt erfolgen, z. B. als angebliches Update für einen Flash Player.

Same Origin Policy

Die Same Origin Policy (SOP) ist von ihrem Ansatz her ein äußerst sinnvoller Versuch, eine Informationsflusskontrolle im Browser zu erzwingen. Die Idee ist hierbei, nur solche aktiven (JavaScript) und passiven Inhalte miteinander interagieren zu lassen, die von dem gleichen Webserver geladen wurden. Die SOP legt dabei folgende Parameter aus der URL zugrunde: das Protokoll (z. B. http oder ftp), den Domainnamen und die Portnummer (die entweder explizit angegeben sein kann oder sich aus dem Protokoll ergibt).

Die Abbildung 34 stellt an einem fiktiven Beispiel dar, wie die SOP funktioniert: Im Browser sind gleichzeitig eine Onlinebanking-Seite und die Seite des Angreifers geladen. Der Angreifer hat in seine Seite ein Skript eingebettet, das versucht, die Kontonummer für die aktuelle Transaktion zu verändern. Dies wird von der SOP unterbunden, weil zwar Protokoll (https) und Portnummer (443) gleich sind, die Domainnamen sich aber unterscheiden.

Dieses Konzept wurde aber sukzessive aufgeweicht [Zalewski09] und wird im Moment in der Forschung neu definiert [Gazelle]:

- Um eine Lastverteilung zwischen mehreren Servern zu erlauben, wurde die SOP auf dem Konzept einer Domain aus dem DNS aufgebaut. Inhalte von Servern, die zur gleichen Domain gehören (ftp.example.org, images.example.org und www.example.org gehören demnach alle zur Domain example.org). Die Definition der Domain kann unter gewissen Randbedingungen von einem der Server vorgenommen werden [Zalewski09].
- Für verschiedene im DOM des Browsers gespeicherte Objekte wurden unterschiedliche SOPs entwickelt. So wurde z. B. die Cross-Domain-Übertragung von HTTP-Cookies, die ursprünglich erlaubt war, verboten. Die Cross-Domain-

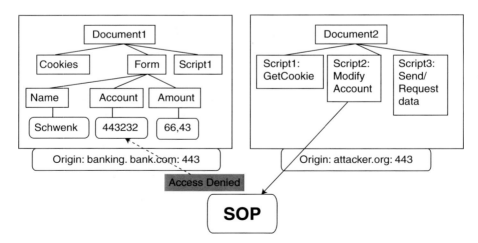

Abb. 34 Funktionsweise der Same Origin Policy

Übertragung von Daten, die in einem HTML-Formular gespeichert sind, ist aber weiterhin erlaubt.
- Durch die Einführung von mehreren, gleichzeitig geöffneten Browserfenstern und später von Tabs wurden die Inhalte verschiedener Webanwendungen im gleichen Prozess auf dem PC, und damit im gleichen Adressraum, ausgeführt. Die Informationsflusskontrolle ging somit auf der Ebene des Prozesses verloren. Seit der Veröffentlichung von Google Chrome ist die strikte Trennung von Tabs in verschiedene, durch eine Sandbox gesicherte Prozesse ein Forschungsthema.
- Neue Entwicklungen im Bereich Web 2.0 machen eine strikte Anwendung der SOP unmöglich. So werden z. B. Mashups zunehmend beliebter. Hierbei handelt es sich um Websites, die Inhalte von verschiedenen Websites kombinieren (z. B. die Einbettung von Google Maps in die Webanwendung eines Immobilienmaklers).

SSL/TLS
Das Transport Layer Security-Protokoll (der Name „Secure Socket Layer" stammt von der Firma Netscape und wurde mit der Standardisierung durch die IETF mit Version 3.1 aufgegeben) kann dazu eingesetzt werden, die über eine TCP-Verbindung übertragenen Bytes zu verschlüsseln und ihre Integrität zu sichern.

Der große Erfolg von TLS beruht vor allem darauf, dass in fast allen bisherigen Einsatzszenarien der normale Internetnutzer nichts tun musste, damit TLS funktionierte. Lediglich der Systemadministrator des Webdienstes musste hier tätig werden.

Die Intelligenz des TLS-Protokolls steckt im TLS-Handshake, der in der Abb. 35 dargestellt ist. Ein einfacher Drei-Wege-Schlüsselaustausch, meist auf Basis des RSA-Algorithmus (in der Abbildung dargestellt durch die Briefkästen), wird umrahmt von Protokollnachrichten, die ein automatisches Aushandeln der kryptogra-

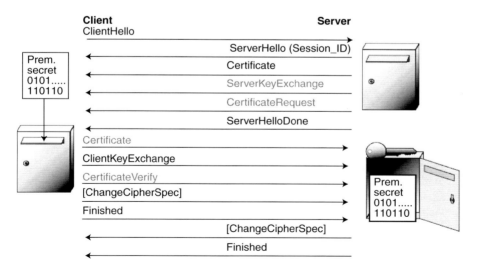

Abb. 35 Das SSL/TLS Handshake-Protokoll

fischen Algorithmen ermöglichen und das Handshake-Protokoll gegen alle bekannten Angriffe absichern.

In seiner am häufigsten eingesetzten Form bleibt der Browser für den Server vollständig anonym. In diesem Fall werden die grau dargestellten Nachrichten nicht benötigt. Die Sicherheit dieser Einsatzform beruht auf der Struktur und Leistungsfähigkeit der im Browser verankerten PKIs und der Fähigkeit des Nutzers, eine kryptografische Fehlermeldung korrekt zu interpretieren. Beide Voraussetzungen sind, wie auf S. 87 ff. dargestellt, nach den Erfahrungen aus den seit 2004 stattfindenden Phishingangriffen nicht zu halten.

3. Neue Computing-Paradigmen: Servertechnologien

Prognose: Mächtige Clientanwendungen wie Textverarbeitung oder Tabellenkalkulation werden in naher Zukunft abgelöst von entsprechenden Serveranwendungen. Diese Serveranwendungen sind jeweils Einzellösungen und werden voraussichtlich viele individuelle Schwachstellen aufweisen. Die Verantwortung für die Absicherung der Anwendung wird sich von großen, mächtigen Softwarekonzernen (z. B. Microsoft) hin zu kleinen Firmen verlagern. Da diese die Sicherheit ihrer Applikationen kommerziell nicht mehr gewährleisten können, müssen standardisierte Lösungen gefunden werden.

Multi-Tier-Architekturen
Moderne Serveranwendungen laufen nicht innerhalb nur eines Rechners ab, sondern sind physikalisch und logisch untergliedert. Diese Unterteilung umfasst typischerweise folgende Komponenten:

- Load Balancer: Ein Rechner nimmt HTTP-Anfragen zentral entgegen und verteilt diese nach einem möglichst optimalen Algorithmus auf die einzelnen Server der Serverfarm. Ein SSL-Tunnel muss in der Regel hier terminieren, damit Verteilungsstrategien angewandt werden können, die mehr als nur die IP-Adresse des Anfragenden berücksichtigen.
- Web Frontend: Dieser Rechner hat die Aufgabe, HTTP-Anfragen möglichst effizient (d. h. mit Rückgriff auf Inhalte im Cache) zu beantworten und unter Berücksichtigung der Antwort der Applikationslogik die Antwort-HTML-Seite und den HTTP-Header der Antwort zusammenzustellen.
- Applikationslogik: Hier werden Berechtigungen überprüft, Datenbankanfragen generiert und Berechnungen durchgeführt. Dieser Teil der Serveranwendung wird meist individuell entwickelt, hier können gravierende Sicherheitslücken bestehen.
- Datenbankanwendung: Alle persistenten Daten werden in einer Datenbank gehalten, die zentral aktualisiert werden kann. Die Applikationslogik muss hier geeignete SQL-Anfragen erzeugen und ggf. die Autorisierung dieser Anfragen nachweisen.

Eine feinere Aufteilung der Aufgaben ist möglich. Aber bereits diese Standardarchitektur offenbart Probleme beim Einsatz moderner Technologien des Identitätsschutzes:

- Passwörter sind sehr gut geeignet, um eine Authentifizierung in einer Multi-Tier-Architektur abzubilden: Die gültigen Nutzername-/Passwortpaare werden einfach in einer Datenbank oder in einem LDAP-Directory zusammen mit den jeweiligen Berechtigungen abgelegt, und bei jeder Anfrage können Web Frontend, Applikationslogik und Datenbankanwendung leicht das der jeweiligen Anfrage mitgegebene Nutzername-/Passwortpaar an dieses LDAP-Directory senden und erhalten die passenden Berechtigungen zurück.
- Die Probleme der Integration anderer Authentifizierungsmethoden sind dagegen in der Praxis noch nicht gelöst. So endet z. B. die starke Authentifizierung über ein SSL-Clientzertifikat in der oben skizzierten Architektur bereits am Load Balancer. Es reicht nun nicht mehr, die Anfrage einfach nur weiterzuleiten, sondern der Load Balancer müsste aus dem Clientzertifikat einen Wert generieren, der als Schlüssel für die in der LDAP-Directory gespeicherten Berechtigungen dient, und diesen Wert zusammen mit der HTTP-Anfrage weiterreichen. Ähnliche Probleme ergeben sich bei der Integration chipkartenbasierter Authentifizierungsmethoden.

REST-basierte Dienste

Die Abkürzung REST steht für Representational State Transfer[299]. Sie beschreibt eine Alternative zu SOAP und XML-RPC als Basis für Webservices.

REST-basierte Webanwendungen sind schon seit einigen Jahren erfolgreich im Einsatz. Sie basieren auf HTTP als Kommunikationsprotokoll, mit den beiden einfachen Methoden GET und POST. Auf Clientseite werden HTML und JavaScript eingesetzt, auf Serverseite Skriptsprachen (PHP), Java oder andere objektorientierte Entwicklungsumgebungen (.NET).

REST-Anwendungen sind im Massenmarkt sehr erfolgreich, da ihre Entwicklungsparadigmen gut zu verstehen und die erforderlichen Softwarekomponenten oft frei verfügbar sind und gut skalieren.

Das größte Problem bei diesem Paradigma besteht in der unstrukturierten Art der Datenübertragung vom Client zum Server: Sowohl GET als auch POST erlauben nur eine einfache, schwach strukturierte Übertragung von Daten in der Form „Name=Wert", wobei „Name" und „Wert" jeweils nur Strings sein dürfen. Prinzipiell sind damit alle Arten von Daten übertragbar, aber durch die erforderliche Codierung wird die Suche nach bösartigen Stringbestandteilen, die Angriffe wie XSS oder SQL-Injection auslösen können, erschwert.

Die Beschränkung auf HTTP-GET und -POST gilt nur für die Verbindung Client–Web-Frontend. Danach müssen die Daten in der Regel umcodiert werden, bevor sie weiterverarbeitet werden können. (Einfaches Beispiel: In PHP wird jedes

---
[299] http://en.wikipedia.org/wiki/Representational_State_Transfer.

Paar „Name=Wert" in eine Variable mit dem Namen „$Name" und dem Inhalt „Wert" umgewandelt.)

SOAP-basierte Dienste
Durch die Einführung von XMLHttpRequest in den modernen Browsers und von SOAP zur Kommunikation zwischen den Servern wurde die Möglichkeit geschaffen, Daten durchgehend stark strukturiert und typisiert zu übertragen. Die Verwendung von XML ermöglicht hier eine komplexe Strukturierung, eine starke Validierung mittels XML Schema und komplexe Kommunikationsmuster zwischen den Servern dank SOAP.

Eine räumliche Trennung der einzelnen Tiers auf der Serverseite und eine noch stärkere Modularisierung der Serveranwendung kann erstmals praktisch im großen Maßstab umgesetzt werden. Frühere Initiativen in diese Richtung waren entweder plattformgebunden (.NET), an eine Programmiersprache gekoppelt (JAVA RMI) oder schlecht unterstützt (CORBA).

Die sich hieraus ergebenden Sicherheitsprobleme werden im Abschnitt zu serviceorientierten Architekturen noch näher erläutert.

4. Neue Computing-Paradigmen: Kommunikationstechnologien

Prognose: Der Großteil der neuen Kommunikationstechnologien wird XML-basiert sein und auf einer HTTP/TCP/IP-Infrastruktur laufen. Die XML-Standards sind von so beispielloser Komplexität, dass diese selbst von Experten nicht mehr überblickt werden können. Daher gibt es hier zahlreiche Ansatzpunkte für Identitätsmissbrauch.

HTTP
In der Netzwerktechnik ist ein deutlicher Trend zu beobachten, immer neue Protokollschichten auf den bereits existierenden Protokollen aufzusetzen. Gab es vor einigen Jahren noch Netzwerkdienste, die nicht auf TCP/IP basierten, verschob sich der Fokus zunächst auf die Entwicklung immer neuer Protokolle, die TCP/IP oder UDP/IP als Grundlage mit unterschiedlichen Ports benutzten. Mit dem Siegeszug des WWW und der zunehmenden Abschottung vieler Ports durch (Personal) Firewalls (als Ergebnis zunehmender Angriffe auf diese Netzwerkdienste) wurden ähnliche Dienste auf Basis von HTTP entwickelt.

Neben der universellen Verfügbarkeit (Port 80 für HTTP ist in allen Firewalls offen) war die Einfachheit und Natürlichkeit des Kommunikationsparadigmas von HTTP der Grund für diesen Erfolg: Das Muster Frage – Antwort entspricht sehr dem menschlichen Kommunikationsverhalten und kann fast alle Standardsituationen der Datenübertragung abbilden.

HTTP ist zustandslos und daher performant und kann über neue HTTP-Headerzeilen sehr einfach erweitert werden.

Die große Gefahr bei HTTP besteht darin, dass dieses Kommunikationsmodell allzu unkritisch als das einzig mögliche angesehen wird. Als Beispiel seien hier

Cross-Site-Request-Forgery-Angriffe (CSRF) genannt, die in [Felten97] auch für den Identitätsmissbrauch genutzt wurden:

- Da HTTP zustandslos ist, speichern viele Webanwendungen eine erfolgreiche Authentifizierung persistent im Browser, z. B. in Form eines HTTP-Cookies. Bei jeder HTTP-Anfrage wird dieses Cookie mitgeschickt, um eine erneute manuelle Authentifizierung zu vermeiden.
- Dies erscheint zunächst sinnvoll, solange man annimmt, dass jede HTTP-Anfrage auf eine Aktion des authentifizierten Nutzers zurückgeht. Dies ist aber nicht der Fall. HTTP-Anfragen können auch automatisch generiert werden, und dies entzieht sich häufig der Kontrolle des Nutzers:
    - Beim Laden eines innerhalb eines <img>-Tags spezifizierten Bildes wird eine HTTP-GET-Anfrage an den Server generiert, der im „src"-Attribut spezifiziert ist. Diese HTTP-Anfrage darf beliebige „Name=Wert"-Paare im Query-String beinhalten. Der Webserver kann diese Anfrage nicht von einer über ein HTML-Formular generierten Anfrage unterscheiden.
    - HTML-Formulare dürfen beim Laden vom Server des Angreifers bereits ausgefüllt sein. Sie können als „hidden" deklariert werden, sodass sie nicht angezeigt werden. Eine GET- oder POST-Anfrage an den im Formular spezifizierten Server kann durch ein beliebiges JavaScript-Event ausgelöst werden, z. B. durch „onload" direkt nach Laden der Seite. Dieser seltsam anmutende Mechanismus wurde eingeführt, da für viele HTTP-basierte Webanwendungen eine Cross-Domain-Kommunikation erforderlich ist, diese aber aus „Sicherheitsgründen" für besser zu kontrollierende Mechanismen wie HTTP-Cookies verboten wurde.
- Da in beiden Fällen ein ggf. vorhandenes Authentifizierungscookie automatisch mit gesendet wird, kann ein Angreifer so unter der Identität des Opfers, das nichts anderes getan hat, als eine fremde Website zu betrachten, agieren. In [Felten97] gelang es sogar, mit dieser speziellen Form des Identitätsmissbrauchs ein Bankkonto einer amerikanischen Bank leer zu räumen.

XML
Als erste Einführung in XML hat das World Wide Web Consortium[300] eine Liste mit zehn Punkten erstellt:[301]

- XML steht für strukturierte Daten.
- XML sieht ein wenig wie HTML aus.
- XML ist Text, aber nicht zum Lesen.
- XML ist vom Design her ausführlich.
- XML ist eine Familie von Techniken.
- XML ist neu, aber nicht so neu.
- XML überführt HTML in XHTML.
- XML ist modular.

---

[300] http://www.w3.org.
[301] http://www.w3c.de/Misc/XML-in-10-points.html.

Tab. 1 Ein einfaches XML-Dokument

```
<?xml version="1.0"?>
<conversation linefeed="yes">
Hier ist eine typische englische Konversation wiedergegeben:
<greeting style="italic">Hello, world!</greeting>
  <response style="bold">
      Stop the planet, I want to get off!
  </response>
</conversation>
```

- XML ist die Basis für RDF und das Semantic Web.
- XML ist lizenzfrei, plattformunabhängig und gut unterstützt.

Das kleine Beispiel aus Tab. 1 soll die Struktur von XML-Dokumenten veranschaulichen. XML wurde einerseits als Markup-Sprache für Textdokumente (wobei dieses Einsatzgebiet allerdings heute nur noch am Rande eine Rolle spielt) und als textbasierte, plattformunabhängige Spezifikationssprache für Datenformate (ASN.1 ist plattformunabhängig, aber nicht textbasiert) entwickelt. Besonderer Wert wurde auf eine konsequente Internationalisierung gelegt. D. h., „textbasiert" bedeutet nicht „ASCII-basiert", sondern als Defaultwert wurde der Zeichensatz UTF-8 verwendet, der alle international gebräuchlichen Schriftzeichen enthält.

Die erste Zeile aus Tab. 1 gehört nicht zum XML-Dokument selbst und taucht daher in der Abb. 36 nicht auf. Es handelt sich hierbei um eine Anweisung an den XML-Prozessor, und dies wird durch das „?" hinter der sich öffnenden spitzen Klammer angezeigt. Das Dokument selbst ist valide, d. h., öffnende und schließende Tags sind korrekt verschachtelt, und daher kann das Dokument in der Abb. 36 in Form eines Baumes wiedergegeben werden.

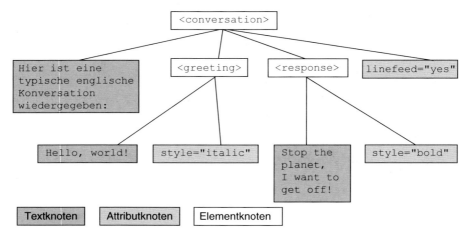

Abb. 36 Darstellung des XML-Dokuments aus Tab. 1 als DOM-Baum

II. Prognosen: Zielplattformen 131

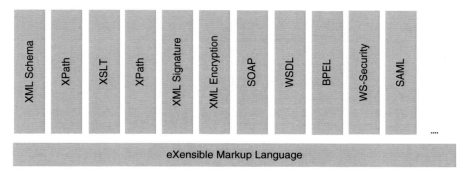

Abb. 37 Kleiner Ausschnitt der XML-Welt

Der Baum aus der Abb. 36 enthält mehrere Typen von Knoten. Nur die Elementknoten dürfen Nachfolger haben, sie sind somit das wichtigste Werkzeug zur Definition komplexer Datenstrukturen. Textknoten enthalten Werte, die in der Regel elementaren Datentypen wie Strings oder Zahlen entsprechen. Attributknoten bestehen wie bei HTML-Attributen aus einem „Name=Wert"-Paar.

Auf der Basis von XML wurde eine ganze Reihe von weiteren Standards definiert, die in XML eine wichtige Rolle spielen. Hier sollen nur kurz diejenigen Standards genannt werden, die schon zu Sicherheitslücken geführt haben:

- [XSLT] ist eine Turing-vollständige Sprache zur Transformation von XML-Dokumenten in eine andere Form (XML, HTML, …). In [Hill07] wurde gezeigt, wie man hier XSLT-Malware sogar in eine digitale Signatur einschleusen kann.
- Mit [XML Schema] soll eigentlich die Struktur von XML-Dokumenten überprüft werden. Da aber geschachtelte Typdefinitionen erlaubt sind, kann man hier sehr leicht DoS-Angriffe mit relativ kleinen Schemadateien ausführen.
- Mit der Web Service Description Language [WSDL 2.0] können die Schnittstellen, die Webservices nach außen hin anbieten, sehr genau beschrieben werden. Sie sind eine wichtige Basis für die Anwendbarkeit des SOAP-Paradigmas.
- Nach dem XML Signature-Standard [XML Signature] darf eine Datei beliebigen Transformationen unterworfen werden, bevor der Hash-Wert des Ergebnisses dieser Transformationen in die digitale Signatur einfließt. Es sind so relativ einfach Signaturen konstruierbar, die für jedes Dokument gültig sind, weil jedes Dokument vor der Hash-Wert-Bildung in einen konstanten Wert transformiert wird. Allerdings wurden schon 2005 von Michael McIntosh und Paula Austel (IBM TJ Watson NY) Möglichkeiten beschrieben, wie ein Angreifer signierte Daten im Netzwerk abfangen, manipulieren und den Empfänger schließlich dazu bringen kann, trotz Signaturprüfung gefälschte Daten zu verarbeiten [MA05]. *Diese gravierende Schwachstelle ist bis heute nicht behoben!*
- XML Signature erlaubt es, nur Teile eines XML-Dokuments zu signieren. Nahezu alle Implementierungen dieses Standards verwenden zur Referenzierung des signierten Teils ID-Attribute. Dies ermöglicht die in [MA05] beschriebenen Wrapping-Angriffe.

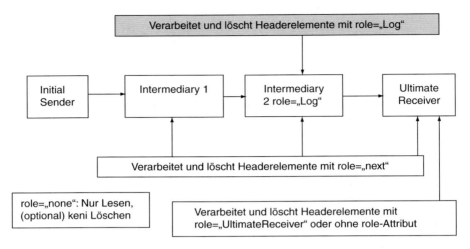

Abb. 38 Das „role"-Attribut zur Steuerung der SOAP-Kommunikation über mehrere beteiligte Instanzen

- Als weiterer wichtiger Standard ist XML Encryption [XML Encryption] zu erwähnen, der im Gegensatz zur Signatur eine einfachere Struktur besitzt und für den bislang keine gravierenden Sicherheitsprobleme bekannt geworden sind.

SOAP

SOAP [SOAP 1.2] ist das wichtigste Kommunikationsprotokoll in XML. Bewährte Paradigmen aus HTTP, E-Mail und anderen Protokollen werden übernommen, kombiniert und um weitere Features ergänzt.

- Die Struktur einer SOAP-Nachricht entspricht der bewährten Aufteilung in Header und Body (vgl. HTTP, E-Mail). Der Header enthält Metadaten, der Body die eigentlichen Nutzdaten.
- Im Gegensatz zu HTTP – und in Analogie zur E-Mail – ist SOAP prinzipiell in der Lage, eine Kommunikation zwischen mehr als zwei Parteien zu modellieren. Zwischen Sender und Empfänger können mehrere „Intermediaries" agieren, die die SOAP-Nachricht in einem bestimmten Rahmen ändern dürfen (vgl. die Abb. 38).
- SOAP ist, analog zu HTTP, leicht erweiterbar: Der Header kann neue Funktionalitäten aufnehmen. Eine dieser Erweiterungen ist WS-Security; hierbei werden Felder für XML Signature, die Metainformationen zu XML Encryption und Security-Tokens in einem <Security>-Element im SOAP-Header aufgenommen.
- Da SOAP meist über HTTP gesendet wird und bei HTTP die Rollen von Client und Server fest und unveränderlich sind, wurde ein PAOS-Binding [PAOS] (PAOS = Reverse SOAP) eingeführt. Hierbei wird eine SOAP-Anfrage mit einer HTTP-Antwort und eine SOAP-Antwort mit einer HTTP-Anfrage geschickt.

WS-Security-Roadmap

Es ist IBM und Microsoft hoch anzurechnen, dass diese beiden Firmen schon sehr früh den riesigen Sicherheitsbedarf der neuen Ideen erkannt und eine Roadmap [Roadmap] zur Absicherung von Webservices vorgelegt haben. In dieser Roadmap werden alle wichtigen Sicherheitsaspekte angesprochen.

II. Prognosen: Zielplattformen   133

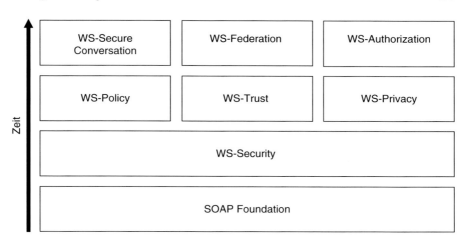

Abb. 39 Die IBM/Microsoft-Roadmap zur Absicherung von Webservices

Die grundsätzliche Struktur der Absicherung von SOAP-Nachrichten wird in [WS-Security] beschrieben. Bei diesem Standard geht es im Wesentlichen darum, die vielfältigen Möglichkeiten, Sicherheitselemente in einer SOAP-Nachricht unterzubringen, auf ein vernünftiges Maß zu reduzieren. Dazu wurde ein neues SOAP-Headerelement <Security> definiert, in dem alle Metainformationen zur Sicherheit der SOAP-Nachricht untergebracht sind. Existierende XML-Standards werden verwendet und nur leicht erweitert. Tabelle 2 gibt einen Überblick über die Struktur des <Security>-Headers und seine Position in der SOAP-Nachricht. Eine wesentliche

Tab. 2 Schematische Darstellung des <Security>-Headers aus WS-Security

```
<?xml version="1.0" encoding="utf-8"?>
<env:Envelope xmlns:env="...">
 <env:Header>
    <wsse:Security xmlns:wsse="..." xmlns:xenc="..." >
      <!-- Security Token -->
        <xxx:CustomToken wsu:Id="MyID" xmlns:xxx="...">
          FHUIORv...
        </xxx:CustomToken>
      <!-- XML Signature -->
        <ds:Signature>
          ...
        </ds:Signature>
      <!-- XML Encryption -->
        <xenc:EncryptedKey>
          ...
        </xenc:EncryptedKey>
    </wsse:Security>
 </env:Header>
 <env:Body wsu:Id="MsgBody"> ...</env:Body>
</env:Envelope>
```

Kritik an diesem Standard ist, dass er neben vielen sinnvollen Festlegungen auch eine sicherheitstechnisch verheerende Empfehlung enthält: Es wird empfohlen, zur Referenzierung der signierten Nachrichtenteile ID-Attribute einzusetzen. In XML Signature ist diese nur erlaubt, nicht empfohlen. Die war auch der Auslöser für die Publikation von [MA05].

[WS-Policy] löst das Problem der automatischen Aushandlung von (Security-)Policies relativ elegant: Policies werden als einfache boolesche Formeln beschrieben, in denen atomare Security-Bausteine nur durch AND, OR und Klammerung gegliedert sein dürfen. Dadurch ist es möglich, zwei Policies einfach zu vergleichen, indem sie in die disjunktive Normalform transformiert werden und dann die geklammerten Ausdrücke in beiden Normalformen auf identische Ausdrücke hin durchsucht werden. Wird ein solcher identischer Ausdruck gefunden, so gelten die in ihm enthaltenen Regeln als ausgehandelt. Eine große Sammlung von Bausteinen für Security Policies ist im Standard [WS-SecurityPolicy] enthalten.

[WS-Trust] beschreibt den Mechanismus des Trust Brokers, mit dessen Hilfe es z. B. Mitarbeitern der Firma A, in welcher Nutzername/Passwort als Authentifizierungsmechanismus zum Einsatz kommt, ermöglicht wird, sich mithilfe eines vom Trust Broker ausgestellten, temporären X.509-Zertifikats in Firma B für die Dauer eines Projekts zu authentifizieren. Dieses Konzept wird in [WS-Federation] auf lose föderierte Verbünde von Firmen erweitert.

[WS-SecureConversation] erweitert das WS-Security-Framework um sitzungsbasierte Sicherheit: Ein vorab ausgehandelter symmetrischer Schlüssel kann mittels dieses Standards in SOAP-Nachrichten referenziert und modifiziert werden.

Die beiden restlichen Standards der Roadmap fristen ein Schattendasein, dafür gewinnen folgende XML-basierte Standards zunehmend an Bedeutung:

- [XrML] wurde durch die Firma ContentGuard vor allen Dingen in die MPEG-21-Standardisierung eingebracht, um Rechte an digitalem Content zu beschreiben. Es findet sich im Standard ISO/IEC 21000-5 wieder.
- [XACML] hat im Bereich der Zugriffskontrolle an Bedeutung gewonnen. Man kann in dieser Sprache alle gängigen Access Control Policies abbilden, auch die gängigen Discretionary access control (DAC) und Role-based access control (RBAC).
- SAML: Siehe unten.

Als wichtigster Kritikpunkt ist an dieser Stelle die Tatsache zu nennen, dass die Implementierungen nicht mit der Standardisierung Schritt halten können. Dies hat zur Folge, dass insbesondere die Sicherheitsstandards nicht voll eingesetzt werden können.

Security Assertion Markup Language
Die Security Assertion Markup Language[302] [SAML] hat sich als *der* Standard herauskristallisiert, um Aussagen über Identitäten zu machen. Ihr soll daher hier ein

---

[302] http://www.oasis-open.org/committees/tc_home.php?wg_abbrev=security.

II. Prognosen: Zielplattformen   135

```
<saml:Assertion @Version @ID @IssueInstant>
    <saml:Issuer>                            Ich sage Ihnen
    <ds:Signature>                           (ja,ich bin es wirklich)
    <saml:Subject>                           etwas über diese Person/dieses Ding.
    <saml:Conditions>                        Bitte beachten Sie diese Informationen,
                                             wenn Sie diese Daten verwenden.
                                             Übrigens, wussten Sie schon, dass...
    <saml:Advice>
                                             Also hier ist das,
    <saml:Statement>
                                             was Sie über diese
    <saml:AuthnStatement>
                                             Person/dieses Ding
    <saml:AuthzDecisionStatement>
                                             wissen sollten.
    <saml:AttributeStatement>
</saml:Assertion>
```

Abb. 40 Beispielhafter Aufbau einer SAML-Assertion („@" bezeichnet ein Attribut)

eigener Abschnitt gewidmet werden. Eva Maler hat in [Maler06] versucht, SAML in 15 Wörtern zusammenzufassen:

> XML-based framework for marshaling security and identity information and exchanging it across domain boundaries.

Man kann SAML grob als äußerst flexible Erweiterung von X.509-Zertifikaten ansehen. Bekannte Felder aus X.509 wie „Issuer", „Subject", „NotBefore", „NotAfter", „Signature" und auch Analoga zu Zertifikatserweiterungen findet man wieder (vgl. die Abb. 40). Darüber hinaus kann eine SAML Assertion aber auch weitere Funktionen übernehmen, z. B. die Rolle von Attributzertifikaten bei der Festlegung der Berechtigungen eines Subjekts oder eine maschinenlesbare Beschreibung der Sicherheits-Policy in <AuthnStatement>, nach der diese Assertion ausgestellt wurde.

Der Erfolg von SAML ist aber nicht allein aus der sorgfältigen Modellierung von Aussagen über Identitäten zu erklären. Darüber hinaus hat es sich die SAML-Arbeitsgruppe zum Ziel gemacht, praktisch anwendbare Use Cases für die wichtigsten Einsatzgebiete von SAML zu spezifizieren. Dies erleichtert die Akzeptanz in der Industrie enorm. Wir werden daher auf SAML noch einmal in Abschn. II.7. zu sprechen kommen.

5. *Neue Computing-Paradigmen: Web 2.0 und SaaS*

Prognose: Durch neue Paradigmen in der Informatik werden persönliche und geschäftliche Daten zunehmend zentral gespeichert. Der Browser wird als universelle Clientsoftware zur Schnittstelle zwischen Nutzer und Daten, und seine Sicherheits-

features werden eine immer wichtigere Rolle spielen. Identitätsdaten werden im Browser gespeichert und sind nur durch dessen Sicherheitsmechanismen geschützt.

Webmail, Moodle & Co.
Der Erfolg von Webmail-Anbietern im Privatkundenbereich hat schon früh gezeigt, dass ein serverzentriertes Computing-Paradigma durch seine einfache Bedien- und Wartbarkeit besticht. Mittlerweile ist bei vielen Nutzern in Vergessenheit geraten, dass E-Mail eigentlich ein Push-Dienst ist, der auch offline genutzt werden kann: E-Mail wird heute weitgehend online genutzt, und auch viele professionelle E-Mail-Nutzer sind ohne eine schnelle UMTS-Verbindung auf Reisen nicht in der Lage, mit E-Mails zu arbeiten.

Ein weiteres, noch offensichtlicheres Beispiel sind Kalenderdienste wie Moodle oder Google Calendar. Jedem Nutzer, der Termine auf Server, Laptop und iPhone synchronisieren möchte, weiß, wie schwierig sich dies in der Praxis gestalten kann. Packt man den Kalenderdienst aber auf einen Server, auf dem alle Teilnehmer ihre Einträge machen können, verschwinden alle Probleme.

Der Erfolg von Webmail hat, von der Öffentlichkeit unbemerkt, schon Auswirkungen auf die Sicherheit gehabt: Da verschlüsselte E-Mails (OpenPGP oder S/MIME) über Webmail-Interfaces nicht abgerufen werden können, haben diese Standards in der breiten Öffentlichkeit nicht die benötigte Akzeptanz finden können. Bei Kalenderdiensten ist nicht einmal ansatzweise klar, wie diese kryptologisch gesichert werden könnten.

Web 2.0
Unter dem Schlagwort Web 2.0 werden Dienste zusammengefasst, die diesen Trend fortsetzen. In typischen Web 2.0-Anwendungen wie Facebook, Flickr, YouTube, Xing, SchülerVZ, Blogger etc. werden dem Anbieter auch sehr persönliche Daten überlassen. Web 2.0-Dienste können in der Regel mit wenig Investitionen ins Leben gerufen werden, weil nur noch eine Serveranwendung geschrieben werden muss und der Browser als universeller Client kostenlos verfügbar ist.

Konzepte zur Absicherung dieser Daten, unter denen sich bei Web 2.0-Anwendungen viele Identitätsdaten befinden, existieren nicht. Lediglich SSL wird vereinzelt zur Absicherung des Kommunikationskanals während der Übertragung herangezogen. So kam es wiederholt zu Datendiebstahl[303] oder zur Manipulation dieser Daten.[304] Moderne Computerwürmer nutzen die gespeicherten Identitätsdaten, um sich zu verbreiten.[305]

Die komplexe Interaktion zwischen dem Browser und den einzelnen Serverkomponenten kann durch eine Reihe spezialisierter Angriffe ausgenutzt werden:

- iFrame Injection[306]: Bei diesem Angriff wird ein fremder Inhalt in eine Website eingeschleust. Dies kann nicht persistent (z. B. durch Übergabe des HTML-

---

[303] http://www.tagesschau.de/inland/datenmissbrauch120.html.
[304] http://en.wikipedia.org/wiki/Samy_(XSS).
[305] http://www.kaspersky.com/news?id=207575670.
[306] http://eisabainyo.net/weblog/2009/04/06/iframe-injection-attack/.

Quelltextes als Suchparameter, der dann zusammen mit der Fehlermeldung vom Server an den Browser zurückgesandt und dort nicht als String, sondern als interpretiertes HTML dargestellt wird) oder persistent (indem der Angreifer sich Zugang zum Webserver verschafft und ein unsichtbares iFrame dort speichert) erfolgen. In einem auf solche Art injizierten iFrame sind oft Hyperlinks eingebunden, die Schadcode auf den Browser von der Seite des Angreifers nachladen.

- Cross-Site-Scripting (XSS)[307]: Analog zu iFrame Injection wird ein JavaScript-Programm unberechtigt in eine fremde Website, die im Browser ausgeführt wird, eingeschleust. Dadurch erlangt das Programm die Berechtigung, auf alle im Browser vom fremden Webserver geladenen Inhalte lesend und schreibend zuzugreifen. Dies kann unter anderem dazu benutzt werden, Identitätsdaten zu stehlen.
- SQL Injection[308] ist ein Angriff auf Serverseite: Hier wird ausgenutzt, dass fast jede Webanwendung eine SQL-Datenbank einbindet. Durch geeignete Formatierung einer Eingabe in ein HTML-Formularfeld kann der Angreifer bei dieser Form des Angriffs sicherstellen, dass seine Eingabe von den Frontend-Servern als SQL-Befehl an die Datenbank weitergeleitet wird und dort den gewünschten Effekt erzielt.
- Cross-Site-Request-Forgery[309]: Bei dieser Angriffsart wird ausgenutzt, dass die Authentifizierung eines Nutzers gegenüber einer Webanwendung oft sitzungsbasiert ist. Außerdem kann die Webanwendung oft nicht unterscheiden, ob eine HTTP-Anfrage unter Mithilfe des Nutzers erzeugt wurde oder ob sie automatisch generiert oder vorberechnet ist. Im einfachsten Fall muss der Angreifer auf seiner eigenen Website nur einen Imagelink einbetten, der als src-Parameter einen Query-String für eine Webanwendung enthält, für die sich das Opfer bereits authentifiziert hat. Der Server der Webanwendung sieht nur die HTTP-Anfrage und beantwortet diese, da die sitzungsbasierten Identitätsdaten vom Browser mitgeschickt wurden. Durch den Einsatz von JavaScript kann man diese Art von Angriffen ausweiten, bis hin zu vollautomatischen Angriffen auf Onlinebanking.[310]

Software-as-a-Service (SaaS)
Die unter dem Kürzel SaaS angebotenen Dienste beziehen klassische Desktopanwendungen in das serverzentrierte Computing-Paradigma mit ein. Dies wurde insbesondere durch die in neuen Webbrowsern eingeführte AJAX-Technologie möglich, die eine asynchrone Kommunikation zwischen Browser und Webserver ermöglicht. AJAX steht für „Asynchromous JavaScript And XML" und basiert auf dem verstärkten Einsatz von umfangreichen JavaScript-Bibliotheken und der Kapselung von automatischen HTTP-Anfragen im XMLHttpRequest-Objekt [XMLHttpRequest].

---

[307] http://www.owasp.org/index.php/Cross-site_Scripting_(XSS).
[308] http://en.wikipedia.org/wiki/SQL_injection.
[309] http://www.owasp.org/index.php/Cross-Site_Request_Forgery_(CSRF).
[310] http://www.freedom-to-tinker.com/tags/csrf-attack.

Durch diese neuen Techniken wurde es möglich, die für eine Clientserver-Anwendung im Web 1.0 typischen Wartezeiten zwischen Absenden der Anfrage und Antwort des Servers für den Nutzer unsichtbar zu machen: AJAX fragt im Hintergrund bereits Daten ab, die der Nutzer noch nicht zu sehen bekommt. Dies kann am Beispiel von Google Maps illustriert werden: Ist hier eine hinreichend große Bandbreite vorhanden, kann die JavaScript-Bibliothek, die beim Aufruf der Website von Google Maps geladen wurde, die noch nicht sichtbaren Randbereiche sowie die nächsthöhere Auflösung der sichtbaren Bereiche der Karte im Voraus laden. Auf Anforderung des Nutzers hin werden diese lokal zwischengespeicherten Daten dann sofort angezeigt.

Die Sicherheitsdiskussion zu SaaS steckt ganz in den Anfängen: In einem offenen Brief an den CEO von Google haben 37 amerikanische Sicherheitsforscher darum gebeten, die Daten für die Google Apps doch wenigsten mit SSL während des Transports zu schützen [Acquisti et al. 09]. Eine Verschlüsselung der auf dem Google-Server gespeicherten Daten wird nicht einmal erwähnt. SSL soll in der „naiven" Form genutzt werden, d. h., der Google-Nutzer muss die Echtheit des Serverzertifikats überprüfen. Die daraus resultierende Sicherheitsproblematik wurde bereits auf S. 87 ff. angesprochen, mögliche Lösungsansätze werden auf S. 144 ff. dargestellt.

6. Neue Computing-Paradigmen: Webservices, SOAP und Cloud Computing

Prognose: Durch die gesteigerte Komplexität und höhere Dynamik in den Serveranwendungen entstehen neue Schwachstellen, die für DoS-Angriffe auf Firmeninfrastrukturen und für aktive Angriffe ausgenutzt werden können. Relevante Angriffe sind bereits seit mehreren Jahren publiziert, wurden aber in der Industrie noch nicht berücksichtigt. Identitätsmissbrauch kann durch Angriffe auf neue Technologien wie XML Signature durchgeführt werden.

Webservices und serviceorientierte Architekturen
Der Erfolg von Webanwendungen hat in der Industrie Bestrebungen geweckt, die dort genutzten Paradigmen zu verallgemeinern, um Kosten für immer komplexer werdende Softwaresysteme einzusparen. Hier gibt es drei Erfolgsmodelle, die weiterentwickelt wurden:

- HTML wird zu XML. HTML war zu Beginn eine einfache Markup-Sprache, die Formatierungs- und Strukturelemente vereinte. Im Laufe der Entwicklung wurde sie um mächtige Konstrukte erweitert, z. B. um Formulare, Skriptsprachen (JavaScript) und ein Objektmodell. Gleichzeitig entstand eine große Entwicklercommunity. Diese Tatsachen wurden von den XML-Entwicklern genutzt. Sie entwickelten, ausgehend von älteren Initiativen (z. B. ASN.1), eine universelle Sprache zur Beschreibung von Datenstrukturen und fügten gleich ein klares Objektmodell und eine Fülle von Skriptsprachen zur Manipulation dieses Objekt-

modells hinzu. Dabei lehnten sie sich grob an die Syntax von HTML an, um die Community für die neue eXtensible Markup Language (XML) zu gewinnen.
- HTTP wird das grundlegende Kommunikationsparadigma. Während sich ältere Netzwerkprotokolle noch an komplexen Kommunikationsmustern versuchten (z. B. FTP mit einem Daten- und einem Steuerkanal), hat sich mittlerweile das einfache und klare Kommunikationsmuster von HTTP durchgesetzt: Eine Frage – eine Antwort. Die meisten neuen Kommunikationsprotokolle (z. B. SOAP) bauen darum auch auf HTTP auf.
- URLs bezeichnen jeden auf der Welt vorhandenen Datensatz eindeutig. Damit sind alte Standardisierungspläne (X.400 und X.500) mit einem rein pragmatischen Ansatz doch noch realisiert worden. Wichtig ist hier das Domain Name System, da es die grundlegende, eindeutige Namensvergabe an die Server regelt. URLs wurden damit zur natürlichen Basis, um auf fremde Webservices zuzugreifen.

Diese Entwicklung wurde rein durch die neuen Funktionalitäten getrieben. Die Sicherheit der neuen Paradigmen selbst wurde nicht reflektiert.

Es wurde zwar eine ganze Reihe neuer Sicherheitsstandards entwickelt, aber diese waren überwiegend darauf ausgerichtet, neue Sicherheitsfunktionalitäten zu ermöglichen, und nur teilweise, um die neuen Paradigmen abzusichern:

- XML Signature [XML Signature] ist der „älteste" Sicherheitsstandard, und er wurde gemeinsam vom World Wide Web Consortium (W3 C, www.w3.org) und der IETF (www.ietf.org) entwickelt. Er erweitert herkömmliche Standards zu digitalen Signaturen um die Idee, auch den *Ort* der geschützten Daten mit zu signieren. Darüber hinaus enthält der Standard aber viel zu viele Optionen, die letztlich die Sicherheit von digitalen Signaturen selbst untergraben können. So wurden z. B. schon 2005 von Micheal McIntosh und Paula Austel (IBM TJ Watson NY) Möglichkeiten beschrieben, wie ein Angreifer signierte Daten im Netzwerk abfangen, manipulieren und den Empfänger schließlich dazu bringen kann, trotz Signaturprüfung gefälschte Daten zu verarbeiten [MA05]. Aufgrund der großen Komplexität der XML-Standards kann man diesen Angriff sogar noch verfeinern [JLS09]. Die Tatsache, dass die Unterstützung der Turing-vollständigen Skriptsprache XSLT zwingend vorgeschrieben ist, ermöglicht darüber hinaus die Ausführung von Schadcode innerhalb des Signaturprüfprozesses [Hill07]. Diese Probleme sind in den gängigen Implementierungen noch nicht gelöst und können als Basis für Angriffe verwendet werden.
- Da es Ziel der Entwicklung bei den neuen Sicherheitsstandards für Webservices war, neue Features zu integrieren, wurde das Datenformat sehr komplex – dies zieht eine komplexe Verarbeitung nach sich: Sicherheitskonstrukte müssen heute immer komplett in den Hauptspeicher des verarbeitenden Rechners geladen werden, um dort nach dem DOM-Prinzip verarbeitet zu werden. Die restlichen (Nutz-)Daten werden aber aus Performanzgründen eventbasiert nach dem SAX-Prinzip verarbeitet. Diese Verarbeitungsstrategie kann zu Sicherheitsproblemen führen [GL09].

Cloud Computing

Während SOAP noch ein abstraktes Konzept ist, ist Cloud Computing schon Realität: Die Firma Amazon hat ein Vermarktungskonzept gefunden, mit dem sie ihre freien Rechenzentrumsressourcen am Markt anbieten kann. Damit werden erstmals auch geschäftliche Daten im großen Maßstab in einem fremden Rechenzentrum verarbeitet, basierend auf sehr losen vertraglichen Vereinbarungen. Die Firma Gartner hat hierbei sieben Sicherheitsprobleme in den Fokus gestellt. Zitat aus [Gartner08]:

- **Privileged user access** – inquire about who has specialized access to data and about the hiring and management of such administrators
- **Regulatory compliance** – make sure a vendor is willing to undergo external audits and/or security certifications
- **Data location** – ask if a provider allows for any control over the location of data
- **Data segregation** – make sure that encryption is available at all stages and that these „encryption schemes were designed and tested by experienced professionals"
- **Recovery** – find out what will happen to data in the case of a disaster; do they offer complete restoration and, if so, how long that would take
- **Investigative Support** – inquire as to whether a vendor has the ability to investigate any inappropriate or illegal activity
- **Long-term viability** – ask what will happen to data if the company goes out of business; how will data be returned and in what format.

Identitätsdaten sind durch diese Entwicklung in zweierlei Hinsicht betroffen: Zum einen können sich unter den verarbeiteten Datensätzen Identitätsdaten befinden, zum anderen wird dem Identitätsdiebstahl oder Identitätsmissbrauch ein neues Ziel geboten: Diebstahl/Missbrauch der Identitätsdaten zur Authentifizierung in einem Cloud Computing-Portal.

Die Problemliste von Gartner ist daher noch wie folgt zu ergänzen/präzisieren:

- **User access** – Wie wird der Nutzer im Internet identifiziert? (→ Identitätsdiebstahl/Identitätsmissbrauch)
- **Legal compliance** – Wen wird die Rechtsprechung bei Verlust von Daten/illegalen Daten haftbar machen?
- **Data encryption and key management** – Wenn der Nutzer die Verschlüsselung der Daten selbst kontrolliert, sollte data location und data seggregation kein Problem sein. Wie kann der Nutzer seine Schlüssel managen?
- **Recovery of encrypted data** – Wie sind Backup und Recovery von verschlüsselten Daten organisiert?

Konkrete Angriffsszenarien ergeben sich durch die Kombination der einzelnen Angriffsszenarien für die verwendeten Komponenten. Cloud Computing verwendet hier Webservices (dieser Abschnitt) und den Browser als zentrale Sicherheitskomponenten auf Clientseite (S. 87 ff.). Ansätze zur Absicherung dieser Komponenten werden S. 144 ff. diskutiert. Ein Überblick zu Sicherheitsfragen des Cloud Computing wurde in [JSGL09] publiziert.

7. Neue Computing-Paradigmen: Single-Sign-On

Prognose: Da jeder Internetnutzer in Zukunft eine Fülle von Identitätsdaten zu verwalten hat, werden Single-Sign-On-Technologien stark an Bedeutung gewinnen. Stehen heute noch die einfache Bedienbarkeit und der Schutz gegen einfache Phishingangriffe im Vordergrund der Entwicklungen, so müssen diese Systeme, da sie ein ausgesprochen lohnendes Angriffsziel darstellen, auch gegen komplexere Angriffe geschützt werden.

Das Kerberos-Protokoll
Das Kerberos-Protokoll wurde vom MIT entwickelt [KNT91] und von Microsoft in der Version 5 ab Windows 2000 als Standardauthentifizierungsdienst eingesetzt. Das Kerberos-Protokoll basiert auf der Tatsache, dass es ein Vertrauensverhältnis in Form eines gemeinsamen symmetrischen Schlüssels zwischen den einzelnen Hosts und dem Kerberos-Server gibt. Es stand nicht eine Vereinfachung des Log-in-Vorgangs im Mittelpunkt, sondern eine Vereinfachung des (symmetrischen) Schlüsselmanagements in geschlossenen Netzwerken.

Die Sicherheit von Kerberos ist gut untersucht, es sind keine größeren Lücken bekannt geworden. Es lag daher nahe zu untersuchen, ob ein ähnlicher Mechanismus nicht auch für die Authentifizierung im Internet verwendet werden kann.

Microsoft Passport und Microsoft Cardspace
Da Microsoft bereits über umfangreiche Erfahrungen mit Kerberos verfügte, war es nicht verwunderlich, dass die erste technisch ausgereifte Lösung unter dem Namen „Microsoft Passport" vermarktet wurde.

Leider unterscheiden sich Kerberos und seine Adaption für das WWW deutlich, wie die Abb. 41 zeigt: Die paarweise Authentifizierung zwischen dem Kerberos-Server auf der einen und Client und Server auf der anderen Seite, die über einen paarweise vereinbarten, symmetrischen Schlüssel zumindest implizit sichergestellt war, geht bei MS Passport verloren: Der Browser ist in diesem Szenario völlig anonym.

Dies hat eine Reihe von Angriffen nach sich gezogen [KR00]. In [Slemko01] ist es sogar gelungen, über einen komplexen XSS-Angriff das Passport-Account eines Nutzers vollständig zu übernehmen. Dieser musste dazu nur eine vom Angreifer an ihn geschickte E-Mail über sein MS-Hotmail-Account abrufen.

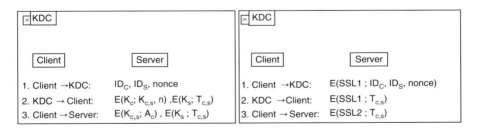

Abb. 41 Gegenüberstellung von Kerberos und einem webbasierten Single-Sign-On-Protokoll

Letztlich war für das Scheitern von MS Passport nicht dieser Angriff entscheidend, sondern die Tatsache, dass Microsoft vorgeworfen wurde, das WWW zu monopolisieren.

Microsoft ist der einzige Player im Single-Sign-On-Markt, der zugleich die Kontrolle über einen Großteil der Browserpopulationen besitzt. Dadurch ist es Microsoft möglich, neuartige Konzepte sehr schnell einzuführen. Über eine Erweiterung des Internet Explorers, die Verwendung der offenen WS-Security-Standards und eine wettbewerbsneutrale Methode, den Identity Provider auszuwählen, hat Microsoft es mit Einführung von Microsoft Cardspace geschafft, den Monopolvorwurf auszuräumen.

Leider wurde diese einzigartige Marktposition nicht dazu genutzt, auch die Sicherheit von Single-Sign-On zu verbessern: Microsoft Cardspace besitzt immer noch die generischen Sicherheitsprobleme aller browserbasierten SSO-Protokolle (vgl. die Abb. 41), was mit einem auf dynamischem Pharming basierenden Proof-of-Concept-Angriff bereits nachgewiesen werden konnte [GSSX09].

Diese in der Abb. 42 dargestellten generischen Sicherheitsprobleme haben ihren Ursprung in der unsicheren Same Origin Policy des Browsers: Alle Sicherheitstoken, die der Identity Provider über den Browser an die Relying Party übermittelt, werden zumindest temporär im Document Object Model des Browsers gespeichert. Kann man die Same Origin Policy ausschalten, so ist es entweder möglich, das Sicherheitstoken aus dem DOM auszulesen ([GSSX09], [Slemko01]) oder das Token mittels eines Pharming-Angriffs zu übermitteln.

Standardisierung: SAML 2.0
Standardisiert wurden SSO-Protokolle im Zusammenhang mit SAML 2.0. In dieser Arbeitsgruppe wurde ganz klar erkannt, dass SSO ein wichtiges Werkzeug für die Verwaltung von Identitäten im Internet sein wird. Es wurden daher verschiedene SSO-Szenarien beschrieben und eine Vereinheitlichung der Terminologie herbeigeführt.

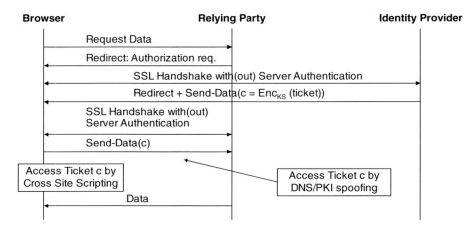

Abb. 42 Sicherheitsprobleme eines generischen Single-Sign-On-Protokolls

Terminologie: In einem SSO-Protokoll agieren drei Parteien: Ein **Client** versucht, Zugriff auf eine geschützte Ressource der **Relying Party** zu erhalten. Diese führt die Authentifizierung (und evtl. auch die Autorisierung) nicht mehr selbst durch, sondern delegiert diese an eine spezialisierte Partei, den **Identity Provider**. Der Identity Provider führt die Authentifizierung des Clients durch, beschreibt das Ergebnis dieser Authentifizierung in einer SAML Assertion und sendet diese über den Browser an die Relying Party.

SSO-Szenarien: Verschiedene Möglichkeiten, wie SAML Requests und SAML Responses über einen Browser transportiert werden können, sind in [SAMLProfiles] beschrieben. Hierunter fällt z. B. der Transport als Query-String in einer URL (Redirect Binding) oder der Transport als Daten in einem vorab ausgefüllten HTML-Formular (POST-Binding). Will man die durch das HTTP-Protokoll vorgegebenen Rollen zwischen Client und Server vertauschen, so benötigt man einen Client, der Daten gemäß [PAOS 1.0] senden und empfangen kann (Enhanced Client Profile). Sehr positiv hervorzuheben ist, dass in der SAML-Arbeitsgruppe ein Vorschlag zur Absicherung von SSO gemacht wurde, der kryptografisch sicher ist [SAMLHoK].

SAML wurde mittlerweile von den beiden nachfolgend genannten Standardisierungsgremien als Datenformat festgelegt:

- Shibboleth[311]: „The Shibboleth System is a standards based, open source software package for web single sign-on across or within organizational boundaries. It allows sites to make informed authorization decisions for individual access of protected online resources in a privacy-preserving manner."
- Liberty Alliance[312]: „Thus the Liberty Alliance emerged: a first-of-its-kind standards organization with a global membership that provides a holistic approach to identity."

SSO für den Massenmarkt

Als Entwicklung für den Massenmarkt ohne große Sicherheitsansprüche ist die OpenID-Initiative[313] zu sehen. Es gibt hier keine klaren Sicherheitsrichtlinien im Standard, und OpenID-Phishing ist ein in Internetforen[314,315] diskutierter Punkt.

Verwandte Lösungen

Als verwandte Lösungen sind alle Lösungen anzusehen, die den Nutzer bei der Verwaltung oder der Auswahl starker Passwörter unterstützen. Zu nennen wären hier zum einen Passwortmanager in Browsern, zum anderen die Idee, domainspezifische Passwörter einzusetzen, oder auch eine Hardwarelösung wie der Passwortsitter.[316] Allerdings sind all diese Lösungen wiederum anfällig gegen Phishingattacken.

---

[311] http://shibboleth.internet2.edu/.
[312] http://www.projectliberty.org/.
[313] http://openid.net/.
[314] http://wiki.openid.net/OpenID_Phishing_Brainstorm.
[315] http://www.identityblog.com/?p=659.
[316] http://www.passwordsitter.de/.

8. Neue Computing-Paradigmen: neue Schutzmaßnahmen

Da Standardschutzmaßnahmen immer weniger wirksam sind, sollen hier kurz einige neue Schutzmaßnahmen aufgezählt werden, die in Zukunft an Bedeutung gewinnen könnten.

Schutzmaßnahmen auf Serverseite
- Web Application Firewalls[317] filtern Eingaben für Webapplikationen, um so XSS- und SQL-Injektions zu verhindern. Dies entlastet die Programmierer von Webanwendungen, die oft gar nicht in der Lage sind, einen Schutz gegen solche Angriffe mit zu berücksichtigen. Auf diese Weise können zumindest Standardangriffe verhindert werden.
- Maßnahmen gegen CSRF: In dem Artikel zur Pressemeldung über den bislang weitgehendsten CSRF-Angriff[318] (zurzeit nicht online) sind einfache Gegenmaßnahmen beschrieben. Um zwischen automatisch mittels JavaScript generierten Anfragen und Anfragen als Resultat einer vom Server gelieferten Website unterscheiden zu können, müssen (Pseudo-)Zufallswerte in diese Anfragen integriert werden, die leicht vom Server verifiziert werden können.
- Bessere Nutzung von SSL: Clientzertifikate werden bislang kaum genutzt, obwohl sie ein kryptografisch sehr sicheres Wiedererkennen des Browsers ermöglichen. Erste Ideen hierzu wurden in [SAMLHoK] aufgegriffen.

Schutzmaßnahmen auf Clientseite
Auf Clientseite spielen der Browser und seine Sicherheitsfeatures die zentrale Rolle.

- Strong Locked Same Origin Policy (SLSOP): Mithilfe der SLSOP [SLSOP07] und mit modernen Browsern, die für jeden geöffneten Tab einen eigenen Prozess starten, lässt sich eine bessere Isolation von Webinhalten im Browser durchführen. Die SLSOP entscheidet über Zulassung oder Unterbindung eines Zugriffs auf Webinhalte nicht mehr auf Basis des Domainnamens, sondern auf Basis des Public Keys des SSL-Serverzertifikats.
- Verbessertes DOM: Das Document Object Model der Browser[319] muss harmonisiert und an neue Anwendungsformen wie Mashups angepasst werden. Als Ausgangspunkt kann hier die Arbeit von Google dienen [Zalewski09].
- Whitelisting für Browser: Ähnlich zu Whitelisting-Ansätzen für Betriebssysteme, bei denen bei Ausführung einer Applikation mit hohem Sicherheitsbedarf alle nicht auf der Whitelist geführten Prozesse vorübergehend suspendiert werden, könnte man auch für die Dauer des Aufrufs einer Bankingwebsite alle nicht benötigten Browserfunktionalitäten (z. B. JavaScript) oder Plug-ins (Adobe Flash, Malware) deaktivieren.
- Vollständige Virtualisierung jeder Browserinstanz: Jegliche Browserprozesse werden in einer vollständig virtualisierten Umgebung ausgeführt. Auf diese Wei-

---

[317] http://www.owasp.org/index.php/Web_Application_Firewall.
[318] http://www.freedom-to-tinker.com/blog/wzeller/popular-websites-vulnerable-cross-site-request-forgery-attacks.
[319] http://en.wikipedia.org/wiki/Document_Object_Model.

II. Prognosen: Zielplattformen

se könnte selbst eine kompromittierte Browserinstanz das Betriebssystem und andere (virtualisierte) Browserinstanzen nicht in Mitleidenschaft ziehen.
- Eine Integration von XML Signature und XML Encryption in den Browser wäre sinnvoll, da er dann als vollwertiger Endpunkt von sicherer Webservicekommunikation agieren kann.

Schutzmaßnahmen aufseiten der Daten
- XML Signature und XML Encryption bilden eine Basis, auf der man Daten vollständig schützen kann, ohne Einbußen bei der Funktionalität hinnehmen zu müssen. Auf diese Art und Weise können Daten in Zukunft ihren Schutz selbst in sich tragen.

9. *Kombination mehrerer Angriffstechniken*

Im Bereich der Angriffe über mehrere beteiligte Instanzen hinweg müssen verschiedene Angriffsvektoren betrachtet und kombiniert werden. Denn sobald mehrere Instanzen an einem Prozess beteiligt sind, wird die Absicherung dieses Prozesses komplizierter. Der Angreifer besitzt bei solchen Szenarien einen entscheidenden Vorteil: Er muss lediglich eine Lücke in einer beteiligten Instanz finden und ausnutzen, wohingegen der Verteidiger alle beteiligten Instanzen vollständig absichern muss. Dies gestaltet sich oftmals sehr schwierig, da der Verantwortliche beispielsweise keinen Zugriff auf alle Instanzen hat oder diese nicht in seinem Zuständigkeitsbereich liegen.

Ein Vorteil könnte sein, zunächst das schwächste Glied der Kette abzusichern. Um den eigentlichen Prozess zu kompromittieren, muss der Angreifer in vielen Fällen lediglich eine Instanz erfolgreich angreifen. Im Folgenden werden Angriffe auf verschiedene Prozessszenarien mit mehreren beteiligten Instanzen durchgespielt und analysiert.

a) 1. Szenario: HTTP-Clientkompromittierung

In diesem Abschnitt wird ein Angriff gegen eine Organisation aufgezeigt, der damit endet, dass sensible Informationen in die Hand von Angreifern gelangen können. Das Szenario zeigt auf, wie sich Angreifer durch veraltete bzw. nicht gepatchte Software auf dem Client Zugang zu sensiblen Daten und Informationen innerhalb des Intranets einer Organisation verschaffen können.

aa) Schritt 1: Vorbereitung

Die Angreifer platzieren Schadcode auf Websites, die bei den Nutzern der Organisation als vertrauenswürdig eingestuft sind. Bedingung ist hierbei allerdings, dass öffentliche Nutzer Inhalte auf diesen Websites publizieren können. Dies könnten beispielsweise Websites sozialer Netzwerke (Facebook, XING), Webblogs (Blogger), Fotowebsites (Flickr) oder Videoplattformen (YouTube) sein. In vielen Organisationen sind die genannten Websites für die jeweiligen Mitarbeiter aufrufbar und werden nicht blockiert. Der Schadcode ist dafür programmiert worden, nicht gepatchte Software des Clients (Browser, PDF-Reader etc.) zu kompromittieren.

bb) Schritt 2: Kompromittierung des Clients

In diesem Schritt wird die Software auf dem Clientsystem des Opfers durch den platzierten Schadcode auf der vertrauenswürdigen Website kompromittiert. Dies könnte per Drive-by-Angriff auf den Browser (Mozilla Firefox, Internet Explorer etc.), durch Öffnen eines bösartigen PDF-Dokuments (Acrobat Reader, Foxit-Reader etc.), durch Abspielen eines präparierten Videos (Real Player, Windows Media Player, iTunes etc.) oder durch Öffnen eines modifzierten Office-Dokuments (Microsoft Word, Excel, Powerpoint) geschehen.

Durch die erfolgreiche Ausnutzung der Sicherheitslücke in der Software des Clientsystems ist es dem Angreifer nun möglich, beliebige Programme auf das System nachzuladen und dort auszuführen. Die Programme werden mit den Rechten des Nutzers der kompromittierten Anwendung ausgeführt. Im Regelfall werden dies keine Administratorrechte sein.

cc) Schritt 3: Öffnen einer Reverse-Shell-Hintertür über HTTPS

In diesem Schritt installiert der Angreifer eine Hintertür auf dem System des Opfers. Diese gibt dem Angreifer die Möglichkeit, Befehle direkt über eine Shell auf dem System des Opfers auszuführen. Der erzeugte Netzwerkverkehr wird verschlüsselt über einen HTTPS-Tunnel zwischen dem System des Angreifers und dem des Opfers ausgetauscht. Er wird daher von der Firewall der Organisation als regulärer HTTPS-Verkehr angesehen und fällt nicht weiter auf.

dd) Schritt 4: Erlangung von erweiterten Rechten auf dem Clientsystem

Durch die Reverse-Shell-Hintertür wird der Angreifer eine lokale Schwachstelle im System ausnutzen, um sich erweiterte Rechte (meist Administratorrechte) auf dem System zu verschaffen. In vielen Organisationen werden Patches für entsprechende lokale Schwachstellen nicht regelmäßig ausgeliefert, da man primär Patches für Schwachstellen, die von extern ausgenutzt werden können, bevorzugt.

ee) Schritt 5: Kompromittierung weiterer Systeme im Intranet der Organisation

Mit Administratorrechten besitzt der Angreifer die vollständige Kontrolle über das System des Opfers. Von hier aus kann er nun Angriffe auf weitere Systeme im

Intranet der Organisation starten. Ein Keylogger auf dem Clientsystem protokolliert alle Tastatureingaben der Nutzer an diesem System und gibt dem Angreifer gegebenenfalls weitere Informationen über mögliche Angriffsziele. Viele Nutzer benutzen für verschiedene Dienste die gleichen Passwörter. Dies könnte durch das Mitlesen eines Accounts auf dem Clientsystem dazu führen, dass der Angreifer weitere Systeme im Intranet kompromittieren kann. Dadurch, dass der Angreifer Administratorrechte auf dem System besitzt, kann er seine weiteren Schritte mit einem Rootkit tarnen, sodass eine Entdeckung durch die Nutzer noch schwieriger wird.

ff) Schritt 6: Auslieferung von sensiblem Datenmaterial durch den Angreifer

Der Angreifer verschafft sich Zugang zu einem Datenbankserver, indem er das Account eines Nutzers aus der Logfile des Keyloggers benutzt. Er exportiert die Inhalte der Datenbank, bei denen es sich um Kundendaten mit zugehörigen Kontoverbindungen einer Customer-Relationship-Anwendung handelt. Über den gesicherten HTTPS-Tunnel transferiert der Angreifer rund 500 MB sensible Daten an einen Server in Korea – diese Datenübertragung bleibt unentdeckt.

gg) Schlussfolgerung

Der Angreifer attackiert das schwächste Glied in der Kette: das nicht gepatchte System des Endanwenders. Dieses System besitzt im Intranet diverse Rechte und Möglichkeiten. Durch die vollständige Kompromittierung des Systems werden diese Rechte und Möglichkeiten indirekt an den Angreifer übergeben. Dieser macht sich diese Eigenschaften zunutze, indem er beispielsweise weitere Systeme im Intranet angreift. Er benutzt diesen Rechner als Ausgangsbasis für weitere Angriffe. Die Gefahr dieses Angriffsszenarios liegt darin, dass fälschlicherweise angenommen wird, der Client des normalen Nutzers befinde sich geschützt hinter der Firewall im Intranet der Organisation. Aber Angriffe auf Clientsysteme wie die in diesem Szenario vorgestellten sind immer häufiger Ursache für Clientkompromittierungen. Meist ist die eigentliche Absicht eine Eingliederung des Clients in ein Bot-Netz; dies wäre in diesem Fall aber rein optional. Um zielgerichtete Angriffe auf Organisationen durchzuführen, wird sich der Angreifer so unauffällig wie möglich verhalten.

Dieses Szenario zeigt, dass durch die Kompromittierung einer schwächeren Instanz eventuell auch stärker geschützte Instanzen angegriffen werden können.

b) 2. Szenario: Prozesskompromittierung durch fortgeschrittenes ARP-Spoofing

ARP-Spoofing ist nicht nur ausschließlich in Clientumgebungen relevant, sondern auch in reinen Serverumgebungen (siehe I.5.c)). In diesem Szenario wird ein trickreicher Man-in-the-Middle-Angriff auf einen Onlinebanking-Prozess gestartet, ohne die beteiligten Server- und Clientinstanzen direkt zu attackieren. Es ist daher relativ schwer, diesen Angriff zu entdecken.

aa) Schritt 1: Kompromittierung der Man-in-the-Middle-Instanz

Serverfarmen in Rechenzentren, die sensible Daten besitzen, sind meist nach außen gut abgesichert. Durch strikte Firewallregeln kann ein Außenstehender nur auf spezielle Rechner zugreifen, ohne dass er die gesamte Serverfarm zu sehen bekommt. Die Absicherung der Server untereinander ist hingegen meist nicht so strikt geregelt. Dies bedeutet, dass die Server eventuell untereinander kommunizieren können, ohne dass die Firewall, die als Regelinstanz fungiert, davon etwas mitbekommt. Genau diese Tatsache könnte sich ein Angreifer zunutze machen. Ist es dem Angreifer möglich, über einen schwächer gesicherten Server in dieser Serverfarm die Kontrolle zu bekommen, kann dieser als Basis für weitere Angriffe genutzt werden. Dieser kompromittierte Server braucht in erster Instanz nicht unbedingt mit der Onlinebanking-Applikation oder der Bank an sich in Verbindung stehen.

bb) Schritt 2: ARP-Poisoning-Angriffe auf umliegende Serverinstanzen

Sobald die kompromittierte Instanz unter der Kontrolle der Angreifer ist, wird von dort ein ARP-Poisoning-Angriff auf die restlichen Serverinstanzen im Subnetz gestartet. Mithilfe dieser Angriffsmethode ist es möglich, den Netzwerkverkehr aller Server nun primär über die kompromittierte Instanz laufen zu lassen, die diesen dann an den Router weiterleitet. Der kompromittierte Server agiert daher als Man-in-the-Middle.

cc) Schritt 3: Infektion des HTTP(S)-Netzwerkverkehrs

Die Man-in-the-Middle-Instanz loggt nun primär HTTP-Netzwerkverkehr mit und könnte auch aktiv Inhalte mit in den Verkehr einbinden. So könnten beispielsweise Fehlinformationen verbreitet, Formulardaten umgeleitet oder Browser mit bösartigem JavaScript attackiert werden. Da in diesem Szenario einige der Server Onlinebanking-Anwendungen betreiben, fokussiert der Angreifer primär den HTTP-Verkehr von und zu diesen Servern. Sollten diese Verbindungen per SSL/TLS gesichert sein, wovon auszugehen ist, könnte eine Angriffsmethode mit SSLStrip weiterhelfen. Dies bedeutet, die Man-in-the-Middle-Instanz täuscht dem Client vor, dass lediglich eine ungesicherte HTTP-Verbindung zum Server möglich ist. Nebenbei kommuniziert der Server aber über eine gesicherte SSL/TLS-Verbindung mit dem Onlinebanking-Webserver. Der Angreifer könnte so direkt auf den Onlinebanking-Prozess von Clients Einfluss nehmen, ohne dass der Webserver etwas davon merken würde. Aufseiten des Clients könnte man versuchen, durch verschiedene Verschleierungsmethoden dem Nutzer vorzutäuschen, es handele sich doch um eine gesicherte TLS/SSL-Verbindung zum Webserver.

dd)   Schlussfolgerung

Dieses Szenario stellt ein sehr hohes Gefahrenpotenzial für die Nutzer von Onlinebanking-Anwendungen dar. Denn der Angreifer attackiert weder Server noch Client direkt, sodass eine Erkennung durch diese Instanzen sich primär als sehr schwierig herausstellen wird. Eine dritte, eigentlich nicht an diesem Prozess beteiligte Instanz agiert als Man-in-the-Middle und greift die eigentliche Verbindung zwischen Onlinebanking-Server und Client an.

Bei einer eventuell folgenden forensischen Untersuchung wird sich herausstellen, dass weder Server noch Client kompromittiert wurden. Man wird daher davon ausgehen, dass einer der Router auf dem Weg als Man-in-the-Middle agiert.

Kapitel 4
Identitätsdiebstahl und neuer Personalausweis

Disclaimer: Da die Spezifikation des ePA und seiner Anwendungskomponenten nach Abschluss der Anwendungstests ggf. noch angepasst werden könnten und die Spezifikationen teilweise Raum für Interpretationen lassen, sind die Aussagen in diesem Kapitel als vorläufig anzusehen. Einige die Spezifikationen ergänzende Informationen stammen aus persönlichen Gesprächen.

I. Einführung

1. Der elektronische Identitätsnachweis

Mit dem Gesetz über Personalausweise und den elektronischen Identitätsnachweis sowie zur Änderung weiterer Vorschriften vom 18.6.2009 (BGBl. I 1346) hat der Gesetzgeber die Einführung des sogenannten neuen Personalausweises festgelegt.

Der neue Personalausweis ist Bestandteil der E-Government-Strategie des Bundes und soll im Bereich der elektronischen Kommunikation eine Verbesserung der Identifikationssicherheit herbeiführen und einen wesentlichen Beitrag zur Modernisierung der Verwaltung leisten.[320]

Das Gesetz verwendet den Begriff des „neuen Personalausweises" nicht explizit. Zeitweise wurde die Bezeichnung „elektronischer Personalausweis (ePA)" verwendet. Da sich in der Praxis der Begriff „neuer Personalausweis" eingebürgert hat, wird dieser Begriff auch in dieser Untersuchung verwendet.

Der neue Personalausweis ist in erster Linie ein Personalausweis. Dieser Begriff ist im Gesetz nicht ausdrücklich definiert. Der Personalausweis ist ein hoheitliches Ausweispapier, das dem Nachweis der Identität oder der persönlichen Verhältnisse des Ausweisinhabers dient. Seine besondere Stellung erhält er durch die gesetzliche

---

[320] Umsetzungsplan 2008 zur E-Government-Strategie 2.0, Nr. 3.3.1, abrufbar unter http://www.cio.bund.de/cae/servlet/contentblob/65024/publicationFile/4018/egov2_umsetzungsplan_2008_download2.pdf.

Normierung seines Einsatzes, insbesondere etwa die Ausweispflicht nach § 1 des Personalausweisgesetzes (PAuswG).

Vorrangiger Zweck des Personalausweises ist die Feststellung der Identität durch die hierzu berechtigte Behörde, wie sich indirekt aus § 1 Abs. 1 PAuswG ergibt.

Gegenüber dem bisherigen Personalausweis zeichnet sich der neue Personalausweis, der mit einer Chipkarte ausgestattet wird, durch zusätzliche elektronische Funktionen aus. Dies sind vor allem der sogenannte elektronische Identitätsnachweis (eID-Funktion), die Speicherung biometrischer Daten und die Möglichkeit der elektronischen Signatur.

Der neue Personalausweis, der seit dem 1.10.2009 in einem Feldversuch erprobt wird, soll ab dem 1.11.2010 über die Passämter an die Bürger ausgegeben werden.

Der neue Personalausweis stellt mit dem elektronischen Identitätsnachweis ein Authentisierungsinstrument zur Verfügung, das in zahlreichen unterschiedlichen Situationen eingesetzt und von einer Vielzahl von Akteuren genutzt werden kann.

Die eID-Funktion soll einen beiderseitigen Identitätsnachweis in der elektronischen Kommunikation bieten. Insbesondere kann der Inhaber seine Identität durch Verwendung seines Ausweises und einer persönlichen sechsstelligen PIN im Geschäftsverkehr nachweisen. Im Gegenzug kann er sich durch den Einsatz sogenannter Berechtigungszertifikate seitens der Diensteanbieter der Identität seines Geschäftspartners vergewissern.[321]

Der elektronische Identitätsnachweis soll nicht zuletzt eine technische Grundlage einer zuverlässigen und rechtssicheren Kommunikation im E-Government und E-Commerce zur Verfügung stellen. Angesichts der aktuellen Problematik von Identitätsdiebstahl und Identitätsmissbrauch ist nicht zuletzt von Interesse, ob und in welchem Umfang der elektronische Identitätsnachweis für diese Problembereiche eine Lösung bieten kann. Diese Frage wird in diesem Abschnitt der Untersuchung erörtert.

Der elektronische Identitätsnachweis beruht auf einem neuartigen, höchst komplexen technischen System und ist in sehr unterschiedliche Einsatzfelder eingebettet. Im Vordergrund dieses Abschnitts stehen daher die technischen und rechtlichen Rahmenbedingungen des elektronischen Identitätsnachweises.

Von den vielfältigen neuen Funktionen des neuen Personalausweises werden im Folgenden nur die eID- und die Signaturfunktion näher betrachtet. Hoheitliche Funktionen können nicht im Internet zur Verhinderung von Identitätsmissbrauch eingesetzt werden. Es wird zunächst ein kurzer Überblick über die voraussichtlichen Einsatzbereiche des elektronischen Identitätsnachweises gegeben (S. 153 f.). Sodann werden die technischen Rahmenbedingungen des neuen Personalausweises unter besonderer Berücksichtigung des elektronischen Identitätsnachweises umfassend untersucht (S. 154 ff.). Anschließend werden die rechtlichen Rahmenbedingungen für den Einsatz des neuen Personalausweises und des elektronischen Identitätsnachweises in einem Überblick dargestellt (S. 176 ff.). Auf dieser Grundlage werden sodann Aussagen zu der Frage getroffen, ob und in welchem Umfang mit

---

[321] http://www.bmi.bund.de/cln_095/DE/Themen/Sicherheit/PaesseAusweise/ePersonalausweis/ePersonalausweis_node.html.

I. Einführung

dem elektronischen Identitätsnachweis die Problematik des Identitätsdiebstahls und -missbrauchs bekämpft werden kann (S. 190 ff.).

2. Einsatzbereiche des elektronischen Identitätsnachweises

Der elektronische Identitätsnachweis wird sowohl im E-Commerce als auch im E-Government vielseitig einsetzbar sein.

- E-Commerce

Der elektronische Identitätsnachweis kann im elektronischen Geschäftsverkehr, hier verstanden als jede Form des rechtsgeschäftlichen Kontaktes zwischen privaten Parteien, in den unterschiedlichsten Bereichen zum Einsatz kommen.
Die folgende Verwendung ist nahe liegend:[322]

Handel	• Alterskontrolle bei Onlinebestellungen • Onlineeinkauf im Internet • Video on Demand • Wettanträge • Offlineautomaten mit altersbeschränkten Gütern[a] • An- und Abmeldungen/Kündigungen • Gesicherte Einsicht in Rechnungsdaten
Banken	• Onlinekontoeröffnung • Onlinebanking • Freistellungsauftrag online
Versicherungen	• Onlineantrag, Schadensmeldung • Unterschrift des Antrages mit qualifizierter Signatur beim Vertreterbesuch
Wirtschaft allgemein	• Arbeitszeitverwaltung • Vertragsabschluss zwischen Unternehmen • Hotelanmeldungen • Ausweis als Reisedokument im Fern- und Nahverkehr • Arbeitsverträge und sonstige Vereinbarungen
Sonstiges	• Karitative Angebote • Networking-Plattformen (insb. StudiVZ, Facebook)

[a] Hier ist die technische Realisierung noch unklar

- E-Government

Dem elektronischen Identitätsnachweis wird für die Entwicklung des E-Government, also der elektronischen Kommunikation zwischen Staat und Bürger, eine hohe Bedeutung beigemessen. Hier soll der elektronische Identitätsnachweis dem Bürger eine rechtssichere und leicht bedienbare Möglichkeit verschaffen, mit dem Staat über elektronische Medien zu kommunizieren. An die Stelle des persönlichen Erscheinens

---

[322] Angelehnt an die Präsentation des BMI „Schlüsselprojektes im deutschen E-Government: elektronischer Personalausweis" von *Andreas Reisen*, Folie-Nr. 4.

zum Nachweis der Identität tritt mit dem neuen Personalausweis die elektronische Authentisierung. So sind folgende Anwendungsmöglichkeiten denkbar:[323]

Soziales	• ELENA
	• BAföG-Antrag (neu) und Darlehensverwaltung und -einzug (BAföG-Online)
	• Antrag auf staatliche Sozialleistungen
Verkehr	• Auskunft aus dem Verkehrszentralregister
	• Authentifizierung von Fahrzeug und Fahrzeughalter bei Polizeikontrollen
Umzug	• Melderegister
	• Onlinedatenerfassung und -verwaltung der persönlichen Daten
Finanzen	• Abgabe der Einkommensteuererklärung
	• Abgabe der Steuererklärung von Freiberuflern und Unternehmen
Arbeit	• Onlineantrag auf Erstellung eines polizeilichen Führungszeugnisses
Justiz	• Antragstellung auf Änderung von Personenstandsdaten
	• Antragstellung im gerichtlichen Mahnverfahren

Nicht zuletzt muss der Einsatz der elektronischen Identifizierungsfunktion im E-Government im Zusammenhang mit dem geplanten Gesetz zur Regelung von Bürgerportalen[324] gesehen werden. Der Gesetzesentwurf schafft den Rechtsrahmen, der zur Einführung sicherer Kommunikationslösungen, bei denen sich die Teilnehmer der Vertraulichkeit ihrer Kommunikation und der Identität ihrer Kommunikationspartner hinreichend sicher sein können, benötigt wird.[325] Voraussetzung hierfür ist u. a. die Gewährleistung einer authentischen Erstregistrierung. Nach § 3 Bürgerportalgesetz kann jede Person ein Bürgerportalkonto beantragen, wobei sie zur zuverlässigen Identitätsfeststellung dem Diensteanbieter Nachweise vorzulegen hat. Dies kann vor allem durch den elektronischen Identitätsnachweis im Sinne von § 18 des Personalausweisgesetzes geschehen.[326]

II. Technische Rahmenbedingungen

Die technischen Grundlagen für die Einführung des neuen Personalausweises bilden die nachfolgend beschriebenen BSI-Standards, verfügbar auf den Websites des BSI:[327]

---

[323] Angelehnt an die Präsentation des BMI „Schlüsselprojektes im deutschen E-Government: elektronischer Personalausweis" von *Andreas Reisen*, Folie-Nr. 3, abrufbar unter http://www.verwaltung-innovativ.de/nn_684676/SharedDocs/Publikationen/DE/1137405__schluesselprojekte_e_government_elektronischer_personalausweis.pdf,templateId=raw,property=publicationFile.pdf/1137405_schluesselprojekte_e_government_elektronischer_personalausweis.pdf.
[324] BT-Drs. 16/12598.
[325] BT-Drs. 16/12598, S. 1.
[326] Begr. RegE zu § 3 BürgerportalG, BT-Drs. 16/12598, S. 18.
[327] https://www.bsi.bund.de/Themen/ElektronischeAusweiseTR.

II. Technische Rahmenbedingungen

- [BSI-TR-03127] bietet einen gut lesbaren und umfassenden Überblick zu den Einsatzgebieten des neuen Personalausweises. Hier wird auch eine Einordnung der weiteren Standards gegeben.
- Die Standards [BSI-TR-03112-1] bis [BSI-TR-03112-7] sind für diese Studien von größter Bedeutung, da sie den Einsatz des neuen Personalausweises für die eID-Funktion spezifizieren und damit grundlegend für den Schutz gegen Identitätsmissbrauch sind.
- In [BSI-TR-03110] werden die kryptografischen Protokolle, die der eID-Funktion zugrunde liegen, umfassend und klar beschrieben.
- [BSI-TR-03119] macht Vorgaben für die Chipkartenleser, die für die verschiedenen Einsatzgebiete des neuen Personalausweises zugelassen sind. Diese Vorgaben basieren aber weniger auf Sicherheitsüberlegungen und sind mehr rechtlicher Natur. Wir werden uns weiter unten kritisch mit diesen Vorgaben befassen.
- [BSI-TR-03128] enthält administrative Vorgaben für den Aufbau einer PKI für die Terminalzertifikate, mit denen ein Terminal seine Berechtigung zum Zugriff auf die im neuen Personalausweis gespeicherten Daten nachweisen kann. Leider fehlen technische Informationen wie z. B. die Gültigkeitsdauer der Zertifikate. Für die vorliegende Untersuchung ist diese Richtlinie daher nicht relevant.
- [BSI-TR-03130] beschreibt grob den Ablauf der Kommunikation zwischen den Komponenten Browser, Bürgerclient, Webserver und eID-Server. In Anhang C werden vier mögliche Konstellationen von Webserver und eID-Server definiert, von denen „mandantenfähiger eID-Server" im Rahmen der Anwendungstests eingesetzt wurde.

Der neue Personalausweis selbst wird – als hoheitliches Dokument – von dem Ausweishersteller hergestellt und über die Ausweisbehörden an die Bundesbürger verteilt.

Die beschlossene Gültigkeitsdauer von 10 Jahren stellt aus kryptologischer Sicht eine große Herausforderung dar, da viele kryptografische Systeme mit festen Parametern in der Vergangenheit nur zwischen 10 und 20 Jahre ihre Sicherheit bewahren konnten:

Hash-Funktionen: Erste Kollisionen nach 5–13 Jahren		
MD4	MD5	SHA-1
• Veröffentlicht 1990	• Veröffentlicht 1991	• Veröffentlicht 1995
• Erste Schwächen schon 1991	• Erste Schwächen 1996	• Kollisionen mit Aufwand 2^{63} in 2005 veranlasst NIST zur Empfehlung, Sha1 bis 2010 auszutauschen.
• Kollisionen für full-round MD4 1995	• Erste Kollisionen 2004	
• Effiziente Kollisionen 2004	• Kollidierende X.509-Zertifikate 2005	
	• Rogue-CA Zertifikate ("chosen-prefix collisions") 2009	• Aktueller Stand: Bekannte Angriffe sind eher theoretisch.

Nach Lenstra und Verheul (www.win.tue.nl/~klenstra/key.pdf, S.32) sind

- 512 Bit bis 1986,
- 768 Bit bis 1996,

- 1024 Bit bis 2003,
- 1563 Bit bis 2014 und
- 2048 Bit bis 2022

geeignete Größen der Moduli für RSA, ElGamal über Z_p^*, und vergleichbare Kryptosysteme, also eine „Lebensdauer" zwischen 7 und 11 Jahren.

Da es unmöglich ist, Fortschritte in der Kryptoanalyse vorauszusagen, ist es denkbar, dass die heute für den neuen Personalausweis spezifizierten Systeme während der Lebensdauer eines neuen Personalausweises gebrochen werden könnten. In einem solchen Fall müsste entweder ein Software-Update der Chipkarte durchgeführt werden oder die Chipkarte müsste ausgetauscht werden.

Um eine gute Markteinführung zu erreichen, wurden über die Einführung des neuen Personalausweises hinaus noch folgende Maßnahmen beschlossen:

- Ausschreibung Bürgerclient: Zur Gewährleistung der Kommunikation zwischen Browser und neuem Personalausweis wurde eine Middleware ausgeschrieben, die zentral vom Bund beschafft und vom Auftragnehmer gepflegt und unterstützt werden soll. Dazu wurden Verträge mit dem Gewinner der Ausschreibung abgeschlossen. Der Bürgerclient ist als Kombination aus einem kleinen Browser-Plug-in und einer eigenen Applikation ausgeführt. Die Applikation wird über das Plug-in aufgerufen.
- Anwendungstests für den neuen Personalausweis: Um vor der Ausgabe der ersten neuen Personalausweise Erfahrungen mit ihrem Einsatz im Internet zu sammeln und diese Erfahrungen gegebenenfalls in eine Weiterentwicklung einfließen zu lassen, werden seit November 2009 Anwendungstests durchgeführt. Aus einem Feld von Wettbewerbern wurden hier 30 Konsortien ausgesucht, die

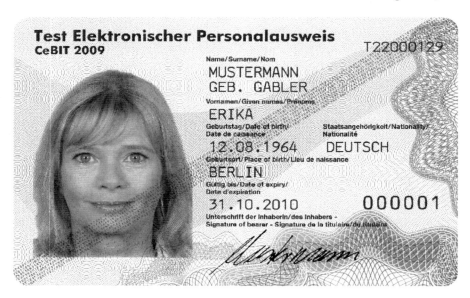

Abb. 43 Beispiellayout Vorderseite elektronischer Personalausweis

II. Technische Rahmenbedingungen

Tab. 3 eID-Datengruppen. Die Datengruppen DG11-16 und DG19-21 werden im neuen Personalausweis nicht genutzt; sie spielen im Rahmen des elektronischen Aufenthaltstitels eine Rolle

Nummer	Inhalt	Änderbar	Nummer	Inhalt	Änderbar
DG1	Dokumententyp (immer „ID")	nein	DG11	Geschlecht	nein
DG2	Aussteller (Staat)	nein	DG12	Optionale Daten	nein
DG3	Ablaufdatum	nein	DG13-16	Unbenutzt	nein
DG4	Vorname	nein	DG17	Adresse	ja
DG5	Nachname	nein	DG18	Gemeindekennzahl	ja
DG6	Künstler- bzw. Ordensname	nein	DG19	Aufenthaltserlaubnis 1	ja
DG7	Akademischer Titel	nein	DG20	Aufenthaltserlaubnis 2	ja
DG8	Geburtsdatum	nein	DG21	Optionale Daten	ja
DG9	Geburtsort	nein			
DG10	Nationalität	nein			

für diese Pilotversuche eine besondere Unterstützung erhalten. In einer zweiten Phase können noch weitere Firmen hinzukommen.

Auf dem neuen Personalausweis sind zusätzlich zu den üblichen Ausweisdaten folgende Daten lesbar aufgedruckt:

- Card Access Number (CAN, „Karten-PIN"),
- maschinenlesbare Zone.

Die in Tab. 3 aufgeführten Daten für die eID-Funktion sind im neuen Personalausweis selbst gespeichert. Darüber hinaus sind weitere Daten für die Signaturfunktion und die Biometriefunktionen gespeichert.

1. *Bestandteile des Neuer-Personalausweis-Gesamtsystems*

Zum Neuer-Personalausweis-Gesamtsystem gehören folgende Bestandteile:

- Der neue Personalausweis. Verantwortlich: Bund. Der neue Personalausweis im Scheckkartenformat trägt auf der Außenseite die bisherigen Daten des Personalausweises. Zusätzlich enthält er einen Mikroprozessor, der in der Lage ist, die kryptografischen Protokolle gemäß [BSI-TR-03112-7] auszuführen, und der geheime Schlüssel und Zertifikate speichern sowie weitere Schlüssel sicher erzeugen kann. Außerdem können in seinem Speicher persönliche Daten des Inhabers abgelegt werden. Dieser Chip wird über eine kontaktlose Schnittstelle angesprochen.
- Chipkartenleser für kontaktlose Chipkarten. Verantwortlich: Privatwirtschaft, über eine mögliche Massenausschreibung auch der Bund. Dieser Chipkartenleser kann prinzipiell als Klasse-1-Leser (keine eigene Tastatur, kein eigenes Display), als Klasse-2-Leser (eigene Tastatur, kein eigenes Display) oder Klasse-3-Leser (eigene Tastatur, eigenes Display) ausgeführt werden. Eine Ausführung

in den Klassen 2 und 3 ist nur dann sinnvoll, wenn (a) das PACE-Protokoll, das im Bürgerclient integriert werden soll, (zumindest teilweise) in die Kartenleser integriert wird oder (b) eine transaktionsgebundene Nutzung des neuen Personalausweises erreicht werden kann. Beide Punkte werden weiter unten näher ausgeführt.
- Bürgerclient. Verantwortlich: Bund bzw. Auftragnehmer. Diese Softwarekomponente wird benötigt, um über einen Standardbrowser und ein Standardbetriebssystem den neuen Personalausweis zur Authentifizierung gegenüber einem Server nutzen zu können. Der Bürgerclient wurde für ausgewählte Betriebssysteme ausgeschrieben, und der Gewinner dieser Ausschreibung wurde mit der Weiterentwicklung und Pflege dieser Software beauftragt. Da sich Betriebssysteme und Browser ständig weiterentwickeln, ist hier eine kontinuierliche Anpassung erforderlich.
- Serverkomponenten der eCard-API. Verantwortlich: Privatwirtschaft. Hier soll die Privatwirtschaft in Konkurrenz verschiedene Lösungen anbieten. Eine Erprobung der verschiedenen Lösungen ist im Rahmen der Pilotversuche mit dem neuen Personalausweis (11/2009 bis 10/2010) geplant. Im Rahmen der Anwendungstests wurden von der Bundesdruckerei zwei Serverkomponenten bereitgestellt: Eine Identity Provider-Komponente, die die eID-Authentisierung durchführt und ein SAML-Token erstellt, und eine Relying Party-Komponente, die das SAML-Token konsumiert und über einen speziellen MIME-Typ den Bürgerclient startet.
- Weitere Komponenten in der Verantwortung des Bundes sind die beiden PKIs zur Ausstellung der Karten- bzw. Terminalzertifikate und der davon unabhängige Sperrdienst.

2. *Beschreibung der Anwendungsmöglichkeiten des neuen Personalausweises*

a) Hoheitlicher Anwendungsbereich

Der neue Personalausweis als hoheitliches Dokument muss ein Lesen und Schreiben von Daten auch ohne Zustimmung des Inhabers ermöglichen. Hierzu sieht das PACE-Protokoll die Verwendung der MRZ („Machine Readable Zone") oder der auf den neuen Personalausweis aufgedruckten CAN als Ersatz für die nur dem Inhaber bekannte, sechsstellige eID-PIN vor [BKMN08]. Dieser Lese- oder Schreibvorgang darf jedoch nur von einem hoheitlichen Lesegerät aus erfolgen. Der Nachweis, dass ein bestimmtes Lesegerät hoheitliche Rechte besitzt, wird im Rahmen der Terminal Authentication durch ein von der entsprechenden CA ausgestelltes Zertifikat nachgewiesen. Die Hauptanwendungsfälle sind:

- Grenzkontrolle/Polizeikontrolle: Lesen der im neuen Personalausweis gespeicherten Daten auch ohne Einwilligung des Inhabers,
- Einwohnermeldeamt: Schreiben neuer Daten in den neuen Personalausweis.

II. Technische Rahmenbedingungen

Im hoheitlichen Anwendungsbereich werden die Protokolle des neuen Personalausweises lokal zwischen dem neuen Personalausweis und dem Lesegerät ausgeführt. Die dazu benötigte Software im Lesegerät wird in hoheitlichem Auftrag erstellt und muss außer den Standards des neuen Personalausweises keine weiteren Standards berücksichtigen.

b) Log-in mithilfe der eCard-API

Für einen Log-in-Vorgang, bei dem der Nutzer mithilfe seines Personalausweises identifiziert werden soll, muss eine Fülle von Technologien eingesetzt werden, um Webtechnologie und Chipkartentechnologie zusammenzuführen.

In der Abb. 44 ist der Gesamtvorgang vereinfacht wiedergegeben. Die einzelnen Phasen eines Verbindungsaufbaus sind hier:

1. Normale HTTP-Anfrage des Browsers nach einer geschützten Ressource des eService. Aus dieser Anfrage muss bereits erkennbar sein, dass der Nutzer sich

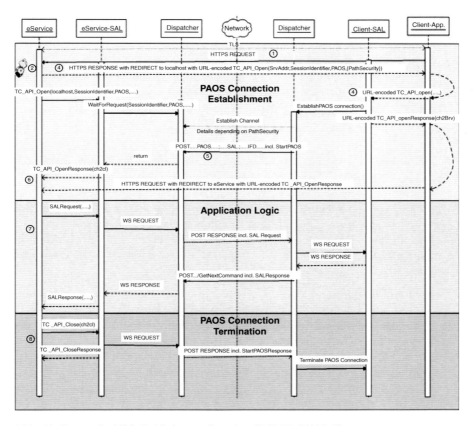

Abb. 44 Gesamtüberblick Verbindungsaufbau. (aus [BSI-TR-03112-7])

mittels eines neuen Personalausweises identifizieren möchte. Durch diese Anfrage und die dazugehörige HTTP-Antwort werden auf Server- und Clientseite die Neuer-Personalausweis-Applikationen gestartet.
2. Bei der Kommunikation mit dem neuen Personalausweis sind die Rollen von Client und Server vertauscht. Der neue Personalausweis spielt hier, zusammen mit dem Bürgerclient, die Rolle des Servers. Daher kann nicht mehr über HTTP kommuniziert werden, sondern das sogenannte PAOS-Binding muss zum Einsatz kommen. Bei dieser Technologie werden SOAP-Anfragen in HTTP-Antworten gesendet und umgekehrt SOAP-Antworten in HTTP-Anfragen. Alle Protokollnachrichten der Protokolle Terminal Authentication und Chip Authentication (s. u.) werden so in SOAP-Nachrichten gekapselt. (Der Bürgerclient führt das PACE-Protokoll lokal mit dem neuen Personalausweis durch.)
3. Parallel zur PAOS-Kommunikation mit dem neuen Personalausweis findet ein Polling des Webbrowsers beim eService statt. Dies ist notwendig, da der eService nach erfolgreichem Abschluss der Identifizierung des neuen Personalausweises aufgrund des HTTP-Kommunikationsschemas nicht aktiv mit dem Browser in Kontakt treten darf. Nach erfolgreichem Abschluss der Identifizierung des neuen Personalausweises wird dem Browser auf die nächste Polling-Anfrage hin Zugriff auf die angeforderte Ressource gewährt.

Diese Lösung ist der Kern der technischen Richtlinie [BSI-TR-03112-7] des BSI und stellt somit die Referenzimplementierung dar.

Das größte Problem dieser Lösung stellt der hohe Integrationsaufwand dar, den der Betreiber eines eService für die direkte Integration einer eCard-Api-Komponente eines Herstellers in sein System berücksichtigen müsste:

- Koexistenz von Legacy-Identifizierungsmechanismen: Jeder Betreiber wird neben der Identifizierung auf Basis des neuen Personalausweises auch weiterhin bereits bestehende Identifizierungssysteme (z. B. Nutzername/Passwort) betreiben, die auf bereits vorhandenen Kundendaten aufsetzen. Hier muss die Identifizierung des neuen Personalausweises in das Gesamtsystem integriert werden, und ggf. muss eine gemeinsame Datenbasis für alle Mechanismen geschaffen werden, um Kunden nicht mehrfach zu führen.
- Integration von Hintergrundsystemen: Für den reibungslosen Betrieb der Identifizierung des neuen Personalausweises ist die zuverlässige Integration einer Vielzahl von Drittsystemen erforderlich. Hierzu zählen:
  - Die Zertifizierungsstelle zur Ausstellung von Berechtigungszertifikaten. Diese Zertifikate werden im Rahmen der Terminal Authentication (TA) zur Authentifizierung und Autorisierung des eService benötigt. Da alle 24 Stunden ein neues Zertifikat benötigt wird (mit maximal 24 Stunden Überlappung von Gültigkeitsdauern [BSI-CertPol-ePA]), ist ein Ausfall dieser Anbindung von mehr als 48 Stunden für die Verfügbarkeit des Gesamtsystems kritisch.
  - Der Sperrlistendienst für Zertifikate des neuen Personalausweises. Da diese Zertifikate 10 Jahre lang gültig sind, müssen umfangreiche Sperrlisten zeitnah abgefragt werden. Für die Verfügbarkeit stellt diese Anbindung kein Problem dar, kritisch ist allerdings eine gesetzliche Pflicht zur Überprüfung der

II. Technische Rahmenbedingungen

Sperrlisten (§ 10 (4) PAuswG.). Hinzu kommt, dass es sich bei diesen Sperrlisten nicht um herkömmliche CRLs handelt, wie sie von jeder Certification Authority angeboten werden, sondern um eine Sperrung von Karten aufgrund von Restricted Identification (RI). Hierbei muss jeder Anbieter eine individuelle Sperrliste laden. Da es sich hier um eine völlig neue Technologie handelt, ist mit einem erheblichen Integrationsaufwand und, im Falle konkurrierender Anbieter, mit Interoperabilitätsproblemen zu rechnen.
- Die Country Signing CA, um ggf. neue Zertifikate für Document Signing CAs laden zu können. Da dieser Dienst nur selten benötigt wird, ist seine Anbindung für die Verfügbarkeit unkritisch.

Entschärft werden diese Probleme durch die konkrete Umsetzung dieses Konzepts in den Anwendungstests: durch die Verwendung eines Single-Sign-On-Mechanismus, der eine Trennung in Identity Provider und Relying Party vorsieht. Die oben beschriebenen komplexen Integrationsvorgänge müssen nur vom Identity Provider durchgeführt werden, die Anbindung der eigentlichen eServices als Relying Parties kann wegen der Nutzung von SAML relativ schnell durchgeführt werden.

Das in [BSI-TR-03112-7] spezifizierte technische System zum Internet-Log-in mithilfe des neuen Personalausweises stellt das mit Abstand komplexeste Protokoll dar, das jemals in diesem Bereich entwickelt wurde. Dies ist auf die Vielzahl der Anforderungen insbesondere im Bereich des Datenschutzes zurückzuführen, die hier umgesetzt wurden. Diese Tatsache impliziert aber Risiken bei den Kosten (Kosten für Entwicklung und Pflege des Bürgerclients und der eID-Serveranwendung) und bei der Sicherheit des Gesamtsystems. Auf diese Risiken gehen wir weiter unten noch näher ein, hier soll zunächst eine kurze Aufzählung genügen:

- **Eingabe der PIN:** Eine PIN-Eingabe am PC des Inhabers des neuen Personalausweises muss als äußerst kritisch eingeschätzt werden, da es eine Vielzahl von frei verfügbaren Malwarekomponenten gibt, die ein Mitlesen dieser PIN durch unbefugte Dritte auch über das Internet ermöglichen. Eine Mindestanforderung ist daher die Eingabe der PIN am Kartenleser, da sich sonst die Sicherheit des neuen Personalausweises von „Besitz und Wissen" auf „Besitz" reduziert.
- **Kommunikation Browser – Webanwendung:** Die eigentliche Authentisierung des Inhabers des neuen Personalausweises wird über die Verbindung Bürgerclient – eID-Server abgewickelt. Dabei wird eine „Sitzung" authentifiziert, die zwischen einem normalen Browser und der eigentlichen Webanwendung besteht. Ist diese Verbindung zwischen Browser und Webanwendung unsicher, so kann diese Authentisierung auf die Sitzung des Angreifers „umgeleitet" werden. (Dies ist beispielsweise besonders einfach mit Einwilligung des Inhabers des neuen Personalausweises im Bereich der Altersverifikation umzusetzen.) Die Sicherheit der Verbindung Browser – Webanwendung beruht aber in den vorliegenden Spezifikationen noch ausschließlich auf dem veralteten Paradigma, nach dem der Nutzer der Webanwendung (der Inhaber des neuen Personalausweises) die Authentizität des Webservers anhand seines Domainnamens und seines SSL-Server-Zertifikats verifizieren muss. Dieses Paradigma ist aber durch den Erfolg der Phishingangriffswelle seit 2004 eindrucksvoll falsifiziert worden. Hier sollte

der Bürgerclient die Verifikation des Servers übernehmen. Er kann dazu über seine Plug-in-Komponente auf das übermittelte Serverzertifikat im Browser zugreifen und dieses verifizieren.

- **Kommunikation Bürgerclient – Server:** Es ist in der vorliegenden Version der Spezifikation [BSI-TR-03112-7] noch unklar, wie der Bürgerclient den eID-Server im Rahmen des SSL-Handshakes authentifiziert. Der skizzierte Mechanismus mittels Pre-Shared Keys[328] (die laut [BSI-TR-03112-7] keine Pre-Shared Keys sind, sondern über die Verbindung Browser – Webanwendung übertragen werden) erscheint hier unzureichend, da in diesem Fall die Sicherheit der vorliegenden Verbindung auf der Sicherheit der Verbindung Browser – Webanwendung beruht (die im vorangehenden Absatz in Zweifel gezogen wurde). Dies stellt keine kryptografische Bindung zwischen den SSL-Kanälen her, muss jedoch keine Schwachstelle darstellen, da der Server ja im Rahmen der Terminalauthentisierung identifiziert wird.
- **Kommunikation Browser – Bürgerclient:** Zur Einschätzung der Sicherheit dieser Verbindung ist eine Implementierung (oder zumindest eine Feinspezifikation) des Bürgerclients erforderlich. Es sollte nicht möglich sein, diese HTTP-Verbindung auf einen unbefugten Server umzuleiten.

c) Single-Sign-On

In der Industrie werden zurzeit sogenannte Single-Sign-On-Protokolle als Standardlösung für die Log-in-Problematik entwickelt. Neben Protokollen mit niedrigen Sicherheitsanforderungen wie z. B. OpenID[329] und Firmenentwicklungen wie Microsoft Cardspace[330] ist hier vor allem der offene Standard SAML[331] zu nennen, der eine hohe technische Reife erlangt hat und Einsatzszenarien für die wichtigsten Use Cases definiert.

In SAML ist es problemlos möglich, auch eine Authentisierung auf Basis des neuen Personalausweises abzubilden. Die Komplexität des Gesamtprotokolls erhöht sich aber dadurch signifikant. Eine Übersicht zu dieser Problematik findet sich in [EHS09]. Insbesondere die Verknüpfung der beiden SSL-Kanäle, die der Browser zum einen zum Identity Provider (SAML-Terminologie für den eID-Server) und zum anderen zum Service Provider (eService) aufbaut, stellt ein aktuelles Forschungsthema dar. Erste Ergebnisse findet man in [BHS08], [GJMS08], [GLS08]. Formale Analysen wie z. B. [ACCCT08] sind auf das jeweilige Modell beschränkt und können nicht alle Schwachstellen aufzeigen.

---

[328] „…the PSK-value described in Section 2.3.5.1 serves as „pre-shared key" according to [RFC4279], which ties together the two TLS connections (between the eService-SAL and the Client-SAL and between the eService and the Client-Application) by cryptographic means." [BSI-TR-03112-7, p. 12]

[329] http://www.openid.org.

[330] http://www.microsoft.com/windows/products/winfamily/cardspace/default.mspx.

[331] http://www.oasis-open.org/committees/tc_home.php?wg_abbrev=security.

II. Technische Rahmenbedingungen 163

d) Qualifizierte elektronische Signatur

Die qualifizierte Signatur kann optional mit dem neuen Personalausweis genutzt werden. Allerdings wurden nach jetzigem Planungsstand zusätzliche Hürden eingebaut, die eine Nutzung praktisch erschweren werden:

- Technisch zwingend erforderlich vor der Erstellung einer qualifizierten Signatur ist die Durchführung des PACE-Protokolls, bei dem die CAN („Karten-PIN") und nicht die eID-PIN verwendet wird[332]. Zusätzlich muss dann zur Erstellung der qualifizierten Signatur noch eine weitere PIN (Signatur-PIN) eingegeben werden. (Die Signatur-PIN wird nicht in PACE verwendet, sondern direkt an den neuen Personalausweis zur Verifikation gesendet. Daher sind zur Eingabe dieser Signatur-PIN spezielle Lesegeräte erforderlich.) Es ist unrealistisch zu erwarten, dass ein kryptografisch nicht versierter Inhaber eines neuen Personalausweises diese Vorgehensweise versteht geschweige denn sich zwei sechsstellige PINs merken kann. (Wird die Signaturfunktion immer mit dem gleichen neuen Personalausweis am gleichen Lesegerät ausgeführt, so kann die CAN auch in diesem Lesegerät gespeichert werden.)
- Vor der Erstellung der qualifizierten Signatur werden außerdem die Protokolle TA und CA lokal zwischen dem neuen Personalausweis und dem Kartenleser ausgeführt. Die hierzu benötigten Terminalzertifikate haben eine längere Gültigkeitsdauer als diejenigen für die eID-Funktion. Dies ist für den Inhaber des neuen Personalausweises transparent. Hinsichtlich des Integrationsaufwands ist unklar, ob ein Sperrlistenmanagement erforderlich ist.

Die Sicherheit der Erstellung qualifizierter Signaturen auf Endanwender-PCs wurde bereits in [Langweg06] in Zweifel gezogen: Mit einem Trojanischen Pferd konnten qualifizierte Signaturen für Dokumente ohne Einwilligung des Nutzers erzeugt werden. Die Sicherheit gegen diese Art von Angriffen wird durch die neu eingeführten Maßnahmen nicht verbessert. Die Entwicklungszeit eines solchen Trojanischen Pferdes wurde in [Langweg06] mit etwa einem Tag angegeben.

Dies ist kein spezielles Problem von PACE, sondern ein generelles Problem aller sicherheitskritischen Anwendungen auf PC-Plattformen, für das es keine wissenschaftliche, allgemein anerkannte Lösung gibt. Es ist nur lösbar für kleine Datensätze unter Verwendung von Klasse-3-Chipkartenlesern [GLS07].

e) Datenschutz

Lobend hervorzuheben sind die technischen Maßnahmen, um einen möglichst umfassenden Datenschutz zu gewährleisten.

Hierzu zählt vor allem das Konzept der Berechtigungszertifikate, die nur einen beschränkten Zugriff des Terminalbetreibers auf die im neuen Personalausweis

---

[332] Nach Aussage des BSI kann diese CAN auch in Kartenlesern im privaten Einsatzbereich dauerhaft gespeichert werden.

gespeicherten eID-Daten erlauben. Ob die weitergehende Einschränkung dieses Zugriffs, die über einen Dialog im Bürgerclient möglich ist, Sinn macht, müssen die Anwendungstests zeigen.

Die Restricted Identification dagegen hinterlässt einen zwiespältigen Eindruck: Aus Sicht des Datenschutzes ist diese Funktionalität ideal, gleichzeitig verhindert sie aber eine effiziente Sperrung über Blacklisting, da die hier verwendeten IDs nicht zertifiziert sind. Whitelisting wäre möglich, aber ungleich aufwendiger. Die Sicherheitsprobleme werden weiter unten genauer diskutiert.

3. Beschreibung der Protokolle des neuen Personalausweises

In [BKMN08] werden die Ziele der Protokolle des neuen Personalausweises auf prägnante Weise wie folgt zusammengefasst:

- PACE schützt vor Zugriff „im Vorbeigehen" und baut einen verschlüsselten, integritätsgesicherten Kanal zwischen Karte und Lesegerät auf.
- PACE ermöglicht zusätzlich die Eingabe/Verifikation einer PIN, dadurch Bindung der Authentisierung an die Person und Schutz vor unbefugter Nutzung des neuen Personalausweises.
- Die Terminalauthentisierung stellt sicher, dass das Lesegerät/der Diensteanbieter nur berechtigte Zugriffe durchführen kann. Die Leserechte können für die verschiedenen Datenfelder separat vergeben werden.
- Die Chipauthentisierung baut einen sicheren Ende-zu-Ende-Kanal zwischen Chip und Diensteanbieter auf. Weiter wird durch die Chipauthentisierung in Verbindung mit der passiven Authentisierung die Echtheit des Chips nachgewiesen.
- Die Integrität und Authentizität der ausgelesenen Daten wird implizit über den Echtheitsnachweis des Chips gesichert.

Auf diese Aspekte wird in den folgenden Unterabschnitten eingegangen.

a) PACE

Das PACE-Protokoll ersetzt die direkte Übertragung der PIN an die Chipkarte, da dies im Fall einer kontaktlosen Chipkarte ein Mitlesen der PIN ermöglichen würde. PACE ist ein patentfreies, modernes, kryptografisches Protokoll, dessen Sicherheit in [BFK09] in einem formalen Modell verifiziert wurde.

Im neuen Personalausweis sind drei verschiedene Werte gespeichert, die im Rahmen des PACE-Protokolls zum Einsatz kommen können:

- Card Access Number (CAN): Diese sechsstellige Zahl ist auf die Vorderseite des neuen Personalausweises aufgedruckt. Sie wird in den folgenden Fällen innerhalb von PACE eingesetzt:
  - Hoheitliche Kontrolle,
  - Änderungsdienst in den Ausweisbehörden,

II. Technische Rahmenbedingungen

- Verbindungsaufbau zur Signaturanwendung und
- Freischaltung des dritten Eingabeversuchs der eID-PIN.

- **MRZ:** Die Daten aus der maschinenlesbaren Zone auf der Rückseite des neuen Personalausweises. Ein SHA-1-Hash-Wert aus diesen Daten dient als Ersatz für die CAN bei hoheitlichen Kontrollen, in denen Durchzugslesegeräte eingesetzt werden.
- **eID-PIN:** Diese sechsstellige PIN ist nur dem Inhaber des neuen Personalausweises bekannt. Sie kann nach Eingabe einer fünfstelligen Initial-PIN vom Ausweisinhaber gewählt werden.
- **PIN Unblocking Key (PUK):** Diese mindestens zehnstellige Zahl dient der Entsperrung einer gesperrten PIN.

Die Signatur-PIN dient zur Erzeugung einer qualifizierten digitalen Signatur. Sie wird nicht zusammen mit PACE verwendet, sondern nach Eingabe an einem zugelassenen Lesegerät (muss eine numerische Tastatur besitzen) direkt zur Verifikation an die Karte übermittelt.

Im PACE-Protokoll wird zweimal ein Diffie-Hellman-Schlüsselaustausch durchgeführt. Die zugrunde liegende mathematische Struktur ist eine elliptische Kurve, deren Parameter vom neuen Personalausweis an das Lesegerät übertragen werden. Zu diesen Parametern gehört auch der Basispunkt G, der im ersten Schlüsselaustausch verwendet wird.

Dieser Basispunkt wird für den zweiten Schlüsselaustausch modifiziert, und zwar mithilfe des Ergebnisses des ersten Schlüsselaustauschs und mit einer vom neuen Personalausweis gewählten Zufallszahl s. Diese Zufallszahl wird, verschlüsselt mit einem aus der sechsstelligen PIN abgeleiteten Schlüssel, an den Kartenleser übertragen.

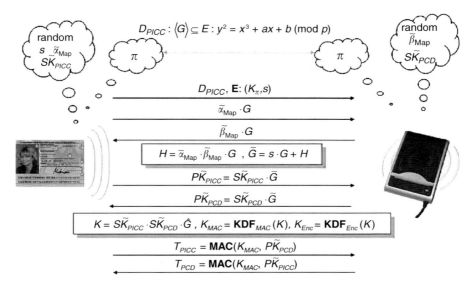

Abb. 45 Ablauf des PACE-Protokolls. [BSI-TR-03112-7]

Wurde am Kartenleser die korrekte PIN eingegeben, wird die korrekte Zufallszahl s entschlüsselt, und beide Parteien verwenden für den zweiten Schlüsselaustausch den gleichen Basispunkt Ğ und damit auch das gleiche Ergebnis K. In diesem Fall kann der neue Personalausweis den zuletzt gesendeten Wert T_{PCD} verifizieren, und das PACE-Protokoll war erfolgreich.

Wird am Kartenleser jedoch die falsche PIN eingegeben, so ist das Ergebnis der Entschlüsselung eine falsche Zufallszahl s'. Dies hat zur Folge, dass der neue Personalausweis und der Kartenleser unterschiedliche Werte K und K' berechnen. Der Wert T_{PCD} wurde in diesem Fall mithilfe von K' erzeugt, eine Überprüfung mit K muss somit scheitern. Das PACE-Protokoll wird in diesem Fall abgebrochen, der neue Personalausweis bleibt gesperrt.

Scheitert das PACE-Protokoll zweimal in Folge, so muss zunächst einmal die CAN eingegeben werden. Danach kann ein drittes Mal die eID-PIN eingegeben werden. Ist auch diese Eingabe erfolglos, wird der neue Personalausweis gesperrt und kann nur durch Eingabe der korrekten PUK wieder entsperrt werden. (In einer Ausweisbehörde kann ebenfalls eine neue PIN gesetzt werden.)

Diese Vorgehensweise wurde gewählt, um einen Denial-of-Service-Angriff, der gegen jeden neuen Personalausweis in Sendereichweite eines bösartigen Kartenlesers möglich wäre, zu unterbinden.

Als wichtigster Kritikpunkt beim PACE-Protokoll bleibt festzuhalten, dass bei Eingabe der PIN an einem ungeschützten PC diese PIN leicht durch bekannte Malwareprogramme (z. B. Keylogger) mitgelesen werden kann. Die Sicherheit des PACE-Protokolls würde dann von „Besitz und Wissen" auf nur noch „Besitz" reduziert: Ein Angreifer könnte immer, wenn der neue Personalausweis sich in Sendereichweite des Kartenlesers befindet, das PACE-Protokoll erfolgreich durchführen.

Der Einsatz des richtigen Kartenlesers (s. u.) ist daher für die Sicherheit des PACE-Protokolls von entscheidender Bedeutung. Ein solcher Kartenleser müsste es über eine numerische Tastatur ermöglichen, die PIN direkt am Kartenleser einzugeben, und mindestens in der Lage sein, die verschlüsselte Zufallszahl s zu entschlüsseln und an den Bürgerclient weiterzugeben. In [BSI-TR-03119] werden solche Kartenleser als „Cat-S" (Klasse-2-Leser incl. PACE-Implementierung) oder „Cat-K" (Klasse-3-Leser incl. PACE-Implementierung) bezeichnet.

b) Terminal Authentication

Terminal Authentication ist, verglichen mit PACE, ein relativ einfaches Protokoll. Das Terminal (das in den hoheitlichen Anwendungsfällen der Kartenleser selbst sein kann, in den eID-Anwendungen typischerweise ein Server im Internet ist) überträgt zunächst ein Berechtigungszertifikat an den neuen Personalausweis – zusammen mit weiteren Zertifikaten, die es dem neuen Personalausweis ermöglichen, die Gültigkeit des Berechtigungszertifikats zu überprüfen.

Der Name „Berechtigungszertifikat" (Gültigkeit 1–3 Tage [Kle09]) rührt daher, dass in diesen Zertifikaten das Recht, auf bestimmte im neuen Personalausweis gespeicherte Daten zuzugreifen, gespeichert ist. Um es dem Nutzer in eID-Anwendungen zu ermöglichen, diese Rechte weiter einzuschränken, wird das Berechtigungszertifikat bereits vor Ausführung des PACE-Protokolls an den Bürgerclient übertragen, der in einem Dialog dem Inhaber des neuen Personalausweises die angeforderten Daten anzeigt und ihm die Möglichkeit bietet, diese weiter einzuschränken.

Das Terminal authentifiziert sich im Wesentlichen dadurch, dass es eine zufällige Challenge, die vom neuen Personalausweis generiert wurde, mithilfe des zum Berechtigungszertifikat gehörenden privaten Schlüssels signiert. Diese Challenge besteht aus einer aus dem PACE-Protokoll abgeleiteten temporären ID und einer Zufallszahl.

Daneben wird im Terminal Authentication-Protokoll auch ein temporärer öffentlicher Schlüssel des Terminals generiert und zusammen mit der Challenge signiert.

Für die im Rahmen von Terminal Authentication eingesetzten Zertifikate ist zu beachten, dass die Zertifikate vom neuen Personalausweis selbst verifiziert werden müssen. Dies hat mindestens zwei Konsequenzen:

1. Der neue Personalausweis ist nicht in der Lage, Sperrlisten (CRLs) zu verarbeiten. Das Laden langer Sperrlisten würde bei der geringen Bandbreite der Chipkartenanbindung zu lange dauern. Daher haben die eingesetzten Berechtigungszertifikate eine extrem kurze Gültigkeitsdauer (36 Stunden).
2. Die Überprüfung von X.509-Zertifikaten erfordert neben kryptografischen Algorithmen (Hash-Funktion, Signaturverifikation) auch einen ASN.1-Parser, der die komplexe Datenstruktur eines X.509-Zertifikats verarbeiten kann. Da ein solcher Parser die Sicherheit der eID-Anwendungen nicht erhöhen würde, aber einen signifikanten Mehraufwand bei der Komplexität der zu implementierenden (und ggf. formal zu verifizierenden) Software des neuen Personalausweises mit sich bringen würde, werden hier einfacher strukturierte Zertifikate eingesetzt, sogenannte Card Verifiable Certificates[333] (CV-Zertifikate) [CV-Zertifikate].

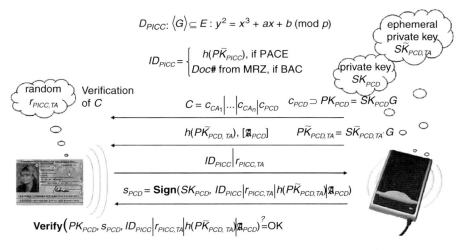

Abb. 46 Terminal Authentication, Version 2. [BSI-TR-03112-7]

---

[333] http://de.wikipedia.org/wiki/Card_Verifiable_Certificate.

Die Public Key-Infrastruktur zur Ausstellung dieser Zertifikate (County Verifying CA) arbeitet daher mit extrem kurzlebigen CV-Zertifikaten [Kle09,BSI-CertPol-ePA]:

- Das Wurzelzertifikat der Country Verifying CA, die vom BSI betrieben wird, hat eine Gültigkeitsdauer von 2 Jahren und 2 Monaten. Sie wird 21 Monate und 14 Tage zur Ausstellung der nächsten Ebene von Zertifikaten, den Document Verifying-Zertifikaten, verwendet.
- Die Zertifikate der Document Verifying CA, die von verschiedenen Berechtigungsdiensten betrieben werden, haben eine Gültigkeitsdauer von 2 Monaten und 14 Tagen. Sie werden 2 Monate lang zur Ausstellung von Berechtigungszertifikaten verwendet.
- Berechtigungszertifikate haben, wie bereits oben erwähnt, eine Gültigkeit von maximal 48 Stunden und können 24 Stunden lang verwendet werden.

c) Chip Authentication

Chip Authentication ist das Gegenstück zu Terminal Authentication; hier authentifiziert sich der neue Personalausweis gegenüber dem Terminal. Hier ist also genau der Punkt, an dem der Inhaber des neuen Personalausweises sich, über den Umweg des PACE-Protokolls, gegenüber der eID-Anwendung identifiziert.

Weiterhin wird durch die Chip Authentication die Integrität der auf dem neuen Personalausweis gespeicherten Daten sichergestellt. Diese sind nicht digital signiert, sondern sind dadurch authentifiziert, dass sie innerhalb einer geschützten, durch CA authentifizierten Sitzung übertragen werden.

Eine Verknüpfung mit der vorangegangenen Terminal Authentication wird durch die Verwendung des dort signierten, temporären öffentlichen Schlüssels des Terminals erreicht.

Der neue Personalausweis bringt in einem Diffie-Hellman-Schlüsselaustausch, der wiederum auf elliptischen Kurven basiert, seinen zertifizierten, öffentlichen

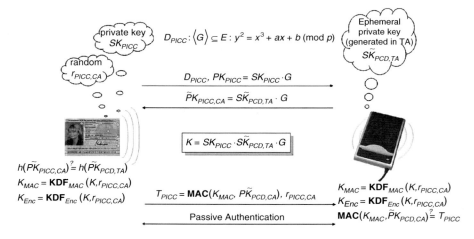

Abb. 47 Chip Authentication, Version 2. [BSI-TR-03112-7]

II. Technische Rahmenbedingungen

Schlüssel ein. Die Authentisierung erfolgt dadurch, dass nur eine Chipkarte, die auch den privaten Schlüssel zu diesem öffentlichen Schlüssel kennt, den korrekten Diffie-Hellman-Schlüssel K berechnen, aus diesem K_{MAC} ableiten und damit einen Message Authentication Code über den temporären öffentlichen Schlüssel des Terminals berechnen kann.

Da der neue Personalausweis eine Gültigkeitsdauer von 10 Jahren hat, muss auch das darin gespeicherte Zertifikat 10 Jahre lang gültig bleiben. Dies stellt extreme Anforderungen an die zugehörige Public Key-Infrastruktur, die Country Signing PKI [Kle09]:

- Die Wurzelzertifikate der Country Signing CA, die vom BSI betrieben wird, haben eine Gültigkeitsdauer von 13 Jahren und 2 Monaten. Sie werden 3 Jahre lang zur Ausstellung von CA-Zertifikaten für die nächste Ebene, die Document Signing CAs, verwendet.
- Die Zertifikate der Document Signing CAs, die von den Kartenproduzenten betrieben werden, haben eine Gültigkeitsdauer von 10 Jahren und 2 Monaten. Sie werden 2 Monate lang zur Produktion von neuen Personalausweisen verwendet.
- Die Document Signing-Zertifikate im neuen Personalausweis haben schließlich die schon oben genannte Gültigkeitsdauer von 10 Jahren.

Neben der Herausforderung für das BSI, Algorithmen für diese PKI (Hash-Funktionen, Signaturfunktionen und Schlüssellängen) zu definieren, die mehr als 13 Jahre sicher überstehen müssen, erfordert dieses Konzept eine umfangreiche Sperrlistenverwaltung (über Restricted Identification s. u.), da ein signifikanter Anteil der ausgegebenen neuen Personalausweise im Laufe der 10 Jahre gesperrt werden muss, und dies für den gesamten restlichen Gültigkeitszeitraum.

Da der neue Personalausweis anhand des Public Key PK_{PICC} eindeutig wiedererkennbar wäre, wurde festgelegt, alle während eines bestimmten Zeitraums ausgegebenen neuen Personalausweise mit dem gleichen privaten Schlüssel SK_{PICC} zu versehen. Zitat [BSI-TR-03116-2], Abschn. 5.2.1:

„Alle Chips einer Generation müssen das gleiche Schlüsselpaar für die Chipauthentisierung verwenden."

Dies hätte zur Folge, dass bei Verlust eines neuen Personalausweises aus diesem Zeitraum alle anderen ebenfalls gesperrt werden müssten, falls die Gefahr besteht, dass SK_{PICC} durch invasive oder nicht invasive Angriffe aus dem ePA extrahiert wurde:

- *Bei Kenntnis von SK_{PICC} können beliebige, neue Identitätsdaten kreiert und gegenüber einem Webdienst nachgewiesen werden.*
- *Eine Sperrung über den Restricted Identification-Mechanismus greift daher nicht mehr, da das für RI verwendete Geheimnis dem Sperrdienst gar nicht bekannt ist.*

Zwei Lösungsmöglichkeiten bieten sich an:

- Jede Generation enthält nur wenige neue Personalausweise: Hier könnte über die Chip Authentication ein Nutzer innerhalb der kleinen Gruppe von Nutzern mit neuem Personalausweis der gleichen Generation identifiziert werden.
- Whitelisting: Der Sperrdienst über RI wird durch einen Whitelisting-Dienst über RI ersetzt. Hier wären allerdings enorme Datenmengen zu verarbeiten.

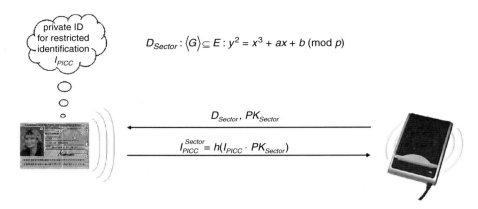

Abb. 48 Restricted Identification. [BSI-TR-03112-7]

d) Restricted Identification

Das Restricted Identification-Protokoll bietet selbst keine Sicherheitsgarantien, sondern ist nur in Kombination mit einer vorangehenden Chip Authentication (und dem Einsatz des dort ausgehandelten Schlüsselmaterials) sinnvoll. Nach einem einfachen Schema (gehashter Diffie-Hellman-Wert) wird hier aus einer individuellen, geheimen Identität des neuen Personalausweises, nämlich dem Wert I_{PICC} (in der Regel der private Schlüssel für RI des neuen Personalausweises, nicht zu verwechseln mit dem im Rahmen von Chip Authentication eingesetzten privaten Schlüssel SK_{PICC}) und einer globalen Identität des Dienstes (Wert PK_{Sector}), eine lokale Identität des neuen Personalausweises (I_{PICC}^{Sector}) gebildet, die für den Dienst ein Wiedererkennen, aber keine Identifizierung des neuen Personalausweises ermöglicht.

Restricted Identification dient zur Verwaltung von **Sperrlisten**: Aufgrund einer zentralen Sperrliste, die die Werte I_{PICC} der gesperrten neuen Personalausweise enthält, wird für jeden Webdienst eine eigene Sperrliste erzeugt und diese an den Webdienst übermittelt. Die Werte $I_{PICC}^{Sector1}$ und $I_{PICC}^{Sector2}$, die den gleichen neuen Personalausweis in verschiedenen Webanwendungen identifizieren, können mathematisch nicht miteinander in Verbindung gebracht werden.

4. Art des Chipkartenlesers

Chipkartenleser lassen sich in verschiedene Sicherheitsklassen einordnen, die sich vor allem anhand der dem Nutzer zur Verfügung gestellten Ein- und Ausgabemöglichkeiten unterscheiden. Durch diese unterschiedlichen Ein- und Ausgabemöglichkeiten sind aber auch die Angriffsmöglichkeiten auf die verschiedenen Klassen von Chipkartenlesern sehr unterschiedlich. Diese reichen von einfachen Keyloggern bei der Verwendung von Chipkartenlesern der Sicherheitsklasse 1 bis hin zu ausgefeilten Malwareszenarien, die je nach Mitwirkung des Nutzers auch Angriffe ermöglichen, wenn ein Leser der Sicherheitsklasse 3 verwendet wird.

Neben der Betrachtung der verschiedenen Sicherheitsklassen und der entsprechenden Angriffsmöglichkeiten wird in diesem Abschnitt auch auf Mechanismen zur Umsetzung einer transaktionsbezogenen Sicherheit eingegangen. Dazu zählen beispielsweise Sicherheitsmechanismen wie Secoder oder ChipTAN/eTAN+, die ebenfalls zusammen mit den in diesen Fällen möglichen Angriffsformen betrachtet werden sollen.

Anforderungen für kontaktlose Chipkarten
Kontaktlose Chipkarten benötigen keinen Steckplatz, dafür aber eine Auflagefläche, um den neuen Personalausweis bequem an einem definierten Ort in der Nähe des Chipkartenlesers unterbringen zu können. Dies spricht für eine Ausführung des Lesers als Klasse-1-Leser, da eine evtl. vorhandene Tastatur oder ein Display von der aufgelegten Karte verdeckt werden können.

Beim Einsatz eines Klasse-1-Lesers besteht aber die große Gefahr, dass die PIN von einem Schadprogramm mitgelesen werden kann. Dieses könnte somit den neuen Personalausweis aktivieren, sobald dieser in Funkreichweite gelangt.

Der Einsatz mindestens eines Klasse-2-Lesers scheint daher sinnvoll.

Anforderungen des PACE-Protokolls
Für das PACE-Protokoll müssen aufseiten des Terminals, das zur PIN-Eingabe verwendet wird, umfangreiche kryptografische Berechnungen durchgeführt werden. Diese könnten zwar im Kartenleser selbst implementiert werden, dadurch könnten sich aber Probleme im Zusammenspiel mit dem Bürgerclient ergeben, und durch die höhere Komplexität der Kartenlesersoftware könnte die Verwundbarkeit gegen Malwareangriffe erhöht werden. (Generell besteht bei erhöhter Komplexität der Software auch eine erhöhte Verwundbarkeit gegenüber Malwareangriffen.)

Als mögliche Lösung bietet sich an, nur die Schlüsselableitungsfunktion, die den Schlüssel K_π aus der PIN π berechnet, sowie die Entschlüsselung von $E(K_\pi, s)$ zusammen mit der PIN-Eingabe auf dem Leser zu implementieren und den berechneten Wert s anschließend an den Bürgerclient zu übergeben. Auf diese Art und Weise könnte die automatische Aktivierung eines neuen Personalausweises durch einen Keylogger-Trojaner verhindert werden.

Möglich ist natürlich auch die vollständige Implementierung des PACE-Protokolls auf dem Kartenleser.

Der Einsatz mindestens eines Klasse-2-Lesers mit der beschriebenen Funktionalität (Cat-S bzw. Cat-K nach [BSI-TR-03119]) scheint daher sinnvoll.

Anforderungen für transaktionsbasierte Authentifizierung
Um einzelne Transaktionen sicher authentifizieren zu können, muss es eine sichere Anzeigemöglichkeit für die in dieser Transaktion enthaltenen Daten geben. Da alle bisher entwickelten Konzepte für rein softwarebasierte, sichere Anzeigekomponenten nicht sicher gegen Malwareangriffe sind [Langweg06], bleibt als einzige heute verfügbare Alternative ein sicheres Display auf einem Chipkartenleser. *Eine Tastatur ist zur Authentisierung von Transaktionen dagegen nicht unbedingt erforderlich.*

Der Einsatz eines Chipkartenlesers mit Display und mindestens einer Bestätigungstaste scheint daher sinnvoll.

Lösungsmöglichkeit für die eID-Funktion
Da die eID-Funktion sitzungsbasiert ist, kann eine Anzeige von Transaktionsdaten nur schwer in dieses Konzept integriert werden. Es genügt daher, die Gefahr durch Keylogger-Trojaner durch Integration einer numerischen Tastatur auszuschalten, ein Display ist nicht erforderlich.

Ein Einsatz mindestens eines Klasse-2-Lesers mit Eingabemöglichkeit für die PIN scheint daher sinnvoll.

Lösungsmöglichkeit für transaktionsbasierte Authentisierung
Zur Authentisierung von Transaktionen kann die optionale Signaturfunktion des neuen Personalausweises eingesetzt werden. Um eine eingeschränkte Trusted Viewer-Komponente zu realisieren, müsste der eingesetzte Kartenleser über ein Display zur Anzeige eines stark eingeschränkten Zeichensatzes (z. B. ASCII plus deutsche Umlaute und „ß") sowie über eine Software-API, über die dieses Display von einer zertifizierten Clientapplikation aus angesprochen werden kann, verfügen.

Der angezeigte Text sollte später aus dem signierten Datensatz heraus überprüfbar sein. Hierzu eignet sich z. B. das in [GLS07] beschriebene Verfahren der mehrstufigen Hash-Wert-Bildung.

Der Einsatz eines Chipkartenlesers mit Display und mindestens einer Bestätigungstaste scheint daher sinnvoll.

5. *Kombination der einzelnen kryptografischen Protokolle (für Webanwendungen: SSL)*

Nach aktuellem Planungsstand werden zur Realisierung eines eID-Service fünf komplexe kryptografische Protokolle in Kombination eingesetzt.

- PACE, TA und CA sind über zwischen den Protokollen übergebene kryptografische Parameter verkoppelt. Hier steht eine formale Sicherheitsanalyse aber noch aus. Es wäre sinnvoll, die Arbeiten aus [BFK09] zu erweitern.
- Zusätzlich werden SSL-Verbindungen zwischen Browser und Webserver, Browser und eID-Server und zwischen Bürgerclient und eID-Server aufgebaut. Unterschiedliche SSL-Protokolle sollen laut [BSI-TR-03112-7] über [RFC 4279] verkoppelt werden:
  - Über den SSL-Kanal zwischen Browser und eID-Server wird ein vom eID-Server generierter Pre-Shared Key (PSK) übertragen. Dieser PSK ist nur durch die SSL-Verschlüsselung geschützt.
  - Zwischen Bürgerclient und eID-Server soll dann eine SSL-Verbindung nach [RFC 4279] unter Verwendung des übertragenen PSK durchgeführt werden.
  - Durch diese Maßnahme würden die beiden SSL-Protokolle in der Tat miteinander verkoppelt, aber nur, wenn die SSL-Verbindung zwischen Browser

und eID-Server als sicher angenommen wird. Dies ist aber mit Blick auf die in dieser Studie geschilderten Phishingfälle keine realistische Annahme.

Beispielhaft sollen hier zwei mögliche Schadszenarien betrachtet werden. Diese Schadszenarien resultieren aus der Tatsache, dass der SSL-Kanal und der EAC-Kanal verschiedene Endpunkte haben: der SSL-Kanal im PC (i. d. R. im Browser) und der EAC-Kanal im Chip des ePA.

a) Altersverifikationsproxy

Als einfachstes Beispiel soll hier der „Altersverifikationsproxy" (der für kommerziell orientierte Angreifer uninteressant ist) dienen: Ein volljähriger Inhaber eines ePA verbindet diesen dauerhaft mit einer Serverapplikation, die eine anonyme Verifikation der Volljährigkeit zulässt. Minderjährige könnten sich nun mittels Browser-Plug-in mit diesem Server verbinden und gegenüber einer von ihnen aufgerufenen Webapplikation ihre angebliche Volljährigkeit nachweisen.

Um diesen Angriff durchzuführen, müssen der Inhaber des ePA und der Nutznießer (der Minderjährige) kooperieren. Sowohl im PC des ePA-Inhabers als auch im PC des Minderjährigen könnte eine modifizierte Variante des Bürgerclients zum Einsatz kommen, oder der Chipkartenleser des volljährigen ePA-Inhabers wird über eine Remote-Schnittstelle angebunden. Da nur der ePA und der eID-Server unter der Kontrolle des Anbieters des eID-Service stehen, ist dieser Angriff nicht zu verhindern.

Dies betrifft jedoch nicht nur die eID-Funktion, sondern prinzipiell fast jede Art der Altersverifikation über das Internet. Dieses Beispiel wurde nur aufgeführt, da die sichere Altersverifikation in vielen Vorträgen als einer der Hauptvorzüge des ePA genannt wird. Dass dieser Angriff nicht verhindert werden kann, liegt im Wesentlichen daran, dass sich der ePA gegenüber dem eID-Server direkt authentisiert, der Inhaber des ePA aber nur indirekt durch die Eingabe seiner PIN.

b) Man-in-the-Middle-Angriff auf die SSL-Verbindung

Wesentlich schwerwiegender ist der folgende Angriff: Der Angreifer baut eine SSL-Verbindung mit dem Opfer und eine zweite SSL-Verbindung mit dem eID-Server und Webserver auf. Da die Identifizierung des Opfers über die eID-Funktion unab-

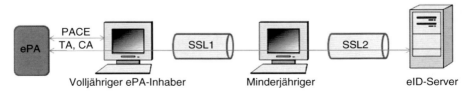

Abb. 49 Altersverifikationsproxy zur Umgehung der Altersverifikation

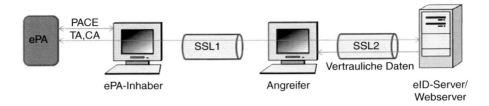

Abb. 50 Man-in-the-Middle-Angriff auf die SSL-Verbindung

hängig von SSL erfolgt, ist diese auch im beschriebenen Szenario erfolgreich. Der Zugriff auf vertrauliche Daten wird freigegeben, und diese Daten werden über die Verbindung SSL2 an den Angreifer übermittelt.

Dieses Problem ist ebenfalls nicht spezifisch für die eID-Funktion, sondern tritt bei vielen Authentisierungsverfahren über das Internet auf. (Einzig davon nicht betroffen ist die Authentisierung über SSL-Clientzertifikate.)

Dieses Problem ist lösbar; es tritt meist infolge einer mangelhaften Verifikation des SSL-Serverzertifikats durch das Opfer auf. Hier übernimmt der Bürgerclient Kontrollfunktionen. Hierzu werden die Hash-Werte aller legalen SSL-Zertifikate eines Anbieters in das Terminalzertifikat aufgenommen. Der Bürgerclient überprüft den Hash-Wert des im Browser verwendeten Zertifikats anhand dieser Liste und bricht ggf. die Verbindung ab[334]. Mit dieser Lösung werden Man-in-the-Middle-Angriffe wirkungsvoll verhindert.

Ein neuer Forschungsansatz besteht darin, die Endpunkte von SSL und der eID-Funktion kryptografhisch zu verkoppeln.

c) Angriffe auf SSO-ähnliche Ansätze

In den aktuellen Anwendungstests sind der eID-Server und der eService räumlich getrennt. Das Ergebnis der Authentisierung am eID-Server wird dem eService über ein SAML-Token mitgeteilt. Die Sicherheit dieser Ansätze wurde in [EHS09] untersucht, entsprechende Sicherheitsmaßnahmen wurden im eingesetzten System umgesetzt.

6. *Klassifikation der Dienste auf Basis des neuen Personalausweises*

Wie schon andernorts dargelegt, hängt die Tatsache, ob ein Dienst im Internet von kommerziell orientierten Hackern angegriffen wird, von der Frage nach dem „Business Case" für Angreifer ab. Es ist daher zu erwarten, dass Applikationen auf Ba-

---

[334] BSI, persönliche Kommunikation.

sis des neuen Personalausweises in den ersten Jahren nach Einführung des neuen Personalausweises nicht im Fokus der Angreifer stehen, da es sich aufgrund der geringen Marktdurchdringung noch nicht lohnt, diese anzugreifen. Je erfolgreicher der neue Personalausweis jedoch wird, desto höher wird das Risiko eines Angriffs.

Grundsätzlich können zwei Arten der Absicherung von Webdiensten unterschieden werden.

- Sitzungsbasierte Absicherung: Bei dieser Art der Absicherung wird einmalig eine Authentisierung des Nutzers durchgeführt. Ist diese erfolgreich, so wird diese Tatsache im Kontext der aktuellen Sitzung gespeichert. Alle nachfolgenden Aktionen des Nutzers werden so automatisch als authentisch angenommen. Kann ein Angreifer diese Sitzung übernehmen („session hijacking"), so übernimmt er automatisch auch die Identität des Nutzers. Im Kontext des neuen Personalausweises bieten alle in [BSI-TR-03112-7] spezifizierten Sicherheitsmechanismen lediglich eine sitzungsbasierte Absicherung.
- Transaktionsbasierte Absicherung: Bei der transaktionsbasierten Absicherung wird jede einzelne, sicherheitskritische Aktion des Nutzers authentifiziert. Dies ist z. B. Standard im deutschen Onlinebanking mit den verschiedenen Ausprägungen TAN, iTAN, mTAN, eTAN+. Im Behördenumfeld wird transaktionsbasierte Absicherung bei (qualifizierten) digitalen Signaturen eingesetzt, und dies ist grundsätzlich auch beim neuen Personalausweis möglich.

Folgende Dienste auf Basis des neuen Personalausweises wurden in der Industrie bereits diskutiert bzw. werden in den Pilottests untersucht werden:

- Erstanmeldung: Bei der Erstanmeldung besteht noch kein Vertragsverhältnis zwischen dem Anbieter des Webdienstes (z. B. Onlineversicherungsabschluss) und dem Inhaber des neuen Personalausweises. Hier entsteht ein tatsächlicher Mehrwert, da die Erstanmeldung mittels neuem Personalausweis andere kostenträchtige Verfahren (Besuch durch Außendienstmitarbeiter, Postidentverfahren) ersetzen kann. Ein Hindernis ist hier allerdings der hohe Integrations- und Wartungsaufwand für die benötigte IT-Infrastruktur beim Anbieter. Hier wäre zu klären, ab welcher Anzahl von Geschäftsvorfällen sich der Aufwand lohnt.
- Onlinebanking: Hier stellt der Einsatz einer sitzungsbasierten Absicherung ein großes Risiko dar. Bekannte, auf dem grauen Markt erhältliche Angriffstools könnten problemlos adaptiert werden. Als Alternative bietet sich eine transaktionsbasierte Absicherung, analog zu HBCI/FinTS, auf Basis der qualifizierten Signatur an.
- Chipkartenbasierte Dienste: In einigen Pilotversuchen (z. B. im Nahverkehr) sollen bislang schon chipkartenbasierte Dienste um den Einsatz des neuen Personalausweises erweitert werden. Neben rein praktischen Problemen (der Kunde muss mit zwei Chipkarten am eigenen PC agieren) ist hier auch kein Zugewinn an Sicherheit erkennbar: Der Kunde ist bereits eindeutig über seine Kundenkarte identifizierbar (Authentifizierung durch Besitz).
- eGovernment: In eGovernment-Anwendungen kann eine sitzungsbasierte Absicherung durchaus adäquat sein, da hier zurzeit kein plausibler Business Case für potenzielle Angreifer erkennbar ist.

III. Rechtliche Rahmenbedingungen des neuen Personalausweises

1. Überblick

Der neue (elektronische) Personalausweis ist in erster Linie ein hoheitliches Ausweisdokument (siehe oben S. 151) und hat seine zentrale rechtliche Grundlage im Personalausweisgesetz (PAuswG). Zahlreiche weitere Normen nehmen auf den Personalausweis Bezug und beschreiben damit das rechtliche Umfeld für den Einsatz des neuen Personalausweises.

Darüber hinaus kommt dem neuen Personalausweis in wichtigen rechtlichen Zusammenhängen – oft ohne ausdrückliche Erwähnung im Gesetz – erhebliche Bedeutung zu. Dies ist vor allem im Zusammenhang mit den Pflichten zur Identifikation von Personen und im Zusammenhang mit dem Beweis für rechtserhebliche Handlungen der Fall.

2. Das Personalausweisgesetz

a) Grundlagen

Das Personalausweisgesetz (Gesetz über Personalausweise in der Fassung vom 21.4.1986) ist heute die zentrale Rechtsgrundlage für den Personalausweis. Die gesetzliche Regelung hat erhebliche Änderungen durchlaufen. Die erste Grundlage der Konzeption eines einheitlichen Gesetzes und des Ausweiszwangs war das Gesetz über das Pass-, das Ausländerpolizei- und das Meldewesen sowie das Ausweiswesen von 1937.[335] Nach der Gründung der Bundesrepublik war in Deutschland eine uneinheitliche Entwicklung des Ausweiswesens zu verzeichnen, sodass eine neue, bundeseinheitliche Regelung notwendig erschien.[336] Diese wurde, beruhend auf der Rahmengesetzgebungskompetenz gem. Art. 75 Abs. 1 Nr. 5 GG, durch das Gesetz über Personalausweise vom 19.12.1950[337] geschaffen. Und – angeregt durch öffentliche Diskussionen und das Volkszählungsurteil des Bundesverfassungsgerichts – durch das Gesetz vom 21.4.1986[338] weiterentwickelt.

Auch das aktuelle Personalausweisgesetz gibt, entsprechend seinem Charakter als Rahmengesetz, lediglich einen Rahmen mit Regelung wesentlicher Grundsätze vor, der durch die Ländergesetze auszufüllen ist. Zu den Regelungsgegenständen des PAuswG gehören etwa die Ausweispflicht, das Ausweismuster und die darin gespeicherten Daten, die Gültigkeitsdauer und die örtliche und sachliche Zuständig-

---

[335] Gesetz v. 11.5.1937, RGBl. I 589.
[336] Zur Begründung siehe *Schulz*, in Schliesky, Vorbemerkung S. 5.
[337] BGBl. I 807.
[338] BGBl. I 548.

III. Rechtliche Rahmenbedingungen des neuen Personalausweises

keit der Personalausweisbehörden. Die Personalausweisgesetze der Länder regeln sodann das Nähere.[339] Das PAuswG NRW enthält z. B. Regelungen zu den einzelnen Pflichten des Ausweisinhabers, dem Personalausweisregister und der Datenübermittlung.

Eine entscheidende Änderung der Gesetzeslage wurde durch die Föderalismusreform[340] vorbereitet, durch die die Gesetzgebungskompetenz für das Ausweiswesen gemäß Art. 73 Abs. 1 Nr. 3 GG vollständig auf den Bund übertragen wurde. Für den elektronischen Identitätsnachweis besteht außerdem eine konkurrierende Gesetzgebungskompetenz aus dem Recht der Wirtschaft gemäß Art. 74 Abs. 1 Nr. 11 GG. Diese nimmt der Bund zur Schaffung einer bundesweit einheitlichen Infrastruktur für einen elektronischen Identitätsnachweis gegenüber der Wirtschaft (z. B. Handel, Banken, Versicherungen) in Anspruch.[341]

Das Gesetz über Personalausweise und den elektronischen Identitätsnachweis sowie zur Änderung weiterer Vorschriften vom 18.6.2009 (BGBl. I 1346) hat eine umfassende Reform des Personalausweisrechts geschaffen. Insbesondere wurde das Gesetz über Personalausweise in der Fassung der Bekanntmachung vom 21.4.1986 (BGBl. I 548) mit Wirkung zum 1.11.2010 aufgehoben und mit dem neuen Personalausweisgesetz eine bundeseinheitliche Regelung des Personalausweises geschaffen. Das neue Personalausweisgesetz (Gesetz über Personalausweise und den elektronischen Identitätsnachweis – Personalausweisgesetz, PAuswG) tritt am 1.11.2010 in Kraft.

Das Gesetz vom 18.6.2009 ändert weiterhin das Passgesetz, das Melderechtsrahmengesetz, die Signaturverordnung und das Geldwäschegesetz und passt diese Normen an den neuen Personalausweis an.

b) Regelungsgegenstände des Personalausweisgesetzes

Das neue Personalausweisgesetz enthält vor allem folgende Regelungsgegenstände:

§ 1 Ausweispflicht
§ 1 regelt die Pflicht jedes Deutschen ab 16 Jahren zum Besitz eines Ausweises und zu dessen Vorlage auf Verlangen einer zur Identitätsfeststellung berechtigten Behörde.

§ 2 Begriffsbestimmungen
§ 2 definiert zentrale Begriffe des Gesetzes und regelt damit Bestandteile des neuen Personalausweissystems.

- Ausweise i. S. des Gesetzes sind nach Abs. 1 der Personalausweis und der vorläufige Personalausweis.
- Abs. 4 definiert das Berechtigungszertifikat.

---

[339] Siehe z. B. das Personalausweisgesetz für das Land Nordrhein-Westfalen (Personalausweisgesetz NW – PAuswG NW –) v. 19.5.1987.
[340] Gesetz zur Änderung des Grundgesetzes v. 28. 8. 2006, BGBl I. 2034.
[341] BT-Drs. 16/10489, S. 1.

§ 5 Inhalt des Ausweises
§ 5 regelt den Inhalt des Ausweises.
- Abs. 2 nennt die Angaben, die im Ausweis aufgeführt werden.
- Abs. 4 nennt die Angaben, die automatisch gelesen werden dürfen.
- Abs. 5 regelt die Daten, die elektronisch gespeichert werden.
- Abs. 9 regelt die Speicherung von Fingerabdrücken des Ausweisinhabers.

§ 6 Gültigkeitsdauer
§ 6 regelt die Gültigkeitsdauer des Personalausweises (10 Jahre).

§§ 7, 8 Zuständige Behörde
§ 7 betrifft die sachlich zuständige Behörde (Personalausweisbehörde), § 8 die örtlich zuständige Behörde.

§§ 9–13 Ausstellen des Ausweises
Die §§ 9 ff. regeln das Ausstellen des Ausweises. Besonders wichtig ist § 10. Danach hat der Antragsteller schriftlich zu erklären, ob er den elektronischen Identitätsnachweis nutzen will. Bei Ablehnung wird die Funktion ausgeschaltet.

§§ 14–16 Erhebung und Verwendung von Daten
Die §§ 14 ff. regeln die Befugnis der Behörde zur Erhebung und Verwendung der im Ausweis gespeicherten Daten.

§ 17 Identitätsfeststellung durch Behörden
§ 17 regelt die Identitätsfeststellung durch Behörden. Diese dürfen die gespeicherten Daten zur Überprüfung der Echtheit des Ausweises und der Identität des Ausweisinhabers auslesen und verarbeiten.

§ 18 Elektronischer Identitätsnachweis
§ 18 regelt den elektronischen Identitätsnachweis.
- Abs. 2 definiert den elektronischen Identitätsnachweis als Übermittlung bestimmter im Ausweis gespeicherter Daten.
- Abs. 3 zählt die Daten auf, die im Rahmen des elektronischen Identitätsnachweises übermittelt werden können.
- Abs. 4 bestimmt, dass die Daten nur nach Übermittlung eines gültigen Berechtigungszertifikats und nach Eingabe der Geheimnummer durch den Ausweisinhaber übermittelt werden dürfen.

§ 21 Berechtigungszertifikat
§ 21 regelt die Voraussetzungen für die Ausgabe von Berechtigungszertifikaten.

§ 22 Elektronische Signatur
§ 22 bestimmt, dass der Personalausweis als sichere Signaturerstellungseinheit i. S. des § 2 Nr. 10 SigG gilt und verweist im Übrigen auf das Signaturgesetz.

§§ 23–26 Personalausweisgesetz
Die §§ 23 ff. regeln das Personalausweisregister, insbesondere seine Funktion (Überprüfung der Echtheit des Ausweises und der Identität des Ausweisinhabers),

die registerführende Stelle (Personalausweisbehörde) und die Verwendung der im Register gespeicherten Daten (§ 24).

§ 27 Pflichten des Ausweisinhabers
§ 27 regelt die Pflichten des Ausweisinhabers.
Abs. 2 regelt die Pflicht zur Geheimhaltung der Geheimnummer, Abs. 3 regelt die Pflicht des Ausweisinhabers, den elektronischen Identitätsnachweis nur in einer sicheren Umgebung einzusetzen.

3. *Gesetzliche Regeln zum Einsatz des Personalausweises*

Die rechtlichen Rahmenbedingungen für den Einsatz des neuen Personalausweises werden im Wesentlichen durch Gesetze bestimmt, die den Einsatz des Personalausweises vorsehen oder Rechtsfolgen hieran knüpfen.
Es handelt sich um sehr unterschiedliche Regeln.

a) Regeln zum Umgang mit dem Personalausweis

Eine Reihe von gesetzlichen Regeln betrifft den Umgang mit dem Personalausweis und ergänzt insoweit die Regeln des Personalausweisgesetzes. Die Mehrheit der Normen betreffen Pflichten zur Ausstellung des Ausweises, zu dessen Einziehung, zur Ausweispflicht im weiteren Sinne und ähnliches.
Beispiele sind etwa:

- Art. III Abs. 2 (a) Nato-Truppenstatut (Erforderlichkeit eines vom Entsendestaat ausgestellten Personalausweises für Mitglieder einer Truppe),
- Nr. 13 Abs. 4 Richtlinien für das Strafverfahren und das Bußgeldverfahren – RiStBV (bei bestehender Fluchtgefahr ist die Feststellung notwendig, ob der Beschuldigte einen Personalausweis besitzt).

Diese Regeln sind uneingeschränkt auch auf den neuen (elektronischen) Personalausweis anwendbar. Besonderheiten aufgrund der elektronischen Funktionen des Personalausweises ergeben sich, soweit ersichtlich, nicht.

b) Regeln zur Identifizierung mit dem Personalausweis

Eine andere Gruppe von Normen bezieht sich auf den Identitätsnachweis mittels des Personalausweises. Diese Normengruppe ist für diese Untersuchung von besonderem Interesse, da sie den Identitätsdiebstahl und damit ggf. auch den elektronischen Identitätsnachweis betrifft.
In dieser Gruppe finden sich sehr verschiedene Normen von unterschiedlichem Gewicht.

Sehr häufig wird in Ausbildungs- und Prüfungsordnungen die Vorlage des Personalausweises zur Identifizierung verlangt. Beispiele sind etwa:

- Fahrerlaubnis-Verordnung (FeV)

    § 12 Sehvermögen
    (2) Die Sehteststelle hat sich vor der Durchführung des Sehtests von der Identität des Antragstellers durch Einsicht in den Personalausweis oder Reisepass zu überzeugen.
    § 16 Theoretische Prüfung
    (3) S. 3: Der Sachverständige oder Prüfer hat sich vor der Prüfung durch Einsicht in den Personalausweis oder Reisepass von der Identität des Bewerbers zu überzeugen. [...]
    § 17 Praktische Prüfung
    (5) S. 2: Der Sachverständige oder Prüfer hat sich vor der Prüfung durch Einsicht in den Personalausweis oder Reisepass von der Identität des Bewerbers zu überzeugen. [...]

- Luftverkehrs-Zulassungs-Ordnung (LuftVZO)

    § 24 Voraussetzungen für die Ausbildung
    (3) Der Bewerber hat dem Ausbildungsbetrieb oder der registrierten Ausbildungseinrichtung vor Beginn der Ausbildung folgende Unterlagen vorzulegen:
    1. der Personalausweis oder Pass zur Feststellung der Identität [...].

- Altenpflege-Ausbildungs- und Prüfungsverordnung (AltPflAPrV)

    § 8 Zulassung zur Prüfung
    (2) Die Zulassung zur Prüfung wird erteilt, wenn folgende Nachweise vorliegen:
    1. der Personalausweis oder Reisepass in amtlich beglaubigter Abschrift, [...].

(inhaltsgleich z. B. § 4 Abs. 2 Nr. 1 DiätAss-APrV = Ausbildungs- und Prüfungsverordnung für Diätassistentinnen und Diätassistenten; § 4 Abs. 2 Nr. 1 ErgThAPrV = Ergotherapeuten-Ausbildungs- und Prüfungsverordnung; § 5 Abs. 2 Nr. 1 KrPflAPrV = Ausbildungs- und Prüfungsverordnung über die Berufe in der Krankenpflege).

Etliche Normen betreffen die Befugnis bestimmter, insbesondere staatlicher Stellen, zum Zweck der Identitätsfeststellung die Vorlage des Personalausweises zu verlangen, oder regeln die Pflicht bestimmter Personen, den Personalausweis zu führen.

- Bundespolizeigesetz (BPolG)

    § 23 Identitätsfeststellung und Prüfung von Berechtigungsscheinen
    (3) Die Bundespolizei kann zur Feststellung der Identität die erforderlichen Maßnahmen treffen. Sie kann den Betroffenen insbesondere anhalten, ihn nach seinen Personalien befragen und verlangen, dass er Ausweispapiere zur Prüfung aushändigt.

- Waffengesetz (WaffG)

    § 38 Ausweispflichten
    Wer eine Waffe führt, muss
    1. seinen Personalausweis oder Pass
    [...]
    mit sich führen und Polizeibeamten oder sonst zur Personenkontrolle Befugten auf Verlangen zur Prüfung aushändigen.

- Schwarzarbeitsbekämpfungsgesetz (SchwarzArbG)

    § 2a Mitführungs- und Vorlagepflicht von Ausweispapieren
    (1) Bei der Erbringung von Dienst- oder Werkleistungen sind die in folgenden Wirtschaftsbereichen oder Wirtschaftszweigen tätigen Personen verpflichtet, ihren Personalausweis, Pass, Passersatz oder Ausweisersatz mitzuführen und den Behörden der Zollverwaltung auf Verlangen vorzulegen: [...].

III. Rechtliche Rahmenbedingungen des neuen Personalausweises   181

- Wehrpflichtverordnung (WPflV)

    § 1 Ladung zur Musterung
    (5) Zur Musterung hat der Wehrpflichtige folgende Unterlagen mitzubringen:
    1. Personalausweis oder Reisepass, [...].

- Postdienste-Datenschutzverordnung (PDSV)

    § 8 Ausweisdaten
    (1) Diensteanbieter können von am Postverkehr Beteiligten verlangen, sich über ihre Person durch Vorlage eines gültigen Personalausweises oder Passes oder durch Vorlage sonstiger amtlicher Ausweispapiere auszuweisen, wenn dies erforderlich ist, um die ordnungsgemäße Ausführung des Postdienstes sicherzustellen.

In einer Reihe von Fällen wird die Abgabe/Erbringung einer bestimmten Leistung mit der Pflicht zur Identifizierung mittels des Personalausweises verknüpft.

Einen besonders wichtigen Fall enthält etwa das Gesetz über das Aufspüren von Gewinnen aus schweren Straftaten (Geldwäschegesetz, GwG) vom 13.8.2008.

Das Gesetz regelt in seinem § 4 Abs. 1 die Pflicht zur Überprüfung der Identität des Kunden. Die Überprüfung hat nach § 4 Abs. 4 regelmäßig durch Vorlage des Personalausweises zu erfolgen. Die Normen lauten:

§ 4 Durchführung der Identifizierung
(1) Verpflichtete haben Vertragspartner und, soweit vorhanden, wirtschaftlich Berechtigte bereits vor Begründung der Geschäftsbeziehung oder Durchführung der Transaktion zu identifizieren.
(4) Zur Überprüfung der Identität des Vertragspartners hat sich der Verpflichtete anhand der nachfolgenden Dokumente zu vergewissern, dass die nach Absatz 3 erhobenen
Angaben zutreffend sind, soweit sie in den Dokumenten enthalten sind:
1. bei natürlichen Personen vorbehaltlich der Regelung in § 6 Abs. 2 Nr. 2 anhand eines gültigen amtlichen Ausweises, der ein Lichtbild des Inhabers enthält und mit dem die Pass- und Ausweispflicht im Inland erfüllt wird, insbesondere anhand eines inländischen oder nach ausländerrechtlichen Bestimmungen anerkannten oder zugelassenen Passes, Personalausweises oder Pass- oder Ausweisersatzes, [...].

Das Geldwäschegesetz sieht in seinem § 6 besondere Sorgfaltspflichten vor. § 6 Abs. 2 Nr. 2 betrifft die Feststellung der Identität des Kunden. Diese greift etwa dann ein, wenn der Kunde bei der Feststellung der Identität nicht persönlich anwesend ist. Die Norm lautet:

Ist der Vertragspartner eine natürliche Person und zur Feststellung der Identität nicht persönlich anwesend, hat der Verpflichtete die Identität des Vertragspartners anhand eines Dokuments im Sinne des § 4 Abs. 4 Satz 1 Nr. 1, einer beglaubigten Kopie eines solchen Dokuments oder einer qualifizierten elektronischen Signatur im Sinne von § 2 Nr. 3 des Signaturgesetzes zu überprüfen [...].

Das Geldwäschegesetz gilt als besonders wichtig für die Bekämpfung der organisierten Kriminalität, die auch im Internet aktiv ist.

Es gibt eine Reihe weiterer spezifischer Vorschriften/Normen aus verschiedenen Bereichen, die bei Leistungserbringung die Identifizierung des Leistungsempfängers durch den Personalausweis verlangen, zum Beispiel:

- Arzneimittel-Verschreibungsverordnung (AMVV)

    § 4 Verbot der wiederholten Abgabe eines verschreibungspflichtigen Arzneimittels auf dieselbe Verschreibung

(1) Erlaubt die Anwendung eines verschreibungspflichtigen Arzneimittels keinen Aufschub, kann die verschreibende Person den Apotheker in geeigneter Weise, insbesondere fernmündlich, über die Verschreibung und deren Inhalt unterrichten. Der Apotheker hat sich über die Identität der verschreibenden Person Gewissheit zu verschaffen.

- Betäubungsmittel-Verschreibungsverordnung (BtMVV)

  § 2a Verschreiben zur Substitution
  (7) S. 5: Die Abgabe des Betäubungsmittels nach Absatz 1 darf nur gegen Vorlage des Personalausweises oder Reisepasses an den Substituierten persönlich erfolgen.

Im Hinblick auf den Identitätsmissbrauch im Geschäftsverkehr sind Normen von besonderem Interesse, die die Identifizierung mit dem Personalausweis von der Eröffnung von Kommunikationsmöglichkeiten abhängig machen. Ein zentrales Beispiel ist die Zuteilung eines qualifizierten Zertifikats nach § 5 SigG, die Voraussetzung für die Möglichkeit ist, qualifizierte elektronische Signaturen zu erzeugen. Hier ist nach § 5 Abs. 1 S. 1 SigG eine zuverlässige Identifizierung des Antragstellers erforderlich. Die Signaturverordnung regelt in ihrem § 3 die zuverlässige Identifizierung näher. Die Norm lautet:

§ 3 Identitätsprüfung und Attributsnachweise
(1) Der Zertifizierungsdiensteanbieter hat die Identifizierung des Antragstellers nach § 5 Abs. 1 des Signaturgesetzes anhand des Personalausweises oder eines Reisepasses, der auf eine Person mit Staatsangehörigkeit eines Mitgliedsstaates der Europäischen Union oder eines Staates des Europäischen Wirtschaftsraumes ausgestellt worden ist, oder anhand von Dokumenten mit gleichwertiger Sicherheit vorzunehmen.

Ein weiteres Beispiel stellt die Beantragung eines Bürgerportalkontos dar (siehe unten S. 185).

c) Vorlage des Personalausweises als sichere Identifizierung

In etlichen Fällen verlangt das Gesetz eine sichere Identifizierung ohne ausdrückliche Bezugnahme auf den Personalausweis. In vielen Fällen werden diese Identifizierungserfordernisse dahingehend ausgelegt, dass die Identifizierung durch den Personalausweis erforderlich ist.
Beispiel:

- Abgabenordnung (AO)

  § 154 Kontenwahrheit
  (2) Wer ein Konto führt, Wertsachen verwahrt oder als Pfand nimmt oder ein Schließfach überlässt, hat sich zuvor Gewissheit über die Person und Anschrift des Verfügungsberechtigten zu verschaffen und die entsprechenden Angaben in geeigneter Form, bei Konten auf dem Konto, festzuhalten.

Zur Identifizierung nach § 154 Abs. 2 S. 1 verlangen die Aufsichtsbehörden die Vorlage des Personalausweises; siehe dazu etwa:

- Schreiben des Bundesaufsichtsamtes für das Kreditwesen vom 26.3.1996 (I 5 – B 402)

Legitimationsprüfung bei der Eröffnung von Darlehenskonten
Nach dem Wortlaut des § 154 Abs. 2 AO verpflichtet die „Führung eines Kontos" zur Legitimation des Kunden [...] Eine allgemeine Verweisung auf die vom beurkundenden Notar vorgenommene Legitimationsprüfung entspricht nicht meiner Verwaltungspraxis. [...] 2 Gewissheit über die Person des zu Identifizierenden besteht nur, wenn der vollständige Name anhand eines Personalausweises oder Reisepasses festgestellt wird [...].

Diese Auslegung entspricht der h. M. in Literatur und Rechtsprechung. Die Identifizierung nach § 154 Abs. 2 S. 1 AO setzt danach grundsätzlich die Identifizierung durch den Personalausweis (oder Reisepass) voraus.[342]

d) Maßgeblichkeit von Angaben des Personalausweises

Eine Reihe gesetzlicher Vorschriften ordnet in unterschiedlichen Zusammenhängen an, dass für bestimmte Zwecke Angaben des Personalausweises zugrunde zu legen sind, etwa Angaben zur Identität oder zum Wohnort einer Person. Beispiele sind etwa:

- Richtlinie 2006/112/EG vom 28.11.2006 über das gemeinsame Mehrwertsteuersystem (Mehrwertsteuer-Systemrichtlinie, MwStSystR)

  Art. 147
  (2) Für die Zwecke des Absatzes 1 gilt ein Reisender als „nicht in der Gemeinschaft ansässig", wenn sein Wohnsitz oder sein gewöhnlicher Aufenthaltsort nicht in der Gemeinschaft liegen. Dabei gilt als „Wohnsitz oder gewöhnlicher Aufenthaltsort" der Ort, der im Reisepass, im Personalausweis oder in einem sonstigen Dokument eingetragen ist, das in dem Mitgliedstaat, in dessen Gebiet die Lieferung bewirkt wird, als Identitätsnachweis anerkannt ist.

- Verordnung zur Umsetzung der Richtlinie 2003/48/EG des Rates vom 3.6.2003 im Bereich der Besteuerung von Zinserträgen (Zinsinformationsverordnung, ZIV).

  § 3 Ermittlung von Identität und Wohnsitz des wirtschaftlichen Eigentümers
  (2) S. 2: Die Angaben zur Identität des wirtschaftlichen Eigentümers und seiner Steueridentifikationsnummer werden auf der Grundlage des Passes oder des von ihm vorgelegten amtlichen Personalausweises festgestellt.

e) Regeln zur Identifizierung durch den elektronischen Identitätsnachweis

Für den Identitätsmissbrauch in der elektronischen Kommunikation sind diejenigen Normen, die eine Identifizierung mit dem elektronischen Identitätsnachweis betreffen, von besonderer Bedeutung, da hier die schon derzeit in der Praxis zu beobachtenden Angriffe unmittelbar ansetzen können.

Gesetzliche Regeln zur Identifizierung mittels des elektronischen Identitätsnachweises sind bisher erwartungsgemäß kaum vorhanden, da der neue Personalausweis erst künftig eingesetzt wird und derzeit noch Erprobungen des elektronischen Iden-

---

[342] Vgl. etwa *Cöster*, in Pahlke/Koenig, § 154 Rz. 25.

titätsnachweises durchgeführt werden, die in späteren Gesetzgebungsakten berücksichtigt werden können.

Das Gesetz über Personalausweise und den elektronischen Identitätsnachweis sowie zur Änderung weiterer Vorschriften vom 18.6.2009 hat aber bereits für einzelne, besonders nahe liegende und wichtige Fälle derartige Regeln eingeführt, die gemeinsam mit dem neuen Personalausweisgesetz am 1.11.2010 in Kraft treten werden (Art. 7 des Gesetzes vom 18.6.2009). Diese Änderung betrifft folgende Normen:

aa) Änderung der Signaturverordnung (SigV)

Nach § 5 Abs. 1 S. 1 SigG hat der Zertifizierungsdiensteanbieter den Antragsteller vor Zuteilung eines qualifizierten Zertifikats zuverlässig zu identifizieren. Die Identifizierung i. S. des § 5 Abs. 1 S. 1 SigG muss gemäß § 3 Abs. 1 S. 1 SigV anhand des Personalausweises oder eines Dokuments mit gleichwertiger Sicherheit erfolgen (siehe den Wortlaut des § 3 Abs. 1 S. 1 oben S. 182). Durch Art. 4 des Gesetzes vom 18.6.2009 wird in § 3 Abs. 1 ein neuer Satz 2 eingefügt, der wie folgt lautet:

> Die Identifizierung des Antragstellers kann auch mithilfe des elektronischen Identitätsnachweises gemäß § 18 des Personalausweisgesetzes erfolgen.

Damit wird es möglich, den Antrag auf Zuteilung der elektronischen Signaturerstellungseinheit auch elektronisch zu stellen und zu bearbeiten. Ein persönlicher Kontakt zwischen Antragsteller und Zertifizierungsdiensteanbieter ist nicht mehr erforderlich.

bb) Änderung des Geldwäschegesetzes (GwG) und weiterer Gesetze

Nach § 4 des Geldwäschegesetzes hat der Verpflichtete den Kunden zuverlässig zu identifizieren. Die Identifizierung muss gemäß § 4 Abs. 4 regelmäßig anhand des Personalausweises erfolgen. Wenn der Kunde nicht anwesend ist, ist nach § 6 Abs. 2 Nr. 2 GwG eine Identifizierung anhand einer beglaubigten Kopie des Personalausweises erforderlich (siehe den Wortlaut des § 6 Abs. 2 Nr. 2 oben S. 181). Durch Art. 5 des Gesetzes vom 18.6.2009 wird in § 6 Abs. 2 Nr. 2 S. 1 ein Verweis auf den elektronischen Identitätsnachweis eingefügt. Danach kann der Verpflichtete die Identität seines (nicht anwesenden) Vertragspartners auch anhand des elektronischen Identitätsnachweises überprüfen, um den erhöhten Sorgfaltspflichten des § 6 Abs. 2 Nr. 2 GwG nachzukommen.

§ 6 Abs. 2 Nr. S. 1 GwG n. F. lautet:

> Ist der Vertragspartner eine natürliche Person und zur Feststellung der Identität nicht persönlich anwesend, hat der Verpflichtete die Identität des Vertragspartners anhand eines Dokuments im Sinne des § 4 Abs. 4 Satz 1 Nr. 1, einer beglaubigten Kopie eines solchen Dokuments, eines elektronischen Identitätsnachweises nach § 18 des Personalausweisge-

setzes oder einer qualifizierten elektronischen Signatur im Sinne von § 2 Nr. 3 des Signaturgesetzes zu überprüfen [...].

Der Gesetzgeber wird bei künftigen Gesetzesvorhaben voraussichtlich weitere Verweisungen auf den elektronischen Identitätsnachweis einfügen. Dieser Prozess hat bereits begonnen. So hat das Gesetz über die Internetversteigerung in der Zwangsvollstreckung und zur Änderung anderer Gesetze vom 30.7.2009 (BGBl. I 2474) einen Verweis auf den elektronischen Identitätsnachweis in § 814 ZPO eingefügt. Die Norm lautet in ihrer aktuellen Fassung:

> § 814 Öffentliche Versteigerung
> (3): Die Landesregierungen bestimmen für die Versteigerung im Internet nach Absatz 2 Nummer 2 durch Rechtsverordnung [...]
> 3. die Zulassung zur und den Ausschluss von der Teilnahme an der Versteigerung; soweit die Zulassung zur Teilnahme oder der Ausschluss von einer Versteigerung einen Identitätsnachweis natürlicher Personen vorsieht, ist spätestens ab dem 1.1.2013 auch die Nutzung des elektronischen Identitätsnachweises (§ 18 des Personalausweisgesetzes) zu diesem Zweck zu ermöglichen [...].

Einen weiteren Anwendungsfall wird das künftige Bürgerportalgesetz bringen. Nach dem geplanten Bürgerportalgesetz kann jede Person ein Bürgerportalkonto beantragen. Vor Eröffnung eines solchen Kontos hat der Diensteanbieter nach § 3 Abs. 1 S. 1 des Bürgerportalgesetzes die Identität des Antragstellers zuverlässig festzustellen. Diese hat gemäß § 3 Abs. 3 S. 1 Nr. 1 Bürgerportalgesetz anhand des Personalausweises zu erfolgen. Der Identitätsnachweis kann, wie § 3 Abs. 3 S. 1 2. Halbs. ausdrücklich regelt, durch den elektronischen Identitätsnachweis erbracht werden.
Die Norm lautet:

> § 3 Eröffnung eines Bürgerportalkontos
> (1) Jede Person kann bei einem akkreditierten Diensteanbieter einen Bereich in einem Bürgerportal beantragen, welcher nur ihr zugeordnet ist und nur von ihr genutzt werden kann (Bürgerportalkonto).
> (2) Der akkreditierte Diensteanbieter hat die Identität des Antragstellers zuverlässig festzustellen. Dazu erhebt er folgende Angaben: [...]
> (3) Zur Überprüfung der Identität des Antragstellers hat sich der akkreditierte Diensteanbieter anhand der nachfolgenden Dokumente zu vergewissern, dass die nach Absatz 2 Satz 2 erhobenen Angaben zutreffend sind:
> 1. bei natürlichen Personen anhand eines gültigen amtlichen Ausweises, der ein Lichtbild des Inhabers enthält und mit dem die Pass- und Ausweispflicht im Inland erfüllt wird, eines inländischen oder nach ausländerrechtlichen Bestimmungen anerkannten oder zugelassenen Passes, Personalausweises oder Pass- oder Ausweisersatzes oder anhand von Dokumenten mit gleichwertiger Sicherheit; die Überprüfung der Identität kann auch anhand des elektronischen Identitätsnachweises erfolgen [...].

4. AGB mit Bezugnahme auf den Personalausweis

Im Geschäftsverkehr werden Rechtsverhältnisse in hohem Maße durch Allgemeine Geschäftsbedingungen geprägt. Es ist daher von Interesse, ob und in welchem

Zusammenhang Allgemeine Geschäftsbedingungen auf den Personalausweis Bezug nehmen.

Eine systematische Untersuchung der in der Praxis verwendeten AGB ist im Rahmen dieser Untersuchung nicht möglich. Ein Überblick belegt aber, dass in zahlreichen Fällen eine Identifizierung durch Vorlage des Personalausweises gefordert wird.

Häufig wird die Vorlage des Personalausweises zur Identifikation bei Vertragsabschluss verlangt. Dies gilt vor allem für Vertragsbeziehungen, bei denen der Anbieter Gegenstände an Kunden ausgibt, wie etwa Büchereien oder Fahrzeugvermieter, und vor Ausgabe der Gegenstände an den Kunden eine Identifizierung mit dem Personalausweis fordert. Teilweise wird eine entsprechende Identifizierung während der Vertragsbeziehungen verlangt. Dazu folgende Beispiele:

- Allgemeine Geschäftsbedingungen Bücherhallen Hamburg

  § 2 Anmeldung
  Kunden, die erstmalig Medien entleihen möchten, melden sich persönlich unter Vorlage ihres gültigen deutschen Personalausweises oder des Reisepasses in Verbindung mit der amtlichen Meldebestätigung an. Kinder und Jugendliche ohne Personalausweis legen den Ausweis eines Erziehungsberechtigten vor.
  (abrufbar unter http://www.buecherhallen.de/go/id/esi/)

In einigen Fällen wird die Vorlage des Personalausweises in jedem Fall der Leistungserbringung verlangt. Beispiele:

- Allgemeine Geschäftsbedingungen für die Nutzung der Recherchesäle des Deutschen Patent- und Markenamts

  § 29 EDV-Arbeitsplätze mit Internetzugang
  (1) Die Nutzung der Internetzugänge ist nur nach vorheriger Anmeldung an der Informationstheke gestattet. Für die Anmeldung ist ein gültiger Personalausweis oder ein Pass in Verbindung mit einer amtlichen Bestätigung des Wohnsitzes vorzulegen. Dieser ist während des Zeitraumes der Nutzung an der Informationstheke zu hinterlegen. [...]
  (abrufbar unter http://www.deutsches-patentamt.de/docs/service/veroeffentlichungen/agb1.pdf)

- Allgemeine Geschäftsbedingungen Kart4You

  1. Fahrerlaubnis und Lichtbildausweis
  Der Mieter muss bei Antritt der Fahrt über eine gültige Fahrerlaubnis (Klasse 2, C, 3 oder B und vor dem 1.12.1954 mit 1 und 4) sowie einen gültigen amtlichen Lichtbildausweis (Personalausweis/Reisepass) verfügen. Diese müssen dem Vermieter vor Mietbeginn zur Kopie vorgelegt werden. Der Führerschein sowie der ausgehändigte Fahrzeugschein ist bei jeder Fahrt mitzuführen.
  (abrufbar unter http://www.kart4you.de/agb.pdf)

- Allgemeine Geschäftsbedingungen Chalkidiki-Cars

  Führerschein/Personalausweis
  [...] Bei Fahrzeugübernahme muss neben dem Führerschein ein gültiger Reisepass/Personalausweis vorgelegt werden. [...]
  (abrufbar unter http://www.chalkidiki-cars.com/agb.htm)

III. Rechtliche Rahmenbedingungen des neuen Personalausweises

- E-Plus Service GmbH & Co. KG: Allgemeine Geschäftsbedingungen für Prepaid-Mobilfunkdienstleistungen

    9. Pflichten des Kunden im Umgang mit der Prepaid Card
    9.5 Die Übertragung der Prepaid Card auf einen Dritten ist nur dann zulässig, wenn sich der Dritte gegenüber EPS durch ein amtliches Ausweisdokument mit Adressangabe (Personalausweis oder Reisepass mit Meldebescheinigung) legitimiert und eine schriftliche Übernahmeerklärung abgibt.
    (abrufbar unter http://www.eplus.de/download/pdf/agb/eplus_AGB_Prepaid_01_2009.pdf)

- AGB des PULP EVENT SCHLOSS GMBH Gastronomiebetrieb

    11.4. Ohne Garderobenmarke dürfen Garderobengegenstände nur dann ausgehändigt werden, wenn der Besucher nachgewiesen oder glaubhaft gemacht hat, dass er der berechtigte Empfänger ist. Eine Aushändigung der Garderobe ohne entsprechende Garderobenmarke kann frühestens nach Feierabend gegen Vorlage des Personalausweises erfolgen.
    (abrufbar unter http://www.pulp-duisburg.de/index.php?option=com_content&view=article&id=3&Itemid=4)

- Bühne Wittenberg – AGB

    3. Regelungen zu Eintrittskarten
    4. Kartenreservierung und -verkauf
    4. Reservierte Karten können bar oder per Rechnung mit anschließender Hinterlegung bezahlt werden. Abholung hinterlegter Karten gegen Vorlage des Personalausweises oder der Buchungsbestätigung.
    (abrufbar unter https://flexissl.net/drive/wittec/wittenbergticket.com/AGB-2009.pdf)

Teilweise wird die Vorlage des Personalausweises bei Zulassung zur Leistung verlangt, um Zulassungsvoraussetzungen, etwa das Alter oder die gewerbliche Tätigkeit des Kunden, zu überprüfen. Dazu folgende Beispiele:

- Allgemeine Geschäftsbedingungen der BCA Autoauktionen GmbH

    II. Zulassungsvoraussetzung, Gewerbetreibende
    Zu sämtlichen genannten Verkäufen von BCA sind ausschließlich Gewerbetreibende zugelassen. Käufer haben sich bei ihrer Anmeldung durch Vorlage ihres Gewerbescheins und gültigen Personalausweises/Reisepasses zu legitimieren.
    (abrufbar unter http://www.autoauktionen.de/default.aspx?page=22)

- Edeka C+C Großmarkt – AGB

    (2) Der Kundenausweis ist nicht übertragbar und nur in Verbindung mit dem Personalausweis des Einkaufsberechtigten des Kunden gültig; zugelassen sind ferner die im Kundenausweis genannten Einkäufer, die sich zusätzlich durch einen Personalausweis ausweisen müssen.
    (abrufbar unter http://edeka.de/UNIONSB/Content/DE/Service/AGB.jsp)

- Jack Daniels – Allgemeine Geschäftsbedingungen

    § 7a Lieferung von Whiskey-Produkten/Jugendschutz
    Die Lieferung von Whiskey-Produkten (Spirituosen) kann nur nach Vorlage des Personalausweises erfolgen. [...] Bestellungen ohne Spirituosen erfordern keine Vorlage des Personalausweises.
    (abrufbar unter http://www.jack-lives-here.de/shop/agb.aspx)

5. Ergebnis: Die Bedeutung des Personalausweises als Identitätsnachweis

Die Analyse der rechtlichen Normierung des Personalausweises und seiner rechtlichen Einbettung belegt mit beeindruckender Deutlichkeit, dass der Personalausweis das zentrale Instrument zum Nachweis der Identität natürlicher Personen darstellt. Diese Funktion kommt dem Personalausweis schon nach der gesetzlichen Konzeption zu. So ist der Personalausweis schon als Mittel zum Identitätsnachweis definiert (vgl. § 1 PAuswG) und aufgrund seiner rechtlichen und technischen Ausgestaltung dafür geeignet, verbindliche Auskunft über die Identität natürlicher Personen zu geben. Diese Funktion wird durch die zahlreichen Normen, die die Ausgabe, Einziehung und den Umgang mit dem Personalausweis regeln, gestärkt. Beweis für die hohe Bedeutung des Personalausweises ist nicht zuletzt der Umstand, dass eine ganze Reihe verschiedener Gesetze auf einzelne Angaben des Personalausweises verweisen und diese – rechtstechnisch im Wege einer unwiderlegbaren Vermutung – als Anknüpfungspunkt für rechtliche Wirkungen wählen.

Die Rechtswirklichkeit entspricht der gesetzlichen Lage. Empirische Untersuchungen zum Einsatz des Personalausweises als Identitätsnachweis liegen den Verfassern nicht vor. Jedoch entspricht es der alltäglichen Lebenserfahrung, dass der Personalausweis auch außerhalb der gesetzlich bestimmten Anwendungsfälle umfassend als Identitätsnachweis verwendet wird. Einen beeindruckenden Beleg für die Akzeptanz des Personalausweises als Identitätsnachweis bietet die Analyse der Allgemeinen Geschäftsbedingungen. Da Allgemeine Geschäftsbedingungen von den Akteuren der Praxis formuliert werden, kann davon ausgegangen werden, dass diese, soweit sie nicht einer gesetzlichen Vorgabe folgen, die Interessen der Parteien, jedenfalls die des AGB-Verwenders, spiegeln. Daher ist der Umstand, dass Allgemeine Geschäftsbedingungen in hohem Umfang die Identifikation durch den Personalausweis vorsehen, ein deutliches Indiz dafür, dass die Praxis ein starkes Interesse an der Identifizierung mittels des Personalausweises hat.

Diese Funktion kommt dem traditionellen Personalausweis ebenso zu wie dem neuen Personalausweis mit den elektronischen Funktionen. Der neue Personalausweis wird mit dem elektronischen Identitätsnachweis ein neuartiges Identifikationsinstrument anbieten, über dessen rechtliche Einbettung und praktische Einsatzgebiete, insbesondere seine Akzeptanz in der Praxis, noch keine verlässlichen Aussagen getroffen werden können. Die umfassende Bedeutung des herkömmlichen Personalausweises spricht aber dafür, dass zumindest ein großes Bedürfnis nach einem allgemeinen, leicht handhabbaren und zuverlässigen Identifikationsinstrument besteht.

Die Untersuchung des rechtlichen Umfeldes des Personalausweises führt zu einem weiteren, für die künftige rechtliche Ausgestaltung des Personalausweises als Identifikationsinstrument wichtigen Ergebnis: Es lassen sich zwei unterschiedliche Bedeutungen des Personalausweises als Identitätsnachweis erkennen. Zum einen erfüllt die Vorlage des Personalausweises gesetzliche Anforderungen an die Identifizierung natürlicher Personen. Dies ist der Fall, wenn das Gesetz ausdrücklich

III. Rechtliche Rahmenbedingungen des neuen Personalausweises   189

anordnet, dass eine Identifizierung durch Vorlage des Personalausweises zu erfolgen hat. Wie der Überblick deutlich belegt, ist dies häufig der Fall. Darüber hinaus erfüllt der Personalausweis die Pflicht zur Identifikation auch in allen anderen Fällen, in denen das Gesetz eine Identifizierung oder gar eine sichere Identifizierung verlangt.

Zum anderen ist der Personalausweis ein zentrales Beweismittel für die Identität von Personen im Rechtsverkehr und in Gerichtsverfahren. Diese Bedeutung ist nicht leicht nachzuweisen, da es insbesondere an Gerichtsentscheidungen, die ausdrücklich zum Beweiswert des Personalausweises Stellung nehmen, fehlt. Daraus kann unmittelbar nur geschlossen werden, dass Streit über den Identitätsnachweis durch den Personalausweis äußerst selten ist. Dies zeigt sich etwa daran, dass gesetzliche Anforderungen, die eine sichere Identifizierung verlangen (wie etwa § 3 BeurkG), von der herrschenden Meinung in Literatur und Rechtsprechung als Pflicht verstanden werden, die Vorlage des Personalausweises zu verlangen.

Die beiden Funktionen sind eng miteinander verknüpft, da die gesetzliche Anforderung, die Identifizierung durch Vorlage des Personalausweises vorzunehmen, auf der hohen Beweiswirkung des Personalausweises beruht.

Die hier getroffenen Aussagen gelten zunächst für den traditionellen Personalausweis. Sie gelten aber auch in gleicher Weise für den neuen Personalausweis, soweit dieser die klassischen Personalausweisfunktionen übernimmt und somit traditioneller Personalausweis ist.

Es ist evident, dass sich diese Ergebnisse nicht ohne Weiteres auf die neuen Funktionen, insbesondere den elektronischen Identitätsnachweis, übertragen lassen. Dies beruht nicht zuletzt darauf, dass sich für den Einsatz des elektronischen Identitätsnachweises noch keine Praxis herausgebildet hat und die rechtliche Normierung des elektronischen Identitätsnachweises noch nicht abgeschlossen ist. Es lassen sich aber bereits im derzeitigen Stadium einige Aussagen treffen:

Soweit gesetzliche Normen ausdrücklich auf den elektronischen Identitätsnachweis verweisen, wie es bei den neu gefassten § 3 SigV, § 6 GwG und dem geplanten § 3 BürgerportalG der Fall ist, wird das gesetzliche Identifizierungserfordernis durch den – erfolgreichen – elektronischen Identitätsnachweis erfüllt. In den Fällen, in denen das Gesetz auf den Personalausweis verweist, ist derzeit unklar, ob das Identifizierungserfordernis durch den elektronischen Identitätsnachweis erfüllt werden kann. Dies beruht darauf, dass wohl überwiegend eine persönliche Anwesenheit des Ausweisinhabers erforderlich ist. In den Fällen, in denen Normen beispielsweise bei einer Prüfung oder Untersuchung, die ihrerseits die körperliche Anwesenheit des Ausweisinhabers voraussetzen, eine Identifizierung durch Vorlage des Personalausweises verlangen, führt ein Verständnis, wonach der elektronische Identitätsnachweis nicht ausreicht, nicht zu praktischen Problemen. Es wird sich aber vermehrt die Frage stellen, ob Vorgänge, die bisher unter Anwesenheit des Ausweisinhabers erfolgten, stattdessen auch auf dem Wege der elektronischen Kommunikation erfolgen können. Hier bietet die Gesetzeslage keine Klarheit, sodass voraussichtlich weitere Gesetzesänderungen notwendig sein werden.

Im Gegensatz zur elektronischen Signatur, deren Beweiswert in § 371a ZPO ausdrücklich normiert ist, ist die Bedeutung des elektronischen Identitätsnachweises als Beweismittel nicht gesetzlich geregelt. Daher folgt die Beweisführung mit dem elektronischen Identitätsnachweis uneingeschränkt den allgemeinen Regeln. Die Beweiswirkung des elektronischen Identitätsnachweises wird in späteren Abschnitten dieser Untersuchung erörtert (siehe unten S. 313 ff.). An dieser Stelle sei darauf hingewiesen, dass die Bedeutung des elektronischen Identitätsnachweises für den Beweis im Zivilverfahren derzeit noch weitgehend unklar ist. Dies beruht im Wesentlichen darauf, dass, wie die technische Analyse (siehe oben S. 175) zeigt, der elektronische Identitätsnachweis lediglich eine Sitzungsauthentisierung, nicht aber eine Authentisierung der einzelnen Handlung bietet und daher zahlreiche Angriffe gegen die Echtheit einer konkreten Handlung möglich sind. Daher erschien es richtig, dass der Gesetzgeber derzeit noch keine Regelung zur Bedeutung des elektronischen Identitätsnachweises als Beweismittel erlassen hat, sondern hier offenbar die Entwicklung abwartet.

IV. Verhinderung von Identitätsdiebstahl und -missbrauch durch Einsatz des neuen Personalausweises

Der flächendeckende Einsatz des neuen Personalausweises allein wird Identitätsmissbrauch nicht verhindern können: Die von kriminellen Hackern eingesetzten Tools (die überwiegend auf Malware basieren, die im PC des Opfers ausgeführt wird) lassen sich sehr einfach an die bislang spezifizierten Sicherheitsmechanismen anpassen. Dies haben die Studien von Hanno Langweg ([Langweg06], [LS07]) gezeigt. Es fehlt schlichtweg ein sicherer Betriebsmodus, in dem der Browser und der Bürgerclient ausgeführt werden können:

- Trusted Computing ist ein Konzept, das jedoch erst in die heutigen Betriebssysteme vollständig integriert werden muss. Auch existieren immer noch keine ausgereiften Konzepte, wie Trusted Computing an eine sich (durch Installation neuer Programme durch den Nutzer) ständig ändernde PC-Konfiguration angepasst werden kann oder wie mit dem Web 2.0 zu verfahren ist, bei dem ständig neue JavaScript-Bibliotheken von jeder besuchten Webanwendung nachgeladen werden. (Im Serverbereich sieht die Situation ganz anders aus. Hier ist der Einsatz von TC aufgrund der überwiegend statischen Softwarekonfiguration durchaus einsetzbar.)
- Antivirensoftware stößt mit ihrem klassischen Blacklisting-Konzept an ihre Grenzen. Die Zukunft dieses Konzepts ist unklar. Aufwendige Verfahren wie verhaltens- oder strukturbasierte Analyse von Malware könnten zu einer Verlagerung der AV-Software „ins Netz" führen.
- Whitelisting ist hier ein altes, interessantes, auf seine Umsetzbarkeit in modernen Betriebssystemen hin aber noch nicht untersuchtes Konzept. Es war bislang im Bereich des Mobilfunks sehr erfolgreich, wo nur zertifizierte und signierte Softwarekomponenten auf einem Handy ausgeführt werden konnten. Dieses Konzept ist aber auch hier auf Druck funktionsmächtiger Konkurrenten (iPhone) aufgegeben worden. Eine Kombination mit Trusted Computing böte sich hier an.

IV. Verhinderung von Identitätsdiebstahl und -missbrauch durch Einsatz   191

- Das Booten des Betriebssystems von Read-Only-Medien ist heute die beste, allerdings unkomfortable Alternative. Es gibt allerdings einen Trend zu Angriffen zur Laufzeit, sodass die Sicherheit mit Dauer der Verbindung zum Internet sinkt.

Der Einsatz des neuen Personalausweises kann den Hackern allerdings einige wenige Modi Operandi aufzwingen, die dann durch flankierende Maßnahmen unterbunden oder minimiert werden müssten. Im Folgenden soll dargestellt werden, welche Modi Operandi durch einen flächendeckenden Einsatz des neuen Personalausweises verhindert werden könnten.

1. Realistische Ziele

Der neue Personalausweis kann wichtige Beiträge zur Verminderung von Identitätsdiebstahl und Identitätsmissbrauch leisten und insbesondere den Umfang von Schäden reduzieren. Folgt man der Definition des Begriffs „Identitätsdiebstahl" aus Kap. 1 II. und dem Begriff der „Identität" aus Kap. 1 I., so kann der Identitätsdiebstahl mithilfe des neuen Personalausweises, sofern er keine gravierenden kryptografischen oder technischen Schwächen aufweist, wirkungsvoll unterbunden werden. Dies ist eine direkte Folge aus der Tatsache, dass zum Nachweis der Identität jetzt Besitz (neuer Personalausweis) und Wissen (PIN) erforderlich sind. Selbst wenn sich dies durch „Abphishen" der PIN auf „Besitz" reduzieren würde, wäre ein Diebstahl des neuen Personalausweises erforderlich, um einen Identitätsdiebstahl durchzuführen. Diese Art des „Identitätsdiebstahls" skaliert nicht im Internet und bleibt nicht lange unbemerkt, sodass der Gewinn für einen Angreifer minimiert wird. Zugleich wird der Identitätsmissbrauch zwar nicht ausgeschlossen, aber erheblich eingeschränkt. Wegen der Bindung des elektronischen Identitätsnachweises an den Besitz des neuen Personalausweises kann der Angreifer nicht beliebig über den elektronischen Identitätsnachweis des Opfers verfügen.

Folgende Modi Operandi könnten so unterbunden werden:

- Phishing: Selbst wenn eine oder mehrere PINs des neuen Personalausweises durch einen Phishingangriff in den Besitz des Angreifers gelangten, könnte dieser sie ohne den physikalischen Besitz des neuen Personalausweises beim reinen Phishing nicht nutzen. (Ausnahmen s. u.)
- Pharming: Auch das Abfangen und Umleiten der gesamten Kommunikation zwischen PC und Webanwendung führt nicht zum Erfolg, da diese Nachrichten kryptografisch geschützt sind und nur einmalig eine Sitzung authentifizieren.

Da der neue Personalausweis nur sitzungsbasierte Sicherheit bietet, können folgende Modi Operandi nicht allein durch Einsatz des neuen Personalausweises unterbunden werden:

- Malwarebasierter Man-in-the-Middle: Stand der Technik für Angreifer ist heute, eine der zahlreichen Sicherheitslücken im Betriebssystem, Browser oder in den

Anwendungen (z. B. Adobe) auszunutzen, um Schadsoftware auf dem PC des Opfers zu installieren. Diese Schadsoftware kann in der Regel alle innerhalb eines Prozesses oder zwischen zwei Prozessen ausgetauschten Nachrichten lesen und verändern. Sie kann dadurch z. B. bewirken, dass die am Monitor des PCs angezeigten Daten nicht mit den Daten übereinstimmen, die an den neuen Personalausweis gesendet oder von diesem angefordert werden. Diese Art von Angriffen ist mit heutigen Mitteln nur schwer zu verhindern.
- Netzwerkbasierter Man-in-the-Middle: Da die SSL-Verbindung zwischen Browser und Webanwendung nicht gegen Man-in-the-Middle-Angriffe geschützt ist, kann durch eine Kombination von Angriffen auf das Domain Name System und auf die Serverauthentifizierung in SSL ein erfolgreicher Angriff lanciert werden. Auch hier kann der Angreifer die Daten, die zwischen dem Nutzer und der Webanwendung ausgetauscht werden, beliebig manipulieren. Diese Art von Angriffen kann mithilfe eines Browser-Plug-ins oder durch ein Update des Browsers verhindert werden.
- Browserbasierter Man-in-the-Middle: Da der Browser immer mehr die Rolle des Betriebssystems übernimmt (Stichworte: Web 2.0, Cloud Computing), wird auch er anfällig gegen Malwareangriffe. Diese Malware wird dann in einer Skriptsprache, die der Browser (JavaScript) oder ein Standard-Plug-in (Adobe ActionScript) verstehen, geschrieben werden. Um diese Art von Angriffen zu verhindern, muss die Forschung in die Sicherheit von Browsern gestärkt werden.

2. Mögliche Ziele

Der neue Personalausweis und der Bürgerclient bieten einige Optionen, die in der jetzigen Planung noch nicht klar im Fokus stehen. Hier sind im Wesentlichen folgende Aspekte zu nennen.

- Transaktionsbasierte Sicherheit: Ein optionales Feature des neuen Personalausweises, die qualifizierte Signatur, könnte dazu genutzt werden, eine transaktionsbasierte Sicherheit zu implementieren. In diesem Kontext spielt allerdings der Chipkartenleser eine wichtige Rolle, da die Untersuchungen in [Langweg06] gezeigt haben, dass alle bisherigen Mechanismen mit heutigen Angriffsmethoden leicht umgangen werden können. Für kurze Datensätze bietet ein Klasse-3-Chipkartenleser eine hervorragende Möglichkeit, ein Sicherheitsniveau zu erreichen, wie es im Onlinebanking schon teilweise eingesetzt wird [Secoder;, eTAN+].
- Sichere Integration der Protokolle des neuen Personalausweises in Anwendungsszenarien: Für jedes Anwendungsszenario sollte eine sorgfältige Untersuchung der Sicherheitsaspekte durchgeführt werden. Anpassungen zur Verbesserung der Sicherheit können durch Modifikation der Protokolle des neuen Personalausweises oder durch Modifikation der Funktionalität des Bürgerclients eingeführt werden.

- Integration von Best-Practice-Sicherheitsmechanismen in den Bürgerclient: Automatisierte Angriffstools werden arbeitsteilig erstellt. Für jedes neue Sicherheitsfeature eines Webdienstes (z. B. CAPTCHAs) werden Gegenmaßnahmen in die Angriffstools integriert, und diese werden dann ausgeliefert. Durch einen flexiblen und im großen Maßstab funktionsfähigen Updatemechanismus für den Bürgerclient könnten so eine Reihe von Best-Practice-Sicherheitsmechanismen vorgehalten und bei Bedarf sukzessive ausgerollt werden.

Kapitel 5
Rechtsfragen des Identitätsmissbrauchs

I. Überblick

1. Strafrechtliche Aspekte

Mit den Bezeichnungen „Identitätsmissbrauch", „Identitätsdiebstahl" oder, mit einem in manchen Ländern gebräuchlichen Ausdruck, „Identitätsbetrug" („identity fraud") können eine Vielzahl sozialschädlicher Verhaltensweisen charakterisiert werden. Eine verbindliche strafrechtliche Definition, was unter Identitätsmissbrauch zu verstehen ist, gibt es bisher weder in Deutschland noch in den meisten anderen Staaten (siehe unten S. 325 ff.); die wenigen gesetzlichen Begriffsbestimmungen im Ausland und die zahlreichen Definitionsvorschläge unterscheiden sich zum Teil deutlich. Dies ist nicht verwunderlich, denn die Bezeichnungen Identitätsmissbrauch usw. erfassen nur das jeweilige *Tatobjekt* oder *Tatmittel*, das unter verschiedensten Umständen erlangt und zu verschiedensten Zwecken verwendet werden mag.

Mit der oben (S. 4) für diese Studie gegebenen Begriffsbestimmung können auch unter strafrechtlichem Blickwinkel alle mit Identitätsmissbrauch zusammenhängenden Verhaltensweisen auf zwei Grundformen zurückgeführt werden, nämlich zum einen auf das unbefugte Sichverschaffen und zum anderen auf das unbefugte Verwenden von identifikationsrelevanten Daten im Rechtsverkehr. Dabei wird das Sichverschaffen nicht selten die notwendige Vorbereitungshandlung zum nachfolgenden Missbrauch der Daten sein, doch ist dies nicht zwingend, da auch allgemein zugängliche oder sonst auf legalem Wege erlangte Daten missbraucht werden können.

Auf dieser abstrakten Ebene gibt es weder im deutschen noch im ausländischen Strafrecht Strafvorschriften über Identitätsdiebstahl oder Identitätsmissbrauch. Vorstellbar wären solche allgemeinen Vorschriften, die dann allein dem Schutz der Person vor den mit dem Missbrauch ihrer Identitätsdaten regelmäßig einhergehenden materiellen (Vermögensverlust, Minderung der Kreditwürdigkeit) und immateriellen (Rufschädigung, Wiederherstellungsanstrengungen) Schäden dienten. Strafbar ist hingegen der Missbrauch bestimmter identitätsrelevanter Merkmale wie Amtsstellung (§ 132 StGB), Titel, akademische Grade, Berufsbezeichnungen usw.

(§ 132a StGB), wodurch der Täter über bestimmte, regelmäßig als besonders vertrauenswürdig angesehene Eigenschaften täuscht; dies kann mit einer Identitätsanmaßung verbunden sein, muss es aber nicht.

Erweitert man diese beiden Minimaldefinitionen um Elemente wie bestimmte Tatumstände, Begehensweisen oder vom Täter angestrebte Ziele, so wird deutlich, dass der Identitätsmissbrauch eine Querschnittsmaterie aus einer bunten Palette verschiedenartigen Strafunrechts darstellt, nämlich oftmals nur eine Variante von vielen Möglichkeiten, ein bestimmtes Strafgesetz zu verletzen. Daher erfüllen die unter den Bezeichnungen Identitätsdiebstahl oder Identitätsmissbrauch zusammengefassten Sachverhalte in aller Regel gleich eine Mehrzahl allgemeiner Strafgesetze (unten II., IV.1.). Strafbar sind jeweils nur gesetzlich klar definierte Tätigkeiten. Maßgeblich ist, dass das jeweilige Verhalten bestimmte Elemente aufweist, die (zumindest) einem Strafgesetz unterfallen. Aus strafrechtlicher Sicht kommen, ausgehend von den beiden Grundformen Sichverschaffen und Missbrauchen von Daten, im Wesentlichen folgende Aspekte in Betracht:

(1) Vorab: Das unbefugte Sichverschaffen oder Erlangen von identitätsrelevanten Daten ist mit dem Schlagwort Identitätsdiebstahl („identity theft", „vol d'identité") zwar anschaulich, aber juristisch unpräzise benannt, weil „Diebstahl" in den meisten Rechtsordnungen die Entziehung eines körperlichen Gegenstands erfordert, während beim „Identitätsdiebstahl" Informationen erlangt werden. Der Unterschied zum Diebstahl im rechtlichen Sinne liegt zum einen darin, dass Informationen unkörperlich und damit kein taugliches Diebstahlobjekt sind, und zum anderen darin, dass die Informationen dem Berechtigten, der sie nach wie vor „hat", nicht entzogen, sondern genau betrachtet unbefugt kopiert werden.[343] Diebstahl ist freilich der Archetyp des unbefugten Erlangens eines Objekts, das rechtlich einem anderen gehört, sodass die bildhafte Rede vom Identitätsdiebstahl beibehalten werden mag in dem Bewusstsein, dass es sich bloß um eine Metapher handelt.

Beim unbefugten Erlangen von identitätsrelevanten Daten ist zu unterscheiden:

(1a) ob nur die unkörperlichen Informationen selbst erlangt werden und auf welche Weise dies geschieht; hier können je nach Art des Erlangens der Daten §§ 202a, 202b, 202c oder 303a StGB erfüllt sein;

(1b) ob mit den Daten zugleich Datenträger wie EC-Karten usw. erlangt werden, womit der Bereich der herkömmlichen Vermögensdelikte, wie z. B. Diebstahl (§ 242 StGB), Unterschlagung (§ 246 StGB), Betrug (§ 263 StGB), Erpressung (§ 253 StGB), Raub (§ 249 StGB) und räuberische Erpressung (§ 255 StGB), betreten wird; zugleich kommen als betroffene Rechtsgüter Eigentum und Gewahrsam bzw. Besitz an den Datenträgern sowie ggf. Freiheit (bei Erpressung) oder körperliche Integrität und Leben (bei Raub und räuberischer Erpressung) hinzu.

---

[343] Vgl. nur *FIDIS*, D 5.1: A survey on legislation on ID theft in the EU and a number of other countries (2005), S. 6 f.; *FIDIS*, D5.2b: ID-Related Crime: Towards a Common Ground for Interdisciplinary Research (2006), S. 8. Zur hilfreichen ökonomischen Unterscheidung von „rivalrous and non-rivalrous theft" siehe *Shamah*, 335, 338 ff. (2005–6). Allerdings haben etwa amerikanische Gerichte das unbefugte Erlangen eines Passwortes vereinzelt auch unter den herkömmlichen Diebstahltatbestand subsumiert, z. B. *Oregon v. Schwartz*, 21 P.3d 1128, 1136 f. (Or.Ct.App. 2001).

I. Überblick

Der Missbrauch identitätsrelevanter Daten lässt sich ebenfalls weiter unterteilen.

(2) In den „kleinen Identitätsmissbrauch": Das unbefugte Verwenden von identitätsrelevanten Daten als solches kann schon strafbar sein, etwa beim vorsätzlichen widerrechtlichen Verarbeiten personenbezogener Daten, sofern es gegen Entgelt, in Bereicherungs- oder Schädigungsabsicht geschieht (§ 44 i. V. m. § 43 Abs. 2 BDSG). Hier steht das verletzte Schutzgut des Verfügungsrechts über die eigenen Daten im Vordergrund. Ob es tatsächlich noch zu der beabsichtigten Vermögensschädigung der Opfer bzw. Bereicherung der Täter kommt, ist hierfür gleichgültig.

(3) In den „großen Identitätsmissbrauch": Das unbefugte Verwenden von identitätsrelevanten Daten kann strafbar sein als eine (moderne) Begehensweise solcher Straftatbestände, deren zentrales Kennzeichen eine Täuschungshandlung ist, die als Mittel zu einem weiteren Ziel eingesetzt wird. Je nach Art des angestrebten Ziels kann weiter differenziert werden:

(3a) Praktisch am häufigsten ist das Ziel, sich zu Unrecht zu bereichern, wobei die Bereicherung des Täters regelmäßig auf Kosten eines bestimmten Opfers geht, das einen Vermögensschaden erleidet. Im deutschen Strafrecht sind verschiedene Vorschriften anwendbar, je nachdem, in welcher Weise die Vortäuschung einer falschen Identität geschieht: So ist das Vorspiegeln einer falschen Identität grundsätzlich stets eine Täuschung, die als Betrug gem. § 263 StGB strafbar ist, wenn sie in der Absicht geschieht, sich zu Unrecht zu bereichern, und wenn dadurch ein anderer zu vermögensschädigendem Verhalten veranlasst wird. Wird kein Mensch getäuscht, sondern gleichsam eine den Menschen ersetzende Datenverarbeitungsanlage, kann dies als Computerbetrug nach § 263a StGB zu strafen sein. Geschieht die Täuschung durch Fälschung einer körperlichen Urkunde, d. h. Täuschung über die Identität des Ausstellers, ist das klassische Delikt der Urkundenfälschung (§ 267 StGB) verwirklicht. Geschieht die Täuschung im E-Commerce durch Herstellung eines Datensatzes, der auf eine falsche Identität verweist, so kann darin die Fälschung einer „Datenurkunde" im Sinne des § 269 StGB liegen. Soll durch den „unechten" Datensatz kein Mensch getäuscht, sondern ein Datenverarbeitungsvorgang beeinflusst werden, ist § 270 StGB anwendbar. Ein traditionelles rechtliches Problem, das auch beim heutigen Identitätsmissbrauch bedeutsam ist, ist die Frage, wann eine (Daten-)Urkunde „falsch" ist, mithin, wann die vorgespiegelte „Identität" falsch ist (unten IV.2.).

(3b) Die Täter können durch eine Identitätstäuschung freilich auch zunächst immaterielle Vorteile anstreben, die oft zwar indirekt wieder zu materiellen Vorteilen führen mögen, wie etwa die Erlangung oder Vortäuschung einer Aufenthalts- oder Arbeitserlaubnis oder auch Vorbereitung geplanter oder Vertuschung ausgeführter sonstiger Straftaten, namentlich terroristischer Aktivitäten. Hierbei können ebenfalls verschiedenste Straftatbestände verwirklicht werden, die insbesondere auch Schutzgüter der Allgemeinheit betreffen, insbesondere die (Straf-)Rechtspflege: So kann eine Identitätstäuschung durch Benutzen eines falschen Namens strafbar sein nach § 164 StGB (Falsche Verdächtigung), wenn die Absicht hinzutritt, dass gegen den Namensträger ein Strafverfahren eingeleitet wird, oder nach § 145d StGB (Vortäuschen einer Straftat und Täuschen über den Beteiligten an einer Straftat), wobei zumeist auch Strafvereitelung (§ 258 StGB) in Betracht kommt. Da solche Taten aber nicht im Mittelpunkt dieser Studie stehen, wird auf sie im Folgenden nicht weiter eingegangen.

(3c) Schließlich ist vorstellbar, dass es dem Täter nur um die Schädigung der anderen Person, deren Daten er missbraucht, geht, ohne dass er außer persönlicher Genugtuung einen weiteren tangiblen Vorteil erstrebt. Solche reinen Schikanehandlungen erfasst das Gesetz nur ausschnittsweise, etwa wenn Rechtsgüter, wie Leben (§§ 211 ff. StGB), Gesundheit (§§ 223 ff. StGB), Freiheit (§§ 239, 240 StGB), Eigentum an Sachen (§ 303 StGB) oder Datenintegrität (§ 303a StGB), betroffen sind; gesteigerte Formen der Belästigung wie z. B. wiederholtes Bestellungen von Leistungen in fremdem Namen, um den Namensträger zu ärgern, einzuschüchtern etc. können zudem strafbar sein nach § 238 Abs. 1 Nr. 3 StGB (Nachstellung oder Stalking), der die missbräuchliche Verwendung personenbezogener Daten als Begehensweise ausdrücklich nennt.

Ein gemeinsames Problem der meisten bei Identitätsmissbrauch betroffenen Straftatbestände liegt darin, dass die Strafbarkeit regelmäßig davon abhängt, ob es sich um unerlaubtes Handeln im Sinne von „unbefugtem" Sichverschaffen von Daten handelt bzw. um „unbefugte" Verwendung von Daten beim Computerbetrug oder die Verwendung einer „falschen" Identität bei den Urkundsdelikten. Die strafrechtlichen Konzepte mögen insoweit anders zugeschnitten sein als die umgangssprachliche, aber auch die zivilrechtliche Verwendung der Bezeichnung „Missbrauch". Hinzu kommt, dass die Auslegung der gesetzlichen Begriffe „unbefugt" etc. bei allen hier relevanten Normen in Rechtsprechung und Schrifttum sehr umstritten ist (siehe unten IV.1., IV.2.).

Vorgelagert ist stets die Frage nach der Anwendbarkeit deutschen Strafrechts in den häufigen Fällen, wo die Täter vom Ausland aus agieren. Sofern aber ein Taterfolg wie Veränderung von Daten oder ein Vermögensschaden im Inland eintritt (§§ 3, 9 StGB), sind deutsche Strafgesetze anwendbar und die deutsche Strafgerichtsbarkeit eröffnet.

Ungleich größer sind allerdings die praktischen Schwierigkeiten grenzüberschreitender Ermittlungen, da die Strafverfolgungsbehörden eines Landes grundsätzlich nur auf dem eigenen Territorium Hoheitsgewalt ausüben dürfen, folglich im Wege der sog. Rechtshilfe auf die Unterstützung der Behörden desjenigen ausländischen Staates angewiesen sind, in dem Tatverdächtige oder Beweismittel vermutet werden.

2. Zivilrechtliche Aspekte

Im Zivilrecht stehen Rechtsfragen im Zusammenhang mit der Verteilung des Risikos und der Haftung für Schäden durch Identitätsdiebstahl und -missbrauch im Vordergrund.

Als Vorfrage ist der Bereich des Identitätsdiebstahls und -missbrauchs, also des unbefugten Verschaffens und der unbefugten Verwendung von Identitätsdaten, von

I. Überblick

der befugten Verwendung solcher Daten zu unterscheiden. Außerdem sind die in Betracht kommenden Grundlagen für eine Haftung zu ermitteln. Daher ist zunächst der gesetzliche Rahmen des Identitätsdiebstahls und -missbrauchs zu klären (unten II.). Ergänzend sind die vertraglichen Rahmenbedingungen, die für die Praxis von großer Bedeutung sind, zu berücksichtigen. Daher werden auch die Regeln zum Identitätsdiebstahl und -missbrauch in Allgemeinen Geschäftsbedingungen analysiert (unten III.).

Insbesondere beim Identitätsmissbrauch ist zu klären, welcher Beteiligte das Risiko aus dem Eingriff trägt bzw. bei welchem Beteiligten der Schaden eintritt (unten V.). Dies ist oft leicht zu erkennen, kann allerdings bei komplexen Geschehensabläufen mit mehreren Beteiligten, wie sie beim Identitätsmissbrauch oft vorliegen, eine eigenständige rechtliche Prüfung erfordern. In diesem Zusammenhang ist auch eine etwaige Rechtsscheinhaftung des Identitätsinhabers (Anscheinsvollmacht) von Bedeutung.

Der zentrale Aspekt der Haftung betrifft die Pflichtverletzung als Grundlage einer Haftung auf Schadensersatz. Daher legt die Studie einen Schwerpunkt auf die Untersuchung der Pflichten der einzelnen Beteiligten. Hier werden zunächst die allgemeinen Verkehrspflichten der Internetnutzer erörtert (VI.), bevor die Pflichten und die Haftung der Identitätsinhaber für verschiedene Anwendungsbereiche, insbesondere, im Zusammenhang mit dem neuen Personalausweis und im Onlinebanking, näher untersucht werden (VII.). Sodann werden die Pflichten und die Haftung der Anbieter dargestellt (VIII.).

Eine für die Praxis wesentliche Frage betrifft den Beweis im Zusammenhang mit dem Identitätsmissbrauch. Die besondere Bedeutung dieser Frage ergibt sich aus dem Umstand, dass beim Identitätsmissbrauch der genaue Geschehensablauf oft nicht bekannt oder zwischen den Parteien streitig ist. Insbesondere kann der Diensteanbieter regelmäßig nicht erkennen, dass ein Dritter unter der Identität des Identitätsinhabers handelte.

Beispiel: Eine Erklärung, z. B. eine Bestellung im E-Commerce, wird einem Diensteanbieter im Namen des Identitätsinhabers und unter Verwendung von dessen Authentisierungsmedien übersandt.

Hier stellt sich die Frage, welche Partei die Beweislast für das Vorliegen eines Identitätsmissbrauchs trägt und ob und unter welchen Voraussetzungen der Beweis geführt werden kann. Ein weiter Aspekt betrifft die Kausalität von Pflichtverletzungen für eingetretene Schäden, da ein Anspruch auf Schadensersatz nur dann besteht, wenn der Anspruchsteller beweisen kann, dass der Schaden ohne die Pflichtverletzung nicht eingetreten wäre.

Von besonderem Interesse ist hier die Frage, unter welchen Voraussetzungen die Verwendung der Authentisierungsmedien (Passwort, PIN/TAN, elektronische Signatur) einer Person (z. B. Bankkunde im Onlinebanking) den Beweis für die Urheberschaft einer Person für eine bestimmte Handlung (z. B. Überweisung im Onlinebanking) erbringen kann. Da diese Fragen für die praktische Bedeutung von Risikotragung und Haftung sehr bedeutend sind, werden diese und weitere Aspekte, die für Identitätsmissbrauch relevant sind, untersucht (unten IX.).

II. Gesetzliche Rahmenbedingungen

1. Grundrechtsschutz

Bei Identitätsdiebstahl und Identitätsmissbrauch kann der Schutzbereich von Grundrechten betroffen sein.

a) Identitätsdiebstahl

Bei der unbefugten Erhebung von Daten ist regelmäßig das Allgemeine Persönlichkeitsrecht in seiner Ausprägung als Recht auf informationelle Selbstbestimmung betroffen, Art. 2 Abs. 1 i. V. m. Art. 1 Abs. 1 GG. Es gibt dem Einzelnen die Befugnis, grundsätzlich selbst über die Preisgabe und Verwendung seiner persönlichen Daten zu bestimmen.[344] Sein Schutzumfang ist nicht auf sensible Daten beschränkt, sondern umfasst alle personenbezogenen Daten.[345] Damit fällt jeder Zugriff auf personenbezogene Daten und mithin jeder Identitätsdiebstahl in den Schutzbereich des Rechts auf informationelle Selbstbestimmung.

Das BVerfG hat in seinem Urteil zur Onlinedurchsuchung ausgeführt, dass das Allgemeine Persönlichkeitsrecht auch das Grundrecht auf Gewährleistung der Vertraulichkeit und Integrität informationstechnischer Systeme umfasst. Es erweitert den grundrechtlichen Schutz dahingehend, dass nunmehr auch der Zugriff auf ein eigengenutztes informationstechnisches System erfasst wird, der der eigentlichen Datenerhebung vorangeht.[346] Gleichzeitig bezieht sich nach Auffassung des BVerfG der Schutz auch auf die Erhebung selbst.[347] In der Literatur wurde die Einführung dieser neuen Grundrechtsausprägung kritisiert. Das Recht auf informationelle Selbstbestimmung schütze entgegen der Ansicht des Gerichts nicht vor einzelnen Datenerhebungen, weshalb jedenfalls im Hinblick auf die Vertraulichkeit von Daten hinreichender Schutz bestehe.[348] Ein eigener Schutzgehalt bestehe hingegen im Hinblick auf die Integrität des informationstechnischen Systems.[349] Auch hiergegen ist jedoch Kritik dahingehend geäußert worden, dass der Schutzbedarf der Integrität seinerseits nur bestehe, weil ein Zugriff auf die gespeicherten Daten ermöglicht werde.[350]

---

[344] Grundlegend: BVerfG, 15.12.1983, 1 BvR 209/83 u. a., BVerfGE 65, 1 – Volkszählung; siehe auch BVerfG, 27.2.2008, 1 BvR 370/07, 1 BvR 595/07, BVerfGE 120, 274, 312 – Online-Durchsuchung.

[345] BVerfG, 13.6.2007, 1 BvR 1550/03, 1 BvR 2357/04, 1 BvR 603/05, NJW 2007, 2464, 2466 – Kontenabfrage.

[346] BVerfG, 27.2.2008, 1 BvR 370/07, 1 BvR 595/07, BVerfGE 120, 274, 313 – Online-Durchsuchung; erläuternd *Hoffmann-Riem*, JZ 2008, 1009, 1016.

[347] BVerfG, 27.2.2008, 1 BvR 370/07, 1 BvR 595/07, BVerfGE 120, 274, 315 – Online-Durchsuchung.

[348] *Eifert*, NVwZ 2008, 521; *Murswiek*, in Sachs, Art. 2 Rz. 130; *Sachs/Krings*, JuS 2008, 481, 483.

[349] *Härtel*, NdsVBl 2008, 276, 279.

[350] *Eifert*, NVwZ 2008, 521, 522.

II. Gesetzliche Rahmenbedingungen

Jedenfalls bezüglich der verfassungsrechtlichen Einordnung des Identitätsdiebstahls ist festzustellen, dass sich die Schutzbereiche der beiden Grundrechtsausprägungen überschneiden. Namentlich wäre das Recht auf Gewährleistung der Vertraulichkeit und Integrität informationstechnischer Systeme betroffen, soweit ein Zugriff auf den PC des Nutzers erfolgt. Da es sich jedoch um einen Zugriff auf Identitätsdaten handelt, ist immer auch das Recht auf informationelle Selbstbestimmung betroffen. Hingegen ist der Schutzbereich des Rechts auf Gewährleistung der Vertraulichkeit und Integrität informationstechnischer Systeme im Falle eines Identitätsdiebstahls durch Phishing nicht einschlägig, da hier die Daten vom Nutzer weitergegeben werden und kein Zugriff auf den Rechner erfolgt.

Eine Erhebung von Daten während eines Kommunikationsvorgangs verstößt gegen das Telekommunikationsgeheimnis aus Art. 10 Abs. 1 GG.[351] Dieser stellt für die Erhebung von Kommunikationsdaten eine *lex specialis* zum Allgemeinen Persönlichkeitsrecht dar.[352]

Auch die Unverletzlichkeit der Wohnung gem. Art. 13 Abs. 1 GG kann durch Identitätsdiebstahl berührt sein. Neben dem offensichtlichen Fall, dass zur Datenerhebung in die Wohnung eingedrungen wird, liegt ein Eingriff in Art. 13 GG nach der Rechtsprechung des BVerfG auch dann vor, wenn eine staatliche Stelle sich durch technische Hilfsmittel einen Einblick in Vorgänge innerhalb der Wohnung verschafft, die der natürlichen Wahrnehmung von außen entzogen sind.[353] Klassische Beispiele sind die akustische oder optische Wohnraumüberwachung. Dazu gehört aber beispielsweise auch die Messung elektromagnetischer Abstrahlungen eines Rechners, der sich in einer Wohnung befindet.[354]

b) Identitätsmissbrauch

Das Recht auf informationelle Selbstbestimmung schützt nicht nur vor der unbefugten Erhebung von Daten, sondern auch vor deren weiterer Speicherung, Verwendung, Weitergabe oder Veröffentlichung.[355] Mithin wäre auch jeder Identitätsmissbrauch durch staatliche Stellen ein Eingriff in dieses Grundrecht.[356]

---

[351] BVerfG, 27.2.2008, 1 BvR 370/07, 1 BvR 595/07, BVerfGE 120, 274, 307 – Online-Durchsuchung; *Baldus*, in Epping/Hillgruber, Art. 10 Rz. 24.

[352] BVerfG, 27.2.2008, 1 BvR 370/07, 1 BvR 595/07, BVerfGE 120, 274, 307 – Online-Durchsuchung.

[353] BVerfG, 27.2.2008, 1 BvR 370/07, 1 BvR 595/07, BVerfGE 120, 274, 309 f. – Online-Durchsuchung.

[354] BVerfG, 27.2.2008, 1 BvR 370/07, 1 BvR 595/07, BVerfGE 120, 274, 310 – Online-Durchsuchung.

[355] *Di Fabio*, in Maunz/Dürig, Art. 2 Rz. 176; *Lang*, in Epping/Hillgruber, Art. 2 Rz. 45; *Murswiek*, in Sachs, Art. 2 Rz. 72.

[356] Vgl. *Kutscha*, NJW 2008, 1042, 1043: „Die vielfältige (Aus-)Nutzung der eingegeben Daten jenseits des vom Absender intendierten Zwecks dürfte jedenfalls nicht mehr von der Freiwilligkeit der Preisgabe umfasst sein und deshalb in das Recht auf informationelle Selbstbestimmung eingreifen."

Das Grundrecht auf Gewährleistung der Vertraulichkeit und Integrität informationstechnischer Systeme schützt hingegen das Vertrauen des Nutzers darauf, dass Daten in einem von ihm genutzten System vertraulich bleiben und nicht manipuliert werden.[357] Der Schutz richtet sich also gegen den Zugriff auf die Daten.[358] Im Falle eines Identitätsmissbrauchs werden i. d. R. keine Daten auf dem Rechner des Nutzers verändert, sodass ein Eingriff nicht gegeben ist.

Ein Eingriff in das Telekommunikationsgeheimnis kann vorliegen, wenn der Identitätsmissbrauch durch die Weiterverwendung von Daten geschieht, die während einer laufenden Kommunikation erlangt wurden. Art. 10 Abs. 1 GG ist auch bei der Verwertung von Kommunikationsdaten einschlägig.[359] Ein solcher Fall liegt vor, wenn eine staatliche Stelle einen „Zugangsschlüssel nutzt, den sie ohne oder gegen den Willen der Kommunikationsbeteiligten erhoben hat."[360] Als Beispiel nennt das BVerfG hier die Verwendung eines durch Keylogging erlangten Passworts. Gleiches muss bei Verwendung von Daten gelten, die durch einen Phishingangriff erlangt wurden.

c) Bedeutung des Grundrechtsschutzes im privaten Bereich

Die Grundrechte sind zunächst Schutzrechte des Bürgers gegenüber dem Staat. Die oben genannten Grundrechte sind daher zunächst nur bei Eingriffen des Staates unmittelbar anwendbar.

Beeinträchtigungen grundrechtlich geschützter Güter drohen dem Einzelnen nicht nur durch staatliche Eingriffe, sondern auch von privater Seite. Aus dem objektiv-rechtlichen Gehalt der Grundrechte resultiert daher eine Schutzpflicht des Staates.[361] Solche Schutzaufträge ergeben sich auch und gerade aus Art. 2 Abs. 1 GG[362] und Art. 10 Abs. 1 GG[363]. Insbesondere beim Allgemeinen Persönlichkeitsrecht und somit beim Recht auf informationelle Selbstbestimmung ist zunächst der Gesetzgeber Adressat der Schutzpflicht.[364]

Die Durchsetzung dieser Schutzaufträge erfolgt vor allem durch einfaches Gesetzesrecht. In Bezug auf das Recht auf informationelle Selbstbestimmung wird

---

[357] *Hömig*, Jura 2009, 207, 209.
[358] BVerfG, 27.2.2008, 1 BvR 370/07, 1 BvR 595/07, BVerfGE 120, 274, 314 – Online-Durchsuchung.
[359] *Baldus*, in Epping/Hillgruber, Art. 10 Rz. 24.
[360] BVerfG, 27.2.2008, 1 BvR 370/07, 1 BvR 595/07, BVerfGE 120, 274, 341 – Online-Durchsuchung.
[361] BVerfG, 30.7.2008, 1 BvR 3262/07, 1 BvR 402/08, 1 BvR 906/08, BVerfGE 121, 317, 356; BVerfG, 24.4.1991, 1 BvR 1341/90, BVerfGE 84, 133, 147; BVerfG, 25.2.1975, 1 BvF 1/74, 1 BvF 2/74, 1 BvF 3/74, 1 BvF 4/74, 1 BvF 5/74, 1 BvF 6/74, BVerfGE 39, 1, 41 – Schwangerschaftsabbruch I; *Dietlein*, S. 17; *Hufen*, 56 f.; *Ipsen*, Rz. 101 ff.
[362] *Di Fabio*, in Maunz/Dürig, Art. 2 Rz. 135.
[363] BVerfG, 9.10.2002, 1 BvR 1611/96, 1 BvR 805/98, BVerfGE 106, 28, 37 – Mithörvorrichtung.
[364] *Di Fabio*, in Maunz/Dürig, Art. 2 Rz. 135.

der grundrechtliche Schutzauftrag vor allem durch das Datenschutzrecht[365] erfüllt (dazu unten S. 203 ff.).

Daneben schützt auch das Deliktsrecht das Allgemeine Persönlichkeitsrecht als sonstiges Recht gem. §§ 823 Abs. 1, 1004 BGB.[366] Dieser Schutz umfasst auch das Recht auf informationelle Selbstbestimmung,[367] insbesondere die Befugnis, über die Veröffentlichung persönlicher Daten grundsätzlich selbst zu entscheiden.[368]

In der Literatur wird diskutiert, inwieweit der zivilrechtliche Schutz durch das Grundrecht auf informationelle Selbstbestimmung, insbesondere das Grundrecht auf Gewährleistung der Vertraulichkeit und Integrität informationstechnischer Systeme, erweitert wird.[369] Dabei wird z. T. explizit auf Formen des Identitätsdiebstahls und -missbrauchs Bezug genommen, die sowohl die Vertraulichkeit (z. B. Ausspähen von Identitätsdaten) als auch die Integrität des Systems (z. B. Installation von Schadsoftware) beeinträchtigen können.[370] Ein signifikanter Einfluss dieses Grundrechts auf den durch § 823 Abs. 2 BGB i. V. m. Strafvorschriften bereits bestehenden Schutz wird jedoch nicht erwartet.[371]

Durch die Anerkennung des Rechts auf Gewährleistung der Vertraulichkeit und Integrität informationstechnischer Systeme als Schutzgut des Deliktsrechts können außerdem Verkehrssicherungspflichten für die Hersteller und Anbieter von Kommunikationssystemen entstehen, die die Sicherheit der angebotenen Systeme betreffen.[372]

Von eher untergeordneter Bedeutung dürfte im Zusammenhang mit Identitätsdiebstahl und -missbrauch das Bestehen vertraglicher Rücksichtnahmepflichten sein, da regelmäßig kein Vertragsverhältnis zum Identitätsdieb vorliegen wird. Allenfalls die vorbezeichnete Pflicht eines Herstellers oder Anbieters, eine hinreichende Sicherheit des Systems zu gewährleisten, könnte auch und gerade in einem Vertragsverhältnis mit dem Kunden zum Tragen kommen.

2. *Datenschutzrecht*

Der Umgang mit persönlichen Daten ist im Datenschutzrecht umfassend geregelt. Gesetzliche Grundlage sind vor allem das Bundesdatenschutzgesetz (BDSG), die

---

[365] Vgl. *Hofmann*, in Schmidt-Bleibtreu/Hofmann/Hopfauf, Art. 2 Rz. 26; *Simitis*, in Simitis, Einleitung Rz. 27 ff.

[366] *Sprau*, in Palandt, § 823 Rz. 19.

[367] BGH, 9.12.2003, VI ZR 373/02, NJW 2004, 762, 765.

[368] *Bartsch*, in Maunz/Dürig, Art. 2 Rz. 191.

[369] Dafür *Bartsch*, CR 2008, 613; *Roßnagel/Schnabel*, NJW 2008, 3534; wohl auch *Stögmüller*, CR 2008, 435, 437; a. A. *Sick*, VBlBW 2009, 85, der eine Schutzpflicht des Staates aus dem Grundrecht auf Gewährleistung der Vertraulichkeit und Integrität informationstechnischer Systeme verneint und es auf die Abwehrfunktion der Grundrechte beschränken will.

[370] *Bartsch*, CR 2008, 613, 615; *Roßnagel/Schnabel* a. a. O.

[371] *Bartsch*, CR 2008, 613, 615.

[372] *Roßnagel/Schnabel* a. a. O.

Datenschutzgesetze der Länder sowie bereichsspezifische Bestimmungen, etwa der Sozialdatenschutz im 10. Buch des Sozialgesetzbuchs (SGB X).

Das BDSG ist anwendbar auf die Datenverarbeitung durch öffentliche Stellen des Bundes und nicht-öffentliche Stellen (§ 1 Abs. 2 BDSG),[373] während die Datenschutzgesetze der Länder im Wesentlichen die Datenverarbeitung durch die jeweiligen Landesbehörden und Kommunalverwaltungen regeln. Spezifische Regeln wie die des SGB X gehen dem BDSG in ihrem Anwendungsbereich vor (vgl. § 1 Abs. 3 S. 1 BDSG). Die Datenschutzgesetze enthalten in hohem Maße parallele Regeln. Nachfolgend wird auf das BDSG Bezug genommen.

Der Umgang mit persönlichen Daten ist umfassend durch das Datenschutzrecht geregelt. Das BDSG regelt nach seinem § 1 den Umgang mit personenbezogenen Daten. Der Begriff der personenbezogenen Daten ist in § 3 BDSG als „Einzelangaben über persönliche oder sachliche Verhältnisse einer bestimmten oder bestimmbaren natürlichen Person" definiert. Dieser Begriff wird entsprechend seinem Wortlaut weit ausgelegt und umfasst nicht nur Angaben über die Person selbst, wie Name, Geburtsdatum, Anschrift, Gesundheitszustand etc.,[374] sondern eben Angaben über rein auf die Personen beziehbare Sachverhalte, etwa das Bestehen von vertraglichen oder sonderrechtlichen Beziehungen zu Dritten etc.[375]

Der Begriff der personenbezogenen Daten erfasst damit auch sämtliche einer bestimmten Person zugeordneten Daten wie Ausweisnummer[376], Steuernummer, Kreditkartennummer, Kontonummern etc., auch geheime Daten wie Passwörter, PIN etc.

Damit sind Daten, die im Rahmen von Identitätsdiebstahl oder -missbrauch verwendet werden, umfassend als personenbezogene Daten in den sachlichen Anwendungsbereich des Datenschutzrechts einbezogen.

Das BDSG stellt den Umgang mit personenbezogenen Daten umfassend unter Schutz. § 4 BDSG enthält die grundlegende Norm, die zugleich die Schutzkonzeption des Datenschutzrechts beschreibt:[377] Danach gilt für den Umgang mit personenbezogenen Daten ein Verbot mit Erlaubnisvorbehalt. Die Erhebung, Verarbeitung und Nutzung personenbezogener Daten ist danach nur zulässig, wenn dies durch Rechtsnorm erlaubt ist oder wenn der Betroffene einwilligt.

Der Begriff des Erhebens von Daten ist in § 3 Abs. 3 BDSG als das Beschaffen von Daten über den Betroffenen definiert. Das Verarbeiten von Daten ist in § 3 Abs. 4 BDSG umfassend geregelt. Nach § 3 Abs. 4 S. 1 BDSG umfasst das Verarbeiten das Speichern, Verändern, Übermitteln, Sperren und Löschen personenbezogener Daten, wobei Speicherung gemäß § 3 Abs. 4 S. 2 Nr. 1 BDSG das Erfassen, Aufnehmen oder Aufbewahren von Daten auf einem Datenträger meint. Der Begriff

---

[373] § 2 BDSG regelt näher, welche öffentlichen und nicht-öffentlichen Stellen erfasst sind. Nicht-öffentliche Stellen sind gemäß § 2 Abs. 4 S. 1 BDSG alle natürlichen und juristischen Personen, Gesellschaften und andere Personenvereinigungen des Privatrechts.
[374] *Gola/Schomerus*, § 3 Rz. 6.
[375] *Gola/Schomerus*, § 3 Rz. 7.
[376] *Gola/Schomerus*, § 3 Rz. 3.
[377] *Gola/Schomerus*, § 4 Rz. 3.

II. Gesetzliche Rahmenbedingungen

der Nutzung von Daten ist damit ein Auffangtatbestand, der in § 4 Abs. 5 BDSG als jede Verwendung von Daten, die nicht Verarbeitung ist, definiert wird.

Beim Identitätsdiebstahl liegt regelmäßig sowohl eine Beschaffung als auch eine Verarbeitung (Speicherung) von Daten durch den Täter vor. Beim Identitätsmissbrauch handelt es sich stets um eine Verarbeitung von Daten, meist in mehrfacher Form (Speicherung, Übermittlung).

Damit sind Identitätsdiebstahl und -missbrauch durch § 4 BDSG umfassend verboten. Die in vielen Bereichen der Datenverarbeitung schwierige Frage, ob und in welchem Umfang gesetzliche Datenverarbeitungsbefugnisse bestehen oder eine Einwilligung des Betroffenen vorliegt, stellt sich in den hier interessierenden Fällen in der Regel nicht.

Diese Gebote richten sich zunächst gegen Datenverarbeiter, also bei Identitätsdiebstahl und -missbrauch gegen den Täter. Das Datenschutzrecht regelt darüber hinaus zahlreiche Schutzpflichten datenverarbeitender Stellen, die der Abwehr von Eingriffen Dritter dienen. Dazu gehören insbesondere die Anforderungen an die Datensicherheit. Datensicherung, als Gesamtheit der Maßnahmen zur Herstellung von Datensicherheit, bedeutet den Schutz von Daten vor Beeinträchtigung oder Missbrauch. Ziel der Datensicherung ist es einerseits, die Integrität und Verfügbarkeit von Daten zu sichern, andererseits auch, einen unzulässigen Umgang mit Daten zu verhindern.[378] Die zentrale Norm der Datensicherheit ist § 9 BDSG, der die Anforderungen an die Datensicherung regelt. § 9 BDSG hat in den Landesdatenschutzgesetzen ein – meist wortgetreues – Pendant.[379] Auch das Telemediengesetz (TMG) enthält Bestimmungen zur Datensicherung. So hat der Anbieter von Telemedien nach § 13 Abs. 4 Nr. 3 TMG durch technische und organisatorische Maßnahmen sicherzustellen, dass der Nutzer bei Inanspruchnahme von Telemedien gegen Kenntnisnahme durch Dritte geschützt ist.

§ 9 BDSG beschreibt die Anforderungen an die Datensicherung durch eine Generalklausel. Danach sind solche Maßnahmen der Datensicherung rechtlich geboten, die erforderlich sind, um die gesetzlichen Anforderungen an den Datenschutz zu erfüllen, nicht zuletzt das Gebot des § 4 BDSG.

Die Verpflichtung zur Datensicherung nach § 9 BDSG macht deutlich, dass der Adressat, also die datenverarbeitende Stelle, die gesetzliche Verpflichtung zum Datenschutz nicht nur selbst einzuhalten hat, sondern darüber hinaus auch den unbefugten Zugriff Dritter auf die geschützten Daten abwehren muss.[380] Damit ist der Schutz von personenbezogenen Daten gegenüber dem unbefugten Zugriff Dritter integraler Bestandteil des gesetzlichen Datenschutzes. Die Generalklausel

---

[378] *Ernestus*, in Simitis, § 9 Rz. 2; vgl. auch die Def. der Datensicherheit in DIN 44300.
[379] Baden-Württemberg: § 9 Abs. 2 LDSG; Bayern: Art. 7 Abs. 1 BayDSG; Berlin: § 5 Abs. 1 BlnDSG; Brandenburg: § 10 Abs. 1 BbgDSG; Bremen: § 7 Abs. 3 BremDSG; Hamburg: § 8 Abs. 1 HmbDSG; Hessen: § 10 Abs. 1 HDSG; Mecklenburg-Vorpommern: § 21 Abs. 1 DSG M-V; Niedersachsen: § 7 Abs. 1 NDSG; Nordrhein-Westfalen: § 10 DSG NRW; Rheinland-Pfalz: § 9 Abs. 1 LDSG; Saarland: § 11 SDSG; Sachsen: § 9 Abs. 1 SächsDSG; Sachsen-Anhalt: § 6 Abs. 1 DSG-LSA; Schleswig-Holstein: § 5 Abs. 2 LDSG; Thüringen: § 9 Abs. 1 ThürDSG.
[380] *Rombach*, in Hauck/Noftz, § 78a Rz. 10.

des § 9 BDSG wird jeweils in einer (weitestgehend übereinstimmenden) Anlage konkretisiert, die Bestandteil des Gesetzes ist. Die Anlage ist nicht abschließend. Vielmehr können sich darüber hinausgehende Anforderungen aus der Generalklausel ergeben.[381] Der Begriff der technischen und organisatorischen Sicherheit ist weit auszulegen[382] und umfasst alle Bereiche der Datenerhebung, -speicherung und -übermittlung. Dazu gehören etwa Maßnahmen, um den Zugang Unbefugter zum Datenverarbeitungssystem, etwa dem Server, auf dem die Daten gespeichert sind, zu unterbinden. Ferner ist der Schutz vor unbefugtem elektronischem Zugriff auf geschützte Daten umfasst, etwa durch Passwortschutz und sonstige Authentisierungssysteme.[383] Schließlich sind Daten auch während der Übermittlung vor dem Zugriff Dritter zu schützen. In der Anlage zu § 9 BDSG werden diese Anforderungen in verschiedene Gruppen zusammengefasst. Erforderlich sind nach Nr. 1 der Anlage zu § 9 BDSG Maßnahmen, um den Zutritt Unbefugter zu den Datenverarbeitungsanlagen zu verhindern, auf denen die geschützten Daten gespeichert sind, die sogenannte Zutrittskontrolle. Hiermit ist vor allem der Zugang zum Datenverarbeitungssystem als Sache gemeint.[384]

Erforderlich sind gemäß Nr. 2 der Anlage weiterhin Maßnahmen, um den Zugang Unbefugter zu dem Datenverarbeitungssystem zu unterbinden, in dem die Daten gespeichert sind, die sogenannte Zugangskontrolle. Die Zugangskontrolle in diesem Sinne meint nicht den Zugriff auf Geräte (Hardware), der unter dem Gesichtspunkt der Zutrittskontrolle in Nr. 1 erfasst ist,[385] sondern im Kern den Zugang zu den geschützten Daten.[386] Die Zugangskontrolle schließt daher nicht zuletzt den elektronischen Zugriff auf Daten über Datennetze ein.[387]

Unter dem Gesichtspunkt der Zugriffskontrolle, Nr. 3 der Anlage, wird vor allem der Zugriff der zur Benutzung des Datenverarbeitungssystems Berechtigten erfasst.[388] Hier ist sicherzustellen, dass der Berechtigte nur auf die Daten zugreifen

---

[381] *Bieresborn*, in v. Wulffen, § 78a Rz. 4; *Ernestus*, in Simitis, § 9 Rz. 56; *Rombach*, in Hauck/Noftz, § 78a Rz. 23.

[382] *Ernestus*, in Simitis, § 9 Rz. 20; *Gola/Schomerus*, § 9 Rz. 5; *Pickel/Marschner*, § 78a Rz. 3; *Rombach*, in Hauck/Noftz, § 78a Rz. 14; *Schaffland/Wiltfang*, § 9 Rz. 3.

[383] *Ernestus*, in Simitis, § 9 Rz. 22.

[384] Vgl. *Bergmann/Möhrle/Herb*, Anlage zu § 9 Satz 1 BDSG 2.1; *Bieresborn*, in v. Wulffen, § 78a Rz. 9; *Ernestus*, in Simitis, § 9 Rz. 70 ff.; *Gola/Schomerus*, § 9 Rz. 22; *Pickel/Marschner*, § 78a Rz. 6; *Tinnefeld/Ehmann/Gerling*, S. 661; *Wedde*, in Däubler/Klebe/Wedde/Weichert, § 9 Rz. 36.

[385] *Rombach*, in: Hauck/Noftz, § 78a Rz. 26.

[386] Vgl. *Ernestus*, in Simitis, § 9 Rz. 91 f.; *Gola/Schomerus*, § 9 Rz. 23; *Heibey*, in Roßnagel, Kap. 4.5 Rz. 42; *Rombach*, in Hauck/Noftz, § 78a Rz. 26; *Schaffland/Wiltfang*, § 9 Rz. 28; *Wedde*, in Däubler/Klebe/Wedde/Weichert, § 9 Rz. 43.

[387] Vgl. *Bergmann/Möhrle/Herb*, Anlage zu § 9 Satz 1 BDSG 2.1; *Ernestus*, in Simitis, § 9 Rz. 89; *Heibey*, in Roßnagel, Kap. 4.5 Rz. 43; *Rombach*, in Hauck/Noftz, § 78a Rz. 26.

[388] *Gola/Schomerus*, § 9 Rz. 24; *Heibey*, in Roßnagel, Kap. 4.5 Rz. 45; *Pickel/Marschner*, § 78a Rz. 8; *Rombach*, in Hauck/Noftz, § 78a Rz. 27; *Tinnefeld/Ehmann/Gerling*, S. 662.

II. Gesetzliche Rahmenbedingungen

kann, für die er die Nutzungsberechtigung besitzt.[389] Zur Zugriffskontrolle gehört aber auch der Zugriff Unbefugter zu gespeicherten Daten.[390]

Schließlich sind Daten nach Nr. 4 der Anlage zu § 9 BDSG auch während der Übermittlung vor dem Zugriff Unbefugter zu schützen, die sogenannte Weitergabekontrolle.

Als Maßstab für die erforderlichen Maßnahmen nennt § 9 BDSG den Gesichtspunkt der Erforderlichkeit. Geboten sind danach die Maßnahmen, die erforderlich, also insbesondere geeignet sind, um Missbrauch von Daten zu verhindern (§ 9 S. 1 BDSG). Jedoch steht dieser Maßstab ausdrücklich unter dem Vorbehalt der Verhältnismäßigkeit. Gemäß § 9 S. 2 BDSG sind nur solche Maßnahmen erforderlich, deren Aufwand in einem angemessenen Verhältnis zum angestrebten Schutz steht.

Die Anforderungen des § 9 BDSG an die technische Datensicherung sind für die Betreiber von Internetportalen verbindlich. Verstöße gegen die Anforderungen stellen zwar keine Ordnungswidrigkeit dar.[391] Wenn aber wegen mangelhaften Schutzes personenbezogene Daten von unbefugten Dritten missbraucht werden, kommt eine Haftung des Portalbetreibers auf Schadensersatz in Betracht. So sieht das BDSG, ebenso die Landesdatenschutzgesetze, eine Schadensersatzhaftung vor, die eintritt, wenn Personen durch unbefugte Verwendung ihrer Daten einen Schaden erleiden (§ 7 BDSG). Der Schadensersatzanspruch setzt Verschulden voraus, enthält aber eine Beweislastumkehr zugunsten des Verletzten (§ 7 S. 2 BDSG). Die datenverarbeitende Stelle muss beweisen, dass sie kein Verschulden trifft.[392] Für öffentliche Stellen gilt nach § 8 BDSG, ebenso nach den Landesdatenschutzgesetzen, daneben eine verschuldensunabhängige Haftung, wenn Daten unzulässig oder unzutreffend erhoben oder verarbeitet werden. Die §§ 7, 8 BDSG greifen auch bei Verletzung der Datensicherungspflicht nach § 9 BDSG ein.[393] Neben der Haftung aus den §§ 7, 8 BDSG sind in jedem Fall die allgemeinen Vorschriften anwendbar.[394]

3. Strafrecht

Für die oben S. 195 ff. unterschiedenen Fallgruppen gelten im Wesentlichen die folgenden gesetzlichen Vorschriften:

---

[389] Vgl. *Ernestus*, in Simitis, § 9 Rz. 104; *Heibey*, in Roßnagel, Kap. 4.5 Rz. 45; *Rombach*, in Hauck/Noftz, § 78a Rz. 27; *Schaffland/Wiltfang*, § 9 Rz. 29.

[390] *Ernestus,* in Simitis, § 9 Rz. 106; vgl. auch *Bergmann/Möhrle/Herb*, Anlage zu § 9 Satz 1 BDSG 3.2.

[391] *Rombach*, in Hauck/Noftz, § 78a Rz. 35.

[392] Dazu ausführlich *Simitis*, in Simitis, § 7 Rz. 21 ff.

[393] *Simits*, in Simitis, § 7 Rz. 24.

[394] *Bieresborn*, in v. Wulffen, § 82 Rz. 2; *Gola/Schomerus*, § 7 Rz. 16, § 8 Rz. 2; *Rombach*, in Hauck/Noftz, § 82 Rz. 44; *Seidel*, in LPK-SGB X, § 82 Rz. 8; *Simitis*, in Simitis, § 7 Rz. 52, § 8 Rz. 35.

(1a) Die beim Sichverschaffen einer „falschen" Identität mit IT-Bezug einschlägigen Vorschriften des Strafgesetzbuchs (StGB) sind:

§ 202a StGB Ausspähen von Daten

(1) Wer unbefugt sich oder einem anderen Zugang zu Daten, die nicht für ihn bestimmt und die gegen unberechtigten Zugang besonders gesichert sind, unter Überwindung der Zugangssicherung verschafft, wird mit Freiheitsstrafe bis zu drei Jahren oder mit Geldstrafe bestraft.
(2) Daten im Sinne des Absatzes 1 sind nur solche, die elektronisch, magnetisch oder sonst nicht unmittelbar wahrnehmbar gespeichert sind oder übermittelt werden.

§ 202b StGB Abfangen von Daten

Wer unbefugt sich oder einem anderen unter Anwendung von technischen Mitteln nicht für ihn bestimmte Daten (§ 202a Abs. 2) aus einer nichtöffentlichen Datenübermittlung oder aus der elektromagnetischen Abstrahlung einer Datenverarbeitungsanlage verschafft, wird mit Freiheitsstrafe bis zu zwei Jahren oder mit Geldstrafe bestraft, wenn die Tat nicht in anderen Vorschriften mit schwererer Strafe bedroht ist.

§ 202c StGB Vorbereiten des Ausspähens und Abfangens von Daten

(1) Wer eine Straftat nach § 202a oder § 202b vorbereitet, indem er

1. Passwörter oder sonstige Sicherungscodes, die den Zugang zu Daten (§ 202a Abs. 2) ermöglichen, oder
2. Computerprogramme, deren Zweck die Begehung einer solchen Tat ist, herstellt, sich oder einem anderen verschafft, verkauft, einem anderen überlässt, verbreitet oder sonst zugänglich macht,

wird mit Freiheitsstrafe bis zu einem Jahr oder mit Geldstrafe bestraft.
(2) § 149 Abs. 2 und 3 gilt entsprechend

§ 303a StGB Datenveränderung

(1) Wer rechtswidrig Daten (§ 202a Abs. 2) löscht, unterdrückt, unbrauchbar macht oder verändert, wird mit Freiheitsstrafe bis zu zwei Jahren oder mit Geldstrafe bestraft.
(2) Der Versuch ist strafbar.
(3) Für die Vorbereitung einer Straftat nach Absatz 1 gilt § 202c entsprechend.

(1b) In Betracht kommen darüber hinaus auch aus der herkömmlichen Eigentumskriminalität bekannte Möglichkeiten, sich verkörperte Informationen zu verschaffen, indem der Täter nämlich den jeweiligen Datenträger sei es stiehlt (§ 242 StGB) oder unterschlägt (§ 246 StGB), sei es durch Nötigung, also zumeist durch Erpressung (§ 253 StGB), oder durch Täuschung, also durch Betrug (§ 263 StGB) erlangt. Möglich sind auch qualifizierte Formen von Diebstahl und Erpressung, etwa durch

II. Gesetzliche Rahmenbedingungen 209

Einsatz von Gewalt oder Waffen, namentlich Raub (§§ 249 bis 251 StGB), räuberische Erpressung (§§ 253, 255, 250 ff. StGB) oder als Bestandteil eines erpresserischen Menschenraubs (§ 239a StGB).
(2) Den „kleinen Identitätsmissbrauch" sanktionieren die Normen des Datenschutzrechts. Hier wird der unbefugte Gebrauch (Missbrauch) bestimmter Daten als solcher – unabhängig davon, ob jemand getäuscht oder sonst geschädigt wird – unter Strafe gestellt (§ 44 i. V. m. § 43 Abs. 2 BDSG), namentlich bei personenbezogenen Daten im Sinne des § 3 BDSG, wozu Identitätsdaten regelmäßig gehören:

§ 3 BDSG Weitere Begriffsbestimmungen

(1) Personenbezogene Daten sind Einzelangaben über persönliche oder sachliche Verhältnisse einer bestimmten oder bestimmbaren natürlichen Person (Betroffener).
(2) ...

Die Strafvorschriften des Datenschutzrechts sind als Verschärfung der in § 43 BDSG formulierten Ordnungswidrigkeiten konzipiert, wenn eine schon ordnungswidrige Handlung gegen Entgelt oder in der Absicht, sich oder einen anderen zu bereichern oder einen anderen zu schädigen, vorgenommen wird. Der Straftatbestand ergibt sich also aus einer Zusammenschau von § 43 und § 44 BDSG:

§ 43 BDSG Bußgeldvorschriften

(1) ...
(2) Ordnungswidrig handelt, wer vorsätzlich oder fahrlässig

1. unbefugt personenbezogene Daten, die nicht allgemein zugänglich sind, erhebt oder verarbeitet,
2. unbefugt personenbezogene Daten, die nicht allgemein zugänglich sind, zum Abruf mittels automatisierten Verfahrens bereithält,
3. unbefugt personenbezogene Daten, die nicht allgemein zugänglich sind, abruft oder sich oder einem anderen aus automatisierten Verarbeitungen oder nicht automatisierten Dateien verschafft,
4. die Übermittlung von personenbezogenen Daten, die nicht allgemein zugänglich sind, durch unrichtige Angaben erschleicht,
5. entgegen § 16 Abs. 4 Satz 1, § 28 Abs. 5 Satz 1, auch in Verbindung mit § 29 Abs. 4, § 39 Abs. 1 Satz 1 oder § 40 Abs. 1, die übermittelten Daten für andere Zwecke nutzt, indem er sie an Dritte weitergibt, oder
6. entgegen § 30 Abs. 1 Satz 2 die in § 30 Abs. 1 Satz 1 bezeichneten Merkmale oder entgegen § 40 Abs. 2 Satz 3 die in § 40 Abs. 2 Satz 2 bezeichneten Merkmale mit den Einzelangaben zusammenführt.

(3) ...

§ 44 BDSG Strafvorschriften

(1) Wer eine in § 43 Abs. 2 bezeichnete vorsätzliche Handlung gegen Entgelt oder in der Absicht, sich oder einen anderen zu bereichern oder einen anderen

zu schädigen, begeht, wird mit Freiheitsstrafe bis zu zwei Jahren oder mit Geldstrafe bestraft.

(2) Die Tat wird nur auf Antrag verfolgt. Antragsberechtigt sind der Betroffene, die verantwortliche Stelle, der Bundesbeauftragte für den Datenschutz und die Informationsfreiheit und die Aufsichtsbehörde.

(3) Der „große Identitätsmissbrauch" mit dem praktisch wichtigsten Ziel widerrechtlicher Bereicherung unterfällt den klassischen Tatbeständen des Vermögensstrafrechts sowie, wenn unter Nutzung von IT begangen, ihren modernen Erweiterungen zur Erfassung der Computerkriminalität.

Die Verwertung der – einerlei ob legal oder illegal – erlangten Identitätsdaten im Wege des Missbrauchs geschieht dabei regelmäßig durch Täuschung eines Geschäftspartners. Diese Täuschung wird strafrechtlich einmal als Betrug (§ 263 StGB) bzw. Computerbetrug (§ 263a StGB) erfasst, wobei der Unterschied im Wesentlichen darin liegt, ob die Täuschung einem Menschen gegenüber oder einer Datenverarbeitungsanlage gegenüber erfolgt. Erfolgt die Täuschung dadurch, dass ein falscher Aussteller einer „verkörperte Gedankenerklärung, die zum Beweis im Rechtsverkehr geeignet und bestimmt ist" (das ist die Definition einer „Urkunde" im strafrechtlichen Sinne) vorgespiegelt wird, kommen die Urkundsdelikte in Ansehung.

Einen Fall eines reinen Schädigungsdelikts (oben I.1., Fallgruppe 3c) stellt schließlich diese Variante des Stalkings dar:

§ 238 Nachstellung

(1) Wer einem Menschen unbefugt nachstellt, indem er beharrlich

    1. ...
    2. ...
    3. unter missbräuchlicher Verwendung von dessen personenbezogenen Daten Bestellungen von Waren oder Dienstleistungen für ihn aufgibt oder Dritte veranlasst, mit diesem Kontakt aufzunehmen,
    4. ...
    5. eine andere vergleichbare Handlung vornimmt

und dadurch seine Lebensgestaltung schwerwiegend beeinträchtigt, wird mit Freiheitsstrafe bis zu drei Jahren oder mit Geldstrafe bestraft.

Da Identitätsmissbrauch mit IT-Bezug längst zu den Tätigkeitsfeldern international organisierter Kriminalität gehört,[395] ist damit zu rechnen, dass Tathandlungen ganz oder teilweise im Ausland stattfinden, z. B. das Versenden von Phishing-E-Mails. In Fällen mit Auslandsberührung ist daher stets vorab zu prüfen, ob auf die Tat überhaupt deutsches Strafrecht anwendbar ist. Nach § 3 StGB ist deutsches Strafrecht auf alle Inlandstaten anwendbar; eine „Inlandstat" in diesem Sinne liegt vor, wenn entweder die Handlung *oder* der Taterfolg im Inland

---

[395] Vgl. nur Europol: OCTA 2009, S. 21.

stattfinden. Sofern es sich um „inländische" Identifikationsdaten handelt oder ein wirtschaftlicher Schaden im Inland verursacht wird, dürfte regelmäßig trotz etwaiger vollständiger oder teilweiser Handlungsvornahme im Ausland eine Inlandstat vorliegen.

Für „Auslandstaten", bei denen also weder Handlung noch Erfolg im Inland statthaben, findet deutsches Strafrecht nur ausnahmsweise nach Maßgabe der §§ 5 bis 7 StGB Anwendung. Noch am ehesten in Betracht kommt hier die Begehung von Taten durch deutsche oder gegen deutsche Staatsbürger (sog. aktives bzw. passives Personalitätsprinzip).

Diese Regeln über die Geltung deutschen Strafrechts, die zugleich den Umfang der deutschen Gerichtsbarkeit festlegen, stimmen mit Art. 22 Cybercrime Convention überein.

Die Vorschriften über die Rechtshilfe in Strafsachen finden sich teils in multilateralen zwischenstaatlichen Verträgen, vor allem auf europäischer Ebene, teils in einer Fülle bilateraler Verträge und, als Auffangregelung, im Gesetz über die internationale Rechtshilfe in Strafsachen (IRG).

4. Zivilrecht

Das deutsche Zivilrecht enthält keine ausdrückliche gesetzliche Regelung zu der generellen Problematik des Identitätsdiebstahls und Identitätsmissbrauchs.

Es existieren jedoch etliche gesetzliche Regeln, die einzelne Aspekte erfassen und hierfür, oft implizit, Regelungen treffen. Dies sind etwa Normen, die die Identität oder Teilaspekte wie etwa den Namen als Rechtsgut definieren, und vor allem Normen, die Eingriffe in Identitäten und Identitätsdaten untersagen oder Schadensersatzansprüche gewähren. Da bei Identitätsdiebstahl und -missbrauch Persönlichkeitsrechte des Identitätsinhabers betroffen sind, sind auch die generellen Normen zum Schutz der Persönlichkeit anwendbar.

a) Verbote von Eingriffen in Identitäten und Identitätsdaten

Der Bereich des Identitätsdiebstahls wird vorwiegend von den Regeln des Strafrechts (dazu oben S. 207 ff.) und des Datenschutzrechts (dazu oben S. 203 ff.) erfasst. Das allgemeine Zivilrecht setzt regelmäßig erst bei der unbefugten Verwendung von Identitätsdaten (Identitätsmissbrauch) an.

- Namensschutz, § 12 BGB

In Fällen des Identitätsmissbrauchs wird meist auch der Name des Identitätsinhabers verwendet. § 12 BGB gewährt dem Namensinhaber bei unbefugter Verwendung seines Namens gegenüber Dritten einen Anspruch auf Beseitigung und Unterlassung.

Soweit dem Namensinhaber durch die unbefugte Verwendung des Namens ein Schaden entsteht, hat er gegen den Täter bei schuldhaftem Verhalten einen Anspruch auf Schadensersatz aus § 823 Abs. 1 BGB.

- Identitätsschutz, §§ 12, 823, 1004 BGB analog

Spezielle gesetzliche Regeln zum Identitätsmissbrauch, die nicht mit einer Verwendung des Namens einhergehen, existieren nicht. Allerdings ist die Identität gegen Missbrauch durch allgemeine Normen des Zivilrechts geschützt. So gewährt § 1004 BGB einen Beseitigungs- und Unterlassungsanspruch bei Beeinträchtigung von Sachen. Diese Norm wird traditionell bei Beeinträchtigung anderer absoluter Rechte und Rechtsgüter analog angewandt. In Bezug auf die Verwendung des Namensrechts ist § 12 BGB die speziellere Norm. Bei Eingriffen in Identitäten kommt daher ein Beseitigungs- und Unterlassungsanspruch aus § 1004 BGB analog in Betracht, oder aus § 12 BGB analog oder im Wege einer Rechtsanalogie zu beiden Normen.

b) Regelung von Verhaltenspflichten

Für die gesetzliche Regelung des Identitätsdiebstahls und -missbrauchs sind Normen von Bedeutung, die Verhaltensregeln für den Umgang mit Identitätsdaten regeln, insbesondere Schutzpflichten statuieren, um Eingriffe in Identitätsdaten zu verhindern.

Verhaltensanforderungen ergeben sich etwa aus strafrechtlichen Normen (dazu oben S. 207 ff.) oder dem Datenschutzrecht (dazu oben S. 203 ff.), teilweise auch aus anderen Quellen. Beispiele aus dem Datenschutzrecht sind etwa § 9 BDSG bzw. die Parallelnormen in anderen Datenschutzgesetzen.

Die Regeln zum Umgang mit Identitäten sind oft nicht ausdrücklich normiert, sondern ergeben sich aus allgemeinen Verhaltenspflichten. Rechtliche Grundlage für Verhaltensanforderungen sind daher die Normen, die Abwehr- oder Schadensersatzansprüche regeln, namentlich die §§ 12, 1004 BGB und § 823 Abs. 1 BGB. Maßgeblich sind hier insbesondere die sogenannten Verkehrspflichten oder Verkehrssicherungspflichten.

In jüngster Zeit sind gerade in Bezug auf Identitätsmissbrauch spezifische gesetzliche Regeln in Kraft getreten.

So wurden für den Bereich des Zahlungsverkehrs in Umsetzung der europäischen Zahlungsdiensterichtlinie durch das Gesetz zur Umsetzung der Verbraucherkreditrichtlinie, des zivilrechtlichen Teils der Zahlungsdiensterichtlinie sowie zur Neuordnung der Vorschriften über das Widerrufs- und Rückgaberecht vom 29. Juli 2009 (BGBl. I 2355) ein neuer § 675l BGB in das BGB eingefügt, der Pflichten zur Sicherung von Authentisierungsmedien statuiert. Diese Pflichten sollen nicht zuletzt die missbräuchliche Verwendung der Authentisierungsmedien durch unbefugte Dritte und damit Identitätsmissbrauch verhindern (dazu unten S. 281 ff.).

Auch das Gesetz über Personalausweise und den elektronischen Identitätsnachweis sowie zur Änderung weiterer Vorschriften vom 18.6.2009 (dazu oben S. 176 ff.) führt mit den neuen § 21 PAuswG und § 27 PAuswG ähnliche Pflichten zur Sicherung von Authentisierungsmedien ein, die Identitätsdiebstahl und -missbrauch abwehren sollen (dazu unten S. 285 ff.).

c) Regelung zu Risikotragung und Haftung

Spezifische gesetzliche Regeln zu Risikotragung im Zusammenhang mit Identitätsdiebstahl und -missbrauch sind selten. Regelmäßig sind die allgemeinen Regeln/Grundsätze anwendbar.

- Allgemeine zivilrechtliche Haftungsgrundlagen

§ 823 Abs. 1 BGB gewährt bei schuldhafter Verletzung absoluter Rechte und Rechtsgüter einen Anspruch auf Ersatz des dadurch entstandenen Schadens. Soweit man die Identität einer Person als ein durch § 823 Abs. 1 BGB geschütztes Rechtsgut ansieht, kommt ein Schadensersatzanspruch des Identitätsinhabers gegen den Verletzer aus § 823 Abs. 1 BGB in Betracht.

Soweit im Rahmen von Schuldverhältnissen, insbesondere Vertragsverhältnissen (z. B. Girovertrag, Vertrag über Nutzung einer Internetplattform) vertragliche Schutzpflichten verletzt werden und hierdurch ein Schaden entsteht, kommt ein Schadensersatzanspruch wegen Verletzung von Vertragspflichten aus § 280 Abs. 1 BGB in Betracht.

- Verletzung von Schutzgesetzen, § 823 Abs. 2 BGB

§ 823 Abs. 2 BGB gewährt bei einem schuldhaften Verstoß gegen sog. Schutzgesetze einen Anspruch auf Ersatz des durch den Verstoß verursachten Schadens. Soweit in Fällen des Identitätsdiebstahls und -missbrauchs gegen gesetzliche Normen verstoßen wird, die als Schutzgesetze im Sinne des § 823 Abs. 2 BGB anzusehen sind, kommt hier ein Schadensersatzanspruch in Betracht. Diese Norm hat erhebliche praktische Bedeutung. So sind etwa die Normen des BDSG – dasselbe gilt für die Parallelnormen der Landesdatenschutzgesetze und sonstige Parallelnormen, wie etwa den Sozialdatenschutz nach dem Sozialgesetzbuch (SGB) – in großem Umfang als Schutzgesetze im Sinne des § 823 Abs. 2 BGB anerkannt.

- Spezielle gesetzliche Haftungsregeln

In einigen Fällen gelten spezielle gesetzliche Haftungsregeln, die auch für den Identitätsdiebstahl und -missbrauch von Bedeutung sind.

So wurden für den Bereich des Zahlungsverkehrs in Umsetzung der europäischen Zahlungsdiensterichtlinie durch Gesetz vom 29.7.2009 mit den §§ 675u ff. BGB neue Regeln zur Haftung im Fall des Identitätsmissbrauch in das BGB eingefügt, die die Haftung für Identitätsmissbrauch im Zahlungsverkehr und damit in dem in der Praxis wichtigen Fall gefälschter Überweisungen im Onlinebanking regeln (dazu unten S. 261 ff.).

III. Aktuelle Geschäftsbedingungen

In der Praxis haben Allgemeine Geschäftsbedingungen große Bedeutung für die Gestaltung von Rechtsbeziehungen zwischen Unternehmen oder öffentlichen Stellen und Verbrauchern. Dies gilt uneingeschränkt auch für den Bereich der elektronischen Kommunikation. Diese Regelwerke enthalten nicht selten Normen mit Bezug zum Identitätsmissbrauch sowie Verhaltenspflichten.

1. Regeln zum Identitätsmissbrauch in AGB

Die Regelwerke der Anbieter von Leistungen im Internet können nicht flächendeckend untersucht werden. Die Analyse muss sich daher auf Beispiele aus relevanten Bereichen beschränken. Die Untersuchung erstreckt sich auf folgende Bereiche:
- Onlinebanking,
- Handelsplattformen (eBay),
- Soziale Netzwerke und
- Kommunikationsanwendungen im WWW.

Für diese Bereiche werden nachfolgend relevante Regeln aus aktuellen AGB dargestellt.

a) Onlinebanking

Die für das Onlinebanking maßgeblichen Bedingungen enthalten Regeln über die Pflichten der Parteien und die Haftung, die auch gefälschte Zahlungsvorgänge (z. B. Überweisungen) regeln. In jüngerer Zeit enthalten die AGB zunehmend detaillierte Regeln zu den Verhaltenspflichten der Bankkunden im Onlinebanking, gerade auch im Hinblick auf Phishing und ähnliche Formen des Identitätsmissbrauchs.

Wegen der Neuregelung des Zahlungsverkehrsrechts in Umsetzung der SEPA-Richtlinie (unten S. 259 ff.) sind die Geschäftsbedingungen der Banken meist mit Wirkung zum 1.10.2009, dem Inkrafttreten der neuen gesetzlichen Regeln, geändert worden.

Es ist daher von Interesse, ob die neuen gesetzlichen Regeln Anlass zu einer Veränderung der AGB gaben. Nachfolgend werden daher zunächst Beispiele der bisherigen Regelung, sodann aus den neuen Regeln dargestellt.

Geschäftsbedingungen bis 31.10.2009
Die grundlegenden Regelwerke, die AGB Banken bzw. AGB Sparkassen, enthalten keine spezifischen Regeln zu Verhaltenspflichten und Haftung.
- Musterbedingungen zum Online Banking
  Die Musterbedingungen des Bundesverbandes deutscher Banken zum Online Banking enthalten allgemeine Regeln zu den Sorgfaltspflichten des Kunden.

  Sonderbedingungen für das Online-Banking (Banken) (Stand: 2005)[396]
  „7. Geheimhaltung der PIN und der TAN

---
[396] Abgedruckt in *Bunte*.

III. Aktuelle Geschäftsbedingungen 215

Der Nutzer hat dafür Sorge zu tragen, dass keine andere Person Kenntnis von der PIN und der TAN erlangt. [...] Insbesondere Folgendes ist zur Geheimhaltung der PIN und TAN zu beachten:

- PIN und TAN dürfen nicht elektronisch gespeichert oder in anderer Form notiert werden,
- die dem Nutzer zur Verfügung gestellte TAN-Liste ist sicher zu verwahren und
- bei Eingabe der PIN und TAN ist sicherzustellen, dass Dritte diese nicht ausspähen können.

8. Maßnahmen bei Bekanntwerden von PIN oder TAN aus einer TAN-Liste oder Verdacht ihrer missbräuchlichen Nutzung
Stellt der Nutzer fest, dass eine andere Person von seiner PIN oder von einer TAN aus seiner TAN-Liste Kenntnis erhalten hat oder besteht der Verdacht ihrer missbräuchlichen Nutzung, so ist der Nutzer verpflichtet, unverzüglich seine PIN zu ändern bzw. die noch nicht verbrauchten TAN zu sperren. Sofern ihm dies nicht möglich ist, hat er das Kreditinstitut unverzüglich zu unterrichten. In diesem Fall wird das Kreditinstitut den Online-Banking-Zugang zum Konto/ Depot sperren. Das Kreditinstitut haftet ab dem Zugang der Sperrnachricht für alle Schäden, die aus ihrer Nichtbeachtung entstehen."

Die Regeln der Musterbedingungen sind in den Bedingungen privater Banken zum Onlinebanking regelmäßig wörtlich übernommen (z. B. Ziff. 8 der Besonderen Bedingungen der Postbank AG, Ziff. 4 der Sonderbedingungen für die Nutzung des Internetbanking der Santander Direkt Bank, Ziff. 3).

- Neue Pflichtenregelungen der einzelnen Banken

In den letzten Jahren haben einige Banken über diese allgemeinen Pflichten hinaus spezifische Verhaltenspflichten in ihre Onlinebedingungen aufgenommen, etwa:

> Pflicht zur Änderung der PIN vor dem ersten Gebrauch

„Die Eröffnungs-PIN muss vor dem ersten Zugriff durch den Kunden geändert werden."
Sonderbedingungen für die Teilnahme am 1822direkt-Online-Banking Service, Fassung 5/2009, Nr. 1 Abs. 2;
Sonderbedingungen für die Abwicklung von Online-Transaktionen NetBank, Fassung 8/2008, Nr. 2;
Postbank Online-Banking mit PIN und TAN, Fassung 10/2006, Nr. 2, abrufbar unter: http://www.postbank.de/csfiles/923_999_000.pdf.

> Pflicht zur regelmäßigen Änderung der PIN

„Dem Kunden wird empfohlen, den PIN regelmäßig, spätestens aber nach 2 Monaten selbstständig zu ändern."
Teilnahmebedingungen Internetbanking DenizBank AG Fassung 7/2008, Nr. 5 b.

> Pflicht zur Nutzung des Online-Banking über mitgeteilte Kanäle

Hierbei geht es um die Gefahr gefälschter Bankseiten, auf die der Kunde durch E-Mails, Links oder sonstige Werbung gelockt wird. Zur Vermeidung dieser Gefahr soll der Kunde ausschließlich den von der Bank festgelegten direkten Zugang benutzen. Teilweise enthalten die AGB eine entsprechende Pflicht des Nutzers, wobei die Formulierungen divergieren.

„Der Nutzer ist verpflichtet, die technische Verbindung zum Online-Banking nur über die von der Bank gesondert mitgeteilten Online-Banking-Zugangskanäle (zum Beispiel Internetadressen) herzustellen."
Bedingungen für die Online-Nutzung comdirekt Bank, Fassung 6/2009, Nr. 5; Sonderbedingungen für die Nutzung von Credit Europe Bank Direct Banking, Fassung 12/2004, Nr. 3.3., abrufbar unter:

http://www.crediteurope.de/fb/sites/de/de/consumer/downloads_consumer_ banking/download_files/loans/Sonderbedingungen_Direct_Banking_ 20071017.pdf;
inhaltsgleich: Sonderbedingungen für die konto-/depotbezogene Nutzung des Online-Banking mit PIN und TAN Deutsche Skatbank, Fassung 5/2007, Nr. 8;
Sonderbedingungen für die Nutzung von GarantiBank Internet Banking, Nr. 3.3, abrufbar unter: http://www.garantibank.de/downloads/pdf/internet/ Sonderkondis_Internet_Banking.pdf.

In einigen Fällen wird diese Verpflichtung durch folgende Bestimmung ergänzt:
„Ein Zugang über das Anklicken von unterstrichenen Namen oder Hinweisen (sog. Links), oder der Zugang mittelbar über andere Dienstanbieter geschieht auf eigenes Risiko."
Sonderbedingungen für die Nutzung von Credit Europe Bank Direct Banking, Fassung 12/2004, Nr. 3.3., abrufbar unter: http://www.crediteurope.de/ fb/sites/de/de/consumer/downloads_consumer_banking/download_files/loans/ Sonderbedingungen_Direct_Banking_20071017.pdf;
Sonderbedingungen für die Nutzung von GarantiBank Internet Banking, Nr. 3.3, abrufbar unter: http://www.garantibank.de/downloads/pdf/internet/ Sonderkondis_Internet_Banking.pdf.

„Der Aufforderung per elektronischer Nachricht (z. B. E-Mail), eine damit übersandte Verknüpfung zum (vermeintlichen) Online-Banking der Bank anzuwählen und darüber persönliche Zugangsdaten zum Internetbanking einzugeben, darf keinesfalls Folge geleistet werden."
Teilnahmebedingungen Internetbanking DenizBank AG, Fassung 7/2008, Nr. 5 d;
Bedingungen für den Zugang zur Norisbank GmbH über elektronische Medien, Fassung: 4/2009, Nr. 8.

III. Aktuelle Geschäftsbedingungen

> ➢ Pflicht zur Überprüfung der Online-Adresse

Des Weiteren besteht laut einigen AGBs die Pflicht, die Domain der Bank zu überprüfen.
„Bei Erscheinen des Begrüßungsbildschirms hat der Nutzer zunächst die Online-Adresse zu prüfen."
Nutzungsbedingungen für das DHB Netbanking Fassung. 3/2009, Nr. 9 c, abrufbar unter: https://www.dhbbank.com/Uploads/Files/Nutzungsbedingungen_5f20f_5ffcr_5f20das_5f20DHB_5f20NetBanking.pdf.
„Um sicherzustellen, dass er im Zuge des Anmeldevorganges bzw. während einer Internetbanking-Sitzung mit der Bank verbunden ist, hat der Kunde die Zertifikatsinformationen der Secure-Socket-Layer-Verschlüsselung (SSL) zu überprüfen."
Teilnahmebedingungen Internetbanking DenizBank AG Fassung 7/2008, Nr. 5;
ähnlich Bedingungen für Citibank Online, Fassung 8/2009, Nr. 4.

> ➢ Verbot, TAN auf der Startseite einzugeben

„Auf der Login-Seite (Startseite) zum (vermeintlichen) Onlinebanking der Bank darf keine TAN eingegeben werden."
Bedingungen für den Zugang zur Norisbank GmbH über elektronische Medien, Fassung: 4/2009, Nr. 8.
„...jegliche Anfragen außerhalb der von der Bank zur Verfügung gestellten Eingabemasken [...] dürfen vom Kunden nicht beantwortet werden."
Teilnahmebedingungen Internetbanking DenizBank AG Fassung 7/2008, Nr. 5 c;
Sonderbedingungen für die konto-/depotbezogene Nutzung des Online-Banking mit PIN und TAN Deutsche Skatbank, Fassung: 5/2007, Nr. 8.

> ➢ Pflicht zur Beachtung von Benutzerführung und Verfahrensanleitung

„Der Kunde hat die Allgemeinen Informationen zum Online-Banking-Service sowie die ihm während des Online-Kontaktes angezeigte Benutzerführung zu beachten [...]".
Sonderbedingungen für die Teilnahme am 1822direkt-Online-Banking Service, Fassung 5/2009, Nr. 3;
Sonderbedingungen für die Abwicklung von Online-Transaktionen NetBank, Fassung: 8/2008, Nr. 2, abrufbar unter: http://www.netbank.de/nb/downloads/netbank_agb1.pdf;
Sonderbedingungen für die Nutzung des Internetbanking Santander Direkt Bank, Fassung: 5/2009, Nr. 4 Abs. 2.
Der Kunde ist zur „genauen Einhaltung der Anweisungen in der Bedienungsanleitung oder anderer relevanter Anweisungen" verpflichtet.
Vereinbarungen zum Onlinebanking ATB Connect, Nr. 3.1., abrufbar unter: http://www.atbank.de/Documents/PDF/sd_de_obag_01%20-%20Online%20Banking%20Agreement.pdf;

Sonderbedingungen für die Nutzung von Credit Europe Bank Direct Banking, Fassung 12/2004, Nr. 3.3., abrufbar unter: http://www.crediteurope.de/fb/sites/de/de/consumer/downloads_consumer_banking/download_files/loans/Sonderbedingungen_Direct_Banking_20071017.pdf;
Sonderbedingungen für die Nutzung von GarantiBank Internet Banking, Nr. 3.3, abrufbar unter: http://www.garantibank.de/downloads/pdf/internet/Sonderkondis_Internet_Banking.pdf;
Vertrag zum Internetbanking ING-DiBa, Fassung 7/2006, Nr. 7 Abs. 3.

> Pflicht zur Sicherung des Rechners (Virenschutz, Firewall)

Die Bedingungen enthalten teilweise Pflichten zur Sicherung des Rechners des Bankkunden. Diese sind teils allgemein gehalten, teils enthalten sie konkrete Bestimmungen hinsichtlich der Computersoftware, Virenschutz, Firewalls und Update, etwa:

„Der Nutzer hat ferner dafür Sorge zu tragen, dass die von ihm verwendeten Systeme und Anwendungen (z. B. der PC und die dazugehörige Software) eine einwandfreie Abwicklung gewährleisten. Insbesondere ist dabei die regelmäßige Überprüfung mit aktuellen Verfahren/Werkzeugen auf Viren durchzuführen und mit dem entsprechenden Sicherheitsverfahren zu schützen."
Sonderbedingungen für die Nutzung des Internetbanking Santander Direkt Bank, Fassung: 5/2009, Nr. 4 Abs. 2.

„Ergreifung aller angemessenen Maßnahmen, um sicherzustellen, dass keine Viren oder andere schädliche Software an ATB Connect übertragen werden."
Vereinbarungen zum Onlinebanking ATB Connect, Nr. 3.4., abrufbar unter: http://www.atbank.de/Documents/PDF/sd_de_obag_01%20-%20Online%20Banking%20Agreement.pdf.

„Der Online-Nutzer hat das ihm Mögliche zu tun, damit sich keine Computerviren auf seinem Gerät befinden."
Bedingungen für die Online-Nutzung comdirekt Bank, Fassung 6/2009, Nr. 9 Abs. 8;
Sonderbedingungen für die Nutzung von Credit Europe Bank Direct Banking, Fassung 12/2004, Nr. 4.3., abrufbar unter: http://www.crediteurope.de/fb/sites/de/de/consumer/downloads_consumer_banking/download_files/loans/Sonderbedingungen_Direct_Banking_20071017.pdf;
Sonderbedingungen für die Nutzung von GarantiBank Internet Banking, Nr. 4.3, abrufbar unter: http://www.garantibank.de/downloads/pdf/internet/Sonderkondis_Internet_Banking.pdf.

„...der Kunde hat im eigenen Interesse die zur Abwehr dieser Gefahren erforderlichen Maßnahmen zu treffen und seinen Rechner von allen Programmen freizuhalten, die die Sicherheit gefährden können (z. B. Computerviren und sog. Trojanische Pferde). Hierbei können ihn diverse handelsübliche Virenschutzprogramme unterstützen, die nur effektiv sind, wenn auch ihre regelmäßigen Updates genutzt werden. Der Nutzer ist verpflichtet, Maßnahmen zu ergreifen, die die Systemsicherheit erhöhen, z. B.: Installation von Programmaktualisierungen, die der Sicherheit dienen. Nach heutigem Wissensstand: z. B. Deakti-

vierung von „Active-X". Hinweise zur Deaktivierung von Active-X muss der Nutzer selbst in Erfahrung bringen (z. B. vom Hersteller des Browsers)."
Nutzungsbedingungen für das DHB Netbanking Fassung 3/2009, Nr. 9 b, abrufbar unter: https://www.dhbbank.com/Uploads/Files/Nutzungsbedingunge n_5f20f_5ffcr_5f20das_5f20DHB_5f20NetBanking.pdf;
ähnlich, ohne den Hinweis auf Active-X: Bedingungen für Citibank Online, Fassung 8/2009, Nr. 4.

„...der Kunde ist verpflichtet, vor jedem Einloggen in das Internetbanking sicherzustellen, dass auf seinem PC handelsübliche Sicherheitsvorkehrungen (wie Anti-Viren-Programm und Firewall) installiert sind und diese ebenso wie die verwendete Betriebssystemsoftware regelmäßig aktualisiert werden."
Teilnahmebedingungen Internetbanking DenizBank AG, Fassung 7/2008, Nr. 5;
Bedingungen für den Zugang zur Norisbank GmbH über elektronische Medien, Fassung 4/09, Nr. 8.

➢ Vorgaben zur verwendeten Software

Hierbei geht es um Vorgaben, die der Nutzer in Bezug auf die Verwendung von Software zu beachten hat.
„Fremdsoftware einschließlich besonderer Verschlüsselungssoftware ist nur von allgemein vertrauenswürdigen Anbietern zu beziehen."
Bedingungen für die Online-Nutzung comdirekt Bank, Fassung 6/2009, Nr. 9 Abs. 8; Sonderbedingungen für die Nutzung von Credit Europe Bank Direct Banking, Fassung 12/2004, Nr. 4.3., abrufbar unter: http://www.crediteurope. de/fb/sites/de/de/consumer/downloads_consumer_banking/download_files/ loans/Sonderbedingungen_Direct_Banking_20071017.pdf.

➢ Pflicht zur Löschung des Cash-Wertes

„...insbesondere ist im Internet der Cache des verwendeten Browsers zu deaktivieren oder nach der Nutzung zu löschen (vgl. Sicherheitshinweise im Internet)."
Bedingungen für die Online-Nutzung comdirekt Bank, Fassung 6/2009, Nr. 9 Abs. 2; Sonderbedingungen für die Nutzung von Credit Europe Bank Direct Banking, Fassung 12/2004, Nr. 4.3., abrufbar unter: http://www.crediteurope. de/fb/sites/de/de/consumer/downloads_consumer_banking/download_files/ loans/Sonderbedingungen_Direct_Banking_20071017.pdf.

➢ Pflicht zur Überprüfung der Verschlüsselung

„Die Datenfreigabe darf im Internet erst erfolgen, wenn auf dem Bildschirm angezeigt wird, dass die Datenübermittlung verschlüsselt erfolgt."
Bedingungen für die Online-Nutzung comdirekt Bank, Fassung 6/2009, Nr. 9 Abs. 4.

➢ Informationspflichten des Nutzers

Die Bedingungen legen dem Kunden teilweise bestimmte Informationspflichten auf, etwa betreffend die Sicherheit des eigenen Systems. Zum anderen

werden allgemeine Informationspflichten genannt, insbesondere die Pflicht zur Beachtung der seitens der Banken ausgewiesenen Sicherheitshinweise.
Information über die Sicherheit des eigenen Systems
„…verpflichtet sich der Nutzer, sich zu informieren, dass der von ihm verwendete Browser keine Sicherheitsmängel aufweist."
Nutzungsbedingungen für das DHB Netbanking Fassung 3/2009, Nr. 9 b, abrufbar unter: https://www.dhbbank.com/Uploads/Files/Nutzungsbedingungen_5f20f_5ffcr_5f20das_5f20DHB_5f20NetBanking.pdf.
Allgemeine Informationen
„Der Nutzer ist verpflichtet, sich regelmäßig über Sicherheitsbelange des von ihm verwendeten Systems (Betriebssystem, Browser, etc.) auf dem Laufenden zu halten."
Nutzungsbedingungen für das DHB Netbanking Fassung 3/2009, Nr. 9 b, abrufbar unter: https://www.dhbbank.com/Uploads/Files/Nutzungsbedingungen_5f20f_5ffcr_5f20das_5f20DHB_5f20NetBanking.pdf; Sicherheitshinweise auf der Bankhomepage
Teilnahmebedingungen Internetbanking DenizBank AG Fassung 7/2008, Nr. 5 c;
Bedingungen für den Zugang zur Norisbank GmbH über elektronische Medien, Fassung: 4/2009, Nr. 8;
Sonderbedingungen für die Nutzung des Internetbanking Santander Direkt Bank, Fassung: 3/2008, Nr. 4 Abs. 2.

- Bestimmungen zur Haftung

Die vor dem 31.10.2009 geltenden AGB enthalten überwiegend keine Regeln zur Haftung der Kunden, z. B. Bedingungen für die Online-Nutzung comdirekt Bank, Fassung 6/2009, Nr. 5.

Soweit die Haftung der Kunden angesprochen wird, geschieht dies im Rahmen des Mitverschuldens.

„Hat der Kunde durch ein schuldhaftes Verhalten zur Entstehung eines Schadens beigetragen, bestimmt sich nach den Grundsätzen des Mitverschuldens, in welchem Umfang die Bank und der Kunde den Schaden zu tragen haben."
Bedingungen für Citibank Online, Fassung 8/2009, Nr. 6;
Sonderbedingungen für die Nutzung des Internetbanking Santander Direkt Bank, Fassung: 5/2009, Nr. 7.

In einigen Fällen, vor allem den AGB ausländischer Banken, enthalten die Onlinebedingungen Haftungsregeln zulasten des Kunden.

„11.5 Sorgfaltspflichten/Sicherheitsvorkehrungen
Abs. 3: Der Nutzer trägt alle Schäden, die durch eine unsachgemäße oder missbräuchliche Verwendung des für sein Konto geltenden Legitimationsmediums entstehen bzw. wenn unbefugte Dritte Aufträge erteilen und die Bank diese ausführt, wenn Dritte das gültige Legitimationsmedium richtig angegeben haben. Dem Nutzer obliegt der Gegenbeweis, dass die Schäden nicht auf den vorge-

III. Aktuelle Geschäftsbedingungen   221

nannten Maßnahmen beruhen und dass der Bank kein oder ein geringer Schaden entstanden ist."
Ziff. 11.5 Abs. 3 der Sonderbedingungen für die Nutzung von Internet Banking der GarantiBank, abrufbar unter: http://www.garantibank.de/downloads/pdf/internet/Sonderkondis_Internet_Banking.pdf;
Ziff. 12.5. 3. Spgstr. der Sonderbedingungen für die Nutzung von Direct Banking der Credit Europe Bank, Fassung 12/2004, abrufbar unter: http://www.crediteurope.de/fb/sites/de/de/consumer/downloads_consumer_banking/download_files/loans/Sonderbedingungen_Direct_Banking_20071017.pdf.

Geschäftsbedingungen ab 1.11.2009

- Pflichtenregelungen der einzelnen Banken

Die Banken haben ihre AGB zum 1.11.2009 an die neuen gesetzlichen Regeln angepasst.
Der Bundesverband deutscher Banken hat ein Muster für Bedingungen zum Onlinebanking entwickelt, das eine sehr detaillierte Regelung der Pflichten des Bankkunden enthält. Die Regelung lautet wie folgt:

„7. Sorgfaltspflichten des Teilnehmers

7.1 Technische Verbindung zum Online-Banking
Der Teilnehmer ist verpflichtet, die technische Verbindung zum Online-Banking nur über die von der Bank gesondert mitgeteilten Online-Banking-Zugangskanäle (zum Beispiel Internetadresse) herzustellen.

7.2 Geheimhaltung der Personalisierten Sicherheitsmerkmale und sichere Aufbewahrung der Authentifizierungsinstrumente
(1) Der Teilnehmer hat

- seine Personalisierten Sicherheitsmerkmale (siehe Nummer 2.1) geheim zu halten und nur über die von der Bank gesondert mitgeteilten Online-Banking-Zugangskanäle an diese zu übermitteln sowie
- sein Authentifizierungsinstrument (siehe Nummer 2.2) vor dem Zugriff anderer Personen sicher zu verwahren.

Denn jede andere Person, die im Besitz des Authentifizierungsinstruments ist, kann in Verbindung mit dem dazugehörigen Personalisierten Sicherheitsmerkmal das Online-Banking-Verfahren missbräuchlich nutzen.
(2) Insbesondere ist Folgendes zum Schutz des Personalisierten Sicherheitsmerkmals sowie des Authentifizierungsinstruments zu beachten:

- Das Personalisierte Sicherheitsmerkmal darf nicht elektronisch gespeichert werden (zum Beispiel im Kundensystem).
- Bei Eingabe des Personalisierten Sicherheitsmerkmals ist sicherzustellen, dass andere Personen dieses nicht ausspähen können.

- Das Personalisierte Sicherheitsmerkmal darf nicht außerhalb der gesondert vereinbarten Internetseiten eingegeben werden (zum Beispiel nicht auf Online-Händlerseiten).
- Das Personalisierte Sicherheitsmerkmal darf nicht außerhalb des Online-Banking-Verfahrens weitergegeben werden, also beispielsweise nicht per E-Mail.
- Die PIN und der Nutzungscode für die elektronische Signatur dürfen nicht zusammen mit dem Authentifizierungsinstrument verwahrt werden.
- Der Teilnehmer darf zur Autorisierung zum Beispiel eines Auftrags, der Aufhebung einer Sperre oder zur Freischaltung einer neuen TAN-Liste nicht mehr als eine TAN verwenden.
- Beim mobileTAN-Verfahren darf das Gerät, mit dem die TAN empfangen werden (zum Beispiel Mobiltelefon), nicht gleichzeitig für das Online-Banking genutzt werden.

7.3 Sicherheit des Kundensystems
Der Teilnehmer muss die Sicherheitshinweise auf der Internetseite der Bank zum Online-Banking, insbesondere die Maßnahmen zum Schutz der eingesetzten Hard- und Software (Kundensystem), beachten.

7.4 Kontrolle der Auftragsdaten mit von der Bank angezeigten Daten
Soweit die Bank dem Teilnehmer Daten aus seinem Online-Banking-Auftrag (zum Beispiel Betrag, Kontonummer des Zahlungsempfängers, Wertpapier-Kennnummer) im Kundensystem oder über ein anderes Gerät des Teilnehmers (zum Beispiel Mobiltelefon, Chipkartenlesegerät mit Display) zur Bestätigung anzeigt, ist der Teilnehmer verpflichtet, vor der Bestätigung die Übereinstimmung der angezeigten Daten mit den für die Transaktion vorgesehenen Daten zu prüfen.

8. Anzeige- und Unterrichtungspflichten

8.1 Sperranzeige
(1) Stellt der Teilnehmer

- den Verlust oder den Diebstahl des Authentifizierungsinstruments, die missbräuchliche Verwendung oder
- die sonstige nicht autorisierte Nutzung seines Authentifizierungsinstruments oder seines Persönlichen Sicherheitsmerkmals fest, muss der Teilnehmer die Bank hierüber unverzüglich unterrichten (Sperranzeige).

Der Teilnehmer kann der Bank eine Sperranzeige jederzeit auch über die gesondert mitgeteilten Kontaktdaten abgeben.
(2) Der Teilnehmer hat jeden Diebstahl oder Missbrauch unverzüglich bei der Polizei zur Anzeige zu bringen.
(3) Hat der Teilnehmer den Verdacht, dass eine andere Person unberechtigt

- den Besitz an seinem Authentifizierungsinstrument oder die Kenntnis seines Personalisierten Sicherheitsmerkmals erlangt hat oder
- das Authentifizierungsinstrument oder das Personalisierte Sicherheitsmerkmal verwendet,

III. Aktuelle Geschäftsbedingungen

muss er ebenfalls eine Sperranzeige abgeben.

8.2 Unterrichtung über nicht autorisierte oder fehlerhaft ausgeführte Aufträge
Der Konto-/Depotinhaber hat die Bank unverzüglich nach Feststellung eines nicht autorisierten oder fehlerhaft ausgeführten Auftrags hierüber zu unterrichten."

Zahlreiche Institute haben ihre neuen Bedingungen zum Onlinebanking entsprechend diesem Muster gestaltet, etwa:

1822direkt (Sonderbedingungen für die Teilnahme am 1822direkt-Online-Banking Service, Fassung 10/2009, abrufbar unter: https://www.1822direkt.com/1822central/cms/user_upload/media/agb.pdf);
Citibank (Bedingungen für das Online Banking, Ziff. 7 und 8 [Stand: 31.Oktober 2009], Ausn.: Einfügung eines Ziff. 4 „Nutzung aus dem Ausland" mit Sicherheitshinweisen);
Netbank (Bedingungen für das Online-Banking NetBank, Fassung 11/2009, Ausnahme: Ziff. 7.2 Abs. 2, 5. Spstr. der Musterbed. nicht enthalten, abrufbar unter: http://www.netbank.de/nb/downloads/netbank_agb.pdf);
Comdirect (Bedingungen für die Online-Nutzung comdirekt Bank, Fassung 10/2009, Ausnahme: Ziff. 7.2 Abs. 2, 5. und 7. Spstr. der Musterbed. nicht enthalten, abrufbar unter: http://www.comdirect.de/pbl/static/pdf/corp0058.pdf).

Einige Institute haben die Sorgfaltspflichten auf der Grundlage des Musters gestaltet, aber noch weitere konkrete Pflichten hinzugefügt. So übernimmt beispielsweise die Deutsche Bank das Muster des BdB zu Ziff. 7 und Ziff. 8, fügt aber in Ziff. 7.2. folgende weitere konkrete Pflichten hinzu:

– Der Aufforderung per elektronischer Nachricht (z. B. E-Mail), eine damit übersandte Verknüpfung zum (vermeintlichen) Online-Banking der Bank anzuwählen und darüber persönliche Zugangsdaten einzugeben, darf nicht gefolgt werden.
– Anfragen außerhalb der bankseitig zur Verfügung gestellten originären Zugangswege, in denen nach vertraulichen Daten wie PIN, Geheimzahl oder Passwort/Online-TAN gefragt wird, dürfen nicht beantwortet werden.
– Auf einer Login-Seite (Startseite) zum (vermeintlichen) Online-Banking der Bank darf keine TAN eingegeben werden.
– Der Teilnehmer hat vor seinem jeweiligen Zugang zum Online-Banking sicherzustellen, dass auf dem verwendeten System handelsübliche Sicherheitsvorkehrungen (wie Anti-Viren-Programm und Firewall) installiert sind und diese ebenso wie die verwendete System- und Anwendungssoftware regelmäßig aktualisiert werden. Beispiele handelsüblicher Sicherheitsvorkehrungen kann der Teilnehmer den Internetseiten der Bank entnehmen.

Ziff. 7.2. Bedingungen für den Zugang zur Deutsche Bank Privat- und Geschäftskunden AG und der Deutsche Bank AG (nachfolgend einheitlich „Bank") über elektronische Medien, Neufassung zum 31.10.2009, abrufbar unter: http://www.deutsche-bank.de/pbc/download/ser-agb-bedingungen-elektronische_medien_pgk.pdf.

Dieselben zusätzlichen Pflichten sind in den Bedingungen der Norisbank enthalten, Ziff. 7.2. der Bedingungen für den Zugang zur Norisbank GmbH über elektronische Medien, Fassung: 10/2009 (die Regelung entspricht im Übrigen den Musterbedingungen, Ausnahme: Ziff. 7.2 Abs. 2, 5. Spstr. der Musterbed. nicht enthalten); abrufbar unter: http://www.norisbank.de/media/norisbank_AGB.pdf.

Teilweise regeln die Institute schon als Anhang zum Bedingungswerk die in Ziff. 7.3. der Musterbedingungen genannten Hinweise zum Onlinebanking, etwa:

„Zum Schutz des Teilnehmersystems im Online-Banking sind folgende Sicherheitsmaßnahmen zu ergreifen:

– Das für das Online-Banking vom Teilnehmer genutzte System ist durch technische Maßnahmen gegen das Ausspähen der Sicherheitsmerkmale (z. B. PIN oder TAN-Liste) zu sichern. Es ist ein Betriebssystem einzusetzen, dass dessen Hersteller für den Zugang zum Internet vorgesehen hat und für das er bei Bedarf Programmänderungen (z. B. Sicherheitspatches) zur Verfügung stellt, die erkannte Sicherheitsrisiken beheben.
– Die Systemeinstellungen sind entsprechend den Herstellerempfehlungen vorzunehmen. Bietet der Hersteller mehrere Sicherheitsstufen an, ist eine hohe Sicherheitsstufe einzustellen.
– Zusätzlich ist das System – soweit technisch verfügbar – durch ein Antivirenprogramm zu schützen sowie der Datenverkehr durch ein Firewallprogramm zu kontrollieren.
– Betriebssystem, Programme, die den Zugang zum Internet vermitteln (z. B. Browser), sowie die installierten Schutzprogramme sind nach den Empfehlungen des jeweiligen Herstellers aktuell und sicher zu halten.

Weiterführende Hinweise zum Schutz des Teilnehmersystems können den Sicherheitshinweisen der Sparkasse entnommen werden, die auf den Internetseiten für das Online-Banking veröffentlicht und aktualisiert werden."
Anlage 9 AGB 1822 direkt: Schutz des Teilnehmersystems, abrufbar unter: https://www.1822direkt.com/1822central/cms/user_upload/media/Neue_AGB_ab_31.10.2009.pdf.

Einige Institute wiederum haben die neuen Bedingungen an die neue Rechtslage angepasst, nicht aber die Regelung der Sorgfaltspflichten der Musterbedingungen des BdB übernommen, sondern stattdessen die bisherigen AGB im Wesentlichen beibehalten.

Beispiel: Sonderbedingungen für die Nutzung des Internetbanking Santander, Fassung 11/2009, Nr. 4, abrufbar unter: http://www.santanderconsumer.de/media/pdf/vertragsbedingungen/Sonderbedingungen_IB.pdf.

- Bestimmungen zur Haftung

Hinsichtlich der Haftung haben die meisten Banken ihre AGB an die gesetzliche Regelung des § 675v BGB angepasst.

Die Bedingungswerke setzen ganz überwiegend die Haftungsregelung des § 675v BGB einschließlich der darin enthaltenen Gefährdungshaftung des Kunden um.

Das Muster des Bundesverbandes deutscher Banken sieht auf der Grundlage der §§ 675v, 676c BGB eine ausführliche und differenzierte Regelung mit folgendem Wortlaut vor:

„10. Haftung
10.1 Haftung der Bank bei einer nicht autorisierten Online-Banking-Verfügung und einer nicht oder fehlerhaft ausgeführten Online-Banking-Verfügung
Die Haftung der Bank bei einer nicht autorisierten Online-Banking-Verfügung und einer nicht oder fehlerhaft ausgeführten Online-Banking-Verfügung richtet sich nach den für die jeweilige Auftragsart vereinbarten Sonderbedingungen (zum Beispiel Bedingungen für den Überweisungsverkehr, Bedingungen für das Wertpapiergeschäft).

10.2 Haftung des Konto-/Depotinhabers bei missbräuchlicher Nutzung seines Authentifizierungsinstruments

10.2.1 Haftung des Kontoinhabers für nicht autorisierte Zahlungsvorgänge vor der Sperranzeige
(1) Beruhen nicht autorisierte Zahlungsvorgänge vor der Sperranzeige auf der Nutzung eines verlorengegangenen, gestohlenen oder sonst abhanden gekommenen Authentifizierungsinstruments, haftet der Kontoinhaber für den der Bank hierdurch entstehenden Schaden bis zu einem Betrag von 150,– Euro, ohne dass es darauf ankommt, ob den Teilnehmer an dem Verlust, Diebstahl oder sonstigen Abhandenkommen des Authentifizierungsinstruments ein Verschulden trifft.
(2) Kommt es vor der Sperranzeige zu nicht autorisierten Zahlungsvorgängen aufgrund einer missbräuchlichen Verwendung eines Authentifizierungsinstruments, ohne dass dieses verlorengegangen, gestohlen oder sonst abhanden gekommen ist, haftet der Kontoinhaber für den der Bank hierdurch entstehenden Schaden bis zu einem Betrag von 150,– Euro, wenn der Teilnehmer seine Pflicht zur sicheren Aufbewahrung der Personalisierten Sicherheitsmerkmale schuldhaft verletzt hat.
(3) Ist der Kontoinhaber kein Verbraucher, haftet er für Schäden aufgrund von nicht autorisierten Zahlungsvorgängen über die Haftungsgrenze von 150,– Euro nach Absatz 1 und 2 hinaus, wenn der Teilnehmer fahrlässig oder vorsätzlich gegen seine Anzeige- und Sorgfaltspflichten nach diesen Bedingungen verstoßen hat.
(4) Der Kontoinhaber ist nicht zum Ersatz des Schadens nach den Absätzen 1, 2 und 3 verpflichtet, wenn der Teilnehmer die Sperranzeige nach Nummer 8.1 nicht abgeben konnte, weil die Bank nicht die Möglichkeit zur Entgegennahme der Sperranzeige sichergestellt hatte und der Schaden dadurch eingetreten ist.
(5) Kommt es vor der Sperranzeige zu nicht autorisierten Zahlungsvorgängen und hat der Teilnehmer seine Sorgfaltspflichten nach diesen Bedingungen vorsätzlich oder grob fahrlässig verletzt oder in betrügerischer Absicht gehandelt, trägt der Kontoinhaber den hierdurch entstandenen Schaden in vollem

Umfang. Grobe Fahrlässigkeit des Teilnehmers kann insbesondere vorliegen, wenn er

- den Verlust oder Diebstahl des Authentifizierungsinstruments oder die missbräuchliche Nutzung des Authentifizierungsinstruments oder des Personalisierten Sicherheitsmerkmals der Bank nicht unverzüglich anzeigt, nachdem er hiervon Kenntnis erlangt hat (siehe Nummer 8.1 Absatz 1),
- das Personalisierte Sicherheitsmerkmal im Kundensystem gespeichert hat (siehe Nummer 7.2 Absatz 2 1. Spiegelstrich),
- das Personalisierte Sicherheitsmerkmal einer anderen Person mitgeteilt hat und der Missbrauch dadurch verursacht wurde (siehe Nummer 7.2 Absatz 1 2. Spiegelstrich),
- das Personalisierte Sicherheitsmerkmal erkennbar außerhalb der gesondert vereinbarten Internetseiten eingegeben hat (siehe Nummer 7.2 Absatz 2 3. Spiegelstrich),
- das Personalisierte Sicherheitsmerkmal außerhalb des Online-Banking-Verfahrens, beispielsweise per E-Mail, weitergegeben hat (siehe Nummer 7.2 Absatz 2 4. Spiegelstrich),
- das Personalisierte Sicherheitsmerkmal auf dem Authentifizierungsinstrument vermerkt oder zusammen mit diesem verwahrt hat (siehe Nummer 7.2 Absatz 2 5. Spiegelstrich),
- mehr als eine TAN zur Autorisierung eines Auftrags verwendet hat (siehe Nummer 7.2 Absatz 2 6. Spiegelstrich),
- beim mobile TAN-Verfahren das Gerät, mit dem die TAN empfangen werden (z. B. Mobiltelefon), auch für das Online-Banking nutzt (siehe Nummer 7.2 Absatz 2 7. Spiegelstrich).

(6) Die Haftung für Schäden, die innerhalb des Zeitraums, für den der Verfügungsrahmen gilt, verursacht werden, beschränkt sich jeweils auf den vereinbarten Verfügungsrahmen.

10.2.2 Haftung des Depotinhabers bei nicht autorisierten Wertpapiertransaktionen vor der Sperranzeige

Beruhen nicht autorisierte Wertpapiertransaktionen vor der Sperranzeige auf der Nutzung eines verlorengegangenen oder gestohlenen Authentifizierungsinstruments oder auf der sonstigen missbräuchlichen Nutzung des Personalisierten Sicherheitsmerkmals oder des Authentifizierungsinstruments und ist der Bank hierdurch ein Schaden entstanden, haften der Depotinhaber und die Bank nach den gesetzlichen Grundsätzen des Mitverschuldens.

10.2.3 Haftung der Bank ab der Sperranzeige

Sobald die Bank eine Sperranzeige eines Teilnehmers erhalten hat, übernimmt sie alle danach durch nicht autorisierte Online-Banking-Verfügungen entstehenden Schäden. Dies gilt nicht, wenn der Teilnehmer in betrügerischer Absicht gehandelt hat.

10.2.4 Haftungsausschluss

Haftungsansprüche sind ausgeschlossen, wenn die einen Anspruch begründenden

III. Aktuelle Geschäftsbedingungen 227

Umstände auf einem ungewöhnlichen und unvorhersehbaren Ereignis beruhen, auf das diejenige Partei, die sich auf dieses Ereignis beruft, keinen Einfluss hat, und dessen Folgen trotz Anwendung der gebotenen Sorgfalt von ihr nicht hätten vermieden werden können."

Zahlreiche Institute haben ihre neuen Bedingungen zum Onlinebanking entsprechend diesem Muster gestaltet, etwa:

Citibank (Bedingungen für das Online Banking, Ziff. 7 und 8 [Stand: 31.Oktober 2009], Ausn.: Einfügung eines Ziff. 10.2.1. Abs. 7 [betr. Kreditkarten]);
1822direkt (Sonderbedingungen für die Teilnahme am 1822direkt-Online-Banking Service, Fassung 10/2009, abrufbar unter: https://www.1822direkt.com/1822central/cms/user_upload/media/agb.pdf);
Netbank (Bedingungen für das Online-Banking NetBank, Fassung 11/2009, abrufbar unter: http://www.netbank.de/nb/downloads/netbank_agb.pdf);
Norisbank (Bedingungen für den Zugang zur Norisbank GmbH über elektronische Medien, Fassung: 10/2009 [Ausnahme: Ziff. 10.2.2. des Musters nicht übernommen], abrufbar unter: http://www.norisbank.de/media/norisbank_AGB.pdf);
Deutsche Bank AG (Bedingungen für den Zugang zur Deutsche Bank Privat- und Geschäftskunden AG und der Deutsche Bank AG über elektronische Medien, abrufbar unter: http://www.deutsche-bank.de/pbc/download/ser-agb-bedingungen-elektronische_medien_pgk.pdf).

b) Onlinehandel, Dienstleistungen

Im Onlinehandel sind Regelungen in den AGB zu Verhaltenspflichten der Kunden in Bezug auf Identitätsdiebstahl oder -missbrauch offenbar nicht weit verbreitet. So enthalten die AGB führender Versandhändler (z. B. Otto, Quelle) keine entsprechenden Regeln.

Dagegen regeln Anbieter von Dienstleistungen im Internet, die für ihre Kunden Accounts bereitstellen, in ihren Allgemeinen Geschäftsbedingungen oft Sorgfaltspflichten und die Haftung ihrer Nutzer.

➢ Sorgfaltspflichten der Nutzer

„Der Kunde verpflichtet sich, von GMX zum Zwecke des Zugangs zu deren Diensten erhaltene Passwörter streng geheim zu halten und GMX unverzüglich zu informieren, sobald er davon Kenntnis erlangt, dass unbefugten Dritten das Passwort bekannt ist. Sollten infolge Verschuldens des Kunden Dritte durch Gebrauch der Passwörter Leistungen von GMX nutzen, haftet der Kunde gegenüber GMX auf Nutzungsentgelt und Schadensersatz."
Allgemeine Geschäftsbedingungen GMX, Stichw. Obliegenheiten des Kunden Abs. 3, abrufbar unter: http://service.gmx.net/de/cgi/g.fcgi/products/mail/agb?&psid=babhdge.1256214622.6730.nlsply1meq.75.fec.

„5. ACCOUNT, PASSWORT UND SICHERHEIT
Nach der Registrierung erhalten Sie ein Passwort und eine Bezeichnung für Ihren Account zugeteilt. Sie müssen sicherstellen, dass Passwort und Account keinem Dritten zugänglich gemacht werden und tragen für alle Handlungen, die unter Verwendung Ihres Passwortes oder Ihres Accounts vorgenommen werden, die volle Verantwortung [...]"
Yahoo! Allgemeine Geschäftsbedingungen, Ziff. 5, abrufbar unter: http://info.yahoo.com/legal/de/yahoo/tos.html.

„Der Kunde verpflichtet sich, von 1&1 zum Zwecke des Zugangs zu deren Dienste erhaltene Passwörter streng geheim zu halten und den Provider unverzüglich zu informieren, sobald er davon Kenntnis erlangt, dass unbefugten Dritten das Passwort bekannt ist."
Ziff. 10.4.S. 1 Webhosting-AGB der 1&1, abrufbar unter: www.1und1.de, Ordner „AGB".

➢ Haftung der Nutzer

„Sollten infolge Verschuldens des Kunden Dritte durch Missbrauch der Passwörter Leistungen von 1&1 nutzen, haftet der Kunde gegenüber 1&1 auf Nutzungsentgelt und Schadensersatz."
Ziff. 10.4.S. 2 Webhosting-AGB der 1&1, abrufbar unter: www.1und1.de, Ordner „AGB".

c) Handelsplattformen

Die Nutzungsbedingungen zu Handelsplattformen enthalten teilweise Regeln zu Verhaltenspflichten und zur Haftung der Nutzer.

➢ Sorgfaltspflichten der Nutzer

„Sie müssen ihr Passwort geheim halten und den Zugang zu ihrem Mitgliedskonto sorgfältig sichern. Mitglieder sind verpflichtet, eBay umgehend zu informieren, wenn es Anhaltspunkte dafür gibt, dass ein Mitgliedskonto von Dritten missbraucht wurde."
§ 2 Ziff. 7 Allgemeine Geschäftsbedingungen für die Nutzung der deutschsprachigen eBay-Websites, abrufbar unter: http://pages.ebay.de/help/policies/user-agreement.html#angebotsformate.

➢ Haftung der Nutzer

„Mitglieder haften grundsätzlich für sämtliche Aktivitäten, die unter Verwendung ihres Mitgliedskontos vorgenommen werden. Hat das Mitglied den Missbrauch seines Mitgliedskontos nicht zu vertreten, weil eine Verletzung der bestehenden Sorgfaltspflichten nicht vorliegt, so haftet das Mitglied nicht."
§ 2 Ziff. 9 Allgemeine Geschäftsbedingungen für die Nutzung der deutschsprachigen eBay-Websites, abrufbar unter: http://pages.ebay.de/help/policies/user-agreement.html#angebotsformate.

III. Aktuelle Geschäftsbedingungen 229

d) Soziale Netzwerke

Soziale Netzwerke gewinnen große Bedeutung für die elektronische Kommunikation von Privatpersonen. Die Nutzungsbedingungen enthalten teilweise Regeln zu Verhaltenspflichten und zur Haftung der Nutzer.
Beispiel:
Sorgfaltspflichten der Nutzer
5.1.1. „Das bei der Immatrikulation gewählte Passwort ist vertraulich zu behandeln und darf Dritten nicht mitgeteilt werden. [...] Es ist Nutzern untersagt, Dritten die Nutzung des studiVZ-Netzwerkes mit fremden Daten zu ermöglichen."
5.4.2. S. 2: „Es gilt den für alle Nutzer verbindlichen Verhaltenskodex für die Nutzung des studiVZ-Netzwerkes zu beachten, der auch strenger sein kann als geltende gesetzliche Vorschriften und der abrufbar ist unter: http://www.studivz.net/l/rules/."
Allgemeine Geschäftsbedingungen für die Nutzung von studiVZ, abrufbar unter: http://www.studivz.net/l/terms.

„16. Die Bekanntgabe und der Austausch von Passwörtern, Codes und Seriennummern jeglicher Art sind auf der Plattform nicht gestattet.
17. Es dürfen keine technischen Angriffe unternommen werden, um Daten einzelner Nutzer ganz oder teilweise zu verändern, zu missbrauchen, zu löschen oder in sonstiger Weise zu beschädigen. Ebenso sind technische Angriffe auf die Plattformen von studiVZ und meinVZ oder die Datenbank des Netzwerks in jeder Form untersagt."
Verhaltenskodex für die Nutzung von studiVZ, abrufbar unter: http://www.studivz.net/l/rules/.

„You will not share your password, let anyone else access your account, or do anything else that might jeopardize the security of your account."
Ziff. 4. Nr. 6 AGB Facebook, abrufbar unter: http://de-de.facebook.com/terms.php?ref=pf.

„Bei der Anmeldung wählt der Nutzer ein Passwort. Er ist verpflichtet, sein Passwort geheim zu halten."
Ziff. 2.4. Allgemeine Geschäftsbedingungen für die Nutzung von XING, abrufbar unter: http://www.xing.com/app/user?op=tandc.

2. Risikoverteilung und Haftungsregeln in AGB

Die Analyse der Regelungen zur Risikoverteilung und zur Haftung der Beteiligung im Fall von Identitätsdiebstahl und -missbrauch ergibt aufschlussreiche Ergebnisse.

a) Risikoverteilung

Die Regelwerke enthalten regelmäßig keine eigenständige Regelung der Risikoverteilung, sondern folgen insoweit meist der allgemeinen gesetzlichen Regelung.

Dies ist nicht verwunderlich, da eine Abweichung zum Nachteil von Verbrauchern in AGB regelmäßig unwirksam wäre.

Allerdings gibt es vereinzelt Ansätze, eine abweichende Risikoverteilung zulasten des Kunden zu regeln. Dies ist etwa bei den AGB der Fall, nach denen der Kunde alle Schäden aus einem Missbrauch der Authentisierungsmedien zu tragen hat, etwa Ziff. 11.5 Abs. 3 der Sonderbedingungen für die Nutzung von Internetbanking der GarantiBank, Ziff. 12.5. 3. Spg.str. der Sonderbedingungen für die Nutzung von Direct Banking der Credit Europe Bank, Fassung 12/2004, abrufbar unter: http://www.crediteurope.de/fb/sites/de/de/consumer/downloads_consumer_banking/download_files/loans/Sonderbedingungen_Direct_Banking_20071017.pdf.

Der Bedeutungsgehalt dieser Regelung ist nicht eindeutig. Sie lässt sich aber als Zuweisung des Missbrauchsrisikos an den Kunden verstehen. Ob eine solche Regel der AGB-Kontrolle standhält, ist nicht Gegenstand dieser Studie. Man wird aber nicht ohne Weiteres von der Wirksamkeit der Klausel ausgehen können. Es ist daher wohl kein Zufall, dass diese Regelung in den AGB ausländischer Banken zu finden war, und dass die Bedingungen deutscher Banken einen solchen Passus regelmäßig nicht enthalten.

Hinsichtlich der Haftungsregelung folgen die Banken ganz überwiegend der gesetzlichen Haftungsregelung nach den §§ 675v, 676c BGB. Interessant ist, dass die Banken die Regelung des § 676c BGB explizit als Einschränkung der Haftung des Kunden in die AGB aufnehmen. Je nachdem, welche Bedeutung man dieser Ausnahme beilegt und wie man sie auslegt, könnte die Gefährdungshaftung hierdurch entscheidend eingeschränkt werden. Es ist daher für die künftige Entwicklung der Risikotragung und Haftung für Identitätsmissbrauch von großem Interesse, ob die Gerichte die Haftungsregel, die sich aus dem Zusammenspiel des § 675v BGB und des § 676c BGB ergibt, im Sinne einer weitgehenden Haftung des Kunden verstehen, die einer Risikoverlagerung gleichkäme, oder, zugunsten der Kunden, die Gefährdungshaftung einschränken.

b) Verhaltenspflichten

Die Regeln zu den Verhaltenspflichten in den Bedingungswerken zeigen eine aufschlussreiche Entwicklung.

Zunächst ist festzustellen, dass alle Regelwerke in irgendeiner Form eine Pflicht zur sicheren Aufbewahrung der Authentisierungsmedien enthalten. Dies lässt darauf schließen, dass diese Pflicht in der Praxis allgemein als fundamental angesehen wird.

Darüber hinaus zeigt sich ein Trend zu einer stärkeren Bedeutung dieser Pflicht. Insbesondere zeigt die Analyse der AGB der Banken einen deutlichen Trend zu einer intensiveren Regelung der Verhaltensanforderungen. Während die früheren Musterbedingungen für Onlinebanking des Bundesverbandes deutscher Banken noch bei einer sehr knappen Regelung verharrten, die kaum mehr als den traditionellen Grundsatz (sichere Verwahrung der Authentisierungsmedien) beschreibt, hatten die einzelnen Institute die Pflichten in jüngster Zeit zunehmend

III. Aktuelle Geschäftsbedingungen

näher spezifiziert. Dies ist insoweit bemerkenswert, als im Finanzbereich eine Tradition einheitlicher Haftungsbedingungen bestand. Da eine Reihe von Banken bei dem früheren Muster blieb, ergab sich ein Bild mit erheblichen Unterschieden bei den Anforderungen, insbesondere im Hinblick auf den Detaillierungsgrad der Regeln.

Besonders interessant sind daher die neuen Musterbedingungen zum Onlinebanking und die neuen Onlinebedingungen der verschiedenen Institute. Schon die neuen Musterbedingungen enthalten eine sehr umfangreiche und differenzierte Regelung zu den Sorgfaltspflichten des Kunden. Etliche Regelwerke der einzelnen Banken gehen darüber noch deutlich hinaus.

Damit besteht heute ein recht buntes Tableau einerseits sehr differenzierter Bedingungen im Hinblick auf die Sicherheit der elektronischen Kommunikation, wie nunmehr im Onlinebanking, andererseits eher rudimentärer Regeln, wie in einigen anderen Bereichen.

Besonders interessant ist, dass trotz der erheblichen Unterschiede einige grundlegende Regeln über die verschiedenen Branchen hinweg Verwendung finden und damit möglicherweise als Ausdruck einer generellen Auffassung über die notwendigen Anforderungen an das Nutzerverhalten aufzufassen sind.

In diesem Punkt erschienen weitere Forschungsarbeiten dringend erforderlich. Mit dem hier möglichen Überblick lassen sich aber schon einige erste Anhaltspunkte festhalten:

- Die Bedingungen zur Nutzung von Internetdiensten enthalten regelmäßig eine Pflicht des Nutzers zur sicheren Aufbewahrung der Authentisierungsmedien (z. B. Ziff. 7.2 Musterbed. Bundesverband deutscher Banken, Ziff. 7.2 der Bedingungen für das Online-Banking der Comdirect, Ziff. 3 der Allgemeinen Bedingungen für Citibank Online, Ziff. 4 der Sonderbedingungen für die Nutzung des Internetbanking der Santander Direkt Bank, Ziff. 7.2 der Bedingungen für das Online-Banking der 1822direkt, Ziff. 7.2 der Bedingungen für das Online-Banking der Netbank, Ziff. 7.2 der Bedingungen für den Zugang zur Deutsche Bank Privat- und Geschäftskunden AG [nachstehend Bank] über elektronische Medien der Deutschen Bank, Ziff. 8 der Besonderen Bedingungen der Postbank AG, Ziff. 4 der Sonderbedingungen für die Nutzung von Internet Banking der GarantiBank, Ziff. 2.4. der AGB von XING, Ziff. 5.1.1. der Allgemeinen Geschäftsbedingungen für studivz, § 2 Nr. 7 der Allgemeinen Geschäftsbedingungen für eBay, Ziff. 5 der AGB für Yahoo!).
- Die Bedingungswerke tendieren in jüngster Zeit zu einer stärkeren Ausdifferenzierung der Pflichten und beziehen sich auf drei Bereiche: Sicherheit von Authentisierungsmedien, Sicherheit der technischen Infrastruktur des Kunden (z. B. Ziff. 4 Abs. 2 der Sonderbedingungen für die Nutzung des Internetbanking der Santander Direkt Bank, Ziff. 4.3 der Sonderbedingungen für die Nutzung von Direct Banking der Credit Europe Bank, Ziff. 4.3 der Sonderbedingungen für die Nutzung von Internet Banking der GarantiBank, Ziff. 9 b der Nutzungsbedingungen für das DHB Netbanking, Ziff. 4 der Allgemeinen Bedingungen für Citibank Online, Ziff. 7.2 der Bedingungen für den Zugang zur Norisbank

GmbH über elektronische Medien) und sicheren Zugriff auf die Website des Anbieters (z. B. Ziff. 7.1 der Bedingungen für die Online-Nutzung comdirekt Bank, Ziff. 3.3. der Sonderbedingungen für die Nutzung von Direct Banking der Credit Europe Bank, Ziff. 3.3 der Sonderbedingungen für die Nutzung von Internet Banking der GarantiBank, Ziff. 4 der Allgemeinen Bedingungen für Citibank Online), und zur Information über sicherheitsrelevante Informationen (z. B. Ziff. 9 b der Nutzungsbedingungen für das DHB Netbanking, Ziff. 4 der Allgemeinen Bedingungen für Citibank Online).
- Im Bereich der Sicherung der Authentisierungsmedien gilt unangefochten als grundlegende Pflicht, diese vor Zugriff Dritter zu bewahren. Allerdings zeigt sich ein Trend zu einer Spezifizierung dieser Pflicht im Hinblick auf Risiken wie Phishing durch Social Engineering. So wird nicht selten ausdrücklich ein Verbot geregelt, auf E-Mails nicht zu reagieren, die eine Aufforderung übermitteln, einen damit versandten Link anzuwählen und darüber persönliche Zugangsdaten zum Internetbanking einzugeben (z. B. Ziff. 7.2 der Bedingungen für den Zugang zur Norisbank GmbH über elektronische Medien). Dies ist zweifellos eine unmittelbare Reaktion auf die klassische Methode des Phishing.
- Die Pflichten erstrecken sich in jüngster Zeit auch auf die Sicherheit der technischen Infrastruktur (Rechner) des Kunden. Als jedenfalls weitgehend gemeinsames Kernelement dieser Pflicht gilt die Pflicht zur Verwendung eines Virenschutzprogramms (z. B. Ziff. 4 Abs. 2 der Sonderbedingungen für die Nutzung des Internetbanking der Santander Direkt Bank, Ziff. 4.3 der Sonderbedingungen für die Nutzung von Direct Banking der Credit Europe Bank, Ziff. 4.3 der Sonderbedingungen für die Nutzung von Internet Banking der GarantiBank, Ziff. 9 b der Nutzungsbedingungen für das DHB Netbanking, Ziff. 4 der Bedingungen für Citibank Online, Ziff. 7.2 der Bedingungen für den Zugang zur Norisbank GmbH über elektronische Medien).
- Jedenfalls teilweise wird eine Pflicht des Kunden zur Information über IT-Sicherheit geregelt, etwa in Form von Pflichten zur Beachtung von Sicherheitshinweisen des Anbieters (z. B. Ziff. 9 b der Nutzungsbedingungen für das DHB Netbanking, Ziff. 4 der Allgemeinen Bedingungen für Citibank Online).

Damit zeigt die Analyse der heute in der Praxis verwendeten AGB deutlich, dass die Anbieter in hohem Maße eine Notwendigkeit der Mitwirkung der Kunden zur Verbesserung der Sicherheit der elektronischen Kommunikation und der Vermeidung von Internetkriminalität sehen.

c) Haftungsregeln

Die Haftungsregeln der AGB beziehen sich, wie dargestellt, auf die Regelung der Verhaltenspflichten der Nutzer. Darüber hinaus finden sich kaum Regeln. Vielmehr gilt insoweit die gesetzliche Regelung.

Gleichwohl zeigen sich auch in Bezug auf die Rechtsfolge unterschiedliche Konzepte der Anbieter.

- Ganz überwiegend verzichten die Anbieter auf eigene Regelung und verweisen auf die gesetzlichen Regeln.
- Nur vereinzelt enthalten die AGB Haftungsregeln zulasten der Kunden. Dies dürfte darauf beruhen, dass Abweichungen in AGB zulasten von Verbrauchern kaum wirksam sein dürften.

In Bezug auf die Haftung sind die Regeln nicht selten in jüngerer Zeit geändert worden. Daher ist auch in diesem Punkt von großem Interesse, wie sich die Praxis weiter entwickelt, gerade im Hinblick auf die Haftung nach § 675u BGB. Gegenwärtig bleibt in Bezug auf die Haftungsregeln der Befund, dass regelmäßig die gesetzliche Haftungsregel vorherrscht.

IV. Strafbarkeit de lege lata

Angesichts der vielfältigen Möglichkeiten, durch technische Eingriffe oder durch Täuschung von Personen (Social Engineering) sowie durch die Kombination beider Methoden sich Identifikationsdaten unbefugt zu verschaffen bzw. sie unbefugt zu verwenden (vgl. oben S. 195 ff.), und angesichts des Umstands, dass die strafrechtliche Bewertung nicht selten von den genauen Einzelheiten eines Verhaltens abhängt, werden nachfolgend einige typische Begehensweisen exemplarisch untersucht.

1. Strafbarkeit des Erlangens der fremden Identität (Identitätsdiebstahl)

a) Allgemeines

In allen Fällen des rechtswidrigen Erlangens nicht allgemein zugänglicher Identifikationsdaten, die als „personenbezogene Daten" gemäß § 3 BDSG anzusehen sind, wozu schon Name, Anschrift, Kontonummer, Passwörter usw. zählen, ist, wenn dies in Bereicherungs- oder Schädigungsabsicht geschieht, die Strafbarkeit nach § 44 Abs. 1 i. V. m. § 43 Abs. 2 Nr. 1, 3 oder 4 BDSG begründet. Die Strafverfolgung setzt allerdings den Strafantrag des Betroffenen voraus.

Ferner ist das Sichverschaffen – ebenso wie das Herstellen, Verkaufen, Überlassen, Verbreiten oder Zugänglichmachen – von Zugangsdaten, wie beispielsweise Passwörtern, PINs und TANs, strafbar nach § 202c Abs. 1 Nr. 1 StGB, wenn dies der Vorbereitung einer Straftat nach §§ 202a oder 202b StGB, § 303a StGB (vgl. § 303a Abs. 3) StGB oder § 303b (vgl. § 303b Abs. 5) StGB dient.

Hinzu treten je nach der Art und Weise, wie die Daten erlangt werden, weitere Tatbestände des StGB.

b) IP-Spoofing, ARP-Spoofing, DNS-Spoofing (Pharming)

Bei allen technischen Manipulationen, somit auch in den verschiedenen Varianten des Spoofing, kommen neben § 44 BDSG vor allem die Vorschriften der §§ 202a, 202b, 303a StGB in Betracht. Tatobjekt sind jeweils „Daten" im Sinne des § 202a Abs. 2 StGB, also nur solche Daten, die elektronisch, magnetisch oder sonst nicht unmittelbar wahrnehmbar gespeichert sind oder übermittelt werden. Die herrschende Meinung geht dabei von einem weiten Datenbegriff aus, der in Anlehnung an DIN 44300 jegliche „Gebilde aus Zeichen oder kontinuierliche Funktionen, die aufgrund bekannter oder unterstellter Abmachungen Informationen darstellen", umfasst.

- Rechtswidriges Verändern (inhaltliches Umgestalten[397]), Löschen oder Unterdrücken von Daten wird von § 303a StGB erfasst, so etwa beim DNS-Spoofing (Pharming).[398] Rechtswidrig ist das Verändern etc. dann, wenn es nicht mit der Einwilligung desjenigen, der über die Daten verfügungsberechtigt ist, geschieht[399] und kein sonstiger Rechtfertigungsgrund oder eine hoheitliche Eingriffsbefugnis vorliegen.
- Nimmt der Täter unbefugt zur Vorbereitung oder bei Durchführung der technischen Manipulation Zugriff auf für ihn nicht bestimmte Daten, so kann dies nach § 202a StGB strafbar sein, wenn die fraglichen Daten gegen unberechtigten Zugriff besonders geschützt sind. Eine solche besondere Sicherung ist gegeben, wenn Vorkehrungen getroffen sind, die den unbefugten Zugriff ausschließen oder erheblich erschweren. In welcher Weise der Schutz technisch realisiert ist, ob auf Hardware- oder Softwareebene, ist gleichgültig.[400] „Unbefugt" ist der Zugriff, wenn kein Rechtfertigungsgrund wie etwa rechtfertigende Einwilligung des Rechtsgutsträgers, Notwehr (§ 32 StGB), polizeirechtliche oder strafprozessuale Eingriffsbefugnis ihn erlaubt.[401]
- Fängt der Täter unbefugt für ihn nicht bestimmte, nicht öffentlich übermittelte Daten im Übermittlungsstadium ab, etwa um sie anschließend zu manipulieren, so liegt schon im Abfangen allein eine Straftat nach § 202b StGB.

c) E-Mail-Spoofing und Web-Spoofing (klassisches Phishing)

Das „Fälschen" von E-Mails in Verbindung mit dem Erstellen „gefälschter" Websites mit dem Ziel der Täuschung argloser Benutzer, die auf der falschen Website etwa Passwörter, PINs, TANs etc. eingeben sollen, ohne zu ahnen, dass diese Daten

---

[397] Vgl. allg. *Fischer*, § 303a Rz. 12 m. w. Nachw.; *Tolksdorf*, in Leipziger Kommentar, 11. Aufl., § 303a Rz. 29, 32 ff.

[398] *Buggisch/Kerling*, Kriminalistik 2006, 531 ff.; *Popp*, MMR 2006, 84, 86.

[399] Zum umstrittenen systematischen Charakter des Rechtswidrigkeitsmerkmals – der hier dahinstehen kann – siehe *Fischer*, § 303a Rz. 13 m. w. Nachw.

[400] Vgl. BT-Drs. 16/3635, S. 10; *Fischer*, § 202a Rz. 8 ff.

[401] *Fischer*, § 202a Rz. 12 i. V. m. § 201 Rz. 9 ff. m. w. Nachw.

nicht an die Hausbank, sondern an zum Missbrauch entschlossene Täter gelangen, gehört zu den ältesten Tatmitteln des „klassischen" Phishings. In Betracht kommen folgende Straftatbestände:

aa) Gefälschte E-Mails

Die typische Phishing-E-Mail, die vorgibt, von einem Bankinstitut zu stammen und den Bankkunden auffordert, auf einer ebenfalls gefälschten Website seine Zugangsdaten einzugeben, wurde anfangs als straflos angesehen.[402] Inzwischen überwiegt die Ansicht,[403] dass wenigstens der Tatbestand der Fälschung beweiserheblicher Daten gemäß § 269 StGB erfüllt ist; ob zusätzlich ein Ausspähen von Daten (§ 202a StGB) und ein Betrug (§ 263 StGB) verwirklicht sind, ist im Schrifttum umstritten.

§ 269 StGB:
Der Gesetzgeber hat diese Vorschrift 1986 geschaffen, um Strafbarkeitslücken zu schließen, die man im Bereich der Datenverarbeitung deshalb befürchtete,[404] weil der klassische Straftatbestand der Urkundenfälschung (§ 267 StGB) ein visuell wahrnehmbares Tatobjekt voraussetzt. Denn „Urkunde" im Sinne des § 267 StGB ist jede dauerhaft verkörperte Gedankenerklärung, die zum Beweis im Rechtsverkehr geeignet und bestimmt ist und die ihren Aussteller erkennen lässt. Eine Phishing-E-Mail gibt vor, eine rechtserhebliche Erklärung – im Rahmen der Vertragsbeziehungen zwischen Bank und Bankkunde – zu sein und lässt einen Aussteller erkennen. Das Merkmal „Verkörperung" verlangt, dass die Erklärung sichtbar, dauerhaft und verständlich materialisiert ist.[405] „Sichtbar" meint, dass die die Erklärung verkörpernden Zeichen selbst visuell wahrnehmbar sind, ggf. mit Hilfsmitteln wie einem Mikrofichelesegerät, wohingegen die bloße Möglichkeit der Sichtbarmachung an sich nicht visuell wahrnehmbarer Zeichen nicht genügt.[406] Eine E-Mail ist eine Abfolge von Daten, die, beim Empfänger angekommen, im Prinzip dauerhaft materialisiert sind auf der Festplatte seines Rechners oder Webmailers. Die Daten sind aber nicht selbst unmittelbar visuell wahrnehmbar, auch wenn sie auf dem Bildschirm sichtbar gemacht werden können. Folglich ist eine E-Mail mangels dauerhaft sichtbarer Verkörperung keine Urkunde im Sinne des § 267 StGB.

---

[402] *Graf,* NStZ 2007, 129, 132; *Marberth-Kubicki,* Rz. 119 f.; *Popp,* NJW 2004, 3517 f.; wohl auch *Malek,* Rz. 213.

[403] Siehe nur *Fischer,* § 263a Rz. 11a, § 269 Rz. 5a m. w. Nachw.; *Goeckenjan,* wistra 2008, 127 ff.; *Gercke,* CR 2005, 606 ff.; *Heghmanns,* wistra 2007, 165 ff.; *Knupfer,* MMR 2004, 641 ff.; *Stuckenberg,* ZStW 118 (2006), 878 ff.; *Weber,* HRRS 2004, 406, 410; *Zieschang,* in Leipziger Kommentar, § 269 Rz. 18. Dies war auch die Rechtsauffassung der Bundesregierung und der meisten Landesjustizverwaltungen bei Schaffung des 41. StrÄndG, siehe BT-Drs. 16/3656, S. 19. Ähnlich ist die Rechtslage in Österreich, siehe *Bergauer,* ÖRZ 84 (2006), 82 ff., 89; in der Schweiz scheint das bloße Versenden von Phishing-E-Mails straflos zu sein, vgl. *Ammann,* AJP/PJA 15 (2006), 195 ff., 203.

[404] Dazu *Zieschang,* in Leipziger Kommentar, § 269 Rz. 2 m. w. Nachw.

[405] Siehe nur *Puppe,* in NK-StGB, § 267 Rz. 51 ff.

[406] *Heinrich,* in Arzt/Weber, § 32 Rz. 6 f. (krit.); *Puppe,* in NK-StGB, § 267 Rz. 51.

Eine Phishing-E-Mail ist aber eine sogenannte Datenurkunde im Sinne des § 269 StGB.[407] Die dafür nötigen „beweiserheblichen Daten" sind solche, die „dazu bestimmt sind, bei einer Verarbeitung im Rechtsverkehr als Beweisdaten für rechtlich erhebliche Tatsachen benutzt zu werden".[408] Da die Phishing-E-Mail eine vorgebliche Konkretisierung der Vertragsbeziehungen zwischen Bank und Bankkunde ausdrückt, enthält sie „beweiserhebliche" Daten. Aus der im Gesetz angeordneten hypothetischen Subsumtion unter den Urkundenbegriff ergibt sich sodann, dass es sich um nicht unmittelbar wahrnehmbare Daten handeln muss, was der Fall ist. Die Daten sind auch gespeichert worden, weil der Versender einer E-Mail eine ganze Reihe von Speichervorgängen veranlasst, etwa auf dem Mailserver, der die Mailbox des Adressaten enthält; die letzte Speicherung verursacht der Inhaber eines POP3-E-Mail-Kontos selbst, wenn er die Nachricht herunterlädt und damit zumeist auf der Festplatte seines Rechners speichert. Diese Speicherungen sind auch (im Prinzip) dauerhafte Verkörperungen der Daten. Man kann in dem Versenden der E-Mail zugleich ein Gebrauchmachen der anfangs gespeicherten Daten sehen, das aber neben der Tatmodalität der Speicherung keine eigenständige Bedeutung hat. Die Daten müssten so gespeichert sein, dass bei ihrer Wahrnehmung eine unechte Urkunde vorliegt.[409] Wie soeben ausgeführt, erfüllt eine E-Mail bis auf die unmittelbare Wahrnehmbarkeit alle Merkmale für die Eigenschaft einer Urkunde. Allerdings ist jüngst bestritten worden, dass E-Mails taugliche Urkunden, genauer Datenurkunden im Sinne des § 269 StGB seien, weil sie bekanntlich ohne Weiteres manipulierbar seien. Da auch im Zivilrecht die Eignung von E-Mails als Anscheinsbeweis oder als Indiz zweifelhaft sei, fehle ihnen die Geeignetheit zur Beweisführung, mithin die Urkundseigenschaft.[410] Diese Ansicht verwechselt das Kriterium der „Beweiseignung" mit Beweisdienlichkeit oder Beweiskraft; für die Urkundseigenschaft genügt seit jeher die Eignung, in irgendeinem Verfahren in Verbindung mit anderen Tatsachen und Umständen auf die Überzeugungsbildung des Richters mitbestimmend einwirken zu können, wobei zu unterstellen ist, dass die Urkunde echt und unverfälscht wäre – auf die Fälschbarkeit kommt es gerade nicht an. Das Merkmal „Beweiseignung" dient lediglich dazu, für den Rechtsverkehr gänzlich irrelevante Äußerungen auszuschließen. Ein Mindestmaß an Fälschungssicherheit war noch nie Bestandteil der Urkundsdefinition und würde von den meisten einhellig unter § 267 StGB subsumierten Erklärungsverkörperungen nicht erfüllt,[411] deren Fälschung mindestens so leicht ist wie die einer E-Mail. § 269 StGB ist also nicht etwa auf signierte Datenurkunden beschränkt.[412]

---

[407] Vgl. *Gercke*, CR 2005, 606, 609; *Hansen*, S. 108 ff.; *Stuckenberg*, ZStW 118 (2006), 878, 886 ff.

[408] BT-Drs. 10/5058, S. 34.

[409] Vgl. BGH, 13.5.2003, 3 StR 128/03, NStZ-RR 2003, 265, 266; *Fischer*, § 269 Rz. 2a.

[410] *Frank*, S. 161; *ders.*, in Hilgendorf, S. 23, 39; *ders.*, CR 2004, 123, 124 f.; *Hilgendorf/Frank/Valerius*, Rz. 177; zweifelnd auch *Malek*, Rz. 201. Zutr. a.A. *Gercke*, CR 2005, 606, 609.

[411] Zutr. *Puppe*, BGH-Festgabe, S. 569, 572, 587.

[412] Zumal die Vorschrift älter ist als das Signaturgesetz, zutr. *Puppe*, BGH-Festgabe, S. 569, 572.

IV. Strafbarkeit de lege lata 237

Diese Datenurkunde muss „unecht" sein. Unecht ist eine Urkunde, wenn sie nicht von demjenigen stammt, der als Aussteller in ihr erscheint, der scheinbare also nicht der wirkliche Aussteller ist.[413] Bloße schriftliche Lügen stellen keine Urkundenfälschung dar. Als Aussteller einer Phishing-E-Mail erscheint in der Regel eine bestimmte Bank, da Absenderangabe, Nachrichtentext und Unterschriftszeile den Namen der Bank in irgendeiner Form enthalten und ihr Corporate Design verwendet wird. Die betroffene Bank ist jedoch nicht Aussteller der Datenurkunde, diese ist darum unecht.[414] Ob die Fälschung leicht erkennbar ist oder nicht, ist unerheblich.[415] Wenn es aber an der Angabe eines identifizierbaren Empfängers fehlt, mithin die E-Mail als Absender z. B. nur „Sparkasse" angibt, dann liegt keine tatbestandsmäßige „Datenurkunde" vor.[416]

Erfüllt die gefälschte E-Mail aber mit einer eindeutig zuzuordnenden Absenderangabe die objektive Tatseite, so liegt auch die subjektive Tatseite vor, da die Täter vorsätzlich und „zur Täuschung im Rechtsverkehr" handeln, d. h. einen anderen, hier den Kontoinhaber, über die Echtheit der Datenurkunde täuschen und ihn dadurch zu rechtserheblichem Verhalten veranlassen wollen.

Das Versenden von Phishing-E-Mails mit falschem Absender ist somit strafbar gemäß § 269 StGB. Bei Phishing-E-Mails, die als Spam versandt werden, ist ein schwerer Fall gemäß § 269 Abs. 3 i. V. m. § 267 Abs. 3 Nr. 3 StGB verwirklicht, d. h. die erhebliche Gefährdung der Sicherheit des Rechtsverkehrs durch eine große Anzahl unechter Urkunden.

§ 202a StGB:
Das Versenden gefälschter E-Mails könnte auch als Ausspähen von Daten gemäß § 202a zu bestrafen sein. Die betroffenen Zugangsdaten wie PIN und TAN stellen Informationen dar und sind in diesem Sinne Daten. Gemäß der Einschränkung des Absatzes 2 müssten sie nicht unmittelbar wahrnehmbar gespeichert sein oder gerade übermittelt werden. „Speichern" meint das Erfassen, Aufnehmen oder Aufbewahren von Daten auf einem Datenträger zur weiteren Verwendung.[417] Daten, die noch nicht eingegeben wurden, werden von der Vorschrift also nicht geschützt.[418] Zugangsdaten wie PIN und TAN dürfen nach den Geschäftsbedingungen der Banken

---

[413] BGH, 20.3.1951, 2 StR 38/51, BGHSt 1, 117, 121; BGH, 21.3.1985, 1 StR 520/84, BGHSt 33, 159, 160; BGH, 29.6.1994, 2 StR 160/94, BGHSt 40, 203, 204; BGH, 24.6.1993, 4 StR 570/92, NStZ 1993, 491; OLG Düsseldorf 22.11.1992, Ss 356/92, 120/92 II, NJW 1993, 1872, 1873; *Freund*, Rz. 136 ff.; *Puppe*, in NK-StGB, § 267 Rz. 79; *Wessels/Hettinger*, Rz. 821.

[414] Wie hier im Grundsatz *Buggisch*, NJW 2004, 3519, 3520 f.; *Knupfer*, MMR 2004, 641, 642. Unverständlich *Frank*, S. 161, der meint, die Angabe eines falschen Absenders sei bloß eine unter § 267 StGB straflose Lüge.

[415] Vgl. RG, 1.7.1919, IV 132/19, RGSt 53, 237, 239 f.; BGH, 5.12.1961, 1 StR 373/61, GA 1963, 16, 17; *Fischer*, § 269 Rz. 3; *Gribbohm*, in Leipziger Kommentar, § 267 Rz. 195 (zur Verfälschung echter Urkunden).

[416] *Fischer*, § 269 Rz. 5a; *Goeckenjan*, wistra 2008, 128, 130; *Graf*, NStZ 2007, 129, 131 f.

[417] Vgl. § 3 Abs. 5 Nr. 1 BDSG; *Fischer*, § 202a Rz. 5; *Graf*, in MünchKommStGB, § 202a Rz. 16; *Kargl*, in NK-StGB, § 202a; *Lackner/Kühl*, § 202a Rz. 2; *Lenckner*, in Schönke/Schröder, § 202a Rz. 4 Rz. 6.

[418] *Lenckner*, in Schönke/Schröder, § 202a Rz. 4; *Malek*, Rz. 149.

nicht elektronisch gespeichert werden. Selbst wenn der Bankkunde sie verbotswidrig auf der Festplatte seines PCs abgelegt hätte, so greift der normale Phisher nicht auf sie zu, denn das Opfer gibt die Daten manuell, ob aus dem Gedächtnis, von einem Notizzettel oder woher auch immer abgerufen, auf der Phishingwebsite ein. Dabei werden die Daten elektronisch übertragen, zunächst von der Tastatur an den Arbeitsspeicher und sodann von Rechner zu Rechner im Internet. Umstritten ist, ob der Täter sich somit Daten verschafft, die im Sinne des Gesetzes „übertragen werden".[419] Das ist jedoch vom Gesetz nicht gemeint: Tatobjekt sind im Übermittlungsstadium befindliche Daten. Der Begriff der Übermittlung ist zur Erfassung von Handlungen eingefügt worden, die auf Daten während eines Übertragungsvorganges zugreifen, etwa durch das Anzapfen von Datenleitungen.[420] Beim klassischen Phishing hingegen verschafft sich der Täter die Daten durch Täuschung, indem er sie sich übertragen lässt. Daten, die vom Berechtigten gezielt an den Täter selbst übermittelt werden, wenn auch täuschungsbedingt, werden daher von der 2. Alt. des Absatzes 2 nicht erfasst.[421] Insgesamt sind PIN und TAN keine tauglichen Tatobjekte im Sinne des § 202a Abs. 2 StGB und eine Strafbarkeit nach dieser Vorschrift scheidet aus.[422] Die Gegenansicht, die annimmt, es handele sich um „übertragene" Daten, verneint sodann das weitere Merkmal der besonderen Zugangssicherung[423] oder bejaht ein tatbestandsausschließendes Einverständnis,[424] sodass nach allen Ansichten im Ergebnis § 202a StGB nicht erfüllt ist.

§ 202c Abs. 1 Nr. 1 StGB:
Wer mithilfe einer Phishing-E-Mail erfolgreich PIN und TAN eines arglosen Bankkunden erlangt, hat sich damit „sonstige Sicherungscodes, die den Zugang zu Daten ermöglichen", nämlich zu den Kontodaten des Betroffenen, verschafft. Da dies dazu dient, eben diesen Zugang zu den Kontodaten, die nicht für den Täter bestimmt sind und durch die Sicherungscodes vor unbefugtem Zugriff besonders gesichert sind, zu erlangen (unten S. 244 ff.), worin eine Straftat nach § 202a StGB liegt (unten S. 245), verwirklicht schon mit dem Sichverschaffen der Zugangscodes das Vorbereitungsdelikt des § 202c Abs. 1 Nr. 1 StGB.[425]

§ 263 StGB:
Bislang wird überwiegend verneint, dass das Versenden von Phishing-E-Mails den Tatbestand des (versuchten) Betruges erfülle. Betrug setzt zunächst die Vorspiegelung „falscher Tatsachen" oder Unterdrückung wahrer Tatsachen voraus, d. h. die Vermittlung eines unzutreffenden Bildes von der Wirklichkeit. Unter „Tatsachen" werden alle vergangenen und gegenwärtigen Sachverhalte verstanden, die dem

---

[419] So *Goeckenjan*, wistra 2009, 47, 50.
[420] BT-Drs. 10/5058, S. 28.
[421] BT-Drs. 10/5058, S. 28; *Fischer*, § 202a Rz. 6; *Lackner/Kühl*, § 202a Rz. 2.
[422] *Hansen*, S. 97; *Hilgendorf/Frank/Valerius*, Rz. 762; *Stuckenberg*, ZStW 118 (2006), 878, 884.
[423] *Goeckenjan*, wistra 2009, 47, 50; *Graf*, NStZ 2007, 129, 131; *Popp*, MMR 2006, 84, 85.
[424] *Goeckenjan*, wistra 2009, 47, 50; *Popp*, NJW 2004, 3517, 3518.
[425] *Borges/Stuckenberg/Wegener*, DuD 2007, 275, 278.

IV. Strafbarkeit de lege lata 239

Beweis zugänglich sind.[426] Die Phishing-E-Mail sagt aus, sie enthalte eine Erklärung des jeweiligen Kreditinstituts, was nicht der Fall ist, sodass eine ausdrückliche falsche Tatsachenbehauptung vorliegt. Gleiches gilt für den Inhalt der weiteren Erklärung, namentlich den Zweck der Dateneingabe. Bei einem gewissen Prozentsatz der Empfänger verursacht diese Täuschung eine positive Fehlvorstellung, mithin einen Irrtum. Weiterhin müsste das Phishingopfer aufgrund des Irrtums über sein Vermögen verfügt und damit sein oder ein anderes Vermögen beschädigt haben. Im Versenden der Phishing-E-Mail allein liegt daher allenfalls ein Betrugsversuch, wenn die erstrebte Mitwirkung des Opfers ausbleibt.[427]

Die irrtumsbedingte Vermögensverfügung ist ein ungeschriebenes, einhellig anerkanntes Tatbestandsmerkmal, das durch jedes Handeln, Dulden oder Unterlassen erfüllt ist, welches sich unmittelbar vermögensmindernd auswirkt.[428] Das Phishingopfer gibt aufgrund seines Irrtums über die Authentizität der E-Mail und der Website dort seine PIN und TAN ein, nicht wissend, dass diese dem Täter übermittelt werden, der daraufhin Zugriff auf das Opferkonto nimmt. Am Ende erleidet die Bank einen Vermögensschaden, weil sie mangels Überweisungsauftrags/-vertrags (§ 676a BGB) keinen Aufwendungsersatzanspruch (§ 670 BGB) gegen ihren Kunden hat[429] bzw. ihren Vorschuss (§ 669 BGB) in Gestalt der üblicherweise der Gutschrift vorausgehenden Belastungsbuchung rechtsgrundlos erlangt hat; etwaige Schadensersatzansprüche (§ 280 BGB) bleiben strafrechtlich außer Betracht.[430] Alternativ kann die Belastungsbuchung beim Bankkunden[431] zumindest als Gefährdungsschaden gelten, insbesondere wenn die Verwendung von PIN und TAN einen Anscheinsbeweis für eine vom Kunden getätigte Transaktion liefert.[432]

Die Eingabe von PIN und TAN auf der gefälschten Website ist mitursächlich für diese Vermögensminderung und daher Vermögensverfügung. Jedoch wirkt eine Verfügung nach ganz überwiegender Ansicht nur dann „unmittelbar" vermögensmindernd, wenn keine weiteren deliktischen Zwischenhandlungen des Täters zum Schadenseintritt mehr nötig sind. Folglich genügt es nicht, dass der Getäuschte dem Täter

---

[426] BGH, 26.4.2001, 4 StR 439/00, BGHSt 47, 1, 3 m. w. Nachw.; *Cramer/Perron*, in Schönke/Schröder, § 263 Rz. 8; *Fischer*, § 263 Rz. 6; *Lackner/Kühl*, § 263 Rz. 4; *Wessels/Hillenkamp*, Rz. 494; Nachw. auch bei *Kindhäuser*, in NK-StGB, § 263 Rz. 73.

[427] Zutr. *Gercke*, CR 2005, 606, 607 f.

[428] RG, 23.5.1924, IV 97/24, RGSt 58, 215, 216; BGH, 11.3.1960, 4 StR 588/59, BGHSt 14, 170, 171 f.; BGH, 29.6.2005, 4 StR 559/04, BGHSt 50, 174, 178; OLG Karlsruhe, 17.1.1996, 1 Ws 107/95, NStZ 1996, 282, 283; *Cramer/Perron*, in Schönke/Schröder, § 263 Rz. 55; *Fischer*, § 263 Rz. 70 ff.; *Hoyer*, in SK-StGB, § 263 Rz. 85, 158 ff.; *Kindhäuser*, in NK-StGB, § 263 Rz. 195 ff.; *Lackner/Kühl,* § 263 Rz. 22; *Tiedemann*, in Leipziger Kommentar, § 263 Rz. 97; *Wessels/Hillenkamp*, Rz. 514.

[429] *Borges*, NJW 2005, 3313, 3315; vgl. allg. BGH, 17.10.2000, XI ZR 42/00, BGHZ 145, 337, 339 f. m. w. Nachw.

[430] Vgl. allg. BGH, 17.8.2004, 5 StR 197/04, NStZ-RR 2004, 333, 334 f.; *Lackner/Kühl*, § 263 Rz. 36a m. w. Nachw.

[431] Deren zivilrechtliche Natur umstritten ist, dazu *Gastroph*, S. 36 ff. m. w. Nachw.

[432] Dazu *Borges*, NJW 2005, 3313, 3316 f.; vgl. LG Bonn, 19.12.2003, 2 O 472/03; siehe zum Anscheinsbeweis aufgrund Verwendung von PIN und TAN unten S. 303 ff.).

lediglich die tatsächliche Möglichkeit zu solchen Schritten gibt.[433] Hier bedarf es noch der Benutzung der Zugangsdaten durch die Phisher, worin möglicherweise eine eigene Straftat liegt, folglich fehlt der Vermögensverfügung die Unmittelbarkeit. Aus diesem Grunde wird heute oft der Betrugscharakter des Phishings verneint.[434]

Eine Gegenmeinung hält Betrug für gegeben, weil der Irrende unmittelbar eine konkrete Vermögensgefährdung herbeiführt, die nach herrschender Meinung einem Schaden gleichsteht.[435] Eine Gefährdung kann, jedenfalls nach der Rechtsprechung,[436] auch gerade im weiteren deliktischen Handeln des Täters liegen.[437] So sieht der BGH in der Erlangung der Geheimnummer einer EC-Karte eine unmittelbare Vermögensgefährdung, wenn der Täter die EC-Karte des Opfers schon besitzt, somit jederzeit eine Auszahlung veranlassen kann, und auch die sofortige Abhebung plante,[438] ebenso im Erschwindeln einer Geldautomatenkarte oder Kreditkarte jeweils nebst PIN.[439] Dies lässt erwarten, dass die Rechtsprechung in Phishingfällen ebenfalls eine Vermögensgefährdung bejahen wird.

Zum gleichen Ergebnis kommt eine zweite Gegenmeinung, der es genügt, wenn durch die täuschungsbedingte Handlung die „wesentliche Zugriffsschwelle" bereits überschritten ist, wie bei Preisgabe der PIN oder der Zahlenkombination eines Tresors, zu dem der Täter jederzeitigen Zugang habe.[440]

---

[433] BGH, 29.6.2005, 4 StR 559/04, BGHSt 50, 174, 178; OLG Celle, 1.9.1975, 2 Ss 207/75, NJW 1975, 2218 f.; OLG Düsseldorf, 28.6.1974, 3 Ss 312/74, NJW 1974, 1833, 1834; OLG Hamm, 3.3.1982, 4 Ss 2472/81, wistra 1982, 152, 153; OLG Saarbrücken, 6.10.1966, Ss 36/66, NJW 1968, 262 f.

[434] *Gercke*, CR 2005, 606, 608, 610; *Marberth-Kubicki*, Rz. 120; *Popp*, NJW 2004, 3517, 3518.

[435] *Hilgendorf/Frank/Valerius*, Rz. 765; *Weber*, HRRS 2004, 406, 408 f.

[436] BGH, 13.6.1985, 4 StR 213/85, BGHSt 33, 244, 246; BGH, 21.11.2001, 2 StR 260/01, BGHSt 47, 160, 167, 170; BGH, 17.8.2004, 5 StR 197/04, NStZ-RR 2004, 333, 334; BGH, 30.1.2001, 1 StR 512/00, NJW 2001, 1508; *Eisele/Fad*, Jura 2002, 305, 310; zust. *Tiedemann*, in Leipziger Kommentar, § 263 Rz. 180; a.A. *Cramer/Perron*, in Schönke/Schröder, § 263 Rz. 145; *Hoyer*, in SK-StGB, § 263 Rz. 163; *Mühlbauer*, NStZ 2003, 650, 654; *Ranft*, Jura 1992, 66, 69.

[437] BGH, 16.8.1961, 4 StR 166/61, BGHSt 16, 321, 328 ff.; BGH, 4.5.1962, 4 StR 71/62, BGHSt 17, 254, 259; *Fischer*, § 263 Rz. 160. Weitere Nachw. bei *Tiedemann*, in Leipziger Kommentar, § 263 Rz. 171, 180.

[438] BGH, 17.8.2004, 5 StR 197/04, NStZ-RR 2004, 333, 334; BGH, 30.1.2001, 1 StR 512/00, NJW 2001, 1508; OLG Jena, 20.9.2006, 1 Ss 226/06, wistra 2007, 236, 237.

[439] BGH, Beschl. v. 17.12.2002, 1 StR 412/02, BGHR StGB § 263a Anwendungsbereich 1 m. abl. Anm. *Mühlbauer*, NStZ 2003, 650, 654; BGH, 9.4.1992, 1 StR 158/92, BGHR StGB § 263 Abs. 1 Konkurrenzen 6 (Abschwindeln einer Geldautomatenkarte); OLG Düsseldorf, 5.1.1998, 2 Ss 437/97 – 123/87 II, NStZ-RR 1998, 137; *Cramer/Perron*, in Schönke/Schröder, § 263a Rz. 11, 19; *Hefendehl*, S. 418 ff., 412 ff.; a.A. *Hecker*, JA 1998, 300, 300 ff. Schwer zu vereinbaren damit ist BGH, 29.6.2005, 4 StR 559/04, BGHSt 50, 174, 178. Anders allerdings für Erpressung: BGH, 15.12.1983, 4 StR 640/83, bei *Holtz*, MDR 1984, 276; BGH, 13.10.2005, 5 StR 366/05, NStZ 2006, 38 (Preisgabe eines Geldverstecks noch kein Vermögensnachteil; ebensowenig Bekanntgabe der Zahlenkombination eines Tresorschlosses); *Günther*, in SK-StGB, § 249 Rz. 32; *Herdegen*, in Leipziger Kommentar, § 253 Rz. 11; *Sander*, in MünchKommStGB, § 249 Rz. 27; *Träger/Schluckebier*, in Leipziger Kommentar, § 239a Rz. 15.

[440] *Fischer*, § 263 Rz. 78, 91; erwägend *Marberth-Kubicki*, Rz. 120 a.E.; a.A. *Gercke*, CR 2005, 606, 608, 610. Zum gleichen Ergebnis kommt *Hoyer*, in SK-StGB, § 263 Rz. 162.

Eine dritte Gegenmeinung verwirft das Unmittelbarkeitskriterium ganz und ersetzt es durch die allgemeinen Kriterien der objektiven Zurechnung;[441] da sich im Vermögensschaden der Bank das durch die täuschende E-Mail gesetzte unerlaubte Risiko realisiert hat, liegt auch nach dieser Ansicht ein Betrug vor.

§ 143 MarkenG, §§ 106 ff. UrhG:
Werden in einer Phishing-E-Mail rechtlich geschützte Marken in unerlaubter Weise verwendet, etwa Logos, Schriftzüge, Farbkombinationen oder ganze Teile einer Original-Website eines Kreditinstituts, so liegen darin zugleich noch strafbare Verstöße gegen das Marken- und Urheberrecht.[442]

bb) Gefälschte Websites

Das Einrichten einer Phishingwebsite fällt regelmäßig ebenfalls unter § 269 StGB,[443] weil der Erklärungsgehalt der Website demjenigen der E-Mail gleicht. Die Gestaltung der Website sieht der eines Geldinstituts täuschend bis perfekt ähnlich. Es liegen damit beweiserhebliche Daten vor, die bei Wahrnehmung eine unechte Urkunde darstellen. Diese Daten werden auch mehrfach gespeichert, namentlich auf dem Server, der sie im Internet zugänglich macht. Von der falschen Datenurkunde auf der Website wird durch den Link in der Phishing-E-Mail zudem Gebrauch gemacht, wozu die Eröffnung eines ungehinderten Abrufs genügt, hier per Hyperlink. Die Täter handeln vorsätzlich und zur Täuschung im Rechtsverkehr.

Betrachtet man die gefälschte Website als „Programm", das den Zweck hat, Zugangscodes zu erlangen, um an durch diese Codes geschützte Daten, etwa Kontodaten, zu gelangen, so ist das Herstellen, Sichverschaffen etc. einer solchen Website strafbar nach § 202c Abs. 1 Nr. 2 StGB.[444] Anderer Ansicht nach stellt eine Website kein „Programm" im Sinne des § 202c StGB dar.[445] Die Frage ist bislang gerichtlich nicht geklärt.

Wenn im Versenden einer Phishing-E-Mail ein Betrug (§ 263 StGB) erblickt wird, dann gilt dasselbe auch für die zugehörige Website.

Das unbefugte Verwenden von Original-Logos, Schriftzügen, Farbkombinationen usw. kann wie bei der Phishing-E-Mail als Verstoß gegen Marken- und/oder Urheberrecht strafbar sein.

---

[441] *Stuckenberg*, ZStW 118 (2006), 878, 900 ff.; dagegen *Hansen*, S. 68 ff.; vgl. auch *Hefendehl*, in MünchKommStGB, § 263 Rz. 262 ff., 269 ff. m. w. Nachw.

[442] Näher *Hansen*, S. 124 ff., 130 ff.; *Markus/Dornis*, CR 2007, 642 ff.

[443] Ebenso *Gercke*, CR 2005, 606, 610; *Goeckenjan*, wistra 2008, 128, 130; *Hansen*, S. 113 f.; *Heghmanns*, wistra 2007, 167, 168; *Stuckenberg*, ZStW 118 (2006), 878, 890; zweifelnd *Popp*, MMR 2006, 84, 85.

[444] *Borges/Stuckenberg/Wegener*, DuD 2007, 275, 278.

[445] *Gercke*, CR 2005, 606, 608; *Popp*, MMR 2006, 84, 85; *Hansen*, S. 93 m. w. Nachw. (alle zu § 263a Abs. 3 StGB).

d) Installation von Schadsoftware: Keylogger, Browser-Plug-Ins u. Ä.

Eine Manipulation der Software im PC des Nutzers in der Weise, dass schädliche Software auf seinem System installiert wird, die alle oder einzelne Tastatureingaben aufzeichnet und an den Täter versendet oder Listen besuchter Websites nach Bankseiten durchsucht (oben S. 26 ff.), stellt regelmäßig ein rechtswidriges Verändern, mithin inhaltliches Umgestalten vorhandener Daten im Sinne des § 303a StGB dar; dies jedenfalls dann, wenn die Installation vom PC-Nutzer unbemerkt geschieht. Ein bloßes Hinzufügen neuer Daten, ohne vorhandene Daten zu verändern – falls dies überhaupt vorstellbar ist –, wäre allerdings nicht strafbar, es sei denn, durch das Hinzufügen würde der Bedeutungsgehalt bereits gespeicherter Daten verändert.[446] Werden vorhandene Daten gelöscht oder unterdrückt – d. h. der Zugang zu ihnen wird blockiert, ohne sie zu löschen –, so fällt dies ebenfalls unter § 303a StGB.

Wird die Schadsoftware durch Social Engineering unter Mithilfe des Nutzers installiert, von ihm etwa ein vermeintliches attraktives Mozilla Firefox Addon (vgl. S. 51 ff.), dessen Schädlichkeit ihm verborgen bleibt, heruntergeladen und installiert, so fragt sich, ob diese Einwilligung in die Installation eine Strafbarkeit nach § 303a StGB ausschließen kann. Bei § 303a StGB wird überwiegend angenommen, dass das Einverständnis des Berechtigten schon den Tatbestand ausschließe.[447] Während eine rechtfertigende Einwilligung, die auf Täuschung beruht, als unbeachtlich angesehen wird, wird verbreitet immer noch ein durch Täuschung erlangtes Einverständnis für wirksam gehalten, weil es allein auf dessen faktisches Vorliegen ankomme, was freilich vom Sinn und Zweck des Tatbestands abhänge.[448] Demnach würde das Einverständnis, ein Addon zu installieren, den Tatbestand des § 303a StGB ausschließen, obschon das Einverständnis nur dadurch zustande kam, dass der Zustimmende nicht weiß, welche (nachteiligen) Veränderungen das Addon tatsächlich bewirken wird. Wie die ganze Unterscheidung von tatbestandsausschließendem Einverständnis und rechtfertigender Einwilligung insgesamt sind allerdings auch ihre Wirksamkeitsvoraussetzungen außerordentlich umstritten.[449] Die Rechtsprechung hat für die Beachtlichkeit von Willensmängeln wie einer Täuschung bei Vorschriften, bei denen die Zustimmung des Rechtsgutsinhabers als Tatbestandsausschluss gedeutet wird, keine Kriterien entwickelt, sondern die Entscheidung dem Tatrichter im Einzelfall überlassen.[450]

---

[446] *Fischer*, § 303a Rz. 12; *Goeckenjan*, wistra 2009, 47, 51.

[447] *Fischer*, § 303a Rz. 4, 13; *Hoyer*, in SK-StGB, § 303a Rz. 12; *Lackner/Kühl*, § 303a Rz. 4; *Tolksdorf*, in Leipziger Kommentar, 11. Aufl., § 303a Rz. 21; *Wieck-Noodt,* in MünchKommStGB, § 303a Rz. 17; *Wolff*, in Leipziger Kommentar, 12. Aufl. § 303a Rz. 20; a.A. *Stree*, in Schönke/Schröder, § 303a Rz. 6.

[448] Vgl. nur *Geerds*, GA 1954, 262, 264 ff., 269; *Jescheck/Weigend*, § 34 2. a); *Lenckner*, in Schönke/Schröder, Vor § 32 Rz. 32 m. w. Nachw.; *Welzel*, § 14 VII. 1. a).

[449] Vgl. nur *Jakobs*, Tz. 7/118 ff., 14/7 ff.; *Rönnau,* in Leipziger Kommentar, Vor § 32 Rz. 146 ff.; *Roxin*, § 13 Rz. 2 ff., 97 ff.; *Schlehofer*, in MünchKommStGB, Vor § 32 Rz. 102 ff., jeweils m. w. Nachw.

[450] OLG Stuttgart, 7.7.1961, 2 Ss 213/61, NJW 1962, 62, 63 m. w. Nachw.

IV. Strafbarkeit de lege lata

Wird vor der Installation von Schadsoftware Zugang zu Daten des PCs erlangt, so ist dies nach § 202a StGB nur dann strafbar, wenn die fraglichen Daten „gegen unberechtigten Zugriff besonders gesichert" sind, wofür schon eine Firewall o. Ä. genügt.

Handelt es sich bei der fraglichen Software um solche, die vorwiegend oder gar ausschließlich kriminellen Zwecken dient,[451] so ist bereits das Herstellen oder Sichverschaffen dieser Software strafbar nach § 202c Abs. 1 Nr. 2 StGB.[452]

Bei Keyloggern (oben S. 25, 26 f., 56), die Tastatureingaben aufzeichnen und versenden, findet ein Zugriff auf Daten im Übertragungsstadium statt, sodass das Merkmal „sich verschaffen" des § 202a StGB erfüllt ist.[453] Es kommt dann darauf an, ob diese Daten „gegen unberechtigten Zugang besonders gesichert sind", was beim heimischen PC regelmäßig nicht der Fall sein dürfte. Nach anderer Ansicht fallen unter „Daten, die ... übermittelt werden" im Sinne des § 202a Abs. 2 StGB nur Daten, die zwischen zwei Datensammelstellen, also etwa von Rechner zu Rechner, übertragen werden, sodass die Übertragung etwa von der Tastatur an den Hauptprozessor nicht ausreichte.[454]

e) Sniffing

Das Mitlesen von unverschlüsselten Passwörtern, die über ein Netzwerk übertragen werden, mit geeigneten Tools (oben S. 25 ff.), stellt den Einsatz technischer Mittel, zu denen auch Software gehört,[455] dar, mit denen der Täter sich unbefugt für ihn nicht bestimmte Daten aus einer nicht öffentlichen Datenübermittlung verschafft, womit der Straftatbestand des § 202b StGB erfüllt ist.

Das Sichverschaffen von Passwörtern oder sonstigen Zugangscodes, um etwa eine Straftat nach § 202a zu begehen, ist zugleich nach § 202c Abs. 1 Nr. 1 StGB strafbar.

f) Man-in-the-Middle-Angriffe

Identitätsdiebstahl mittels einer der verschiedenen Formen von Man-in-the-Middle-Angriffen (oben S. 29 ff.) ist, wenn Schadsoftware auf dem PC des Endnutzers installiert wird, strafbar, wie auf S. 242 f. beschrieben.

Netzwerkbasierte Man-in-the-Middle-Angriffe (S. 48 ff.) erfüllen jedenfalls den Tatbestand des unbefugten Abfangens von Daten sowie ggf., je nach technischer Realisation des Angriffs, die Tatbestände des unbefugten Zugangs (§ 202a StGB) oder der Datenveränderung (§ 303a StGB).

---

[451] Vgl. *Fischer*, § 202c Rz. 4 f., § 263a Rz. 32 m. w. Nachw.
[452] *Borges/Stuckenberg/Wegener*, DuD 2007, 275, 278.
[453] *Borges*, NJW 2005, 3313, 3314; *Ernst*, Rz. 48 ff.; *Marberth-Kubicki*, Rz. 61.
[454] *Goeckenjan*, wistra 2009, 47, 50 mit Bezug auf *Kargl*, in NK-StGB, § 202a Rz. 6; *Schmitz*, JA 1995, 478, 481; *Hoyer*, in SK-StGB, § 202a Rz. 4; a.A. – Übermittlung zwischen Eingabegerät und Speicher genügt – *Frank*, in Hilgendorf, S. 23, 33; *Graf*, in MünchKommStGB, § 202a Rz. 16.
[455] BT-Drs. 16/3656, S. 11.

Hardwarebasierte Man-in-the-Middle-Angriffe wie beispielsweise mit Hardware-Keyloggern (S. 56) erfüllen § 202a StGB nur dann, wenn die aufgezeichneten Daten auf irgendeine Weise „gegen unbefugten Zugang besonders gesichert" sind, wozu auch mechanische Sicherungen, verschlossene Räume etc. gehören können.[456] Ob schon die Datenübertragung von einer Tastatur zum Prozessor für eine „Datenübermittlung" im Sinne des § 202b StGB genügt, ist ungeklärt, zumal die Gesetzgebungsmaterialien[457] insoweit unergiebig sind. Vom Schutzzweck der Vorschrift her kann es wohl kaum darauf ankommen, an welcher Stelle der technische Übertragungsweg „angezapft" wird, sofern der fragliche Rechner nur überhaupt mit anderen über ein Netzwerk kommuniziert. Sachbeschädigung (§ 303 StGB) durch Anbringen des Hardware-Keyloggers dürfte ebenso ausscheiden wie Computersabotage (§ 303b StGB), sofern die Funktionsfähigkeit der Computerhardware im Übrigen nicht beeinträchtigt wird. Sofern die vom Hardware-Keylogger aufgezeichneten Daten personenbezogen sind oder Zugangscodes enthalten, kommt stets die allgemeine Strafbarkeit aus § 44 BDSG bzw. § 202c Abs. 1 Nr. 1 StGB in Betracht.

g) Handel mit „Identitäten"

Der Handel, also An- und Verkauf, von „Identitäten" im Sinne von identifikationsrelevanten Daten wird zum einen, sofern es sich um personenbezogene Daten im Sinne des § 3 BDSG handelt, von § 44 Abs. 1 i. V. m. § 43 Abs. 2 Nr. 1 (Erheben) bzw. Nr. 5 (Weitergeben an Dritte) BDSG strafrechtlich erfasst, zum anderen, wenn es sich um Passwörter oder sonstige Zugangscodes handelt, von § 202c Abs. 1 Nr. 1 StGB, der das Sichverschaffen, Verkaufen, Überlassen, Verbreiten und Zugänglichmachen von Zugangscodes unter Strafe stellt, sofern dies der Vorbereitung einer Tat nach §§ 202a, 202b, 303a oder 303b StGB dient – regelmäßig dürfte wenigstens eine Tat nach § 202a StGB, nämlich Zugang zu den von den Codes gesicherten Daten, bezweckt sein.

2. *Strafbarkeit des Verwendens der fremden Identität (Identitätsmissbrauch)*

a) Vermögensrelevanter Missbrauch von Identitätsdaten am Beispiel Onlinebanking (klassisches Phishing)

Das Erlangen von identitätsrelevanten Daten ist im exemplarischen Fall des „klassischen" Phishings für die Täter nur der notwendige vorbereitende Schritt, um sich via Internet einem Kreditinstitut gegenüber als das Opfer auszugeben, mithin die

---

[456] *Fischer*, § 202a Rz. 9.
[457] Vgl. BT-Drs. 16/3656, S. 11.

durch Zugangscodes festgelegte fremde Identität zu missbrauchen, um sich rechtswidrig zu bereichern. Nach heute kaum noch bestrittener, zutreffender Ansicht ist dieser Schritt des Phishings strafbar.

§ 202a StGB:
Wenn die Täter die erschlichene PIN und TAN dazu benutzen, sich die Kontostammdaten oder den Kontostand des Opfers anzusehen, so haben sie sich unbefugt Zugang zu Daten, die nicht für sie bestimmt und die gegen unberechtigten Zugriff besonders gesichert, nämlich durch PIN und TAN, sind, verschafft und damit gemäß § 202a StGB strafbar gemacht.[458] Dies wird jedoch für den Fall des klassischen Phishings bestritten, in dem das Opfer den Tätern die Zugangscodes übermittelt hat, sodass die Kontodaten gerade nicht mehr dadurch geschützt seien.[459] Der Einwand überzeugt nicht, weil jedenfalls die Konzeption des 41. StrÄndG dafür spricht, dass auch das Verwenden unbefugt erlangter Zugangsdaten unter § 202a StGB fällt, weil sonst § 202c Abs. 1 Nr. 1 StGB leer liefe.[460]

§§ 269, 270 StGB:
Indem die Täter die Zugangsdaten des Opfers auf der Website der Bank eingeben und online eine Überweisung tätigen, stellen sie einen Datensatz her, den die Bank speichert und dessen Erklärungsinhalt ein Überweisungsauftrag (-vertrag) ist. In der Verwendung von PIN und TAN liegt zugleich die Erklärung, Verfügungsberechtigter über das Konto zu sein, genauer, weil diese Daten vom Kontoinhaber geheim zu halten sind, der Kontoinhaber selbst zu sein, was nicht der Fall ist. Folglich speichern sie beweiserhebliche Daten in einer Weise, dass bei ihrer Wahrnehmung eine unechte Urkunde vorliegen würde. Zwar ist die Ausstellererkennbarkeit bei der Verwendung von EC-Karten nebst PIN umstritten, weil der Kontoinhaber ja einen Dritten beauftragen könnte,[461] nach gegenteiliger und überzeugenderer Ansicht[462] genügt ein ausstellergebundener Code, wie hier. Die Täter handeln, da der Vorgang automatisiert ist und daher kein Mensch im Rechtsverkehr getäuscht werden kann, in der Absicht der fälschlichen Beeinflussung einer Datenverarbeitungsanlage (§ 270 StGB).

§ 263a StGB:
Weil beim automatisierten Onlinebanking kein Mensch getäuscht wird, scheidet § 263 StGB von vornherein aus. Nach ganz überwiegender Ansicht im Schrifttum[463] liegt statt dessen ein Computerbetrug gemäß § 263a StGB vor. Neuere Urteile des BGH sprechen jedoch dagegen.

---

[458] *Gercke*, CR 2005, 606, 611; *Goeckenjan*, wistra 2009, 47, 52 f.; *Hansen*, S. 44; *Heghmanns*, wistra 2007, 167, 168; *Knupfer*, MMR 2004, 641, 642; *Stuckenberg*, ZStW 118 (2006), 878, 906.
[459] *Graf*, NStZ 2007, 129, 131.
[460] Zutr. *Goeckenjan*, wistra 2009, 47, 53.
[461] Ablehnend daher *Schlüchter*, S. 100.
[462] *Möhrenschlager*, wistra 1986, 128, 135; *Rossa*, CR 1997, 219, 225, 227; *Wegscheider*, CR 1989, 996, 999; *Zielinski*, wistra 1994, 1, 3.
[463] *Gercke*, CR 2005, 606, 611; *Knupfer*, MMR 2004, 641, 642; *Marberth-Kubicki*, Rz. 53; *Weber*, HRRS 2004, 406, 406 f.

Die Täter könnten im Sinne des § 263a Abs. 1 2. Alt. StGB das Ergebnis eines Datenverarbeitungsvorgangs durch Verwendung unrichtiger oder unvollständiger Daten beeinflusst und so das Vermögen der Bank oder des Kontoinhabers beschädigt haben. „Daten" sind die von den Phishern eingegebenen Zugangsdaten. „Unrichtig" und „unvollständig" sind objektive Begriffe, die sich am Täuschungsbegriff des § 263 StGB orientieren und sich auf Tatsachen beziehen. „Unrichtig" sind Daten, wenn der durch sie bezeichnete Sachverhalt in Wahrheit nicht oder anders gegeben ist; „unvollständig" sind sie, wenn sie ihn nicht ausreichend erkennen lassen[464] oder Informationen über wahre Tatsachen pflichtwidrig vorenthalten.[465] Allerdings sind die betroffenen Identitätsdaten wie PIN und TAN, Kontonummer und Name des Empfängers etc., für sich weder unrichtig noch unvollständig.[466] Denn Daten ohne Tatsachenbezug können überhaupt nicht „unrichtig" sein[467] – wie PIN und TAN, die bloß als Zugangsschlüssel dienen.

Naheliegender erscheint die Bejahung der dritten Tatmodalität des § 263a StGB, das unbefugte Verwenden von Daten. „Verwenden" bedeutet das Einführen von Daten in den beginnenden oder schon laufenden Verarbeitungsvorgang,[468] wie hier.

Das Merkmal „unbefugt" ist außerordentlich unklar und umstritten. Versteht man darunter jegliches Handeln gegen den erklärten oder mutmaßlichen Willen des Vermögensinhabers,[469] so ist eine Überweisung durch Nichtberechtigte wie die Phisher „unbefugt". Die in der Literatur wohl überwiegende Meinung,[470] der sich der BGH

---

[464] *Cramer/Heine*, in Schönke/Schröder, § 267 Rz. 7; *Fischer*, § 263a Rz. 7 m. w. Nachw.

[465] *Hilgendorf*, JuS 1997, 130, 131; *Lackner/Kühl*, § 263a Rz. 10.

[466] Allenfalls ließe sich mit einer älteren Ansicht überlegen, die die Richtigkeit der Daten relativ, d. h. im Hinblick auf den Verwender, beurteilt, ob die Zugangsdaten nur bei Verwendung durch den Berechtigten „richtig" sind, zumal sie ja seiner Identifikation dienen, sodass sie bei Verwendung durch einen Nichtberechtigten „unrichtig" wären, *Zielinski*, CR 1992, 223, 225. Dagegen spricht, dass an sich zutreffende, unverfälschte Daten für sich nicht unrichtig werden durch unberechtigte Verwendung. Unrichtig ist vielmehr die resultierende *Erklärung*, d. h. dass der Berechtigte sie verwende, nicht die Daten selbst, dies räumt *Zielinski*, CR 1992, 223, 225, freilich ein. Zudem wird der Mangel der Berechtigung schon durch die 3. Var. des § 263a Abs. 1 StGB – die „unbefugte" Verwendung – erfasst, sodass die 2. Var. aus systematischen Gründen auf abstrakt falsche Daten zu beschränken ist. So auch *Fischer*, § 263a Rz. 7; *Lackner/Kühl*, § 263a Rz. 10; *Rossa*, CR 2997, 219, 227; *Schlüchter*, JR 1993, 495; *Tiedemann*, in Leipziger Kommentar, § 263a Rz. 35.

[467] Zutr. *Kindhäuser*, in NK-StGB, § 263a Rz. 17, 27; zu Phishing so nun *Weber*, HRRS 2004, 406, 407.

[468] *Fischer*, § 263a Rz. 7; *Hilgendorf*, JuS 1997, 130, 131; *Kindhäuser*, in NK-StGB, § 263a Rz. 20; *Lackner/Kühl*, § 263a Rz. 9; *Tiedemann*, in Leipziger Kommentar, § 263a Rz. 36 ff.

[469] BGH, 10.11.1994, 1 StR 157/94, BGHSt 40, 331, 334 f.; BayObLG, 10.2.1994, 4 StRR 145/93, NStZ 1994, 287, 288; *Bühler*, MDR 1991, 14, 16 f.; *Hilgendorf*, JuS 1997, 130, 132; *Mitsch*, JZ 1994, 877, 883 f.; *Otto*, § 52 Rz. 40; w. Nachw. bei *Kindhäuser*, in NK-StGB, § 263a Rz. 27; *Tiedemann*, in Leipziger Kommentar, § 263a Rz. 42 ff.

[470] *Cramer/Perron*, in Schönke/Schröder, § 263a Rz. 11; *Fischer*, § 263a Rz. 11; *Günther*, in SK-StGB, § 263a Rz. 18; *Lackner/Kühl*, § 263a Rz. 13; *Tiedemann*, in Leipziger Kommentar, § 263a Rz. 44, 46 ff.; *Wessels/Hillenkamp*, Rz. 609; krit. *Kindhäuser*, in NK-StGB, § 263a Rz. 25 f. m. w. Nachw.

IV. Strafbarkeit de lege lata

jüngst angeschlossen hat,[471] sieht indes nur solche Datenverwendung als „unbefugt" an, die gegenüber einer Person als konkludente, d. h. stillschweigende Täuschung anzusehen wäre (sog. betrugsnahe Auslegung). Insbesondere sei die Verwendung von Daten betrugsspezifisch und damit unbefugt im Sinne des § 263a StGB, wenn die Befugnis des Täters zu den Grundlagen des jeweiligen Geschäftstyps gehöre, sodass sie auch bei Schweigen als selbstverständlich vorausgesetzt werde,[472] wie insbesondere bei Eingabe von Zugangscodes wie PIN und TAN gegen den Willen des Berechtigten.[473] Die Ansicht leidet freilich daran, dass Computer konkludente Informationen nun einmal nicht verarbeiten können: Täuschungsqualität hätten dann nicht die eingegebenen Daten, sondern die nicht eingegebenen Daten.[474]

Etwas anderes könnte sich zudem aus der jüngeren Judikatur des BGH selbst ergeben, der die Anwendung des § 263a StGB bei Bankomatenkarten etc. auf die Verwendung manipulierter, gefälschter oder mittels verbotener Eigenmacht erlangter Karten durch den Nichtberechtigten beschränkt. „Verbotene Eigenmacht" meint das Handeln gegen oder ohne den Willen des Berechtigten, wie etwa beim Einsatz von Keyloggern.[475] Erschwindelt hingegen der Täter etwa eine Geldautomatenkarte nebst PIN, so ist das Abheben des Geldes in der Sicht des BGH kein Computerbetrug,[476] weil die Daten dem Täter überlassen, also gerade nicht mittels verbotener Eigenmacht erlangt wurden, und ihre abredewidrige Verwendung allein nicht „unbefugt" sei – dies könnte ebenso für den Einsatz der „abgephishten" Daten gelten. Denn auch hier überlässt der Berechtigte dem Täter täuschungsbedingt Daten, die lediglich nicht zusätzlich in einer Karte verkörpert sind. Ein Unterschied, den man als erheblich ansehen könnte, liegt darin, dass das Phishingopfer nicht einmal weiß, dass es einem anderen – als seiner Bank – diese Daten überlässt. Doch ist das lediglich die Folge einer umso größeren Täuschung, nämlich nicht nur über die Verwendungsabsicht, sondern auch den Verwender. Möglich ist daher, auch hier die Verwendung der täuschungshalber überlassenen Daten nicht als „unbefugt" anzusehen.

Wer hingegen mit der überwiegenden Literaturmeinung eine unbefugte Verwendung bejaht, wird eine Strafbarkeit nach § 263a StGB bejahen müssen: Die Täter müssten einen Datenverarbeitungsvorgang beeinflussen, was hier der Fall ist: „Datenverarbeitungsvorgang" meint jeden technischen Vorgang, bei dem durch

---

[471] BGH, 21.11.2001, 2 StR 260/01, BGHSt 47, 160, 162 f.; auch OLG Düsseldorf, 5.1.1998, 2 Ss 437/97 – 123/87 II, NStZ-RR 1998, 137; OLG Köln, 9.7.1991, Ss 624/90, NJW 1992, 125, 126.

[472] *Fischer*, § 263a Rz. 8; *Lackner*, in FS Tröndle, S. 41, 49 ff., 53; *Lackner/Kühl*, § 263a Rz. 13; *Tiedemann*, in Leipziger Kommentar, § 263a Rz. 44.

[473] *Fischer*, § 263a Rz. 11a; *Kindhäuser*, in NK-StGB, § 263a Rz. 27; *Tiedemann*, § 263a Rz. 48; zu Phishing *Gercke*, CR 2005, 606, 611; *Weber*, HRRS 2004, 406, 407.

[474] Zutr. *Kindhäuser*, in NK-StGB, § 263a Rz. 24; s. a. *Neumann*, JuS 1990, 535, 537.

[475] Deshalb hat AG Hamm, 5.9.2005, 10 Ds 101 Js 244/05 – 1324/05, CR 2006, 70 mit Anm. *Werner*, § 263a StGB zutreffend bejaht.

[476] BGH, 21.11.2001, 2 StR 260/01, BGHSt 47, 160, 162 ff.; BGH, 29.6.2005, 4 StR 559/04, BGHSt 50, 174, 179; BGH, 31.3.2004, 1 StR 482/03, NStZ 2005, 213; BGH, 17.8.2004, 5 StR 197/04, NStZ-RR 2004, 332, 334; BGH, 17.12.2002, 1 StR 412/02, BGHR StGB § 263a Anwendungsbereich 1; auch OLG Düsseldorf, 5.1.1998, 2 Ss 437/97 – 123/87 II, NStZ-RR 1998, 137; umfassende Nachw. bei *Wohlers*, in MünchKommStGB, § 263a Rz. 46.

Aufnahme von Daten und ihre Verknüpfung nach Programmen bestimmte Arbeitsergebnisse erzielt werden.[477] „Beeinflusst" ist ein Datenverarbeitungsvorgang, wenn die Tathandlung in den Verarbeitungsvorgang der Datenverarbeitungsanlage Eingang findet, seinen Ablauf mitbestimmt und – dadurch vermittelt – eine Vermögensdisposition auslöst,[478] wobei genügt, wenn der Täter den Vorgang anstößt oder auslöst,[479] wie hier. Dadurch wird sodann unmittelbar das Vermögen der Bank oder des Kontoinhabers beschädigt. Der Begriff der Vermögensbeschädigung ist derselbe wie bei § 263 StGB.[480] Die Täter handeln vorsätzlich und zur Erlangung eines rechtswidrigen Vermögensvorteils, der auch „stoffgleich" zum Nachteil der Bank, d. h. aufgrund derselben Verfügung (Überweisung) als deren Kehrseite, erlangt ist.

b) Vermögensrelevanter Missbrauch von Identitätsdaten am Beispiel Onlinebestellungen

Wer beispielsweise mit fremden Kreditkartendaten im Internet „einkaufen geht", macht sich regelmäßig nach §§ 269, 270; 263a StGB strafbar. Dafür ist es gleichgültig, wie die Daten erlangt wurden, ob durch Phishing, Ankauf, Ausspähen von Daten etc., sofern sie nur ohne Zustimmung des Berechtigten verwendet werden.

§§ 269, 270 StGB:
Bei einem Onlinebestellvorgang werden stets im Rechtsverkehr beweiserhebliche Daten im Sinne des § 269 StGB beim Verkäufer oder Dienstleister gespeichert, mithin eine „Datenurkunde" hergestellt. Diese ist unecht, wenn sie nicht von dem stammt, der als ihr Aussteller erscheint. Wird etwa ein fremder Name verwendet, der als Aussteller der Bestellung erscheint, ohne dass der Namensträger dies autorisiert hat, ist der Tatbestand des § 269 StGB (bei vollautomatisierten Bestellvorgängen in Verbindung mit § 270 StGB) erfüllt.

Für die Frage der Echtheit bzw. Unechtheit einer (Daten-)Urkunde kommt es allerdings nicht darauf an, ob eine Namenstäuschung vorliegt, sondern ob die Person tatsächlich der Aussteller ist, die als Aussteller aus der (Daten-)Urkunde erscheint.[481] Die Verwendung eines (personenstandsrechtlich) falschen Namens ist unschädlich, wenn der Aussteller mit diesem Namen eindeutig identifiziert werden kann, mithin keine Identitätstäuschung vorliegt. Weil der Name eines der hauptsächlichen identifikationsrelevanten Daten ist, liegt freilich regelmäßig in einer Namenstäuschung auch eine Identitätstäuschung.

---

[477] BT-Drs. 10/318, S. 21; *Lackner/Kühl*, § 263a Rz. 4; *Tiedemann*, in Leipziger Kommentar, § 263a Rz. 22 m. w. Nachw.

[478] *Fischer*, § 263a Rz. 5, 20 m. w. Nachw.; *Lackner/Kühl*, § 263a Rz. 22; *Tiedemann*, in Leipziger Kommentar, § 263a Rz. 26, 65 ff., 68.

[479] BGH, 22.11.1991, 2 StR 376/91, BGHSt 38, 120, 121; *Fischer*, § 263a Rz. 20; *Wessels/Hillenkamp*, Rz. 602, alle m. w. Nachw.

[480] *Lackner/Kühl*, § 263a Rz. 23; *Tiedemann*, in Leipziger Kommentar, § 263a Rz. 70 m. w. Nachw.

[481] BGH, 21.3.1985, 1 StR 520/84, BGHSt 33, 159, 160; BGH, 29.6.1994, 2 StR 160/94, BGHSt 40, 203, 204.

IV. Strafbarkeit de lege lata

Jedoch kann auch die Benutzung des „richtigen" eigenen Namens zu einer Identitätstäuschung führen, so etwa, wenn jemand einen zweiten standesamtlich eingetragenen Vornamen benützt, um einen Onlinehandelspartner, der nur den ersten Vornamen kennt, über die Personenidentität zu täuschen. Bei der Bestimmung der „Echtheit" muss nämlich nach Auffassung des BGH auch der Verwendungszweck der Urkunde bei der Prüfung der Echtheit im Sinne des § 267 StGB berücksichtigt werden.[482] Nach anderer Auffassung[483] geht es bei der Urkundenfälschung und ebenso bei der Fälschung beweiserheblicher Daten nicht um jedwedes Interesse an Sicherheit und Zuverlässigkeit des Rechtsverkehrs mit Urkunden, sondern allein um das Interesse des Rechtsverkehrs, insbesondere des Erklärungsadressaten, jede Erklärung auf denjenigen zurückführen zu können, der von Rechts wegen für sie einzustehen habe.[484] Das sei auch dann möglich, wenn der Aussteller einen Namen verwende, den er sonst nicht benutzt. Das allgemein gültige Identitätskennzeichen einer Person im Rechtsverkehr sei der bürgerliche Name:[485] Werde etwa ein Name angegeben, den die Person zu führen befugt ist, so sei die Ausstellerangabe richtig, die Urkunde somit echt. Hingegen ist auch bei Verwendung des personenstandsrechtlich rechtmäßigen eigenen Namens nach der Auffassung der Rechtsprechung eine Beurteilung, ob die fragliche (Daten-)Urkunde echt ist, nur im jeweiligen Verwendungskontext möglich, mit der misslichen Folge, dass dieselbe Urkunde in dem einen Kontext echt und in einem anderen Kontext unecht sein kann.

§ 263a StGB:
Wer bei einer Onlinebestellung unbefugt fremde Kreditkartendaten verwendet, beeinflusst dadurch einen Datenverarbeitungsvorgang und beschädigt das Vermögen eines anderen, praktisch auch immer in der Absicht rechtswidriger Bereicherung, sodass § 263a Abs. 1 3. Var. StGB erfüllt ist:

Denn die Verwendung der Kreditkartendaten ist „unbefugt" sowohl im Sinne der weitesten Ansicht[486] wegen Verstoßes gegen den (mutmaßlichen) Willen des berechtigten Kreditkarteninhabers als auch täuschungsgleich – im Sinne der herrschenden betrugsnahen Auslegung.[487]

Auch das „Beeinflussen eines Datenverarbeitungsvorgangs" als Zwischenerfolg liegt vor: Der Bestellvorgang ist vermögensrelevant, weil zum einen etwa eine Warenlieferung ausgelöst, zum anderen – durch einen anschließenden Datenverarbeitungsvorgang zwischen dem Händler und dem Kartenaussteller – das Konto des Karteninhabers belastet wird. Der Täter veranlasst den Händler, dem Kartenaussteller eine vermeintliche Weisung des Karteninhabers zu überbringen – entsprechend

---

[482] BGH, 29.6.1994, 2 StR 160/94, BGHSt 40, 203, 206.
[483] *Hoyer*, in SK-StGB, § 267 Rz. 58; *Puppe*, JZ 1997, 490, 492; *dies.*, in NK-StGB, § 267 Rz. 70; *Sander/Fey*, JR 1995, 209; diff. *Mewes*, NStZ 1996, 14, 16.
[484] *Puppe*, JZ 1997, 490, 492; *dies.*, in NK-StGB, § 267 Rz. 8 ff.; *Samson*, in SK-StGB, § 267 Rz. 3.
[485] *Puppe*, in NK-StGB, § 267 Rz. 69 u. ff.; *dies.*, Jura 1986, 22, 26; *dies.*, JuS 1987, 275, 278; *dies.*, JZ 1997, 490, 492; *Samson*, JuS 1970, 369, 374; a.A. *Meurer*, NJW 1995, 1655, 1656.
[486] Vgl. oben Fußnote 467.
[487] Vgl. oben Fußnote 468.

einer Täuschung in mittelbarer Täterschaft –, die Forderung des Händlers an den Kunden zu tilgen, deren Ausführung den Aufwendungsersatzanspruch gegen den Karteninhaber entstehen lässt.

Einen Vermögensschaden erleidet dabei zunächst nicht der Internethändler, weil die gelieferte Ware ja bezahlt wird, sondern der Karteninhaber, weil der Betrag von seinem Bankkonto im Rahmen der üblicherweise monatlichen Kreditkartenabrechnung abgebucht wird. Für die strafrechtliche Betrachtung unerheblich sind bei der Schadensberechnung spätere Ersatzansprüche,[488] so hier der Umstand, dass der Karteninhaber mangels wirksam erteilter Weisung eine Rückbuchung verlangen kann und der Kartenaussteller seinerseits schon aufgrund der typischen AGB beim Händler Rückgriff nehmen kann, der den Schaden letztlich trägt.[489]

Der rechtswidrige Vermögensvorteil, den der Täter anstrebt, ist die Erlangung der Ware ohne Gegenleistung seinerseits, d. h. dass der Händler auf die Geltendmachung der Kaufpreisforderung ihm gegenüber verzichtet und statt dessen die Leistung des kartenausstellenden Kreditinstituts akzeptiert.[490] Problematisch erscheint allenfalls die „Stoffgleichheit" von Vorteil (gegenleistungsfreie Warenlieferung) und Schaden (Debit des Karteninhabers). Das Merkmal der Stoffgleichheit ist immer noch nicht ausreichend geklärt, soll aber dazu dienen, Fälle auszuschließen, bei denen der Vorteil durch ein drittes Vermögen vermittelt wird. Der erlangte Vorteil ist die Bezahlung der Warenlieferung durch das kartenausstellende Kreditinstitut, der zugleich den Nachteil für das Vermögen des Karteninhabers erzeugt. Beides beruht aber auf demselben Datenverarbeitungsvorgang, was als ausreichend angesehen wird.[491]

c) Nicht vermögensrelevanter Missbrauch von Identitätsdaten

Handelt ein Täter nicht, um sich zu bereichern, sondern um den Träger der Identitätsdaten anderweitig zu schädigen, kann dies je nach den Umständen des Einzelfalles strafbar sein:

Wer etwa unter dem Namen einer anderen Person eine Kontaktanzeige mit Nennung der Adresse oder Telefonnummer angibt, um Belästigungen durch Interessenten hervorzurufen, kann sich, sofern dies einer Ehrverletzung gleichkommt, wegen Beleidigung gemäß § 185 StGB strafbar machen.[492] § 185 StGB setzt die Kundgabe

---

[488] Siehe nur *Fischer*, § 263 Rz. 155 m. w. Nachw.

[489] Dazu allg. *Laue*, JuS 2002, 359, 363; *Martinek/Oechsler*, in Schimansky/Bunte/Lwowski, § 67 Rz. 39 ff., 41 ff.; *Pichler*, NJW 1998, 3234, 3235 ff. 3238 f.; *Weber*, Zahlungsverfahren im Internet, S. 122 ff., 137 ff., alle m. w. Nachw.

[490] Vgl. zum Parallelfall des ec-Kartenmissbrauchs *Altenhain*, JZ 1997, 752, 756 m. w. Nachw.; a. A. *Tiedemann*, in Leipziger Kommentar, § 263a Rz. 52, 76: Eigentumserwerb vom Händler – dem steht allerdings der Kaufpreisanspruch gegenüber.

[491] Vgl. allg. *Altenhain*, JZ 1997, 752, 756 m. w. Nachw. in Fn. 45; *Tiedemann*, in Leipziger Kommentar, § 263a Rz. 76; auch *Gogger*, S. 83.

[492] Beispiel: Um sich an seiner getrennt lebenden Ehefrau zu rächen, gab der Täter die folgende Annonce mit ihrer Telefonnummer auf: „Modell-Hostess Jutta für private schöne Stunden. Rufen

IV. Strafbarkeit de lege lata 251

der Missachtung voraus, d. h. die Minderung des verdienten Achtungsanspruchs des Betroffenen, was auch durch Tätlichkeiten oder Schaffung kompromittierender Situationen geschehen kann. Wer also eine fremde Identität zu einer ehrenrührigen Aktivität nutzt, um dem Ruf des Betroffenen zu schaden, kann sich einer Beleidigung schuldig machen.

Identitätsmissbrauch kann nicht nur als Mittel dienen, um an fremde Zugangscodes, sondern auch an nicht öffentliche oder geheime Informationen sonstiger Art zu gelangen. Strafbar kann dies beispielsweise sein, wenn die fraglichen Informationen als Privat-, Berufs- oder Amtsgeheimnisse nach § 203 StGB geschützt sind.

Verwendung einer fremden Identität zu Onlinebestellungen von Waren oder Dienstleistungen kann überdies auch dazu dienen, die betroffene Person durch Unannehmlichkeiten zu ärgern oder zu belästigen. Solche Fälle können nach § 238 Abs. 1 Nr. 3 StGB (Nachstellen, Stalking) strafbar sein, wenn die Bestellung für das Opfer unter missbräuchlicher Verwendung von dessen personenbezogenen Daten aufgegeben wird und dies nicht nur einmal, sondern „beharrlich" geschieht, der Täter dabei unbefugt (rechtswidrig[493]) handelt und das Opfer dadurch in seiner Lebensführung schwerwiegend beeinträchtigt wird, also nicht eine bloße Belästigung vorliegt. Diese Variante des Stalking kann sich also mit Identitätsmissbrauch überschneiden, setzt aber nicht voraus, dass der Täter unter falscher Identität auftritt oder seine Identität verschleiert.[494]

d) Sonstige Fallgruppen

Werden unbefugt erlangte Kontozugangsdaten, namentlich PIN, nicht im Wege des Internetbanking genutzt, sondern am Geldautomaten, sei es mithilfe rechtswidrig erlangter, etwa gestohlener[495] EC-Karten o. Ä., sei es mit gefälschten oder manipulierten Karten,[496] so liegt darin regelmäßig ein Computerbetrug durch unbefugte Datenverwendung gemäß § 263a StGB.

Die Ausführungen zum Missbrauch von Kontodaten (oben S. 244 ff.) gelten entsprechend für sonstige Bezahldienste im Internet wie PayPal usw.

Das bloße Vortäuschen einer anderen Identität, etwa durch das Eröffnen eines E-Mail-Kontos bei einem Freemailer mit fremdem Namen, erfüllt *für sich allein genommen* – siehe weiter unten – noch keinen Straftatbestand, wenn allgemein zugängliche Informationen wie aus einem Telefonbuch verwendet werden. Die

---

Sie doch mal an!", BGH, 3.11.1983, 1 StR 515/83, NStZ 1984, 216; vgl. auch LG Kiel, 27.4.2006, 4 O 251/05, NJW 2007, 1002 (ähnlicher Fall mit zusätzlicher Internetveröffentlichung privater Fotos).

[493] Vgl. *Fischer*, § 238 Rz. 26 m. w. Nachw.

[494] Vgl. *Fischer*, § 238 Rz. 15a.

[495] Vgl. BGH, 16.12.1987, 3 StR 209/87, BGHSt 35, 152; BGH, 21.11.2001, 2 StR 260/01, BGHSt 47, 160, 162; BGH, 31.3.2004, 1 StR 482/03, NStZ 2005, 213; BGH, 17.8.2004, 5 StR 197/04, NStZ-RR 2004, 333, 334; *Fischer*, § 263a Rz. 12a.

[496] Vgl. BGH, 22.11.1991, 2 StR 376/91, BGHSt 38, 120; BGH, 21.11.2001, 2 StR 260/01, BGHSt 47, 160; *Fischer*, § 263a Rz. 12a.

Verletzung des Namensrechts (§ 12 BGB) allein ist nicht strafbar. Strafbar können allerdings mit Täuschungsabsicht von einem solchen Konto versendete E-Mails sein, sei es als Betrug oder Computerbetrug, wenn es um widerrechtliche Bereicherung geht, sei es als Beleidigung, wenn es um die Schädigung des Rufes des Namensträgers geht.

Entsprechendes gilt für gefälschte Profile in sozialen Netzwerken wie Facebook, StudiVZ usw. Wird Identitäts-Hijacking schließlich zur Bedrohung oder Erpressung des Namensträgers genutzt, greifen die allgemeinen Strafnormen (§§ 240, 241; 253 ff. StGB).

Strafbar kann die mit dem Anlegen eines E-Mail-Kontos oder auch eines eBay-Kontos verbundene Speicherung von Daten allerdings nach § 269 StGB dann sein, wenn dies „zur Täuschung im Rechtsverkehr" geschieht, also der Vorbereitung späterer Betrügereien, Schutzrechts- oder Wettbewerbsverletzungen dient. Hat die Speicherung Erklärungscharakter, weil, wie bei eBay, ein Vertrag mit dem Plattformbetreiber zustande kommt, so sind die Daten auch beweiserheblich. Entsprechendes gilt für die Eröffnung eines E-Mail-Kontos bei einem Freemailer, sofern das Konto nicht lediglich für rechtlich unerhebliche Korrespondenz verwendet werden soll.[497] In der Rechtsprechung ist die Anwendung des § 269 StGB auf die Anmeldung von eBay-Konten unter falschem Namen allerdings noch umstritten.[498] Aber auch an der Beweiseignung der Daten fehlt es nicht etwa, weil sie ohne Verwendung einer elektronischen Signatur gespeichert werden,[499] denn wie bei § 267 StGB kommt es auf die Leichtigkeit oder Schwierigkeit der Fälschbarkeit nicht an.[500]

3. Probleme der Rechtsanwendung

a) Anwendbarkeit deutschen Strafrechts

Die obigen Ausführungen setzen voraus, dass deutsches Strafrecht auf die fraglichen Handlungen anwendbar ist. Dies könnte problematisch sein, wenn die Täter vom Ausland aus handeln. Deutsches Strafrecht gilt für alle im Inland begangenen Taten (§ 3 StGB), wofür genügt, dass entweder die Handlung oder der Erfolg im Inland stattfinden (§ 9 Abs. 1 StGB). Alle zuvor bejahten Straftaten weisen wenigstens einen Inlandserfolg auf, wie einen Datenzugriff, Vermögensschaden usw. Problematisch ist indes das Betreiben einer herkömmlichen Phishingwebsite, von der aber zumeist durch den Link in der Phishing-E-Mail Gebrauch gemacht wird

---

[497] Vgl. *Buggisch*, NJW 2004, 3519, 3520; *Lackner/Kühl*, § 269 Rz. 8; *Mankowski*, NJW 2002, 2822, 2825; *Zieschang*, in Leipziger Kommentar, § 269 Rz. 18.

[498] Strafbarkeit bejahend KG, 22.7.2009, (4) 1 Ss 181/09 (130/09), juris; verneinend OLG Hamm, 18.11.2008, 5 Ss 347/09, JuS 2009, 662 m. krit. Anm. *Jahn*.

[499] Zutr. KG, 22.7.2009, (4) 1 Ss 181/09 (130/09), gegen OLG Hamm, 18.11.2008, 5 Ss 347/09, JuS 2009, 662, 663.

[500] Vgl. oben bei Fußnote 409.

im Sinne des § 269 StGB, sodass letztlich doch ein inländischer Anknüpfungspunkt besteht.[501]

b) Perspektiven der Strafverfolgung

Probleme bei der Bestrafung von Tätern des Identitätsmissbrauchs ergeben sich nicht aufgrund fehlender Strafnormen, sondern bei der Anwendung der ausreichend vorhandenen Strafgesetze. Der Grund liegt in der generellen Schwierigkeit der Verfolgung von Internetkriminalität.

Auch wenn, wie dargestellt, alle Phasen des typischen IT-basierten Identitätsdiebstahls und -missbrauchs strafbar sind, so erscheint Strafverfolgung gleichwohl noch wenig aussichtsreich, zum einen wegen der Schwierigkeiten, E-Mails zurückzuverfolgen, zum anderen lassen sich etwa Phishingwebsites zwar lokalisieren, sind aber auf Servern auf der ganzen Welt verstreut. Wo die Täter in persona sitzen, kann noch ganz woanders sein. Die Zuordnung des kriminellen Verhaltens zu konkreten Personen kann aufwendige technische Ermittlungsmaßnahmen erfordern, die aber grundsätzlich – auch bei Onlineermittlungen – nur auf dem eigenen Staatsgebiet durchgeführt werden können.

Im Ausland agierende Täter der (deutschen) Strafjustiz zuzuführen, ist, wie Strafverfolgung über Staatsgrenzen hinweg generell, oft außerordentlich schwierig, wenn Tatverdächtige oder Beweismittel usw. sich im Ausland befinden. Grenzüberschreitende Strafverfolgung ist nur erfolgreich bei effektiver Kooperation der betroffenen Staaten, die sich auf der Grundlage der Vorschriften über die internationale Rechtshilfe in Strafsachen vollzieht. Die traditionelle Rechtshilfe kann sich jedoch als zu langsam, zu kompliziert und zu bürokratisch erweisen und ist oftmals abhängig von weiteren Voraussetzungen, wie der beiderseitigen Strafbarkeit des verfolgten Verhaltens sowie allgemein von der Kooperationswilligkeit des fremden Staates. Zwar haben Abkommen des Europarates und Normen der Europäischen Gemeinschaft[502] hier für zum Teil erhebliche Vereinfachung und Beschleunigung gesorgt, doch handelt es sich vorliegend um Formen internationaler organisierter Kriminalität, die nicht auf den europäischen Raum beschränkt, somit mit allen altbekannten Schwierigkeiten der Rechtshilfe belastet ist.

V. Risikotragung bei Identitätsmissbrauch

Insbesondere in Fällen des Identitätsmissbrauchs handelt es sich nicht selten um Eingriffe, die Vermögensschäden verursachen. So wird beispielsweise beim Phishing im Onlinebanking unter Missbrauch der Identität eines Bankkunden eine unbefugte Überweisung veranlasst, die zum Verlust von Buchgeld und damit zu einem Vermögensschaden führt.

---

[501] Näher *Hansen*, S. 180 ff.; *Stuckenberg*, ZStW 118 (2006), 878, 890 ff.
[502] Siehe *Hecker*, S. 447 ff.; *Schomburg/Lagodny/Gleß/Hackner*, S. 427 ff., 899 ff.

Die Risikotragung in Bezug auf Identitätsmissbrauch betrifft, allgemein formuliert, die Frage, zu wessen Lasten sich ein Identitätsmissbrauch und der daraus resultierende Schaden auswirkt. Im Beispiel des Phishing stellt sich die Frage, ob der Verlust aus der gefälschten Überweisung die Bank oder ihren Kunden trifft.

Eine allgemeine gesetzliche Regelung zur Risikotragung in Fällen des Identitätsmissbrauchs existiert nicht. Vielmehr ergibt sich die Risikotragung aus dem jeweiligen Rechtsverhältnis, innerhalb dessen der Identitätsmissbrauch erfolgt, im Fall der unbefugten Überweisung also aus den Regeln des Überweisungsrechts.

Daher wird nachfolgend die Risikotragung im Fall des Identitätsmissbrauchs anhand wichtiger Fallgruppen untersucht, erörtert und analysiert.

1. Risikoverteilung im Onlinebanking

a) Ausgangslage

Der Identitätsmissbrauch im Onlinebanking betrifft vor allem folgende Situation: Der Täter veranlasst unter der Identität des Kontoinhabers eine Überweisung. Empfänger der Überweisung ist ein Geldkurier, i. d. R. ein unwissendes Werkzeug, der das Geld an den Täter weiterleitet. Hier stellt sich im Verhältnis zwischen dem Kontoinhaber und der kontoführenden Bank die Frage, ob der Kunde oder die Bank das wirtschaftliche Risiko des Eingriffs zu tragen hat.

Es sind zahlreiche weitere Szenarien denkbar. Einige Szenarien wurden schon in der Praxis beobachtet, etwa Kursmanipulationen. Die rechtliche Diskussion bezieht sich aber vor allem auf den typischen Fall der falschen Überweisung. Daher konzentriert sich die folgende Erörterung auf die Risikoverteilung in dieser Situation.

Die Risikoverteilung stellt sich zunächst im Verhältnis der Bank zu ihrem Kunden dar. Da bei einem solchen Phishingangriff aber noch weitere Personen involviert sind, die jedenfalls mittelbar das wirtschaftliche Risiko tragen können, insbesondere der Geldkurier, wird auch die Verantwortlichkeit des Geldkuriers analysiert.

Im Bereich des Onlinebanking hat sich durch die Finanzdienstleistungsrichtlinie und die kürzlich zum 31. Oktober 2009 erfolgte Umsetzung in das deutsche Recht eine wesentliche Änderung der Rechtslage in Bezug auf die Risikotragung ergeben. Die konkrete Bedeutung dieser Änderungen ist noch unklar, es gibt nur wenige Stellungnahmen in Literatur und Rechtsprechung zu diesem spezifischen Aspekt. Daher wird in diesem Abschnitt zunächst die bis zum 30. Oktober 2009 geltende Rechtslage erörtert und sodann werden die Änderungen untersucht.

b) Bisherige Rechtslage

Eine ausdrückliche gesetzliche Regelung zur Risikoverteilung bei gefälschten Überweisungen gab es traditionell nicht. Die Risikoverteilung war vielmehr aus dem rechtlichen Kontext der Giroüberweisung abzuleiten.

aa) Der Aufwendungsersatzanspruch der Bank

Bei der Giroüberweisung erfolgt eine Leistung des Überweisenden an den Empfänger, die mit Gutschrift des Überweisungsbetrags auf dem Konto des Empfängers erbracht wird.[503] Die Leistung der Überweiserbank gegenüber ihrem Kunden besteht in der Weiterleitung von Buchgeld an den Überweisungsempfänger.[504] Soweit der Empfänger sein Konto bei derselben Bank hat (sog. Hausüberweisung), wird die Leistung durch Gutschrift des Überweisungsbetrags auf dem Konto des Empfängers erbracht.[505] Wenn der Empfänger sein Konto bei einer anderen Bank hat – sog. mehrgliedriger Überweisungsverkehr – wird die Leistung ebenfalls mit der Gutschrift beim Empfänger erbracht.[506] Dabei wird die Empfängerbank als Leistungsmittler tätig.[507]

Die Überweiserbank belastet das Konto des Kunden mit dem Überweisungsbetrag und ggf. dem Überweisungsentgelt. Die rechtliche Grundlage für diese Belastung sind die §§ 670, 675 BGB, wonach der Geschäftsbesorger – hier: die Bank – vom Auftraggeber – hier: der überweisende Bankkunde – Ersatz seiner Aufwendungen verlangen kann.[508] Dieser Aufwendungsersatzanspruch wird mit der Belastung – deklaratorisch – geltend gemacht.[509] Wenn der Kunde der Belastung nicht widerspricht, erfolgt bei Rechnungsabschluss eine Saldierung der Forderungen des Bankkunden (Guthaben) mit u. a. dieser Belastung. Durch diesen Akt wird der Bankkunde rechtlich mit dem Betrag belastet.[510]

---

[503] BGH, 15.5.1952, IV ZR 157/51, BGHZ 6, 121, 122; BGH 2.2.1972, VIII ZR 152/70, BGHZ 58, 108, 109; BGH, 25.1.1988, II ZR 320/87, BGHZ 103, 143, 146; BGH, 31.5.1994, VI ZR 12/94, NJW 1994, 2357; BGH, 23.1.1996, XI ZR 75/95, NJW 1996, 1207; BGH, 28.10.1998, VIII ZR 157/97, NJW 1999, 210; *Borges*, ZIP 2006, 1983, 1984; *Sprau*, in Palandt 2009, § 676a Rz. 4; *Wenzel*, in MünchKommBGB, § 362 Rz. 22.

[504] *Casper*, in MünchKomm BGB, § 676f Rz. 24; *Kümpel*, Rz. 4.146; *Oechsler*, in Derleder/Knops/Bamberger, § 43 Rz. 7; *Schimansky*, in Schimansky/Bunte/Lwowski, § 49 Rz. 61; *Schmalenbach*, in Bamberger/Roth, § 676a Rz. 17; *Sprau*, in Palandt 2009, § 676a Rz. 15.

[505] Vgl. BGH, 19.3.1991, XI ZR 102/90; NJW 1991, 2210; *Casper*, in MünchKommBGB, § 676f Rz. 24; *Häuser*, in MünchKommHGB, Anhang I Rz. B 99; *Schimansky*, in Schimansky/Bunte/Lwowski, § 49 Rz. 55 m. w. Nachw.; *Schmalenbach*, in Bamberger/Roth, § 676a Rz. 24; *Sprau*, in Palandt 2009, § 676a Rz. 4.

[506] *Casper*, in MünchKomm BGB, § 676f Rz. 24; *Häuser*, in MünchKommHGB, Anhang I Rz. B 102; *Oechsler*, in Derleder/Knops/Bamberger, § 43 Rz. 7; *Schmalenbach*, in Bamberger/Roth, § 676a Rz. 24; *Sprau*, in Palandt 2009, § 676a Rz. 4.

[507] *Kümpel*, Rz. 4.357; *Schimansky*, in Schimansky/Bunte/Lwowski, § 50 Rz. 1.

[508] *Casper*, in MünchKomm BGB, § 676f Rz. 22; *Schimansky*, in Schimansky/Bunte/Lwowski, § 47 Rz. 25; *Sprau*, in Palandt 2009, § 670 Rz. 1; *Borges*, in Derleder/Knops/Bamberger, § 9 Rz. 141.

[509] *Casper*, in MünchKomm BGB, § 676a Rz. 39; *Oechsler*, in Derleder/Knops/Bamberger, § 43 Rz. 10; *Schimansky*, in Schimansky/Bunte/Lwowski, § 49 Rz. 119; *Sprau*, in Palandt 2009, § 675 Rz. 9.

[510] EuGH, 3.4.2008, C-306/06, NJW 2008, 1934, 1935; *Oechsler*, in Derleder/Knops/Bamberger, § 43 Rz. 15; *Schimansky*, in Schimansky/Bunte/Lwowski, § 47 Rz. 52a, § 49 Rz. 205; *Sprau*, in Palandt 2009, § 676a Rz. 11.

Der Anspruch der Überweiserbank auf Aufwendungsersatz setzt rechtlich einen wirksamen Überweisungsauftrag voraus.[511] Im Fall eines gefälschten Überweisungsauftrags infolge eines Phishingangriffs fehlt es an einem solchen, sodass der Überweiserbank kein Aufwendungsersatzanspruch gegen ihren Kunden zusteht.[512]

bb) Rechtsscheinhaftung des Kunden

Etwas anderes kann sich ergeben, wenn der Überweisungsauftrag im Wege einer Rechtsscheinhaftung dem Kunden zugerechnet wird. Eine solche Rechtsscheinhaftung kommt in Betracht, wenn der Kunde die Authentisierungsmedien (PIN, TAN) an einen Dritten weitergibt.[513] Da es bei den typischen Fällen des Phishing und ähnlichen Angriffen im Onlinebanking aber an einer bewussten Weitergabe von PIN und TAN an einen Dritten fehlt, wird eine Rechtsscheinshaftung des Kunden einhellig abgelehnt.[514]

Dies bedeutet, dass nach der bisherigen Rechtslage die Bank im Verhältnis zu ihrem Kunden das Risiko eines Verlustes aufgrund eines durch einen Phishingangriff gefälschten Überweisungsauftrags trägt.

Dies schließt freilich nicht aus, dass der Kunde den bei der Bank entstehenden Schaden zu tragen hat, wenn er eine Sorgfaltspflichtverletzung begangen hat und es deshalb zu dem Schaden kam (dazu unten S. 277 f., 290 ff.).

cc) Die Verantwortlichkeit des Geldkuriers

Die Bank, die im Verhältnis zu ihrem Kunden das Risiko trägt, kann sich aber unter Umständen an den Geldkurier halten.

---

[511] *Casper*, in MünchKomm BGB, § 676a Rz. 13; *Oechsler*, in Derleder/Knops/Bamberger, § 43 Rz. 4; *Schimansky*, in Schimansky/Bunte/Lwowski, § 49 Rz. 119; *Sprau*, in Palandt 2009, § 676a Rz. 15.
[512] BGH, 18.10.1967, Ib ZR 169/65, WM 1967, 1142; BGH, 22.11.1984, I ZR 101/82, WM 1985, 551 – Familienname; BGH, 30.6.1992, XI ZR 145/91, WM 1992, 1392 f.; AG Wiesloch, 20.6.2008, 4 C 57/08, MMR 2008, 626, 627; LG Duisburg, 15.6.2005, 3 O 310/03, WM 2005, 2175, 2176; *Borges*, NJW 2005, 3313 f.; *Casper*, in MünchKomm BGB § 676a Rz. 17 ff; *Oechsler*, in Derleder/Knops/Bamberger § 43 Rz. 4; *Sprau*, in Palandt 2009, § 676 a Rz 11.
[513] BGH, 3.3.1966, II ZR 18/64, BGHZ 45, 193; BGH, 31.5.1976, VII ZR 218/74, BGHZ 66, 362; BGH, 31.5.1976, VII ZR 260/75, BGHZ 66, 372; BGH, 23.4.1991, XI ZR 128/90, BGHZ 114, 238; BGH, 17.10.2000, XI ZR 42/00, BGHZ 145, 337; BGH, 5.10.2004, XI ZR 210/03, BGHZ 160, 308; *Bender*, WM 2008, 2049; *Borges*, in Derleder/Knops/Bamberger § 9 Rz. 142; *Bunte*, AGB-Banken, 6. B. Rz. 33 ff.; *Casper*, in MünchKomm BGB § 676a Rz. 17; *Häuser/Härtlein*, in MünchKomm HGB, Anhang I Rz. E 33 ff
[514] LG Köln, 5.12.2007, 9 S 195/07, MMR 2008, 259, 261; LG Mannheim, 16.5.2008, 1 S 189/07, MMR 2008, 765; AG Wiesloch, 20.6.2008, 4 C 57/08, MMR 2008, 626, 628; *Bender*, WM 2008, 2049, 2050; *Blissenbach*, in jurisPR-BKR 4/2008 Anm. 6; *Borges*, in Derleder/Knops/Bamberger, § 9 Rz. 141; *ders.*, NJW 2005, 3313, 3314; *ders.*, MMR 2008, 262, 264; *Casper*, in MünchKommBGB, § 676a Rz. 17; *Dienstbach/Mühlenbrock*, MMR 2008, 630; *dies.*, K&R 2008, 151, 154; *Erfurth*, WM 2006, 2198, 2200; *Kind/Werner*, CR 2006, 353, 359; *Mühlenbrock/Sesing*, MMR 2008, 765, 766; *Spindler*, Online-Banking – Haftungsprobleme, Rz. 29; *ders.*, BSI-Studie, S. 209 f.

V. Risikotragung bei Identitätsmissbrauch

Bei Phishingangriffen werden für die Weiterleitung des Geldes regelmäßig Werkzeuge eingesetzt, die das Geld – über mehrere Stufen – an den Täter weiterleiten. Meist erfolgt eine Überweisung auf das Konto eines – nicht eingeweihten – Geldkuriers, der das Geld von seinem Konto in bar abhebt und es im Wege einer Barüberweisung, etwa mit MoneyGram oder Western Union, an einen weiteren Mittelsmann – regelmäßig im Ausland – weiterleitet. Es gibt allerdings zahlreiche Varianten dieses Weiterleitungsvorgangs.

Der Geldkurier ist als Empfänger der falschen Überweisung leicht zu ermitteln und kann daher straf- und zivilrechtlich belangt werden.

Aus rechtlicher Sicht stellt sich die Frage, ob die Überweiserbank oder der Geldkurier als Empfänger der Überweisung das Risiko der gefälschten Überweisung trägt. Hier sind wiederum unterschiedliche rechtliche Aspekte zu unterscheiden: Zum einen die Risikotragung, zum anderen die Haftung auf Schadensersatz wegen Verletzung gesetzlicher oder vertraglicher Pflichten.

In der Praxis steht bei der Verantwortlichkeit des Geldkuriers die Haftung auf Schadensersatz im Vordergrund. In vielen Fällen macht sich der Geldkurier wegen leichtfertiger Geldwäsche nach § 261 StGB strafbar.[515] Die deutschen Gerichte haben insbesondere in der Fallgruppe des sog. „Finanzagenten"[516] die Strafbarkeit bejaht.[517] Teilweise wurde auch eine Strafbarkeit wegen Verstoßes gegen § 54 Abs. 1 Nr. 2, § 32 Abs. 1 S. 1, § 1 Abs. 1a Nr. 6 KWG[518] oder wegen Teilnahme an Computerbetrug angenommen.[519]

Da die Geldwäsche als Schutzgesetz i. S. des § 823 Abs. 2 BGB zugunsten der Bank angesehen wird, haftet der Finanzagent der Überweiserbank auf Ersatz des Überweisungsbetrags.[520]

---

[515] OLG Karlsruhe, 21.11.2008, 3 Ss 100/08, NStZ 2009, 269; LG Darmstadt, 13.6.2006, 212 Ls 7 Ns, wistra 2006, 468; *Biallaß*, ZUM 2006, 879; *Goeckenjan*, wistra 2008, 128, 134; *Kögel*, wistra 2007, 206, 208 f. *Neuheuser*, in MünchKommStGB, § 261, Rz. 23; *ders.*, NStZ 2008, 492, 495; *Reich*, in Wabnitz/Janovsky, Kapitel 5 II 9. Rz. 83; 57.5; *Stree*, in Schönke/Schröder StGB, § 261 Rz. 19; *Stuckenberg*, ZStW 118, 878 f.

[516] Hier wurden Geldkuriere im Namen fiktiver ausländischer Unternehmen als „Finanzagenten" eingestellt, deren Tätigkeit es u. a. sein sollte, Zahlungen innerhalb des fiktiven Unternehmens zu vermitteln und hierbei gegen hohe Provision das eigene Girokonto für den Empfang von Zahlungen zur Verfügung zu stellen; siehe dazu *Borges*, in Derleder/Knops/Bamberger, § 9 Rz. 132 ff.; *Gercke*, ZUM 2008, 545, 554; *ders.* ZUM 2007, 682, 688; *Neuheuser*, NStZ 2008, 492, 494; *Werner*, in Hoeren/Sieber, 13.5 Rz. 86.

[517] KG, 28.8.2007, (4) 1 Ss 42/07(110/07) - 4 Ws 79/07 (zitiert nach *Neuheuser*, NStZ 2008, 492, Fn. 7); LG Berlin, 18.10.2006, (572) 90 Js 1190/05 (110/06) (zitiert nach *Neuheuser*, NStZ 2008, 492, Fn. 7); LG Darmstadt, 13.6.2006, 7 Ns 360 Js 33848/05, ZUM 2006, 876, 878; AG Tiergarten, 5.5.2006, 233 Ds 735/05 (zitiert nach *Neuheuser*, NStZ 2008, 492, Fn. 7); *Biallaß*, ZUM 2006, 879, 880; *Neuheuser*, NStZ 2008, 492, 497.

[518] AG Neunkirchen, 13.3.2007, 11 Ds 33 Js 1148/06 (27/07); AG Tiergarten, 5.5.2006 - 233 Ds 735/05 (zitiert nach *Neuheuser*, NStZ 2008, 492, Fn. 7); *Gruhl*, JurPC Web-Dok. 20/2007, Abs. 1 ff.

[519] AG Hamm, 5.9.2005, 10 Ds 101 Js 244/05 - 1324/05, CR 2006, 70, 71; *Neuheuser*, NStZ 2008, 492, 493 f.

[520] OLG Frankfurt a. M., 12.2.2004, 3 U 123/00, OLGR Frankfurt 2004, 209 ff.; LG Ellwangen, 30.3.2007, 1 S 184/06, ITRB 2007, 206; LG Köln, 5.12.2007, 9 S 195/07, MMR 2008, 259;

Unabhängig davon stellt sich die Frage, ob die Überweiserbank oder die Empfängerbank vom Geldkurier die Rückzahlung des überwiesenen Betrags nach den Regeln der ungerechtfertigten Bereicherung, §§ 812 ff. BGB, verlangen kann. Im Fall eines gefälschten Überweisungsauftrags kommt ein Bereicherungsanspruch der Überweiserbank gegen den Geldkurier in Betracht.[521] Ob der Geldkurier als Empfänger von der Echtheit der Überweisung ausging, ist unerheblich.[522] Da die Überweisung dem Bankkunden nicht zuzurechnen ist, sondern die Bank das Risiko einer von Dritten veranlassten Überweisung trägt, handelt sich um eine sog. Durchgriffskondiktion (Direktkondiktion) der Überweiserbank, die ihre Grundlage in § 812 Abs. 1 S. 1 2. Alt BGB hat.[523] Hierbei trägt die Überweiserbank das Beweisrisiko, da sie darlegen muss, dass ein Phishingfall vorliegt und dem Phishingopfer (Kunden) die Überweisung gerade nicht zuzurechnen ist.[524] In Rechtsprechung und Literatur ist umstritten, ob die Empfängerbank ebenfalls einen Bereicherungsanspruch gegen den Geldkurier hat und ob sie diesen durch Stornierung der Gutschrift nach Nr. 8 AGB-Banken durchsetzen kann.[525] Im Fall der sogenannten Hausüberweisung, bei der Bankkunde und Empfänger ihr Konto bei derselben Bank haben, wird die Stornomöglichkeit bejaht.[526]

Wenn die Überweiserbank den Bereicherungsanspruch aus § 812 Abs. 1 S. 1 2. Alt. BGB gegen den Geldkurier geltend macht, steht diesem, soweit er das Geld weitergeleitet hat, grundsätzlich die Einrede der Entreicherung nach § 818 Abs. 3 BGB zu.[527] Danach entfällt der Bereicherungsanspruch der Bank. Allerdings ist die Einrede der Entreicherung im Falle einer Stornierung der Gutschrift nach Nr. 8 AGB-Banken ausgeschlossen.[528] Generell ist die Einrede der Entreicherung gemäß § 819 Abs. 1 BGB ausgeschlossen, wenn der Geldkurier bösgläubig war, insbesondere wenn er wusste, dass der Überweisungsbetrag nicht aus einer echten Überweisung stammte.[529] In der

---

Bender, WM 2008, 2049, 2051; *Biallaß*, MMR 2007, 463; 465; *Dienstbach/Mühlenbrock*, K&R 2008, 151, 152.

[521] Speziell zu Phishing: OLG Karlsruhe, 22.1.2008, 17 U 185/07, WM 2008, 632, 633; *Bender*, WM 2008, 2049, 2050; *Borges*, ZIP 2006, 1983, 1984; *ders.*, in Derleder/Knops/Bamberger, § 9 Rz. 152; *Werner*, WuB I D 1 Überweisungsverkehr 1.07; allgemein zu gefälschten Überweisungen: BGH, 31.5.1976, VII ZR 260/75, BGHZ 66, 372, 374 f.; BGH, 16.6.1983, VII ZR 370/82, BGHZ 87, 393, 398; BGH, 20.6.1990, XII ZR 93/89, ZIP 1990, 1126.

[522] BGH, 20.3.2001, XI ZR 157/00, BGHZ 147, 145, 151; BGH, 3.2.2004, XI ZR 125/03, BGHZ 158, 1, 3; BGH, 21.6.2005, XI ZR 152/04, ZIP 2005, 1448; BGH, 11.4.2006, XI ZR 220/05, ZIP 2006, 1041; *Borges*, in Derleder/Knops/Bamberger, § 9 Rz. 152.

[523] BGH, 31.5.1994, VI ZR 12/94, ZIP 1994, 1098; BGH, 11.4.2006, XI ZR 220/05, ZIP 2006, 1041; OLG Karlsruhe, 22.1.2008, 17 U 185/07, WM 2008, 632, 633; *Borges*, in Derleder/Knops/Bamberger, § 9 Rz. 152.

[524] OLG Karlsruhe, 22.1.2008, 17 U 185/07, WM 2008, 632; LG Bonn, 29.12.2006, 3 O 236/06, MMR 2007, 462 f.

[525] Siehe dazu *Borges*, ZIP 2006, 1983 f. Die überweisende Bank hat jedenfalls keine Möglichkeit der Stornierung nach Nr. 8 AGB-Banken; *Borges*, in Derleder/Knops/Bamberger, § 9 Rz. 154.

[526] OLG Hamburg, 2.8.2006, 1 U 75/06, ZIP 2006, 1981, m. Anm. *Borges*, ZIP 2006, 1983; *Schulte am Hülse/Klabunde*, MMR 2010, 84, 88 f.

[527] *Borges*, in Derleder/Knops/Bamberger, § 9 Rz. 155.

[528] Nr. 8 AGB Banken.

[529] AG München, 21.12.2006, 154 C 31434/06, CR 2007, 333, 334.

obergerichtlichen Rechtsprechung ist umstritten, unter welchen Voraussetzungen Bösgläubigkeit angenommen werden kann, wenn dem Geldkurier nicht positiv bekannt ist, dass er an einer rechtswidrigen Handlung teilnimmt. Teilweise wird angenommen, dass die ungewöhnlichen Begleitumstände (Anwerbung über E-Mail/Internet, Barabhebungen größerer Geldbeträge und deren Weiterleitung ins Ausland) dazu führen, dass sich dem Geldkurier die Rechtswidrigkeit seines Handelns aufdrängen muss und er sich nicht auf seine fehlende Kenntnis des wahren Hintergrundes berufen kann.[530] In einem ähnlich gelagerten Fall wurde eine verschärfte Haftung des Geldkuriers nach § 819 Abs. 1 BGB hingegen mit der Argumentation verneint, das allgemeine Bewusstsein, möglicherweise an einem rechtswidrigen Vorgang mitzuwirken, reiche zur Annahme von Bösgläubigkeit nicht aus.[531] Weiterhin ist strittig, ob dem Geldkurier analog § 166 BGB die Kenntnis des Phishingtäters zugerechnet werden kann. Das LG Bad Kreuznach hatte dies mit der Argumentation, dass der Geldkurier den unbekannten Tätern die tatsächliche Möglichkeit eingeräumt habe, Zahlungen auf sein Konto zu veranlassen, bejaht.[532] Das Kammergericht hält dem jedoch entgegen, dass Überweisungen auf ein Konto auch ohne Einwilligung des Kontoinhabers möglich seien und dass die Täter nicht damit betraut wurden, Angelegenheiten bezüglich des Kontos wahrzunehmen. Das KG lehnt daher die analoge Anwendung des § 166 BGB ab.[533]

Nach einer Entscheidung des LG Köln kann der Geldkurier daneben auch vom Bankkunden gemäß § 823 Abs. 2 i. V. m. § 261 Abs. 2, 5 StGB auf Zahlung des Überweisungsbetrags in Anspruch genommen werden.[534]

In der Praxis trägt daher nicht selten der Geldkurier den aus einem Phishingangriff entstandenen Schaden.

c) Änderung durch die Zahlungsdiensterichtlinie

aa) Die Zahlungsdiensterichtlinie

Die Zahlungsdiensterichtlinie[535] ist das zentrale rechtliche Instrument zur Verwirklichung des europäischen Zahlungsraums, der Single Euro Payments Area (SEPA). Vorangegangen waren mehrere Rechtsakte der Europäischen Union zu grenzüberschreitenden Zahlungsvorgängen.[536]

---

[530] OLG Zweibrücken, 28.1.2010, 4 U 133/08, MMR 2010, 346.
[531] KG, 15.10.2009, 8 U 26/09, MMR 2010, 128, 129.
[532] LG Bad Kreuznach, 30.1.2008, 2 O 331/07, K&R 2008, 255, 256.
[533] KG, 15.10.2009, 8 U 26/09, MMR 2010, 128, 129.
[534] LG Köln, 5.12.2007, 9 S 195/07, MMR 2008, 259, m. Anm. *Borges*, MMR 2008, 262; siehe zu dem Urteil auch unten S. 274 f.
[535] Richtlinie 2007/64/EG des Europäischen Parlaments und des Rates vom 13.11.2007 über Zahlungsdienste im Binnenmarkt, zur Änderung der Richtlinien 97/7/EG, 2002/65/EG, 2005/60/EG und 2006/48/EG sowie zur Aufhebung der Richtlinie 97/5/EG, ABl. EU 2007, Nr. L 319 S. 1 (i. F. ZD-RL).
[536] Überweisungsrichtlinie (Richtlinie 97/5/EG des Europäischen Parlaments und des Rates vom 27.1.1997 über grenzüberschreitende Überweisungen, ABl. Nr. L 43 S. 25); Verordnung (EG)

Die Richtlinie stellt das Recht des Zahlungsverkehrs in der Europäischen Union auf eine völlig neue rechtliche Grundlage. Die Richtlinie verfolgt den Ansatz der Vollharmonisierung,[537] regelt die erfassten Bereiche des Zahlungsverkehrs und lässt den Mitgliedstaaten keinen inhaltlichen Umsetzungsspielraum.

Die Zahlungsdiensterichtlinie (ZD-RL) regelt gemäß ihrem Art. 2 sogenannte Zahlungsdienste. Der Begriff ist in Art. 4 Nr. 3 ZD-RL i. V. m. dem Anhang definiert. Erfasst werden insbesondere Überweisungen, Lastschriften, Debit- und Kreditkartenzahlungen, Bareinzahlungen und -abhebungen sowie das Onlinebanking.[538]

Die Zahlungsdiensterichtlinie bringt für die genannten Zahlungsdienste, nicht zuletzt für den Überweisungsverkehr, erhebliche Änderungen. Sie enthält unter anderem auch Regeln zu Risikotragung und Haftung bei Missbrauch von Authentisierungsmedien,[539] ebenso eine Regelung zur Beweiswirkung von Authentisierungsmedien.

Die Regeln zu Risikotragung und Haftung bei Identitätsmissbrauch sind im Kap. 4 (Artt. 54 ff.) der Richtlinie enthalten. Die Grundregel der Verantwortlichkeit, die sich aus Art. 54 ZD-RL i. V. m Art. 60 ZD-RL ergibt, lautet, dass der Zahler (i. d. R. der Bankkunde) nicht für Zahlungen verantwortlich ist, denen er nicht zugestimmt hat.[540] Insoweit trägt das Risiko aus einer Zahlung ohne Zustimmung des Zahlers der Zahlungsdienstleister (Bank). Allerdings haftet der Kunde, wenn er zu dem Schaden aus einem Zahlungsvorgang durch sein Verhalten vorsätzlich oder grob fahrlässig beigetragen hat, in vollem Umfang auf Schadensersatz. Darüber hinaus hat der Kunde gemäß Art. 61 Abs. 1 ZD-RL im Fall des Abhandenkommens von Zahlungsinstrumenten den Schaden auch ohne Verschulden bis zu einem Betrag von 150 € zu tragen. Der Haftungshöchstbetrag greift zugunsten des Kunden auch bei leichter Fahrlässigkeit ein. Von dieser Regelung können die Mitgliedstaaten allerdings nach Art. 61 Abs. 3 ZD-RL zugunsten des Kunden abweichen.

bb) Die Umsetzung der Zahlungsdiensterichtlinie

Die Zahlungsdiensterichtlinie ist gemäß ihrem Art. 94 bis zum 31. Oktober 2009 von den Mitgliedstaaten in nationales Recht umzusetzen. Da die Richtlinie ganz unterschiedliche Rechtsmaterien betrifft, wurde sie in Deutschland in mehreren Gesetzgebungsakten umgesetzt. Die aufsichtsrechtlichen Regeln wurden durch das Zahlungsdiensteumsetzungsgesetz[541] umgesetzt, mit dem das Zahlungsdiensteaufsichtsgesetz (ZAG) als neues Aufsichtsgesetz für Zahlungsdienste eingeführt wurde.[542]

Nr. 2560/2001 des Europäischen Parlaments und des Rates vom 19.12.2001 über grenzüberschreitende Zahlungen in Euro, ABl. Nr. L 344 S. 13.
[537] Vgl. Art. 86 ZD-RL.
[538] *Schäfer/Lang*, BKR 2009, 11, 12.
[539] Siehe dazu etwa *Franck/Massari*, WM 2009, 1117, 1125 ff.
[540] *Franck/Massari*, WM 2009, 1117, 1125.
[541] Gesetz zur Umsetzung der aufsichtsrechtlichen Vorschriften der Zahlungsdiensterichtlinie.
[542] *Schäfer/Lang*, BKR 2009, 11,12.

Die hier interessierenden zivilrechtlichen Fragen wurden durch das Gesetz zur Umsetzung der Verbraucherkreditrichtlinie, des zivilrechtlichen Teils der Zahlungsdiensterichtlinie sowie zur Neuordnung der Vorschriften über das Widerrufs- und Rückgaberecht vom 29.7.2009[543] umgesetzt, das am 31.10.2009 in Kraft trat. Dabei wurden die Vorgaben der Zahlungsdiensterichtlinie in das BGB eingearbeitet.

d) Die neue Rechtslage bei gefälschten Zahlungsvorgängen

Die Regeln zur Umsetzung des zivilrechtlichen Teils der Zahlungsdiensterichtlinie wurden in Form eines umfangreichen neuen Abschnitts in das BGB eingefügt. Der Titel 12 des 2. Buches des BGB (Schuldrecht) wurde umbenannt in „Auftrag, Geschäftsbesorgung und Zahlungsdienste", der neue Untertitel 2 („Zahlungsdienste") enthält in den §§ 675c–675z und 676a–676c BGB die neuen zivilrechtlichen Regeln zu den Zahlungsdiensten.

Die Risikotragung und Haftung bei gefälschten Zahlungsvorgängen ist vor allem in den § 675u und § 675v BGB geregelt. Wichtig ist weiterhin § 675 l BGB, der die Pflichten des Zahlers (Kunden) zur Sicherung der Authentisierungsmedien (dazu unten S. 281 ff.), sowie § 676c BGB, der einen Haftungsausschluss für unvorhersehbare Ereignisse (insb. höhere Gewalt) enthält.

Die neuen §§ 675 u, v BGB lauten:

§ 675u BGB Haftung des Zahlungsdienstleisters für nicht autorisierte Zahlungsvorgänge
Im Fall eines nicht autorisierten Zahlungsvorgangs hat der Zahlungsdienstleister des Zahlers gegen diesen keinen Anspruch auf Erstattung seiner Aufwendungen. Er ist verpflichtet, dem Zahler den Zahlungsbetrag unverzüglich zu erstatten und, sofern der Betrag einem Zahlungskonto belastet worden ist, dieses Zahlungskonto wieder auf den Stand zu bringen, auf dem es sich ohne die Belastung durch den nicht autorisierten Zahlungsvorgang befunden hätte.

§ 675v BGB Haftung des Zahlers bei missbräuchlicher Nutzung eines Zahlungsauthentifizierungsinstruments
(1) Beruhen nicht autorisierte Zahlungsvorgänge auf der Nutzung eines verloren gegangenen, gestohlenen oder sonst abhanden gekommenen Zahlungsauthentifizierungsinstruments, so kann der Zahlungsdienstleister des Zahlers von diesem den Ersatz des hierdurch entstandenen Schadens bis zu einem Betrag von 150 € verlangen. Dies gilt auch, wenn der Schaden infolge einer sonstigen missbräuchlichen Verwendung eines Zahlungsauthentifizierungsinstruments entstanden ist und der Zahler die personalisierten Sicherheitsmerkmale nicht sicher aufbewahrt hat.
(2) Der Zahler ist seinem Zahlungsdienstleister zum Ersatz des gesamten Schadens verpflichtet, der infolge eines nicht autorisierten Zahlungsvorgangs ent-

---

[543] BGBl. I 2355.

standen ist, wenn er ihn in betrügerischer Absicht ermöglicht hat oder durch vorsätzliche oder grob fahrlässige Verletzung

1. einer oder mehrerer Pflichten gemäß § 675l
oder
2. einer oder mehrerer vereinbarter Bedingungen für die Ausgabe und Nutzung des Zahlungsauthentifizierungsinstruments herbeigeführt hat.

(3) Abweichend von den Absätzen 1 und 2 ist der Zahler nicht zum Ersatz von Schäden verpflichtet, die aus der Nutzung eines nach der Anzeige gemäß § 675l Satz 2 verwendeten Zahlungsauthentifizierungsinstruments entstanden sind. Der Zahler ist auch nicht zum Ersatz von Schäden im Sinne des Absatzes 1 verpflichtet, wenn der Zahlungsdienstleister seiner Pflicht gemäß § 675m Abs. 1 Nr. 3 nicht nachgekommen ist. Die Sätze 1 und 2 sind nicht anzuwenden, wenn der Zahler in betrügerischer Absicht gehandelt hat.

Die Regelung der §§ 675u, 675v BGB soll nach der Intention des Gesetzgebers abschließend sein und den allgemeinen Regeln des BGB vorgehen. § 675u enthält, in Umsetzung von Art. 60 ZD-RL, den Grundsatz zur Risikoverteilung zwischen Zahlungsdienstleister (Bank) und Zahler (Kunde).[544] Der Begriff der „nicht autorisierten" Zahlungsvorgänge ist sehr weit und umfasst alle Formen falscher oder verfälschter Zahlungsvorgänge, insb. Überweisungen, Lastschriften etc. Der Regelfall eines Zahlungskontos ist das Girokonto des Bankkunden („Zahler"). Die in § 675u Satz 2 in untechnischer und daher komplizierter Formulierung beschriebene Pflicht, das Zahlungskonto zu berichtigen, meint vor allem die Stornierung einer Belastungsbuchung. Die Wertstellung muss mit dem Wertstellungszeitpunkt der ursprünglichen Buchung erfolgen, damit dem Kunden durch sie keine Nachteile entstehen.

Die zentrale Aussage des § 675u BGB geht dahin, dass grundsätzlich der Zahlungsdienstleister (Bank) das Risiko aus nicht autorisierten Zahlungsvorgängen, also etwa aus gefälschten Überweisungen, trägt.

Wie vom Gesetzgeber beabsichtigt, entspricht die Regelung des § 675u BGB der Sache nach den bisherigen Grundsätzen.[545] Im Falle einer falschen Überweisung besteht kein Anspruch auf Aufwendungsersatz nach den §§ 670, 675 BGB (siehe dazu oben S. 255 f.). Dies war bisher schon unstreitig und steht nunmehr – ohne inhaltliche Änderung – im Gesetz.[546] Auch die Pflicht zur Erstattung des Zahlungsbetrags und zur Korrektur einer belastenden Buchung ergab sich schon bisher aus der gesetzlichen Regelung und wird nun lediglich ausdrücklich festgehalten.

Völlig neu ist hingegen die Regelung des § 675v Abs. 1 Satz 1 BGB, der eine verschuldensunabhängige Haftung des Bankkunden für gefälschte Zahlungsvorgänge einführt und insoweit mit den herkömmlichen Grundsätzen bricht. Die Tragweite dieser Regelung ist nicht ohne Weiteres aus dem Gesetzeswortlaut erkennbar. Deutlich wird, dass eine Differenzierung eines Identitätsmissbrauchs

---

[544] BegrRegE zu § 675u BGB, BT-Drs. 16/11643, S. 113.
[545] Vgl. BegrRegE zu § 675u BGB, BT-Drs. 16/11643; *Sprau*, in Palandt, § 675u Rz. 2.
[546] Vgl. BegrRegE zu § 675u BGB, BT-Drs. 16/11643, S. 113.

aufgrund eines abhandengekommenen Authentisierungsmediums und sonstiger Fälle vorgenommen wird. Im ersten Fall trägt der Kunde unabhängig von seinem Verschulden den Schaden bis zu einem Betrag von 150 €. Diese Regelung gilt nur für Authentifizierungsinstrumente, wobei unklar ist, welche Medien hiermit gemeint sind. Außerdem muss ein „Abhandenkommen" dieses Instruments vorliegen. Bei anderen Fällen trägt der Kunde den Schaden nur, wenn er „personalisierte Sicherheitsmerkmale" nicht sicher aufbewahrt hat. Auch dieser Begriff ist nicht ohne Weiteres zu deuten.

Der Begriff des Abhandenkommens bezieht sich herkömmlich auf Sachen und meint Verlust der Herrschaft über diese Sache ohne oder gegen den Willen des Besitzers. Danach wären unkörperliche Authentisierungsmedien wie Passwörter, PIN oder TAN nicht erfasst. Von dieser Begrifflichkeit geht auch das Gesetz aus. Die Gesetzesbegründung zu § 675v weist zutreffend darauf hin, dass unkörperliche Gegenstände wie PIN oder TAN nicht im traditionellen Sinne abhandenkommen und dass diese von Satz 2 erfasst werden sollen.[547] Daraus folgt, dass sich § 675v Abs. 1 Satz 1 BGB ausschließlich auf das Abhandenkommen von Sachen bezieht, wogegen unkörperliche Authentisierungsmedien, namentlich Passwörter, ausschließlich unter Satz 2 fallen.

Das Gesetz besagt nicht ausdrücklich, welcher Satz anwendbar ist, wenn eine Kombination aus körperlichen und unkörperlichen Authentisierungsmedien verwendet wird, wie es etwa bei EC-Karte und PIN der Fall ist. Hier ist, entsprechend dem Wortlaut, Satz 1 anwendbar.

Im Anwendungsbereich des § 675v Abs. 1 Satz 1 trägt der Inhaber den Schaden bis zur Höhe von 150 €, sofern das Medium abhanden gekommen ist. Auf eine Pflichtverletzung kommt es nach dem eindeutigen Wortlaut des Gesetzes nicht an. Damit handelt es sich bei § 675v Abs. 1 Satz 1 um eine Regelung der Risikotragung.

Bei unkörperlichen Authentisierungsmedien tritt die Haftung des Inhabers des Authentisierungsmediums nur ein, wenn er das Medium nicht sicher aufbewahrt hat. Dies bedeutet, dass eine Verletzung der in § 675 l BGB geregelten Pflicht zur sorgfältigen Aufbewahrung (dazu unten S. 282 ff.) vorliegen muss, um die Haftung auszulösen.[548] Hier handelt es sich also um eine klassische Schadensersatzhaftung für Pflichtverletzung.[549]

e) Die Risikoverteilung nach der neuen Regelung

Der Grundgedanke der neuen Regelung ergibt sich aus den jeweils ersten Sätzen der beiden Normen. Grundsätzlich soll der Zahlungsdienstleister, i. d. R. die Überweiserbank, das Risiko eines gefälschten Zahlungsauftrags (z. B. Überweisungsauftrag) tragen. Allerdings soll auch der Kunde in bestimmten Fällen einen Teil des Risikos tragen, und zwar mit einem Betrag von 150 €. Gesetzestechnisch handelt

---

[547] BegrRegE zu § 675v Abs. 1 BGB, BT-Drs. 16/11643, S. 113.
[548] Vgl. BegrRegE zu § 675v Abs. 1 BGB, BT-Drs. 16/11643, S. 114.
[549] Vgl. BegrRegE zu § 675v Abs. 1 BGB, BT-Drs. 16/11643, S. 114.

es sich nicht um eine Risikoverteilung, sondern um eine Gefährdungshaftung, da das haftungsauslösende Moment, das Abhandenkommen des Authentisierungsmediums, nach dem Wortlaut des Gesetzes keine Pflichtverletzung voraussetzt. Auslöser dieser Gefährdungshaftung soll damit offensichtlich der bloße Besitz des Authentisierungsmediums sein. Dies führt bei wirtschaftlicher Betrachtungsweise zum selben Ergebnis wie eine Risikozuordnung.

Diese Haftungsregelung enthält drei sehr unterschiedliche Stufen: Beim Abhandenkommen von körperlichen Authentisierungsmedien, namentlich einer Karte, trägt der Inhaber gemäß § 675v Abs. 1 BGB das Missbrauchsrisiko. In allen anderen Fällen haftet der Kunde nur bei Verletzung der Pflicht zur sicheren Aufbewahrung (dazu unten S. 282 ff.). Diese Haftung endet in dem Moment, in dem der Kunde eine Verlustanzeige erstattelt.

Eine solche Regelung, die dem Inhaber eines Authentisierungsmediums ein derartiges Risiko auferlegt, war dem BGB bisher fremd. Mit dieser Regelung will der Gesetzgeber einen starken Anreiz schaffen, körperliche Authentisierungsmedien sicher zu verwahren und im Fall des Abhandenkommens schnellstmöglich Verlustanzeige zu erstatten, damit Missbräuche verhindert werden können. Um diese Belastung des Kunden erträglich zu halten, ist die Risikotragung auf einen Betrag von 150 € gedeckelt.

Diese Regel ist auf kartengestützte Zahlungsmittel zugeschnitten und zielt in erster Linie auf die Bargeldabhebung mittels ec-Karte und ähnlicher Karten ab. Für das Onlinebanking hat die neue Regelung nur Bedeutung, wenn körperliche Authentisierungsmedien verwendet werden. Dies ist etwa beim HBCI der Fall, da hier eine Chipkarte als Authentisierungsmedium verwendet wird. Soweit künftig der neue Personalausweis als Authentisierungsmedium für Zahlungsvorgänge eingesetzt wird, ist § 675v Abs. 1 S. 1 BGB ebenfalls anwendbar. Geräte wie TAN-Generatoren dürften nicht hierunter fallen, da der Besitz an dem Gerät kein Authentisierungsmedium ist. Dies kommt im Gesetz jedoch nicht klar zum Ausdruck, sodass insoweit eine rechtliche Unsicherheit für die Besitzer derartiger Medien besteht.

Dies bedeutet für die Risikoverteilung beim Onlinebanking, dass es grundsätzlich – sofern keine Karte (oder sonstiges körperliches Authentisierungsmedium) verwendet wird – auch nach der neuen gesetzlichen Regelung bei dem Grundsatz bleibt, dass die Bank das Risiko eines Identitätsmissbrauchs trägt.

2. *Risikoverteilung bei Handelsplattformen*

a) Rechtliche Ausgangslage

Bei Handelsplattformen wie z. B. eBay, auf denen Nutzer untereinander agieren, besteht die typische Situation eines Eingriffs Dritter in der Accountübernahme mittels Identitätsdiebstahls (Nutzername, Passwort) und dem anschließenden Missbrauch der Identität des Accountinhabers, wenn der Täter unter der Identität des Accountinhabers mit anderen Nutzern agiert.

Dabei sind zwei wesentliche Fallgruppen zu unterscheiden. Zum einen erfolgen häufig Warenbestellungen unter der Identität des Accountinhabers, die der Täter entgegennimmt, aber nicht bezahlt. Zum anderen werden unter der Identität des Accountinhabers Waren angeboten und Zahlungen für die Ware entgegengenommen, wobei die Lieferung ausbleibt. In beiden Situationen wenden sich die getäuschten Verkäufer bzw. Käufer zunächst an den Accountinhaber als ihren – vermeintlichen – Vertragspartner und verlangen Leistung, meist wird erst dann der Identitätsmissbrauch erkannt. In der Praxis kann der Täter oft nicht belangt werden, sodass sich die Frage stellt, wer das wirtschaftliche Risiko dieses Eingriffs trägt, d. h. wer den wirtschaftlichen Schaden aus dem Identitätsmissbrauch und dem vorangegangenen Identitätsdiebstahl zu tragen hat.

Diese Frage stellt sich vor allem im Verhältnis zwischen dem Accountinhaber und dem getäuschten Käufer bzw. Verkäufer. Der Plattformbetreiber wird in dieser Situation nicht Vertragspartner. Gesetzliche oder vertragliche Zuweisungen dieses Risikos an den Plattformbetreiber existieren nicht.

Die Risikotragung des Eingriffs unterliegt mangels spezifischer Regelung den Regeln der vermeintlichen vertraglichen Beziehung. Der Accountinhaber ist unmittelbar nur vom Identitätsdiebstahl, dem Zugriff auf seinen Nutzernamen und Passwort, betroffen. Hieraus entsteht in aller Regel kein unmittelbarer Vermögensschaden.

Unmittelbar betroffen vom Identitätsmissbrauch ist zunächst derjenige, der die Ware geliefert oder die Zahlung geleistet hat und seine Gegenleistung einfordern möchte. Hier stellt sich die Frage, ob er vom Accountinhaber die Leistung verlangen kann, die der Täter unter der Identität des Accountinhabers versprochen hat.

b) Keine Verpflichtung des Accountinhabers

Die erste Frage in diesem Zusammenhang geht dahin, ob bei einem Vertragsabschluss unter Verwendung der Identität einer anderen Person die tatsächlich handelnde Person oder der Inhaber des Accounts verpflichtet wird. Diese Frage war Gegenstand eines Urteils des OLG München.[550] Hier hatte eine Person auf der Plattform von eBay unter einem fremdem Account – mit Zustimmung des Accountinhabers – ein Auto ersteigert und verlangte Erfüllung des Vertrags. Das OLG München wies die auf Erfüllung gerichtete Klage mit der Begründung ab, zwischen dem Kläger als tatsächlich handelnder Person und dem Verkäufer sei kein Vertrag zustande gekommen, der Verkäufer habe mit dem Accountinhaber kontrahieren wollen.[551] Dies ist zweifellos zutreffend. Der Teilnehmer an einer Internetauktion will regelmäßig mit der Person kontrahieren, in deren Namen die Ware bestellt oder

---

[550] OLG München, 5.2.2004, 19 U 5114/03, NJW 2004, 1328.
[551] OLG München, 5.2.2004, 19 U 5114/03, NJW 2004, 1328.

angeboten wurde und die durch den jeweiligen Nutzernamen bezeichnet wird.[552] Dies gilt vor allem für den Käufer, da er regelmäßig vorleisten muss.[553] Auch der Verkäufer ist daran interessiert, mit dem Inhaber des Accounts und nicht etwa mit einer anderen Person zu kontrahieren, schon weil er nicht erkennen könnte, wer sein Vertragspartner ist, wenn er nicht davon ausgehen könnte, dass es sich um den Accountinhaber handelt.[554]

Dies bedeutet zunächst aber nur, dass die tatsächlich handelnde Person nicht Vertragspartner wird. Die weitere Frage ist, ob der Accountinhaber durch das Verhalten des Dritten vertraglich verpflichtet wird. Dies richtet sich nach den Regeln über die Vertretung, da das Handeln unter fremder Identität rechtlich genauso behandelt wird wie das Auftreten als Vertreter des Identitätsinhabers.

Im Fall einer Bestellung unter Verwendung eines fremden Accounts könnte also der Accountinhaber als Identitätsinhaber das Verhalten des tatsächlich Handelnden billigen und würde damit selbst Vertragspartner.

Soweit der Handelnde bei der betreffenden Erklärung nicht mit Einverständnis des Accountinhabers agiert, sind zwei grundsätzlich verschiedene Fallgruppen zu unterscheiden. Dies sind zum einen die Fälle, in denen der Accountinhaber die Nutzung des Accounts durch den Dritten grundsätzlich billigt und diesem Nutzername und Passwort mitteilt, und zum anderen die Fälle, in denen ein Account durch den Dritten ohne bzw. gegen den Willen des Inhabers übernommen wird. Die zweite Fallgruppe erfasst die in dieser Untersuchung interessierenden Fälle des Identitätsmissbrauchs.

In der ersten Fallgruppe, die in der Praxis nicht selten vorkommt, obwohl die Geschäftsbedingungen der Plattformbetreiber die Weitergabe des Passworts regelmäßig untersagen, wird das Handeln des Dritten dem Accountinhaber nach wohl einhelliger Auffassung im Wege der Rechtsscheinhaftung zugerechnet[555] – mit der Folge, dass der Accountinhaber aus dem Vertrag verpflichtet wird.

Anders liegt es in der zweiten Fallgruppe. Hier liegt ein Einverständnis des Accountinhabers mit dem konkreten Handeln des Dritten nicht vor. Ein Vertrag mit dem Accountinhaber ist daher in dieser Situation regelmäßig nicht zustande gekommen.[556]

---

[552] OLG München, 5.2.2004, 19 U 5114/03, NJW 2004, 1328 f.; LG Berlin, 1.10.2004, 18 O 117/03, NJW 2003, 3493, 3494; AG Saarbrücken, 15.2.2008, 37 C 1251/06; *Biallaß*, ZUM 2007, 397, 398; *Borges*, in Borges, Internet-Auktion, S. 214; *Spindler/Weber*, in Spindler/Schuster, § 164 BGB Rz. 5.

[553] LG Aachen, 15.12.2006, 5 S 184/06, CR 2007, 605; *Borges*, in Borges, Internet-Auktion, S. 214.

[554] OLG Köln, 13.1.2006, 19 U 120/05, NJW 2006, 1676.

[555] LG Aachen, 15.12.2006, 5 S 184/06, CR 2007, 605; AG Saarbrücken, 15.2.2008, 37 C 1251/06; *Herresthal*, K&R 2008, 705, 708; *Hoffmann*, in Leible/Sosnitza, Versteigerungen im Internet, Rz. 177; *Spindler/Weber*, in Spindler/Schuster, § 164 BGB Rz. 9.

[556] OLG Hamm, 16.11.2006, 28 U 84/06, ZUM 2007, 395, 396; OLG Köln, 6.9.2002, 19 U 16/02, K&R 2003, 83; OLG Köln, 13.1.2006, 19 U 120/05, NJW 2006, 1676; LG Bonn, 7.8.2001, 2 O 450/00, MMR 2002, 255, 257; LG Bonn, 19.12.2003, 2 O 472/03, CR 2004, 218, 219; LG Konstanz, 19.4.2002, 2 O 141/01 A, 2 O 141/01, CR 2002, 609; LG Magdeburg, 21.10.2003, 6

Etwas anderes gilt, wenn die Erklärung des Täters auch in dieser Fallgruppe dem Accountinhaber nach den Grundsätzen der Rechtsscheinhaftung zuzurechnen ist.

Die Voraussetzungen einer Verantwortlichkeit des Accountinhabers nach den Grundsätzen der Rechtsscheinhaftung bei Handelsplattformen, namentlich eBay, werden kontrovers diskutiert. Eine Rechtsscheinhaftung kommt etwa dann in Betracht, wenn der Accountinhaber durch sein Verhalten, etwa durch unsorgfältige Aufbewahrung einer Notiz mit dem Passwort oder durch unbewusste Weitergabe des Passwortes an den Täter im Rahmen eines Phishingangriffs, dazu beigetragen hat, dass der Täter an dem Account handeln konnte.

Teilweise wird vertreten, auch bei einer unbewussten, fahrlässigen Weitergabe komme eine Rechtsscheinhaftung in Betracht.[557] Instruktiv ist insoweit die Entscheidung des AG Bremen. Nach den Feststellungen des Gerichts hatte der Inhaber eines eBay-Accounts seinem Bruder Zugang zu seinem PC-Account entweder vorsätzlich oder aber fahrlässig durch unsichere Aufbewahrung des Passworts ermöglicht. Dies ließ das AG Bremen für eine Rechtsscheinhaftung ausreichen.[558] Das Gericht bezieht sich zur Begründung auf die allgemeinen Grundsätze der Rechtsscheinhaftung und sieht in der unzureichenden Aufbewahrung des Passwortes eine hinreichende Grundlage für die Zurechnung.

Ganz überwiegend wird jedoch eine Rechtsscheinhaftung des Accountinhabers verneint.[559] Einigen Urteilen ist zu entnehmen, dass die Gerichte eine Haftung wohl auch für den Fall verneinen würden, in dem der Accountinhaber die Nutzung des Accounts fahrlässig ermöglicht hat. Namentlich wird offengelassen, ob der Accountinhaber zurechenbar einen Rechtsschein gesetzt hat und die Haftung mit der Begründung verneint, dass der Geschäftsgegner aufgrund der bestehenden niedrigen Sicherheitsstandards im Internet in seinem Vertrauen generell nicht schutzwürdig sei.[560]

Der BGH hat jüngst eine (deliktische) Haftung des Accountinhabers für Schutzrechtsverletzungen durch Dritte bejaht, weil dieser seine Zugangsdaten nicht so unter Verschluss gehalten hatte, dass niemand Zugriff darauf hatte. Die Frage nach einer Rechtsscheinhaftung spricht er an, lässt sie aber dahinstehen.[561] Im Schrifttum

---

O 1721/03 (321), 6 O 1721/03, K&R 2005, 191, 192; LG Münster, 20.3.2006, 12 O 645/05; AG Erfurt, 14.9.2001, 28 C 2354/01, MMR 2002, 128; *Borges*, in Borges Internet-Auktion, S. 215; *Gehrlein/Weinland*, in jurisPK-BGB, § 164 Rz. 25; *Spindler/Weber*, in Spindler/Schuster, § 164 BGB Rz. 5; *Wiebe/Neubauer*, in Hoeren/Sieber, Teil 15 Rz. 56.

[557] AG Bremen, 20.10.2005, 16 C 168/05, CR 2006, 136 m. zust. Anm. *Wenn*, CR 2006, 137, 138; *Hanau*, VersR 2005, 1215; *Herresthal*, K&R 2008, 705, 708.

[558] AG Bremen, 20.10.2005, 16 C 168/05, CR 2006, 136.

[559] OLG Hamm, 16.11.2006, 28 U 84/06, ZUM 2007, 395, 396; OLG Köln, 6.9.2002, 19 U 16/02, K&R 2003, 83, 84; OLG Köln, 13.1.2006, 19 U 120/05, NJW 2006, 1676; LG Bonn, 7.8.2001, 2 O 450/00, MMR 2002, 255, 257; LG Bonn, 19.12.2003, 2 O 472/03, CR 2004, 218, 219; LG Münster, 20.3.2006, 12 O 645/05; *Borges*, in Borges, Internet-Auktion, S. 216; *Spindler/Weber*, in Spindler/Schuster, § 164 BGB Rz. 9; *Wiebe/Neubauer*, in Hoeren/Sieber, Teil 15 Rz. 57; allgemein *Rieder*, S. 313.

[560] OLG Köln, 13.1.2006, 19 U 120/05, NJW 2006, 1676; LG Bonn, 19.12.2003, 2 O 472/03, CR 2004, 218, 220; LG Münster, 20.3.2006, 12 O 645/05.

[561] BGH, 11.3.2009, I ZR 114/06, MMR 2009, 391, 393 - Halzband.

wird z. T. damit gerechnet, dass sich aus dem Urteil Konsequenzen auch für den vertraglichen Bereich dahingehend ergeben, dass die Haftung des Accountinhabers erweitert wird.[562]

Diese Stellungnahmen beziehen sich zwar nicht auf die hier interessierende Fallgruppe des Identitätsmissbrauchs per Internet, können möglicherweise aber auf diese Situation übertragen werden.

Als Zwischenergebnis zeigt sich, dass nach herrschender Auffassung eine Rechtsscheinhaftung des Accountinhabers bei Missbrauch eines Accounts durch Dritte ohne Willen des Inhabers nicht besteht.

c) Risikotragung des getäuschten Vertragspartners

Soweit die Voraussetzungen einer Rechtsscheinhaftung nicht vorliegen, kann das Verhalten des Täters dem Accountinhaber nicht zugerechnet werden. Dies bedeutet, dass keine vertraglichen Ansprüche des getäuschten Kunden gegen den Inhaber der missbrauchten Identität bestehen.

Im Ergebnis trägt das Risiko des Identitätsmissbrauchs in dieser Fallkonstellation also nicht der Identitätsinhaber, sondern die Person, der gegenüber die Identität missbräuchlich verwendet wurde.

Die Zuweisung des Schadens aus dem Identitätsmissbrauch kann unter dem Gesichtspunkt des Schadensersatzes wegen Verletzung gesetzlicher oder vertraglicher Pflichten erfolgen (dazu unten S. 281 ff.).

3. *Ergebnis und Ausblick*

Die Analyse der Risikoverteilung bei Identitätsmissbrauch im Onlinebanking und auf Handelsplattformen führt zu folgenden Ergebnissen:

Die Zuweisung des wirtschaftlichen Risikos aus dem Identitätsmissbrauch folgt keiner spezifischen Regel des Umgangs mit Identitäten, sondern ergibt sich aus dem rechtlichen Kontext der jeweiligen Beziehung, innerhalb der die Identität verwendet wird.

Den Schaden aus einem Identitätsmissbrauch trägt nicht der Inhaber der missbrauchten Identität, sondern derjenige, dem gegenüber die Identität verwendet wird. Die Leitlinie der Risikoverteilung lautet damit, dass der Getäuschte das Risiko aus der Täuschung, hier dem Identitätsmissbrauch, trägt. Damit folgt die Risikoverteilung den allgemeinen Grundsätzen der Risikoverteilung in Fällen von Betrug und sonstigen Täuschungen.

Dieser Grundsatz gilt uneingeschränkt auch dann, wenn mehrere Beteiligte getäuscht werden. Dies ist etwa beim Phishingangriff im Onlinebanking der Fall. Hier

---

[562] *Hecht*, K&R 2009, 462; *Rössel*, CR 2009, 453, 455; wohl a. A. *Buettner*, in jurisPR-ITR 10/2009, Anm. 3.

wird unter Umständen zunächst der Bankkunde, etwa durch eine Phishing-E-Mail, getäuscht. Sodann wird die Bank über die Identität der Person, die sich mit PIN und TAN authentisiert, getäuscht. Schließlich wird der Geldkurier getäuscht – und zwar über die Herkunft und den Zusammenhang der Zahlung, die er erhält. Die Bank erleidet aufgrund der Täuschung einen Schaden, da sie durch die Überweisung Aufwendungen tätigt, ohne einen Anspruch auf Auslagenersatz zu haben. Der Bankkunde und der Geldkurier haften der Bank nach anderen Regeln, insb. auf Schadensersatz, soweit eine Pflichtverletzung vorliegt.

VI. Verkehrspflichten im Internet

Für die Pflichten aller Beteiligten der Internetkommunikation zur Abwehr von Rechtsverletzungen sind Verkehrspflichten (oder Verkehrssicherungspflichten) von großer Bedeutung. Verkehrspflichten sind Pflichten zum Schutz des Rechtsverkehrs vor Schäden, etwa durch gefährliche Zustände von Sachen (z. B. Straßenglätte). Sie bestehen aber auch zum Schutz vor Rechtsverletzungen durch Dritte.

Verkehrspflichten haben Bedeutung im Rahmen der deliktischen Haftung, die zugunsten jedermann besteht, also kein Vertragsverhältnis oder sonstige rechtliche Sonderbeziehung voraussetzt. Die Verletzung derartiger Verkehrspflichten kann Unterlassungsansprüche auslösen. Der Anspruch auf „Unterlassung" einer Gefährdung kann auch ein Tun zum Gegenstand haben, hier die Vornahme der geschuldeten Handlung, und, bei Verschulden, Ansprüche auf Schadensersatz, etwa nach § 823 Abs. 1 BGB, auslösen.

Verkehrspflichten bestehen ausschließlich zum Schutz absoluter Rechte und Rechtsgüter. Sie sind daher auch für den Schutz von Identitäten gegen Identitätsdiebstahl und Identitätsmissbrauch relevant. Anspruchsinhaber ist allerdings nur der Inhaber des jeweiligen Schutzgutes. Daher kommen Verkehrspflichten nicht demjenigen zugute, der durch Missbrauch der Identität eines anderen getäuscht und dadurch geschädigt wird. Im Fall der gefälschten Überweisung im Onlinebanking beispielsweise hat der Bankkunde als Inhaber der Identität gegen den Täter einen Anspruch auf Unterlassung und Schadensersatz. Die Bank hingegen, wie oben dargestellt, kann keinen derartigen Anspruch geltend machen, da nicht ihre Identität verwendet wird. Auch sonstige absolut geschützte Rechtsgüter der Bank sind nicht verletzt. Betroffen ist vielmehr das Vermögen der Bank. Das Vermögen als solches ist aber nicht durch Verkehrspflichten geschützt. Daher greifen diese Pflichten in die Bereiche, in denen derzeit die größten Schäden durch Identitätsmissbrauch entstehen, nicht ein.

Voraussetzungen und Umfang von Verkehrspflichten im Internet werden erst seit einigen Jahren und regelmäßig für sehr spezifische Fallkonstellationen diskutiert. Die allgemeine rechtliche Diskussion der Verkehrspflichten im Internet steht noch am Anfang. Die Pflichten betreffen sowohl Anbieter als auch Nutzer. Nachfolgend wird der Diskussionsstand in aller Kürze skizziert.

1. Verkehrspflichten der Anbieter

Verkehrspflichten der Anbieter von Leistungen im Internet sind seit einigen Jahren Gegenstand intensiver Diskussion in Rechtsprechung und Literatur. Ausgangspunkt waren die Pflichten von Plattformbetreibern, namentlich der Anbieter von Internetauktionen. Hier kam es zu Schutzrechtsverletzungen, insbesondere von Marken, durch Nutzer der Internetplattform, sodass sich die Frage stellte, ob und in welchem Umfang der Betreiber der Plattform verpflichtet war, Maßnahmen zur Abwehr der Rechtsverletzungen zu ergreifen.

Heute ist anerkannt, dass der Betreiber einer Handelsplattform verpflichtet ist, bei konkretem Verdacht auf Verletzung von Schutzrechten Dritter durch Nutzer der Plattform geeignete Maßnahmen zu ergreifen, um die Schutzpflichtverletzung zu verhindern oder zu beenden.[563]

Die Diskussion hat sich seitdem stark ausgeweitet. Im Bereich der Schutzgegenstände geht es um weitere absolute Rechte, insbesondere Urheberrechte, aber etwa auch um Persönlichkeitsrechte. Im Bereich der Adressaten der Pflichten ist unstreitig, dass nicht nur Plattformbetreiber, sondern grundsätzlich jeden Anbieter von Leistungen eine Verkehrspflicht treffen kann. Der Schwerpunkt liegt, neben Plattformbetreibern[564], bei Forenbetreibern[565], Videoportalbetreibern[566] und Host-Providern[567]. Access-Provider kommen zwar auch als Adressaten der Verkehrspflichten in Betracht.[568] Eine Sperrung des Zugangs zu urheberrechtsverletzenden Inhalten wurde allerdings von den Gerichten aufgrund der Unzumutbarkeit bisher abgelehnt.[569]

Die Diskussion wird fast ausschließlich unter dem Gesichtspunkt der sog. Störerhaftung geführt. Danach kann im Fall einer Verletzung absoluter Rechte eine Person, die weder Täter noch Teilnehmer ist, aber in irgendeiner Weise willentlich und adäquat kausal zur Verletzung des geschützten Guts beigetragen hat, als sog. Störer auf Unterlassung in Anspruch genommen werden.[570] Grundlage der Verant-

---

[563] Grundlegend BGH, 11.3.2004, I ZR 304/01, WRP 2004, 1287, 1292 – Internet-Versteigerung I.
[564] OLG Düsseldorf, 27.4.2010, 20 U 166/09.
[565] OLG Hamburg, 4.2.2009, 5 U 167/07, ZUM-RD 2009, 317, 322; OLG Zweibrücken, 14.5.2009, 4 U 139/08, NJOZ 2009, 2586, 2588.
[566] LG Hamburg, 5.12.2008, 324 O 197/08; LG Hamburg, 5.3.2010, 324 O 565/08.
[567] OLG Düsseldorf, 27.4.2010, 20 U 166/09; OLG Hamburg, 2.7.2008, 5 U 73/07, NJOZ 2008, 4927, 4937; OLG Hamburg, 30.9.2009, 5 U 111/08, WRP 2010, 155; LG Düsseldorf, 23.1.2008, 12 O 246/07, ZUM 2008, 338, 341; LG Hamburg, 31.7.2009, 325 O 85/09, jurisPR-ITR 21/2009, Anm. 3.
[568] OLG Hamburg, 14.1.2009, 5 U 113/07, MMR 2009, 631, 633; LG Hamburg, 12.11.2008, 308 O 548/08, ZUM 2009, 587, 589.
[569] LG Hamburg, 12.11.2008, 308 O 548/08, ZUM 2009, 587, 589.
[570] BGH, 17.5.2001, I ZR 251/99, BGHZ 148, 13, 17 – ambiente.de; BGH, 18.10.2001, I ZR 22/99, GRUR 2002, 618, 619 – Meißner Dekor; BGH, 11.3.2004, I ZR 304/01, WRP 2004, 1287, 1291 – Internet-Versteigerung I; BGH, 19.4.2007, I ZR 35/04, GRUR 2007, 708, 711 – Internet-Versteigerung II; BGH, 20.4.2008, I ZR 73/05, NJW-RR 2008, 1136, 1139 – Internet-Versteigerung III.

VI. Verkehrspflichten im Internet

wortlichkeit ist nach der Rechtsprechung die Verletzung einer sogenannten Prüfpflicht.[571]

Die dogmatische Grundlage der sog. Störerhaftung ist recht unklar. Für den Unterlassungsanspruch werden Normen herangezogen, die einen Unterlassungsanspruch bei Rechtsverletzungen gewähren. Dies sind im Fall von Schutzrechten spezielle gesetzliche Ansprüche, etwa § 14 Abs. 5 MarkenG bei Verletzung von Marken, § 97 Abs. 1 UrhG bei Verletzung von Urheberrechten, § 1004 Abs. 1 BGB analog in sonstigen Fällen.

Der BGH hat in einer jüngeren Entscheidung angedeutet, dass es sich bei der Störerhaftung der Sache nach um die Verletzung von Verkehrspflichten handelt.[572] Allerdings ist der BGH in Bezug auf Verletzung absoluter Rechte bei der Kategorie der Störerhaftung geblieben. In der Literatur wird zutreffend vertreten, dass es sich bei den Prüfpflichten, die der BGH im Zusammenhang mit der Störerhaftung heranzieht, der Sache nach um Verkehrspflichten handelt.[573] Daher kann man die Diskussion zur Störerhaftung auch zur Bestimmung von Verkehrspflichten im Internet heranziehen.

Gegenstand der Verkehrspflichten (oder Störerverantwortlichkeit) sind vor allem Pflichten zur Überprüfung der Handlungen auf der Plattform oder sonst im Rahmen des Dienstes auf Rechtsverletzungen. Den Grundsatz formuliert der BGH dahin, dass der Plattformbetreiber zur Überprüfung der Handlungen auf Rechtsverletzungen verpflichtet ist, soweit diese ihm zumutbar sind.[574] Die Grenze der Zumutbarkeit sieht die Rechtsprechung etwa dann, wenn der Umfang der Prüfpflicht das Geschäftsmodell des Anbieters infrage stellen würde.[575] Etwas anderes gelte dann, wenn das Geschäftsmodell gerade auf die Verletzung von Rechten Dritter abzielt.[576] Ist der Anbieter weiterhin auf eine klare Rechtsverletzung hingewiesen worden, soll er nicht nur das konkrete Angebot unverzüglich sperren müssen, sondern darüber hinaus verpflichtet sein, zumutbare Vorsorge zu treffen, damit es möglichst nicht zu weiteren derartigen Rechtsverletzungen kommt.[577]

Derartige Schutzpflichten bestehen auch zum Schutz von Identitäten im Internet. Dies wird anhand eines jüngeren Urteils des BGH zur Errichtung eines eBay-Accounts unter der Identität eines anderen eBay-Nutzers deutlich.[578] Hier hatte ein

---

[571] Grundlegend BGH, 11.3.2004, I ZR 304/01, WRP 2004, 1287, 1292 – Internet-Versteigerung I.

[572] BGH, 12.7.2007, I ZR 18/04, BHGZ 173, 188, 201 – Jugendgefährdende Medien bei eBay.

[573] *Leistner*, GRUR 2006, 801, 808; Prütting/Wegen/Weinreich-*Schaub*, § 823 Rz. 170; *Volkmann*, S. 137 f.

[574] BGH, 17.5.2001, I ZR 251/99, BGHZ 148, 13, 17 – ambiente.de; BGH, 11.3.2004, I ZR 304/01, WRP 2004, 1287, 1292 – Internet-Versteigerung I; BGH, 19.4.2007, I ZR 35/04, GRUR 2007, 708, 711 – Internet-Versteigerung II.

[575] BGH, 11.3.2004, I ZR 304/01, WRP 2004, 1287, 1292 – Internet-Versteigerung I; BGH, 19.4.2007, I ZR 35/04, GRUR 2007, 708, 711 – Internet-Versteigerung II.

[576] OLG Düsseldorf, 27.4.2010, 20 U 166/09.

[577] BGH, 11.3.2004, I ZR 304/01, WRP 2004, 1287, 1292 – Internet-Versteigerung I; BGH, 19.4.2007, I ZR 35/04, GRUR 2007, 708, 711 – Internet-Versteigerung II; OLG Düsseldorf, 27.4.2010, 20 U 166/09.

[578] BGH, 10.4.2008 - I ZR 227/05, NJW 2008, 3714 – Namensklau im Internet.

unbekannter Täter unter der Identität des Klägers ein eBay-Account eröffnet und Pullover an Dritte verkauft, diese nach Einzug des Kaufpreises aber nicht geliefert. Damit handelte es sich hier um einen klassischen Fall von Identitätsmissbrauch in einer Vertragsbeziehung (hier: Vertrag über Nutzung der eBay-Plattform; Kaufverträge mit Dritten).

Der BGH zieht in diesem Urteil die Maßstäbe heran, die er zuvor am Beispiel von Markenrechtsverletzungen entwickelt hatte, und nimmt auch hier an, dass der Betreiber der Plattform als Störer auf Unterlassung in Anspruch genommen werden kann, wenn er die ihm obliegenden Prüfpflichten verletzt.[579]

2. *Verkehrspflichten der Internetnutzer*

Verkehrspflichten im Internet bestehen auch zulasten der Internetnutzer. Das Bestehen und der Umfang der Schutzpflichten von Internetnutzern werden bisher nur selten erörtert. In einer aktuellen Bochumer Dissertation von *Dennis Werner* werden aber die Verkehrspflichten privater Internetnutzer in Bezug auf die Verbreitung von Schadprogrammen umfassend untersucht.[580]

Anhaltspunkte ergeben sich auch aus der Diskussion um die sogenannte Störerhaftung des Internetnutzers. In der aktuellen Diskussion um die Störerverantwortlichkeit des Internetnutzers für Verletzung von Schutzrechten, namentlich Urheberrechten, durch Dritte, gehen Rechtsprechung und Literatur einhellig davon aus, dass der PC mit Internetanschluss eine Gefahrenquelle darstellt, die diese Störerhaftung auslösen kann.[581]

Im Zusammenhang mit der Verletzung von Urheberrechten steht vor allem die Pflicht zur Sicherung eines W-LAN, zur Überwachung von Hausmitbewohnern, insbesondere Kindern, und zur Ergreifung sonstiger wirksamer Maßnahmen zur Vorbeugung der Rechtsverletzungen im Vordergrund.[582] Insoweit wird angenommen, dass der Betreiber eines W-LAN die Pflicht hat, durch geeignete Maßnahmen, insbesondere Verschlüsselung des Zugangs, sicherzustellen, dass Unbefugte

---

[579] BGH, 10.4.2008 - I ZR 227/05, NJW 2008, 3714 – Namensklau im Internet.

[580] *Dennis Werner*, Verkehrspflichten privater IT-Nutzer in Bezug auf die Verbreitung von Schadsoftware, Nomos 2010.

[581] OLG Düsseldorf, 27.12.2007, I-20 W 157/07, MMR 2008, 256; LG Frankfurt a. M., 22.2.2007, 2/3 O 771/06, 2-03 O 771/06, CR 2007, 670, 671; LG Hamburg, 21.4.2006, 308 O 139/06, CR 2007, 121, 122; LG Hamburg, 26.7.2006, 308 O 407/06, CR 2007, 54, 55; LG Hamburg, 2.8.2006, 308 O 509/06, CR 2006, 780, 782; LG Mannheim, 25.1.2007, 7 O 65/06, MMR 2007, 537, 538; LG München, 19.6.2008, 7 O 16402/07, MMR 2008, 619, 621; *Gietl*, MMR 2007, 630, 632; *Haedicke*, CR 1999, S. 309, 312; *D. Werner*, S. 145; ähnlich OLG Düsseldorf, 11.5.2009, I-20 W 146/08, BeckRS 2009, 28627.

[582] OLG Köln, 23.12.2009, 6 U 101/09, MMR 2010, 281, 282; LG Hamburg, 21.4.2006, 308 O 139/06, ZUM 2006, 661; LG Köln, 13.5.2009, 28 O 889/08, CR 2009, 684, 686; LG Köln, 27.1.2010, 28 O 237/09. Verneinend bei volljährigen Kindern AG Frankfurt a. M., 12.2.2010, 32 C 1634/09.

VI. Verkehrspflichten im Internet

das Netz nicht nutzen können.[583] In seiner neusten Entscheidung hat der BGH[584] allerdings hervorgehoben, dass dem privaten Betreiber nur die Sicherheitsmaßnahmen zugemutet werden können, die im Zeitpunkt der Installation des Routers für den privaten Bereich marktüblich sind und die keinen hohen finanziellen Aufwand erfordern. Die Stellungnahmen beziehen sich zwar ausschließlich auf die sog. Störerhaftung. Wenn man aber davon ausgeht, dass es bei den im Zusammenhang mit der Störerhaftung genannten Pflichten sich der Sache nach um Verkehrspflichten handelt, lassen sich diese Erwägungen als Verkehrspflichten von Internetnutzern, hier der Inhaber von W-LAN, verstehen.[585] Diese Pflicht betrifft vor allem einen Spezialfall des Identitätsmissbrauchs, zeigt aber, dass die privaten Internetnutzer Pflichten zum Schutz von Rechten Dritter vor Eingriffen unbekannter Täter treffen, deren Verletzung eine Haftung auslösen kann.

Ausgangspunkt für Verkehrspflichten (des Internetnutzers) ist das Bestehen einer Gefahrenquelle, die Verkehrspflichten auslösen kann.[586] Insoweit besteht Einigkeit darin, dass ein Rechner mit Internetanschluss eine solche Gefahrenquelle darstellt.[587] Hinsichtlich des Inhalts der Verkehrspflichten werden verschiedene Aspekte diskutiert, vor allem die Pflicht zum Einsatz von Virenschutz, zur Einrichtung einer Firewall, zum regelmäßigen Update von Programmen. Die wohl wichtigste Frage geht dahin, ob der Inhaber eines Rechners mit Internetanschluss verpflichtet ist, Virenschutz oder gar aktuellen Virenschutz einzusetzen. Insoweit nimmt die inzwischen herrschende Meinung an, dass der Betreiber eines Rechners mit Internetanschluss verpflichtet ist, ein Virenschutzprogramm zu installieren.[588] Allerdings werden unterschiedliche Auffassungen zur Aktualität des Virenschutzes vertreten. Überwiegend wird die Installation des Virenschutzprogramms ohne Ausführungen zur Aktualität angenommen. Teilweise wird eine „regelmäßige Aktualisierung",[589]

---

[583] BGH, 12.5.2010, I ZR 121/08; OLG Düsseldorf, 27.12.2007, I-20 W 157/07, MMR 2008, 256; OLG Düsseldorf, 11.5.2009, I-20 W 146/08, BeckRS 2009, 28627; LG Düsseldorf, 16.7.2008, 12 O 195/08, MMR 2008, 684, 685; LG Frankfurt a. M., 22.2.2007, 2/3 O 771/06, 2-03 O 771/06, MMR 2007, 675, 676; LG Hamburg, 26.7.2006, 308 O 407/06, MMR 2006, 763, 764; LG Hamburg, 21.4.2006, 308 O 139/06, CR 2007, 121, 122; LG Mannheim, 25.01.2007, 7 O 65/06, MMR 2007, 537; *Mühlberger*, GRUR 2009, 1022, 1023; *Roggenkamp*, jurisPR-ITR 12/2006, Anm. 3; *Stang/Hühner*, GRUR-RR 2008, 273, 274; wohl auch *Mautz*, MMR 2006, 764. A. A. OLG Frankfurt a. M., 1.7.2008, 11 U 52/07, MMR 2008, 603, 604 f.; kritisch auch *Ernst*, MMR 2007, 538; *Ernst/Seichter*, ZUM 2007, 513 ff.

[584] BGH, 12.5.2010, I ZR 121/08.

[585] Vgl. zu den Parallelen zur Störerhaftung des Internetanschlussinhabers *D. Werner*, S. 140 ff.

[586] Unstr.; siehe nur *Spindler*, in Bamberger/Roth, § 823 Rn 228 m. w. Nachw.

[587] Siehe ausdrücklich in Bezug auf Verkehrspflichten insbesondere *D. Werner*, S. 140 ff.; ebenso *R. Koch*, NJW 2004, 801, 803; *Libertus*, MMR 2005, 507, 509; *Mantz*, K&R 2007, 566, 567; *Spindler*, BSI-Studie, S. 120.

[588] Siehe ausdrücklich in Bezug auf Verkehrspflichten insbesondere *D. Werner*, S. 140 ff.; *ders.*, K&R 2008, 554, 556; ebenso *Ernst*, CR 2006, 590, 593; *R. Koch*, NJW 2004, 801, 803; *F. Koch*, CR 2009, 485 f.; *Libertus*, MMR 2005, 507, 509; *Mantz*, K&R 2007, 566, 567; *Spindler*, BSI-Studie, S. 120.

[589] So etwa *Dienstbach/Mühlenbrock*, MMR 2008, 630, 631; *F. Koch*, CR 2009, 485, 488.

teils auch konkret eine mindestens wöchentliche Aktualisierung verlangt.[590] Nur vereinzelt wird eine Pflicht zur laufenden Aktualisierung bejaht.[591] Entgegen dem bisherigen Meinungsstand wird man jedoch eine Pflicht zur Verwendung aktuellen Virenschutzes im Sinne der Verwendung des letzten (regelmäßig mehrfach täglich erfolgenden) Updates anzunehmen haben. Die Verwendung aktuellen Virenschutzes ist aus technischer Sicht notwendig. Sie ist als einziges Mittel geeignet, das Risiko von Trojaner-Angriffen effektiv zu mindern. Die Verwendung aktuellen Virenschutzes ist dem Kunden auch zumutbar, da inzwischen auch sich automatisch aktualisierender Virenschutz kostenlos erhältlich ist und keine besonderen technischen Kenntnisse voraussetzt.

Eine Pflicht zum Einsatz einer Firewall wird unterschiedlich beurteilt. Teilweise wird eine solche Pflicht, regelmäßig ohne nähere Begründung, bejaht.[592] *D. Werner* spricht sich für eine differenzierte Lösung aus, indem er fordert, dass eine vorinstallierte Firewall zumindest nicht abgeschaltet werden darf.[593]

Stellungnahmen betreffend eine Pflicht zum regelmäßigen Update der Betriebssysteme und anderer Programme sind selten. Teilweise wird eine solche Pflicht pauschal bejaht,[594] teilweise für besonders wichtige Updates angenommen.[595] *D. Werner* differenziert auch hier und bejaht eine Pflicht, sofern der Nutzer über eine hinreichend leistungsfähige Internetanbindung verfügt, da bei langsamem Internetzugang (Modem) ein Herunterladen besonders umfangreicher Updates nicht zumutbar sei.[596]

Damit ergibt sich, dass die Rechtslage zu den Verkehrspflichten der Internetnutzer derzeit von erheblicher Unsicherheit geprägt ist. Dies lässt sich anschaulich anhand zweier jüngerer, viel diskutierter Gerichtsentscheidungen zeigen, die zu den Pflichten des Internetnutzers Stellung nahmen. Das LG Köln hatte im Zusammenhang mit einem Phishingangriff im Onlinebanking über die Haftung eines Geldkuriers (siehe zur Haftung des Geldkuriers oben S. 256 ff.) zu entscheiden, der vom

---

[590] *Blissenbach*, jurisPR-BKR 4/2008, Anm. 6; *Hossenfelder*, CR 2009, 790, 792; *Libertus*, MMR 2005, 507, 510; *Meder/Blissenbach*, EWiR 2008, 243, 244; *Spindler*, BSI-Studie, S. 126; *D. Werner*, in *Borges*, Internet-Auktion, S. 197.

[591] So offenbar LG Köln, 5.12.2007, 9 S 195/07, MMR 2008, 259, 261, das „aktuellen" Virenschutz verlangt.

[592] LG Köln, 5.12.2007, 9 S 195/07, MMR 2008, 259, 261; *Blissenbach*, jurisPR-BKR 4/2008, Anm. 6; *Ernst*, CR 2006, 590, 593; *F. Koch*, CR 2009, 485, 487 f.; *Libertus*, MMR 2005, 507, 510; *Meder/Blissenbach*, EWiR 2008, 243, 244; *Mühlenbrock/Dienstbach*, MMR 2008, 630, 631; *Scherzer*, jurisPR-ITR 3/2008, Anm. 3; *Schulte am Hülse/Klabunde*, MMR 2010, 84, 87; wohl auch *Schneider/Günther*, CR 1997, 389, 394.

[593] *D. Werner*, S. 163; in diese Richtung auch AG Wiesloch, 20.6.2008, 4 C 57/08, MMR 2008, 626, 627.

[594] So etwa LG Köln, 5.12.2007, 9 S 196/07, MMR 2008, 259, 261; *Schulte am Hülse/Klabunde*, MMR 2010, 84, 87; wohl auch *Karper*, DuD 2006, 215, 217, die die Installation von Softwareupdates und Sicherheitspatches nicht als unüberwindbare Aufgabe für den normalen Computernutzer einordnet.

[595] So etwa *Spindler*, BSI-Studie, S. 128 ff., der die Zumutbarkeit von wichtigen System- und Programmupdates bejaht, die automatisiert oder halbautomatisch installiert werden.

[596] *D. Werner*, S. 166 ff.; ähnlich *Spindler*, BSI-Studie, S. 129 f.

Bankkunden in Anspruch genommen worden war. Der Geldkurier hatte ein Mitverschulden des Bankkunden geltend gemacht, sodass das Gericht zu den allgemeinen Pflichten eines Internetnutzers Stellung zu nehmen hatte. Das Gericht beschreibt diese Pflichten recht forsch wie folgt:

„Für den konkreten Fall des Onlinebankings kann man von einem verständigen, technisch durchschnittlich begabten Anwender fordern, dass er eine aktuelle Virenschutzsoftware und eine Firewall verwendet und regelmäßig Sicherheitsupdates für sein Betriebssystem und die verwendete Software einspielt." (LG Köln, Urteil vom 5.12.2007 – 9 S 195/07, unter 5.b), MMR 2008, 259, 261).

Im Gegensatz dazu beschreibt das Amtsgericht Wiesloch, ebenfalls im Zusammenhang mit einem Phishingangriff im Onlinebanking, die Anforderungen an den Nutzer sehr viel zurückhaltender wie folgt:

„Eine irgendwie geartete Absicherung des Computers ist daher zu erwarten. [...] Dem Kl. und seiner Frau war „eigentlich klar", dass ein Antivirenprogramm auf dem Computer installiert sein sollte ... Daraufhin habe man über einen Freund und Geschäftskollegen des Kl. das Programm „Norton Antivirus" installiert. [...] Dies entspricht den gerichtsbekannten durchschnittlichen Sorgfaltsvorkehrungen eines PC-Benutzers oder übertrifft diese möglicherweise noch." (AG Wiesloch, Urteil vom 20.6.2008 – 4 C 57/08, unter II.2.b), MMR 2008, 626, 629).

Diese Urteile, die immer noch den aktuellen Diskussionsstand der Rechtsprechung markieren, bezeugen eine große Divergenz in der Einschätzung dessen, welche Kenntnisse, Fähigkeiten und Maßnahmen den Internetnutzern zuzumuten sind.

VII. Verhaltenspflichten und Haftung der Identitätsinhaber

1. Grundlagen der Haftung

Verhaltenspflichten und Haftung der Identitätsinhaber im Fall von Identitätsdiebstahl oder -missbrauch stehen in einem engen Zusammenhang, da die Verhaltenspflicht zivilrechtlich durch die Haftungsfolge bei Verletzung dieser Pflicht durchgesetzt wird. Entsprechend ergeben sich die Verhaltensanforderungen regelmäßig aus dem Tatbestand der jeweiligen Haftungsnorm.

Eine Haftung des Identitätsinhabers kann sich bei Identitätsdiebstahl kaum ergeben, da der Identitätsinhaber hier der Geschädigte ist. Die Haftung des Identitätsinhabers ist aber beim Identitätsmissbrauch von Bedeutung, da hier regelmäßig Dritte geschädigt werden.

Nicht selten ermöglicht der Identitätsinhaber durch sein Verhalten den Missbrauch seiner Identität, etwa weil er Authentisierungsdaten unwissentlich preisgibt (z. B. beim Phishing) oder Authentisierungsmedien unsorgfältig aufbewahrt, die vom Täter etwa für einen Betrug genutzt werden.

Eine Haftung des Identitätsinhabers wegen Mitverursachung eines Missbrauchs seiner Identität kann sich in unterschiedlichen Haftungsbeziehungen ergeben und kann auf verschiedenen rechtlichen Grundlagen beruhen.

Daher sind im Folgenden die verschiedenen Haftungsbeziehungen und Haftungsgrundlagen kurz darzustellen.

a) Haftungsbeziehungen

Im Fall des Identitätsmissbrauchs kann sich die Frage nach der Haftung des Identitätsinhabers in ganz unterschiedlichen Konstellationen stellen. Dies hängt davon ab, zu welcher Art von Missbrauch die Identität verwendet wird und welche Personen hierdurch einen Schaden erleiden.

Die theoretisch in Betracht kommenden Schadensszenarien und Geschädigten können hier angesichts der Vielzahl der denkbaren Geschehensabläufe nicht sämtlich betrachtet werden.

Es lassen sich aber folgende relevante Fallgruppen bilden:

- Leistungsbezug unter fremder Identität/Bestellung namens des Identitätsinhabers.

  Der Bezug von Leistungen namens des Identitätsinhabers ist eine potenziell wichtige Fallgruppe. Das Grundschema lautet: Ein Anbieter, der über das Internet Leistungen erbringt, gibt Leistungen frei, nachdem sich der Täter unter dem Namen des Identitätsinhabers und mit dessen Authentisierungsmedium (z. B. Passwort) authentisiert hat.

  Hier kann der Anbieter geschädigt werden. Die Handlung kann aber auch eine Schädigung Dritter zur Folge haben, Beispiel: Eröffnung/Nutzung eines Accounts unter falscher Identität und Missbrauch des Accounts zum Betrug etc. zum Nachteil Dritter. Realistische Beispiele sind etwa: Eröffnung eines eBay-Accounts unter falschem Namen, Nutzung zum Betrug; Eröffnung eines Bankkontos unter falschem Namen, Nutzung zu Geldtransfer, z. B. Phishing.

- Leistungserbringung/Begründung von Verpflichtungen namens des Identitätsinhabers (z. B. Intervention in Leistungsbeziehung, etwa Verfälschung einer Bestellung, einer Überweisung etc.).

  Es handelt sich um eine parallele Fallgruppe zur oben genannten Gruppe, die oft, aber nicht immer, zusammentrifft. So wird beim Vertragsabschluss unter der Identität des Ausweisinhabers einerseits eine Leistung bezogen, andererseits eine Verpflichtung begründet.

  Die beiden Fallgruppen können daher gemeinsam erörtert werden.

- Schädigung Dritter unter falscher Identität (z. B. Urheberrechtsverletzungen [z. B. Angebote in Plattformen], Persönlichkeitsrechtsverletzungen [z. B. ehrverletzender Foreneintrag unter Identität des Ausweisinhabers]).

  Die Besonderheit dieser Fallgruppe besteht darin, dass keine Leistungsbeziehung vorliegt, sondern i. d. R. lediglich tatsächliche Handlungen erfolgen, etwa Verletzungen von Schutzrechten, Persönlichkeitsrechtsverletzungen.

VII. Verhaltenspflichten und Haftung der Identitätsinhaber 277

- Sonstige Rechtsverletzungen unter Identität des Ausweisinhabers.
In dieser Fallgruppe handelt es sich um Rechtsverletzungen ohne unmittelbare Schädigung Dritter, etwa kriminelle oder ordnungswidrige Handlungen (z. B. strafrechtlich relevante Äußerungen in Foren). Da diese mangels Schadens keine zivilrechtliche Haftung auslösen, bleiben sie im Weiteren außer Betracht.

Aus diesen Schadenszenarien folgen unterschiedliche potenzielle Anspruchsinhaber. Anspruchsinhaber können sein:

- Personen, mit denen der Identitätsinhaber in Vertragsbeziehungen steht (z. B. Bank beim Onlinebanking, Verkäufer beim Onlinehandel, Inhaber einer Handelsplattform);
- Personen, die auf Identität des Identitätsinhabers und ggf. eine vermeintliche vertragliche Beziehung vertrauen (z. B. Verkäufer beim Onlinehandel, sonstige Betrugsopfer);
- Dritte, deren Rechte (z. B. Urheberrecht, Persönlichkeitsrecht) verletzt werden.

b) Anspruchsgrundlagen

Ansprüche gegen den Identitätsinhaber wegen Identitätsmissbrauchs können sich aus ganz unterschiedlichen Anspruchsgrundlagen ergeben.

Die Anspruchsgrundlagen lassen sich in verschiedene Gruppen unterteilen:

- Ansprüche aus Vertrag (z. B. Girovertrag; Kaufvertrag)
  (§ 280 BGB – Verletzung einer vertraglichen Nebenpflicht);
- Ansprüche wegen Verletzung deliktisch geschützter Rechtsgüter, etwa wegen Verstoßes gegen Verkehrspflichten (z. B. Virenschutz des PC); Anspruchsgrundlagen könnten z. B. sein:
  - § 823 Abs. 1 BGB; § 12 BGB;
  - § 97 UrhG; §§ 14, 15 MarkenG (sonstige Schutzrechte);
- Ansprüche wegen Verletzung von Schutzgesetzen
  (§ 823 Abs. 2 BGB i. V. m. Schutzgesetz, z. B. § 27 PAuswG, Strafgesetze);
- Sonstige deliktische Ansprüche (etwa § 826 Abs. 1 BGB).

Aus welcher Anspruchsgrundlage sich ggf. eine Haftung des Identitätsinhabers ergibt, hängt wesentlich vom jeweiligen Schadensszenario und dessen rechtlicher Einbettung ab und kann letztlich nur für den Einzelfall abschließend beurteilt werden.

Im Folgenden werden beispielhaft die in Betracht kommenden Grundlagen für eine Haftung des Identitätsinhabers für relevante Schadensszenarien (Onlinebanking; Onlinehandel [Warenvertrieb]; Betrug über Handelsplattform) beschrieben.

c) Onlinebanking

Beim Onlinebanking besteht das schon klassische Schadensszenario in der gefälschten Überweisung unter Verwendung der Identität und der Authentisierungsmedien (z. B. PIN, TAN) des Kunden.

In dieser Situation trägt die Bank das Risiko des Missbrauchs (dazu oben S. 263 f.), ist also Geschädigte. Daher ist von Bedeutung, ob die Bank ihren Kunden, den Identitätsinhaber, auf Schadensersatz in Anspruch nehmen kann.

Als Anspruchsgrundlage kommt vor allem ein Anspruch wegen Verletzung einer vertraglichen Pflicht aus § 280 Abs. 1 BGB in Betracht. Es ist in Rechtsprechung und Literatur unstreitig, dass ein solcher Anspruch besteht, wenn der Kunde eine Pflichtverletzung begangen hat und der Schaden kausal hierauf zurückzuführen ist.[597]

In der Praxis werden dem Vernehmen nach in zahlreichen Fällen Schäden aus Phishingangriffen vom Kunden ganz oder teilweise wegen einer Pflichtverletzung übernommen.

Gerichtliche Entscheidungen, die eine Haftung des Kunden wegen einer Pflichtverletzung bejaht hätten, liegen, soweit ersichtlich, bisher nicht vor. Allerdings hat der Ombudsmann des BVR[598] insoweit – zulasten des Bankkunden – einen wesentlich strengeren Standpunkt vertreten.

Deliktische Ansprüche wegen Verletzung absoluter Rechte, namentlich aus § 823 Abs. 1 BGB, scheiden aus, da hier lediglich das Vermögen der Bank, nicht aber absolut geschützte Rechtsgüter betroffen sind.

Ansprüche wegen Verletzung eines Schutzgesetzes (§ 823 Abs. 2 BGB i. V. m. dem jeweiligen Schutzgesetz) sind bisher nicht diskutiert worden, da hier kein Schutzgesetz zugunsten der Bank ersichtlich ist.

In der Praxis verlagert sich die Haftung für den Schaden häufig auf den Geldkurier wegen dessen Beteiligung an dem Transfer des Überweisungsbetrags an den Täter (dazu oben S. 256 ff.).

Für die Haftung des Kunden kommt es damit entscheidend darauf an, ob er eine ihm obliegende Pflicht verletzt hat (dazu unten S. 281 ff.).

d) Onlinehandel

Das typische Schadensszenario des Identitätsmissbrauchs im Onlinehandel besteht im Bezug von Waren durch den Täter unter fremder Identität. Hier tritt der Täter bei einem Onlinehändler unter der Identität des Identitätsinhabers auf, sei es unter Neuanmeldung, sei es unter Verwendung eines bestehenden Accounts, und bezieht von diesem Waren.

Hier trägt der Onlinehändler das Risiko des Missbrauchs (dazu oben S. 268), ist also Geschädigter. Daher ist von Bedeutung, ob er vom Identitätsinhaber Schadensersatz verlangen kann.

Im Fall des Missbrauchs eines bestehenden Accounts besteht eine vertragliche Beziehung zwischen dem geschädigten Onlinehändler und dem Identitätsinhaber. Daher kommt ein Schadensersatzanspruch wegen Verletzung einer vertraglichen Pflicht aus § 280 Abs. 1 BGB in Betracht.

---

[597] *Borges*, NJW 2005, 3313, 3314.
[598] Ombudsmann BVR, 27.10.2006, K-73/06.

Deliktische Ansprüche wegen Verletzung absoluter Rechte, namentlich aus § 823 Abs. 1 BGB, scheiden auch hier aus, da lediglich das Vermögen des Händlers betroffen ist.

Ansprüche wegen Verletzung eines Schutzgesetzes (§ 823 Abs. 2 BGB i. V. m. dem jeweiligen Schutzgesetz) sind bisher nicht diskutiert worden, da hier kein Schutzgesetz zugunsten des Händlers ersichtlich ist.

Für die Haftung des Kunden kommt es wie beim Onlinebanking damit entscheidend darauf an, ob er eine ihm obliegende Pflicht verletzt hat (dazu unten S. 281 ff.).

Im Fall der Neuanmeldung eines Accounts unter falscher Identität fehlt es an der Vertragsbeziehung, sodass auch vertragliche Schadensersatzansprüche gegen den Identitätsinhaber grundsätzlich nicht in Betracht kommen.

Die Situation ist anders zu beurteilen, wenn der Täter den elektronischen Identitätsnachweis des Kunden zur Authentisierung verwendet, etwa aufgrund eines Diebstahls des neuen Personalausweises. In diesem Fall kann zusätzlich zu etwaigen vertraglichen Ansprüchen ein Schadensersatzanspruch des Onlinehändlers wegen Verletzung eines Schutzgesetzes, hier des § 27 PAuswG, in Betracht kommen (dazu unten S. 288 f.).

e) Internetplattformen

Beim Identitätsmissbrauch auf Internetplattformen besteht eine Besonderheit gegenüber anderen Gruppen des Onlinehandels, da hier der Anbieter von Waren unter einem Account auftritt, der vom Betreiber der Plattform zur Verfügung gestellt wird. Das Musterbeispiel für diese Konstellation ist die Handelsplattform von eBay. Hier treten Anbieter von Waren im Rahmen eines eBay-Accounts auf. Der Vertrieb der Waren erfolgt im Übrigen teils wie bei sonstigen Formen des Onlinehandels (im Rahmen von Shops oder bei „Sofort-Kauf-"Angeboten), teilweise in der speziellen Vertriebsform der Auktion.

Bei Internetplattformen können sich zum einen dieselben Formen des Identitätsmissbrauchs ergeben wie beim sonstigen Onlinehandel, also etwa der Bezug von Waren unter der Identität eines Accountinhabers. Auch hier ist von Bedeutung, ob der geschädigte Händler vom Identitätsinhaber Schadensersatz verlangen kann.

Daneben können sich weitere Schadensszenarien ergeben. Dazu gehört insbesondere der in der Praxis nicht selten vorkommende Fall, dass der Täter einen bestehenden Account „übernimmt", indem er sich Zugang zu diesem verschafft, und namens des Accountinhabers Produkte anbietet und den Kaufpreis für sich einzieht.

In diesem Fall ist der betrogene Käufer der Geschädigte, da er einen Kaufpreis für eine Ware bezahlt, die er nicht erhält. Hier stellt sich die Frage, ob der geschädigte Käufer vom Identitätsinhaber, also dem Inhaber des missbrauchten Accounts, Ersatz seines Schadens verlangen kann.

In beiden Fallgruppen gleichermaßen stellt sich auch die Frage, ob der geschädigte Händler oder der geschädigte Käufer vom Betreiber der Plattform wegen unzureichender Sicherung des Accounts Schadensersatz verlangen kann. Diese Frage wird unten (siehe unten S. 297 ff.) erörtert. Hier steht die Verantwortlichkeit des Accountinhabers im Vordergrund.

In beiden Fallgruppen ist von entscheidender Bedeutung, ob vertragliche Ansprüche des Geschädigten (Händler, Käufer) gegen den Accountinhaber in Betracht kommen, etwa wegen unsorgfältigen Umgangs mit dem Authentisierungsmedium (Passwort).

Dies ist zweifelhaft, da zwischen diesen und dem Accountinhaber keine vertraglichen Beziehungen bestehen.[599] Ein Vertragsverhältnis besteht lediglich zwischen dem Accountinhaber und dem Betreiber der Plattform. Ein Schadensersatzanspruch kommt nur in Betracht, wenn der Vertrag zwischen dem Accountinhaber und dem Plattformbetreiber als Vertrag mit Schutzwirkung zugunsten der anderen Nutzer der Plattform angesehen werden kann. Im Fall eines solchen Vertrags mit Schutzwirkung zugunsten Dritter können Personen, die nicht unmittelbar eine vertragliche Beziehung mit dem Schädiger (hier: Accountinhaber) haben, Schadensersatz wegen Vertragsverletzung von diesem verlangen.

Nach herrschender Ansicht ist der Vertrag zwischen dem Accountinhaber und dem Plattformbetreiber kein Vertrag mit Schutzwirkung zugunsten der anderen Nutzer der Plattform.[600]

Diese Meinung erscheint richtig. Zwar mag das Auktionshaus ein Interesse daran haben, die übrigen Auktionsteilnehmer in den Schutz der Geheimhaltungspflicht einzubeziehen. Weitere Voraussetzung für die Einbeziehung Dritter ist aber, unabhängig von der dogmatischen Herleitung des Vertrages mit Schutzwirkung zugunsten Dritter, dass die damit verbundene Haftungserweiterung für den Schuldner erkennbar, kalkulierbar und zumutbar sein muss. Eine Drittwirkung der Geheimhaltungspflicht würde hingegen für den Auktionsteilnehmer unabsehbare Risiken (Schadensersatz in nicht absehbarer Höhe gegenüber beliebig vielen potenziell geschädigten Auktionsteilnehmern) begründen und ist daher weder kalkulierbar noch zumutbar.[601] Die bloße Reziprozität ist kein hinreichendes Äquivalent für ein derartiges Haftungsrisiko.[602] Die Rechtsprechung scheint im Ergebnis genauso zu entscheiden. So hat das LG Bonn im Fall des Passwortmissbrauchs einen vertraglichen Anspruch des Auktionsteilnehmers gegen den Passwortinhaber wegen des Risikos „ausufernder" Haftung abgelehnt.

Damit kommen vertragliche Ansprüche gegen den Identitätsinhaber nicht in Betracht.

Auch hier scheiden deliktische Anspruchsgrundlagen aus, insoweit gilt dasselbe wie sonst im Onlinehandel. Dies bedeutet, dass der Geschädigte (Händler, Käufer) keine Ansprüche gegen den Accountinhaber geltend machten kann.

---

[599] *Borges*, in Borges, Internet-Auktion, S. 214, 216 f.; ausführlich dazu *J. Meyer*, in Borges, Internet-Auktion, S. 26, 33 ff.

[600] *Borges*, in Borges, Internet-Auktion, S. 214, 217; *J. Meyer*, in Borges, Internet-Auktion, S. 26, 37; a. A. *Hoffmann*, in Leible/Sosnitza, Rz. 122; *R. Koch*, CR 2005, 502, 507 f.

[601] *Borges*, in Borges, Internet-Auktion, S. 214, 217; *J. Meyer*, in Borges, Internet-Auktion, S. 26, 37.

[602] *Borges*, in Borges, Internet-Auktion, S. 214, 217.

Auch hier ist die Situation im Fall der Authentisierung mit dem neuen Personalausweis möglicherweise anders zu beurteilen, wenn insoweit eine Schutzgesetzverletzung (§ 27 PAuswG) vorliegt (dazu unten S. 288 f.).

2. Verhaltenspflichten des Identitätsinhabers in Fallgruppen

a) Verhaltenspflichten im Onlinebanking

Im Vordergrund der hier interessanten Pflichten zur Abwehr von Identitätsmissbrauch stand seit jeher die Pflicht zur sorgfältigen Aufbewahrung bzw. Geheimhaltung der Authentisierungsmedien, namentlich PIN und TAN bzw. ihrer Äquivalente. Es war aber nicht streitig, dass weitere Pflichten bestehen konnten, namentlich die Pflicht, Täuschungsversuche zu erkennen und auf Verdachtsmomente angemessen zu reagieren, oder die Pflicht, die IT-Infrastruktur zu sichern.

aa) Grundlagen der Verhaltenspflichten

Die Verhaltenspflichten des Bankkunden im Onlinebanking waren traditionell nicht ausdrücklich gesetzlich geregelt. Vielmehr wurden Pflichten des Kunden als vertragliche Nebenpflichten aus dem Girovertrag abgeleitet. Daneben enthielten die AGB der Banken Pflichten des Kunden.

In Umsetzung der Zahlungsdiensterichtlinie hat der Gesetzgeber zum 31.10.2009 eine neue Regelung der Zahlungsdienste ins BGB eingeführt (dazu oben S. 261 ff.). Dazu gehört, dass das Gesetz erstmals die Pflicht zur Sicherung der Authentisierungsmedien, in dem neuen § 675 l BGB, regelt. Die Norm lautet:

„§ 675 l Pflichten des Zahlers in Bezug auf Zahlungsauthentifizierungsinstrumente
Der Zahler ist verpflichtet, unmittelbar nach Erhalt eines Zahlungsauthentifizierungsinstruments alle zumutbaren Vorkehrungen zu treffen, um die personalisierten Sicherheitsmerkmale vor unbefugtem Zugriff zu schützen. Er hat dem Zahlungsdienstleister oder einer von diesem benannten Stelle den Verlust, den Diebstahl, die missbräuchliche Verwendung oder die sonstige nicht autorisierte Nutzung eines Zahlungsauthentifizierungsinstruments unverzüglich anzuzeigen, nachdem er hiervon Kenntnis erlangt hat."

§ 675 l BGB ist keine abschließende Regelung der Verhaltenspflichten des Nutzers, sondern regelt lediglich zwei Pflichten. In Satz 1 wird die Pflicht zur Sicherung des Authentisierungsmediums (im Gesetz als „Zahlungsauthentifizierungsinstrument" bezeichnet) geregelt, in Satz 2 die Pflicht, den Zahlungsdienstleister (Bank) bei Abhandenkommen oder Missbrauch der Authentisierungsmedien zu benachrichtigen.

Die Pflicht zur Sicherung der Authentisierungsmedien ist generalklauselartig gefasst und bedarf der Konkretisierung. Der Gesetzgeber geht davon aus, dass diese Konkretisierung durch die AGB der Zahlungsdienstleister erfolgt. Dies zeigt sich etwa daran, dass das Gesetz den Zahlungsdienstleister in Art. 248 § 4 Abs. 1 Nr. 5 a) EGBGB verpflichtet, den Nutzer über die konkreten Anforderungen an die sichere Verwahrung der Authentisierungsmedien zu informieren.[603]

Dabei ist freilich zu bedenken, dass diese Konkretisierung letztlich stets aus dem Grundsatz des § 675 l S. 1 BGB abgeleitet wird, und Pflichten in AGB, die hierüber hinausgehen, im Rahmen der AGB-Kontrolle (§ 307 BGB) an den gesetzlichen Vorgaben zu messen sind.

Auch die AGB der Banken sind zum 31.10.2009 regelmäßig geändert worden. In der Neufassung enthalten die Bedingungswerke umfassende Regeln zu den Pflichten des Nutzers. Wie die Analyse neuer AGB gezeigt hat (dazu oben S. 221 ff.), sind die Pflichten der Nutzer in den neuen Bedingungswerken umfangreich und detailliert beschrieben.

Die zahlreichen Regeln umfassen folgende Bereiche:

- Sicherung von Authentisierungsmedien,
- Sicherung der IT-Infrastruktur,
- Erkennen von Täuschungen und
- ergänzende Pflichten (Information über Sicherheitshinweise).

Damit besteht für den Kunden im Onlinebanking, im Gegensatz zu der bisherigen, rudimentären Regelung, ein dichtes Netz an Verhaltenspflichten durch Gesetz und AGB. Die wichtigsten Pflichten werden nachfolgend erörtert.

bb) Pflicht zur Sicherung der Authentisierungsmedien

§ 675 l BGB verpflichtet den Bankkunden, nach Erhalt eines Zahlungsauthentifizierungsinstruments alle zumutbaren Maßnahmen zu treffen, um die personalisierten Sicherheitsmerkmale vor dem Zugriff Dritter zu schützen. Die Begriffe des Zahlungsauthentifizierungsinstruments und des personalisierten Sicherheitsmerkmals sind im Gesetz nicht definiert.

Die Musterbedingungen zum Onlinebanking des Bundesverbands deutscher Banken (BdB) beschreiben diese Begriffe durch eine abschließende Aufzählung. Personalisierte Sicherheitsmerkmale sind nach Nr. 2.1. der Musterbedingungen PIN, TAN – gemeint ist die jeweilige einzelne Nummer – und das Passwort für die elektronische Signatur.[604] Es handelt sich also um die dem jeweiligen Kunden

---

[603] Art. 248 § 4 Abs. 1 Nr. 5 lautet: „5. zu den Schutz- und Abhilfemaßnahmen a) gegebenenfalls eine Beschreibung, wie der Zahlungsdienstnutzer ein Zahlungsauthentifizierungsinstrument sicher verwahrt und wie er seine Anzeigepflicht gegenüber dem Zahlungsdienstleister gemäß § 675l Satz 2 des Bürgerlichen Gesetzbuchs erfüllt".

[604] Nr. 2.1. lautet: „2.1 Personalisierte Sicherheitsmerkmale
Personalisierte Sicherheitsmerkmale, die auch alphanumerisch sein können, sind:
– die persönliche Identifikationsnummer (PIN),
– einmal verwendbare Transaktionsnummern (TAN),
– der Nutzungscode für die elektronische Signatur."

zugewiesenen geheimen Informationen. Authentifizierungsinstrumente sind nach Nr. 2.2 TAN-Listen sowie TAN-Generatoren, Chipkarte.[605]
Es handelt sich also um Sachen, die zur Authentisierung verwendet werden.
§ 675 l BGB beschreibt die Pflicht des Kunden mit einer Generalklausel. Die ausführliche Regelung der Muster-AGB des BdB (oben S. 221 ff.) beschreibt die Pflicht mit einem doppelten Ansatz. Zunächst wird in Nr. 7.2 Abs. 1 der Grundsatz – Pflicht zur Sicherung der Authentisierungsmedien – generalklauselartig beschrieben. Sodann wird die Pflicht in Nr. 7.2. Abs. 2 durch insgesamt sieben Regelbeispiele konkretisiert. Ob diese Bedingungen lediglich eine Konkretisierung der gesetzlichen Pflicht enthalten oder über die gesetzlichen Pflichten hinausgehen, kann hier nicht im Einzelnen untersucht werden, ebenso wenig, ob diese Pflichten einer AGB-Kontrolle standhalten.

Die in den Musterbedingungen geregelten Pflichten werden wie dargestellt (oben S. 223 f.) durch weitere Regeln in den AGB einzelner Banken ergänzt. Der Kunde hat damit eine Vielzahl von Sorgfaltspflichten in Bezug auf die Sicherung der Authentisierungsmedien zu beachten.

Die entscheidende Frage geht dahin, in welchen Fällen eine Verletzung dieser Pflicht vorliegt. Diese Frage kann hier nicht abschließend erörtert werden. Es lassen sich aber anhand der bisherigen Diskussion zu den Pflichten der Kunden im Onlinebanking einige Beispiele nennen:

- Eingabe mehrerer TAN

Ein Beispielfall, der in der Praxis erhebliche Bedeutung hat, ist die Eingabe mehrerer TAN auf der Startseite einer gefälschten Website der Bank. Hierin lag schon nach der bisherigen Rechtslage nach allg. Auffassung eine Pflichtverletzung des Kunden vor.
Dasselbe gilt nach der neuen Rechtslage. Die Pflicht zur Sicherung der Authentisierungsmedien nach § 675 l BGB schließt die Pflicht ein, Täuschungsversuche zu erkennen und ungewöhnliche Aufforderungen, die im Gegensatz zu der vereinbarten Prozedere stehen, nicht ohne Weiteres zu befolgen.
Die Eingabe mehrerer TAN verstößt zudem gegen die in Nr. 7.2. Abs. 2, 6. Spgstr. ausdrücklich genannten Verbote, mehr als eine TAN in einem Vorgang einzugeben. Damit liegt in diesem Fall ein Verstoß des Kunden gegen seine Sorgfaltspflichten vor.

---

[605] Nr. 2.2. lautet: „2.2 Authentifizierungsinstrumente
Die TAN beziehungsweise die elektronische Signatur können dem Teilnehmer auf folgenden Authentifizierungsinstrumenten zur Verfügung gestellt werden:
– auf einer Liste mit einmal verwendbaren TAN,
– mittels eines TAN-Generators, der Bestandteil einer Chipkarte oder eines anderen elektronischen Geräts zur Erzeugung von TAN ist,
– mittels eines mobilen Endgerätes (zum Beispiel Mobiltelefon) zum Empfang von TAN per SMS (mobile TAN),
– auf einer Chipkarte mit Signaturfunktion oder
– auf einem sonstigen Authentifizierungsinstrument, auf dem sich Signaturschlüssel befinden.
Für eine Chipkarte benötigt der Teilnehmer zusätzlich ein geeignetes Kartenlesegerät."

- Beachtung eines Links in einer Phishing-E-Mail und Eingabe einzelner TAN auf einer gefälschten Website

Ein in der Praxis häufig vorkommender Angriff liegt im Versenden gefälschter E-Mails, die einen Link auf eine gefälschte Bank-Website enthalten, auf der der Kunde PIN und TAN eingeben soll.
Wenn der Kunde einer solchen E-Mail folgt, kann ein Verstoß gegen seine Sicherungspflicht nach § 675 l BGB vorliegen. Ob hier in jedem Fall eine Pflichtverletzung gegeben ist, wird in der Literatur unterschiedlich beurteilt. Während nach einer Ansicht stets eine Pflichtverletzung vorliegt, ist nach anderer Ansicht maßgeblich, ob der Kunde im konkreten Einzelfall die Täuschung hätte erkennen müssen.[606] Diese zur alten Rechtslage geführte Diskussion ist auf den § 675 l BGB übertragbar. Die Musterbedingungen des BdB enthalten keine Pflicht, die sich ausdrücklich auf diese Konstellation bezieht, sodass aus den Musterbedingungen nichts anderes folgt. Die Onlinebedingungen einzelner Banken hingegen enthalten ein ausdrückliches Verbot, einem Link in einer E-Mail zu folgen. Dieses Verbot ist hier verletzt.

cc) Pflicht zur Sicherung der IT-Infrastruktur des Kunden

§ 675 l BGB nimmt nicht ausdrücklich auf die Sicherheit der IT-Infrastruktur Bezug. Diese Pflicht ist aber der Sicherungspflicht des § 675 l S. 1 BGB im Wege der Auslegung zu entnehmen. Die Pflicht, alle zumutbaren Vorkehrungen zu treffen, um die Authentisierungsmedien vor Zugriffen Dritter zu schützen, ist nicht auf die Erkennung von Täuschungen etc. oder die Verwahrung einer Notiz der PIN oder TAN beschränkt. Vielmehr gehört zu den Sicherungspflichten auch, das Datenverarbeitungsgerät zu sichern, soweit es dem Kunden zumutbar ist.

Die in Betracht kommende Maßnahme ist insofern vor allem Virenschutz durch Einsatz eines Virenschutzprogramms zu unterhalten. Ob eine solche Pflicht besteht, war bisher umstritten. In jüngster Zeit wird eine solche Pflicht von allen Stellungnahmen angenommen.[607] Diese Stellungnahmen, die sich auf die alte Rechtslage beziehen, lassen sich uneingeschränkt auf die neue Rechtslage übertragen. Umstritten ist allerdings, ob der Virenschutz aktuell gehalten werden muss, worin mehrfach tägliche Updates zu verstehen sind. Dies wird ganz überwiegend verneint. Entgegen dieser Ansicht wird man jedoch, wie im Zusammenhang mit den Verkehrspflichten der Internetnutzer erörtert (oben S. 273 f.), eine Pflicht zur Verwendung aktuellen Virenschutzes anzunehmen haben.

---

[606] *Borges*, NJW 2005, 3313, 3314; *Schulte am Hülse/Klabunde*, MMR 2010, 84, 87.
[607] Siehe, ausdrücklich auf eine Verkehrspflicht Bezug nehmend, LG Köln, 5.12.2007, 9 S 195/07, MMR 2008, 259, 261; *Dienstbach/Mühlenbrock*, K&R 2008, 151, 154; *Mühlenbrock/Dienstbach*, MMR 2008, 630, 631; *Spindler*, MMR 2008, 7, 10. Ohne Bezugnahme auf die Rechtsgrundlage: LG Berlin, 11.8.2009, 37 O 4/09, BeckRS 2009, 28142; AG Wiesloch, 20.6.2008, 4 C 57/08, CR 2008, 600, 602 f.; *Blissenbach*, jurisPR-BKR 4/2008, Anm. 6; *Borges*, MMR 2008, 262, 264 f.; *Erfurth*, CR 2008, 604, 605; *Karper*, DuD 2006, 215, 217; *Meder/Blissenbach*, EWiR 2008, 243, 244; *Scherzer*, jurisPR-ITR 3/2008, Anm. 3; *D. Werner*, K&R 2008, 554, 555. Kritisch *Kind/D. Werner*, CR 2006, 353, 355.

VII. Verhaltenspflichten und Haftung der Identitätsinhaber   285

Die Musterbedingungen des BdB enthalten keine ausdrückliche Regelung zum Virenschutz und zur sonstigen Sicherung des Systems. Allerdings verpflichtet Nr. 7.3 der Musterbedingungen den Kunden dazu, die Sicherheitshinweise auf der Website der Bank zu „beachten". Die Regelwerke der einzelnen Banken behandeln den Aspekt des Virenschutzes unterschiedlich. Die Mehrheit der untersuchten Regelwerke enthält – zusätzlich zu den in den Musterbedingungen genannten Pflichten – eine Pflicht zum Einsatz eines aktuellen Virenschutzes (dazu oben S. 223 f.). Teilweise findet sich diese Pflicht in den Sicherheitshinweisen, auf die Nr. 7.3 der Bedingungen verweist (dazu oben S. 224). Dies bedeutet, dass die große Mehrheit der Kreditinstitute dem Kunden die Pflicht auferlegt, aktuellen Virenschutz vorzuhalten.

Dies bedeutet, dass der Kunde je nach Auffassung schon durch das Gesetz, regelmäßig aber jedenfalls aufgrund der AGB der Banken zum Einsatz aktueller Virenschutzprogramme verpflichtet ist. Sofern der Kunde entweder gar keinen Virenschutz vorhält oder diesen nicht auf aktuellem Stand hält, verletzt er diese Pflicht.

b) Verhaltenspflichten im Umgang mit dem neuen Personalausweis

aa)   Überblick

Der elektronische Identitätsnachweis, den der neue Personalausweis ermöglichen wird, soll künftig eine wesentliche Grundlage der Authentisierung in der elektronischen Kommunikation darstellten. Daher ist von besonderem Interesse, welche Pflichten der Ausweisinhaber in Bezug auf die Sicherung des neuen Personalausweises und der Geheimnummer zu erfüllen hat.

Verhaltenspflichten im Umgang mit dem neuen Personalausweis sind in § 27 Abs. 1 Nr. 3, Abs. 2 und 3 PAuswG geregelt. Die Normen lauten:

„27 Pflichten des Ausweisinhabers
(1) Der Ausweisinhaber ist verpflichtet, der Personalausweisbehörde unverzüglich
[…]
3. den Verlust des Ausweises anzuzeigen und im Fall des Wiederauffindens diesen vorzulegen,
[…].
(2) Der Personalausweisinhaber hat zumutbare Maßnahmen zu treffen, damit keine andere Person Kenntnis von der Geheimnummer erlangt. Die Geheimnummer darf insbesondere nicht auf dem Personalausweis vermerkt oder in anderer Weise zusammen mit diesem aufbewahrt werden. Ist dem Personalausweisinhaber bekannt, dass die Geheimnummer Dritten zur Kenntnis gelangt ist, soll er diese unverzüglich ändern oder die Funktion des elektronischen Identitätsnachweises ausschalten lassen.
(3) Der Personalausweisinhaber soll durch technische und organisatorische Maßnahmen gewährleisten, dass der elektronische Identitätsnachweis gemäß

§ 18 nur in einer Umgebung eingesetzt wird, die nach dem jeweiligen Stand der Technik als sicher anzusehen ist. Dabei soll er insbesondere solche technischen Systeme und Bestandteile einsetzen, die vom Bundesamt für Sicherheit in der Informationstechnik als für diesen Einsatzzweck sicher bewertet werden."

§ 27 PAuswG regelt damit drei Pflichten:
- Pflicht zur Anzeige bei Verlust des Personalausweises, § 27 Abs. 1 Nr. 3 PAuswG;
- Pflicht zur Geheimhaltung der Geheimnummer, § 27 Abs. 2 S. 1 PAuswG;
- Pflicht zur Sicherung der technischen Infrastruktur, § 27 Abs. 3 PAuswG.

Weitere Pflichten nennt das Personalausweisgesetz nicht. Auch in anderen Gesetzen gibt es keine ausdrückliche gesetzliche Pflicht in Bezug auf die Sicherung des Personalausweises.

Pflichten zur Sicherung des Personalausweises und der Geheimnummer können sich dessen ungeachtet aus dem Vertrag ergeben. Dies ist insbesondere dann der Fall, wenn nach dem Vertrag eine Authentisierung durch den elektronischen Identitätsnachweis gefordert ist. Da beispielsweise aus dem Girovertrag eine vertragliche Pflicht zur Sicherung der Authentisierungsmedien abzuleiten ist, erstreckt sich diese Pflicht auch auf den neuen Personalausweis, soweit dieser aufgrund Vereinbarung zwischen Bank und Kunde zur Authentisierung eingesetzt werden kann. Dasselbe wird voraussichtlich für alle anderen Vertragsverhältnisse gelten, die auf den elektronischen Identitätsnachweis als Mittel der Authentisierung setzen.

Ebenso kann sich aus anderen Gesetzen eine Pflicht zur Sicherung des Personalausweises und der Geheimnummer ergeben, insbesondere dann, wenn das Gesetz den Einsatz des elektronischen Identitätsnachweises anordnet.

bb) Die Pflicht zur Verlustanzeige

Nach § 27 Abs. 1 Nr. 3 PAuswG ist der Ausweisinhaber im Fall des Verlustes des Ausweises verpflichtet, dies der Personalausweisbehörde unverzüglich anzuzeigen, nachdem er vom Verlust Kenntnis erlangt. Unverzüglich meint auch hier „ohne schuldhaftes Zögern" und ist, da eine telefonische Anzeige möglich ist, ein äußerst kurzer Zeitrahmen. Bisher ist allerdings nicht klar, ob eine ständig erreichbare Hotline zur Verfügung stehen wird. Daher ist bisher davon auszugehen, dass die Anzeige innerhalb der allgemeinen Öffnungszeiten der Behörde zu erfolgen hat. Voraussichtlich wird sich hier aber noch eine Änderung mit der Möglichkeit ergeben, dass die Anzeige jederzeit entgegengenommen werden kann.

Soweit der Ausweisinhaber die Anzeige nicht innerhalb der Frist erstattet, verletzt er die Pflicht nach § 27 Abs. 1 Nr. 3 PAuswG.

cc) Die Pflicht zur Geheimhaltung der Geheimnummer

Der Personalausweisinhaber ist nach § 27 Abs. 2 S. 1 PAuswG verpflichtet, die Geheimnummer durch „zumutbare Maßnahmen" vor Kenntnisnahme durch Dritte

VII. Verhaltenspflichten und Haftung der Identitätsinhaber   287

zu schützen. Als Beispiel nennt § 27 Abs. 2 S. 2 PAuswG das Verbot, die Geheimnummer zusammen mit dem Personalausweis zu verwahren.

Die Geheimhaltungspflicht des § 27 Abs. 2 S. 1 PAuswG ist in generalklauselartiger Weite gefasst und bedarf der Konkretisierung. Wie sich aus § 27 Abs. 2 S. 2 PAuswG ergibt, ist es zulässig, dass der Personalausweisinhaber die PIN in geeigneter Weise notiert. Verboten ist lediglich eine unsorgfältige Aufbewahrung der Notiz. Hier nimmt der Gesetzgeber offensichtlich die Anforderungen auf, die für die Geheimhaltung einer ec-Karte gelten. Dies wird etwa daran deutlich, dass die Formulierung des § 27 Abs. 2 S. 2 PAuswG inhaltlich und nahezu wörtlich der Geheimhaltungspflicht nach Ziff. 6.3 der Bedingungen für den ec-/Maestro-Service entspricht. Die dort maßgeblichen Grundsätze können also für die Geheimhaltung der Geheimnummer zugrunde gelegt werden. Zur PIN der ec-Karte gilt nach ganz h. M., dass eine Notiz nicht in einer Weise gemeinsam mit der ec-Karte aufbewahrt werden darf, die den gemeinsamen Zugriff auf beide Sicherungsmedien ermöglicht, also etwa gemeinsam im Portemonnaie oder in einer Handtasche.[608]

Eine Verletzung dieser Pflicht liegt vor, wenn der Personalausweisinhaber die Geheimnummer in unmittelbarer Nähe zum Ausweis aufbewahrt, sodass einem Dritten der gemeinsame Zugriff ermöglicht wird.

Diese Pflicht wird in § 27 Abs. 2 S. 3 PAuswG ergänzt durch die Pflicht, bei Kenntniserlangung durch einen Dritten die Geheimnummer zu ändern oder die eID-Funktion sperren zu lassen. Auch wenn dies nicht ausdrücklich gesagt wird, besteht hier nach dem Sinn und Zweck der Normen eine Pflicht zu unverzüglichem Handeln.

dd) Die Pflicht zur Sicherung der technischen Infrastruktur

Der Personalausweisinhaber „soll" nach § 27 Abs. 3 S. 1 PAuswG durch geeignete Maßnahmen „gewährleisten", dass der elektronische Identitätsnachweis nur in einer sicheren Umgebung eingesetzt wird. Diese Bestimmung ist in hohem Maße auslegungsbedürftig. Die Zielrichtung dieser Pflicht wird durch § 27 Abs. 3 S. 2 PAuswG verdeutlicht. Danach soll der Ausweisinhaber möglichst nur technische Komponenten einsetzen, die vom BSI als sicher bewertet wurden. Hier geht es also um eine hinreichend sichere technische Infrastruktur des Ausweisinhabers. In diesem Sinne ist auch der Grundsatz des § 27 Abs. 3 S. 1 PAuswG zu verstehen. Aufgrund der weiten Formulierung des Gesetzes wird man wohl davon ausgehen müssen, dass nicht nur der Bürgerclient gemeint ist, den der Ausweisinhaber im Zusammenhang mit dem Erwerb des Ausweises erhält, sondern die gesamte Infrastruktur, die zum Einsatz des elektronischen Identitätsnachweises erforderlich ist. Der Ausweisinhaber ist danach gehalten, seine eigene technische Infrastruktur, insbesondere seinen Rechner, an dem er den Personalausweis einsetzt, gegen Manipulationen zu sichern.

Der Umfang dieser Pflicht ist mit dem Begriff des „jeweiligen Standes der Technik" beschrieben. Dieser Stand ist nicht gesetzlich geregelt. Das vom Bundesminis-

---

[608] LG Köln, 17.1.2001, 26 O 56/00, WM 2001, 853, 855; *Borges*, S. 498 f. m. w. Nachw.

terium der Justiz herausgegebene Handbuch der Rechtsförmlichkeit definiert den Begriff wie folgt:

> „Stand der Technik ist der Entwicklungsstand fortschrittlicher Verfahren, Einrichtungen und Betriebsweisen, der nach herrschender Auffassung führender Fachleute das Erreichen des gesetzlich vorgegebenen Zieles gesichert erscheinen lässt."[609]

Diese Definition entspricht dem in Rechtsprechung und Literatur überwiegend verwendeten Verständnis des Begriffs des Standes der Technik. Damit wird ein hoher Standard angesprochen.

Es ist allerdings zweifelhaft, ob § 27 Abs. 3 PAuswG eine gesetzliche Verhaltenspflicht des Ausweisinhabers begründet. Wie sich aus der Gesetzgebungsgeschichte ergibt (siehe unten S. 289), ist der Gesetzgeber wohl eher von einer sanktionslosen Norm ausgegangen. Dies spricht dafür, diese Norm eher als gesetzlichen Hinweis, nicht aber als gesetzliche Verhaltenspflicht zu verstehen.

Wenn man davon ausgeht, dass § 27 Abs. 3 PAuswG eine rechtliche Pflicht des Ausweisinhabers begründet, so steht der Ausweisinhaber einem anspruchsvollen Pflichtenprogramm gegenüber. Das genaue Pflichtenprogramm wird dem einzelnen Bürger ohne Hilfestellung nicht verständlich sein. Hier wird der Bürger, soll er seine gesetzliche Pflicht erfüllen können, auf Unterstützung, insbesondere durch Aufklärung, angewiesen sein. Ob diese gewährleistet ist, ist den Verfassern nicht bekannt.

Unter welchen Voraussetzungen eine Verletzung dieser Pflicht vorliegt, kann hier nicht im Einzelnen untersucht werden. Ein einfaches Beispiel wäre etwa das Fehlen eines Virenschutzprogramms auf dem Rechner, an dem der Ausweisinhaber den Bürgerclient installiert.

ee) § 27 PAuswG als Schutzgesetz i. S. des § 823 Abs. 2 BGB

Für die Haftung des Personalausweisinhabers im Fall von Missbräuchen des elektronischen Identitätsnachweises ist es von größter Bedeutung, ob die Verhaltenspflichten nach § 27 PAuswG als Schutzgesetze i. S. des § 823 Abs. 2 BGB anzusehen sind. Wenn man dies bejaht, haftet der Personalausweisinhaber bei schuldhafter Verletzung der Pflichten jedem Geschädigten auf Schadensersatz, auch außerhalb eines Vertragsverhältnisses.

Schutzgesetze i. S. des § 823 Abs. 2 BGB sind nach dem Gesetzeswortlaut Gesetze, die „den Schutz eines anderen bezwecken". Gesetz in diesem Sinne sind alle Rechtsnormen. Der erforderliche Schutzzweck besteht, wenn die betreffenden Normen zumindest auch dazu dienen sollen, den Einzelnen oder einzelne Personenkreise gegen die Verletzung eines bestimmten Rechtsguts zu schützen.

---

[609] Teil B, Rz. 256.

VII. Verhaltenspflichten und Haftung der Identitätsinhaber

Die Eigenschaft als Schutzgesetz i. S. des § 823 Abs. 2 BGB ist nicht im Gesetz geregelt, sondern ist im Wege der Auslegung aus der jeweiligen Norm, hier also aus § 27 Abs. 1 Nr. 3, Abs. 2 und 3 PAuswG, abzuleiten.

Das entscheidende Merkmal des Schutzgesetzes ist, dass das betreffende Gesetz die Schaffung eines individuellen Schadensersatzanspruchs erstrebt oder dieser zumindest im Rahmen des haftungsrechtlichen Gesamtsystems tragbar erscheint.[610] Dies ist durch umfassende Würdigung des gesamten Regelungszusammenhangs der betreffenden Norm zu ermitteln.[611]

Zur Schutzgesetzeigenschaft des § 27 PAuswG liegen bisher, soweit ersichtlich, keine Stellungnahmen vor. Auch aus der Gesetzgebungsgeschichte ergeben sich bestenfalls erste Anhaltspunkte. Die Begründung des Regierungsentwurfs zu § 27 PAuswG enthält keine Anhaltspunkte zu dieser Frage. Interessant ist, dass bei den Beratungen des Gesetzes im Bundesrat eine Streichung des § 27 Abs. 2 und Abs. 3 PAuswG diskutiert wurde. Der Bundesrat votierte für die Streichung der beiden Absätze und begründete dies wie folgt:

„Ungeachtet der Frage, inwieweit der Personalausweis-Inhaber diese Verpflichtungen in der Praxis umsetzen kann, sind Verstöße gegen § 27 Abs. 2 und 3 kaum nachprüfbar und werden auch nicht sanktioniert. Es handelt sich also um bloße Obliegenheiten, die für einen mündigen Bürger, der auf die moderne Form der elektronischen Identifikation zurückgreift, auch ohne eine gesetzliche Regelung Geltung beanspruchen."[612]

Dem entgegnete die Bundesregierung wie folgt:

„Die Vorschriften enthalten wesentliche Aspekte für einen sicheren Einsatz insbesondere der neuen Funktionen des neuen Personalausweises. In einem vernetzten Umfeld müssen grundsätzlich alle Beteiligten zur Sicherheit des Gesamtsystems beitragen. Darauf sind die Bürgerinnen und Bürger hinzuweisen."[613]

Aus diesen Stellungnahmen lässt sich für die Schutzgesetzeigenschaft unmittelbar nichts entnehmen, da beide Stellungnahmen diese Frage erkennbar nicht vor Augen hatten. Man kann allenfalls aus dem Umstand, dass das Gesetz entsprechend dem Regierungsentwurf beschlossen wurde, möglicherweise schließen, dass der Gesetzgeber sich der Sicht der Bundesregierung angeschlossen hat, den Schutz des Personalausweises also für wichtig hält. Andererseits ist unklar, ob die Bundesregierung die Bürger mit einer Haftungsfolge verpflichten wollte, da sie damit argumentiert, es sei ein „Hinweis" erforderlich. Die Schutzgesetzeigenschaft des § 27 PAuswG erscheint damit für die Praxis offen. Hier muss die weitere Diskussion abgewartet werden.

---

[610] BGH, 8.6.1976, VI ZR 50/75, NJW 1976, 1740; *Sprau*, in Palandt, § 823 Rz. 57.
[611] BGH, 19.2.2008, XI ZR 170/07, NJW 2008, 1734; *Sprau*, in Palandt, § 823 Rz. 57.
[612] Beschluss des Bundesrates vom 19.9.2008, aufgrund Beschlussempfehlung der Ausschüsse für Innere Angelegenheiten, des Finanzausschusses und des Rechtsausschusses, zu § 27 PAuswG, BT-Drs. 550/1/08, S. 18; wiedergegeben in BT-Drs. 16/10489, S. 55.
[613] Gegenäußerung der Bundesregierung zu § 27 PAuswG, BT-Drs. 16/10489, S. 59.

3. Haftung für Pflichtverletzungen

a) Voraussetzungen und Umfang der Haftung

Die Haftung für Pflichtverletzungen im Zusammenhang mit Identitätsdiebstahl und -missbrauch folgt, soweit keine speziellen Regeln gelten, den allgemeinen Grundsätzen. Im Rahmen von Vertragsverhältnissen ist § 280 Abs. 1 BGB die gesetzliche Anspruchsgrundlage für Schadensersatz bei Pflichtverletzungen.

Voraussetzung für eine Haftung auf Schadensersatz ist neben der Pflichtverletzung das Verschulden. Hier reicht gemäß § 276 BGB grundsätzlich Fahrlässigkeit aus, soweit die Haftung nicht auf grobe Fahrlässigkeit beschränkt ist (dazu unten S. 292 f.).

Rechtsfolge ist die Pflicht zum Ersatz des eingetreten Schadens, der kausal auf der Pflichtverletzung beruhen muss (zur Kausalität siehe unten S. 290 f.).

Der Umfang des Schadensersatzes ist in den §§ 249 ff. BGB geregelt. Gemäß § 249 Abs. 1 BGB ist der gesamte Vermögensschaden zu ersetzen, einschließlich des entgangenen Gewinns (§ 252 BGB). Für immaterielle Schäden ist gemäß § 253 BGB Schadensersatz nur in den durch Gesetz bestimmten Fällen zu leisten.

In den hier interessierenden Fällen des Identitätsmissbrauchs handelt es sich jeweils um Vermögensschäden, die folglich in vollem Umfang ersatzfähig sind.

Soweit mehrere Personen durch ihr Verhalten den Schaden verursacht haben, haften sie als Gesamtschuldner. Dies ist für die deliktische Haftung in § 840 BGB ausdrücklich geregelt, gilt aber ebenso bei Haftung wegen Verletzung vertraglicher Pflichten.[614]

Soweit der Geschädigte durch ein Verhalten pflichtwidrig zur Schädigung beigetragen hat, verringert sich oder erlischt der Schadensersatzanspruch nach den Regeln des Mitverschuldens (dazu unten S. 291 f.).

b) Kausalität

Voraussetzung einer Pflicht zum Schadensersatz ist, dass der eingetretene Schaden kausal auf der Pflichtverletzung beruht. Grundlage der Kausalität ist die conditio-sine-qua-non-Formel. Danach ist ein Ereignis kausal für einen Zustand, wenn das Ereignis nicht hinweggedacht werden kann, ohne dass der Zustand entfiele. Soweit die Pflichtverletzung in einem Unterlassen besteht, muss die geschuldete Handlung danach hinzugedacht werden.

In der Mehrheit der hier erörterten Fälle ist die Kausalität der Pflichtverletzung für den Schaden gegeben. So ist beispielsweise bei der Haftung des Kunden wegen Eingabe mehrerer TAN auf einer gefälschten Website die Pflichtverletzung kausal, denn wenn der Kunde auf das Verdachtsmoment (Aufforderung zur Eingabe mehrerer TAN) angemessen reagiert hätte, hätte er nicht mehrere TAN eingegeben, sondern gar keine.

---

[614] *Wagner*, in MünchKommBGB, § 840 Rz. 9 m. w. Nachw.

Die Feststellung der Kausalität wirft allerdings erhebliche Probleme auf, soweit die Pflichtverletzung in der unzureichenden Sicherung der technischen Infrastruktur des Kunden besteht. Dies wird besonders deutlich am Beispiel des fehlenden oder nicht aktuellen Virenschutzes. Hier liegt die Kausalität nur vor, wenn der Eingriff unterblieben wäre, hätte der Kunde (aktuellen) Virenschutz vorgehalten. Dies setzt voraus, dass der eingesetzte Trojaner von dem Virenschutzprogramm erkannt und unschädlich gemacht worden wäre. Diese Feststellung wirft in der Praxis große beweisrechtliche Probleme auf (dazu unten S. 313).

Aus materiell-rechtlicher Sicht besteht aber eine weitere Schwierigkeit. Da der Kunde nicht verpflichtet ist, ein bestimmtes Virenschutzprogramm einzusetzen, erfüllt er seine Pflicht, wenn er ein übliches Programm einsetzt. Die Kausalität der Pflichtverletzung setzt daher voraus, dass der Trojaner mit jedem üblichen Virenschutzprogramm erkannt worden wäre. Diese Feststellung ist in der zivilrechtlichen Praxis kaum zu leisten.

Instruktiv ist insoweit das Urteil des LG Köln vom 5.12.2007 zur Haftung bei Phishingangriffen im Onlinebanking.[615] Hier hatten Täter eine gefälschte Überweisung mittels PIN und TAN veranlasst. Das Gericht hatte unter anderem zu prüfen, ob der Bankkunde schuldhaft zu dem Schaden beigetragen hatte. Das Gericht konnte diese Feststellung nicht treffen, da nicht zu ermitteln war, in welcher Weise die Täter vorgegangen waren. In dieser Situation könnte, so das Gericht, nicht von einem Verschulden des Bankkunden ausgegangen werden, da Angriffe in Betracht kamen, die auch ohne Verschulden des Bankkunden erfolgreich seien.[616] In diesem Zusammenhang wies das Gericht darauf hin, dass auch aktuelle Virenschutzprogramme nicht immer die neuesten Schadprogramme erkennen können.[617]

c) Mitverschulden

Soweit eine Verpflichtung eines Beteiligten, etwa eines Bankkunden, zum Schadensersatz wegen einer Pflichtverletzung besteht, stellt sich die weitere Frage, ob der Anspruch wegen eines Mitverschuldens des Anspruchsinhabers reduziert oder gar völlig ausgeschlossen ist. Gesetzliche Grundlage ist § 254 BGB. Danach bemisst sich die Höhe des Schadensersatzes im Fall des Mitverschuldens nach den Umständen, insbesondere den jeweiligen Verschuldensanteilen der Beteiligten. Im Fall der Pflichtverletzung eines Kunden im Onlinebanking wäre also zu fragen, ob die Bank ein Mitverschulden trifft.

Das Mitverschulden bezieht sich auf eine Pflicht oder Obliegenheit des Schadensersatzgläubigers, setzt also, ähnlich wie die haftungsbegründende Pflichtverletzung, voraus, dass der Gläubiger eine Pflicht verletzt hat. Daher kommt es insoweit darauf an, welche Pflichten den jeweiligen Beteiligten, der Schadensersatz verlangt (z. B. die Bank), treffen (dazu unten S. 294 ff.).

---

[615] LG Köln, 5.12.2007, 9 S 195/97, MMR 2008, 259, m. Anm. *Borges*, MMR 2008, 262.
[616] LG Köln, 5.12.2007, 9 S 195/97, MMR 2008, 259, 261.
[617] LG Köln, 5.12.2007, 9 S 195/97, MMR 2008, 259, 261.

Ein Mitverschulden liegt etwa dann vor, wenn eine Schadensanzeige nicht rechtzeitig bearbeitet wird und der Schaden daher eintritt. Speziell für den Fall der Schadensanzeige im Onlinebanking sehen das Gesetz in § 675v Abs. 3 S. 1 BGB und entsprechend die Onlinebedingungen der Kreditinstitute vor, dass die Haftung des Kunden ab Zugang der Anzeige endet, sodass sich die Frage nach einer Anspruchsminderung wegen Mitverschuldens nicht stellt.

Die Frage nach dem Mitverschulden des Geschädigten, z. B. der Bank, wird aber bei sonstigen Pflicht- oder Obliegenheitsverletzungen relevant, etwa bei der Frage nach der hinreichenden Sicherheit des Systems oder der Information und Aufklärung des Kunden.

Die für die Praxis wichtigste Konstellation wird im Beispiel des Onlinebanking ein Mitverschulden der Bank sein, wenn diese Schadensersatz vom Kunden (nach § 675v BGB, dazu oben S. 261 ff.) verlangt. Soweit der Bank ein Mitverschulden zur Last fällt und der Schaden hierauf beruht, verringert sich der Schadensersatzanspruch.

Auch in anderen Konstellationen kann ein Mitverschulden von Bedeutung sein. Dies wird anhand des soeben genannten Urteils des LG Köln vom 5.12.2007 zum Schadensersatz bei Phishingangriffen[618] deutlich. Hier hatte der Bankkunde nach einem Phishingangriff Schadensersatz vom Geldkurier verlangt, der ein Mitverschulden des Bankkunden geltend machte. Das Gericht nahm im Ergebnis zwar ein Mitverschulden nicht an. Da es aber ein Verschulden des Bankkunden ausführlich prüfte, wird deutlich, dass es ein etwaiges Verschulden des Bankkunden berücksichtigt hätte.

4. Haftungsbeschränkungen

Für den Umfang der Haftungsrisiken der Beteiligten im Zusammenhang mit Identitätsmissbrauch sind Haftungsbeschränkungen von großer Bedeutung. Haftungsbeschränkungen können unterschiedlicher Art sein: Zum einen kann eine Haftung auf Fälle gesteigerten Verschuldens, namentlich auf vorsätzliche oder grob fahrlässige Pflichtverletzungen, beschränkt sein. Zum anderen kann die Haftung der Höhe nach beschränkt werden.

a) Haftungsbeschränkung auf Vorsatz oder grobe Fahrlässigkeit

Das Gesetz enthält im Zusammenhang mit Identitätsmissbrauch keine generelle Haftungsbeschränkung auf Vorsatz oder auf grobe Fahrlässigkeit. Allerdings gibt es solche Haftungsbeschränkungen im Bereich des Bankrechts.

Traditionell sahen die Bedingungen der Kreditinstitute für den Missbrauch einer ec-Karte eine Beschränkung der Haftung des Kunden auf grobe Fahrlässigkeit vor. Beim Onlinebanking hingegen galt keine derartige Haftungsbeschränkung.

---

[618] LG Köln, 5.12.2007, 9 S 195/97, MMR 2008, 259, m. Anm *Borges*, MMR 2008, 262.

VII. Verhaltenspflichten und Haftung der Identitätsinhaber

Der neue § 675v BGB enthält eine komplexe gesetzliche Haftungsbeschränkung, die für den gesamten Bereich der Zahlungsdienste, also sowohl für den Einsatz von ec-Karten oder Kreditkarten als auch für das Onlinebanking, gilt.

Das Haftungsschema des § 675v BGB sieht mehrere Stufen vor:

- Ab der Anzeige eines Verlustes oder Missbrauchs der Authentisierungsmedien haftet der Kunde nur bei Handeln mit Betrugsvorsatz,[619] § 675v Abs. 3 BGB.
- Im Übrigen haftet der Kunde unbeschränkt für vorsätzliche und grob fahrlässige Pflichtverletzungen, § 675v Abs. 2 BGB.
- Im Fall des Verlustes einer Karte oder sonstigen Sache, die als Authentisierungsmedium dient, oder im Fall nicht sicherer Aufbewahrung haftet der Kunde auch bei leichter Fahrlässigkeit oder ohne Verschulden bis zu einer Höhe von 150 €, § 675v Abs. 1 BGB.
- Im Übrigen ist die Haftung des Kunden ausgeschlossen.

Aus dieser Haftungsregelung ergibt sich für einige Bereiche eine Haftungsbeschränkung auf grobe Fahrlässigkeit. Diese greift in den Fällen ein, in denen der Schaden nicht auf dem Verlust eines Authentisierungsmediums oder der nicht sicheren Aufbewahrung eines Authentisierungsmediums beruht. Dies kann durchaus häufig der Fall sein. So kann etwa im Fall eines Trojaner-Angriffs die Pflichtverletzung darin bestehen, dass der Kunde keinen aktuellen Virenschutz vorhält. Hier liegt eine Pflichtverletzung vor (dazu oben S. 284). Wenn man davon ausgeht, dass diese Pflicht nicht unter den Begriff der sicheren Aufbewahrung eines Authentisierungsmediums zu fassen ist, ist eine Haftung nach § 675v BGB für leichte Fahrlässigkeit ausgeschlossen. Allerdings ist derzeit offen, wie weit der Bereich der sicheren Aufbewahrung auszulegen ist.

Auch für andere Bereiche existiert keine generelle gesetzliche Haftungsbeschränkung auf grobe Fahrlässigkeit oder Vorsatz im Fall von Identitätsmissbrauch.

Es ist daher zu erwägen, eine solche Haftungsbeschränkung ggf. *de lege ferenda* einzuführen.

b) Haftungsbeschränkung der Höhe nach

Das Gesetz kennt keine generelle Haftungsbeschränkung der Höhe nach. Diese besteht nur in besonderen, vom Gesetz angeordneten Fällen. So gilt etwa im Bereich der Produkthaftung nach dem Produkthaftungsgesetz eine Haftungsbeschränkung zugunsten der Produzenten, die im Bereich des Identitätsmissbrauchs aber ohne Bedeutung sein dürfte.

Für den Bereich der Zahlungsdienste enthält, wie soeben dargestellt, § 675v Abs. 1 BGB eine betragsmäßige Beschränkung der Haftung. Danach ist die Haftung des Kunden im Fall des Verlustes oder der nicht sicheren Aufbewahrung eines Authentisierungsmediums auf den Betrag von 150 € begrenzt, sofern der Kunde

---

[619] *Sprau*, in Palandt, § 675v Rz. 6.

nicht vorsätzlich oder grob fahrlässig gehandelt hat. Damit ist für den Kunden im Onlinebanking im Fall des Identitätsmissbrauchs eine wesentliche Einschränkung der Haftungsrisiken erreicht.

Diese Haftungsbeschränkung ist jedoch ein Modell, das auf Zahlungsdienste beschränkt ist und daher auf andere Fälle des Identitätsmissbrauchs nicht angewendet werden kann. Auch für eine analoge Anwendung wird regelmäßig kein Raum sein.

Daher ist zu erwägen, ähnliche Haftungsbeschränkungen für andere Fälle gesetzlich einzuführen, in denen Internetnutzer Haftungsrisiken durch Identitätsmissbrauch ausgesetzt sind.

VIII. Verhaltenspflichten und Haftung der Anbieter

1. Überblick

Pflichten der Anbieter in Bezug auf die Abwehr von Identitätsmissbrauch können sich, wie oben (S. 270 ff.) dargestellt, aus unterschiedlichen Quellen ergeben. Maßgeblich sind zum einen die Regeln des Datenschutzrechts, insbesondere § 9 BDSG (dazu oben S. 205 ff.), sowie weitere gesetzliche Schutzpflichten. Daneben können Nebenpflichten aus Vertragsverhältnissen bestehen, etwa aus dem Girovertrag beim Onlinebanking.

Pflichten der Anbieter von Diensten im Internet zur Abwehr von Identitätsmissbrauch können ganz unterschiedliche Inhalte haben. Dies betrifft etwa Pflichten im Zusammenhang mit der Sicherheit der technischen Infrastruktur, organisatorischen Maßnahmen wie etwa der Schulung und Überwachung der eigenen Mitarbeiter, der Information und Aufklärung der Kunden etc. Da die Pflichten meist auch anderen Zwecken dienen, ist eine Abgrenzung und Beschreibung der Pflichten, die besonderen Bezug zur Abwehr von Identitätsmissbrauch haben, kaum möglich.

Von besonderem Interesse sind die Pflichten im Zusammenhang mit der Sicherheit der Authentisierung und der Information und Aufklärung der Nutzer, da die Angriffe vor allem hier ansetzen. Diese Pflichten stehen daher im Vordergrund der nachfolgenden Untersuchung.

Die Diskussion zu den Pflichten der Anbieter in Bezug auf die Abwehr von Phishing und anderen Fällen des Identitätsmissbrauchs ist noch am Anfang. Es liegen kaum Stellungnahmen vor, insbesondere kaum Stellungnahmen der Rechtsprechung.

Die Erörterung dieser überaus komplexen Frage kann in dieser Untersuchung daher nur in Form eines groben Überblicks erfolgen. Im Übrigen muss auf dringend erforderliche weitere Forschungsarbeiten verwiesen werden.

Die Pflichten der Anbieter werden nachfolgend am Beispiel des Onlinebanking sowie weiterer Fallgruppen dargestellt.

2. Verhaltenspflichten im Onlinebanking

a) Aufklärungen, Information der Nutzer

Die Bank treffen im Rahmen der vertraglichen Geschäftsbeziehung zu ihrem Kunden in mehrfacher Hinsicht Informations- und Aufklärungspflichten. Nicht zuletzt ergeben sich bei Zulassung eines Kunden zum Onlinebanking Informationspflichten.[620] Allerdings ist der Umfang dieser Pflicht unklar.

In diesem Zusammenhang ist ein Urteil des LG Nürnberg-Fürth zu Aufklärungspflichten im Zusammenhang mit Phishingangriffen im Onlinebanking von Interesse.[621] Hier hatte der Bankkunde geltend gemacht, er sei von seiner Bank über die Gefahren im Onlinebanking und die erforderlichen Sicherheitsmaßnahmen nicht hinreichend informiert worden. Das Gericht versucht hier eine Differenzierung. Diese Passage des Urteils wird nachfolgend im Wortlaut wiedergegeben:

„Es besteht aber keine Pflicht der Bank, ungefragt auf die allgemeinen Risiken der Benutzung des Internets hinzuweisen. Die Bank darf regelmäßig davon ausgehen, dass der den Zugang zum Online-System beantragende Kunde entweder selbst über solche Kenntnisse verfügt oder sich anderweitig fachkundigen Rat einholt. Die Hinweispflichten betreffen lediglich die speziellen Risiken im Zusammenhang mit der Verwendung des Online-Systems der Bank. Unabdingbar ist der Hinweis auf die grundsätzlich bestehende Gefahr der missbräuchlichen Nutzung durch unbefugte Dritte und dass der Kunde als Kontoinhaber für die sich daraus ergebenden Nachteile gegebenenfalls haften muss (vgl. Gößmann in: Schimansky/Bunte/Lwowski, Bankrechts-Handbuch, 3. Aufl. § 55 Rz. 15). Die Bank schuldet dem Kunden auch Aufklärung über die Folgen eigenen Fehlverhaltens im Zusammenhang mit der Verwendung von PIN und TAN, weil sich unbefugte Dritte bei Kenntnis der Geheimnummern Zugang zum Online-System verschaffen können. Die kontoführende Bank hat den Kunden zudem ungefragt über die genaue Funktionsweise des Systems und über den Umfang des Leistungsangebots zu unterrichten. Art und Umfang der gebotenen Aufklärung richten sich nach den Umständen des Einzelfalls. Dabei können die Kreditinstitute ihre Aufklärungspflicht durch entsprechende Hinweise in den Online-Bedingungen erfüllen (Gößmann in: Schimansky/Bunte/Lwowski, Bankrechts-Handbuch, 3. Aufl. § 55 Rz. 20)."[622]

Die im Urteil angesprochene Differenzierung zwischen den allgemeinen Risiken des Internets, über die die Bank nicht informieren muss, und den besonderen

---

[620] LG Nürnberg-Fürth, 28.4.2008, 10 O 11391/07, Rz. 26; *Borges*, in Derleder/Knops/Bamberger, § 9 Rz. 149; *Koch/Vogel*, in Langenbucher/Gößmann/Werner, Handbuch Zahlungsverkehr, § 4 Rz. 148.
[621] LG Nürnberg-Fürth, 28.4.2008, 10 O 11391/07.
[622] LG Nürnberg-Fürth, 28.4.2008, 10 O 11391/07, Rz. 26; vgl. auch *Karper*, DuD 2006, S. 215, 218.

Risiken des Onlinebanking erscheint im Grundsatz plausibel. Allerdings dürfte diese Unterscheidung in der Praxis kaum durchführbar sein, da beispielsweise Schadprogramme zu den allgemeinen Risiken des Internets, zugleich aber zu den gefährlichsten Bedrohungen gerade in Bezug auf das Onlinebanking gehören, sodass es fernliegend wäre, wenn die Bank hierüber nicht informieren müsste.

Überzeugender erscheint es, dass die Bank über die Risiken informieren muss, die für das Onlinebanking besonders wichtig sind. Diese Pflichten sind als Nebenpflichten aus der Abrede über die Nutzung des Onlinebanking abzuleiten. Grundlage für diese Pflicht ist der überlegene Wissensstand der Bank über die Risiken im Onlinebanking im Verhältnis zum Kunden. Die Bank muss also über die wesentlichen Risiken in einer Weise aufklären, die den Kunden in die Lage versetzt, angemessen auf die Risiken zu reagieren.

Dazu gehören zunächst Informationen über relevante Risiken. Dies sind derzeit insbesondere Angriffe wie das klassische Phishing oder Trojaner-Angriffe. Folglich muss die Bank etwa darauf hinweisen, dass sie keine E-Mails an Kunden verschickt, dass TAN nicht beim Log-in abgefragt werden und daher keinesfalls auf einer Website beim Log-in eingegeben werden dürfen. Sie muss auch über die Möglichkeit aufklären, dass Überweisungsaufträge durch Trojaner verfälscht werden oder TAN ausgespäht werden können. Damit der Kunde Verdachtsmomente erkennen kann, muss die Bank auch darüber informieren, dass etwa Mitteilungen, eine TAN sei verbraucht, Hinweis auf einen Angriff geben können etc.

In gleicher Weise muss die Bank den Kunden über die Möglichkeit informieren, Risiken zu vermeiden. Insbesondere muss die Bank über die Notwendigkeit aktuellen Virenschutzes zur Abwehr von Angriffen im Onlinebanking informieren.

Hinsichtlich der Art und Weise der Information und Aufklärung gilt der Grundsatz, dass das LG Nürnberg-Fürth in dem oben zitierten Urteil die Ansicht vertritt, die Bank könne ihre Aufklärungspflicht durch Hinweise in den Onlinebedingungen erfüllen. Dies überrascht und kann nicht überzeugen. Die allgemeinen Geschäftsbedingungen haben nicht die Funktion einer Informations- und Aufklärungsbroschüre. Daher muss der Kunde in den AGB auch keine Sicherheitshinweise vermuten. Daher ist, entsprechend den allgemeinen Grundsätzen, eine spezielle, hinreichend deutliche Information und Aufklärung geboten. In der Praxis verfahren die meisten Kreditinstitute auch in dieser Weise. Zwar enthalten die Onlinebedingungen auch Informationen über die Risiken, jedoch beschränken sich die Banken nicht hierauf, sondern geben auf ihren Websites deutliche und klar gestaltete Informationen über die Missbrauchsgefahren.

b) Sicherheit der Authentisierungssysteme

Zu den Pflichten der Bank gehört es, hinreichend sichere Systeme einzusetzen, damit Missbrauch möglichst verhindert wird.[623] Dies betrifft auch die eingesetzten

---

[623] Vgl. LG Nürnberg-Fürth, 28.4.2008, 10 O 11391/07; *Gößmann*, in Schimansky/Bunte/Lwowski, § 55 Rz. 19; *Karper*, DuD 2006, 215, 217; *Kind/Werner*, CR 2006, 353, 357; *Koch*, Rz. 812; *Recknagel*, S. 151, 206; *Reiser*, WM 1986, 1403.

Authentisierungsverfahren. In diesem Zusammenhang stellt sich auch die Frage, ob die Banken verpflichtet sind, das klassische PIN/TAN-Verfahren durch verbesserte Authentisierungsverfahren abzulösen. Diese Frage wird in Literatur und Rechtsprechung bisher nur ansatzweise diskutiert. Ausgangspunkt ist der unbestrittene Grundsatz, dass Maßnahmen zum Schutz vor Missbrauch durch Dritte geschuldet sind, soweit sie technisch geeignet und wirtschaftlich zumutbar sind.[624] Das LG Nürnberg-Fürth spricht im oben genannten Urteil die Frage an, ob die Banken im Jahre 2005 verpflichtet waren, das PIN/TAN-Verfahren durch das iTAN-Verfahren abzulösen, lässt die Frage aber ausdrücklich dahinstehen.[625] In der Literatur wird teilweise vertreten, aufgrund der Unsicherheit des PIN/TAN-Verfahrens müssten die Banken verbesserte Verfahren einführen.[626]

3. Verhaltenspflichten in anderen Feldern

a) Aufklärung, Information der Nutzer

Pflichten zur Information und Aufklärung der Nutzer können in allen Bereichen der elektronischen Kommunikation bestehen. Grundlage sind auch hier vor allem vertragliche Nebenpflichten, also etwa das Vertragsverhältnis über die Nutzung einer Internetplattform etc.

Das Bestehen und der Umfang der Informations- und Aufklärungspflichten werden bisher kaum diskutiert. Man wird aber anzunehmen haben, dass sich beispielsweise aus dem Vertrag über die Nutzung einer Internetplattform zum Handel mit Waren eine Pflicht des Betreibers ergibt, über Risiken zu informieren. Angesicht der aktuellen Bedrohungslage, die Angriffe auf Accounts durch Phishing und Schadprogramme einschließt, hat der Nutzer ein erhebliches Interesse daran, über diese Risiken und die Möglichkeiten zur Vermeidung informiert zu werden. Da der Plattformbetreiber über diese Informationen verfügt und die Risiken eher steuern kann als der Nutzer, ergibt sich eine vertragliche Nebenpflicht, seinen Vertragspartner, den Nutzer der Plattform, hierüber zu informieren und aufzuklären.

In der Praxis halten die großen Plattformbetreiber auf ihren Websites Sicherheitshinweise vor, die diese Information für den Nutzer enthalten.

b) Sicherheit der Authentisierungssysteme

Die Anforderungen an die Sicherheit der technischen Systeme, insbesondere der Authentisierungsverfahren, werden derzeit vor allem für das Onlinebanking disku-

---

[624] LG Nürnberg-Fürth, 28.4.2008, 10 O 11391/07; *Reiser*, WM 1986, 1403; *Spindler*, BSI-Studie, S. 217.
[625] LG Nürnberg-Fürth, 28.4.2008, 10 O 11391/07.
[626] *Schulte am Hülse/Klabunde*, MMR 2010, 84, 88; *Spindler*, BSI-Studie, S. 217; wohl auch *Kind/Werner*, CR 2006, 353, 357.

tiert. Es handelt sich dessen ungeachtet um eine allgemeine Fragestellung, die alle Anbieter von Diensten im Internet betrifft.

Die Anforderungen haben unterschiedliche rechtliche Grundlagen. Die allgemeine rechtliche Grundlage ist § 9 BDSG. Hinzu kommen spezialgesetzliche Anforderungen sowie vertragliche Pflichten. Wie bereits (oben S. 205) dargestellt, verpflichtet § 9 BDSD jede Stelle, die personenbezogene Daten verarbeitet, den unbefugten Zugriff Dritter auf die geschützten Daten abzuwehren. Der Schutz vor dem elektronischen Zugriff auf Daten über Datennetze ist durch den Begriff der Zugangskontrolle in Nr. 2 der Anlage zu § 9 BDSG erfasst (siehe dazu oben S. 206).

Die erforderlichen Schutzmaßnahmen sind, wie oben (S. 207) dargestellt, anhand der Umstände im Einzelfall zu ermitteln. Nach § 9 BDSG sind die Maßnahmen geboten, die einerseits erforderlich sind, um Missbrauch von Daten zu verhindern, und deren Aufwand in einem angemessenen Verhältnis zum angestrebten Schutz steht (siehe dazu oben S. 207).

Von entscheidender Bedeutung für die Anforderungen an die Datensicherung ist das Gefährdungspotenzial.[627] Unter diesem Gesichtspunkt ist zum einen die Sensibilität der gespeicherten Daten von Bedeutung,[628] zum anderen das tatsächliche Risiko eines Missbrauchs.[629] Damit ist zur Bestimmung des rechtlich gebotenen Maßes an Datensicherheit jeweils eine Abwägung zwischen dem Interesse an einem möglichst effektiven Schutz personenbezogener Daten einerseits und den damit verbundenen Kosten andererseits notwendig. Das konkrete Ergebnis der Abwägung hängt dabei nicht zuletzt von der Schutzbedürftigkeit der Daten[630] und dem Missbrauchsrisiko[631] ab, denn je sensibler die Daten sind und je größer die Gefahr des Missbrauchs ist, desto höher ist auch der unter dem Gesichtspunkt der Verhältnismäßigkeit zu fordernde Aufwand an Schutzmaßnahmen.[632]

Welche Anforderungen sich hieraus für die Authentisierungsverfahren ergeben, ist danach aufgrund einer Interessenabwägung unter Berücksichtigung aller Umstände im Einzelfall zu klären.

Die Anforderungen des § 9 BDSG an Authentisierungsverfahren wurden bisher nur selten im Einzelnen untersucht. Eine im Auftrag des Teletrust Deutschland e. V. erstellte Studie zu den Anforderungen an die Authentisierung bei Internetportalen für Heilberufe von 2007[633] gelangt zu dem Ergebnis, dass wegen der hohen Schutz-

---

[627] Vgl. zur Parallelnorm des § 78a SGB X *Rombach*, in Hauck/Noftz, § 78a Rz. 22.

[628] *Bergmann/Möhrle/Herb*, § 9 BDSG Rz. 45; *Ernestus*, in Simitis, § 9 Rz. 27; *Heibey*, in Roßnagel, Kap. 4.5 Rz. 32; *Rombach*, in Hauck/Noftz, § 78a Rz. 22; *Schaffland/Wiltfang*, § 9 BDSG Rz. 35; *Tinnefeld/Ehmann/Gerling*, S. 389; *Wedde*, in Däubler/Klebe/Wedde/Weichert, § 9 Rz. 25.

[629] *Ernestus*, in Simitis, § 9 Rz. 27; *Heibey*, in Roßnagel, Kap. 4.5 Rz. 32; *Schaffland/Wiltfang*, § 9 Rz. 7.

[630] *Gola/Schomerus*, § 9 Rz. 9; *Seidel*, in LPK-SGB X, § 78a Rz. 4; *Tinnefeld/Ehmann/Gerling*, S. 389.

[631] *Ernestus*, in Simitis, § 9 Rz. 27; *Tinnefeld/Ehmann/Gerling*, S. 391.

[632] *Bergmann/Möhrle/Herb*, § 9 BDSG Rz. 45; *Ernestus*, in Simitis, § 9 Rz. 38; *Rombach*, in Hauck/Noftz, § 78a Rz. 22; *Seidel*, in LPK-SGB X, § 78a Rz. 4.

[633] Rechtliche Aspekte der Internetportale für Heilberufe. Zugang, Beweis, Datensicherheit, von *Georg Borges*, 2007, abrufbar unter www.teletrust.de/uploads/media/Gutachten-070308-Rechtl-Asp-Internetportale-f-Heilberufe.pdf.

bedürftigkeit von Gesundheitsdaten nach § 78a SGB X, der Parallelnorm zu § 9 BDSG im Bereich des Sozialdatenschutzes, eine Authentisierung mit Nutzername und Passwort, ebenso mit Softwarezertifikaten, nicht ausreichend sei.[634]

Auch außerhalb des engen Bereichs der Gesundheitsdaten von Patienten wird die Authentisierung durch Nutzername und Passwort nicht als ausreichend angesehen werden können, wenn erhebliche Missbrauchsgefahren bestehen. Eine solche erhebliche Missbrauchsgefahr ist insbesondere dann anzunehmen, wenn es in erheblichem Umfang in der Praxis zu Missbrauchsfällen mit nicht nur ganz geringen Schäden gekommen ist.

c) Rechtsfolgen von Pflichtverletzungen

Soweit die Anbieter die oben genannten Pflichten verletzen, kommt eine Haftung auf Schadensersatz in Betracht. Insoweit gilt im Grundsatz dasselbe wie bei der Verletzung von Pflichten der Nutzer. In der Praxis werden Schadensersatzansprüche möglicherweise am ehesten bei Verletzung von Informations- und Aufklärungspflichten oder in Fällen eines unzureichenden Authentisierungsverfahrens in Betracht kommen.

IX. Zivilrechtliche Beweisfragen

1. Überblick

In der Praxis haben bei der rechtlichen Bewertung von Schadensereignissen, hier etwa von Identitätsmissbrauch, Beweisfragen große Bedeutung. Im Zusammenhang mit Identitätsdiebstahl und -missbrauch können sich, entsprechend den sehr unterschiedlichen Fallkonstellationen und angesprochenen Rechtsfragen, ganz verschiedene Beweisfragen ergeben.

Beim Identitätsdiebstahl stellt sich etwa die Frage des Nachweises des genauen Tathergangs, der Täterschaft oder einer Pflichtverletzung Dritter, etwa einer Schutzpflicht der Person, aus deren Obhut die Daten entwendet wurden. So kann sich, wenn Identitätsdaten von Kunden eines Diensteanbieters kopiert werden, die Frage nach dem Beweis dafür ergeben, dass der Diensteanbieter eine Sorgfaltspflicht verletzt und hierdurch den Identitätsdiebstahl ermöglicht hat.

Dieselben Fragen ergeben sich im Fall des Identitätsmissbrauchs. Auch hier ist ggf. der Nachweis dafür zu erbringen, dass eine Person den Identitätsmissbrauch begangen hat oder, praktisch weitaus wichtiger, dass ein anderer Beteiligter eine Schutzpflicht verletzt und dadurch zum Identitätsmissbrauch beigetragen hat.

Die Anforderungen an diesen Nachweis ergeben sich aus den allgemeinen Regeln. Soweit ersichtlich, scheitert der Nachweis in der Praxis häufig daran, dass der genaue Tathergang im Nachhinein nicht mehr zu ermitteln ist. Veröffentlichte Ge-

---

[634] *Borges*, Internetportale, S. 81.

richtsentscheidungen mit ausdrücklichen Stellungnahmen zu diesen Beweisfragen sind selten.

Beim Identitätsmissbrauch stellt sich darüber hinaus eine zentrale Beweisfrage, die letztlich eine Vorfrage für die zivilrechtlichen Rechtsfragen darstellt. Dies ist der Nachweis der Urheberschaft einer elektronisch übermittelten rechtserheblichen Erklärung oder einer sonstigen Handlung. Eine typische Situation ist folgende: Eine elektronisch übermittelte Erklärung geht beim Empfänger ein, der die Erklärung als echt ansieht. Später macht der angebliche Urheber geltend, die Erklärung stamme nicht (überhaupt nicht oder nicht mit diesem Inhalt) von ihm. Ein praktisch sehr wichtiges Beispiel ist etwa eine Überweisung im Onlinebanking, die unter dem Namen und unter Nutzung der Authentisierungsmedien des Kunden eingeht. Hier geht die Bank zunächst von der Echtheit des Überweisungsauftrags aus. Wenn später der Kunde geltend macht, der Überweisungsauftrag stamme nicht von ihm, kann es zu Meinungsverschiedenheiten über die Urheberschaft kommen. Ähnliche Beispiele finden sich, wenn die Urheberschaft für Angebote auf Handelsplattformen bestritten wird, d. h., der Accountinhaber geltend macht, ein Dritter habe die Erklärung in seinem Namen abgegeben.

Soweit die Erklärung nicht echt ist, stellt sich materiell-rechtlich die Frage, wie erörtert, welcher Beteiligte das Risiko für einen solchen Identitätsmissbrauch trägt und ob ggf. Schutzpflichtverletzungen vorliegen, die zu Schadensersatzansprüchen führen. Die entscheidende Vorfrage für die zivilen Rechtsfolgen ist damit die Echtheit einer solchen Erklärung (Überweisungsauftrag, Angebote etc.). Wenn diese zwischen den Parteien streitig ist, hat der Nachweis der Urheberschaft der Erklärung zentrale Bedeutung für die Risikozuordnung bei Identitätsmissbrauch.

Der Nachweis der Urheberschaft elektronisch übermittelter Erklärungen ist seit Ende der 90er-Jahre Gegenstand einer kontroversen Diskussion. Wegen der besonderen Bedeutung dieser Frage für die zivilrechtliche Zuweisung von Schäden aus Identitätsmissbrauch wird diese Frage nachfolgend näher erörtert.

2. *Der Beweis der Urheberschaft im gerichtlichen Verfahren*

a) Die Regelung des Beweises im Zivilprozess

Für den Nachweis der Urheberschaft einer elektronisch übermittelten Erklärung im Zivilprozess gelten die allgemeinen Regeln des Beweises im Zivilprozess.

Gemäß § 286 Abs. 1 ZPO entscheidet das Gericht nach freier Überzeugung auf der Grundlage der mündlichen Verhandlung und der Beweisaufnahme über die tatsächlichen Grundlagen seiner Entscheidung. Für den Beweis einer Tatsache ist dabei die volle Überzeugung des Gerichts vom Bestehen der Tatsache erforderlich (dazu unten S. 302 f.).

Wenn eine entscheidungserhebliche Tatsache trotz Ausschöpfung aller Beweismittel nicht festgestellt werden kann, weil die volle Überzeugung des Gerichts vom

IX. Zivilrechtliche Beweisfragen

Bestehen der Tatsache nicht erzielt werden kann (sog. *non liquet*), bestimmt sich nach den Grundsätzen der objektiven (materiellen) Beweislast, zu wessen Nachteil sich die fehlende Sachverhaltsaufklärung auswirkt.[635]

Die Beweislast trägt grundsätzlich der Beweisführer. Dies ist die Partei, die sich auf die jeweilige Tatsache beruft. Dies ist regelmäßig die Partei, zu deren Gunsten sich die bestrittene Tatsache auswirkt. So muss beispielsweise die Bank beweisen, dass ein Überweisungsauftrag im Onlinebanking vom Kunden stammt, da sie hierauf ihren Anspruch auf Aufwendungsersatz stützt (dazu oben S. 261 f.).

Der Nachweis der Urheberschaft einer Handlung kann mit allen zur Verfügung stehenden Beweismitteln geführt werden. Im Zivilprozess sind dies Zeugen, Sachverständige, Vernehmung der Partei, Urkunden, Augenschein.

Beim Nachweis der Echtheit einer elektronisch übermittelten Erklärung sind Dateien, auf denen elektronisch übermittelte Erklärungen oder Informationen über den Übermittlungsvorgang gespeichert sind, von besonderer Bedeutung.

Elektronische Dateien unterliegen den Regeln über den Augenscheinsbeweis, den §§ 371 ff. ZPO, wie § 371 Abs. 1 S. 2 ZPO implizit klarstellt. Gegenstand des Augenscheins i. S. des § 371 ZPO ist regelmäßig das elektronische Dokument selbst. Zwar kann auch ein bestimmter Datenträger (z. B. Diskette) das maßgebliche Augenscheinsobjekt sein. Dies ist aber nur dann sinnvoll, wenn es auf die Speicherung auf gerade diesem Datenträger ankommt.[636] Der Beweisantritt erfolgt durch Vorlage (z. B. auf Diskette) oder Übermittlung (per E-Mail) des elektronischen Dokuments.[637] Das Erfordernis der Vorlage eines „Originals" gibt es bei elektronischen Dokumenten nicht.[638] Das Dokument ist grundsätzlich in elektronischer Form vorzulegen. Es kann aber auch ein Ausdruck vorgelegt werden, wenn die Übereinstimmung des Ausdrucks mit der Datei und die Echtheit der Datei unstreitig ist.[639]

Zentrale Voraussetzung des Augenscheinsbeweises ist die Identität (oder Echtheit) des elektronischen Dokuments. Identität meint, dass es sich um den Gegenstand handelt, der es nach der Behauptung des Beweisführers sein soll.[640] Für die Anforderungen kommt es daher auf die jeweilige Behauptung an. Bei elektronisch übermittelten Erklärungen sind vor allem zwei Beweisfragen relevant: zum einen die Behauptung, dass eine bestimmte Datei auf einem bestimmten Datenträger (z. B. Eingangspostfach des Empfängers, Webserver) gespeichert ist, zum anderen die Behauptung, dass eine bestimmte Datei von einer bestimmten Person (z. B. Bankkunde) abgeschickt wurde.[641] Im zweiten Fall (Urheberschaft einer bestimmten Datei) setzt die Echtheit des elektronischen Dokuments voraus, dass der Kunde die Datei tatsächlich abgeschickt hat.[642]

---

[635] Vgl. *Foerste*, in Musielak, ZPO, § 286 Rz. 32 ff.; *Greger*, in Zöller, ZPO, vor § 284 Rz. 15.
[636] *Borges*, in Derleder/Knops/Bamberger, § 9 Rz. 102; dazu im einzelnen *Borges*, S. 460 ff.
[637] § 371 Abs. 1 S. 2 ZPO; dazu *Berger*, NJW 2005, 1016 ff.; *Borges*, S. 464 f.
[638] *Borges*, S. 465.
[639] *Borges*, S. 466.
[640] *Borges*, in Derleder/Knops/Bamberger, § 9 Rz. 104.
[641] *Borges*, in Derleder/Knops/Bamberger, § 9 Rz. 104.
[642] *Borges*, in Derleder/Knops/Bamberger, § 9 Rz. 104.

b) Der Nachweis der Urheberschaft

Der Nachweis der Urheberschaft einer Handlung kann mit allen zur Verfügung stehenden Beweismitteln geführt werden. Der Beweis der Urheberschaft könnte also etwa durch einen Zeugen geführt werden, der gesehen hat, wie der Teilnehmer von seinem Rechner aus zur fraglichen Zeit eine bestimmte Handlung vorgenommen hat. Dies wird freilich eher selten der Fall sein.[643] Größere Bedeutung hat daher der Indizienbeweis, bei dem aufgrund mehrerer Indizien der Rückschluss auf die handelnde Person gezogen wird. Im Rahmen dieses Indizienbeweises können insbesondere Protokolle der Nutzung von Internetanschlüssen etc. herangezogen werden, aus denen sich ergibt, zu welchem Zeitpunkt die jeweilige Sitzung stattgefunden hat, und dass etwa ein Account unter Verwendung von Authentisierungsmedien genutzt wurde, die einer bestimmten Person (dem Accountinhaber) zugewiesen wurden.

Für die jeweiligen Indizien der Indizienkette gelten wiederum die allgemeinen Regeln über Beweismittel. Soweit elektronische Dokumente wie Protokolle etc. herangezogen werden, handelt es sich um Gegenstände des Augenscheins, die nach den Regeln über den Augenscheinsbeweis, §§ 371 ff. ZPO, in den Prozess eingeführt werden.

Zum Nachweis der Urheberschaft ist nach § 286 Abs. 1 ZPO die volle Überzeugung des Gerichts erforderlich.[644] Dies bedeutet nicht, dass ein anderer Geschehensablauf völlig ausgeschlossen sein müsste. Es darf aber als Ergebnis der Beweisaufnahme „kein vernünftiger Zweifel" an der Urheberschaft des Teilnehmers mehr bestehen.[645]

Ob und unter welchen Voraussetzungen diese hohe Anforderung beim Nachweis der Urheberschaft von elektronisch übermittelten Handlungen erreicht werden kann, ist nicht abschließend geklärt.

Als Mittel des Nachweises der Urheberschaft kommt nicht zuletzt die Verwendung eines bestimmten Authentisierungsmediums in Betracht, zumal andere Beweismittel wie Zeugen regelmäßig nicht zur Verfügung stehen. Damit erhält die Sicherheit des Authentisierungsverfahrens entscheidende Bedeutung für den Beweis der Urheberschaft.

Die Rechtsprechung hatte verschiedentlich zu entscheiden, ob die Urheberschaft von E-Mails oder von Erklärungen, die an Websites übermittelt wurden, durch Verwendung von Passwörtern, die einem bestimmten Nutzer zugeordnet waren, nach-

---

[643] *Borges*, Internetportale, S. 49.
[644] BGH, 11.9.2003, IX ZB 37/03, BGHZ 156, 139, 147; BGH, 10.6.1985, III ZR 178/84, NJW 1986, 2571, 2572; BGH, 2.3.1993, VI ZR 74/92, NJW 1993, 1716; BGH, 20.9.2004, II ZR 318/02, NJW-RR 2005, 280, 281; *Foerste*, in Musielak, ZPO, § 286 Rz. 18; *Greger*, in Zöller, ZPO, § 286 Rz. 17 ff.; *Hartmann*, in Baumbach/Lauterbach/Albers/Hartmann, ZPO, § 286 Rz. 16; *Prütting*, S. 67 ff., 71 ff.
[645] BGH, 17.2.1970, III ZR 139/67, BGHZ 53, 245, 255: „Ein der Gewissheit nahekommender Grad von Wahrscheinlichkeit"; ähnl. BGH, 14.1.1993, IX ZR 238/91, NJW 1993, 935, 937; BGH, 18.6.1998, IX ZR 311/95, NJW 1998, 2969, 2971; BGH, 4.11.2003, VI ZR 28/03, NJW 2004, 777, 778: „Ein für das praktische Leben brauchbarer Grad an Gewissheit".

IX. Zivilrechtliche Beweisfragen

gewiesen werden könne. Die Zivilgerichte haben in diesen Fällen (Authentisierung durch Nutzername und Passwort) die Urheberschaft des Passwortinhabers regelmäßig als nicht bewiesen angesehen.[646] In der Tat sind andere Geschehensabläufe regelmäßig nicht undenkbar und auch keinesfalls rein theoretischer Art. So ist vorstellbar, dass ein Dritter über das Authentisierungsmedium des Teilnehmers, also etwa das Passwort oder Chipkarte und Passwort, verfügt und sich damit anmeldet. Vor allem aber kommt in Betracht, dass eine Erklärung von einem Schadprogramm verfälscht wurde.

Daher werden Zweifel an der Urheberschaft für eine Erklärung häufig nicht ausgeräumt werden können. Nach dem Grundsatz des § 286 Abs. 1 ZPO wäre also der Beweis nicht erbracht. Es kommt daher in der Praxis entscheidend darauf an, ob die volle Überzeugung des Gerichts ggf. nach den Regeln des sogenannten Anscheinsbeweises erreicht wird.

3. Der Anscheinsbeweis für die Urheberschaft elektronisch übermittelter Erklärungen

a) Die Grundsätze des Anscheinsbeweises

Der Anscheinsbeweis (Beweis des ersten Anscheins, *prima-facie*-Beweis) ist nur teilweise gesetzlich geregelt; § 371a ZPO betrifft ausdrücklich nur den Fall der qualifizierten elektronischen Signatur. Ob es sich bei diesen Regeln um einen echten Anscheinsbeweis handelt, ist fraglich.[647] In jedem Fall werden die allgemeinen Grundsätze des Anscheinsbeweises durch diese Bestimmung nicht berührt.

Die maßgeblichen Grundsätze des Anscheinsbeweises sind von Rechtsprechung und Literatur herausgebildet worden. Anwendungsbereich des Anscheinsbeweises ist der Indizienbeweis.[648] Mithilfe des Anscheinsbeweises können fehlende konkrete Indizien durch Erfahrungssätze überbrückt werden, die auf der allgemeinen Lebenserfahrung beruhen.[649] Voraussetzung des Anscheinsbeweises ist das Bestehen eines Erfahrungssatzes, der aus einem typischen Geschehensablauf abgeleitet wird.[650] Typisch ist ein Geschehensablauf, wenn er nach der Erfahrung des täglichen

---

[646] OLG Hamm, 16.11.2006, 28 U 84/06, NJW 2007, 611; OLG Naumburg, 2.3.2004, 9 U 145/03, NJOZ 2005, 2222, 2223 f.; LG Bonn, 7.8.2001, 2 O 450/00, MMR 2002, 255, 256; LG Bonn, 19.12.2003, 2 O 472/03, CR 2004, 218, 219; AG Erfurt, 14.9.2001, 28 C 2354/01, MMR 2002, 127, 128.
[647] Siehe dazu unten S. 311 f.
[648] *Borges*, S. 492; *Huber*, JuS 1987, 464, 469; *Rosenberg/Schwab/Gottwald*, § 112 Rz. 18.
[649] BGH, 17.6.1997, X ZR 119/94, NJW 1998, 79, 81; *Borges*, S. 492; *Prütting*, in MünchKomm-ZPO, § 286 Rz. 48, 64; *Rosenberg/Schwab/Gottwald*, § 112 Rz. 17.
[650] St. Rspr. BGH, 5.2.1987, I ZR 210/84, BGHZ 100, 31, 33 m. w. Nachw.; BGH, 19.3.1996, VI ZR 380/94, NJW 1996, 1828; BGH, 4.12.2000, II ZR 293/99, NJW 2001, 1140 f.; *Borges*, S. 492; *Foerste*, in Musielak, ZPO, § 286 Rz. 23; *Greger*, in Zöller, ZPO, vor § 284 Rz. 29; *Prütting*, in MünchKommZPO, § 286 Rz. 48; *Rosenberg/Schwab/Gottwald*, § 112 Rz. 17.

Lebens durch das Regelmäßige, Übliche, Gewöhnliche und Häufige seines Ablaufs sein Gepräge erhält.[651] Der Geschehensablauf muss sehr wahrscheinlich und damit erheblich wahrscheinlicher als alle anderen denkbaren Geschehensabläufe sein.[652] Der Anscheinsbeweis wird in der Praxis vor allem zur Feststellung von Kausalverläufen und des Verschuldens eingesetzt, etwa beim Hergang eines Unfalls etc.[653] Ein klassisches Beispiel eines solchen Erfahrungssatzes ist der Grundsatz, dass ein Auffahrunfall typischerweise auf einem Fahrfehler des auffahrenden Fahrers (zu geringer Abstand oder Unachtsamkeit) beruht.[654] Der Anscheinsbeweis ist aber auch für komplexere Geschehensabläufe anerkannt, etwa bei der Verwendung von ec-Karte und PIN.

Soweit das ungeklärte Element des Geschehensablaufs (z. B. Ursache eines Auffahrunfalls) mithilfe eines derartigen Erfahrungssatzes (z. B. Fehler des auffahrenden Fahrers) überbrückt werden kann, kann der Beweis für dieses Element durch den Anscheinsbeweis erbracht werden.[655]

Allerdings kann die auf einem solchen Anschein beruhende Überzeugung des Gerichts besonders leicht widerlegt werden. So muss der Beweisgegner nicht etwa den Beweis des Gegenteils führen, um den Anschein zu widerlegen.[656] Vielmehr reicht es aus, wenn der Anschein durch Gegenbeweis „erschüttert" wird.[657] Der Anscheinsbeweis lässt auch die Beweislast unberührt.[658] Wenn der Anscheinsbeweis erschüttert wird, bleibt der Beweisführer beweisfällig.

---

[651] RG, 17.1.1940, RGZ 163, 21, 27; BGH, 17.4.1951, I ZR 28/50, BGHZ 2, 1, 5; BGH, 27.5.1957, II ZR 132/56, BGHZ 24, 308, 312; BGH, 18.3.1987, IVa ZR 205/85, BGHZ 100, 214, 216; *Saenger*, in Hk-ZPO, § 286 Rz. 42.

[652] BGH, 5.10.2004, XI ZR 210/03, NJW 2004, 3623 („sehr große Wahrscheinlichkeit"); *Borges*, S. 492; *Prütting*, S. 106 („höchste Wahrscheinlichkeit i. S. v. „wenn, dann meist").

[653] *Foerste*, in Musielak ZPO, § 286 Rz. 26 f.; *Greger*, VersR 1980, 1091, 1092; *ders.*, in Zöller, ZPO, vor § 284 Rz. 29; *Lepa*, NZV 1992, 129; *Prütting*, in MünchKommZPO, § 286 Rz. 59; *Saenger*, in Hk-ZPO, § 286 Rz. 38; *Schneider*, Rz. 355; *Walter*, ZZP 90 (1977), 272.

[654] BGH, 20.12.1963, VI ZR 289/62, VersR 1964, 263; BGH, 6.4.1982, VI ZR 152/80, NJW 1982, 1595, 1596; BGH, 23.6.1987, VI ZR 188/86, NJW-RR 1987, 1235, 1236; BGH, 18.10.1988, VI ZR 223/87, NJW-RR 1989, 670, 671; OLG Celle, 28.5.1973, 5 U 22/72, VersR 1974, 496; OLG Köln, 21.5.1969, 2 U 18/69, VersR 1970, 91, 92; *Foerste*, in Musielak, ZPO, § 286 Rz. 26; *Greger*, VersR 1980, 1091, 1095 m. w. Nachw. aus der Rspr.; *Rosenberg/Schwab/Gottwald*, § 112 Rz. 26; *Schneider*, Rz. 355.

[655] *Greger*, in Zöller, ZPO, vor § 284 Rz. 29; *Prütting*, in MünchKommZPO, § 286 Rz. 48; *Saenger*, in Hk-ZPO, § 286 Rz. 38.

[656] BGH, 17.1.1995, X ZR 82/93, VersR 1995, 723, 724; *Borges*, S. 493; *Lepa*, NZV 1992, 129, 131; *Prütting*, in MünchKommZPO, § 286 Rz. 65; *Rosenberg/Schwab/Gottwald*, § 112 Rz. 36; *Saenger*, in Hk-ZPO, § 286 Rz. 40.

[657] BGH, 12.2.1963, VI ZR 70/62, BGHZ 39, 103, 107; BGH, 5.2.1987, I ZR 210/84, BGHZ 100, 31, 34; BGH, 8.12.1971, IV ZR 81/70, NJW 1972, 1131; Borges, S. 493 m. w. Nachw.; *Prütting*, in MünchKommZPO, § 286 Rz. 51; Rosenberg/Schwab/Gottwald, § 112 Rz. 36.

[658] BGH, 12.2.1963, VI ZR 70/62, BGHZ 39, 103, 107; BGH, 5.2.1987, I ZR 210/84, BGHZ 100, 31, 34; *Baumgärtel/Prütting*, S. 63; *Greger*, VersR 1980, 1091, 1092; *Prütting*, in MünchKommZPO, § 286 Rz. 51; *Rosenberg/Schwab/Gottwald*, § 112 Rz. 36.

IX. Zivilrechtliche Beweisfragen 305

Die Erschütterung des Anscheinsbeweises setzt voraus, dass ein Sachverhalt dargelegt wird, aus dem die ernsthafte Möglichkeit eines anderen als des der allgemeinen Erfahrung entsprechenden Geschehensablaufs folgt.[659] Die Tatsachen, aus denen sich die Möglichkeit eines anderen Geschehensablaufs ergibt, müssen feststehen, also unstreitig sein oder ihrerseits vom Beweisgegner bewiesen werden.[660] Der Beweisgegner muss freilich nicht beweisen, dass sich ein solcher Geschehensablauf ereignet hat.[661]

b) Voraussetzungen des Anscheinsbeweises der Urheberschaft

Für den Indizienbeweis, dass eine bestimmte Person (z. B. ein Bankkunde) eine bestimmte Erklärung per Internet (z. B. Website der Bank) übermittelt hat oder eine bestimmte Handlung (z. B. Einstellen bestimmter Inhalte in eine Plattform) vorgenommen hat, sind regelmäßig mehrere Schritte erforderlich. Zunächst muss, wie oben (S. 303 ff.) dargestellt, nachgewiesen werden, dass die betreffende Handlung (z. B. Überweisungsauftrag) unter Verwendung der Authentisierungsmedien (Passwort, PIN etc.) vorgenommen wurde.

Für den Rückschluss auf die handelnde Person ist weiter erforderlich, dass nur diese Person die Möglichkeit hatte, die Authentisierung vorzunehmen. Voraussetzung des Anscheinsbeweises ist insoweit das Bestehen eines Erfahrungssatzes, wonach eine Erklärung, die unter Einsatz eines Authentisierungsmediums, z. B. eines Passworts, versandt wurde, nach der Lebenserfahrung stets vom Inhaber des Authentisierungsmediums (und nicht etwa einem Dritten) stammt. Dies hängt wesentlich von der Sicherheit des eingesetzten Authentisierungsverfahrens gegenüber Fälschungen ab. Folglich ist für das Bestehen des Anscheinsbeweises nach der Sicherheit der Authentisierungsverfahren zu unterscheiden.

Daher ist nachfolgend zu untersuchen, ob ein Anschein für die Urheberschaft besteht und unter welchen Voraussetzungen ein ggf. bestehender Anschein erschüttert werden kann.

Die rechtliche Diskussion des Anscheinsbeweises für die Abgabe von Erklärungen hat sich vor allem anhand des Beispiels von Verfügungen an Geldautomaten unter Verwendung von ec-Karte und PIN entwickelt. Die dort entwickelten Grund-

---

[659] BGH, 18.12.1952, VI ZR 54/52, BGHZ 8, 239; BGH, 20.6.1978, VI ZR 15/77, NJW 1978, 2032; *Greger*, in Zöller, ZPO, vor § 284 Rz. 29; *Prütting*, in MünchKommZPO, § 286 Rz. 65; *Rosenberg/Schwab/Gottwald*, § 112 Rz. 36; *Saenger*, in Hk-ZPO, § 286 Rz. 40; *Schneider*, Rz. 342; *H. Weber*, S. 49.

[660] RG, 4.3.1919, III 338/18, RGZ 95, 103, 104; BGH, 23.5.1952, I ZR 163/51, BGHZ 6, 169, 171; BGH, 18.12.1952, VI ZR 54/52, BGHZ 8, 239, 240; BGH, 18.10.1988, VI ZR 223/87, NJW-RR 1989, 670 f.; BGH, 3.7.1990, VI ZR 239/89, NJW 1991, 230, 231; BGH, 17.1.1995, X ZR 82/93, VersR 1995, 723, 724; *Borges*, S. 494; *Greger*, in Zöller, ZPO, vor § 284 Rz. 29; *Prütting*, in MünchKommZPO, § 286 Rz. 65; *Rosenberg/Schwab/Gottwald* (Fn. 75), § 112 Rz. 36; *Saenger*, in Hk-ZPO § 286 Rz. 40; *Schneider*, Rz. 342; *H. Weber*, S. 50.

[661] *Borges*, S. 494; *Rosenberg/Schwab/Gottwald*, § 112 Rz. 36.

sätze werden regelmäßig zur Beurteilung des Anscheinsbeweises bei anderen Authentisierungsverfahren herangezogen. Daher wird nachfolgend zunächst der Diskussionsstand zum Anscheinsbeweis bei Verfügungen an Geldautoamen mittels ec-Karte und PIN skizziert.

c) Der Anscheinsbeweis bei Verwendung von ec-Karte und PIN

Der Anscheinsbeweis aufgrund Verwendung von ec-Karte und PIN hat sein Einsatzgebiet vor allem bei Verfügungen an Geldautomaten. Hier wird der Anscheinsbeweis relevant, wenn die Verantwortlichkeit des Bankkunden für einen Geldbetrag streitig ist, der von einem Geldausgabeautomaten abgehoben wurde.

Materiell-rechtlicher Hintergrund des Beweises ist die Frage, ob die Bank das Konto des Kunden mit dem abgehobenen Betrag belasten kann, mithin, ob ihr ein Zahlungsanspruch gegen den Kunden in dieser Höhe zusteht. Dieser Anspruch besteht als Aufwendungsersatzanspruch, wenn der Kunde das Geld selbst abgehoben hat oder wenn eine andere Person als bevollmächtigter Vertreter des Kunden – und sei es aufgrund einer Rechtsscheinvollmacht – das Geld abgehoben hat.[662] Ein Anspruch der Bank besteht auch, wenn ein unbefugter Dritter das Geld abgehoben hat und der Kunde dies durch grob fahrlässigen Umgang mit der PIN verursacht hat, denn in diesem Fall hat der Kunde seine Geheimhaltungspflicht verletzt und haftet der Bank auf Schadensersatz.[663] Daher kann für das Ergebnis des Rechtsstreits regelmäßig dahinstehen, welcher der drei Sachverhalte tatsächlich vorlag.

aa) Bestehen eines Anscheins

Vor diesem materiell-rechtlichen Hintergrund wurde bislang bei Verwendung von ec-Karte und PIN und ordnungsgemäßem Funktionieren des Geldautomaten im Ergebnis überwiegend ein Anscheinsbeweis dahingehend angenommen, dass entweder der Kunde die Verfügung vorgenommen oder Karte und PIN weitergegeben hat oder dem Täter die Kenntnis der PIN durch grob fahrlässige Verletzung der Geheimhaltungspflicht ermöglicht hat.[664]

---

[662] *Bruns*, MMR 1999, 19; *Oechsler*, in Derleder/Knops/Bamberger, § 43 Rz. 4; *Rüßmann*, DuD 1998, 395 f.; *Werner*, WM 1997, 1516; *ders.*, MMR 1998, 232, 233.

[663] Siehe dazu *Bieber*, WM-Sonderbeilage Nr. 6/1987, 1, 12 ff.; *Borges*, S. 497 ff. m. w. Nachw.; a. A. (kein Anscheinsbeweis) etwa LG Osnabrück, 4.2.2003, 7 S 641/02, WM 2003, 1951.

[664] BGH, 5.10.2004, XI ZR 210/03, BGHZ 160, 308, 315 f. m. zahlr. Nachw., bestätigt durch BVerfG, 8.12.2009, 1 BvR 2733/06, NJW 2010, 1129, 1130; BGH, 14.11.2006, XI ZR 294/05, BGHZ 170, 18, 30; OLG Frankfurt a. M., 7.5.2002, 8 U 268/01, WM 2002, 2101, 2102 f.; OLG Frankfurt a. M., 30.1.2008, 23 U 38/05, MMR 2008, 473; OLG Frankfurt a. M., 17.6.2009, 23 U 22/06, MMR 2009, 856; OLG Stuttgart, 13.3.2002, 9 U 63/01, NJW-RR 2002, 1274, 1275 f.; *Aepfelbach/Cimiotti*, WM 1998, 1218, 1219; *Balzer*, in Heymann-HGB, Anh. § 372 Rz. V/162; *Karahan*, in Albrecht/Karahan/Lenenbach, § 23 Rz. 32; *Koch*, in Albrecht/Karahan/Lenenbach, § 25 Rz. 243 f.; *Sprau*, in Palandt, § 675w Rz. 4; *Timme*, MDR 2005, 305 ff.; *Werner*, WM 1997, 1516,

Der BGH hat in seinem Urteil vom 5.10.2004, das den aktuellen Stand der höchstrichterlichen Rechtsprechung zum Anscheinsbeweis bei Verwendung von ec-Karte und PIN darstellt, diesen Anscheinsbeweis mit den genannten drei Varianten ausdrücklich bestätigt.[665]

Allerdings wird der durch die Verwendung von ec-Karte und PIN hervorgerufene Anschein teilweise auch anders beschrieben. So wird nicht selten explizit ein Anschein dahingehend angenommen, dass der Kunde den Geldautomaten persönlich bedient hat.[666]

Andere Stellungnahmen hingegen verweisen sogleich auf den dargestellten, dreifach gestaffelten Anschein, ohne auf die Möglichkeit eines Anscheins für das Handeln des Kunden selbst hinzuweisen.[667]

Darin liegt aber nicht notwendig eine unterschiedliche Auffassung zum Anscheinsbeweis bei Verwendung von ec-Karte und PIN. Der zu führende Anscheinsbeweis richtet sich grundsätzlich nach der Beweisfrage. Diese hängt entscheidend davon ab, welche Tatsachen im Verfahren umstritten sind. Diese Interdependenz von Anscheinsbeweis und Tatsachenvortrag der Parteien wird auch am Beispiel des BGH-Urteils vom 5.10.2004 sehr deutlich. Hier war zwischen den Parteien unstreitig, dass der Kunde das Geld nicht selbst abgehoben hatte. Folglich kam es für den Beweis allein darauf an, ob der Kunde seine Geheimhaltungspflicht verletzt hatte, und entsprechend fokussierte der BGH, obwohl er den Anscheinsbeweis mit den drei Varianten ausdrücklich anerkennt, den Anschein im konkreten Fall auf die Sachverhaltsvariante einer Verwendung durch einen Dieb und die Pflichtverletzung des Kunden.[668]

Diese Abhängigkeit des Anscheinsbeweises vom Streitstand ist auch keine Besonderheit des Anscheinsbeweises bei Verwendung von ec-Karte und PIN. Auch beim Auffahrunfall wird regelmäßig offengelassen, ob der auffahrende Kraftfahrer zu geringen Abstand hielt oder unachtsam war, da dies für das Ergebnis – Verantwortlichkeit des Hintermanns für den Unfall – nicht erheblich ist.

1519; ders., MMR 1998, 232, 233 f.; a. A. OLG Frankfurt a. M., 7.12.2001, 24 U 188/99, NJW-RR 2002, 692, 693; OLG Hamm, 17.3.1997, 31 U 72/96, NJW 1997, 1711 ff.; *Halfmeier*, ZEuP 2009, 613, 621 f.; *Jungmann*, in Zetsche/Neef/Makoski/Beurskens, S. 345; *Pausch*, CR 1997, 174 ff.; *Strube*, BKR 2004, 497 ff.; ausdrückl. offengelassen bei OLG Oldenburg, 29.8.2000, 9 U 23/00, WM 2000, 2337, 2339 sowie BGH, 17.10.2000, XI ZR 42/00, NJW 2001, 286; w. Nachw. bei *Borges*, S. 499.

[665] BGH, 5.10.2004, XI ZR 210/03, BGHZ 160, 308.

[666] OLG Stuttgart, 13.3.2002, 9 U 63/01, WM 2003, 125, 126; LG Bonn, 11.1.1995, 5 S 163/94, WM 1995, 575, 576; AG Hannover, 21.6.1996, 537 C 3553/96, WM 1997, 64, 65; AG Schöneberg, 9.9.1996, 8 C 258/96, WM 1997, 66, 68; AG Wuppertal, 10.4.1997, 35 C 351/96, WM 1997, 1209; *Bieber*, WM-Sonderbeilage Nr. 6/1987, 1, 12; *Fervers*, WM 1988, 1037, 1043; wohl auch *Werner*, in BuB, Rz. 6/1510; ähnl. AG Frankfurt a. M., 13.4.2006, 32 C 3051/05 – 18, BKR 2006, 297, 298 (Anschein für eigene Abhebung oder durch von ihm autorisierten Dritten).

[667] Vgl. z. B. LG Berlin, 1.8.2002, 52 T 31/02, WM 2003, 128, 129.

[668] BGH, 5.10.2004, XI ZR 210/03, BGHZ 160, 308, 312 ff.; ebenso in dieser Konstellation etwa OLG Frankfurt a. M., 30.3.2006, 16 U 70/05, NJW-RR 2007, 198 f.; LG Duisburg, 8.5.2003, 5 S 63/02; LG Duisburg, 13.1.2006, 7 S 176/05.

Nach der Lebenserfahrung liegt bei Bedienung des Geldautomaten durch ec-Karte und PIN in aller Regel eine Verfügung durch den Kunden selbst oder durch eine von ihm autorisierte Person vor. Es besteht also ein beweisrelevanter Anschein dahingehend, dass der Kunde selbst oder ein von ihm bevollmächtigter Dritter gehandelt hat. Dieser Anschein ist freilich besonders leicht zu erschüttern, etwa durch den Nachweis, dass sich der Kunde zum Zeitpunkt der Verfügung an einem anderen Ort befunden hat. Der gestaffelte Anscheinsbeweis mit den o. g. drei Varianten vereinfacht also lediglich die Beweisaufnahme, ohne einen Anschein für die Urheberschaft des Kunden in Abrede zu stellen.

In jüngster Vergangenheit wird der Anscheinsbeweis bei der Verwendung von ec-Karte und PIN vermehrt infrage gestellt. So hat das AG Berlin-Mitte in einem aktuellen Urteil den Anscheinsbeweis für eine Pflichtverletzung abgelehnt. Zur Begründung wird primär auf den starken Anstieg von Skimmingfällen verwiesen, aufgrund dessen man eine Sorgfaltspflichtverletzung des Kunden nicht mehr als einen nach der Lebenserfahrung typischen Geschehensablauf ansehen könne.[669]

Im Zuge der Umsetzung der Zahlungsdiensterichtlinie zum 31.10.2009 wird in der Literatur teilweise vertreten, das neue Recht der Zahlungsdienste schließe den herkömmlichen Anscheinsbeweis aus.[670] Diese Ansicht verweist auf Art. 59 Abs. 2 ZD-RL, der annähernd wörtlich in § 675w BGB übernommen wurde. Danach ist eine Aufzeichnung der Authentifizierung als Nachweis „nicht notwendigerweise" ausreichend. Nach anderer Auffassung ist § 675w BGB und ebenso Art. 59 Abs. 2 ZD-RL so zu verstehen, dass im Einzelfall eine Beweiswürdigung durch das Gericht erfolgen muss. Dieses kann sodann im Rahmen der freien Beweiswürdigung auf die Grundsätze des Anscheinsbeweises zurückgreifen.[671] Der Anscheinsbeweis bei der Verwendung von ec-Karte und PIN kann nach herrschender Ansicht daher auch nach der Umsetzung der Zahlungsdiensterichtlinie angenommen werden.[672]

bb) Erschütterung des Anscheins

Gerade zum Anscheinsbeweis bei Verwendung von ec-Karte und PIN ist auch die Möglichkeit einer Erschütterung des Anscheins Gegenstand intensiver Diskussion. In der Praxis wurde meist geltend gemacht, ein Dieb habe die ec-Karte entwendet und die PIN entweder durch Ausnutzung von Sicherheitslücken des Systems oder durch Ausspähen in Erfahrung gebracht.[673]

---

[669] AG Berlin-Mitte, 25.11.2009, 21 C 442/08, BeckRS 2009, 87855.

[670] *Franck/Massari*, WM 2009, 1117, 1126 f.; *Scheibengruber*, BKR 2010, 15, 21; zuvor bereits *Burgard*, WM 2006, 2065, 2069.

[671] *Lohmann/Koch*, WM 2008, 57, 63; siehe auch die amtliche Begründung zum Gesetzentwurf, BT-Drs. 16/11643, S. 114; vgl. auch *Casper*, in MünchKommBGB, § 676h Rz. 34, der die Formulierung dahingehend deutet, dass der Anscheinsbeweis wie bisher erschüttert werden kann.

[672] So auch *Casper/Pfeifle*, WM 2009, 2343, 2347; *Grundmann*, WM 2009, 1157, 1163; *Lohmann/Koch*, WM 2008, 57, 63; *Rühl*, DStR 2009, 2256, 2259; *Willershausen*, jurisPR-BKR 4/2010, Anm. 6; wohl auch *Casper*, in MünchKommBGB, § 676h Rz. 34; *Rösler/Werner*, BKR 2009, 1, 9.

[673] Vgl. z. B. LG Osnabrück, 4.2.2003, 7 S 641/02, WM 2003, 1951, 1954, das wegen dieser Möglichkeit gar den Anscheinsbeweis insgesamt ablehnt. Vgl. zu den Sicherheitslücken und der

Der BGH hat in seinem Urteil vom 5.10.2004 die in der Praxis besonders häufig vorgetragene Variante eines Ausspähens der PIN bei früheren Verfügungen erheblich eingeschränkt und ein Errechnen der PIN für nur theoretisch möglich gehalten. Damit gelten für die Möglichkeit, den Anschein zu erschüttern, aufgrund des BGH-Urteils ausgesprochen hohe Anforderungen, die in der Praxis kaum erreicht werden. In den seither veröffentlichten Urteilen ist eine Erschütterung des Anscheins jeweils abgelehnt worden.[674]

d) Der Anscheinsbeweis bei Authentisierung mit Passwort

aa) Bestehen eines Anscheins

Die Fragen nach dem Anscheinsbeweis bei Authentisierung mit Nutzername und Passwort betrifft sehr unterschiedliche Sachverhalte und Fallgruppen.

Im Vordergrund der bisherigen Diskussion steht der Anschein für die Urheberschaft von E-Mails und für Handlungen, die an Websites vorgenommen werden, etwa Gebote im Rahmen einer Internetauktion, Bestellungen im E-Commerce, Erklärungen, die in Plattformen, etwa Foren, eingestellt werden.

In Bezug auf E-Mails lehnt die Rechtsprechung, ebenso die h. M. in der Literatur, einen Anschein für die Urheberschaft des angeblichen Absenders ab.[675] Vereinzelt wird ein Anschein für die Urheberschaft des im Kopf der E-Mail bezeichneten Absenders angenommen.[676] In den Stellungnahmen ist allerdings teilweise unklar, ob dieser Anschein nur dann bestehen soll, wenn feststeht, dass die betreffende E-Mail vom Account des angeblichen Absenders verschickt wurde, oder ob der Anschein schon aufgrund der Absenderangabe im Kopf der E-Mail bestehen soll.[677]

Dies kann aber wohl dahin stehen, denn die h. M. begründet die Ablehnung des Anscheinsbeweises damit, dass wegen der Möglichkeit von Angriffen gegen Passwörter ein typischer Geschehensablauf nicht angenommen werden könne.[678] Ver-

---

Möglichkeit des Ausspähens *Aepfelbach/Cimiotti*, WM 1998, 1218 ff.; *Lochter/Schindler*, MMR 2006, 292 ff.; *Pausch*, CR 1997, 174 ff.; *ders.*, VuR 1997, 121 ff.; *ders.*, CR 2004, 308 ff.

[674] Siehe etwa OLG Frankfurt a. M., 30.3.2006, 16 U 70/05, NJW-RR 2007, 198; LG Duisburg, 13.1.2006, 7 S 176/05; LG Kaiserslautern, 26.11.2004, 2 O 394/04; AG Düsseldorf, 26.1.2005, 37 C 18086/00; AG Frankfurt a. M., 13.4.2006, 32 C 3051/05 - 18, 32 C 3051/05, BKR 2006, 297, 298 f.

[675] OLG Köln, 6.9.2002, 19 U 16/02, K&R 2003, 83, 84; LG Bonn, 7.8.2001, 2 O 450/00, MMR 2002, 255, 256; *Ernst*, MDR 2003, 1091, 1092 f.; *Jungermann*, DuD 2003, 69, 71; *Recknagel*, S. 148; *Roßnagel*, K&R 2003, 84, 85; *Roßnagel/Pfitzmann*, NJW 2003, 1209, 1211; *Schmidt/Pruß/Kast*, CR 2008, 267, 271; vgl. auch LG Essen, 20.4.2009, 4 O 368/08, GRUR-RR 2009, 353, 354 (kein Anscheinsbeweis, dass Anmeldung für einen Newsletter vom Inhaber des E-Mail-Accounts stammt).

[676] *Hartmann*, in Baumbach/Lauterbach/Albers/Hartmann, Anh. § 286 Rz. 85; *Mankowski*, MMR 2004, 181; *ders.*, CR 2003, 44, 45; *ders.*, NJW 2002, 2822, 2824; *Sosnitza/Gey*, K&R 2004, 465, 468.

[677] Explizit für Letzteres *Sosnitza/Gey*, K&R 2004, 465, 468.

[678] *Ernst*, MDR 2003, 1091, 1092 f.; *Recknagel*, S. 148; *Roßnagel*, K&R 2003, 84, 85; *Roßnagel/Pfitzmann*, NJW 2003, 1209, 1211.

breitet wird aus dem Umstand, dass der Gesetzgeber in § 371a Abs. 1 S. 2 ZPO einen Anscheinsbeweis für die qualifizierte elektronische Signatur geregelt habe, der Schluss gezogen, dass bei einer E-Mail ohne qualifizierte elektronische Signatur kein Anschein gegeben sei.[679]

Dies entspricht dem Diskussionstand zu Handlungen, die über Accounts vorgenommen werden, bei denen die Authentisierung mit Nutzername/Passwort erfolgt. Auch hier geht die ganz h. M. davon aus, dass kein Anscheinsbeweis gegeben ist.[680] Dies wird vor allem mit der Missbrauchsmöglichkeit begründet.[681] In der Literatur wird diese Rechtsprechung teilweise kritisiert und angenommen, dass der Passwortschutz eine hinreichende Grundlage für die Annahme biete, dass die Erklärung vom Inhaber des Passworts stamme.[682] Vereinzelt haben Gerichte der Authentisierung mit Nutzername und Passwort eine Beweiswirkung zugesprochen. So nahm etwa das VG Hannover bei einem durch Passwort geschützten Userprofil eines Chatrooms aufgrund der Authentisierung durch Passwort eine „tatsächliche Vermutung" für die Urheberschaft des Passwortinhabers an.[683]

Die meisten der den Anscheinsbeweis befürwortenden Stellungnahmen haben die besondere Problematik des Phishing und die Auswirkungen auf den Anscheinsbeweis allerdings noch nicht berücksichtigt. Teilweise wird der Anscheinsbeweis aber ausdrücklich im Hinblick auf die Probleme des Phishing[684] oder des Identitätsdiebstahls[685] abgelehnt.

---

[679] *Jungermann*, DuD 2003, 69, 71; *Roßnagel*, K&R 2003, 84, 85; *Schmidt/Pruß/Kast*, CR 2008, 267, 271; *Wiebe/Neubauer*, in Hoeren/Sieber, Teil 15 Rz. 59.

[680] OLG Köln, 6.9.2002, 19 U 16/02, K&R 2003, 83, 84; LG Bonn, 7.8.2001, 2 O 450/00, MMR 2002, 255, 256; LG Bonn, 19.12.2003, 2 O 472/03, CR 2004, 218, 219; LG Köln, 27.10.2005, 8 O 15/05; LG Münster, 20.3.2006, 12 O 645/05; *Biallaß*, ZUM 2007, 397, 398; *Borges*, NJW 2005, 3313, 3317; *ders.*, in Borges, Internet-Auktion, S. 223; *Hartmann*, in Baumbach/Lauterbach/Albers/Hartmann, Anh. § 286 Rz. 101; *Hecht*, K&R 2009, 462, 464; *Heiderhoff*, in Heiderhoff/Zmij, S. 97, 105 f.; *Hoffmann*, NJW 2004, 2569, 2571; *Kitz*, in Hoeren/Sieber, Teil 13.1 Rz. 67; *Knopp/Wilke/Hornung/Laue*, MMR 2008, 723, 725; *Noack/Kremer*, AnwBl 2004, 602, 604; *Roßnagel/Hornung*, DÖV 2009, 301, 303 Fn. 22; *Wiebe*, in Spindler/Wiebe, Kap. 4 Rz. 61; *ders.*, MMR 2002, 257, 258; *Wiebe/Neubauer*, in Hoeren/Sieber, Teil 15 Rz. 59; wohl auch *Foerste* in Musielak, § 286 Rz. 29.

[681] OLG Köln, 6.9.2002, 19 U 16/02, K&R 2003, 83, 84; LG Bonn, 7.8.2001, 2 O 450/00, MMR 2002, 255, 256; LG Bonn, 19.12.2003, 2 O 472/03, CR 2004, 218, 219; LG Köln, 27.10.2005, 8 O 15/05; LG Münster, 20.3.2006, 12 O 645/05; *Biallaß*, ZUM 2007, 397, 398; *Borges*, in Borges, Internet-Auktion, S. 223; *Hecht*, K&R 2009, 462, 464; *Kitz*, in Hoeren/Sieber, Teil 13.1 Rz. 67; *Noack/Kremer*, AnwBl 2004, 602, 604; *Wiebe*, in Spindler/Wiebe, Kap. 4 Rz. 61; *ders.*, MMR 2002, 257, 258; *Wiebe/Neubauer*, in Hoeren/Sieber, Teil 15 Rz. 59.

[682] *Herresthal*, K&R 2008, 705, 710; *Klees*, MMR 2007, 275, 277; *Mankowski*, CR 2003, 44, 45; *Winter*, CR 2004, 220, 221; *ders.*, MMR 2002, 836; *ders.*, CR 2002, 768, 769; weitergehend (Anscheinsbeweis dafür, dass die in der E-Mail-Adresse [Absenderangabe] genannte Person Urheber der E-Mail ist) *Mankowski*, MMR 2004, 181; *ders.*, NJW 2002, 2822, 2824; *Sosnitza/Gey*, K&R 2004, 465, 468; eingeschränkt auch *Ernst*, CR 2003, 1091, 1093, der einen Anscheinsbeweis nur bei solchen passwortgeschützten Onlineplattformen annehmen will, bei denen das Passwort nur mit Spezialkenntnissen unbefugt ermittelt werden kann.

[683] VG Hannover, 7.6.2006, 6 B 3325/06, MMR 2006, 707 (allerdings ohne die hier interessierende Passage); der Beschluss ist im Volltext abrufbar unter www.a-i3.org, Ordner „Recht", Unterordner „Urteile".

[684] So *Noack/Kremer*, AnwBl 2004, 602, 604; *Wiebe*, in Spindler/Wiebe, Kap. 4 Rz. 61.

[685] *Heiderhoff*, in Heiderhoff/Zmij, S. 103 ff., 106.

IX. Zivilrechtliche Beweisfragen

Der h. M. ist zuzustimmen. Angesichts der bekannten Angriffe gegen Passwörter kommt ein Anschein aufgrund der bloßen Verwendung von Nutzername und Passwort nicht in Betracht.

bb) Erschütterung des Anscheins

Wenn man mit der Mindermeinung einen Anscheinsbeweis im Grundsatz bejahen wollte, stellt sich die Frage, ob der Anscheinsbeweis im Einzelfall erschüttert werden kann. Dies setzt voraus, wie oben dargestellt, dass die ernsthafte Möglichkeit eines anderen Geschehensablaufs dargetan und ggf. bewiesen wird.

Eine solche Möglichkeit wäre angesichts der Missbrauchsmöglichkeiten wohl schon dann gegeben, wenn der Accountinhaber darlegt und notfalls durch Zeugen beweist, dass er zum fraglichen Zeitpunkt keinen Zugang zu seinem Account hatte. Daher wäre ein etwaiger Anschein für die Urheberschaft leicht zu erschüttern.

Ob man dann von einem Anschein für eine Pflichtverletzung ausgehen könnte, wird bisher nicht diskutiert, obwohl dies auf der Grundlage der Mindermeinung naheläge. Angesichts der Missbrauchsmöglichkeiten würde man das nicht annehmen können. Im Ergebnis dürfte der Beweis weder für die Urheberschaft noch für das Vorliegen einer Pflichtverletzung gelingen.

e) Der Anscheinsbeweis bei Verwendung der elektronischen Signatur

Der Gesetzgeber hat mit § 371a ZPO im Jahr 2001, damals als § 292a ZPO, erstmals eine gesetzliche Regelung mit Bezug zum Anscheinsbeweis in das deutsche Recht eingeführt.

Nach § 371a ZPO begründet die qualifizierte elektronische Signatur einen Anschein dahin, dass die signierte Datei vom Inhaber der Signaturkarte signiert wurde. Dieser Anschein kann nur durch den Nachweis der ernsthaften Möglichkeit, dass ein Dritter ohne Willen des Signaturschlüsselinhabers die Signatur erstellt hat, erschüttert werden.

Die dogmatische Einordnung dieser Norm, die sehr unklar formuliert ist,[686] ist allerdings umstritten.[687] Überwiegend wird § 371a ZPO als ein gesetzlich geregelter Anscheinsbeweis gedeutet,[688] teils aber auch als Regelung eigener Art verstanden.[689] Zudem wird die Norm in der Literatur überwiegend kritisch gese-

---

[686] *Borges*, S. 505 ff.
[687] Siehe dazu etwa *Armgardt/Spalka*, K&R 2007, 26 ff.; *Borges*, S. 505 ff.; *Prütting*, in Münch-KommZPO, 2. Aufl., Aktualisierungsband ZPO-Reform 2002 und weitere Reformgesetze, 2002, § 292a Rz. 7 ff.
[688] So die Deutung in BT-Drs. 14/4987, S. 13, 23. Ebenso *Czeguhn*, JuS 2004, 124, 125; *Fischer-Dieskau/Gitter/Paul/Steidle*, MMR 2002, 709, 710; *Roßnagel*, MMR 2000, 451, 459; *Stadler*, ZZP 111 (2002), 413, 432.
[689] Vgl. *Musielak*, in FG Vollkommer, S. 237, 251; *Schemmann*, ZZP 118 (2005), 161, 182 (§ 371a ZPO als „erleichtert entkräftbare gesetzliche Vermutung."); wohl auch *Altenhofen/Brömmelmeyer/Knuf*, VW 2009, 1603 ff.; *Borges*, S. 511; insoweit unklar *Roßnagel*, MMR 2002, 215, 218, der sowohl von Beweisvermutung als auch von Anscheinsbeweis spricht.

hen.[690] Wegen bestehender Sicherheitslücken bei digitalen Signaturen wird in der Literatur teilweise eine sehr restriktive Auslegung des § 371a ZPO gefordert.[691] Wie sich die Diskussion entwickeln wird, ist aus heutiger Sicht unklar; bisher ist § 371a ZPO schon aufgrund des geringen Einsatzes qualifizierter elektronischer Signaturen, soweit erkennbar, ohne praktische Bedeutung geblieben.

Gleichwohl macht § 371a ZPO deutlich, dass nach Auffassung des Gesetzgebers die Verwendung der Signaturkarte einen Anschein der Echtheit der signierten Datei und damit dafür begründet, dass der Inhaber der Chipkarte, die den geheimen Schlüssel enthält, Urheber der Datei ist.

f) Der Anscheinsbeweis im Onlinebanking

Bei bestrittenen Überweisungen ist in der Praxis oft unklar, ob die Überweisung vom Kunden veranlasst wurde oder auf dem Eingriff eines Dritten beruht. Im Streitfall muss die Bank darlegen und ggf. beweisen, dass sie einen Anspruch gegen ihren Kunden hat, sei es als Aufwendungsersatz wegen der vom Kunden veranlassten Überweisung, sei es als Schadensersatz wegen Verletzung der Geheimhaltungspflicht. Der volle Beweis wird oft nicht möglich sein, sodass es von Bedeutung ist, ob der Bank aufgrund der Verwendung der Authentisierungsmedien, etwa PIN und TAN, der Anscheinsbeweis einer Verfügung oder einer Pflichtverletzung des Kunden gelingt.

Traditionell wurde in der Literatur in Übertragung der zu Verfügungen an Geldautomaten mittels ec-Karte und PIN entwickelten Grundsätze[692] angenommen, dass bei Verwendung von PIN und TAN im Onlinebanking ein Anschein dafür besteht, dass der Kunde die betreffende Transaktion selbst vorgenommen oder durch unsorgfältige Geheimhaltung zum Missbrauch beigetragen hat.[693] In jüngerer Zeit wird ein solcher Anschein wegen des Phishing für das klassische PIN/TAN-Verfahren zunehmend bestritten.[694] Nach anderer Auffassung hingegen ist der o. g. Anscheins-

---

[690] Siehe etwa *Armgardt/Spalka*, K&R 2007, 26, 32; *Borges*, S. 506; *ders.*, in Derleder/Knops/Bamberger, § 9 Rz. 109; *Czeguhn*, JuS 2004, 124, 126; *Huber*, in Musielak, ZPO, § 371a Rz. 7; *Jungermann*, DuD 2003, 69, 72; *Schemmann*, ZZP 118 (2005), 161, 179; wohl auch *Zimmermann*, in MünchKomm-ZPO, § 371a Rz. 4.

[691] *Armgardt/Spalk*a, K&R 2007, 26 ff.; vgl. zu möglichen Themen des Gegenbeweises auch *Schemmann,* ZZP 118 (2005), 161, 172 ff.

[692] Dazu *Metz*, in Derleder/Knops/Bamberger, § 48 Rz. 13 ff.; siehe auch BGH, 5.10.2004, XI ZR 210/03, BGHZ 160, 308; *Spindler*, BB 2004, 2766 ff.; *Timme*, MDR 2005, 304 ff.; *Werner*, in BuB, 6/1509 f.

[693] *Bock*, in Neumann/Bock, Rz. 183; *ders.*, in Bräutigam/Leupold, Kap. VII. Rz. 83; *Escher-Weingart*, in Gounalakis, § 39 Rz. 50; *Janisch/Schartner*, DuD 26 (2002), 162, 168; *Koch*, in Albrecht/Karahan/Lenenbach, § 25 Rz. 245; *Kümpel*, Rz. 4.752; *Mankowski*, CR 2003, 44, 47; *Recknagel*, S. 146; *Rottenburg*, WM 1997, 2381, 2391; *Weber*, S. 304; *Werner*, in BuB, 19/84; *ders.*, MMR 1998, 232, 235; ähnlich *Wiesgickl*, WM 2000, 1039, 1047 ff. (kein Anschein für Überweisungsauftrag, aber für Sorgfaltspflichtverletzung).

[694] *Kind/Werner*, CR 2006, 353, 359; *Spindler*, Online-Banking – Haftungsprobleme, Rz. 95; grundsätzlich gegen einen Anscheinsbeweis im Onlinebanking *Schulte am Hülse/Klabunde*, MMR 2010, 84, 87.

beweis (derzeit noch) auch für das traditionelle PIN/TAN-Verfahren zu bejahen.[695] Die Begründung der Kritik, dass Phishing nicht ausgeschlossen werden könne, trifft auch für das iTAN-Verfahren zu, sodass sich die Kritik wohl auch gegen das iTAN-Verfahren richtet. Jedenfalls für verbesserte Verfahren, die auf transaktionsbasierte Authentisierung setzen, besteht aufgrund der Verwendung der Legitimationsmedien aber ein Anschein dahin, dass der Kunde die Transaktion selbst vorgenommen oder die Legitimationsdaten weitergegeben hat. Sofern ein eigenes Handeln des Kunden ausscheidet, besteht aus heutiger Sicht ein Anschein dahin, dass der Kunde zum Missbrauch durch unsorgfältiges Verhalten beigetragen hat.

Soweit ein Anscheinsbeweis im Grundsatz angenommen wird, kommt es darauf an, unter welchen Voraussetzungen der Anschein erschüttert ist. Der Anschein einer eigenen Verfügung wird häufig erschüttert werden können, da die Möglichkeit eines Eingriffs Dritter angesichts der aktuellen Angriffe häufig bestehen wird. Für den Anschein hinsichtlich der Verletzung der Geheimhaltungspflicht ist maßgeblich, welche materiell-rechtlichen Anforderungen hier zu stellen sind.

Soweit die Pflichtverletzung im Fehlen eines aktuellen Virenschutzes besteht, kann ein Anschein hinsichtlich der Kausalität der Pflichtverletzung für den Schaden nicht ohne Weiteres angenommen werden, da ein Trojaner auch durch aktuelle Virenschutzprogramme nicht in jedem Fall erkannt wird. Sofern diese Möglichkeit nicht ausgeschlossen werden kann, ist folglich in Bezug auf diese Fallgruppe der Anschein eines Sachverhalts, der zu einem Schadensersatzanspruch der Bank führt, schon dann erschüttert, wenn die konkrete Möglichkeit eines Trojaner-Angriffs besteht.

Umstritten und völlig offen ist, welche Anforderungen an die Darlegung der konkreten Möglichkeit eines Trojaner-Angriffs zu stellen sind. Die Auffassung des Ombudsmannes des BVR, der Kunde müsse konkret nachweisen, welcher Trojaner sich auf seinem Rechner befunden habe,[696] ist abzulehnen, da der Kunde keine zumutbare Möglichkeit hat, diesen Nachweis zu führen. Die konkrete Möglichkeit eines Trojaner-Befalls muss daher wohl zur Erschütterung ausreichen, wenn nicht aufgrund der Informationen über den Trojaner ausgeschlossen werden kann, dass der Trojaner zu Phishingangriffen in der Lage ist.

g) Authentisierung mit dem elektronischen Identitätsnachweis

Die Frage nach dem Anscheinsbeweis bei Authentisierung mit dem elektronischen Identitätsnachweis ist nicht einfach zu beantworten. Der Anscheinsbeweis setzt einen auf praktischer Lebenserfahrung beruhenden Erfahrungssatz voraus. Eine solche Erfahrung liegt in Bezug auf die Authentisierung mit dem elektronischen Identitätsnachweis bisher nicht vor. Insbesondere sind die Anwendungsbereiche des elektronischen Identitätsnachweises nicht bekannt.

---

[695] *Werner*, in BuB, Rz. 19/69c.
[696] Ombudsmann BVR, 27.10.2006, K-73/06.

Allerdings wird man aus den Erfahrungen mit anderen Authentisierungsmedien Rückschlüsse ziehen können. Der elektronische Identitätsnachweis bewirkt eine Authentisierung unter Verwendung einer Chipkarte und einer PIN. Damit folgt der Identitätsnachweis dem Prinzip der Authentisierung mit Besitz und Wissen, wie es etwa bei der elektronischen Signatur oder der ec-Karte (Geldautomat) umgesetzt wird. Dieses Verfahren gilt als besonders sicher, da das Abhandenkommen eines Authentisierungsfaktors nicht ausreicht, um einem Dritten Herrschaft über das Authentisierungsmedium zu verschaffen, und vor allem weil internetgestützte bzw. rein elektronische Angriffe wegen des Faktors „Besitz" ausgeschlossen oder stark eingeschränkt sind. Der letztere Umstand wird gerade beim elektronischen Identitätsnachweis deutlich, da die Daten aus dem Chip nicht ausgelesen werden können. Es ist daher ausgeschlossen, dass eine Authentisierung mit dem elektronischen Identitätsnachweis ohne Verwendung des Personalausweises erfolgt.

Dies gilt freilich nicht ohne Einschränkungen. Wie im technischen Teil dargestellt, ist es durchaus möglich, dass eine Erklärung verfälscht wird.

Dies schließt aber das Bestehen eines Anscheins für die Urheberschaft des Ausweisinhabers nicht in jedem Fall aus. Auch in anderen Fällen des Anscheins aufgrund Verwendung von Authentisierungsmedien sind ja Angriffe denkbar und kommen in der Praxis vor. Es muss vielmehr darauf ankommen, ob, wenn Eingriffe plausibel sind, das Vorliegen eines Eingriffs feststellbar ist, damit die Aussicht auf Erschütterung des Anscheins besteht. Dieses Erfordernis folgt letztlich aus dem Grundgedanken der Regeln des Anscheinsbeweises, die eine Erleichterung der Darlegungs- und Beweislast für den Beweisführer enthalten. Diese ist nur dann gerechtfertigt, wenn der Beweisgegner eine Aussicht hat, diese Beweiswirkung zu beseitigen (Erschütterung des Anscheins). Dies erscheint nicht ausgeschlossen, da die in Betracht kommenden Eingriffe – Verfälschung einer Erklärung nach Authentisierung – häufig eingrenzbar sind.

Ähnlich wie bei der ec-Karte stellt sich die Frage, ob der Anscheinsbeweis sich auf die Urheberschaft des Ausweisinhabers oder, wie bei der ec-Karte überwiegend angenommen, auf eine alternative Feststellung richtet. In aller Regel wird eine Authentisierung mittels elektronischen Identitätsnachweises durch den Ausweisinhaber oder durch eine Person erfolgen, der der Inhaber Ausweis und PIN weitergegeben hat. Wie im Fall der ec-Karte scheint es überzeugend anzunehmen, dass sich der Anschein auf eine Handlung des Ausweisinhabers oder eines von ihm Bevollmächtigten richtet.

Als Zwischenergebnis ist daher festzuhalten, dass die Authentisierung mit dem elektronischen Identitätsnachweis einen beweisrelevanten Anschein dafür begründet, dass der Ausweisinhaber selbst oder ein von ihm bevollmächtigter Dritter gehandelt hat. Dies setzt aber voraus, dass Trojanerangriffe, die die Authentisierung ohne Zutun des Ausweisinhabers vornehmen, ausgeschlossen werden können.

Allerdings erscheint eine wesentliche Differenzierung und Einschränkung notwendig: Der elektronische Identitätsnachweis bezieht sich unmittelbar nur auf die Handlung, zu deren Vornahme der Identitätsnachweis eingesetzt wird. Dies ist bei den in Aussicht genommenen Verwendungen regelmäßig das Log-in zu einer An-

IX. Zivilrechtliche Beweisfragen

wendung im Internet, etwa der Zugang zu einem Account etc. Nachfolgende Handlungen, also Handlungen, die im Rahmen des Accounts vorgenommen werden, sind nicht unmittelbar Gegenstand dieser Authentisierung. Vielmehr muss hier der Schluss erweitert werden. Der Schluss auf die Urheberschaft des Ausweisinhabers wird also um das Element erweitert, dass eine Handlung, die über ein Account (z. B. Bankkonto im Onlinebanking, das Account einer Handelsplattform) vorgenommen wird, nur von der Person vorgenommen sein kann, die sich an diesem Account authentisiert hat. Gerade dieser Schluss aber erscheint problematisch, da zahlreiche Trojaner die Fähigkeit haben, nach einer Authentisierung während einer Sitzung Handlungen zu verfälschen oder gar eigenständig zu imitieren. So beruhen etwa die Trojaner, die im Onlinebanking eingesetzt werden, sämtlich auf diesem Angriffskonzept. In diesen Fällen liegt jeweils eine ordnungsgemäße Authentisierung beim Log-in an der Website der Bank vor, ebenso eine intakte SSL-Verschlüsselung der Kommunikation. Gleichwohl wird ein Anschein für die Echtheit einer Überweisung für das PIN/TAN-Verfahren verbreitet abgelehnt. Die besondere Sicherheit des Onlinebanking beruht nicht auf der Authentisierung beim Log-in, sondern auf der Authentisierung der einzelnen Handlung, etwa des jeweiligen Überweisungsauftrags. Genauso verhält es sich bei der elektronischen Signatur, die sich auf eine konkrete Handlung bezieht, nicht etwa auf ein vorangegangenes Log-in.

Dies bedeutet, dass man nicht ohne Weiteres vom Anschein für die Urheberschaft der Anmeldung an einer Website auf einen Anschein für die Echtheit einer nachfolgenden Handlung schließen kann. Folglich wird man einen Anscheinsbeweis nicht annehmen können.

Eine weitere Frage ist, ob sich der Anschein auf die Urheberschaft des Ausweisinhabers bezieht oder darauf, dass eine Person unter Verwendung der Karte und der PIN gehandelt hat. Wie bei anderen Medien, die mit dem Prinzip von Besitz und Wissen arbeiten, wird man hier den Anschein wohl alternativ dahin fassen müssen, dass entweder der Ausweisinhaber selbst gehandelt oder den Personalausweis und die PIN an eine andere Person weitergegeben hat. Dies erscheint für den Bereich des Zivilrechts unproblematisch, da das Handeln des Dritten in dieser Situation dem Ausweisinhaber zugerechnet würde.

Soweit man einen Anscheinsbeweis für die Urheberschaft des Ausweisinhabers hinsichtlich des Log-in oder gar für nachfolgende Handlungen annimmt, wird sich die Frage nach einer Erschütterung des Anscheins stellen. Ein naheliegender Fall der Erschütterung des Anscheins ist etwa das Abhandenkommen des Ausweises und ein Ausspähen der PIN.

Hier wird sich dann die weitere Frage stellen, ob, ähnlich wie bei der ec-Karte, ein Anschein dafür besteht, dass der Ausweisinhaber durch sein Verschulden das Ausspähen der PIN ermöglicht hat.

Es spricht einiges dafür, dass dies anzunehmen ist. Beim Verlust der ec-Karte wird ein Anscheinsbeweis dahingehend angenommen, dass der Karteninhaber die PIN nicht sorgfältig aufbewahrt hat, etwa, wenn er eine Notiz der PIN in unmittelbarer Nähe der Karte aufbewahrt hat. Dies beruht darauf, dass es kaum vorstellbar erscheint, dass sich der Dieb der ec-Karte auf andere Weise Kenntnis von der PIN verschaffen kann. Insbesondere ist ein Erraten der PIN äußerst unwahrscheinlich, da beim Geldautomaten ein Fehlerzähler installiert ist, der bei dreimaliger Falscheingabe der PIN die Karte sperrt.

Ähnliche Merkmale weist auch der elektronische Identitätsnachweis auf. Auch hier ist – im Ausweis – ein Fehlerzähler integriert, sodass ein Erraten der PIN äußerst unwahrscheinlich ist. Allerdings kann die PIN möglicherweise auf dem Rechner des Nutzers ausgespäht werden. Es erscheint aber äußerst unwahrscheinlich, dass ein Täter zunächst durch Schadprogramme, die per Internet auf den Rechner des Ausweisinhabers geschleust werden, die PIN ausspäht und sodann den Ausweis stiehlt. Daher wird man, wenn ein Abhandenkommen des Ausweises vorgetragen wird, wohl einen Anschein für ein Verschulden des Ausweisinhabers bejahen können.

Auch dieser Anschein kann freilich widerlegt werden, etwa durch Umstände, die ein Ausspähen der PIN ohne Verschulden des Ausweisinhabers nahelegen.

Kapitel 6
Deutschland im internationalen Vergleich

Für das Quartal 02/2009 bewertete das BSI die IT-Sicherheitslage insgesamt mit einem erhöhten Risiko.[697] Gründe dafür waren unter anderem vermehrt Angriffe auf die IT-Systeme der US-Flugkontrolle und der Diebstahl von Datenträgern der britischen Luftwaffe. Aber auch die Bedrohung durch immer größer werdende Botnetze nimmt zu. Des Weiteren kann der Verbreitung von Würmern wie beispielsweise Conficker nicht entgegengewirkt werden. Im Gegenteil; es kommen ständig neue Würmer auf verschiedenen Anwendungsebenen hinzu, wie kürzlich der Koobface-Wurm, der soziale Netzwerkplattformen fokussiert. Darüber hinaus stellen manipulierte PDF-Dokumente eine ständige Bedrohung dar, da sie gezielt zur Kompromittierung von Clientsystemen genutzt werden können.

Die IT-Sicherheitslage für Deutschland dahingegen gestaltet sich als nicht ganz so dramatisch. Laut einer Studie des US-amerikanischen Ponemon Instituts[698] besitzt Deutschland im internationalen Vergleich ein sehr großes Sicherheitsbewusstsein. Zudem sollen Datenschutz und Datensicherheit in Deutschland im Vergleich zu anderen Ländern einen sehr großen Stellenwert besitzen. Problematisch hierbei ist allerdings, dass die deutsche IT-Sicherheitsumgebung nicht überschaubar ist und viele Unternehmen mit der Übersicht der Marktsituation schlichtweg überfordert sind.

In einer weiteren Studie des Ponemon Instituts für das Jahr 2008 wurde die Verletzung der Datensicherheit in Großbritannien, Frankreich und Deutschland bewertet. Demnach sollen ein Großteil der Organisationen in diesen Ländern bereits mindestens ein Problem mit der Sicherheit ihrer Daten gehabt haben. 55 % der IT-Anwender in Großbritannien, 62 % in Frankreich, aber nur 39 % in Deutschland sollen angegeben haben, dass ihre Organisation bereits unerwünschte Erfahrungen mit Datendiebstahl gemacht hat.

---

[697] https://www.bsi.bund.de/DE/Publikationen/Lageberichte/lageberichte_node.html.
[698] http://www.ponemon.org.

I. Technische Rahmenbedingungen in anderen Staaten (Überblick)

Die technischen Rahmenbedingungen sind von Land zu Land sehr verschieden. Auch wenn relativ gesehen Deutschland in Sachen IT-Sicherheit gut aufgestellt ist, sollen noch bestehende Defizite durch neue Investitionen beseitigt werden. So wurde im Oktober 2008 vom BMBF und BMI vereinbart, IT-Sicherheit als Schwerpunkt der Forschungsförderung zu stärken und das Innovationspotenzial im Bereich Spitzenforschung auszubauen.

Im Vergleich mit anderen europäischen Ländern nimmt Deutschland in Hinsicht auf die technischen Maßnahmen eine Spitzenposition ein. Die beiden folgenden Kapitel werden Banken und andere ausgewählte Dienste verschiedener europäischer Länder in Hinsicht auf ihre Sicherheitsmaßnahmen betrachten.

1. Im Onlinebanking (eTAN+, FinTS/HBCI, Secoder, mTAN)

- **Spanien:**
  Caixa Galicia ist die sechstgrößte Bank in Spanien mit Zweigstellen in Portugal, Schweiz, den USA und Lateinamerika und stellte ihr Onlinebanking-Sicherheitssystem im Januar 2009 auf eine 2-Faktor Authentifizierung um.[699] Zudem ist es Kunden nun möglich, das mTAN-Verfahren zu nutzen.
  Die BBK Bank hingegen fordert ihre Kunden dazu auf, die 16-stellige Bankkartennummer und ein lediglich 4-stelliges Passwort beim Log-in zum Onlinebanking einzugeben. Zusätzlich kann man sich auch mit einer Bankkarte und einem Kartenleser der Klasse 1 am Banking-System anmelden.
- **Frankreich:**
  Die Reputation der Onlinebanking-Sicherheit hat sicherlich Schaden erlitten, als im Oktober 2008 das Onlinebanking-Account von Präsident Sarkozy kompromittiert wurde.[700] Dies zeigte, dass die bereitgestellten Sicherheitsmaßnahmen keinesfalls ausreichend sind, obwohl Frankreich einen sehr entwickelten Onlinebanking-Markt besitzt. Teilweise verlangt die Credit Agricole Bank lediglich die Banknummer und eine 6-stellige PIN, um sich am Onlinebanking-System authentifizieren zu können.
- **Italien:**
  Die italienische UniCredit Bank hat sich dazu entschlossen, ein Hardwaretoken der Firma RSA für ihre Kunden einzuführen. Dies soll die herkömmliche Kombination aus Nutzername und Passwort ersetzen.[701]

---

[699] https://www.vasco.com/Images/CaixaGalicia_ENG.pdf.
[700] http://www.sophos.com/pressoffice/news/articles/2008/10/sarkozy.html.
[701] http://www.rsa.com/press_release.aspx?id=6138.

I. Technische Rahmenbedingungen in anderen Staaten (Überblick)

Abschließend ist hier noch anzumerken, dass laut einem Bericht des Consulting-Unternehmens Celent europäische Banken zwei- bis dreimal so viel Geld wie amerikanische Banken für den Schutz von Onlinebanking-Systemen ausgeben.[702]

2. In ausgewählten anderen Diensten

In diesem Abschnitt werden weitere ausgewählte Dienste als Fallbeispiele betrachtet. Diese Betrachtung kann nicht so umfangreich ausfallen wie beim Onlinebanking, da hier nationale Gegebenheiten nur schwer vergleichbar sind und fast keine Informationen über Identitätsmissbrauch vorliegen.

a) Bürgerportale

Österreich

Die österreichische Bundesregierung bietet im Internet ein umfangreiches Bürgerportal[703] an. Das Konzept ist deutlich einfacher als das deutsche: Alle Anwendungen basieren auf qualifizierten elektronischen Signaturen und es können beliebige Chipkarten („Bürgerkarten") mit Signaturfunktion eingesetzt werden (Bankkarten oder auch die Sozialversicherungskarte „e-Card"[704]).

Durch diese Flexibilität konnte auch bereits eine Reihe von Banken gewonnen werden, die Onlinebanking auf Basis der Bürgerkarte anbieten. Diese und alle weiteren Anwendungen sind im Bürgerportal aufgelistet.[705,706]

Leider ist auch die Sicherheit dieser Lösung, analog zu den deutschen Signaturlösungen, ungenügend.[707,708]

Unabhängig von den erst kürzlich bekannt gewordenen Sicherheitslücken ist die Akzeptanz der Karte gering.[709,710]

Weitere Länder

In Großbritannien wird eine Citizn Card von einer Non-Profit-Firma[711] ausgegeben und dient vornehmlich dem Altersnachweis.[712]

---

[702] http://reports.celent.com/PressReleases/20030709/OnlineBankingSec.htm.
[703] http://help.gv.at/.
[704] http://help.gv.at/Content.Node/99/Seite.991093.html.
[705] http://help.gv.at/Content.Node/172/Seite.1720930.html.
[706] http://help.gv.at/Content.Node/281/Seite.2811000.html.
[707] http://www.heise.de/newsticker/meldung/Sicherheitsluecken-bei-oesterreichischer-Buergerkarte-trotz-Zertifizierung-219403.html.
[708] http://de.wikipedia.org/wiki/B%C3%BCrgerkarte.
[709] http://www2.argedaten.at/php/cms_monitor.php?q=PUB-TEXT-ARGEDATEN&s=64838bqc.
[710] http://papierwahl.at/2009/02/01/burgerkarte-nicht-einmal-geschenkt-ein-renner/.
[711] http://www.citizencard.com/about.php.
[712] http://www.citizencard.com/faq.php.

Die Pläne in anderen europäischen Ländern scheinen noch nicht sehr konkret zu sein.[713]

b) E-Voting

Politische Wahlen über das Internet wurden bislang in der Schweiz, in Estland und in den USA durchgeführt.[714] Ein Pilotversuch in den französischen Überseedepartements hat zu Diskussionen geführt.[715] Ein weiterer Pilotversuch in Arizona, bei dem Stimmzettel per E-Mail verschickt, ausgedruckt, eingescannt und über eine SSL-verschlüsselte Verbindung an die Wahlzentrale übermittelt wurden,[716] ist anfällig gegen Attacken mittels trojanischer Pferde. Weitere Sicherheitsprobleme werden auf www.wired.com[717] aufgelistet.

Generell ist zu bemerken, dass die Diskussion um Identitätsmissbrauch und die diversen Techniken, die kriminellen Hackern hier zur Verfügung stehen, noch nicht in der e-Voting-Community angekommen ist.

II. Überblick zu Angriffs- und Schadensszenarien

Mit dem Internet hat sich eine digitale Welt ohne Grenzen sowohl für Nutzer als auch für Angreifer aufgetan. Dies hat unter anderem zu einer Entwicklung einer *Underground Economy*[718] beigetragen, die mittlerweile über den kompletten Erdball verteilt ist.

Der Bericht „*Underground Economy – Whitepaper 2009*"[719] der Firma GData[720] aus Bochum gibt einen Überblick über die Szene und ihre aktuelle Bedrohung für den normalen Benutzer. Dieser besagt beispielsweise, dass Onlineforen und Boards nach wie vor die meistgenutzten Treffpunkte für eine Kommunikation in der Untergrundszene sind. Dort blüht der Handel mit geklauten Kreditkarteninformationen, gestohlener Ware und allgemeinen Informationen für den Datendiebstahl. Genauere Details über den illegalen Austausch von Informationen und Daten werden meist über Kommunikationsmedien wie ICQ, IRC, MSN, Yahoo Messenger oder Jabber ausgetauscht.

---

[713] http://www.e-identify-df.de/documents/presentations/15-dr.-gisela-meister#434,11, Besides „Classical" Application Profiles new Application Profiles for ECC can be derived over Europe.
[714] http://de.wikipedia.org/wiki/Internetwahl.
[715] http://www.edri.org/edrigram/number4.16/evotingfrance.
[716] http://www.wired.com/threatlevel/2009/06/cfp-evote/.
[717] http://www.wired.com/politics/security/news/2004/01/62041?currentPage=all.
[718] http://en.wikipedia.org/wiki/Underground_economy.
[719] http://www.gdata.de/uploads/media/Whitepaper_Underground_Economy_9_2009_DE.pdf.
[720] http://www.gdata.de.

Die zunehmende Professionalität der Kriminellen im Internet hat dazu geführt, dass die Verfolgung dieser sich als immer schwieriger gestaltet. Dieses Problem wird sich in Zukunft nicht verbessern. Zwischen den Kriminellen und ihren Verfolgern hat sich ein Technologiewettrennen entwickelt, was dazu führt, dass Kriminelle ständig neuere, bessere Methoden entwickeln bzw. nutzen, um den Verfolgern zu entgehen. Der Einsatz starker Verschlüsselungstechniken ist nur ein Beispiel dafür.

Für den allgemeinen Nutzer äußern sich diese Entwicklungen in der Tatsache, dass gestohlene Daten in Zukunft noch schwieriger wiederzubeschaffen sind.

Denn der einzelne Cracker, der früher sich eher aus Spaß illegal Zugang zu persönlichen Daten fremder Personen verschafft hat, ist heute Mitglied einer Szene, die bereits mafiaähnliche Strukturen besitzt. Das einzige Ziel ist nunmehr die finanzielle Bereicherung.

In dieser Untergrundgesellschaft gelten ähnliche Werte wie in der normalen Gesellschaft. So besitzt beispielsweise das Vertrauen unter Datenhändlern einen hohen Stellenwert. Denn auch unter Datenhändlern betrügt man sich gegenseitig. Käufer von illegalen Datensätzen kaufen daher eher bei dem Datenhändler ihres Vertrauens, anstatt sich auf neue Verkäufer einzulassen. Für Aufsehen hatte Anfang 2008 eine Gruppe von marokkanischen Identitätsdieben namens Mr-Brain gesorgt,[721] die modifizierte Phishingkits im Internet verbreiteten. Diese Toolkits sind dafür ausgelegt, mit minimalem Aufwand Phishingkampagnen starten zu können. Nur sehr rudimentäre Kenntnisse von PHP sind erforderlich, um die Phishingkits zu konfigurieren und für den Einsatz klarzumachen. Aufgrund dessen erfreuten sich diese einer hohen Popularität, welche wiederum von Mr-Brain ausgenutzt wurde, um die eigentlichen Phisher um ihre gestohlenen Daten zu bringen. Denn diese Phishingkits waren in einer solchen Weise modifiziert, dass das Opfer die privaten Informationen nicht nur an den Phisher sendete, sondern zusätzlich noch an Mr-Brain. Dies geschah durch eine verschleierte E-Mail-Adresse, an die, sobald das Opfer den Sendebutton betätigte, alle eingegebenen Informationen versandt wurden.

Auch die Vielfalt der Waren und der Dienstleistungssektor in der Untergrundszene haben enorm an Zuwachs gewonnen. Gefragt sind vor allem Informationen, mit denen sich Accounts anlegen, Identitäten übernehmen oder sonstige für die Szene nützliche bzw. notwendige Dinge tun lassen. Das Warenangebot reicht hier von persönlichen Daten wie Name, Anschrift usw. über Bankverbindungen bis hin zu kompletten Datenbankkopien mit bis zu mehreren Tausend Nutzerdaten.

Einer der neueren Trends sind Adressen zu *Cardable Shops*[722], worunter man Onlineshops versteht, die nur eine mangelnde Überprüfung der Zahlungsinformationen implementiert haben. Hier kann man meist mit relativ wenig Informationen Waren bestellen.

In Bezug auf die Dienstleistungen hat sich die Szene dahin entwickelt, sämtliche Prozesse, die nötig sind um effizienten und *sicheren* Datendiebstahl zu betreiben, auch als Dienstleistung anzubieten. Angefangen bei einer anonymen Verbindung

---

[721] http://news.netcraft.com/archives/2008/01/22/mrbrain_stealing_phish_from_fraudsters.html.
[722] http://www.arcor.de/content/pc_technik/internet/ratgeber/72457528,1,artikel,Kreditkarten±± Zugangsdaten±-±So±funktioniert±der±Schwarzmarkt±im±Internet.html?cp=4.

für den Datendieb reicht das Angebot über sogenanntes *Bulletproof Hosting*[723] bis zum DDoS-Serviceanbieter, bei dem man per Onlinebezahlung Websites oder Domains angreifen lassen kann. Auch im Bereich Geldwäsche wird die Szene zunehmend professioneller. So werden Unwissende auf Websites gelockt, wo ihnen das schnelle Geld als *Finanzagent*[724] versprochen wird. Der Finanzagent muss hierfür lediglich eine große Geldmenge annehmen und auf ein weiteres Konto transferieren. Dass das Geld von einem Phishingangriff stammt, ist vielen Finanzagenten nicht bewusst. Sie dürfen einen kleinen Teil der Summe behalten. Die Korrespondenz zwischen dem Angreifer, der das Geld überweist, und dem Finanzagenten wird meist per E-Mail abgewickelt. Allerdings tarnt sich der Angreifer meist als seriöses Banking-Unternehmen, welches Transferagenten für größere Geldsummen benötigt. Dabei wird der potenzielle Finanzagent zusätzlich noch auf die Tatsache hingewiesen, dass im Laufe der derzeitigen Finanzkrise Jobs nur schwer zu bekommen sind. Der Phisher kann aber mittlerweile den kompletten Geldwäscheprozess auch an fremde Unternehmen outsourcen. Somit ist es für jeden Nutzer möglich, mithilfe des nötigen Geldes komplette Phishingkampagnen mit anschließender Geldwäsche selbst zu starten bzw. starten zu lassen.

Vorbei sind die Zeiten, in denen meist jugendliche Hacker sich aus Spaß und für die eigene Reputation in fremde Systeme einklinkten. Der normale Nutzer ist heute gefährdeter als je zuvor und sollte primär das eigene System schützen, denn dies ist das schwächste Glied in der Kette. Jedoch gestaltet sich dies schwerer als gedacht. Antivirensoftware und Desktopfirewall schützen nur bis zu einem bestimmten Punkt. Einem professionellen Angriff halten auch diese Gegenmaßnahmen nicht stand.

Unlängst versuchen Kriminelle ihre Strategien der digitalen Welt auch in die reale Welt zu portieren. So stellte Dirk Kohlberg vom Antivirenhersteller McAfee auf der firmeninternen FOCUS-2009-Konferenz die Strategie einer ukrainischen Untergrundfirma vor, die rund 600 Mitarbeiter in realen Büros in verschiedenen Ländern wie Indien, Polen, Canada, Amerika und Argentinien beschäftigt.[725] Diese Firma spezialisierte sich auf sogenannte Scareware-Kampagnen, in denen der Nutzer beim Besuch einer Website fälschlicherweise darauf hingewiesen wird, dass sein System von Malware infiziert wurde. Anschließend versucht man, dem Nutzer persönliche Informationen zu entwenden oder sein System mit realer, als Antivirenprogramm getarnter Malware zu infizieren. Die Firma machte in elf Monaten einen sagenhaften Umsatz von rund 180 Mio. USD, bis die US-amerikanische FTC gegen diese Firma klagte.[726] Mittlerweile soll die Firma unter einem neuen Namen ihre Dienste anbieten.

Dahingegen sind Schläge gegen das organisierte Verbrechen eher selten zu verzeichnen. Im Oktober 2009 gelang es der US-amerikanischen Behörde FBI nach

---

[723] http://en.wikipedia.org/wiki/Bulletproof_hosting.
[724] http://www.guardian.co.uk/money/2009/nov/16/money-mule-scam.
[725] https://www.info-point-security.com/loesungsanbieter/mcafee/29-hersteller-news/4383-mcafee-avert-labs-weblog-ueber-mafia-artige-cybercrime-organisationen.html.
[726] http://www.ftc.gov/os/caselist/0723137/index.shtm.

eigenen Angaben[727] einen international organisierten Ring von Phishern zu verhaften. In der als Operation Phish Phry deklarierten Aktion wurden ungefähr 100 Verdächtige in den USA wie auch in Ägypten verhaftet. Bei den Verdächtigen handelte es sich sowohl um die eigentlichen Phisher als auch um Finanzagenten, die das gephishte Geld auf ausländische Konten transferieren sollten. Wie auf den Websites des Forensikers Garry Warner[728] nachzulesen ist, besaß diese Gruppe von Kriminellen eine durchstrukturierte Hierarchie, in der strikte Aufgabentrennung herrschte.

Der Kampf gegen das internationale digitale Verbrechen wird sich also in Zukunft intensivieren und hierfür werden vor allem internationale Bündnisse benötigt. Denn derzeit macht eine Benutzung eines Proxy- oder OpenVPN-Servers in einem Land, zu dem keinerlei diplomatische Beziehungen bestehen, einen Angreifer so gut wie nicht verfolgbar.

1. Vergleich der Angriffsszenarien im Bereich Onlinebanking: transaktions- vs. kontobezogene Sicherheitsmechanismen

Die ständige Entwicklung neuer Sicherheitsmechanismen zwingt Angreifer dazu, immer neuere Angriffstechniken gegen Sicherheitsverfahren zu entwickeln. Im Folgenden werden daher speziell zwei Angriffsszenarien, zum einen gegen das mTAN-Verfahren und zum anderen gegen das PIN-TAN-Verfahren mit OTP (One-Time-Passwörtern), vorgestellt.

a) Angriffsszenario gegen das mTAN-Verfahren

Das alleinige Mitlesen von Nutzername bzw. PIN und Passwort durch einen Keylogger reicht beim mTAN-Verfahren nicht aus. Man muss als Angreifer zusätzlich im Besitz eines einmalig generierten Zufallscodes (mTAN) sein, der zusammen mit den transaktionsrelevanten Daten (Zielkonto, Betrag) per SMS an das Handy des Nutzers übertragen wird. Die sogenannte *Out-of-Band-Übertragung* dieser Informationen machen das mTAN-Verfahren derzeit zu einem der sichersten Verfahren im Onlinebanking. Zusätzlich erfreut sich das mTAN-Verfahren einer immer größer werdenden Beliebtheit, da kein zusätzliches Hardwaretoken benötigt wird.

Obwohl das mTAN-Verfahren als relativ sicher gilt, berichtete Paul Ducklin[729] von der Sicherheitsfirma Sophos auf einer Konferenz in Australien über einen erfolgreichen Angriff auf ein mTAN-gesichertes Bankkonto. Der beschriebene Angriff ist allerdings keiner gegen das eigentliche mTAN-Verfahren an sich, sondern vielmehr gegen die praktische Implementierung in der Realität. Der Angreifer über-

---

[727] http://www.fbi.gov/page2/oct09/phishphry_100709.html.
[728] http://garwarner.blogspot.com/2009/10/fbis-biggest-domestic-phishing-bust.html.
[729] http://www.sophos.com/blogs/duck/g/2009/10/13/elvis-alive-building/.

zeugte in diesem Fall den Mobilfunkprovider des Opfers, die Nummer des Opfers auf einen Account eines anderen Providers umzuschalten, der unter Kontrolle des Angreifers war. Dieser konnte so die mTAN mitlesen, die für eine valide Transaktion benötigt wird, und selbst eine valide Transaktion an ein Konto seiner Wahl initialisieren. Dem Opfer entstand anscheinend ein Schaden von umgerechnet knapp 50.000 €, die ihm aber von der Bank ersetzt wurden.

b) Angriffsszenario gegen das PIN-TAN-Verfahren mit OTP

Die Benutzung von One-Time-Passwörtern im Onlinebanking schützt nicht ausreichend gegen Datendiebe, wie ein Fall in den USA im Juli 2009 zeigte.[730] Identitätsdiebe haben sich bereits an dieses Verfahren gewöhnt und ihre Angriffstechniken entsprechend angepasst.

Die IT-Sicherheitsfirma Finjan berichtete Ende September 2009 über einen neuen, fortgeschrittenen Trojaner namens *URLzone*. Dieser verändert das Aussehen einer Bankseite während der Laufzeit, sodass Opfer nicht merken, dass illegale Transaktionen getätigt wurden. Dieser Status hält so lange an, bis das Opfer sich von einem nicht infizierten System auf seinem Bankkonto einloggt. Die Entdeckung der Malware durch den Nutzer wird somit nochmals erschwert. Des Weiteren reagiert URLzone mit der Ausgabe von zufälligen Informationen und Transaktionen, wenn Forensiker versuchen, die Malware zu analysieren. Die Idee dahinter ist, Forscher und Antivirenhersteller zu verwirren und die Identitäten der wahren Finanzagenten zu verschleiern. Laut Yuval Ben-Itzhak, dem Leiter des Forschungsteams bei Finjan, hat der Trojaner bereits über 400.000 USD von Kunden primär deutscher Banken gestohlen.[731]

2. *Vergleich der Angriffsszenarien in ausgewählten weiteren Diensten*

a) Bürgerportale

Österreich

In [NKK06] werden drei erfolgreiche Angriffe beschrieben:

> The first attack shows how an attacker can hijack an authenticated session that is established with an e-government web application. The second attack demonstrates how the content of a digitally signed mail can be manipulated. The third attack shows how a secure viewer application can be tricked into signing a different document than what is displayed to the user.

---

[730] http://www.technologyreview.com/computing/23488/?a=f.
[731] http://www.wired.com/threatlevel/2009/09/rogue-bank-statements/.

Angriff 1 basiert auf der Tatsache, dass eine erfolgreiche Authentifizierung (mittels qualifizierter digitaler Signatur) ganz trivial in einem Sessioncookie gespeichert wird, das mit diversen Methoden (XSS, Malware, Pharming) gestohlen werden kann.

Für den zweiten Angriff wurde ein lokaler Mailserver-Proxy implementiert, der zu signierende E-Mails abfing und den signierten Body durch einen signierten Text nach Wahl des Angreifers ersetzte.

Für den dritten Angriff wurde das Trusted-Viewer-Konzept der Implementierung durch Malware umgangen, und dies obwohl der Trusted Viewer als sicher zertifiziert war.

Weitere Länder

Die Pläne anderer EU-Länder sind noch nicht konkret genug, um hier Angriffsszenarien spezifizieren zu können.

b) E-Voting

Sicherheitsprobleme von Internet-Voting werden auf www.wired.com[732] und auf en.wikipedia.org[733] aufgelistet. Eine ausführliche Analyse von Sicherheitsproblemen liegt leider nur für das SERVE-Projekt der US-Regierung vor [JRSW04] vor.

Generell ist zu bemerken, dass die Diskussion um Identitätsmissbrauch und die diversen Techniken, die kriminellen Hackern hier zur Verfügung stehen, noch nicht in der E-Voting-Community angekommen ist.

Da Angriffe über lokale Malware im Bereich des Identitätsmissbrauchs gut dokumentiert sind, ist die Wahrscheinlichkeit sehr hoch, dass nahezu jedes auf dem Markt befindliche Wahlsystem erfolgreich attackiert werden kann. Dies liegt nicht zuletzt an der Tatsache, dass ein tragfähiges Konzept für einen Secure Viewer bislang nicht entwickelt werden konnte.

III. Rechtliche Rahmenbedingungen in anderen Staaten (Überblick)

1. *Strafbarkeit von Identitätsdiebstahl und -missbrauch (de lege lata)*

Es gibt derzeit – im November 2009 – nur sehr wenige Staaten, die spezielle Straftatbestände für Identitätsmissbrauch geschaffen haben oder planen. Viele der mit Identitätsmissbrauch zusammenhängenden Verhaltensweisen werden freilich wie in Deutschland schon von traditionellen Tatbeständen wie Betrugs- und Fälschungs-

---

[732] http://www.wired.com/politics/security/news/2004/01/62041?currentPage=all.
[733] http://en.wikipedia.org/wiki/Electronic_voting#Documented_problems.

delikten sowie unerlaubtem Umgang mit persönlichen Daten erfasst,[734] wobei regelmäßig gewisse Strafbarkeitslücken bleiben. Für eine nähere rechtsvergleichende Betrachtung müsste daher bei jeder einbezogenen Rechtsordnung eine Vielzahl von Tatbeständen untersucht und die absehbare Fülle an kleineren und größeren Unterschieden analysiert werden. Der dafür nötige Aufwand würde die für diese Studie verfügbare Zeit bei Weitem übersteigen[735] und stünde vor allem in keinem Verhältnis zum möglichen Ertrag, wie die Auswertung einer entsprechenden Fragebogenaktion der Vereinten Nationen (unten a)) nahelegt.

Die folgende Betrachtung beschränkt sich daher zum einen auf die zum Teil recht umfangreichen Aktivitäten internationaler bzw. supranationaler Organisationen zur repressiven Bekämpfung von Identitätsmissbrauch, zum anderen auf Länder mit existenten oder geplanten Spezialregelungen sowie einigen repräsentativen Nachbarstaaten. Ein – ersichtlich noch im Aufbau befindliches – Wiki zur identitätsbezogenen Gesetzgebung vieler Länder hat das FIDIS-Netzwerk eingerichtet.[736]

a) Vereinte Nationen (UN)

Im Rahmen der Vereinten Nationen geht die Beschäftigung mit identitätsbezogener Kriminalität auf eine Anregung der United Nations Commission on International Trade Law (UNCITRAL) zurück, die eine Studie zu modernen Formen des Betruges durch die Commission on Crime Prevention and Criminal Justice vorschlug.[737] Mit Resolution 2004/26 vom 21.7.2004 forderte der Wirtschafts- und Sozialrat der Vereinten Nationen (Economic and Social Council, ECOSOC) den Generalsekretär der Vereinten Nationen auf, eine internationale Expertengruppe einzusetzen, um eine umfassend angelegte Studie zu Betrug und kriminellem Identitätsmissbrauch zu erstellen, die nicht nur auf Vermögenskriminalität beschränkt sein sollte, sondern auch sonstige Aspekte des Identitätsmissbrauchs, namentlich das Verhältnis zu organisiertem Verbrechen und Terrorismus sowie Möglichkeiten der Prävention abdecken sollte.[738] Als Sekretariat der Expertengruppe wurde das United Nations Office on Drugs and Crime (UNODC) sowie ergänzend UNCITRAL bestimmt.

---

[734] Vgl. den Überblick bei FIDIS, D5.2b: ID-related Crime: Towards a Common Ground for Interdisciplinary Research (2006), S. 31 ff.

[735] Das von der EU geförderte FIDIS-Exzellenznetzwerk versucht seit 2005 eine solche rechtsvergleichende Studie zu erstellen, bislang mit bescheidenem Resultat.

[736] http://identitylaws.fidis.net oder http://www.fidis.net/interactive/wiki-on-id-related-law/; siehe dazu FIDIS, D1.11: Identity Law Survey, Migrating from the Database to a Wiki. Knappe rechtsvergleichende Überblicke geben auch OECD2007, S. 13 f.; FIDIS, D 5.1: A survey on legislation on ID theft in the EU and a number of other countries (2005); FIDIS, D5.2b: ID-related Crime: Towards a Common Ground for Interdisciplinary Research (2006), S. 31 ff.; *Mitchison/Wilikens/Breitenbach/Urry/Portesi*, S. 23 ff.; *Owen/Keats/Gill*, S. 8 ff.; *Gercke*, S. 32 ff.

[737] Report of the United Nations Commission on International Trade Law on its thirty-sixth session, General Assembly, Official Records 58th Session, Supplement No. 17, UN Doc. A/58/17, vgl. auch UN Doc. A/CN.9/555.

[738] UN Doc. E/RES/2004/26, No. 4, http://www.un.org/ecosoc/docs/2004/Resolution%202004-26.pdf.

III. Rechtliche Rahmenbedingungen in anderen Staaten (Überblick)

Ende 2005 wurde an die Mitgliedstaaten der Vereinten Nationen ein Fragebogen über Betrug („economic fraud") und Identitätsmissbrauch („criminal misuse and falsification of identity") verteilt, den 46 Staaten beantwortet haben. Eine gedrängte Auswertung der Ergebnisse findet sich im Bericht des Generalsekretärs vom Januar 2007.[739] Demnach gibt es – trotz mannigfacher Unterschiede im Detail – im Kern weitgehende Übereinstimmung, was als „Betrug" im Sinne eines Vermögensdeliktes angesehen wird, nämlich täuschendes oder unehrliches Verhalten, das auf ungerechtfertigte Bereicherung des Täters zielt und/oder das Opfer finanziell schädigt. Weil die Ausdrücke „identity fraud" bzw. „identity theft" zwar häufig anzutreffen sind, aber rechtlich wenig exakt, wenn nicht missverständlich erscheinen,[740] wird der Ausdruck „identity-related crime" bevorzugt. Einigkeit besteht über die Strafwürdigkeit des Identitätsmissbrauchs, der freilich meistens mit Vermögensdelikten (Phishing usw.) verbunden wird, obschon dies auch im Kontext mit Ausweisfälschung, illegaler Einwanderung etc. relevant wird. Bis auf die USA hatte kein Staat bis dahin spezielle Straftatbestände für Identitätsmissbrauch geschaffen, da die fraglichen Verhaltensweisen zumeist durch verschiedene andere Strafgesetze wie Betrug, Urkundenfälschung usw. erfasst werden.[741] Viele Staaten waren zögerlich, was die Schaffung neuer Straftatbestände speziell für Identitätsmissbrauch anbelangt, während der private Sektor harmonisierte Strafvorschriften vielfach befürwortete.[742]

Hinsichtlich der internationalen Zusammenarbeit bei der Strafverfolgung sahen die Staaten, die geantwortet haben, keinen Bedarf für neue Vertragswerke, vielmehr wurden die existierenden einschlägigen Abkommen, vor allem die United Nations Convention against Transnational Organized Crime[743] vom 15.11.2000 (Palermo-Konvention), die Cybercrime Convention des Europarates (unten S. 331 ff.) sowie die United Nations Convention against Corruption[744] vom 31.10.2003, ferner die verschiedenen internationalen Instrumente zur Bekämpfung des Terrorismus als völlig ausreichend angesehen, auch wenn nicht stets klar ist, ob die jeweils einschlägigen Strafvorschriften auch als „serious crime" im Sinne von Art. 2b der Palermo-Konvention zu qualifizieren wären. Auch die Formen institutionalisierter Zu-

---

[739] ECOSOC, Commission on Crime Prevention and Criminal Justice, Sixteenth session (Vienna, 23–27 April 2007), Item 4 of the provisional agenda: World crime trends and responses: integration and coordination of efforts by the United Nations Office on Drugs and Crime and by Member States in the field of crime prevention and criminal justice, Results of the second meeting of the Intergovernmental Expert Group to Prepare a Study on Fraud and the Criminal Misuse and Falsification of Identity, Report of the Secretary-General, UN Doc. E/CN.15/2007/8 mit Add. 1–3.

[740] Siehe oben S. 195 ff.

[741] UN Doc. E/CN.15/2007/8, Nr. 13 ff.; E/CN.15/2007/8 Add. 1, Nr. 4 ff., 10 ff.; E/CN.15/2007/8 Add. 3, Nr. 4 ff., 9 ff.

[742] Vgl. UN Doc. E/CN.15/2009/CRP.11, Nr. 10.

[743] UN Doc. A/RES/55/25 Annex 1, http://www.unodc.org/pdf/crime/a_res_55/res5525e.pdf. Die Konvention ist seit dem 29.9.2003 in Kraft, gilt derzeit für 146 Staaten, auch für Deutschland, BGBl. II 954.

[744] UN Doc. A/RES/58/4, Annex 1, http://www.unodc.org/pdf/crime/convention_corruption/signing/Convention-e.pdf; in Kraft seit dem 14.12.2005, gilt derzeit für 140 Staaten; Deutschland hat die Konvention gezeichnet, aber noch nicht ratifiziert.

sammenarbeit im Rahmen von Interpol, Europol, den Vorschriften der Cybercrime Convention und dem 24/7-Netzwerk der G8 seien hinreichend. Dementsprechend sah die Expertengruppe auch keine Notwendigkeit neuer Vertragstexte, wohl aber die der effektiven Anwendung der bestehenden Instrumente. Sofern Identitätsmissbrauch grenzüberschreitend begangen wird, sah die Expertengruppe es als ratsam an, dass möglichst viele Staaten ihre internationale Zuständigkeit bejahten und sodann nach einer Reihe von Präferenzkriterien, wie im United Nations Model Treaty on the Transfer of Proceedings in Criminal Matters[745] vom 14.12.1990, Art. 21 Organized Crime Convention oder Art. 47 Convention against Corruption vorgesehen, aushandeln, wer im Einzelfall vorrangig seine Gerichtsbarkeit ausüben sollte.[746]

ECOSOC Resolution 2007/20 nimmt die bis dahin berichteten Ergebnisse der Expertengruppe zur Kenntnis und fordert die Mitgliedstaaten der Vereinten Nationen unter anderem auf, ihre Straftatbestände erforderlichenfalls an die modernen Erscheinungsformen – also durch Einsatz von Informationstechnologie, in organisierter Begehensweise und großen Fallzahlen – des Betruges anzupassen sowie zur Erleichterung der Rechtshilfe die Schaffung von Straftatbeständen gegen Identitätsmissbrauch zu erwägen, ferner der Palermo-Konvention sowie der Cybercrime Convention des Europarates beizutreten.[747]

Auf den folgenden Treffen der Expertengruppe 2008 und 2009 wurde die Schaffung neuer, möglichst international einheitlicher Tatbestände zur Erfassung des Identitätsmissbrauchs näher diskutiert. Als Argumente für Spezialtatbestände wurden vorgetragen, dass erstens das bloße Sichverschaffen von Identitätsdaten bislang oftmals nicht strafbar, wiewohl strafwürdig sei, dass zweitens Spezialtatbestände der Fragmentierung grenzüberschreitenden kriminellen Verhaltens besser Rechnung trügen, drittens strafprozessuale Ermittlungsbefugnisse früher ausgeübt werden könnten und viertens die internationale Zusammenarbeit und Rechtshilfe, namentlich das traditionelle Erfordernis beiderseitiger Strafbarkeit, durch harmonisierte Tatbestände erleichtert würde. Die Tatbestände in den USA etwa hätten den Zweck, frühzeitiges Eingreifen der Behörden sowohl zur Verfolgung der Täter als auch zum Schutz der Opfer zu ermöglichen.[748] Die Expertengruppe sah sich, auch bei Diskussion eines längeren Berichts,[749] allerdings nicht imstande, selbst Vorschläge etwa im Sinne eines Modellgesetzes zu machen, sondern hielt den rechtstechnisch neutralen Weg einer Phänotypik des als strafwürdig angesehen Verhaltens, wie von der Lyon/Rom-Gruppe der G8 entwickelt, für vorzugswürdig,[750]

---

[745] UN Doc. A/RES/45/118 Annex.
[746] UN Doc. E/CN.15/2007/8 Add. 2, Nr. 46 ff., 50.
[747] UN Doc. E/RES/2007/20, No. 9 ff., http://www.un.org/ecosoc/docs/2007/Resolution%202007-20.pdf.
[748] ECOSOC, Commission on Crime Prevention and Criminal Justice, Eighteenth session (Vienna, 16–24 April 2009), Item 3 (a) of the provisional agenda, Thematic discussion: „Economic fraud and identity-related crime", UN Doc. E/CN.15/2009/CRP.11, Nr. 12 f.; s.a. UN Doc. E/2009/30, S. 35 ff.
[749] UN Doc. E/CN.15/2009/CRP.13.
[750] UN Doc. E/CN.15/2009/CRP.11, Nr. 14 ff.; UN Doc. E/CN.15/2009/CRP.12, Nr. 5 ff.

worin fünf Phasen unterschieden werden, die weit gefasst und nicht allein auf IT-Kriminalität beschränkt sind:

- *Acquisition of identity, involving both cyber and non-cyber acts, as well as from public and private (theft) sources;*
- *Transfer (trafficking) of basic identity information or data (also divided into cyber/non-cyber acts and from public/private sources);*
- *Manipulation of basic identity information, consisting of changing or using the identity information to produce documents or other instrumentalities capable of use for other crimes;*
- *Transfer at a second level, where further transfer of manipulated information or documents was made to other offenders for actual use in crime; and,*
- *Actual use of the manipulated information or documents for other crimes such as fraud.*

Die Expertengruppe regte ferner eine Materialsammlung zu identitätsbezogener Kriminalität durch das UNODC an. Im Bericht der Commission on Crime Prevention and Criminal Justice über die achtzehnte Sitzungsperiode findet sich ein Resolutionsentwurf, den der ECOSOC in der Sitzung vom Juli 2009[751] verabschiedet hat. Auch hier wird wieder nur die Empfehlung ausgesprochen, geeignetenfalls neue Straftatbestände zu erwägen, angesichts möglicher Vorteile für die grenzüberschreitende Strafverfolgung:[752]

The Economic and Social Council, [...]
*6. **Encourages** Member States, taking into account the recommendations of the Intergovernmental Expert Group to Prepare a Study on Fraud and the Criminal Misuse and Falsification of Identity, convened pursuant to Economic and Social Council resolution 2004/26 of 21 July 2004:*

(a) To combat economic fraud and identity-related crime by ensuring adequate investigative powers and, where appropriate, by reviewing and updating the relevant laws;
(b) To develop and maintain adequate law enforcement and investigative capacity to keep abreast of and deal with new developments in the exploitation of information, communications and commercial technologies in economic fraud and identity-related crime, including websites and other online forums used to facilitate trafficking in identity information or documents, such as passports, driving licences or national identity cards;
(c) To consider, where appropriate, the establishment of new offences and the updating of existing offences in response to the evolution of economic fraud and identity-related crime, bearing in mind the advantages of common approaches to criminalization, where feasible, in facilitating efficient and effective international cooperation;

---

[751] http://www.unog.ch/unog/website/news_media.nsf/(httpNewsByYear_en)/34752CDF55CBBE30C12576030049AEFE?OpenDocument.
[752] Nach dem Entwurf in UN Doc. E/2009/30, S. 13.

(d) To strengthen international cooperation to prevent and combat economic fraud and identity-related crime, in particular by making full use of the relevant international legal instruments;
(e) To develop an approach for the collection of comparable data on the nature and extent of identity-related crime, including, where feasible, from the victim's perspective, that would allow the sharing of data among appropriate law enforcement entities and provide a central source of data at the national level on the nature and extent of identity-related crime, taking due account of national law;
(f) To study, at the national level, the specific short- and long-term impact of economic fraud and identity-related crime on society and on victims of such forms of crime and develop strategies or programmes to combat those forms of crime;
(g) To adopt useful practices and efficient mechanisms for supporting and protecting victims of economic fraud and identity-related crime and, to that effect, enable effective cooperation between public and private sector entities through computer emergency response teams or other mechanisms providing an emergency response capability to public and private organizations requiring technical support and advice during periods of electronic attack or other network security incidents.

b) OECD

Ende 2005 beschloss das Committee for Information, Computer and Communications Policy (ICCP) der OECD, die künftigen Entwicklungen der Internetwirtschaft näher zu untersuchen und lud das Committee on Consumer Policy (CCP) zur Mitwirkung ein. Ende 2006 sagte das CCP zu, eine Studie zu Onlineidentitätsdiebstahl beizusteuern, die Anfang 2008 für die Öffentlichkeit freigegeben wurde.[753] Diese Studie, die sowohl prägnanter als auch materialreicher als die Berichte der UN oder EU ist, wurde auf der 73. und 74. Sitzung des CCP sowie auf dem Ministertreffen im Juni 2008 in Seoul diskutiert und dann Grundlage der OECD Policy Guidance on Online Identity Theft (= OECD2008), die den Schwerpunkt auf die Prävention legen. Im März 2009 sind beide Texte zusammengefasst und in Buchform veröffentlicht worden (= OECD2009). In allen Texten wird zwar die Notwendigkeit auch repressiven Vorgehens bejaht, jedoch die Frage, ob für Identitätsmissbrauch eigene Straftatbestände geschaffen werden sollte, offen gelassen.[754]

c) Gruppe der Acht (G8)

Die informelle Staatengruppe der G6, später G7 und nun G8 (wirtschaftspolitisch demnächst abgelöst von den G20), hat sich wiederholt mit Computerkriminalität und Identitätsmissbrauch befasst. Nach dem Gipfel in Halifax 1995 wurde eine Ex-

---

[753] OECD2007.
[754] OECD2008, S. 10 f.; OECD2009, S. 50 f., 115.

pertengruppe, die später als Lyon-Gruppe bekannt wurde, eingerichtet, um Verbesserungen bei der Bekämpfung grenzüberschreitender Kriminalität zu untersuchen. Seit 2001 finden die Treffen der Lyon-Gruppe gemeinsam mit der zur Terrorismusbekämpfung gebildeten Rom-Gruppe statt (Lyon/Rom-Gruppe). Die Lyon-Gruppe hat u. a. an alle Staaten gerichtete Empfehlungen zur Bekämpfung transnationaler Kriminalität formuliert,[755] zu denen auch der Beitritt zur Cybercrime Convention des Europarates gehört. Eine der fünf Untergruppen der Lyon-Gruppe ist mit High-Tech Crime befasst und hat unter anderem ein rund um die Uhr besetztes Kontaktstellennetz (24-Hour Points of Contact Network for High-Tech Crime) vorgeschlagen, das der sofortigen Reaktion auf erkannte transnationale kriminelle Aktivitäten dient – offenbar parallel zum I-24/7-Netzwerk von Interpol. Die Einrichtung dieses Netzwerks wurde auf einer Tagung der G8-Justiz- und Innenminister im Dezember 1997 in Washington beschlossen; heute sollen mehr als[756] 50 Staaten daran beteiligt sein,[757] zumal der Rat der Europäischen Gemeinschaften 1998 und erneut 2001 seine Mitgliedstaaten zur Mitwirkung aufgefordert hatte.[758] Die Lyon/Rom-Gruppe hat ferner den Fragebogen der UNODC erneut im Umlauf gebracht[759] und soll an einem Bericht arbeiten, der eine phänomenologische Typologie identitätsbezogener Kriminalität entwickelt und Empfehlungen zur Pönalisierung,[760] die insbesondere von den USA propagiert wird,[761] vorsieht. Die Dokumente der G8 und ihrer Arbeitsgruppen sind jedoch nicht öffentlich zugänglich.[762]

d) Europarat

Das zentrale völkerrechtliche Instrument auf dem Gebiet des IT-Strafrechts ist das auf Initiative des Europarates am 23.11.2001 in Budapest verabschiedete Über-

---

[755] http://www.icclr.law.ubc.ca/Site%20Map/compendium/Compendium/Declarations/G8%20Recommendations%20on%20Transnational%20Crime%202002.doc.
[756] Vgl. OECD2007, S. 48 f.; http://wwwafcybersec.org/rapports/afcybersec_08_yakro_ci1227111197.pdf.
[757] Dazu http://www.usdoj.gov/criminal/cybercrime/g82004/g8_background.html; http://www.auswaertiges-amt.de/diplo/de/Aussenpolitik/InternatOrgane/G8/G8-Lyon-Gruppe,navCtx=55334.html; http://www.g8.utoronto.ca/speakers/scherrer2008.htm; s.a. http://www.htcn.org/index.htm.
[758] Empfehlung des Rates der Europäischen Gemeinschaften vom 25.6.2001 über Kontaktstellen mit einem rund um die Uhr erreichbaren Dauerdienst zur Bekämpfung von Hightech-Kriminalität (2001/C 187/02), ABl.EG 2001 Nr. C 187/5.
[759] Vgl. UN Doc. E/CN.15/2009/CRP.11, Nr. 9 f.
[760] Vgl. UN Doc. E/CN.15/2009/CRP.12, Nr. 11 (Berichtsstand: Februar 2009).
[761] Vgl. The President's Identity Theft Task Force Report (September 2008), Recommendation 20, S. 33 f., http://idtheft.gov/reports/IDTReport.pdf, unten 6.3.1.6.
[762] Vgl. *Scherrer*, A Clandestine Group ruling the International Mobilisation against Crime? The Case of the G8 Experts on Transnational Organized Crime, http://www.allacademic.com//meta/p_mla_apa_research_citation/2/5/0/5/3/pages250537/p250537-3.php; *dies*., The G8 and Transnational Organized Crime: The Evolution of G8 Expertise on the International Stage, http://www.g7.utoronto.ca/speakers/scherrer2008.htm.

einkommen über Computerkriminalität (Convention on Cybercrime),[763] das am 1.7.2004 in Kraft getreten ist. Die Konvention steht nicht nur den Mitgliedstaaten des Europarates offen und gilt zurzeit für 26 Staaten, darunter auch die USA; 20 weitere Staaten haben sie gezeichnet, darunter Japan und Kanada. Deutschland hat die Cybercrime Convention Ende 2008 ratifiziert[764] und mit dem 41. Strafrechtsänderungsgesetz zur Bekämpfung der Computerkriminalität vom 7.8.2007 in deutsches Recht umgesetzt.[765]

Die Cybercrime Convention sieht – obgleich sich der Europarat des Phänomens etwa des Identitätsdiebstahls durchaus bewusst war[766] – keinen speziellen Straftatbestand für Identitätsmissbrauch vor, erfasst aber die auf unbefugte Erlangung von Identifikationsdaten gerichteten Verhaltensweisen im wesentlichen durch Art. 2 und 3:

Article 2 – Illegal access
Each Party shall adopt such legislative and other measures as may be necessary to establish as criminal offences under its domestic law, when committed intentionally, the access to the whole or any part of a computer system without right. A Party may require that the offence be committed by infringing security measures, with the intent of obtaining computer data or other dishonest intent, or in relation to a computer system that is connected to another computer system.

Article 3 – Illegal interception
Each Party shall adopt such legislative and other measures as may be necessary to establish as criminal offences under its domestic law, when committed intentionally, the interception without right, made by technical means, of non-public transmissions of computer data to, from or within a computer system, including electromagnetic emissions from a computer system carrying such computer data. A Party may require that the offence be committed with dishonest intent, or in relation to a computer system that is connected to another computer system.

sowie deren Verwendung durch Art. 7 und 8:

Article 7 – Computer-related forgery
Each Party shall adopt such legislative and other measures as may be necessary to establish as criminal offences under its domestic law, when committed intentionally and without right, the input, alteration, deletion, or suppression of computer data, resulting in inauthentic data with the intent that it be considered or acted upon for legal purposes as if it were authentic, regardless whether or

---

[763] Convention on Cybercrime, done at Budapest, on 23 November 2001, ETS No. 185, http://conventions.coe.int/treaty/Commun/QueVoulezVous.asp?NT=185&CM=8&DF=05/10/2009&CL=ENG. Vgl. den Explanatory Report, http://conventions.coe.int/treaty/en/Reports/Html/185.htm. Zur Entstehungsgeschichte siehe *Schwarzenegger*, in FS Trechsel, S. 305 ff.; zur Umsetzung in deutsches Recht siehe *Gercke*, MMR 2004, 728 ff., 801 ff.; *Hilgendorf/Frank/Valerius*, Rz. 115 ff.
[764] Gesetz vom 5.11.2008, BGBl. II 1242.
[765] BGBl. I 1786.
[766] Vgl. Council of Europe, Parliamentary Assemby, Committee on Economic Affairs and Development: Report – Europe's fight against economic and transnational organised crime: progress or retreat?, 6 April 2001, Doc. 9018, § 54, http://assembly.coe.int/Documents/WorkingDocs/doc01/EDOC9018.htm.

III. Rechtliche Rahmenbedingungen in anderen Staaten (Überblick) 333

not the data is directly readable and intelligible. A Party may require an intent to defraud, or similar dishonest intent, before criminal liability attaches.

Article 8 – Computer-related fraud
Each Party shall adopt such legislative and other measures as may be necessary to establish as criminal offences under its domestic law, when committed intentionally and without right, the causing of a loss of property to another by:

    a. any input, alteration, deletion or suppression of computer data,
    b. any interference with the functioning of a computer system,
with fraudulent or dishonest intent of procuring, without right, an economic benefit for oneself or for another.

Die Konvention enthält in Art. 19 ff. ferner Vorschriften, die die Strafverfolgung von Computerdelikten erleichtern sollen, wie z. B. zur Beschlagnahme von Computerdaten, Echtzeitsammlung von Daten durch Serviceprovider usw., sowie in Art. 23 ff. zur Beschleunigung der internationalen Zusammenarbeit bei der Strafverfolgung. Namentlich ist in Art. 35 vorgesehen, dass jeder Vertragsstaat einen ohne Unterbrechung rund um die Uhr (24 Stunden am Tag, 7 Tage in der Woche: „24/7") besetzten Kontaktpunkt für unmittelbare Hilfestellung bei der Verfolgung von Computerstraftaten vorhält:

Article 35 – 24/7 Network
1. Each Party shall designate a point of contact available on a 24 hour, 7 day per week basis in order to ensure the provision of immediate assistance for the purpose of investigations or proceedings concerning criminal offences related to computer systems and data, or for the collection of evidence in electronic form of a criminal offence. Such assistance shall include facilitating, or, if permitted by its domestic law and practice, directly carrying out:

    a. provision of technical advice;
    b. preservation of data pursuant to Articles 29 and 30; and
    c. collection of evidence, giving of legal information, and locating of suspects.

2. a. A Party's point of contact shall have the capacity to carry out communications with the point of contact of another Party on an expedited basis.
b. If the point of contact designated by a Party is not part of that Party's authority or authorities responsible for international mutual assistance or extradition, the point of contact shall ensure that it is able to co-ordinate with such authority or authorities on an expedited basis.
3. Each Party shall ensure that trained and equipped personnel are available in order to facilitate the operation of the network.

Vorbild dafür ist die 1997 von den (damaligen) G8 beschlossene Einrichtung eines solchen Netzwerks,[767] an dem heute (wenigstens) 50 Staaten beteiligt sind.

---

[767] http://www.coe.int/t/dghl/cooperation/economiccrime/cybercrime/documents/points%20 of%20contact/aboutpoc_EN.asp; dazu http://www.coe.int/t/dghl/cooperation/economiccrime/cybercrime/documents/points%20of%20contact/24%208%20Communique_en.pdf.

Der Europarat betreibt weiterhin ein Project on Cybercrime,[768] das die Implementierung der Cybercrime Convention begleiten soll und dessen erste Phase im Februar 2009 abgeschlossen wurde. Dort findet sich auch eine instruktive Übersicht über den Stand sowie die Art und Weise der Umsetzung der Konvention[769] in einzelnen Staaten sowie Richtlinien für die internationale Zusammenarbeit bei der Strafverfolgung.[770] Das Projekt veranstaltet zudem regelmäßig internationale Konferenzen zu allen im Zusammenhang mit der Konvention stehenden Themengebieten.[771]

e) Europäische Gemeinschaft und Europäische Union

Bislang gibt es keine Rechtsakte der Europäischen Gemeinschaft oder im Rahmen der Europäischen Union, die sich direkt mit Identitätsdiebstahl bzw. -missbrauch befassen. Regelungen existieren jedoch in angrenzenden Materien wie Datenschutz,[772] die jeweils auch die effektive (aber nicht notwendigerweise strafrechtliche) Sanktionierung von Zuwiderhandlungen vorschreiben, oder Betrug und Fälschung im Zusammenhang mit unbaren Zahlungsmitteln[773] sowie namentlich den Rahmenbeschluss zur Bekämpfung der Computerkriminalität,[774] der einen Teil der Vorschriften der Cybercrime Convention des Europarats zum Vorbild nimmt. Die insoweit übereinstimmenden Vorschriften der Cybercrime Convention und des Rahmenbeschlusses, die in Deutschland mit dem 41. Strafrechtsänderungsgesetz umgesetzt wurden,[775] erfassen somit – wie für das deutsche Recht oben gezeigt (S. 233 ff., 244 ff.) – eine Vielzahl der mit Identitätsmissbrauch zusammenhängen-

---

[768] http://www.coe.int/t/DGHL/cooperation/economiccrime/cybercrime/default_en.asp; zu den Berichten und Studien siehe http://www.coe.int/t/DGHL/cooperation/economiccrime/cybercrime/Documents/Reports-Presentations/default_en.asp.

[769] http://www.coe.int/t/DGHL/cooperation/economiccrime/cybercrime/Documents/CountryProfiles/default_en.asp.

[770] http://www.coe.int/t/DGHL/cooperation/economiccrime/cybercrime/cy_activity_Interface2008/567_prov-d-guidelines_provisional2_3April2008_en.pdf.

[771] Vgl. zuletzt http://www.coe.int/t/dghl/cooperation/economiccrime/cybercrime/cy%20activity%20interface2009/IF_2009_presentations/default_en.asp.

[772] Richtlinie 95/46/EG des Europäischen Parlaments und des Rates vom 24.10.1995 zum Schutz natürlicher Personen bei der Verarbeitung personenbezogener Daten und zum freien Datenverkehr, ABl.EG 1995 Nr. L 281/31, Sanktionspflicht in Art. 24; Richtlinie 2002/58/EG des Europäischen Parlaments und des Rates vom 12.7.2002 über die Verarbeitung personenbezogener Daten und den Schutz der Privatsphäre in der elektronischen Kommunikation (Datenschutzrichtlinie für elektronische Kommunikation), ABl.EG 2002 Nr. L 201/37, Sanktionspflicht in Art. 15 Abs. 2.

[773] Rahmenbeschluss des Rates der Europäischen Union (2001/413/JI) vom 28.5.2001 zur Bekämpfung von Betrug und Fälschung im Zusammenhang mit unbaren Zahlungsmitteln, ABl.EG 2001 Nr. L 149/1.

[774] Rahmenbeschluss des Rates der Europäischen Union (2005/222/JI) vom 24.2.2005 über Angriffe auf Informationssysteme, ABl.EG 2005 Nr. L 69/67.

[775] BGBl. I 1786.

III. Rechtliche Rahmenbedingungen in anderen Staaten (Überblick) 335

den Verhaltensweisen. Soweit Identitätsmissbrauch in organisierter Form begangen wird, wird diese Begehensweise von den EU-Rechtsakten zur Bekämpfung der organisierten Kriminalität erfasst.[776]

Namentlich im Zusammenhang mit der Vereinheitlichung unbarer Zahlungsmethoden (SEPA – Single Euro Payments Area) befassen sich EG und EU nicht nur mit der präventiven,[777] sondern auch mit der repressiven (strafrechtlichen) Bekämpfung von Identitätsmissbrauch und Zahlungsbetrug.[778] Es sind freilich eine Vielzahl von Stellen, die sich mit der Thematik befassen, wie das Institute for the Protection and Security of the Citizen des Joint Research Centre (JRC) der Europäischen Kommission, das 2004 eine Studie zum Identitätsdiebstahl vorgelegt hat,[779] die EU Fraud Prevention Expert Group (FPEG),[780] die im Oktober 2007 einen Bericht zu Identitätsdiebstahl und Betrug im Finanzsektor verfasst hat,[781] da es sich oftmals um organisierte Kriminalität handelt, sowie das EU Forum on Organised Crime Prevention[782]. Mit dem Schutz der Privatsphäre („identity & trust") befasst sich schließlich auch die 2004 gegründete Europäische Agentur für Netz- und Informationssicherheit (ENISA).[783] Unter dem 6. Forschungsrahmenprogramm wurde zudem das FIDIS (Future of Identity in the Information Society)-Exzellenznetzwerk eingerichtet,[784] das unter anderem auch Forschung zu Identitätsmissbrauch (in Work Package 5) betreibt und zugleich Forschungsbemühungen in Europa sammeln und konzentrieren soll. Bisher erscheinen die einzelnen Anstrengungen indes eher wenig koordiniert.[785] Die erwähnten Berichte von JRC und FPEG geben keine Handlungsempfehlungen; FIDIS konstatiert in einem Papier von 2006 keinen Mangel an Strafnormen, sondern Probleme bei der Strafverfolgung, namentlich aufgrund des häufigen technologischen Vorsprungs der Täter, der Schwierigkeiten grenzüberschreitender Zusammenarbeit der Strafverfolgungsbehörden sowie des unzureichenden Datenschutzrechts vor allem in manchen Staaten außerhalb der EU; Identitätsmissbrauch könne aber nicht durch rechtliche Maßnahmen allein, sondern nur durch einen integrierten Ansatz im

---

[776] Zuletzt Rahmenbeschluss des Rates der Europäischen Union (2008/841/JI) vom 24.10.2008 zur Bekämpfung der organisierten Kriminalität, ABl.EU 2008 Nr. L 300/42.

[777] Vgl. den EU-Aktionsplan 2004–2007 zur präventiven Betrugsbekämpfung im bargeldlosen Zahlungsverkehr, KOM (2004) 579.

[778] Vgl. die Brüsseler Konferenz der Europäischen Kommission vom 22./23.11.2006 „Maintaining the integrity of identities and payments: Two challenges for fraud prevention", deren Redebeiträge zum Identitätsdiebstahl unter http://ec.europa.eu/justice_home/news/information_dossiers/conference_integrity/interventions_en.htm abrufbar sind.

[779] *Mitchison/Wilikens/Breitenbach/Urry/Portesi*.

[780] Zu Identitätsdiebstahl siehe http://ec.europa.eu/internal_market/fpeg/identity-theft_en.htm.

[781] http://ec.europa.eu/internal_market/fpeg/docs/id-theft-report_en.pdf.

[782] http://ec.europa.eu/justice_home/fsj/crime/forum/fsj_crime_forum_en.htm.

[783] http://enisa.europa.eu; vgl. Verordnung (EG) Nr. 460/2004 des Europäischen Parlaments und des Rates vom 10.3.2004 zur Errichtung der Europäischen Agentur für Netz- und Informationssicherheit (Abl.EG 2004 Nr. L 77/1.

[784] www.fidis.net/home.

[785] Krit. auch *Owen/Keats/Gill*, S. 9 ff., 13.

Zusammenwirken mit technischen Verbesserungen und Aufklärung der Verbraucher effektiv eingedämmt werden.[786]

In einer Mitteilung vom Mai 2007 hat die Europäische Kommission hingegen die Ansicht geäußert, dass der europaweiten Zusammenarbeit bei der Strafverfolgung besser gedient wäre, wenn Identitätsdiebstahl in allen Mitgliedsstaaten eigenständig unter Strafe stünde:

> Ein besonderer Punkt, der eine gesetzliche Regelung erforderlich machen könnte, ist die in Verbindung mit **Identitätsdiebstahl** begangene Internetkriminalität. Allgemein wird unter „Identitätsdiebstahl" der Diebstahl und die Verwendung von personenbezogenen Daten (Beispiel: Kreditkartennummer) zur Begehung einer anderen Straftat verstanden. In den meisten Mitgliedstaaten wird eine solche Handlung zumeist als Betrugsdelikt oder eine andere Straftat verfolgt, nicht jedoch als „Identitätsdiebstahl", da Betrug als schwereres Verbrechen gilt. Identitätsdiebstahl ist in keinem Mitgliedstaat ein eigenständiger Straftatbestand. Da er sich jedoch leichter nachweisen lässt als Betrug, wäre der Zusammenarbeit der Strafverfolgungsbehörden in der EU sehr damit gedient, wenn es einen solchen Straftatbestand in allen Mitgliedstaaten gäbe. Die Kommission wird daher noch im Jahr 2007 eine Konsultation in die Wege leiten, um zu ermitteln, ob hier rechtlicher Handlungsbedarf besteht.[787]

Der Vorschlag hat somit nicht zum Ziel, etwaige Strafbarkeitslücken zu schließen, da die fraglichen Handlungen regelmäßig nach verschiedenen Vorschriften strafbar sind, sondern durch eine einheitliche Strafnorm die Rechtshilfe zu beschleunigen. Soweit auch von erleichterter Nachweisbarkeit ausgegangen wird, dürfte dies indes nicht auf jeden Mitgliedstaat gleichermaßen zutreffen. 2007 sollte eine vergleichende Studie über die Strafbarkeit des Identitätsdiebstahls in Auftrag gegeben werden, was aber misslang und 2009 erneut versucht wird. Da diese Studie die Grundlage für etwaige Vorschläge zur Schaffung eines EU-einheitlichen Identitätsdiebstahltatbestands bilden soll, hat die EU-Kommission bisher noch keine konkreten Schritte in diese Richtung unternommen, sondern dieses Vorhaben zunächst aufgeschoben.[788]

Portugal hat während seiner Ratspräsidentschaft in Zusammenarbeit mit dem Europarat im November 2007 eine Konferenz über Identitätsbetrug und -diebstahl (Identity Fraud & Theft) veranstaltet;[789] ein Abschlussbericht[790] wurde im März 2009 veröffentlicht.

---

[786] FIDIS, D5.2b: ID-related Crime: Towards a Common Ground for Interdisciplinary Research (2006), S. 41, 116 f.

[787] Mitteilung der Kommission an das Europäische Parlament, den Rat und den Ausschuss der Regionen: „Eine allgemeine Politik zur Bekämpfung der Internetkriminalität", KOM(2007) 267 endgültig, S. 9 f. (Hervorhebung im Original).

[788] Communication from the Commission to the Council, the European Parliament, the European Economic and Social Committee and the Committee of the Regions: Justice, Freedom and Security in Europe since 2005: An Evaluation of the Hague Programme and Action Plan, General overview of instruments and deadlines provided in the Hague Programme and Action Plan in the fields of justice, freedom and security, SEC (2009) 767 final, S. 79 f.

[789] http://www.idfraudconference-pt2007.org/.

[790] http://www.idfraudconference-pt2007.org/cms/files/conteudos/image/090401_StudyEuropeanIdentitySystems.pdf.

III. Rechtliche Rahmenbedingungen in anderen Staaten (Überblick)

f) Vereinigte Staaten von Amerika

Das weltweit erste gesonderte Strafgesetz zur Verfolgung von Identitätsdiebstahl erließ der amerikanische Bundesgesetzgeber im Jahr 1998 mit dem Identity Theft and Assumption Deterrence Act,[791] weil bis dahin nur besondere Formen der Urkundenfälschung, nämlich Fälschung und Missbrauch bestimmter Ausweise und Identitätsdokumente unter Strafe standen, nicht aber der Missbrauch von zur Identifizierung verwendeten Informationen selbst. Zwar kamen mehr als 180 verschiedene Tatbestände des Bundesstrafrechts in Betracht, unter die das als Identitätsdiebstahl bezeichnete Verhalten fallen konnte,[792] sodass Zweck des Gesetzes nicht ist, erstmalig eine Strafdrohung für das inkriminierte Verhalten einzuführen, sondern vielmehr, eine zusätzliche Strafdrohung und damit zugleich erweiterte Ermittlungsmöglichkeiten für die Bundesbehörden zu schaffen. Die zusätzliche Strafdrohung war als nötig empfunden worden, um das spezifische Unrecht des Identitätsdiebstahls, nämlich den nicht nur materiellen, sondern vor allem auch immateriellen Schaden der Opfer, zum Ausdruck zu bringen.[793] Außerdem vergrößert eine zusätzliche Strafdrohung die Chancen der Staatsanwaltschaft beim „plea bargaining", vom Angeklagten ein Geständnis im Austausch für den Verzicht auf einen Anklagepunkt zu erlangen.[794]

Die im 18. Titel des United States Code befindliche Vorschrift des § 1028 lautet im relevanten Auszug:

§ 1028. Fraud and related activity in connection with identification documents, authentication features, and information
(a) Whoever, in a circumstance described in subsection (c) of this section—
…
(7) knowingly transfers, possesses, or uses, without lawful authority, a means of identification of another person with the intent to commit, or to aid or abet, or in connection with, any unlawful activity that constitutes a violation of Federal law, or that constitutes a felony under any applicable State or local law; or
(8) …
shall be punished as provided in subsection (b) of this section.
…
(d) In this section and section 1028A—
…

---

[791] Pub.L. No. 105–318; 112 Stat. 3007. Zur Entstehungsgeschichte siehe auch *United States Sentencing Commission:* Identity Theft, Final Report.
[792] *United States Sentencing Commission:* Identity Theft, Final Report, S. 3; Appendix C des Berichts listet 216 einschlägige Tatbestände auf.
[793] Im Gesetzgebungsverfahren wurde dies mit einer Reihe exemplarischer Einzelfälle belegt, Cong. Rec. H9996 (Representatives *DeLauro, Hostetter*), S12604 (Senator *Leahy*); s.a. *May/Headley*, S. 69 ff. m.w.Nachw.
[794] *May/Headley*, S. 80 f.

(7) the term "means of identification" means any name or number that may be used, alone or in conjunction with any other information, to identify a specific individual, including any—

(A) name, social security number, date of birth, official State or government issued driver's license or identification number, alien registration number, government passport number, employer or taxpayer identification number;
(B) unique biometric data, such as fingerprint, voice print, retina or iris image, or other unique physical representation;
(C) unique electronic identification number, address, or routing code; or
(D) telecommunication identifying information or access device (as defined in Sec. 1029(e));

Bestraft wird gemäß § 1028(a)(7) derjenige, der Identifikationsmittel einer anderen Person ohne Berechtigung überträgt, besitzt oder benutzt in der Absicht, damit eine rechtswidrige Tat zu begehen oder zu unterstützen. „Identifikationsmittel" ist in § 1028(d)(7) definiert als Name, Sozialversicherungsnummer, Geburtsdatum, Führerschein- oder sonstige Identifikationsnummer, Registrierungsnummer bei der Ausländerbehörde, Passnummer, Steuernummer usw., ebenso einzigartige biometrische Daten wie Fingerabdruck, Stimme, Irismuster o. Ä., einzigartige elektronische Identifikationsnummern oder -adressen sowie Telekommunikationsidentifikationsnummern. Erfasst sind demnach sämtliche zur Identifizierung dienenden Datensätze ungeachtet ihrer Verkörperung auf einem Datenträger, zumal die vorstehenden Absätze der Vorschrift bereits die herkömmlichen Ausweisdokumente u. ä. abdecken. Trotz des amtlichen Titels „Identitätsdiebstahl" wird hier nicht das unbefugte Erlangen von Identifikationsdaten bestraft, sondern der zeitlich nächste Schritt des kriminellen Verhaltens, nämlich Besitz oder Gebrauch. § 1028 schützt auch öffentlich frei zugängliche Daten und ist erst recht nicht beschränkt auf online erlangte Daten oder auf Onlineverwendung der erlangten Daten, sondern betrifft ebenso durch Diebstahl oder Durchwühlen der Mülltonne („dumpster diving") usw.[795] erlangte Kreditkartennummern, PINs oder die in Amerika besonders häufig benutzten Sozialversicherungsnummern, mit denen durch einen Telefonanruf bei der Bank eine Transaktion veranlasst wird. Jedoch steht praktisch die IT-Nutzung als Tatmittel eindeutig im Vordergrund. Das Erlangen der Daten kann strafbar sein als „Computerbetrug" (18 U.S.C. § 1030: Fraud and related activity in connection with computers), worunter unbefugter Zugang zu und unbefugtes Sichverschaffen von geschützten Daten fällt, aber auch sonstige Schädigungshandlungen wie z. B. Handel mit Passworten oder Kreditkartennummern („carding") oder Infizieren eines Rechners mit Spyware oder Keyloggern,[796] die von Art. 2 ff. der Cybercrime Convention, die die USA ratifiziert haben, oder im deutschen Recht von §§ 202a, 202b, 303a, 303b erfasst würden. Die Vorschrift des § 1030 wurde 1984 durch den

---

[795] Vgl. *Hoar*, 80 Or.L.Rev. 1423, 1426 f., 1439 ff. (2001); *Zaidi*, 19 Loy.Consumer L.Rev. 99, 100 ff. (2006-7).
[796] Vgl. die Übersicht der komplizierten Regelung im Handbuch „Prosecuting Computer Crime" des US-Justizministeriums, http://www.usdoj.gov/criminal/cybercrime/ccmanual/01ccma.pdf.

Comprehensive Crime Control Act geschaffen, 1986 durch den Computer Fraud and Abuse Act erweitert und seitdem wiederholt geändert, zuletzt durch den Identity Theft Enforcement and Restitution Act vom September 2008.[797]

Der unberechtigte Besitz, Gebrauch oder die Übertragung allein genügen noch nicht, sondern es muss noch die Absicht hinzutreten, damit eine weitere Straftat zu begehen. Diese weitere Straftat, die nach Bundesrecht oder dem Recht eines Einzelstaats oder einer Kommune strafbar sein kann, ist nicht weiter eingeschränkt, sodass sowohl die häufigen Vermögensdelikte wie Betrug, aber auch die ebenfalls zahlreichen Straftaten gegen aufenthaltsrechtliche Bestimmungen infrage kommen.[798] Als Rechtsfolge werden kompliziert abgestufte Strafrahmen angedroht, die je nachdem, welches Identifikationsmittel mit welchem Schaden oder zu welchem Zweck verwendet wird, Freiheitsstrafe von maximal einem Jahr bis zu maximal 30 Jahren (für Unterstützung terroristischer Akte) vorsehen. Versuch und Verschwörung („conspiracy") zum Identitätsmissbrauch werden jeweils genauso bestraft, § 1028(f). Die Strafzumessungskommission des Bundes (United States Sentencing Commission) hat in dem umfangreichen Regelwerk der Strafzumessungsrichtlinien (Sentencing Guidelines[799]) das Strafniveau von Betrug durch Identitätsmissbrauch höher angesetzt als bei „herkömmlichem" Betrug mit gleichem Schaden, um dem immateriellen Schaden des Opfers, typischerweise durch Beeinträchtigung des guten Rufes sowie der Kreditwürdigkeit, Rechnung zu tragen.[800]

2004 fügte der Identity Theft Penalty Enhancement Act[801] eine schwere Form des Identitätsdiebstahls hinzu (18 U.S.C. § 1028A, Aggravated identity theft), wonach der unberechtigte Besitz, Gebrauch oder die unbefugte Übertragung eines Identifikationsmittels einer anderen Person in Zusammenhang mit bestimmten aufgezählten anderen Straftaten zur Erhöhung der Strafe für diese andere Straftat führt, und zwar im Regelfall um zwei Jahre, bei terroristischen Taten um fünf Jahre.

Fast alle Gliedstaaten und Territorien der USA haben ähnliche Strafgesetze erlassen,[802] wobei die Definitionen von Identitätsdiebstahl sich im Detail durchaus unterscheiden. Die Verfolgung von Straftaten, die die Grenzen der Gliedstaaten überschreiten, fällt dabei in die Zuständigkeit der Bundesbehörden; für die Verfolgung der Computerdelikte des § 1030 ist zusätzlich zu den regulär zuständigen Bundesbehörden (FBI, U.S. Postal Inspection Service, SSA OIG und ICE) auch der United States Secret Service zuständig, 18 U.S.C. § 1030(d)(1).

---

[797] Pub.L. No. 110-326; 122 Stat. 3560.
[798] Vgl. die Aufzählung in *The President's Identity Theft Task Force:* Combating Identity Theft – A Strategic Plan, Volume II, S. 69 f., und bei *Hoar*, 80 Or.L.Rev. 1423, 1432 f. (2001).
[799] http://www.ussc.gov/guidelin.htm.
[800] Vgl. *United States Sentencing Commission:* Sentencing Guidelines Manual, § 2B.1.1(b)(10) (Nov. 2008); *Hoar*, 80 Or.L.Rev. 1423, 1431 (2001); *Shamah*, 12 Mich.Telecomm. & Tech.L.Rev. 335, 345 ff. (2005–6).
[801] Pub.L. 108-275; 118 Stat. 831.
[802] Nachweise bei http://www.ftc.gov/bcp/edu/microsites/idtheft/law-enforcement/state-laws-criminal.html und http://www.ckfraud.org/idtheft.html; *May/Headley*, S. 83 ff.; *Vacca*, S. 433 ff.; *Hoar*, 80 Or.L.Rev. 1423, 1437 f. (2001); *Zaidi*, 19 Loy.Consumer L.Rev. 99, 120 ff. (2006-7).

Im Jahr 2006 wurden unter dem Bundesgesetz gegen Identitätsdiebstahl gegen 1.946 Personen Anklagen erhoben und 1.534 Personen verurteilt, im Jahr 2007 2.470 Personen angeklagt und 1.943 verurteilt.[803] Schätzungen gehen freilich davon aus, dass schon im Jahr 2005 ca. 8,3 Mio. erwachsene Amerikaner Opfer von Identitätsdiebstahl wurden.[804]

Daneben gibt es eine Vielzahl von Einzelregelungen,[805] wie die 1999 verabschiedete Ergänzung des Graham-Leach-Bliley Act (GLEBA): ein Unterkapitel über Fraudulent Access to Financial Information,[806] das bei Strafe verbietet, sich durch Täuschung fremde Kundeninformationen eines Finanzinstituts zu verschaffen.[807] Auch die unbefugte Weitergabe von Sozialversicherungsnummern[808] oder Patientendaten[809] ist bei Strafe verboten. Allerdings fehlt in den USA ein umfassendes Datenschutzrecht, wie es etwa die Europäische Gemeinschaft[810] vorsieht.

Der Identity Theft Act sowie andere Gesetze sehen eine ganze Reihe weiterer Maßnahmen vor, sei es präventiver Art wie die Aufklärung der Verbraucher, die der Federal Trade Commission übertragen ist, oder durch geregelte Verfahren zur Wiederherstellung der Kreditwürdigkeit.[811] Die Definition von „identity theft" richtet sich auch dabei nach der strafrechtlichen Definition in 18 U.S.C. § 1028.[812]

Im Jahr 2006 setzte Präsident *Bush* die President's Task Force on Identity Theft[813] mit der Aufgabe ein, unter Zusammenarbeit von 15 Bundesbehörden eine nationale Strategie zur Bekämpfung des Identitätsdiebstahls zu entwickeln, die 2007 vorgestellt wurde.[814] Vorschläge zu Gesetzesänderungen,[815] insbesondere Lückenschließung bei §§ 1028, 1028A und 1030 wurden durch den Identity Theft Enforcement and Restitution Act vom September 2008[816] teilweise umgesetzt; bisher noch nicht

---

[803] The President's Identity Theft Task Force Report, Recommendation 25, S. 37.

[804] *Federal Trade Commission:* 2006 Identity Theft Survey Report (Nov. 2007), S. 3. Gesicherte Zahlen fehlen allerdings bis heute, dazu krit. *Hoofnagle*, 21 Harv. J.L. & Tech. 97 ff. (2007).

[805] Vgl. *The President's Identity Theft Task Force:* Combating Identity Theft – A Strategic Plan, Volume II, Part O, S. 69 f.; ausführlich *Best*, S. 11 ff.; *May/Headley*, S. 65 ff.; *Vacca*, S. 429 ff.

[806] GLEBA §§ 521 ff. = 15 U.S.C. 6821 ff. (2006).

[807] Vgl. 15 U.S.C. 6823(a), (b), 18 U.S.C. 3571(b), (c); dazu knapp *Hoar*, 80 Or.L.Rev. 1423, 1435 f. (2001).

[808] 42 U.S.C. § 408.

[809] 42 U.S.C. § 1320d-6(a).

[810] Krit. daher *Johnson*, 15 Currents: Int'l Trade L.J. 123 ff.,136 f. (2006).

[811] Vgl. die Website der Federal Trade Commission, http://www.ftc.gov/bcp/edu/microsites/idtheft/, sowie *Zaidi*, 19 Loy.Consumer L.Rev. 99, 109 ff. m.w.Nachw. (2006-7).

[812] Vgl. 16 CFR 603.2, 69 Fed.Reg. 23370 ff., 23377; 69 Fed.Reg. 63922, 63933 zum Fair and Accurate Credit Transactions Act 2003 (FACTA).

[813] Executive Order No. 13,402, 71 Fed.Reg. 27945 (May 10, 2006), ergänzt durch Executive Order No. 13,414 (November 3, 2007), 3. CFR 13414. Die Website der Task Force ist http://idtheft.gov/index.html.

[814] *The President's Identity Theft Task Force:* Combating Identity Theft – A Strategic Plan.

[815] *The President's Identity Theft Task Force:* Combating Identity Theft – A Strategic Plan, S. 65 ff., Appendices C bis I, S. 87 ff.

[816] Pub.L. No. 110-326; 122 Stat. 3560.

verwirklicht wurde der Vorschlag,[817] auch den Diebstahl von Identifikationsdaten juristischer Personen („corporate identity theft") unter Strafe zu stellen, womit namentlich Phishing-E-Mails erfasst werden sollen. Der strategische Plan sowie ein Bericht vom September 2008 enthalten neben zahlreichen anderen Empfehlungen auch die, darauf hinzuwirken, dass andere Länder der Cybercrime Convention des Europarates beitreten sowie den Identitätsdiebstahl durch gesonderte Tatbestände unter Strafe stellen, um die internationale Zusammenarbeit bei der Strafverfolgung zu verbessern.[818] Zudem halten Bundesstaatsanwälte, FBI, Secret Service und U.S. Postal Inspection Service zahlreiche Fortbildungsmaßnahmen sowohl im Ausland für dortige Strafverfolgungsbehörden als auch im Rahmen der G8 High-Tech Crime Subgroup ab.[819]

g) Kanada

Identitätsdiebstahl kann von über 30 verschiedenen Tatbeständen des kanadischen Strafrechts erfasst werden, doch datieren die meisten Straftatbestände des kanadischen Strafgesetzes (Criminal Code)[820] aus der Zeit vor der Verbreitung des Computers, abgesehen von den beiden neuen Delikten der unbefugten Computernutzung (Sec. 342.1) und des Kreditkartenbetrugs (Sec. 342). Das Justizministerium hat in einem Bericht aus dem Jahr 2004 festgestellt, dass zwar die meisten Arten des unbefugten Gebrauchs von Identifikationsdaten strafbar sind, jedoch das unbefugte Sichverschaffen, Besitzen und Handeln mit persönlichen Daten nicht unter Strafe steht, ausgenommen Kreditkartendaten und Computerpasswörter.[821]

Vielfach wurde daher ein Spezialgesetz nach amerikanischem Vorbild gefordert.[822] Im November 2007 wurde von der Regierung ein Gesetzentwurf[823] eingebracht, der mehrere neue Tatbestände in den Criminal Code einfügen sollte, jedoch der Diskontinuität verfiel, aber im März 2009 erneut[824] eingebracht und im House of Commons am 20.10.2009 verabschiedet[825] wurde:

---

[817] *The President's Identity Theft Task Force:* Combating Identity Theft – A Strategic Plan, S. 65 f. mit Appendix E, S. 91.

[818] *The President's Identity Theft Task Force:* Combating Identity Theft – A Strategic Plan, S. 60; The President's Identity Theft Task Force Report (September 2008), Recommendation 20 f., S. 33 ff. Das Justizministerium hat daher auf der Konferenz in Portugal 2007 (siehe oben S. 334 ff.) sowie im Rahmen der United Nations Commission on Crime Prevention and Criminal Justice und der Untergruppe der G8 (siehe S. 330 ff.) entsprechende Initiativen ergriffen.

[819] Vgl. The President's Identity Theft Task Force Report, Recommendation 24, S. 36 f.

[820] R.S.C., chapter C-46.

[821] Department of Justice Canada, Consultation Document on Identity Theft (October 2004), nicht veröffentlicht; vgl. CIPPIC Working Paper No. 3, Legislative Approaches to Identity Theft, S. 2 ff.

[822] Dazu *Zaidi*, 19 Loy.Consumer L.Rev. 99, 143 f. (2006-7).

[823] Bill C-27, dazu http://www2.parl.gc.ca/Content/LOP/LegislativeSummaries/39/2/c27-e.pdf.

[824] Als Bill S-4, http://www2.parl.gc.ca/Content/LOP/LegislativeSummaries/40/2/s4-e.pdf.

[825] Statutes of Canada 2009, 57–58 Elizabeth II, c. 28, http://laws.justice.gc.ca/PDF/Annual/2/2009_28.pdf; Royal Assent am 22.10.2009, seit dem 8.1.2010 in Kraft.

Das Gesetz lautet auszugsweise:

402.1 For the purposes of sections 402.2 and 403, "identity information" means any information — including biological or physiological information — of a type that is commonly used alone or in combination with other information to identify or purport to identify an individual, including a fingerprint, voice print, retina image, iris image, DNA profile, name, address, date of birth, written signature, electronic signature, digital signature, user name, credit card number, debit card number, financial institution account number, passport number, Social Insurance Number, health insurance number, driver's licence number or password.
(Identity theft)
402.2 (1) Everyone commits an offence who knowingly obtains or possesses another person's identity information in circumstances giving rise to a reasonable inference that the information is intended to be used to commit an indictable offence that includes fraud, deceit or falsehood as an element of the offence.
(2) Everyone commits an offence who transmits, makes available, distributes, sells or offers for sale another person's identity information, or has it in their possession for any of those purposes, knowing that or being reckless as to whether the information will be used to commit an indictable offence that includes fraud, deceit or falsehood as an element of the offence.
(3) For the purposes of subsections (1) and (2), an indictable offence referred to in either of those subsections includes an offence under any of the following sections:

(a) section 57 (forgery of or uttering forged passport);
(b) section 58 (fraudulent use of certificate of citizenship);
(c) section 130 (personating peace officer);
(d) section 131 (perjury);
(e) section 342 (theft, forgery, etc., of credit card);
(f) section 362 (false pretence or false statement);
(g) section 366 (forgery);
(h) section 368 (use, trafficking or possession of forged document);
(i) section 380 (fraud); and
(j) section 403 (identity fraud).
...

(Identity fraud)
403. (1) Everyone commits an offence who fraudulently personates another person, living or dead,

(a) with intent to gain advantage for themselves or another person;
(b) with intent to obtain any property or an interest in any property;
(c) with intent to cause disadvantage to the person being personated or another person; or
(d) with intent to avoid arrest or prosecution or to obstruct, pervert or defeat the course of justice.

...

Das Gesetz unterscheidet zwischen dem unbefugten Erlangen von Identitätsinformationen – bezeichnet als „identity theft" (Sec. 402.2) – und der unbefugten Verwendung solcher Daten – „identity fraud" (Sec. 402.3). Die geschützten Daten oder „Identitätsinformationen" sind in Sec. 402.1 weit definiert als jedwede Information, die allein oder mit anderen zur Identifikation einer Person benutzt werden kann wie Fingerabdrücke, Irismuster, DNS-Profil, Name, Adresse, Geburtsdatum, Benutzername, Kreditkartennummer usw.

Wegen Identitätsdiebstahls soll gemäß Sec. 402.2(1) mit maximal fünf Jahren (Abs. 5) Freiheitsstrafe derjenige bestraft werden, der wissentlich die Identifikationsdaten eines anderen erlangt oder besitzt, wenn die Umstände vernünftigerweise darauf schließen lassen, dass die Daten zur Begehung einer Straftat dienen sollen, die mittels Betrug, Täuschung oder Fälschung verübt wird (vgl. die Liste in Absatz 3). Nach Absatz 2 wird derjenige bestraft, der Identifikationsdaten eines anderen überträgt, zugänglich macht, verteilt, verkauft oder zum Verkauf anbietet oder zu einem dieser Zwecke besitzt und weiß oder wissen muss, dass die Daten zur Begehung einer der in Absatz 3 genannten Straftaten benutzt werden wird.

Wegen Identitätsbetruges soll nach Sec. 403 mit maximal zehn Jahren (Abs. 3) Freiheitsstrafe bestraft werden, wer vorgibt, eine andere lebende oder tote Person zu sein, in der Absicht a) sich oder einem Dritten einen Vorteil zu verschaffen, b) einen Vermögensvorteil zu erlangen, c) der Person, die er zu sein vorgibt, oder einer anderen Person zu schaden, oder d) sich der Verhaftung oder Strafverfolgung zu entziehen oder sonst die Strafverfolgung zu beeinträchtigen.

h) Australien

Zuerst haben die australischen Bundesstaaten Queensland und South Australia Strafvorschriften über den Identitätsmissbrauch erlassen.[826] South Australia führte 2003 Vorschriften ein, die in Sec. 144B des Criminal Law Consolidation Act 1935 das Vorspiegeln einer falschen Identität, nicht vorhandener Qualifikationen oder Befugnisse und in Sec. 144C die Verwendung von Identifikationsdaten einer anderen lebenden oder toten natürlichen oder juristischen Person (vgl. Sec. 144A) zum Zweck der Begehung einer schweren Straftat bestrafen.[827] Der Versuch (Sec. 144E) ist ebenso wenig strafbar wie die falsche Altersangabe Minderjähriger, um Alkohol oder Tabak zu erwerben (Sec. 144F).

Queensland ergänzte 2007 seinen Criminal Code Act 1899 um Sec. 408D,[828] wonach mit bis zu drei Jahren Freiheitsstrafe bestraft werden kann, wer die Iden-

---

[826] Zur Gesetzeslage im Bund und in den anderen Bundesstaaten siehe *Model Criminal Law Officers' Committee of the Standing Committee of Attorneys-General:* Final Report on Identity Crime (March 2008), S. 18 ff. Zum Bemühen um eine einheitliche Definition vgl. *ACPR*, Standardisation of definitions of identity crime terms: A step towards consistency.

[827] http://www.legislation.sa.gov.au/LZ/C/A/CRIMINAL%20LAW%20CONSOLIDATION%20ACT%201935/CURRENT/1935.2252.UN.PDF.

[828] http://www.legislation.qld.gov.au/LEGISLTN/CURRENT/C/CriminCode.pdf.

tifikationsdaten einer anderen Entität (natürlichen oder juristischen Person) sich verschafft oder damit handelt mit dem Ziel, ein Verbrechen zu begehen oder zu ermöglichen, ungeachtet dessen, ob die betroffene Entität lebendig oder tot ist, existiert oder nicht, mit der Verwendung ihrer Daten einverstanden ist oder nicht.

Nach Vorlage eines Diskussionspapiers[829] und Abschlussberichts[830] empfahl ein Expertenkomitee, das Model Criminal Law Officers' Committee (MCLOC), auch auf Bundesebene drei neue Straftatbestände zu schaffen, die Identitätsmissbrauch, den Verkauf von Identitätsdaten sowie den Besitz von Ausrüstung zur Herstellung von Identifikationsinformationen unter Strafe stellen. Daraufhin wurde im Dezember 2008 im australischen Bundesparlament ein Gesetzentwurf eingebracht, um das Bundesstrafgesetz (Criminal Code Act of 1995) um diese drei Tatbestände zu ergänzen; mit geringfügigen Abweichungen von der MCLOC-Empfehlung.[831] Die Schaffung der neuen Tatbestände wird als notwendig angesehen, weil die vorhandenen Strafvorschriften die vielfältigen und neuartigen Begehensweisen des Identitätsmissbrauchs nicht adäquat erfassten.[832] Australien kennt bislang weder auf Bundes- noch auf Staatenebene einen umfassenden rechtlichen Schutz personenbezogener Daten, sondern nur Einzelregelungen wie das strafbewehrte Verbot, persönliche Finanzdaten ohne Erlaubnis zu erlangen oder damit zu handeln.[833] Seit März 2009 ist dieses Gesetzgebungsvorhaben indes nicht weiter gefördert worden. Der Bundesstaat Victoria hat am 17.6.2009 mit dem Bundesgesetzentwurf fast wörtlich übereinstimmende Vorschriften in seinen Crimes Act 1958 eingefügt.[834]

---

[829] *Model Criminal Law Officers' Committee of the Standing Committee of Attorneys-General:* Discussion Paper Identity Crime (April 2007).

[830] *Model Criminal Law Officers' Committee of the Standing Committee of Attorneys-General:* Final Report on Identity Crime (March 2008), S. 25 ff.

[831] Law and Justice Legislation Amendment (Identity Crimes and Other Measures) Bill 2008, Status: http://parlinfo.aph.gov.au/parlInfo/search/display/display.w3p;adv=yes;db=;group=;holdingType=;id=;orderBy=priority,title;page=5;query=Dataset%3AbillsCurBef%20SearchCategory_Phrase%3A%22bills%20and%20legislation%22%20Dataset_Phrase%3A%22billhome%22;querytype=;rec=8;resCount=; Text: http://parlinfo.aph.gov.au/parlInfo/download/legislation/bills/r4020_first/toc_pdf/Law%20and%20Justice%20Legislation%20Amendment%20(Identity%20Crimes%20and%20Other%20Measures)%20Bill%202008_08234b01.pdf;fileType=application%2Fpdf; Bill Digest: http://parlinfo.aph.gov.au/parlInfo/download/legislation/billsdgs/0LPS6/upload_binary/0lps63.pdf;fileType=application%2Fpdf#search=%22r4020%22.

[832] Law and Justice Legislation Amendment (Identity Crimes and Other Measures) Bill 2008, Explanatory Memorandum, S. 4; http://parlinfo.aph.gov.au/parlInfo/download/legislation/ems/r4020_ems_328ba710-2a72-463a-8e80-1655cf5baf24/upload_pdf/321469.pdf;fileType=application%2Fpdf.

[833] Section 73.9 ff. Criminal Code Act 1995, vgl. ACPR, Standardisation of definitions of identity crime terms: A step towards consistency, S. 5.

[834] Crimes Amendment (Identity Crime) Act 2009, http://www.legislation.vic.gov.au/Domino/Web_Notes/LDMS/PubStatbook.nsf/f932b66241ecf1b7ca256e92000e23be/C32B10510FEF8F9ACA2575D8001ECE97/$FILE/09-22a.pdf.

III. Rechtliche Rahmenbedingungen in anderen Staaten (Überblick) 345

Der Entwurf lautet auszugsweise:

Section 370.1 Definitions
In this Code:
***deal**, in identification information, includes make, supply or use any such information.*
...

***identification information** means information, or a document, relating to a person (whether living, dead, real or fictitious) that is capable of being used (whether alone or in conjunction with other information or documents) to identify or purportedly identify the person, including any of the following:*

(a) a name or address;
(b) a date or place of birth, whether the person is married or has a de facto partner, relatives' identity or similar information;
(c) a driver's licence or driver's licence number;
(d) a passport or passport number;
(e) biometric data;
(f) a voice print;
(g) a credit or debit card, its number, or data stored or encrypted on it;
(h) a financial account number, user name or password;
(i) a digital signature;
(j) a series of numbers or letters (or both) intended for use as a means of personal identification;
(k) an ABN.

Division 372—Identity fraud offences
372.1 Dealing in identification information
*(1) A person (the **first person**) commits an offence if:*

(a) the first person deals in identification information; and
*(b) the first person intends that any person (the **user**) (whether or not the first person) will use the identification information to pretend to be, or to pass the user off as, another person (whether living, dead, real or fictitious) for the purpose of:*

(i) committing an offence; or
(ii) facilitating the commission of an offence; and

(c) the offence referred to in paragraph (b) is an indictable offence against a law of the Commonwealth.

Penalty: Imprisonment for 5 years.
(2) Absolute liability applies to the paragraph (1)(c) element of the offence.
(3) This section applies:

(a) even if:
(i) committing the offence referred to in paragraph (1)(b) is impossible; or

> *(ii) the offence referred to in paragraph (1)(b) is to be committed at a later time; and*
>
> *(b) whether or not the person to whom the identification information concerned relates consented to the dealing in the identification information.*
>
> *(4) This section does not apply to dealing in the first person's own identification information.*
>
> ***372.2 Possession of identification information***
> *(1) A person (the **first person**) commits an offence if:*
>
>> *(a) the first person possesses identification information; and*
>> *(b) the first person intends that any person (whether or not the first person) will use the identification information to engage in conduct; and*
>> *(c) the conduct referred to in paragraph (b) constitutes an offence against section 372.1.*
>
> *Penalty: Imprisonment for 3 years.*
> *(2) Absolute liability applies to the paragraph (1)(c) element of the offence.*
> *(3) This section applies whether or not the person to whom the identification information concerned relates consented to the possession of the identification information.*
> *(4) This section does not apply to the possession of the first person's own identification information.*
>
> ***372.3 Possession of equipment used to make identification documentation***
> *(1) A person (the **first person**) commits an offence if:*
>
>> *(a) the first person possesses equipment; and*
>> *(b) the first person intends that any person (whether or not the first person) will use the equipment to make identification documentation; and*
>> *(c) the first person intends that any person (whether or not referred to in paragraph (b)) will use the identification documentation to engage in conduct; and*
>> *(d) the conduct referred to in paragraph (c) constitutes an offence 1 against Sect. 372.1.*
>
> *Penalty: Imprisonment for 3 years.*
> *(2) Absolute liability applies to the paragraph (1)(d) element of the offence.*

In einer neuen Sec. 372.1 mit dem Titel „Dealing in identification information" wird bis zu fünf Jahren Haftstrafe demjenigen angedroht, der mit Identifikationsinformationen handelt in der Absicht, dass diese Informationen von ihm selbst oder einem Dritten benutzt werden, um sich als eine andere (lebende, tote oder fiktive) Person auszugeben zu dem Zweck, eine Straftat zu begehen oder zu ermöglichen. Das Einverständnis des Inhabers der Daten ist unbeachtlich. „Handeln" ist in Sec. 370.1 definiert als Herstellen, Verschaffen oder Benutzen von Informationen. „Identifikationsinformation" ist dort technologieneutral definiert als Information oder Dokument mit Bezug auf eine lebende, tote oder fiktive Person, welche(s) zur Identifikation dient

III. Rechtliche Rahmenbedingungen in anderen Staaten (Überblick) 347

oder dienen soll, insbesondere Name, Anschrift, Geburtsort und -datum, Familienstand, Pass, biometrische Daten, Kreditkartennummer, digitale Signatur usw.

Die geplante Sec. 372.2 bedroht denjenigen mit bis zu drei Jahren Freiheitsstrafe, der Identifikationsinformationen besitzt in der Absicht, dass diese von ihm selbst oder einem Dritten zur Begehung einer Tat nach Sec. 372.1 benutzt werden.

Der Versuch ist jeweils straflos (Sect. 372.6).

i) England

Im englischen[835] Recht gibt es keine besonderen Vorschriften gegen Identitätsmissbrauch, obschon die geplante Einführung eines Personalausweises die Aufmerksamkeit der Regierung schon früh auf die Problemfelder von Identitätsdiebstahl und Identitätsmissbrauch lenkte.[836] Als Ergebnis der Reform des Betrugsstrafrechts auf der Grundlage eines Berichts der Law Commission[837] trat allerdings am 15.1.2007 der Fraud Act 2006[838] in Kraft, der erstmals einen allgemeinen Betrugstatbestand enthält, dadurch die acht Einzelregelungen des Theft Act 1968 ersetzt und auch bisherige Strafbarkeitslücken schließt. Zwar sieht der neue Fraud Act keine nur auf Identitätsmissbrauch zugeschnittenen Vorschriften vor, ist aber erkennbar so formuliert, dass die meisten Fälle von unter Identitätstäuschung begangenen Onlinebetrügereien erfasst werden.[839] Das Gesetz lautet auszugsweise:

1 Fraud
(1) A person is guilty of fraud if he is in breach of any of the sections listed in subsection (2) (which provide for different ways of committing the offence).
(2) The sections are—

(a) section 2 (fraud by false representation),
(b) section 3 (fraud by failing to disclose information), and
(c) section 4 (fraud by abuse of position).

...

2 Fraud by false representation
(1) A person is in breach of this section if he—

(a) dishonestly makes a false representation, and
(b) intends, by making the representation—

---

[835] Aufgrund der internen Rechtsspaltung im Vereinigten Königreich gibt es in England und Schottland traditionell je eigenes Strafrecht. Nicht alle englischen Gesetze gelten zudem ohne Weiteres auch in Nordirland.

[836] Vgl. Economic and Domestic Secretariat of the Cabinet Office: Identity Fraud, A Study (July 2002); Cabinet Office: Privacy and data-sharing, The way forward for public services, Report (April 2002).

[837] *The Law Commission:* Fraud (Law Com No. 276, Cm 5560), 2002.

[838] 2006 ch. 35, http://www.opsi.gov.uk/Acts/acts2006/pdf/ukpga_20060035_en.pdf. Gilt für England und Wales sowie Nordirland. Schottland hatte schon zuvor einen allgemeinen Betrugstatbestand. Vgl. die Explanatory Notes, http://www.opsi.gov.uk/acts/acts2006/en/ukpgaen_20060035_en_1.

[839] Vgl. https://www.identitytheft.org.uk/criminal-offences.asp.

(i) to make a gain for himself or another, or
(ii) to cause loss to another or to expose another to a risk of loss.

(2) A representation is false if—

(a) it is untrue or misleading, and
(b) the person making it knows that it is, or might be, untrue or misleading.

(3) „Representation" means any representation as to fact or law, including a representation as to the state of mind of—

(a) the person making the representation, or
(b) any other person.

(4) A representation may be express or implied.
(5) For the purposes of this section a representation may be regarded as made if it (or anything implying it) is submitted in any form to any system or device designed to receive, convey or respond to communications (with or without human intervention).

Wegen Betruges mit bis zu zehn Jahren Haft (Sect. 1(3)(b)) macht sich demnach derjenige strafbar, der eine bewusst unwahre Tatsachen- oder Rechtsbehauptung aufstellt, um sich oder einen anderen zu bereichern oder anderen zu schaden. Die fragliche Behauptung kann ausdrücklich oder stillschweigend gemacht werden und gemäß Sec. 2(5) auch eine Eingabe in ein Datenverarbeitungssystem sein, was dem deutschen Computerbetrug (§ 263a StGB) entspricht. Betrug kann sodann auch durch Unterlassen (Sect. 3) und Amtsmissbrauch (Sect. 4) begangen werden.

Neue ergänzende Tatbestände stellen zudem Herstellung und Besitz von Tatwerkzeug aller Art, mit denen Betrug begangen werden soll, unter Strafe:

6 Possession etc. of articles for use in frauds
(1) A person is guilty of an offence if he has in his possession or under his control any article for use in the course of or in connection with any fraud.
...

7 Making or supplying articles for use in frauds
(1) A person is guilty of an offence if he makes, adapts, supplies or offers to supply any article—

(a) knowing that it is designed or adapted for use in the course of or in connection with fraud, or
(b) intending it to be used to commit, or assist in the commission of, fraud.

...

Die Höchststrafe für den Besitz von Betrugswerkzeug in Sect. 6 beträgt fünf Jahre, für Herstellung und Vertrieb in Sect. 7 sind es zehn Jahre Freiheitsstrafe. Section 8(1)(b) definiert, dass „article" auch Programme oder Daten umfasst, sodass Sect. 7 auch die Fälle des Art. 6 Cybercrime Convention bzw. des deutschen § 202c StGB betrifft, ohne jedoch wie diese auf Programme usw. beschränkt zu sein.

III. Rechtliche Rahmenbedingungen in anderen Staaten (Überblick)

j) Niederlande

In den Niederlanden gibt es bislang keine speziellen Strafvorschriften. Identitätsmissbrauch wird vielmehr weitgehend von traditionellen Straftatbeständen wie Betrug, Urkundenfälschung usw. erfasst,[840] auch wenn vereinzelte Lücken bestehen.[841] Soweit ersichtlich, wird kein Bedarf an neuen Straftatbeständen gesehen.[842]

k) Frankreich

Bislang gibt es in Frankreich kein speziell auf Identitätsmissbrauch zugeschnittenes Strafgesetz. Auf eine parlamentarische Anfrage[843] hat der Justizminister Ende 2006 geantwortet,[844] dass die vorhandenen Strafnormen wie Betrug oder Strafvereitelung ausreichend seien.[845] Der am 4.7.2005 vom Senator *Michel Dreyfus-Schmidt* eingebrachte Gesetzentwurf,[846] der ganz allgemein die Anmaßung fremder Identität in einem Netzwerk bestraft, ist mit dem Tod des Senators Anfang September 2009 hinfällig geworden. Am 6.11.2008 hat Senatorin *Panis* einen wortgleichen Entwurf eingebracht.[847] Offenbar hat sich die Ansicht, die vorhandenen Strafgesetze seien hinreichend, mittlerweile geändert, denn am 27.5.2009 hat die Regierung

---

[840] *Owen/Keats/Gill*, S. 24 ff., 41; *de Vries/Tigchelaar/van der Linden*, (2008) 5:3 SCRIPTed 482, 496 ff.

[841] *de Vries/Tigchelaar/van der Linden*, (2008) 5:3 SCRIPTed 482, 498 f.

[842] *de Vries/Tigchelaar/van der Linden*, (2008) 5:3 SCRIPTed 482, 499.

[843] Question écrite n° 20426 de Mme *Patricia Schillinger* (Haut-Rhin – SOC), publiée dans le JO Sénat du 17/11/2005, S. 2950.

[844] Réponse du Ministère de la justice, publiée dans le JO Sénat du 19/10/2006, S. 2665: «Le garde des sceaux, ministre de la justice, indique à l'honorable parlementaire que l'usurpation d'identité est le fait de prendre le nom d'un tiers dans des circonstances qui ont déterminé ou auraient pu déterminer contre celui-ci des poursuites pénales. Cette infraction est réprimée par l'article 434 du code pénal par une peine maximale de cinq ans d'emprisonnement et 75 000 euros d'amende. Les comportements décrits par l'honorable parlementaire sont susceptibles d'être plus exactement qualifiés d'escroqueries. En effet, le fait d'user d'un faux nom dans le but de se voir remettre des biens ou des services est réprimé par l'article 313-1 du code pénal par la peine maximale de cinq ans d'emprisonnement et 75 000 euros d'amende. Par conséquent, il n'apparaît pas nécessaire de modifier la législation pour réprimer ces comportements.»

[845] Vgl. auch Art. 433-19 Code pénal (usurpation d'identité), eine Variante der Fälschung amtlicher Statusurkunden.

[846] Proposition de loi tendant à la pénalisation de l'usurpation d'identité numérique sur les réseaux informatiques, N° 452, http://www.senat.fr/leg/ppl04-452.html. Vorgesehen war folgender neuer Artikel des Code pénal:
«Art. 323-8 — Est puni d'une année d'emprisonnement et de 15 000 euros d'amende, le fait d'usurper sur tout réseau informatique de communication l'identité d'un particulier, d'une entreprise ou d'une autorité publique.»
«Les peines prononcées se cumulent, sans possibilité de confusion, avec celles qui auront été prononcées pour l'infraction à l'occasion de laquelle l'usurpation a été commise.»

[847] Proposition de loi relative à la pénalisation de l'usurpation d'identité numérique, N° 86, http://www.senat.fr/leg/ppl08-086.html.

selbst einen ähnlichen Entwurf eingebracht,[848] der derzeit ebenfalls noch im Gesetzgebungsverfahren anhängig ist,[849] und den Code pénal um folgende Vorschrift erweitern soll:

> *Art. 222-16-1. – Le fait d'utiliser, de manière réitérée, sur un réseau de communication électronique l'identité d'un tiers ou des données qui lui sont personnelles, en vue de troubler la tranquillité de cette personne ou d'autrui, est puni d'un an d'emprisonnement et de 15 000 € d'amende.*
>
> *Est puni de la même peine le fait d'utiliser, sur un réseau de communication électronique, l'identité d'un tiers ou des données qui lui sont personnelles, en vue de porter atteinte à son honneur ou à sa considération.*

Danach wird nur bestraft, wer wiederholt die elektronische Identität oder personenbezogenen Daten eines anderen gebraucht in einer Weise, die diese Person stört oder belästigt; die einmalige Verwendung reicht nach Abs. 2 aus, wenn darin eine Verletzung der Ehre oder des Ansehens des Betroffenen liegt. Die Höchststrafe beträgt ein Jahr Freiheitsstrafe. Systematisch ist die Vorschrift als Delikt gegen die Person eingeordnet, direkt hinter belästigenden Telefonanrufen (Art. 222-16 Code pénal). Der ökonomische Aspekt fehlt in allen französischen Entwürfen völlig.

l) Italien

Auch in Italien fehlen bislang spezielle neue Vorschriften für „*furto e frodi d'identità*". Identitätsmissbrauch wird über die allgemeinen Tatbestände des Betruges (Art. 640 Codice penale), Computerbetrugs (Art. 640ter) sowie die auf der Umsetzung der Cybercrime Convention beruhenden Vorschriften zum Schutz der Datenintegrität in Art. 617bis ff., 635bis ff. erfasst sowie durch ein traditionelles Delikt zum Schutz des öffentlichen Glaubens in Art. 494 Codice penale („Sostituzione di persona"),[850] das den Gebrauch eines falschen Namens oder die falsche Behauptung einer sonstigen rechtlich erheblichen Eigenschaft in der Absicht, sich einen Vorteil zu verschaffen oder anderen zu schaden, mit bis zu einem Jahr Haft bestraft, wenn die Tat nicht in anderen Gesetzen mit schwererer Strafe bedroht ist.[851]

---

[848] Projet de loi d'orientation et de programmation pour la performance de la sécurité intérieure, XIIIe législature, N° 1697, http://www.assemblee-nationale.fr/13/projets/pl1697.asp.

[849] Vgl. http://www.assemblee-nationale.fr/13/dossiers/lopsi_performance.asp.

[850] Codice penale: Art. 494 Sostituzione di persona. Chiunque, al fine di procurare a sé o ad altri un vantaggio od di recare ad altri un danno, induce taluno in errore, sostituendo illegittimamente la propria all'altrui persona, o attribuendo a sé o ad altri un falso nome, o un falso stato, ovvero una qualità a cui la legge attribuisce effetti giuridici, è punito, se il fatto non costituisce un altro delitto contro la fede pubblica con la reclusione fino a un anno.

[851] So Corte di cassazione, sezione V penale, Urteil vom 14.12.2007, n. 46674, zum Gebrauch einer falschen E-Mail-Adresse, um betrügerische Onlinebestellungen aufzugeben, http://www.alphaice.com/giurisprudenza/?id=2069.

2. Zivilrechtliche Verantwortlichkeit für Identitätsmissbrauch

Die Rechtslage zur zivilrechtlichen Verantwortlichkeit für Identitätsmissbrauch in anderen Staaten kann im Rahmen dieser Studie nur sehr eingeschränkt dargestellt werden, da sich die Diskussion in den meisten Staaten nahezu ausschließlich auf strafrechtliche Aspekte bezieht und veröffentlichte Stellungnahmen zur zivilrechtlichen Haftung kaum vorhanden sind.

Besonders interessant ist die Entwicklung im Vereinigten Königreich und in den USA. Beide Staaten waren früh und intensiv von Phishing und ähnlichen Formen der Internetkriminalität betroffen, in beiden Staaten wurden gesetzgeberische Maßnahmen ergriffen.

a) Vereinigtes Königreich

Im Vereinigten Königreich ist, wie in Deutschland, in Bezug auf Identitätsmissbrauch bei Zahlungsdiensten wegen der europäischen Zahlungsdiensterichtlinie kürzlich eine Gesetzesänderung in Kraft getreten. Daher sind sowohl die bisherige als auch die neue Rechtslage zur Risikoverteilung und Haftung bei Identitätsmissbrauch im Bereich der Zahlungsdienste, insbesondere im Onlinebanking, von Interesse.

aa) Bisherige Rechtslage

Das Bankensystem im Vereinigten Königreich wird vom Prinzip der Selbstregulierung beherrscht,[852] die unter der Aufsicht der Financial Services Authority (FSA), der englischen Finanzaufsichtsbehörde, steht. Die Regulierung erfolgt über ein Standardwerk von Vertragsbedingungen (Banking Code), das alle drei Jahre vom Banking Code Standards Board herausgegeben wurde. Die letzte Fassung des Banking Code stammt aus dem Jahr 2008.

Die den britischen Banken zugestandene Selbstregulierung hatte traditionell zur Folge, dass gesetzliche Regelungen zur Risikoverteilung und Haftung selten sind. So existiert beispielsweise mit dem Bills of Exchange Act 1882 eine gesetzliche Regelung zum Scheckverkehr, die auch die Risikoverteilung bei gefälschten Schecks regelt, aber auf andere Zahlungsmittel wie Kreditkarten nicht anwendbar ist. Insoweit bleibt es bei den durch die jeweiligen Bedingungswerke aufgestellten Grundsätzen.

Auch für den Bereich des Onlinebanking gab es traditionell keine gesetzliche Regelung, sodass auch hier der Banking Code maßgeblich war.

Der Banking Code 2008 enthält in seiner Ziff. 12 Regeln zur Haftung bei Missbräuchen von Bankkonten. Ziff. 12.9. regelt die Sorgfaltspflichten des Kunden

---

[852] Siehe dazu, darstellend und sogleich kritisch, *Cartwright*, J. F. R. & C. 2009, 17(3), 302 ff.

beim Onlinebanking. Die Haftung ist, für alle Zahlungsmittel gleichermaßen, in den Ziffn. 12.11–12.13 geregelt. Die Bestimmungen lauten:

„Online banking
12.9 Online banking is safe and convenient as long as you take a number of simple precautions. Please make sure you follow the advice given below.

- Keep your PC secure. Use up-to-date anti-virus and spyware software and a personal firewall.
- Keep your passwords and PINs secret.
- We (or the police) will never contact you to ask you for your online banking or payment card PINs, or your password information.
- Treat e-mails you receive from senders claiming to be from your bank or building society with caution and be wary of e-mails or calls asking you for any personal security details.
- Always access internet banking sites by typing the bank or building society's address into your web browser. Never go to a website from a link in an email and then enter personal details.
- Follow our advice – our websites are usually a good place to get help and guidance on how to stay safe online.
- Visit www.banksafeonline.org.uk for useful information.

Liability for losses
12.11 If you act fraudulently, you will be responsible for all losses on your account. If you act without reasonable care and this causes losses, you may be responsible for them. (This may apply if you do not, for example, follow Sect. 12.5 or 12.9 or you do not keep to your account's terms and conditions.)
12.12 Unless we can show that you have acted fraudulently or without reasonable care, your liability for your card being misused will be limited as follows.

- If someone else uses your card before you tell us it has been lost or stolen or that someone else knows your PIN, the most you will have to pay is £ 50.
- If someone else uses your card details without your permission and your card has not been lost or stolen, you will not have to pay anything.
- If someone else uses your card details without your permission for a transaction where the cardholder does not need to be present (for example, buying something over the internet), you will not have to pay anything.
- If your card is used before you have received it, you will not have to pay anything.

12.13 Unless you have acted fraudulently or without reasonable care (for example by not following the advice in Sect. 12.9), you will not be liable for losses caused by someone else which take place through your online banking service."

Die Regelung ähnelt stark dem Haftungskonzept der Zahlungsdiensterichtlinie. Dies ist kein Zufall; die Richtlinie ist stark vom Konzept des englischen und US-amerikanischen Rechts beeinflusst.

III. Rechtliche Rahmenbedingungen in anderen Staaten (Überblick) 353

Die in Ziff. 12.9 geregelten Pflichten des Bankkunden ähneln den Regeln, die in Deutschland durch die neuen Musterbedingungen des BdB zum Onlinebanking und teilweise schon zuvor durch die AGB einzelner Institute gelten.

Interessant ist, dass die Anforderungen etwa an die technische Infrastruktur anspruchsvoll sind. So sind etwa aktueller Virenschutz und eine Personal Firewall vorgeschrieben.

Die Haftungsregeln nach Ziff. 12.11 ff. erscheinen im Lichte der Zahlungsdiensterichtlinie vertraut.

Das Haftungskonzept besteht auch hier in einer Abstufung:

- Wenn der Kunde „fraudulent" oder „without reasonable care" handelt, haftet er für den eingetretenen Schaden in vollem Umfang.
- Im Übrigen haftet der Kunde, wenn der Verlust auf dem Abhandenkommen einer Karte oder der Kenntnis der PIN durch einen Dritten beruht, in Höhe von maximal 50 Pfund.
- In allen übrigen Fällen trägt die Bank den Schaden.

Die Beweislast für das Vorliegen eines Verschuldens des Kunden trägt jeweils die Bank. Für die Haftung des Kunden ist somit entscheidend, unter welchen Voraussetzungen ein Handeln „without reasonable care" anzunehmen ist. Der Begriff des „reasonable care" entspricht in etwa dem Begriff der Fahrlässigkeit im deutschen Recht. Eine eindeutige Zuordnung zur leichten oder groben Fahrlässigkeit erscheint nicht möglich, schon weil die Zuordnung eines bestimmten Verhaltens zu den beiden Fallgruppen im deutschen Recht stark von den Umständen abzuhängen scheint.

Der Banking Code gibt in den Ziffn. 12.11–12.13 eine Beschreibung des Maßstabs der „reasonable care". Ein Verstoß hiergegen soll danach offenbar immer schon dann vorliegen, wenn der Kunde gegen die Sorgfaltspflichten nach Ziff. 12.9 verstößt. Dies führt letztlich zu einer recht scharfen Haftung des Kunden auf vollen Schadensersatz bei fahrlässiger Verletzung seiner Sorgfaltspflichten.

bb) Neue Rechtslage

Die europäische Zahlungsdiensterichtlinie (dazu oben S. 259 ff.) führt auch für das Vereinigte Königreich eine neue Regelung der Zahlungsdienste auf europäischer Grundlage ein. Die Zahlungsdiensterichtlinie wurde im Vereinigten Königreich durch Gesetz vom 9.2.2009 umgesetzt. Die Umsetzung erfolgte durch Erlass eines neuen Gesetzes, der Payment Services Regulations 2009. Der wesentliche Teil der Regulations ist gemäß ihrem Art. 1 (2) c) am 1. November 2009 in Kraft getreten.

Das neue Gesetz setzt die Zahlungsdiensterichtlinie unter enger Anlehnung an die Struktur der Richtlinie um. Die Pflichten und die Haftung der Bankkunden bei Missbrauch im Onlinebanking sind in den Art. 57 und 62 der Regulations geregelt. Die Normen lauten:

„**Obligations of the payment service user in relation to payment instruments**
57.—(1) A payment service user to whom a payment instrument has been issued must—

(a) use the payment instrument in accordance with the terms and conditions governing its issue and use; and
(b) notify the payment service provider in the agreed manner and without undue delay on becoming aware of the loss, theft, misappropriation or unauthorised use of the payment instrument.

(2) The payment service user must on receiving a payment instrument take all reasonable steps to keep its personalised security features safe.

Payer's liability for unauthorised payment transaction
62.—(1) Subject to paragraphs (2) and (3), the payer is liable up to a maximum of £ 50 for any losses incurred in respect of unauthorised payment transactions arising—

(a) from the use of a lost or stolen payment instrument; or
(b) where the payer has failed to keep the personalised security features of the payment instrument safe, from the misappropriation of the payment instrument.

(2) The payer is liable for all losses incurred in respect of an unauthorised payment transaction where the payer—

(a) has acted fraudulently; or
(b) has with intent or gross negligence failed to comply with regulation 57.

(3) Except where the payer has acted fraudulently, the payer is not liable for any losses incurred in respect of an unauthorised payment transaction—

(a) arising after notification under regulation 57(1)(b);
(b) where the payment service provider has failed at any time to provide, in accordance with regulation 58(1)(c), appropriate means for notification; or
(c) where the payment instrument has been used in connection with a distance contract (other than an excepted contract).

(4) In paragraph (3)(c) „distance contract" and „excepted contract" have the meanings given in the Consumer Protection (Distance Selling) Regulations 2000(36)."

Die Regelung der Pflichten des Zahlers in Art. 57 der Regulations ist eng an Art. 56 ZD-RL orientiert und verweist auf die vereinbarten Pflichten, der Sache nach also auf die AGB der Zahlungsdiensteanbieter. Die Haftungsregelung entspricht der Vorgabe des Art. 61 ZD-RL. Der Haftungshöchstbetrag der englischen Regelung ist mit 50 Pfund (etwa 56 €) deutlich geringer als der in der Richtlinie und im deutschen Recht maßgebliche Betrag von 150 €.

b) USA

Die Diskussion zur Haftung für Identitätsmissbrauch im Internet konzentriert sich auch in den USA stark auf die Problematik des Phishing, vor allem im Onlinebanking. In den letzten Jahren gab es hier eine intensive Diskussion, die sich überwiegend auf strafrechtliche Aspekte bezieht, sich aber auch auf zivilrechtliche Fragen wie die Haftung erstreckt.

Die Gesetzeslage ist recht komplex, da in den USA die Gesetzgebungszuständigkeit für das allgemeine Zivilrecht bei den Bundesstaaten liegt. Für das Bankrecht hingegen besteht eine bundesrechtliche Gesetzgebungszuständigkeit. Im Februar 2008 wurde ein Gesetzesentwurf für einen Anti-Phishing Consumer Protection Act 2008 auf Bundesebene in den Senat der Vereinigten Staaten eingebracht. Das Gesetzgebungsverfahren ist jedoch mit Zusammentritt des 111. Kongresses eingestellt worden.

Soweit infolge eines Phishingangriffs eine gefälschte Überweisung im Onlinebanking vorgenommen wird, sind die allgemeinen Regeln über die Verantwortlichkeit für sogenannte nicht autorisierte Überweisungen maßgeblich.[853]

Die Risikotragung und Haftung bei Überweisungen ist durch den bundesstaatlichen Electronic Funds Transfer Act (EFTA)[854] geregelt.

Die Verantwortlichkeit des Verbrauchers für nicht autorisierte Zahlungen ist geregelt in Ziff. 205.6 Reg E. Die Norm lautet (Auszug):

„§ 205.6 Liability of consumer for unauthorized transfers.
(a) Conditions for liability. A consumer may be held liable, within the limitations described in paragraph (b) of this section, for an unauthorized electronic fund transfer involving the consumer's account only if the financial institution has provided the disclosures required by § 205.7(b)(1), (2), and (3). If the unauthorized transfer involved an access device, it must be an accepted access device and the financial institution must have provided a means to identify the consumer to whom it was issued.
(b) Limitations on amount of liability. A consumer's liability for an unauthorized electronic fund transfer or a series of related unauthorized transfers shall be determined as follows:
(1) Timely notice given. If the consumer notifies the financial institution within two business days after learning of the loss or theft of the access device, the consumer's liability shall not exceed the lesser of $ 50 or the amount of unauthorized transfers that occur before notice to the financial institution.
(2) Timely notice not given. If the consumer fails to notify the financial institution within two business days after learning of the loss or theft of the access device, the consumer's liability shall not exceed the lesser of $ 500 or the sum of:
(i) $ 50 or the amount of unauthorized transfers that occur within the two business days, whichever is less; and

---

[853] *Gillette/Walt*, 83 Chi.-Kent L. Rev. 499 (2008), 535, 538.
[854] 15 U.S.C. 1693 et seq.

(ii) The amount of unauthorized transfers that occur after the close of two business days and before notice to the institution, provided the institution establishes that these transfers would not have occurred had the consumer notified the institution within that two-day period.

(3) Periodic statement; timely notice not given. A consumer must report an unauthorized electronic fund transfer that appears on a periodic statement within 60 days of the financial institution's transmittal of the statement to avoid liability for subsequent transfers. If the consumer fails to do so, the consumer's liability shall not exceed the amount of the unauthorized transfers that occur after the close of the 60 days and before notice to the institution, and that the institution establishes would not have occurred had the consumer notified the institution within the 60-day period. When an access device is involved in the unauthorized transfer, the consumer may be liable for other amounts set forth in paragraphs (b)(1) or (b)(2) of this section, as applicable.
[…]"

Die Haftungsregelung des EFTA und der Regulation E setzt auf ein Konzept, das den Kunden verschuldensunabhängig mit einem bestimmten Betrag an dem Schaden beteiligt und im Übrigen den Schaden der Bank auferlegt. Maßgebliches Kriterium für die Höhe der Schadensbeteiligung des Kunden ist der Zeitpunkt der Verlustanzeige des Kunden. So ist die Schadensbeteiligung des Kunden bei unverzüglicher Verlustanzeige auf einen Betrag von 50 $ beschränkt.

Im Übrigen trägt die Bank den Schaden aus gefälschten Überweisungen im Onlinebanking. Dies gilt auch dann, wenn der Verbraucher fahrlässig zu dem Missbrauch beigetragen hat, also etwa dann, wenn der Bankkunde seine Geheimzahl auf der Rückseite der Karte notiert oder auf einem Papier zusammen mit der Karte aufbewahrt hatte und die Karte nach Abhandenkommen zu einer Transaktion verwendet wird.[855] Damit haftet der Bankkunde in vollem Umfang nur bei vorsätzlicher Schädigung der Bank.

Dieses Konzept entspricht dem Konzept, das auch dem englischen Recht und der europäischen Zahlungsdiensterichtlinie zugrunde liegt. Dies ist kein Zufall; die US-amerikanische Regelung war letztlich der Ausgangspunkt für dieses Konzept der Verteilung des Schadens. Interessanterweise ist die US-amerikanische Regelung verbraucherfreundlicher als die englische und europäische, da der Kunde nur bei vorsätzlicher Schädigung auf den vollen Schadensersatz haftet.

IV. Die Positionierung Deutschlands im Vergleich

1. Technisch: Vergleich im Bereich Onlinebanking (Überblick)

Technisch nimmt Deutschland im Bereich der Sicherheitstechnologien für Onlinebanking eine Spitzenposition ein. Dies ist klar durch die Ausrichtung auf trans-

---

[855] Vgl. *Gillette/Walt*, 83 Chi.-Kent L. Rev. 499 (2008), 534 f.

IV. Die Positionierung Deutschlands im Vergleich 357

aktionsbezogene Sicherheit begründet, die schon vor der großen Schadenswelle in Verfahren wie TAN-Listen und HBCI zum Einsatz kam. Diese Position wurde durch Verfahren wie mTAN, eTAN+ und Secoder weiter ausgebaut.

In vielen anderen Ländern (vgl. S. 318 f.) steht dagegen noch die sitzungsbezogene Sicherheit im Vordergrund. Hier ist es nach heutigem Kenntnisstand immer möglich, innerhalb einer authentifizierten Sitzung Identitätsmissbrauch zu betreiben, z. B. durch Einschleusen einer Schadsoftware auf den PC des Opfers.

2. *Rechtlich: Vergleich im Bereich Onlinebanking (Überblick)*

Im Vergleich mit der Regelung anderer Staaten ist für den Bereich des Onlinebanking festzustellen, dass Deutschland im Bereich der Risikotragung und Haftung der Kunden aufgrund der europarechtlichen Vorgaben auf die Linie eingeschwenkt ist, die zuvor schon im US-amerikanischen und englischen Recht maßgeblich war. Eine vergleichende Bewertung der früheren deutschen Regelung und dem neuen angloamerikanischen Haftungsmodell führt zu einem differenzierten Ergebnis, da beide Konzepte Argumente für sich haben. So haftete der Kunde nach bisherigem deutschem Recht nur bei Verschulden, war also bei Wahrung der Sorgfaltspflichten von der Haftung gänzlich befreit. Im Fall einer Pflichtverletzung hingegen haftete er auf den vollen Schadensersatz. Für diese Fälle war das US-amerikanische Recht wesentlich günstiger, das die Haftung des Kunden für Fahrlässigkeit nach dem Electronic Funds Transfer Act ausschließt.

Die neue Rechtslage in Deutschland kombiniert für den Bereich des Onlinebanking aus Sicht des Kunden die Vorzüge des bisherigen mit denen des neuen Konzepts. Wie bisher haftet der Kunde nur im Fall einer Pflichtverletzung, zugleich ist seine Haftung bei leichter Fahrlässigkeit auf einen Höchstbetrag begrenzt.

Mit der neuen Rechtslage ist die rechtliche Stellung der Bankkunden im Onlinebanking besonders komfortabel. Das Haftungskonzept enthält Anreize für den Kunden, seine Authentisierungsmedien sicher zu verwahren und auch im Übrigen zur Vermeidung von Schäden mitzuwirken; befreit den Kunden aber von untragbaren Risiken. Damit bewirkt das deutsche Recht im Bereich des Onlinebanking einen angemessenen Schutz des Kunden vor Risiken aus Internetkriminalität.

Kapitel 7
Handlungsoptionen/Abwehrmaßnahmen und Empfehlungen

I. Technische Maßnahmen

1. Empfehlungen zum Einsatz von Standardsicherheitsmaßnahmen

In diesem Abschnitt werden Empfehlungen gegeben, wie Standardsicherheitsmaßnahmen effizienter genutzt werden können.

a) Ständige Aktualisierung ALLER Softwarekomponenten eines PCs

Empfehlungen, das Betriebssystem oder den Browser ständig zu aktualisieren, sind weit verbreitet, greifen aber nach heutigem Wissensstand zu kurz. Neben dem Betriebssystem sollten alle auf dem System installierten Programme mit einem signifikanten Marktanteil (z. B. die Programme von Adobe) automatisch aktualisiert werden. (Dies ist z. B. schon bei Microsoft Windows und bei Mozilla Firefox realisiert.)

Hier bietet sich als zentrale Dienstleistung des BSI für Bürger die Einrichtung einer Website bzw. ein Testprogramm an, die den Browser und alle geladenen Plugins auf ihre Aktualität hin prüfen und Empfehlungen zu verfügbaren Updates geben.

b) Datenschutzkonformes Monitoring des Internet

Um Pharming- oder DDoS-Angriffe abwehren zu können, ist eine Beobachtung des Internet erforderlich. Einige Firmen bieten hier schon Spezialdienstleistungen an, z. B. die Überprüfung der DNS-Caches für wichtige Domains. Ein solches Monitoring sollte u. a. umfassen:

- Bot-Netze,
- DoS-Angriffe,
- Angriffe auf DNS und
- Angriffe auf Routing-Protokolle.

Zu beachten ist hier, dass diese Angriffsformen einem ständigen Wandel unterliegen und dass daher das Monitoring ohne eine Forschungskomponente nicht zu leisten ist.

c) Auslieferung von IT-Hardware (und Software) nur noch mit personalisierter Sicherheit

Da die Konfiguration von Kryptografie oder auch nur der Einsatz starker Passwörter für den durchschnittlichen Internetnutzer zu komplex ist, sollten Hardware- und Softwarekomponenten nur noch mit personalisierter Sicherheit ausgeliefert werden (Bsp.: WLAN mit voreingestelltem WPA-Schlüssel).

In beiden Fällen kann die Personalisierung auch erst nach der Installation erfolgen, wenn dieser Prozess für den Nutzer transparent ist (Bsp.: Erzeugung eines Clientzertifikats für einen E-Mail-Client automatisch bei der Einrichtung eines E-Mail-Kontos).

2. *Empfehlungen zum Einsatz bestimmter Technologien*

In diesem Abschnitt werden Empfehlungen zum Einsatz bestimmter Technologien gegeben. Sofern mehrere Alternativen vorhanden sind, wird eine begründete Auswahl getroffen.

a) Empfehlungen zum Einsatz bestimmter Technologien auf Clientseite

In diesem Abschnitt werden Empfehlungen zum Einsatz bestimmter Technologien beim Endnutzer gegeben. Es wird weiterhin angegeben, ob diese Technologien ohne Mitwirkung des Nutzers umgangen werden können (Social Engineering-Angriffe sind auf jede technische Sicherung anwendbar).

aa) Onlinebanking und andere Anwendungen mit kurzen Transaktionswerten

Hier sollte eine Sicherheitshardware mit Display eingesetzt werden, z. B. Secoder oder eTAN+. Für eTAN+ kann diese Sicherung nur unter Mitwirkung des Nutzers umgangen werden, für den Secoder steht eine kryptografische Analyse noch aus.

Mithilfe des mTAN-Verfahrens kann ebenfalls eine relativ sichere Anzeige der Transaktionsdaten erreicht werden, allerdings ist es hier insbesondere für moderne Handys unklar, ob nicht eine Synchronisation des Angriffs mit dem PC ohne Mitwirkung des Nutzers bewerkstelligt werden kann.

I. Technische Maßnahmen 361

bb) Elektronische Signaturen und andere Anwendungen mit langen Transaktionsdaten

Hier können Technologien wie Secoder oder eTAN+ angewendet werden, um Teile der Transaktionsdaten anzuzeigen. Dadurch besteht eine gewisse Wahrscheinlichkeit, Manipulationen zu erkennen.

Es besteht aber erheblicher Forschungsbedarf zur Realisierung eines Secure Viewers auf herkömmlichen Betriebssystemen. Dieser Forschungsbedarf ist vordringlich, da in Großprojekten wie dem nPA und der Gesundheitskarte Trusted Viewer benötigt werden.

cc) Sitzungsbasierte Authentifizierung

Für eine sitzungsbasierte Authentifizierung sollten verstärkt Hardwaretoken eingesetzt werden, um einen Identitätsdiebstahl unmöglich zu machen (ein Identitätsmissbrauch ist innerhalb der authentifizierten Sitzung immer noch möglich, aber nicht nach Beendigung der Sitzung).

Im einfachsten Fall kommen hier Chipkarten zum Einsatz, die als PKCS#11-Module in den Browser eingebunden werden. Auch der nPA eignet sich prinzipiell für dieses Einsatzgebiet, wenn die Probleme der Bindung der eID-Session an die TLS-Session gelöst sind.

dd) Erstidentifikation eines Nutzers

Für die Erstidentifikation eines Nutzers über das Internet erscheint der nPA als die geeignetste Lösung, vorausgesetzt, die Problematik der Kompromittierung des privaten Schlüssels einer Karte, der ja für einen ganzen Batch von Karten gleich ist, wird gelöst.

Es stellt sich aber die Frage, ob sich der hohe Aufwand zur Integration des eID-Servers nur für diesen Fall lohnt.

ee) Nicht-Webapplikationen

Sofern Dienste autorisiert werden sollen, die zusätzlich zum Webbrowser eine proprietäre Hardware nutzen (z. B. Nahverkehrstickets auf eine Nahverkehrschipkarte laden), ist der Einsatz des nPA gut abzusichern. Hier stellt sich allerdings die Frage, warum die Autorisierung des Kunden nicht gleich bei der Ausgabe der Hardware durchgeführt wurde (möglicher Grund: Versand der Hardware per Post) und ob der Bürgerclient dies unterstützt.

b) Empfehlungen zum Einsatz bestimmter Technologien auf Serverseite

Bei Schutzmechanismen auf Serverseite ist davon auszugehen, dass das dort eingesetzte Personal hinreichend geschult ist, um Social Engineering-Angriffe als solche zu erkennen. Es geht hier also um Sicherungsmaßnahmen, um automatisierte Angriffe zu erkennen.

aa) Zugangskontrolle zu Server und Serverapplikationen

Ein Zugang zum Server und zu Serverapplikationen sollte nicht über den Mechanismus Nutzername/Passwort möglich sein, sondern nur mit Hardwaretoken wie OTP, Chipkarten, oder im äußersten Notfall auch mit Softwarezertifikaten. Der hohe Aufwand ist hier gerechtfertigt, da ein Angreifer hier hohen Schaden anrichten kann.

bb) Authentifizierung von Nutzern über TLS-Clientzertifikate

Das Wiedererkennen des Browsers bzw. die Authentifizierung des Nutzers sollten mindestens über TLS-Clientzertifikate erfolgen. Diese Technologie ist in allen Browsern verfügbar.

cc) Klare Sicherheitsarchitektur

Im Server-Backend sollte eine klare Sicherheitsarchitektur erzwungen werden. Hierzu gehört u. a. eine Web-Application-Firewall, die auch von internen Systemen genutzt werden muss.

dd) Auditing/Pen-Testing

Um die Einhaltung der Sicherheitsarchitektur zu gewährleisten, sollten regelmäßig Penetrationstests durchgeführt werden.

ee) Sichere Skriptsprachen

Der Einsatz sicherer (Skript-)Sprachen wird empfohlen.

ff) Trusted Computing

Trusted Computing ist für den Einsatz im Serverbereich relativ gut geeignet, da sich die Standardsoftwarekonfiguration hier kaum ändert. Es muss allerdings die Frage

I. Technische Maßnahmen   363

geklärt werden, wie die TC-Mechanismen ohne einen Neustart des Servers wirksam werden können, bzw. wie ein regelmäßiger Neustart des Servers im laufenden Betrieb realisiert werden kann.

Der Einsatz von TC ersetzt hier aber nicht die Suche nach Schwachstellen in der Software, da diese mit Techniken wie Return Oriented Programming trotz TC ausgenutzt werden könnten.

c)   Empfehlungen zum Einsatz bestimmter Technologien im Netzwerk

Empfehlungen zum Einsatz von Monitoring-Tools wie Intrusion Detection Systems (IDS) wurden schon weiter oben gegeben.

aa)   Netzwerkbasierte Antivirensoftware

Da die Anzahl der Malwarevarianten steigt bzw. sich auf einem sehr hohen Niveau eingependelt hat, sollten neue Detektionsmechanismen wie verhaltensbasierte oder strukturbasierte Analyse von Malware zu Einsatz kommen. Da dies auf den Endgeräten der Nutzer oft nicht zu leisten ist, sollten verdächtige Softwarefragmente im Netzwerk ausgefiltert und automatisch (unter Beachtung der Datenschutzaspekte) analysiert werden. Wurde die Software schon an das Endsystem ausgeliefert, so sind Mechanismen zur Information des betroffenen Nutzers und zur nachträglichen Beseitigung der Schadsoftware erforderlich.

bb)   DNSSEC

Der Einsatz von DNSSEC für das gesamte DNS erscheint wenig sinnvoll, da hier die starke Kryptografie durch schlampige Sicherheits-Policies bei den vielen Registraren umgangen werden kann. Zudem lohnt sich der Aufwand für die meisten Domains nicht, da sie keinen Schutz benötigen. Für geschäftlich bedeutende Domains kann dies jedoch sinnvoll sein (z. B. die.com-Domain). Noch sinnvoller erscheint die Einführung einer neuen sec-Domain für sicherheitsrelevante Server, die mit strengen DNSSEC-Policies betrieben werden sollte.

cc)   SSL/TLS

SSL und TLS sollten verstärkt zur Authentifizierung und zum Wiedererkennen von Clients und Servern im Internet eingesetzt werden.

Ein starkes Hindernis stellt hierbei die einseitige Fixierung von Forschern, Entwicklern und Anwendern auf die triviale Nutzung von SSL dar: Es wird immer wieder betont, dass SSL den Domainnamen des Servers authentifizieren soll und dass der Browser dem Nutzer hierbei assistieren soll. Diese triviale Nutzung von

SSL stößt aber ohne eine deutliche Kennzeichnung von Nicht-SSL-Verbindungen im Browser (z. B. mit der Warnfarbe rot) an ihre Grenzen, z. B. durch Einsatz des Tools SSLStrip.

Dagegen kann SSL auch ohne Mitwirkung des Nutzers dazu verwendet werden, Clients (über Clientzertifikate) oder Server (über die Strong Locked Same Origin Policy) wiederzuerkennen. Dies kann als Basis für sichere Webanwendungen (z. B. [GJMS08]) dienen.

dd) WS-Security

SOAP-basierte Webservices können eine Vielzahl von Sicherheitsmechanismen nutzen und sollten sich deshalb nicht auf triviale Mechanismen wie SSL verlassen, die nur eine kurze Strecke absichern.

Hier besteht erheblicher Forschungs- und Aufklärungsbedarf, weil in der Industrie mögliche Angriffe (und die entsprechenden Gegenmaßnahmen) noch nicht bekannt sind.

3. *Empfehlungen zur Erstellung von Best-Practice-Richtlinien für bestimmte Einsatzszenarien*

In diesem Abschnitt sollen Best-Practice-Empfehlungen für bestimmte Einsatzgebiete, die stark von Identitätsmissbrauch betroffen sind, gegeben werden. Dabei wird auf die Besonderheiten des jeweiligen Szenarios eingegangen.

a) **Onlinebanking**

Für das Onlinebanking müssen keine Empfehlungen gegeben werden, da hier die Best Practices bereits umgesetzt werden. Da die Banken den entstandenen Schaden meist selbst tragen, haben sie ein Interesse an der Minimierung des Risikos bei gleichzeitiger Minimierung der Kosten.

Lobend hervorzuheben ist, dass es eine lückenlose Reihe von Sicherheitsmaßnahmen gibt, die bereits spezifiziert und einsatzbereit sind, von iTAN bis eTAN+.

b) **Auktionen**

Anbieter wie eBay müssen in Konkurrenz zu anderen Anbietern möglichst viele Kunden mit minimalem technischem Aufwand auf Kundenseite an sich binden. Daher scheiden Lösungen, die die Installation von Soft- oder Hardware beim Kunden voraussetzen, aus.

I. Technische Maßnahmen

Als einfache Lösung, die ohne Änderungen bei Kunden einzuführen wäre, böten sich Clientzertifikate an. Diese könnten durch den Anbieter der Auktionsplattform selbst ausgestellt werden.

Auch der ePA wäre eine Option, aber hier wären zwei Probleme zu lösen:
- Die Installation des Bürgerclient und des Chipkartenlesers.
- Die Integration eines eID-Servers, der nur für deutsche Kunden genutzt werden kann, lohnt sich für eine international agierende Firma wie eBay nicht. Hier ist der in den Anwendungstests gewählte Ansatz, standardisierte SAML-Tokens zu verwenden, Erfolg versprechend.

c) eShops

Hier ist die Lage vergleichbar mit der im Bereich Auktionen.

d) I-Voting

Für Wahlen über das Internet müssen besonders strenge Sicherheitsziele gesetzt werden.

Eine Durchführung politischer Wahlen über das Internet wie in Estland birgt enorme Risiken vor dem Hintergrund der wachsenden Internetkriminalität. Es gibt zwar sichere Systeme wie David Chaums „Code Sheet Voting", aber sie sind anfällig gegen Stimmenverkauf und werden daher nicht eingesetzt.

Im Bereich der nicht politischen Wahlen, wo Stimmenverkauf im Rahmen der Wahl erlaubt sein kann (z. B. Aktionärsversammlungen), könnten diese sicheren Verfahren aber eingesetzt werden.

4. *Aufzeigen gezielten Forschungsbedarfs (z. B. in den Bereichen Malware, Bot-Netze, Browsersicherheit, Betriebssystemsicherheit, kryptografische Sicherheitsmodelle für reale Applikationen)*

Die Studie zeigt, dass in einer Reihe von Bereichen erheblicher Bedarf an gezielter Forschung mit dem Ziel der Verbesserung der Sicherheit besteht. Dies sind etwa folgende Bereiche.

a) Malware

Durch die oben aufgezeigte Tendenz, Malware immer so zu verändern, dass Antivirensignaturen diese nicht mehr erkennen, ergibt sich die Notwendigkeit, neue Schutzmechanismen zu erforschen. Hierzu zählen insbesondere:

- verhaltensbasierte Analyse von Malware,
- strukturbasierte Analyse von Malware,
- stichprobenartige Analyse von Malware bereits im Internet (nicht allein auf dem Endgerät) – dies ist wichtig für mobile Geräte mit beschränkten Rechenressourcen – und
- bösartiges Javascript, bösartige Websites; hier muss der Begriff der „Bösartigkeit" relativ weit gefasst werden und alle Formen des Identitätsmissbrauchs mit einschließen.

b) Bot-Netze

Hier sollten Monitoring-Tools weiterentwickelt werden, insbesondere auch für P2P-Architekturen, um mit der rasanten Entwicklung in diesem Bereich Schritt halten zu können.

c) Browsersicherheit/Web 2.0

Die Diskussion um die Sicherheit moderner Browser hat mit der Einführung des Browsers Google Chrome neue Impulse bekommen. Die Forschung beschränkt sich aber bislang auf die Sicherheit des Browsers als Desktopapplikation und ignoriert weitgehend Aspekte der Netzwerksicherheit. Mögliche Forschungsprojekte (deutsch-amerikanische Projekte wären hier sinnvoll) wären unter anderem:

- Erweiterung des Browser Security Handbook von Google um Netzwerkaspekte und
- Implementierung neuer Sicherheitsfeatures im Browser (SLSOP, XML Security).

d) Betriebssystemsicherheit

Neue Ansätze zur Absicherung von Betriebssystemen jenseits von Trusted Computing sollten untersucht werden. Dies könnte z. B. auf Clientseite eine Kombination aus Whitelisting und TC sein. Auch nicht kryptografische Gegenmaßnahmen wie ASLR sollten weiter untersucht werden.

e) Kryptografische Sicherheitsmodelle für reale Applikationen

Bei der Entwicklung kryptografischer Modelle sollten reale Applikationen im Vordergrund stehen. Die Entwicklung kryptografischer Modelle und Systeme hat eine eigene Dynamik gewonnen, die hier durch Anreize kanalisiert werden könnte.

f) Netzsicherheit

Im Bereich Netzsicherheit bieten sich folgende Forschungsgebiete für eine gezielte Förderung an:

- Sicherheit von DNS (DNSSEC, aber auch z. B. Verlängerung der Transaction ID),
- Sicherheit von Routingprotokollen (einschließlich Schlüsselmanagement),
- neue Einsatzszenarien für SSL,
- autonome Sicherheit: Sicherheitsparadigmen müssen auch für große Gerätezahlen einsetzbar sein, hier muss so weit als irgend möglich auf menschliche Interaktion verzichtet werden, sowie
- Layer-2-Sicherheit, insbesondere im Bereich WLAN.

g) Sicherheit von Webservices

Im Bereich der Webservices existiert eine Vielzahl von Sicherheitsstandards. Die hohe Komplexität dieser Standards schreckt aber Forscher und Entwickler ab. Bekannte Sicherheitslücken werden nicht geschlossen. Hier existiert eine Vielzahl von Fragestellungen insbesondere in den Bereichen

- Multi-Tier-Webservices und
- XML-Signature-Sicherheit.

II. Organisatorische Maßnahmen

Informationssicherheit lässt sich nicht nur durch den Einsatz von Technik erreichen, denn neben dieser tragen vor allem auch organisatorische und personelle Maßnahmen entscheidend zu einem erfolgreichen Gesamtkonzept bei. Dieser Ansatz wird auch beim Vorgehen analog zum BSI-Grundschutz[856] vertreten, hier bilden die Geschäftsprozesse einer Unternehmung und die dabei verarbeiteten Daten die Grundlage, die Technik zur Verarbeitung so zu gestalten, dass die Daten entsprechend dem angebrachten Schutzniveau geschützt sind.[857]

---

[856] Zu einer Übersicht zum Thema BSI-Grundschutz: https://www.bsi.bund.de/DE/Themen/IT-Grundschutz/itgrundschutz_node.html.
[857] Dabei bilden die drei klassischen Schutzziele Vertraulichkeit (engl.: confidentiality), Integrität (engl.: integrity) und Verfügbarkeit (engl.: availability) und das angestrebte Schutzniveau der zu schützenden Daten die Grundlage für die Auswahl der einzusetzenden Maßnahmen.

Zu den personellen Maßnahmen zählt dabei vor allem auch die Schaffung von „awareness"[858,859] (engl.: Bewusstsein), die im Standardfall immer mit der Vermittlung von Information verbunden ist. Hilfreich ist in diesem Zusammenhang die Zuhilfenahme von webbasierten Ansätzen, denn dabei lassen sich erheblich Kosten sparen.[860] Neben Präsenzveranstaltungen, die auch dazu beitragen sollten, Sicherheit selbst zu erleben bzw. erfahrbar zu machen, kann auch der Einsatz eines Web Based Training[861,862] dazu beitragen, Informationen flexibel und mitarbeitergerecht zu vermitteln. Möglichkeiten, das erworbene Wissen zu überprüfen und Anreize für eine Teilnahme an den Maßnahmen zu schaffen, sind ebenfalls wichtige Faktoren.

Zielgruppe sind dabei im Rahmen dieses Abschnitts vor allem die Mitarbeiter der Justiz (Staatsanwälte und Richter), die nicht nur in den Prozessen im Zusammenhang mit den Themen Identitätsdiebstahl und Identitätsmissbrauch immer stärker mit dem Themenfeld der Informationstechnologie konfrontiert werden. Zugleich müssen auch Systemadministratoren entsprechend adressiert werden, die etwa im Bereich der sicheren Serverkonfiguration einen wesentlichen Beitrag zur Sicherheit im Zusammenhang mit dem Thema Identitätsdiebstahl bzw. -missbrauch leisten können. Diese sehr heterogenen Anwender stellen aber erhöhte Herausforderungen an die Konzeption der Schulungsinhalte.

1. *Schulungsinhalte*

Der wichtigste Punkt in Bezug auf effektive und effiziente Schulungsmaßnahmen ist eine zielgruppengerechte Ansprache. Nur wenn die Inhalte dem Niveau der Empfänger entsprechen, ist ein guter Lernerfolg erreichbar. Nicht technische Mitarbeiter werden kein Interesse daran haben, die Konfiguration der verwendeten Systeme im Detail zu verstehen, für sie sind zunächst einmal allgemeine Informationen zum Thema Informationssicherheit geeignet. Administratoren müssen aber neben den allgemeinen Informationen zum Thema Informationssicherheit über dieses Spezialwissen verfügen, um eine sichere Konfiguration der verwendeten Server zu gewährleisten.

In diesem Zusammenhang müssen die Inhalte also grob in *allgemeine Informationen* und *Spezialwissen* unterteilt werden. Während die allgemeinen Informatio-

---

[858] Zum Stichwort Awareness siehe beispielsweise: http://de.wikipedia.org/wiki/Awareness.

[859] Eine sehr gute Einführung zum Thema Awareness ist beispielsweise das Buch von Dietmar Pokoyski und Michael Helisch „Security Awareness: Praxishandbuch Sicherheitskultur und Awareness Kommunikation", Vieweg+Teubner, 2009, ISBN 978-3834806680.

[860] Für eine Abschätzung siehe beispielsweise eine BITKOM-Umfrage zu diesem Thema: http://www.cio.de/knowledgecenter/netzwerk/876099/.

[861] Für eine grobe Definition siehe auch: http://de.wikipedia.org/wiki/Rechnerunterst%C3%BCtzter_Unterricht.

[862] Oft wird hierbei nicht zwischen Training (der aktiven Vermittlung von Wissen mittels Übung durch die Teilnehmer) und Education (der passiven Vermittlung von Wissen durch reinen Vortrag) unterschieden.

II. Organisatorische Maßnahmen 369

nen für alle Zielgruppen relevant sind, muss das Spezialwissen umso genauer auf die betreffende Zielgruppe abgestimmt werden. Neben *Schulungen* (engl.: education) in Präsenz- oder Webrealisierung ist aber auch das konkrete praktische Erfahren (engl.: training) einer der wesentlichen Erfolgsfaktoren. In folgendem Abschnitt sollen nun zunächst die allgemeinen Themen und dann das Spezialwissen für Administratoren behandelt werden.

a) Allgemeine Themen

Wie bereits erläutert gibt es eine Reihe von Themen, die im Bereich Sicherheit generell von Bedeutung sind. Dabei handelt es sich um anerkannte Prinzipien, aber auch um konkrete Verhaltensanweisungen.

aa) Need-to-Know-Prinzip

Das *Need-to-Know-Prinzip*[863] ist eines der wichtigsten Grundprinzipien im Bereich der IT-Sicherheit. Einfach formuliert bedeutet es, dass jeder nur die Informationen bekommen soll, die er auch wirklich – d. h. zur Erfüllung seiner Aufgaben – benötigt. Problematisch beim Need-to-Know-Prinzip ist aber vor allem der *menschliche Faktor* (engl.: human factor[864]). Wie in vorherigen Abschnitten bereits mehrfach erwähnt, sind technische Maßnahmen zwar sehr hilfreich, wenn es um die Umsetzung von Sicherheit geht, sie können aber immer nur ein Hilfsmittel sein. Viel wesentlicher ist der verantwortungsbewusste Umgang mit der Technik durch die beteiligten Personen. Menschen sind darauf geprägt, freundlich und hilfsbereit zu sein. Und genau dieser Umstand kann durch einen Angreifer hervorragend ausgenutzt werden, um an sensitive Informationen zu gelangen. Ein weiterer wichtiger Punkt in diesem Zusammenhang ist auch, dass Informationen nur dann weitergegeben werden sollten, wenn sie zur Erfüllung berechtigter Aufgaben unbedingt notwendig ist.

bb) Informationen sicher verwahren

Ein weiteres wichtiges Kriterium zum sicheren Umgang mit sensitiven Daten ist die Anforderung, Informationen sicher zu verwahren und vor unbefugter Einsichtnahme zu schützen. In diesem Zusammenhang sollten die Anwender auch darauf hingewiesen werden, dass sie sich auch vor Shouldersurfing[865] und dem unerwünsch-

---

[863] Eine schöne Beschreibung zum Thema Need-to-Know-Prinzip findet sich beispielsweise unter: http://www.hq.nasa.gov/office/ospp/securityguide/S2unclas/Need.htm.
[864] Zum Thema menschlicher Faktor siehe auch: http://de.wikipedia.org/wiki/Menschlicher_Faktor.
[865] Shouldersurfing bezeichnet das Erlangen von Daten durch Beobachtung eines Anwenders, dabei wird dem Anwender etwa bei der Passwort- oder PIN-Eingabe „über die Schulter" geschaut.

ten Mithören bzw. Mitlesen von Daten[866] schützen sollten. So sollten Benutzer keine vertraulichen Daten in öffentlicher Umgebung durch das Telefon durchgeben und bei der Eingabe von Daten – etwa an Geldautomaten oder EC-Kartenterminals in Supermärkten – besonders vorsichtig sein. Ohne wichtigen Grund sollten zudem keinerlei Daten in der Öffentlichkeit offenbart werden.[867] Dies betrifft auch die Arbeit mit dem Laptop, etwa auf Reisen mit dem Flugzeug oder auch der Bahn. Ein wichtiges Mittel in diesem Zusammenhang ist auch, die Festplatte des Laptops vollständig zu verschlüsseln, damit ein Angreifer keinen Zugriff auf die Daten auf einem gestohlenen Laptop erlangen kann.[868]

Angreifer können aber auch durch das Abfangen von Briefen an relevante Informationen gelangen. Dies spielt etwa im Rahmen von Kreditkartenbetrug ein große Rolle. Der Angriff basiert hier auf dem Prinzip, dass der Angreifer eine neue Kreditkarte anfordert und den Brief mit derselben aus dem Postfach des Empfängers fischt. Anwender sollten daher ihre Briefkästen regelmäßig leeren und vor allem auch die Kredit- bzw. Kontoauszüge kontrollieren, um etwaige Missbrauchsfälle schnellstmöglich zu entdecken.

cc) Informationen sicher vernichten

Ein Angreifer kann sensitive Daten auch durch Müll erlangen. Beim sogenannten Dumpster Diving[869] (engl.: Mülleimertauchen) durchsucht ein Angreifer den Abfall des Opfers und stöbert dabei nach Kontoauszügen, Kreditkartenabrechnungen und ähnlichen Dokumenten.[870] Die so erlangten Daten können dann für unerlaubte Abbuchungsvorgänge und weitere Szenarien missbraucht werden. Abhilfe schafft hier die konsequente Vernichtung aller sensitiven Daten: Daten auf Papier sollte in einem Partikelschredder[871] vernichtet werden, Daten auf elektronischen (beispielsweise USB-Sticks) bzw. magnetischen Datenträgern (beispielsweise Festplatten und Disketten) sollten immer durch echtes (= physikalisches) Überschreiben[872]

---

[866] Zum Thema Mithören bzw. -lesen von Daten siehe beispielsweise auch den Artikel von Sebastian Klipper „Reisezeit ist Nutzzeit - Die Tücken einer Marketingillusion" in der Zeitschrift <kes> – Die Fachzeitschrift für Informations-Sicherheit, Ausgabe 01/2009, SecuMedia Verlag, 2009, ISSN 1611-440X.
[867] Siehe dazu beispielsweise: http://www.computerwoche.de/security/591503/.
[868] Ein Open-Source-Programm für diesen Zweck ist etwa TrueCrypt: http://www.truecrypt.org/.
[869] Zum Ausmaß von Dumpster Diving siehe beispielsweise: http://en.wikipedia.org/wiki/Dumpster_diving.
[870] Ähnliche Dokumente sind auch Spendenaufrufe mit bereits im Voraus ausgefüllten Überweisungsbelegen.
[871] Ein Partikelschredder zerkleinert Papier mit dem sogenannten Partikelschnitt. Dabei wird das eingelegte Papier sowohl in Längs- als auch Querstreifen zerschnitten, sodass es einem Angreifer nur schwer möglich ist, diese Partikel wieder zu einem verwertbaren Dokument zusammenzusetzen. Ein einfaches Zerschneiden in Längsstreifen ist allerdings in keinem Falle ausreichend.
[872] Wenngleich das BSI hier ein mehrfaches Überschreiben empfiehlt, ist in der Praxis in den allermeisten Fällen ein einfaches Überschreiben mit Zufallszahlen ausreichend, vgl. dazu auch

II. Organisatorische Maßnahmen

gelöscht werden, ein einfaches Löschen bzw. Formatieren mittels Betriebssystemmitteln ist in keinem Fall ausreichend.[873] Dies gilt allerdings nicht nur im Falle der Aussonderung von Datenträgern, sondern eigentlich immer, wenn sensitive Daten gelöscht werden sollen. Besteht keinerlei Möglichkeit zum Überschreiben, sollte der Datenträger mechanisch zerstört werden.[874]

dd) Verhalten im Schadensfall

Zudem ist es wichtig, die Anwender über das richtige Verhalten im Schadensfall zu informieren, damit im Falle eines Falles das Ausmaß des Schadens begrenzt werden kann. Zusammengefasst heißt dies: Sofortmaßnahmen einleiten, Vorfall schnellstmöglich melden, ggf. Anzeige erstatten.

Erster Schritt ist dabei also immer die Einleitung von Sofortmaßnahmen. Bei Verlust von Konto- bzw. Kreditkarteninformationen bedeutet dies, dass sofort die Geldinstitute zu benachrichtigen sind, die betroffenen Konten bzw. die abhandengekommenen Karten sollten sofort gesperrt werden.[875] Zudem sind die Ermittlungsbehörden, also die örtliche Polizeidienststelle, über den Vorfall zu benachrichtigen. Aus versicherungstechnischen Gründen kann zudem die Aufnahme einer Anzeige erforderlich sein. Nur wenn diese Schritte vom Betroffenen schnellstmöglich eingeleitet werden, können etwaige Schadensersatzansprüche auf das Mindestmaß beschränkt werden.

b) Spezialwissen für Administratoren

In weiterer Ergänzung zu den allgemeinen Inhalten und zu den Schulungsmaßnahmen für die Mitarbeiter im Bereich der Justiz ist die Schaffung spezieller Schulungsmaßnahmen für Systemadministratoren eine weitere wichtige Säule. Diese sind umso wichtiger, da Administratoren natürlich auch als Vorbilder bzw. entsprechende Multiplikatoren für die „normalen" Anwender fungieren können.

Eine sichere Serverkonfiguration steht dabei an erster Stelle. Dies bedeutet vor allem, auf einem produktiven Server nur die Dienste anzubieten bzw. nur die Soft-

---

den folgenden Onlineartikel: http://www.heise.de/security/meldung/Sicheres-Loeschen-Einmalueberschreiben-genuegt-198816.html. Ein nützliches Programm in diesem Zusammenhang ist das Tool Eraser, verfügbar unter http://eraser.heidi.ie, weitere Tools finden sich beispielsweise hier: http://www.heise.de/software/download/o0g0s3l11k307.

[873] Beim Löschen durch das Betriebssystem und einfachen Formatieren wird lediglich der Verweis in den sogenannten Metadaten, nicht aber die Daten selbst gelöscht, ein Angreifer könnte die Daten somit sehr einfach wieder herstellen.

[874] Dies ist etwa bei beschriebenen CD-/DVD-Rohlingen der Fall, die am besten auch geschreddert werden sollten. Steht ein solcher Schredder nicht zur Verfügung, kann der Nutzer die CD bzw. DVD auch durch Zerschneiden mit einer Schere wirkungsvoll zerstören.

[875] Dazu existiert mittlerweile auch innerhalb Deutschlands die zentrale Notrufnummer 116 116, vgl. dazu auch: http://www.sperr-notruf.de/.

warepakete zu installieren, die unbedingt zum eigentlichen Betrieb erforderlich sind. Außerdem sollte unnötiges Arbeiten mit administrativen Rechten unterbunden werden. Viele Tipps für eine sichere IT-Umgebung finden sich auch im Leitfaden zur Informationssicherheit des BSI,[876] dort heißt es beispielsweise: „ ‚Härten' (engl.: Hardening) bedeutet in der Informationssicherheit die Entfernung aller Softwarebestandteile und Funktionen, die zur Erfüllung der vorgesehenen Aufgabe durch das Programm nicht zwingend notwendig sind."

Die regelmäßige Teilnahme an entsprechenden Weiterbildungsveranstaltungen, in denen aktuelles Spezialwissen vermittelt wird, bildet darüber hinaus eine wichtige Voraussetzung für eine sichere IT-Administration.

c) Schulungen für Richter und Staatsanwälte

Da immer mehr Fälle des Identitätsdiebstahls und -missbrauchs vor Gericht landen, ist auch bei den zuständigen Richtern und Staatsanwälten eine gewisse Grundkenntnis erforderlich. Dies heißt nicht, dass ein Richter beispielsweise detaillierte technische Expertise im Bereich der Malware haben muss. Wichtig ist in diesem Zusammenhang vielmehr, dass Richter und Staatsanwälte die Beweiskraft technischer Merkmale – etwa den Inhalt von Logfiles – richtig einschätzen können.

Zunächst einmal scheint dazu – neben den Aspekten auf S. 369 ff. – ein generelles Verständnis der grundlegenden Technologien wichtig. Dazu gehören unter anderem die Grundfunktionen im Bereich IP-Netze, E-Mail, Internet und Malware. Jeder Richter sollte zumindest dazu in der Lage sein, die Beweiskraft von IP-Adressen, Absender-E-Mail-Adressen, Screenshots von Websites und ähnlichen „Beweismitteln" richtig einzuschätzen. Wie bereits im Verlauf dieser Studie erwähnt, sind die meisten technischen Merkmale unter aktuellen Gesichtspunkten auf einfachste Art und Weise vom Angreifer fälschbar. Viele Standardsicherheitsmechanismen sind ebenfalls einfach zu umgehen, ihr Fehlen stellt deswegen oft nicht den (entscheidenden) Grund für einen erfolgreichen Identitätsdiebstahl bzw. -missbrauch dar. Zudem ist die Funktionalität aktueller Malware sehr umfangreich, sodass sich ein Angreifer dann auch Zugang zu eigentlich geschützten Daten verschaffen kann.[877]

Darüber hinaus könnte die Einrichtung spezieller Staatsanwaltschaften bzw. Schwerpunktgerichte sinnvoll sein, da ähnlich zu den Prozessen der Finanzgerichte auch im Bereich Informationstechnologie ein extremes Spezialwissen zur korrekten

---

[876] Der Leitfaden zur Informationssicherheit ist unter folgender URL verfügbar: https://www.bsi.bund.de/cae/servlet/contentblob/540280/publicationFile/35041/GS-Leitfaden_pdf.pdf.

[877] Ein Beispiel für eine solche Malware ist der SSL-Trojaner, der im PC des Anwenders die SSL-Verbindung aufbricht und damit – völlig unbemerkt vom Anwender – alle durch den SSL-Tunnel geschützten Daten nahezu beliebig mitlesen und manipulieren kann. Zu diesem Thema siehe beispielsweise auch die Publikation von Roger Grimes: http://www.infoworld.com/pdf/special_report/2006/18SRmalware.pdf. Erste SSL-Trojaner existieren seit dem Jahre 2004, vgl. dazu auch: http://www.secureworks.com/research/threats/grams/.

Beurteilung der mitunter äußerst komplexen – in diesem Fall technischen – Sachverhalte notwendig ist.

2. Meldestellen für entdeckte Schwachstellen, neue Angriffe etc. mit Anreizmechanismen (nicht monetär)

Die Weitergabe bzw. der Verkauf von neu entdeckten Schwachstellen bzw. Angriffen an Kriminelle, ohne dass es zu einer Information der (übrigen) Betroffenen kommt, stellt ein schwerwiegendes Problem dar. Daher ist es dringend erforderlich, entsprechende (öffentliche) Meldestellen zu schaffen. Hier sind Hersteller, aber auch die öffentliche Hand gleichermaßen gefragt. Während viele aktuelle Meldewege darauf beruhen, dass derjenige, der eine Schwachstelle gefunden hat, diese anderen Unternehmen verkauft, scheint in Zukunft ein nicht monetäres Anreizmodell ebenfalls ein Erfolg versprechender Weg zu sein. Der Anreiz besteht hier in einem ideellen Wert, konkret bspw. in der Nennung der Entdecker der Schwachstellen in den Security Bulletins oder auf den entsprechenden Websites. Denkbar ist dabei auch, eine High-Score-Liste der Entdecker von Schwachstellen zu erstellen und damit den Wettbewerb bei der Entdeckung von Schwachstellen zu fördern.

Fraglich ist dabei aber, welche Institution für dieses Vorgehen geeignet ist. Zum einen genießen sowohl der Bundesbeauftragte für den Datenschutz und die Informationsfreiheit (BfDI) und auch die jeweiligen Landesdatenschutzbehörden (LDIs) ein enormes Vertrauen, was nicht zuletzt aus ihrer gesicherten Unabhängigkeit resultiert. Diese Stellen scheinen daher ideale Meldestellen zu sein. Zu berücksichtigen ist aber, dass dieser Prozess aktuell nicht unter die Aufgaben der Datenschutzbehörden fällt. Des Weiteren könnte auch das Bundesamt für Sicherheit in der Informationstechnik (BSI) eine entsprechende Meldestelle sein. Dies liegt vor allem deshalb nahe, weil es gerade zu den Kernaufgaben des BSI gehört, bundesweit für eine sichere Ausgestaltung der Informationstechnologie zu sorgen. Kritisch diskutiert werden sollte in diesem Zusammenhang aber die Frage, ob das BSI in der „Hackercommunity" als vertrauenswürdig angesehen wird oder ob die „Hackercommunity" nicht vielmehr davon ausgeht, dass das BSI nicht wirklich unabhängig ist. Sollte Letzteres der Fall sein, ist damit zu rechnen, dass etwaige Schwachstellen nicht oder nicht zeitnah gemeldet werden.

III. Polizeiliche Maßnahmen

Die im vorangegangenen Abschnitt dargestellten organisatorischen Maßnahmen lassen sich sämtlich als Maßnahmen der Gefahrenabwehr verstehen. In diesem Zusammenhang sind etwa folgende Aspekte zu nennen:

1. Zentrale Meldestelle (z. B. zur Meldung von Phishingservern)

Ein großes Problem, das die Behebung von Sicherheitslücken erschwert, ist das Fehlen einer zentralen Meldestelle für solche Lücken.

Bei Sicherheitslücken in Produkten sind die Hersteller natürlich nicht begeistert, wenn ihnen eine solche (ggf. auch sicherheitskritische) Lücke mitgeteilt wird, da sie dann Investitionen tätigen müssen, um diese Lücke zu schließen. Hier werden den Entdeckern solcher Lücken oft rechtliche Schritte angedroht. Dies steht im krassen Gegensatz zur Politik der großen US-amerikanischen Firmen wie z. B. Microsoft und Google, die mit ihren „Responsible Disclosure Policies"[878] verantwortungsvolle Hacker zur Mitarbeit animieren wollen.

Werden von Institutionen oder Privatpersonen Identitätsdaten gefunden, die als Ergebnis eines Identitätsdiebstahls angesehen werden können, so fehlt auch hier eine zentrale Meldestelle, die sich um die Weiterleitung dieser Daten an die betroffenen Firmen kümmert.

In beiden Fällen könnte eine zentrale polizeiliche Meldestelle oder eine zentrale Meldestelle beim BSI Abhilfe schaffen.

2. Information zur Prävention/Aufklärung

Zur Gefahrenabwehr gehört auch die Aufklärung der Bevölkerung über Risiken und die Information über Präventionsmaßnahmen. Zum Inhalt der Information kann auf die vorangegangenen Abschnitte verwiesen werden. Ob zur Gewährleistung der Aufklärung staatliche Stellen aktiv werden müssen, kann im Rahmen dieser Studie nicht geklärt werden.

IV. Gesetzliche/regulatorische Maßnahmen

Ob und in welchem Umfang gesetzliche oder sonstige regulatorische Maßnahmen im Hinblick auf die Bekämpfung von Identitätsdiebstahl und Identitätsmissbrauch erforderlich sind, lässt sich nur aufgrund einer differenzierten Betrachtung der für die jeweiligen Problembereiche zur Verfügung stehenden Handlungsoptionen beurteilen. Diese Aufgabe kann im Rahmen dieser Studie nicht umfassend bewältigt werden. Nachfolgend werden daher die Aspekte dargestellt, die sich aus den Ergebnissen der Untersuchung herleiten lassen.

---

[878] http://www.microsoft.com/security/msrc/report/disclosure.aspx.

IV. Gesetzliche/regulatorische Maßnahmen

1. Vorgaben zur Produktgestaltung

Als wesentlicher Trend der Angriffe erweist sich, wie dargestellt, die entschlossene Nutzung von Schwachstellen in den Produkten durch die Täter. Daher kommt der Überwachung von Produkten, namentlich von Software, aber auch von Hardware, in Bezug auf Schwachstellen oder Gefährdungspotenzial große Bedeutung zu. Dies ist anerkannt und wird in der Praxis auch durchgeführt, etwa durch Updates etc. Nicht selten sind es auch organisatorische Maßnahmen wie etwa Defaulteinstellungen. Ein anschauliches Beispiel liefert etwa die Verschlüsselung von WLAN-Routern. Hier ist es, wie oben (S. 360) dargestellt, sinnvoll, die Geräte von vornherein mit personalisierter Sicherheit, also etwa mit einem voreingestellten WPA-Schlüssel, auszuliefern.

Aus regulatorischer Sicht lautet die entscheidende Frage, auf welchem Wege diese aus technischer Sicht wünschenswerten oder gar notwendigen Maßnahmen zur Verbesserung der Sicherheit herbeizuführen sind. Hier sind folgende Mechanismen denkbar:

- Regulierung durch den Markt,
- Formulierung von Anforderungen durch die Rechtsprechung,
- gesetzliche Regeln zur Produktsicherheit sowie
- Standardsetzung durch kompetente Stellen (z. B. BSI).

Die Vorzugswürdigkeit der einen oder anderen Möglichkeit wird sich letztlich im konkreten Fall erweisen. Anhand der rechtlichen Analyse lassen sich aber folgende Anmerkungen wagen:

1. Die Entwicklung von Produktsicherheitsstandards durch den Markt zeigt Ergebnisse. Es ist festzustellen, dass Verbesserungen auch ohne konkrete rechtliche Pflicht erfolgen. Andererseits ist nicht festzustellen, dass ein Vertrauen auf den Markt ohne den Hintergrund rechtlicher Folgen (Haftung) bei unzureichender Sicherheit Erfolg versprechend wäre, da eine Haftung nach allgemeinen Grundsätzen in Betracht kommt. So lässt sich im konkreten Beispiel der WLAN-Verschlüsselung erwägen, dass eine rechtliche Verpflichtung der Hersteller zu dieser Maßnahme bereits nach allgemeinen Grundsätzen der Produzentenhaftung besteht.
2. Außerhalb spezieller gesetzlicher Regeln werden die rechtlichen Anforderungen an die Produktgestaltung durch die Rechtsprechung im Wege der Auslegung bestehender Normen definiert. Dieser Weg erscheint im Bereich der Internetsicherheit aber nur begrenzt leistungsfähig. So hat sich beispielsweise im Bereich der Pflichten der Nutzer zur Sicherung ihrer technischen Infrastruktur (oben S. 272 ff.) gezeigt, dass nur wenige Stellungnahmen der Rechtsprechung zur Verfügung stehen und diese zudem erheblich divergieren, sodass hier erhebliche Rechtsunsicherheit besteht. Dasselbe gilt für den Bereich der Anforderungen an die Sicherheit der Einrichtungen der Anbieter (dazu oben S. 270 ff. und S. 296 ff.).

Daraus lässt sich der Schluss ziehen, dass auf eine Formulierung der Anforderungen an IT-Sicherheit durch die Rechtsprechung nicht vertraut werden kann.
3. Es besteht eine Fülle gesetzlicher und sonstiger rechtlicher Regeln zur Produktsicherheit. Die Sicherheit von Produkten zur Nutzung des Internets gegenüber Angriffen krimineller Täter steht bisher, vorsichtig ausgedrückt, nicht im Fokus dieser Regeln. Es erscheint daher naheliegend, dass eine stärkere Berücksichtigung dieser Aspekte bei der Regulierung der Produktsicherheit erforderlich ist. Dies sollte durch weitere Forschungsarbeiten näher untersucht werden.
4. Die Setzung von Standards zur Internetsicherheit ist von zentraler Bedeutung für die tatsächliche Verbesserung der Sicherheit. Anerkannte Standards entfalten seit jeher hohe faktische Prägungswirkung, wie in Deutschland etwa das Beispiel zahlreicher DIN-Normen belegt. Darüber hinaus werden Standards von Rechtsnormen zugrunde gelegt. Dies geschieht teils ausdrücklich, wie etwa im bekannten Beispiel des § 342 des Handelsgesetzbuchs, der es ermöglicht, die Aufgabe der Konkretisierung der Grundsätze ordnungsmäßiger Buchführung einem privaten Gremium zu übertragen. Teils erfolgt dies durch die Rechtsprechung, die zur Ausfüllung von Begriffen wie „Stand der Technik" etc. traditionell technische Normen, etwa DIN-Normen, heranzieht.

Das neue Personalausweisgesetz geht in seinem § 27 Abs. 3 (dazu oben S. 287 f.) einen ähnlichen Weg und verweist für die vom Personalausweisinhaber einzusetzenden technischen Komponenten auf die Bewertung des BSI.

Dieser Weg erscheint im Grundsatz als ein sinnvolles Mittel, um das soeben genannte Defizit der richterrechtlichen Regulierung im Bereich der Internetsicherheit auszugleichen. Die Identifizierung geeigneter Bereiche und Mechanismen für diese Art der Regulierung bedarf jedoch noch erheblicher weiterer Forschungsarbeiten.

2. Umgang mit gespeicherten Kundendaten

Die Problematik des Identitätsdiebstahls fußt letztlich auf dem unzureichenden Umgang mit gespeicherten Kundendaten. Dieser ist, wie oben (S. 203 ff.) dargestellt, durch das Datenschutzrecht umfassend rechtlich normiert. Erst in jüngster Zeit sind ergänzende Regeln in Kraft getreten, namentlich die zum 1. September 2009 in Kraft getretene Novelle des BDSG.[879]

Dessen ungeachtet stellt sich die Frage, ob zusätzliche Maßnahmen erforderlich sind, um die effektive Durchsetzung der datenschutzrechtlichen Anforderungen zu sichern. Denkbar und in der Fachdiskussion genannt werden etwa folgende Maßnahmen:

- strafrechtliche Maßnahmen (z. B. neue Straftatbestände),
- gesetzliche Haftungsregeln für Anbieter und Nutzer,
- Kodex für Datensicherheit, gerichtet an Anbieter, sowie
- Verhaltensempfehlungen für Nutzer.

---

[879] Gesetz zur Änderung datenschutzrechtlicher Vorschriften vom 14.8.2009, BGBl. I 2814.

Diese Aspekte werden nachfolgend einheitlich für die Gegenstände dieser Studie erörtert.

3. Strafrechtliche Maßnahmen

Wie oben (S. 233 ff.) gezeigt, sind die derzeit bekannten Formen des Identitätsdiebstahls und Identitätsmissbrauchs allesamt strafbar, da die vorhandenen Strafgesetze die typischen Begehungsweisen erfassen. Bedenkliche Strafbarkeitslücken, die es durch gesetzgeberische Aktivität zu schließen gilt, sind nicht erkennbar.

Eine zusätzliche abstrakte Strafvorschrift über Identitätsdiebstahl oder Identitätsmissbrauch könnte freilich dazu dienen, diesen spezifischen Unrechtscharakter hervorzuheben. Ein Bedürfnis dafür erscheint aber derzeit nicht gegeben. Da die weitaus meisten Fälle des Identitätsmissbrauchs finanziellen Interessen dienen, tritt die Art der Täuschung im Vergleich zum Vermögensschaden in den Hintergrund, sodass die Kennzeichnung als Betrug oder Computerbetrug sowie nach den flankierenden Delikten der §§ 267, 269 StGB sowohl zutreffend als auch ausreichend ist.

Erwägenswert könnte eine spezielle Vorschrift über Identitätsdiebstahl oder Identitätsmissbrauch noch unter dem Gesichtspunkt sein, den Schutz des Persönlichkeitsrechts in dieser Hinsicht strafrechtlich zu garantieren. Der bloße Datenmissbrauch ohne Vermögensschäden wird bisher nur durch das Datenschutzrecht und die §§ 202a ff. StGB erfasst; von möglichen immateriellen Schäden fällt die Rufschädigung unter §§ 185 ff. StGB. Ein strafrechtliches Pendant zu § 12 BGB fehlt. Ob ein Ausbau des strafrechtlichen Persönlichkeitsschutzes notwendig ist, muss aufgrund der Beobachtung der weiteren Entwicklung dieses Kriminalitätsfelds rechtspolitisch entschieden werden. Erforderlich wären empirische Studien, ob, in welchem Umfang und mit welchen sozialen Schäden nicht vermögensrelevanter Identitätsmissbrauch etwa in sozialen Netzwerken existiert. Strafrecht ist freilich stets die Ultima Ratio, das letzte und schärfste Mittel des Gesetzgebers, um Missständen entgegenzusteuern.

Auch wenn aus deutscher Binnensicht zur Zeit kein Handlungsbedarf für neue Strafnormen besteht, könnte die Antwort aus der Perspektive internationaler Zusammenarbeit in Strafsachen anders ausfallen. Wie oben dargelegt befürworten sowohl die Europäische Kommission (S. 334 ff.), die Expertenkommission des ECOSOC (S. 326 ff.) als auch die USA (S. 337 ff.) die Schaffung von speziellen Straftatbeständen für Identitätsmissbrauch mit der Begründung, dass dadurch die internationale Kooperation bei der Strafverfolgung dieser Spielart transnationaler organisierter Kriminalität verbessert würde, während die Vereinten Nationen und die OECD von einer solchen Empfehlung absehen.

Plausibel ist der Vorschlag allenfalls unter dem Gesichtspunkt der traditionellen Rechtshilfevoraussetzung beiderseitiger Strafbarkeit. Auch selbst wenn im ersuchten Staat die mutmaßliche, durch Identitätsmissbrauch verübte Tat, um deren Aufklärung willen Rechtshilfe begehrt wird, von herkömmlichen Strafgesetzen erfasst würde (wie in Deutschland), so könnte es die Kommunikation erleichtern und die Erledigung des Rechtshilfeersuchens beschleunigen, wenn beide beteiligten Staaten über dasselbe strafrechtliche Konzept des Identitätsdiebstahls oder -missbrauchs verfügten. Dagegen spricht jedoch, dass dieser Effekt nur einträte, wenn die fraglichen Normen hinreichend ähnlich, im Idealfalle einheitlich (*loi uniforme*) wären. Doch sind schon die oben (S. 337 ff.) vorgestellten Strafnormen der USA, Kanadas, Australiens und Frankreichs inhaltlich so verschieden, dass eine nennenswerte Verbesserung der Zusammenarbeit nicht zu erwarten ist; die Gleichheit oder Ähnlichkeit der gesetzlichen Bezeichnungen allein hilft nichts, sondern führt schlimmstens in die Irre. Sofern eine Spezialnorm wirklich die internationale Zusammenarbeit verbessern sollte, bedürfte es eines konzertierten Vorgehens durch ein Muster- bzw. Modellgesetz, was wohl nur im Rahmen eines internationalen Abkommens realisierbar wäre, für das gegenwärtig ansonsten kein Bedarf besteht (S. 389 f.).

Zu bedenken ist weiterhin, dass die Europäische Union ab 1.12.2009 gemäß Art. 83 Abs. 1 UAbs. 1 und 2 AEUV die Kompetenz zum Erlass von Mindestvorschriften in den Kriminalitätsbereichen Computerkriminalität und organisierte Kriminalität, zu denen Identitätsmissbrauch im IT-Bereich zählen dürfte, hat. Ein gesetzgeberischer Alleingang der Bundesrepublik Deutschland empfiehlt sich daher erst dann, wenn die Schaffung unionsweit harmonisierter Vorschriften in diesem grenzüberschreitenden Kriminalitätsbereich nach entsprechender Konsultation auf Unionsebene entweder nicht wünschenswert oder nicht praktikabel erscheint.

Der weitere Gesichtspunkt, der aus amerikanischer Sicht für eine spezielle Strafnorm spricht, nämlich die wünschenswerte Mehrfachkriminalisierung des fraglichen Verhaltens durch Normenkumulation mit der Folge einer besseren „bargaining position" der Strafverfolgungsbehörde beim „deal", ist auf die deutsche Rechtslage schon aufgrund der Konkurrenzregel des § 52 StGB nicht übertragbar und wäre mit dem mit Verfassungsrang ausgestatteten Grundsatz schuldangemessener Strafe[880] kaum vereinbar.

Erwägenswert ist hingegen schon auf nationaler Ebene die Effektuierung der Strafverfolgung durch Gewährleistung der notwendigen personellen und sächlichen Ausstattung von Staatsanwaltschaften und Kriminalpolizei, namentlich in spezialisierten Zentralstellen bzw. Schwerpunktstaatsanwaltschaften. Dazu gehört insbesondere eine effektive Umsetzung der in Art. 35 Cybercrime Convention vorgesehenen, rund um die Uhr besetzten Kontaktstellen.

Für die Entscheidung, ob zusätzliche Ermittlungsmittel wie eine strafprozessuale Onlinedurchsuchung, für die dann eine gesetzliche Grundlage in der Strafprozessordnung geschaffen werden müsste,[881] vonnöten sind, muss zunächst die Geeignetheit und Erforderlichkeit solcher Mittel empirisch ausreichend geklärt werden, bevor die rechtliche Frage ihrer Angemessenheit beantwortet werden kann.

---

[880] Vgl. BVerfG 26.5.1981, 2 BvR 215/81, BVerfGE 57, 250, 275 – V-Mann; BVerfG 14.9.1989, 2 BvR 1062/87, BVerfGE 80, 367, 378 – Tagebuchaufzeichnung; BVerfG 9.3.1994, 2 BvL 43/92, BVerfGE 90, 145, 173 – Haschischkonsum; BVerfG 30.6.2009, 2 BvE 2/08, BVerfGE 123, 267, 413 – Lissabon-Vertrag.

[881] Vgl. BVerfG, 27.2.2008, 1 BvR 370/07, BVerfGE 120, 274 ff. – Online-Durchsuchung.

IV. Gesetzliche/regulatorische Maßnahmen

4. Gesetzliche Haftungsregeln für Anbieter und Nutzer

Die rechtliche Analyse hat gezeigt, dass in Bezug auf den Identitätsschutz in Teilbereichen schon derzeit eine dichte gesetzliche Regelung vorhanden ist.

a) Gesetzliche Verbote von Identitätsdiebstahl und -missbrauch

Dies gilt uneingeschränkt für das Verbot von Identitätsdiebstahl und Identitätsmissbrauch. Identitätsdiebstahl ist schon nach den datenschutzrechtlichen Bestimmungen uneingeschränkt unzulässig. Dies gilt ebenso für den Bereich des Identitätsmissbrauchs. In beiden Fällen sieht das Gesetz regelmäßig auch strafrechtliche Sanktionen vor.

Das zivilrechtliche Sanktionensystem scheint derzeit im Bereich des Identitätsdiebstahls nicht effektiv zu wirken, da es bisher offenbar zwar zahlreiche gravierende Fälle von Identitätsdiebstahl, jedoch offenbar keine Fälle gibt, in denen eine zivilrechtliche Haftung, namentlich auf Schadensersatz, erfolgt wäre. Auch Gerichtsentscheidungen zur Durchsetzung von Schutzpflichten (in Form von Unterlassungsansprüchen) sind bisher nicht öffentlich bekannt. Insoweit besteht möglicherweise Bedarf nach einer effektiveren Durchsetzung des Identitätsschutzes.

b) Verhaltenspflichten

Ein anderes Bild ergibt sich im Bereich der Verhaltenspflichten zum Schutz gegen Identitätsdiebstahl und -missbrauch. Zwar besteht hier im Bereich des Identitätsdiebstahls die datenschutzrechtliche Schutzpflicht nach § 9 BDSG. Diese ist aber auf Identitätsdiebstahl per Internet nicht hinreichend zugeschnitten. So erscheint der Anhang zu § 9 BDSG, die wesentliche gesetzliche Konkretisierung des § 9 BDSG, angesichts der heutigen Gefahrenlage veraltet, da Angriffe per Internet nicht hinreichend deutlich adressiert werden. Hier erscheint jedenfalls eine Überarbeitung des Anhangs geboten, um internetgestützte Angriffe auf personenbezogene Daten besser zu erfassen.

Im Bereich der Pflichten zum Schutz gegen Identitätsmissbrauch greifen unterschiedliche gesetzliche Regeln. So gelten auch hier die Pflichten des Datenschutzrechts, namentlich § 9 BDSG. Darüber hinaus gelten weitere gesetzliche Pflichten, sei es nach allgemeinen Regeln (z. B. §§ 823 Abs. 1, 1004 BGB), sei es aus bereichsspezifischen Gesetzen (KWG für den Finanzbereich etc.). Allerdings fehlt es an einer umfassenden Regelung der Pflichten der Anbieter von Diensten im Internet in Bezug auf Abwehr von Identitätsmissbrauch.

Seitens der Nutzer werden im Bereich des Identitätsmissbrauchs teilweise auch Verhaltenspflichten geregelt. Dies gilt etwa im Bereich des Onlinebanking, wo mit dem neuen § 675l BGB Pflichten zur Sicherung von Authentisierungsmedien geregelt sind. Dasselbe gilt in Bezug auf den Personalausweis nach § 27 PAuswG.

Eine generelle gesetzliche Regelung der Verhaltenspflichten der Nutzer in Bezug auf Identitätsmissbrauch existiert nicht. So sind etwa die Verkehrspflichten in Bezug auf Sicherung der IT-Infrastruktur aus den allgemeinen Normen der §§ 823 Abs. 1, 1004 BGB herzuleiten. Genauso wenig existiert eine allgemeine gesetzliche Regelung in Bezug auf die Sicherung von Authentisierungsmedien, obwohl diese Pflichten in anderen Bereichen des E-Commerce ähnlich wichtig sind wie im Onlinebanking, beispielsweise in Bezug auf Internetplattformen.

Daher scheint es notwendig, die Verhaltenspflichten von Nutzern allgemein zu bestimmen.

5. *Regulierung von Verhaltenspflichten*

Aus dem Ergebnis, das hinsichtlich der genauen Bestimmung der Verhaltenspflichten von Anbietern und Nutzern besteht, folgt unmittelbar die Frage, auf welchem Wege diese Bestimmung erfolgen kann. Aus staatlicher Sicht handelt es sich hier um eine Regulierungsaufgabe, die auf unterschiedliche Weise gelöst werden kann. Dabei ist die Suche nicht auf eine gesetzliche Regelung zu reduzieren, da auch andere Mechanismen der Verhaltenssteuerung in Betracht zu ziehen sind.

Zur Regulierung der Verhaltenspflichten von Anbietern und Nutzern in Bezug auf den Schutz von Identitätsdiebstahl und -missbrauch bestehen unterschiedliche Optionen. Die nachstehenden Möglichkeiten sollen im Folgenden näher betrachtet werden:

- gesetzliche Regeln,
- Fachnormen,
- Kodex zur Datensicherheit und
- Verhaltenspflichten für Nutzer.

a) Gesetzliche Regelung

Eine gesetzliche Regelung zum Schutz vor Identitätsdiebstahl und Identitätsmissbrauch müsste in den allgemeinen Regelungskontext eingebettet werden. Dabei ist zu beachten, dass, wie dargestellt, in Teilbereichen bereits eine dichte Regelung besteht. Daher erscheint es sinnvoll, die als notwendig erkannte Regelung so weit wie möglich in bestehende Regelwerke einzubetten. Als ein Beispiel bietet sich eine Reform der Schutzpflicht nach § 9 BDSG an. Als Mindestmaßnahme ist hier die oben genannte Anpassung des Anhangs zu § 9 BDSG an die veränderten Gefahrenlagen durch das Internet zu nennen.

Eine Reihe von Verhaltenspflichten hingegen lässt sich nicht ohne Weiteres als Bestandteil des Datenschutzrechts verstehen. Dazu gehören insbesondere die Verhaltenspflichten der Nutzer. Da diese keine personenbezogenen Daten Dritter verwenden, sind sie nicht Adressaten des Datenschutzrechts. Folglich erschiene es nicht sinnvoll, Nutzerpflichten allgemein im BDSG oder anderen Datenschutzgesetzen zu regeln.

IV. Gesetzliche/regulatorische Maßnahmen 381

Eine Regelung in bereichsspezifischen Gesetzen, etwa im Zahlungsrecht (§§ 675 ff. BGB) des BGB für den Bereich des Onlinebanking, könnte ebenfalls nicht überzeugen. Es handelt sich teilweise um allgemeine Fragen ohne spezifischen Bezug zum Bankgeschäft. Dies wird besonders deutlich am Beispiel der Verkehrspflichten von Nutzern. Hier zeigt sich im Vergleich der gegenüber jedermann bestehenden Verhaltenspflichten mit den Pflichten im Bereich des Onlinebanking, dass die Pflichten in Bezug auf die Sicherung der Infrastruktur im Wesentlichen inhaltsgleich sind. Dies erscheint auch richtig, da unterschiedliche Anforderungen zwar möglich sind, den Nutzer aber stärker belasten als ein einheitlicher Pflichtenstandard.

Vor allem aber erscheint es notwendig, die Pflicht allgemein zu fassen, da wie dargestellt etwa die Pflicht zum Einsatz eines Virenschutzprogramms zur Abwehr von Schadprogrammen auch für andere Bereiche des Internet, etwa Internetplattformen etc., wichtig ist. Folglich erscheint es richtig, ggf. eine allgemeine gesetzliche Regelung zu erlassen.

Da Verhaltensanforderungen im Zusammenhang mit anderen Aspekten der Sicherheit der Kommunikation per Internet stehen, könnte die gesetzliche Regelung auch einen größeren Kontext, etwa die Sicherheit der Kommunikation per Internet, umfassen. Derartige Regeln könnten in einer umfassenden gesetzlichen Regelung, etwa einer Art „IT-Sicherheitsgesetz" gefasst werden. Allerdings stellten sich in einem solchen Fall eine Reihe schwieriger Fragen. So erscheint eine Normierung konkreter Pflichten in einem Parlamentsgesetz nicht angemessen, da sich der Pflichtenstandard häufig ändern wird und ein Parlamentsgesetz für häufige Änderungen als ungeeignetes Instrument erscheint. Zu Recht ist es daher unüblich, in einem förmlichen Gesetz einen detaillierten Pflichtenkatalog zu regeln. Sofern die Normierung im Wege der Rechtsverordnung erfolgen soll oder im Wege eines Verweises auf Fachnormen (dazu sogleich S. 381 f.), wäre die weitere Frage, welche Institution für die Normierung letztlich zuständig sein soll.

Eine weitere Option für eine gesetzliche Regelung besteht darin, Teilbereiche in unterschiedlichen Gesetzen zu fassen. So könnten insbesondere Verhaltensanforderungen für Nutzer von den Anforderungen an Anbieter separiert werden. Die Regelung für Nutzer könnte in ein anderes Gesetz integriert werden. Denkbar wäre beispielsweise, das Telemediengesetz, das bisher nur Anbieterpflichten regelt, als ein Gesetz zu konzipieren, das auch Pflichten von Nutzern regelt.

Eine gesetzliche Regelung in Bezug auf Sicherheit im Internet oder Verhaltensanforderungen im Internet ist im Ergebnis denkbar, aber nicht notwendig die vorzugswürdige Option. In jedem Fall wären die offenen Fragen, die hier nur teilweise angesprochen werden konnten, durch weitere Forschungsarbeiten zu klären.

b) Fachnormen

Verhaltensanforderungen werden in hohem Maße durch technische Normen wie ISO-Standards oder DIN-Normen geregelt. Technische Normen und ebenso sonstige Fachnormen sind nicht unmittelbar rechtlich verbindlich, sondern erzielen faktische Wirkung durch Befolgung seitens der maßgeblichen Kreise. Rechtliche Bindung erzeugen sie vor allem durch Vereinbarung (z. B. einer Leistung „nach DIN x"). Mittelbar beeinflussen sie auch die Gesetzeslage, indem sie von Gerichten zur Auslegung von Gesetzen herangezogen werden.

Fachnormen in Bezug auf die IT-Sicherheit sind bereits in hohem Umfang vorhanden. In Deutschland werden derartige Normen vor allem durch das Bundesamt für Sicherheit in der Informationstechnik (BSI) formuliert.

Da diese Prozesse bereits installiert sind, besteht insoweit kein grundlegender Reformbedarf. Allerdings ist zu prüfen, ob weitere Normen zum Schutz vor Identitätsdiebstahl und -missbrauch erforderlich sind.

Fachnormen wenden sich an Anbieter von Produkten, nicht an Verbraucher. Denkbar wäre es freilich, fachliche Normen ohne Rechtsnormqualität auch für Verbraucher zu formulieren, etwa im Sinne allgemeiner Verhaltensregeln im Internet. Diese werden unter dem Gesichtspunkt der Verhaltensempfehlungen für Nutzer (S. 386) erörtert.

c) Kodex zur Datensicherheit

Einen interessanten Regulierungsansatz außerhalb der Gesetzgebung bieten Kodizes. In dem hier interessierenden Zusammenhang erscheint ein Kodex zur Datensicherheit denkbar, der Verhaltensanforderungen in Bezug auf IT-Sicherheit normieren könnte.

aa) Regulierung durch Kodizes

Der Begriff Kodex meint zunächst eine systematische Zusammenfassung von Regeln. Traditionell handelt es sich um Rechtsnormen. Kodizes können aber auch fachliche oder soziale Normen enthalten.

Kodizes existieren in zahlreichen Bereichen, auch im Bereich der IT und des E-Commerce. Sie enthalten im Grundsatz nicht gesetzliche Normen oder Verhaltensempfehlungen, können aber auch das Gesetz wiedergeben oder eine Konkretisierung gesetzlicher Anforderungen enthalten. Eine wesentliche Besonderheit von Kodizes im Unterschied zu sonstigen Zusammenstellungen von Normen liegt in der Möglichkeit, durch eine sogenannte Entsprechenserklärung Bindungswirkung zu erzeugen.

Das bekannteste Beispiel für einen solchen Kodex ist der Deutsche Corporate Governance Kodex (DCGK), ein Regelwerk zur Unternehmensführung (Corporate Governance). Herausgeber des DCGK ist die von der Bundesregierung eingesetzte Regierungskommission Deutscher Corporate Governance Kodex, die mit Vertretern verschiedener Interessengruppen (Unternehmen, Aktionäre) sowie Vertretern der Wissenschaft besetzt ist. Ziel des DCGK ist es, die in Deutschland geltenden Regeln für Unternehmensleitung und -überwachung transparent zu machen, um so das Vertrauen in die Unternehmensführung deutscher Gesellschaften zu stärken.

IV. Gesetzliche/regulatorische Maßnahmen

Der DCGK enthält unterschiedliche Regeln: Teilweise wird der Inhalt von Gesetzen wiedergegeben, teils wörtlich, teils in anderer, besonders verständlicher Formulierung. Daneben enthält der Kodex Empfehlungen zu möglichst guter Unternehmensleitung („best practice"). Schließlich werden sogenannte Anregungen wiedergegeben, die gute Verhaltensweisen beschreiben, aber nicht Gegenstand der Entsprechenserklärung sind.

Die besondere Bedeutung des DCGK beruht auf der Pflicht zur Entsprechenserklärung nach § 161 AktG. Danach müssen Vorstand und Aufsichtsrat börsennotierter Aktiengesellschaften jährlich angeben, ob sie den Regeln des DCGK folgen oder ob und ggf. welchen nicht.

Durch einen Verhaltenskodex kann somit – durch (freiwillige) Entsprechenserklärung seitens der Adressaten – ein höheres Maß an Verbindlichkeit erreicht werden als durch sonstige rechtlich nicht bindende Normen. Im Fall des DCGK lehnt die deutsche Rechtsprechung eine Bindung an den Kodex durch die Entsprechenserklärung nach § 161 AktG weitgehend ab. Dies schließt aber nicht aus, eine derartige Bindungswirkung durch Entsprechenserklärung herbeizuführen. Dies könnte sowohl privatautonom als auch durch eine gesetzliche Anordnung erfolgen.

Im IT-Bereich könnte ein Verhaltenskodex, ähnlich wie der DCGK, gesetzliche Anforderungen (z. B. nach BDSG) wiedergeben und diese ergänzend konkretisieren. Die Regeln des Kodex können, genauso wie Verhaltensempfehlungen, durch vertragliche Vereinbarung (z. B. in AGB) rechtlich bindend werden. Schließlich könnte sich die Rechtsprechung an den Regeln des Kodex orientieren, wie es beim DCGK mitunter der Fall ist.

Wenn ein solcher Kodex in Betracht gezogen werden sollte, sind grundlegende Weichenstellungen zu klären.

bb) Adressat des Kodex

Eine entscheidende Grundfrage ist, ob ausschließlich Verhaltensregeln für Anbieter oder auch Verhaltensanforderungen an Nutzer formuliert werden sollen. Bei den Internetnutzern gibt es keine realistische Möglichkeit einer Entsprechenserklärung, d. h. das Regelungskonzept des Kodex kann hier nicht eingesetzt werden. Es könnten aber sehr wohl Verhaltensempfehlungen formuliert werden. Dies spricht dafür, dass ein Kodex sich ausschließlich an Unternehmen richten würde und für Verbraucher eher das Instrument von Verhaltensempfehlungen eingesetzt würde.

cc) Regelungsgegenstand

Eine wesentliche Weichenstellung ergibt sich aus dem Gegenstand eines solchen Regelwerks. Hier bestehen ganz unterschiedliche Möglichkeiten.

- **IT-Governance allgemein**
  Die Verhaltensregeln könnten den Bereich der IT-Governance insgesamt ansprechen. Da es sich dabei um einen sehr großen Bereich handelt, wäre ein äußerst

umfangreiches Regelwerk erforderlich. Zudem drohen zahlreiche Überschneidungen mit technischen und sonstigen Fachnormen.
- **Datenschutzanforderungen allgemein**
Die Verhaltensregeln könnten allgemeine Datenschutzanforderungen betreffen. Damit würde ein Thema angesprochen, das derzeit in der Diskussion steht. Obwohl dieser Bereich zwar ebenfalls recht groß ist, entstünde je nach Detailtiefe der Regelung ein durchaus überschaubares Regelwerk. Allerdings besteht auch hier eine Konkurrenz mit einer intensiven gesetzlichen Regelung, vor allem mit der Novelle des Bundesdatenschutzgesetzes (BDSG).
- **Daten- und Identitätsschutz im Internet**
Die Verhaltensregeln könnten aber auch spezifischer gefasst werden und speziell den Daten- und Identitätsschutz im Internet betreffen. Damit würde ein Bereich erfasst, der aktuell in der fachlichen wie politischen Diskussion steht und für das Ziel, Vertrauen in IT und Internet zu stärken und zugleich rechtliche Risiken zu minimieren, wichtig ist. Zudem handelt es sich um einen überschaubaren Bereich und nicht zuletzt sind Konkurrenzen mit bestehenden Regelwerken gering, da hier erhebliche Lücken bestehen.

Die Verhaltensregeln für Anbieter können möglicherweise aus den schon vorhandenen Datenschutz-Policies der Unternehmen gewonnen werden. Damit würde die fachliche Kompetenz der Branche genutzt. Zugleich könnten diese Regeln auf breite Akzeptanz hoffen.

dd) Regelungstiefe

Aus regulatorischer Sicht ist die angestrebte Regelungstiefe eines Regelwerks zu klären. Auch hier kommen unterschiedliche Modelle in Betracht.

- **Formulierung von Grundsätzen**
Die Verhaltensregeln könnten sich auf die Formulierung von Grundsätzen beschränken. Dadurch würde ein hohes Maß an Kürze und Verständlichkeit erreicht. Andererseits würde eine Beschränkung auf Grundsätze zu einer geringen Konkretisierung führen und damit für die Praxis nur eine geringe Prägungswirkung entfalten können.
- **Formulierung konkreter Anforderungen**
Als Gegenpol könnte man sich die Formulierung konkreter Anforderungen vorstellen, die Anbietern wie Nutzern klare Leitlinien für den Einzelfall an die Hand geben. Freilich würde hierzu ein umfangreiches Regelwerk mit entsprechenden Nachteilen für Verständlichkeit und Anwendungsfreundlichkeit entstehen. Zudem wäre der Aufwand für die Formulierung der Regeln sehr hoch, wodurch die Realisierbarkeit des Projekts gefährdet würde.
- **Grundsätze und Konkretisierung in Teilbereichen**
Beide Modelle ließen sich kombinieren, wenn man Grundsätze formuliert und diese in Teilbereichen durch konkrete Anforderungen ergänzt. In diesem Sinne verfährt etwa der Deutsche Corporate Governance Kodex. Dieses Vorgehen ver-

IV. Gesetzliche/regulatorische Maßnahmen 385

eint die Vorzüge der beiden vorgenannten Modelle und kann auch Prägungswirkung entfalten, wenn die Regeln bei Bedarf zeitnah ergänzt werden.

ee) Aktualisierung der Regeln

Für die Wirkung eines Kodex ist von Bedeutung, ob er nur einmal in einer abschließenden Version verabschiedet wird oder ob eine regelmäßige Aktualisierung (so z. B. beim DCGK) erfolgt. Eine regelmäßige Aktualisierung, die etwa jährlich oder biennal erfolgt, hat den entscheidenden Vorteil, dass sie neue Entwicklungen aufgreifen kann. Dies erscheint für die Stärkung des Vertrauens in IT und Internet ebenso wichtig wie für den Schutz vor rechtlichen Risiken.

ff) Herausgeber des Kodex

Für die Bedeutung eines Kodex zur Datensicherheit wird es von großer Bedeutung sein, wer als Herausgeber auftritt.
- **Staatliche Institution**
  Wenn eine staatliche Stelle, etwa ein Ministerium oder das BSI, die Verhaltensregeln herausgibt, hätte das Regelwerk die Autorität des Staates für sich. Andererseits erschiene das Regelwerk jedenfalls als unternehmensfern, was den Anreiz zur Befolgung und, im Fall eines Kodex, für eine Entsprechenserklärung, möglicherweise senken wird.
- **Verband der Industrie**
  Fungiert ein Industrieverband, beispielsweise der BITKOM, als Herausgeber, könnte das Regelwerk möglicherweise hohe Akzeptanz in der Wirtschaft genießen, würde aber von Nutzern und Gerichten möglicherweise als einseitig angesehen.
- **Institution des Daten- oder Verbraucherschutzes oder gesellschaftliche Gruppe**
  Wird das Regelwerk von einer Institution des Datenschutzes oder Verbraucherschutzes herausgegeben, wäre es möglicherweise für Nutzer besonders vertrauenswürdig. Möglicherweise ist ein solches Regelwerk für Unternehmen aber wenig akzeptabel, Gerichte könnten es als einseitig ansehen. Denkbar wäre auch, dass eine gesellschaftliche Institution, wie etwa die Initiative „Deutschland sicher im Netz" e. V., das Regelwerk herausgibt. Auch hier fehlt es aber an einer Beteiligung aller Interessengruppen.
- **Spezifische Kommission mit Vertretern aller Interessengruppen**
  Wenn das Regelwerk von einer spezifischen Kommission herausgegeben wird, die Vertreter aller Interessengruppen umfasst, könnte es das Vertrauen von Anbietern wie von Nutzer haben und als neutrale Instanz möglicherweise hohen Einfluss auf Gerichte bewirken. Diese Kommission müsste mit hoher formaler Autorität ausgestattet werden, also etwa im Auftrag der Bundesregierung tätig werden und/oder als gemeinsame Initiative aller Interessengruppen bezeichnet werden.

d) Verhaltensempfehlungen für Nutzer

Im Bereich der IT-Sicherheit, nicht zuletzt zur Abwehr von Identitätsmissbrauch, können Verhaltensempfehlungen für Nutzer ein wichtiges und wertvolles Instrument zur Verhaltenssteuerung sein.

Der Begriff der Verhaltensempfehlung (formaldefiniert: Vorschlag für ein Verhalten) hat keine klare Kontur und wird für sehr unterschiedliche Gegenstände gebraucht. Im IT-Bereich existieren zahlreiche Verhaltensempfehlungen, beispielsweise für sicheres Verhalten von Nutzern im Internet. So gibt das BSI derartige Empfehlungen heraus, ebenso Anbieter oder Verbände (z. B. der Bundesverband deutscher Banken), die Initiative „Deutschland sicher im Netz" (DSiN), zahlreiche Institutionen wie die „Arbeitsgruppe Identitätsschutz im Internet" e. V. (a-i3) und viele andere.

Empfehlungen sind nicht unmittelbar rechtlich bindend und zielen auf Wirkung durch (freiwillige) Befolgung ab. Sie können mittelbar auch rechtliche Bindungswirkung entfalten, indem sie – regelmäßig durch Befolgung – rechtliche Begriffe wie Stand der Technik, Verkehrsauffassung oder Verkehrssitte prägen. Außerdem können Verhaltensempfehlungen durch allgemeine Geschäftsbedingungen (AGB) zum Gegenstand vertraglicher Verpflichtung werden. Dies hat besondere Bedeutung, wenn die Verhaltensempfehlungen Vorbild für standardisierte AGB werden. Verhaltensempfehlungen sind damit ein wichtiges Instrument zur Definition von Verhaltensanforderungen.

Gerade im Bereich der Kommunikation per Internet können Verhaltensempfehlungen für Nutzer wichtig sein. Bei den Internetnutzern gibt es keine realistische Möglichkeit einer Entsprechenserklärung, d. h. das Regelungskonzept des Kodex kann hier nicht eingesetzt werden. Es könnten aber sehr wohl Verhaltensempfehlungen formuliert werden.

Eine zentrale Schwäche von Verhaltensempfehlungen liegt in ihrer Vielzahl und Unterschiedlichkeit. Im Bereich der elektronischen Kommunikation beispielsweise gibt es zahlreiche unkoordinierte Empfehlungen für das Verhalten des Nutzers, die in der Sache oder auch nur in der Formulierung divergieren und sich daher gegenseitig schwächen. Oft sind Verhaltensempfehlungen einzelner Institutionen, wie etwa die sinnvollen Empfehlungen des BSI, nicht hinreichend bekannt.

Verhaltensempfehlungen sind daher vor allem dann erfolgreich, wenn sie von einer neutralen Institution mit fachlicher Autorität herausgegeben werden und in den maßgeblichen Kreisen bekannt sind. Wie im Fall eines Kodex kommen unterschiedliche Institutionen als Herausgeber für Verhaltensempfehlungen in Betracht. Insoweit kann auf die Ausführungen auf S. 385 verwiesen werden.

e) Ergebnis und Ausblick

Die Erörterung der verschiedenen Optionen zur Regelung der Verhaltensanforderungen an Anbieter und Nutzer zeigt kein eindeutiges Ergebnis.

Gesetzgeberische Maßnahmen sind jeweils in Teilbereichen wünschenswert. Ob eine generelle gesetzliche Regelung der Verhaltensanforderung sinnvoll ist, bedarf angesichts der offenen Fragen weiterer Vorarbeiten.

Für die Formulierung von Verhaltensstandards sind Fachnormen von großer Bedeutung. Die notwendigen Prozesse für die Formulierung derartiger Normen sind vorhanden. Fraglich ist hier allenfalls, ob die verschiedenen Institutionen und ihre Standards hinreichend gut ineinandergreifen, sodass Regelungslücken vermieden werden. Dies sollte näher untersucht werden.

Zur Formulierung von Anforderungen an Anbieter stellt grundsätzlich ein Kodex, der durch Selbstbindung verbindlich wird, eine geeignete Alternative zur gesetzlichen Regelung dar. Allerdings bedarf ein solcher Kodex der Akzeptanz durch die maßgeblichen Verkehrskreise, hier vor allem der IT-Industrie und der Anbieter von Produkten (Waren, Dienstleistungen) im Internet. Diese Akzeptanz erscheint derzeit nicht gesichert. Im ersten Halbjahr des Jahres 2009 erbrachte eine informelle Umfrage des Bitkom eine eher skeptische Haltung gegenüber einem Kodex zur IT-Sicherheit. Eine solche informelle Umfrage kann nicht als abschließendes Ergebnis angesehen werden, zeigt aber, dass ein solches Instrument intensiver Vorbereitung bedarf.

Hinsichtlich der Verhaltensanforderungen an IT-Nutzer kommt als Alternative oder Ergänzung zu einer gesetzlichen Regelung die Formulierung und Herausgabe von Verhaltensempfehlungen in Betracht, die zwar nicht unmittelbar normativ wirken, aber mittelbar die rechtlichen Anforderungen erheblich beeinflussen können. Darüber hinaus können Verhaltensempfehlungen erhebliche tatsächliche Steuerungswirkung entfalten. Daher empfiehlt es sich, die Möglichkeit der Verhaltenssteuerung durch Empfehlungen für IT-Nutzer entschlossen zu nutzen.

V. Information und Aufklärung der Nutzer

Zu den naheliegenden Maßnahmen zur Verbesserung der Sicherheit in der Kommunikation per Internet und zur Abwehr von Identitätsdiebstahl und -missbrauch gehören Information und Aufklärung der Nutzer.

Es besteht offensichtlich ein erheblicher Bedarf an Information und Aufklärung. Es ist davon auszugehen, dass Nutzer oft über nur sehr geringes Wissen in Bezug auf die Gefahren des Internet und die Möglichkeiten zur Abwehr von Schäden verfügen.

Hieraus folgt Unsicherheit in Bezug auf die notwendigen Maßnahmen, die oft unterbleiben oder erst mit Verzögerung ergriffen werden. Hierdurch wird das tatsächliche Niveau der Sicherheit der Kommunikation per Internet erheblich geschwächt.

Darüber hinaus ist Aufklärung für die Normierung von Verhaltensanforderungen unverzichtbar.

Die Rechtsprechung geht von einem geringen Kenntnisstand und geringem Gefahrenbewusstsein der Nutzer aus. Dies gilt gerade in Bezug auf die Gefahren des Internet und die erforderlichen Sicherungsmaßnahmen.

Das AG Wiesloch beschreibt dies etwa in einem bekannten Urteil zur Haftung der Nutzer bei Phishingangriffen wie folgt:

„Auch ist dem Abteilungsrichter aus seiner Tätigkeit als StA gerichtsbekannt, dass viele Personen einen als sorglos zu bezeichnenden Umgang mit den Gefahren des Internet pflegen und durch die immer benutzerfreundlichere Ausgestaltung der PCs und der Internetanwendungen kaum ein ernstzunehmendes Fachwissen besitzen müssen, um Onlinebanking zu betreiben." (AG Wiesloch, Urteil vom 20.6.2008 – 4 C 57/08, unter II.2.a), MMR 2008, 626, 628).

Vor allem sind Information und Aufklärung der Nutzer aus Sicht der Rechtsprechung ein entscheidendes Kriterium für die Formulierung von Verhaltensanforderungen. Dies zeigt sich deutlich anhand der Rechtsprechung zur Haftung im Zusammenhang mit Phishingangriffen. Hier verweisen die Gerichte zur Begründung der strafrechtlichen oder zivilrechtlichen Verantwortlichkeit von Beteiligten regelmäßig darauf, dass aufgrund der erheblichen Aufklärung in Bezug auf Phishing die Risiken des Phishing bekannt sein müssen.[882]

So formuliert etwa das LG Köln in einem vielbeachteten Urteil:

„Vergleichbare Betrügereien, bei denen den Personen, deren Konto verwendet wird (sog. Finanzagenten), aber im Regelfall eine finanzielle Beteiligung an den zu transferierenden Geldern versprochen wird, sind seit langem bekannt und Gegenstand häufiger Meldungen in den Medien." (LG Köln, Urteil vom 5.12.2007, 9 S 195/07, MMR 2008, 259, 260.)

Ähnlich fällt die Begründung des AG Frankfurt in einem Urteil zur Haftung des Bankkunden bei manipuliertem Geldautomaten aus:

„Das Täuschungsmanöver des Fremden zur Erlangung der PIN erinnert zudem derart an die inzwischen aus der Presse und dem Fernsehen bekannten Phishing-Versuche, bei dem Personen versuchen, Internetbanking-Kunden durch vermeintliche E-Mail-Anfragen der Bank zur Preisgabe ihrer PIN beziehungsweise ihrer sonstigen Zugangsdaten zu bewegen, dass bereits deshalb äußerstes Misstrauen gerechtfertigt gewesen wäre." (AG Frankfurt, 20.2.2007, 31 C 3049/06, BeckRS 2007, 12012.)

Daraus folgt, dass Aufklärung der Nutzer ein wichtiges, vielleicht sogar zentrales Mittel sowohl zur tatsächlichen Verbesserung des Sicherheitsniveaus als auch zur Formulierung von Verhaltensanforderungen darstellt. Jedenfalls lässt sich fest-

---

[882] Vgl. etwa LG Ellwangen, 30.3.2007, 1 S 184/06 (zur Haftung des Finanzagenten): „Bereits zum Zeitpunkt der Tat im Oktober 2005 gab es Warnungen vor den Aktivitäten Krimineller zur Erlangung von Kontodaten mit dem Ziel unrechtmäßiger Verfügungen über Konten und zum sogenannten „Phishing."; AG Bensheim, 26.4.2007, 6 C 68/07 (zur Strafbarkeit des Finanzagenten): „Die Tathandlung datiert auch vom Dezember 2006 und zu diesem Zeitpunkt war es auch nicht mehr neu, sondern im Gegenteil sehr häufig und auch bekannt, dass mit der Verfahrensweise des „Phishing" kriminelle Überweisungen getätigt werden, sodass die Problematik schon ins öffentliche Bewusstsein gerückt war. Alles das lässt bei Würdigung aller Gesamtumstände lediglich den Schluss zu, dass der Beklagte hier bewusst und in vorwerfbarer Weise vor der wahren Herkunft des Geldes die Augen verschlossen hat und damit leichtfertig im Sinne des § 261 V StGB gehandelt hat."

stellen, dass die Rechtsprechung dazu tendiert, eine hinreichende Aufklärung als Grundlage für die Formulierung von Pflichten anzusehen.

Gegenstand der Aufklärung müssen einerseits die Gefahren des Internets sein, da der Nutzer nur dann angemessen reagieren kann, wenn er die Risiken erkennen kann, und andererseits die erforderlichen Gegenmaßnahmen.

Die Aufklärung der Nutzer erfolgt durch Medien, die freilich ihrerseits auf verlässliche Quellen und Unterstützung angewiesen sind. Lieferanten für die Medien sind staatliche Stellen wie etwa das BSI oder das BKA und andere Polizeibehörden, Unternehmen der IT-Sicherheit, aber auch sonstige Institutionen wie etwa die „Arbeitsgruppe Identitätsschutz im Internet" e.V. (a-i3) oder die Initiative „Deutschland sicher im Netz" e. V. (DsiN). Zudem garantiert das Interesse der Medien an Berichterstattung keine kontinuierliche und fachlich adäquate Aufklärung.

Bisher werden die Anbieter von Produkten im Internet nicht gesetzlich verpflichtet, ihre Kunden über IT-Risiken aufzuklären. Dies ist insoweit unsystematisch, als in anderen Fragen, namentlich im Verbraucherschutz, das Gesetz aufgrund europarechtlicher Vorgaben in hohem Umfang den Anbietern Informationspflichten auflädt. Das deutlichste Beispiel ist der Fernabsatz per Internet. Hier gelten für den Anbieter umfangreiche Informationspflichten nach § 312c BGB, die zusätzlich zu den allgemeinen Informationspflichten im Internet nach §§ 5, 6 TMG und § 312e BGB erbracht werden müssen. Ob der danach geforderte Umfang an Information ein geeignetes Vorbild darstellt, soll hier nicht erörtert werden. Es fällt aber auf, dass diese Informationspflichten Risiken des Internets und Schutzmöglichkeiten, etwa zur Abwehr von Identitätsmissbrauch, nicht betreffen, obwohl diese gerade in der Situation des Fernabsatzes besondere praktische Bedeutung haben.

Daher erscheint es wichtig, dass Information und Aufklärung der Nutzer in hinreichendem Maße garantiert werden. Angesichts der erheblichen Bedeutung ist hier auch der Staat gefragt. Eine klare Strategie des Staates zur Gewährleistung von Information und Aufklärung der Nutzer in Bezug auf Risiken der IT-Sicherheit ist bisher für die Öffentlichkeit jedenfalls nicht deutlich erkennbar. Daher sollte der Staat hier tätig werden. Dabei ist auch über eine gesetzliche Verankerung von Information und Aufklärung der Nutzer nachzudenken, die freilich noch fachlicher Vorarbeiten bedarf.

VI. Internationale Abkommen für das Internet (Strafverfolgung)

Wie die oben (S. 327 f.) referierte Umfrage der Vereinten Nationen ergeben hat, ist die Staatengemeinschaft derzeit ganz mehrheitlich der Ansicht, dass neue internationale Instrumente zur Bekämpfung der Internetkriminalität nicht erforderlich sind.

In der Tat erscheint das Instrumentarium der Cybercrime Convention des Europarates geeignet, eine ausreichende Pönalisierung und grenzüberschreitende Verfolgung des Identitätsmissbrauchs zu ermöglichen, sodass zunächst auf die vollständige Umsetzung namentlich der Art. 33 ff. der Konvention über die internationale Zusammenarbeit und insbesondere des in Art. 35 vorgesehenen Kontaktstellennetzwerks, das dem G8-Netzwerk entspricht, hinzuwirken ist.

Da die Konvention nicht nur den Mitgliedstaaten des Europarates offensteht, empfiehlt es sich, weitere Staaten zur Zeichnung und Ratifikation zu ermuntern, wie es die USA bereits tun (oben S. 341).

Sollte dennoch weiterer Handlungsbedarf bejaht werden, so empfiehlt es sich, die nach Art. 82 ff. AEUV bestehenden Handlungsmöglichkeiten auf der europäischen Ebene im Wege der Konsultation der übrigen Mitgliedstaaten auszuloten. Die Beteiligung an nützlichen Aktivitäten im Rahmen der Vereinten Nationen, der OECD oder des Europarates ist dadurch natürlich nicht gehindert.

VII. Aufwandsschätzungen für die Umsetzung

Eine Aufwandsabschätzung muss für jede einzelne Maßnahme getrennt in Angriff genommen werden. Dies ist im Rahmen dieser Studie nicht zu leisten.

VIII. Restrisiken

Die Restrisiken für die vorgeschlagenen Maßnahmen zum Identitätsschutz lassen sich nur schwer abschätzen, da immer neue Aspekte berücksichtigt werden müssen. So erfordert z. B. die Entwicklung des Return Oriented Programming eine neue Bewertung der Sicherheitsmaßnahmen Trusted Computing und Codesignatur.

Für Sicherheitsmechanismen, die auf kleinen Hardwaresicherheitsmodulen basieren, kann das Restrisiko besser eingeschätzt werden. Hierzu müssen zunächst Social Engineering-Angriffe ausgeklammert werden und es muss vorausgesetzt werden, dass die Software im Sicherheitsmodul fehlerfrei und gemäß den Spezifikationen arbeitet. In diesem Fall können z. B. für eTAN+ oder FinTS+ kryptografische Abschätzungen des Sicherheitsrisikos gegeben werden.

1. Gezielte Angriffe

Gezielte Angriffe gegen Dienste werden sich nicht durch proprietäre Software oder generischen Einsatz von Chipkarten (Beispiel: nPA) verhindern lassen. Hier ist eine gezielte Sicherheitsanalyse der jeweiligen Dienste erforderlich.

2. Spionageangriffe

Spionageangriffe könnten auf jeder Ebene einer Dienst- oder Gerätearchitektur aufsetzen, angefangen bei der Hardware. Ihr Erfolg ist daher nur schwer einzuschätzen. Durch gezielten Einsatz von IT-Sicherheit kann die Gegenseite aber gezwungen werden, auf klassische Nicht-IT-Techniken zurückzugreifen (z. B. Installation von Wanzen), sodass hier die klassische Spionageabwehr wieder greift.

Literatur

I. Technik

ACCCT08 A. ARMANDO, R. CARBONE, L. COMPAGNA, J. CUELLAR, and L. TO-BARRA: Formal analysis of SAML 2.0 web browser single sign-on: breaking the SAML-based single sign-on for google apps. ACM Workshop on Formal Methods in Security Engineering. http://www.ai-lab.it/armando/pub/fmse9-armando.pdf, 2008.

Acquisti et. al. 09 Acquisti et. al. http://www.wired.com/images_blogs/threatlevel/2009/06/google-letter-final2.pdf.

BFK09 JENS BENDER, MARC FISCHLIN, and DENNIS KÜGLER: Security Analysis of the PACE Key-Agreement Protocol. To appear at 12th International Information Security Conference (ISC 2009), September 2009.

BFZ07 BALLANI, H., FRANCIS, P., AND ZHANG, X.: A study of prefix hijacking and interception in the internet. In Proc. of ACM SIGCOMM (2007).

BHS08 Bud P. Bruegger, Detlef Hühnlein, and Jörg Schwenk: TLS-Federation–A secure and Relying-Party-friendly approach for Federated Identity Management. In Proceedings of BIOSIG 2008: Biometrics and Electronic Signatures, volume 137 of Lecture Notes in Informatics (LNI),pages 93–104 (GI-Edition, 2008). http://www.ecsec.de/pub/TLS-Federation.pdf.

BKMN08 Jens Bender, Dennis Kügler, Marian Margraf, Ingo Naumann: Sicherheitsmechanismen für kontaktlose Chips im deutschen elektronischen Personalausweis. DuD 3/2008, Seiten 173-177.

Blichmann09 C. Blichmann: Automatisierte Signaturgenerierung für Malware-Stämme. Proceedings DACH 2009, Bochum.

Brown08 M. Brown: Pakistan hijacks YouTube. http://www.renesys.com/blog/2008/02/pakistan_hijacks_youtube_1.shtml

BRSS08 Erik Buchanan, Ryan Roemer, Hovav Shacham, and Stefan Savage: When Good Instructions Go Bad Generalizing Return-Oriented Programming to RISC. CCS 2008.

BSI-CertPol-ePA Certificate Policy für die eID-Anwendung des ePA. Elektronischer Identitätsnachweis mit dem elektronischen Personalausweis. Version 1.1, 14.05.2010. https://www.bsi.bund.de/cae/servlet/contentblob/992808/publicationFile/62839/Certificate_Policy.pdf

BSI-TR-03112-1 FEDERAL OFFICE FOR INFORMATION SECURITY (BUNDESAMT FÜR SICHERHEIT IN DER INFORMATIONSTECHNIK): Ecard-API-Framework–Protocols. Technical Directive (BSI-TR-03112), Version 1.1, Part 7. https://www.bsi.bund.de/cae/servlet/contentblob/477250/publicationFile/30614/api10teil1_pdf.pdf

BSI-TR-03112-7 FEDERAL OFFICE FOR INFORMATION SECURITY (BUNDESAMT FÜR SICHERHEIT IN DER INFORMATIONSTECHNIK) Ecard-API-Framework–Protocols. Technical Directive (BSI-TR-03112), Version 1.1, Part 7. http://www.bsi.bund.de/literat/tr/tr03112/, 2009.

BSI-TR-03116-2 BUNDESAMT FÜR SICHERHEIT IN DER INFORMATIONSTECHNIK: Technische Richtlinie TR-03116-2eCard-Projekte der Bundesregierung Teil 2–Hoheitliche Ausweisdokumente Version 1.00. https://www.bsi.bund.de/cae/servlet/contentblob/532090/publicationFile/30602/BSI-TR-03116-2_pdf.pdf

BSI-TR-03128 EAC-PKI'n für den elektronischen Personalausweis. Rahmenkonzept für den Aufbau und den Betrieb von Document Verifiern. Version 1.01, 29. März 2010

BSI-TR-03119 Anforderungen an Chipkartenleser mit ePA Unterstützung. Version 1.1

BSI-TR-03127 Architektur elektronischer Personalausweis und elektronischer Aufenthaltstitel. Version 1.10, 31. März 2010

BSI-TR-03110 Advanced Security Mechanisms for Machine Readable Travel Documents–Extended Access Control (EAC), Password Authenticated Connection Establishment (PACE), and Restricted Identification (RI), Version 2.03

BSI-TR-03130 Technische Richtlinie eID-Server. Version: 1.2, 01.04.2010.

CrSL01 A.B. Cremers, A. Spalka, H. Langweg: Vermeing und Abwehr von Angriffen Trojanischer Pferde auf Digitale Signaturen. In: Bundesamtdu für Sicherheit in der Informationstechnik (Hrsg.): 2001–Odyssee im Cyberspace? Sicherheit im Internet! Tagungsband 7. Deutscher IT-Sicherheitskongress des BSI 2001. S. 113-125.

DTH06 RACHNA DHAMIJA, J. D. TYGAR, and MARTI HEARST: Why phishing works. In Proceedings of the SIGCHI conference on Human Factors in computing systems, pages 581–590 (ACM, 2006). http://graphics8.nytimes.com/images/blogs/freakonomics/pdf/Why_Phishing_Works-1.pdf.

EHS09 Jan Eichholz, Detlef Hühnlein, Jörg Schwenk: SAMLizing the European Citizen Card

Felten97 Edward W. Felten, Dirk Balfanz, Drew Dean, and Dan S. Wallach: Web spoong: An internet con game. Proc. of 20th National Information Systems Security Conference, Oct. 1997.

FinTS FinTS–Standard für Sicheres Online-Banking. http://www.hbci-zka.de/ (2007, Sep.)

Gajek04 Sebastian Gajek: SSL-Sicherheit Eine neue Generation von Angriffen gegen Web-Anwendungen und Effektive Gegenmaßnahmen.

Gartner08 Gartner Consulting: Seven Cloud Computing Risks. http://www.infoworld.com/article/08/07/02/Gartner_Seven_cloudcomputing_security_risks_1.html

Gazelle Helen J. Wang, Chris Grier, Alexander Moshchuk, Samuel T. King, Piali Choudhury, Herman Venter: The Multi-Principal OS Construction of the Gazelle Web Browser.

GJMS08 SEBASTIAN GAJEK, TIBOR JAGER, MARK MANULIS, and JÖRG SCHWENK: A Browser-based Kerberos Authentication Scheme. InSUSHIL JAJODIA and JAVIER LÓPEZ (editors), Computer Security–ES-ORICS 2008, 13th European Symposium on Research in Computer Security, Málaga, Spain, October 6-8, 2008. Proceedings, volume 5283 of Lecture Notes in Computer Science, pages 115–129 (Springer, 2008).

GL09 N. Gruschka, L. Lo Iacono: Vulnerable Cloud: SOAP Message Security Validation Revisited, IEEE ICWS 2009

GLS07 Sebastian Gajek, Lijun Liao, and Jörg Schwenk: Signieren mit Chipkartensystemen in unsicheren Umgebungen–Homebanking mit Secure HBCI/FinTS. Datenschutz und Datensicherheit, 31(11):816–821, 2007.

GLS08 JÖRG SCHWENK, LIJUN LIAO, and SEBASTAN GAJEK: Stronger Bindings for SAML Assertions and SAML Artifacts. In Proceedings of the5th ACM CCS Workshop on Secure Web Services (SWS'08), pages 11–20(ACM Press, 2008).

Google08 Provos, N., Mavrommatis P., Rajab M.A. and Monrose F.: Google Technical Report–All Your iFRAMEs Point to Us, 2008

GP09 Ulrich Greveler und Christian Puls: Über den Aufwand, Malware auf einem privaten PC zu installieren–Wie einfach lassen sich Virenscanner und Personal Firewalls umgehen? 11. Deutscher IT-Sicherheitskongress: Sichere Wege in der vernetzen Welt, SecuMedia, Mai 2009. ISBN 978-3-922746-97-3.

GSSX09 Sebastian Gajek, Jörg Schwenk, Michael Steiner, and Chen Xuan: Risks of the Cardspace Protocol. Proc. ISC 2009, Pisa.

Hill07 Bradley W. Hill: Command Injection in XML Signatures and Encryption. http://www.isecpartners.com/files/XMLDSIG_Command_Injection.pdf

iTAN05 Arbeitsgruppe Identitätsschutz im Internet: iTAN nur in Verbindung mit SSL si-cher. Pressemeldung vom 11.11.2005. https://www.a-i3.org/images/stories/pressemeldung/pressemeldung_itan_lang.pdf

JLS09 Meiko Jensen, Lijun Liao, Jörg Schwenk: The Curse of Namespaces in the Domain of XML Signature. Proceedings of the ACM Workshop on Secure Web Services (SWS), Chicago, Illinois, U.S.A.

JRSW04 Dr. David Jefferson, Dr. Aviel D. Rubin, Dr. Barbara Simons, Dr. David Wagner: A Security Analysis of the Secure Electronic Registration and Voting Experiment (SERVE)January 21, 2004. http://servesecurityreport.org/paper.pdf

JSGL09 Meiko Jensen, Jörg Schwenk, Nils Gruschka and Luigi Lo Iacono: On Technical Security Issues in Cloud Computing. In Proceedings of the IEEE International Conference on Cloud Computing (CLOUD-II), Bangalore, India, 2009.

Kaminski08 Dan Kaminski: This is the end of the cache as we know it. Black Hat 2008.

Kle09 Andrea Klenk: Komponenten und Prozesse bei Ausgabe und Nutzung des elektronischen Personalausweises (aPA). a-i3/BSI-Symposium 2009, Bochum, 23.3.2009.

KNT91 John T. Kohl, B. Clifford Neuman, Theodore Y. Ts'o: The Evolution of the Kerberos Authentication Service. Proc. 1991 EurOpen Conference, Tromsø, Norway.

KR00 D. Korman and A. Rubin: Risks of the passport single signon protocol. Computer Networks, 33(1-6):51-58, 2000.

KSTW07 Karlof, C.; Shankar, U.; Tygar, J. D.; Wagner, D.: Dynamic pharming attacks and locked same-origin policies for web browsers, CCS '07: Proceedings of the 14th ACM conference on Computer and communications security, ACM, 2007, 58-71

Langweg06 Langweg, H.: Malware attacks on electronic signatures revisited. Sicherheit 2006. Konferenzband der 3. Jahrestagung Fachbereich Sicherheit der Gesellschaft für Informatik, S. 244–255.

LS07 H. Langweg, J. Schwenk: Schutz von FinTS/HBCI-Clients gegenüber Malware. D-A-CH Sicherheit, 2007.

MA05 M. McIntosh, P. Austel: XML signature element wrapping attacks and countermeasures. Workshop on Secure Web Services (SWS 2005), pp. 20–27. ACM Press, New York, NY, USA (2005)

Maler06 Eve Maler: SAML V2.0 Basics. Updated 2 October 2006. Sun Microsystems.

MS07 K.-H. B. Chris Masone and S. Smith Wske: Web server key enabled cookies. In Proceedings of Usable Security 2007 (USEC 07), 2007.

NKK06 Florian Nentwich, Engin Kirda, and Christopher Kruegel: Practical Security Aspects of Digital Signature Systems. Secure Systems Lab, Technical University Vienna. Technical Report–June 2006. http://www.iseclab.org/papers/citizen_technical.pdf

PandaLabs08-AR PandaLabs: Annual Report PandaLabs 2008, 2008

PAOS Robert Aarts, John Kemp: Liberty Reverse HTTP Binding for SOAPSpecification. http://www.projectliberty.org/liberty/content/download/909/6303/file/liberty-paos-v2.0.pdf

PAOS 1.0 ROBERT AARTS: Liberty Reverse HTTP Binding for SOAPSpecification. Liberty Alliance Specification, Version 1.0.https://www.projectliberty.org/liberty/content/download/2008/13941/file/liberty-paos-v1.0.pdf,2003.

RFC 4033 R. Arends, R. Austein, M. Larson, D. Massey, S. Rose: DNS Security Introduction and Requirements

RFC 4034 R. Arends, R. Austein, M. Larson, D. Massey, S. Rose: Resource Records for the DNS Security Extensions

RFC 4035 R. Arends, R. Austein, M. Larson, D. Massey, S. Rose: Protocol Modifications for the DNS Security Extensions

RFC 4279 P. ERONEN and H. TSCHOFENIG: Pre-Shared Key Ciphersuites for Transport Layer Security (TLS). Request For Comments–RFC 4279.

Roadmap IBM, Microsoft: Security in a Web Services World: A Proposed Architecture and Roadmap. http://download.boulder.ibm.com/ibmdl/pub/software/dw/library/ws-secmap.pdf

SAML OASISSAML Specifications. http://saml.xml.org/saml-specifications

SAMLHoK   N. KLINGENSTEIN: SAML V2.0 Holder-of-Key Web Browser SSOProfile. OASIS Committee Draft 02, 05.07.2009. http://www.oasis-open.org/committees/download.php/33239/sstc-saml-holder-of-key-browser-sso-cd-02.pdf,2009.

SAMLProfiles SCOTT CANTOR, JOHN KEMP, ROB PHILPOTT, and EVE MALER: Profiles for the OASIS Security Assertion Markup Language (SAML) V2.0.OASIS Standard, 15.03.2005. http://docs.oasis-open.org/security/saml/v2.0/saml-profiles-2.0-os.pdf, 2005

Slemko01 Marc Slemko<marcs@znep.com>: Microsoft Passport to Trouble. http://alive.znep.com/~marcs/passport/

SLSOP07 Chris Karlof, J.D. Tygar, David Wagner, Umesh Shankar: Dynamic Pharming Attacks and Locked Same-origin Policies for Web Browsers. CCS'07, October 29–November 2, 2007, Alexandria, Virginia, USA.

SOAP 1.2 Nilo Mitra, Yves Lafon: SOAP Version 1.2 Part 0: Primer (Second Edition). http://www.w3.org/TR/2007/REC-soap12-part0-20070427/

Sophos08-STR Sophos: Sophos Security Threat Report: 2008, 2008

SRJ06 Stamm, Ramzan, Jakonsson: Drive-By Pharming. http://www.symantec.com/avcenter/reference/Driveby_Pharming.pdf.

SSALMOdW08 A. Sotirov, M. Stevens, J. Appelbaum, A. Lenstra, D. Molnar, D. A. Osvik, B. de Weger: MD5 considered harmful today, Dezember 2008. Online verfügbar unter: http://www.win.tue.nl/hashclash/rogue-ca/

SSLTrojan Roger A. Grimes: An SSL Trojan un-masked. Available: http://www.infoworld.com/article/06/03/03/75970_10OPsecadvise_1.html.

WS-Policy Asir S Vedamuthu, David Orchard, Frederick Hirsch, Maryann Hondo, Prasad Yendluri, Toufic Boubez, Ümit Yalçinalp: Web Services Policy 1.5–Framework. http://www.w3.org/TR/ws-policy/

WS-SecureConversation Anthony Nadalin, Marc Goodner, Martin Gudgin, Abbie Barbir, Hans Granqvist: WS-SecureConversation 1.3. http://docs.oasis-open.org/ws-sx/ws-secureconversation/v1.3/ws-secureconversation.pdf

WS-Security Anthony Nadalin, Chris Kaler, Ronald Monzillo, Phillip Hallam-Baker: Web Services Security:4 SOAP Message Security 1.1. http://www.oasis-open.org/committees/download.php/16790/wss-v1.1-spec-os-SOAPMessageSecurity.pdf

WS-Security Policy Anthony Nadalin, Marc Goodner, Martin Gudgin, Abbie Barbir, Hans Granqvist: WS-SecurityPolicy 1.2. http://docs.oasis-open.org/ws-sx/ws-securitypolicy/200512/ws-securitypolicy-1.2-spec-cd-01.pdf

WS-Trust Anthony Nadalin, Marc Goodner, Martin Gudgin, Abbie Barbir, Hans Granqvist: WS-Trust 1.3. http://docs.oasis-open.org/ws-sx/ws-trust/200512/ws-trust-1.3-os.pdf

WSDL 2.0 Roberto Chinnici, Sun Microsystems Jean-Jacques Moreau, Canon Arthur Ryman, IBM Sanjiva Weerawarana, WSO2: Web Services Description Language (WSDL) Version 2.0 Part 1: Core Language. http://www.w3.org/TR/wsdl20/

XACML Simon Godik, Tim Moses: eXtensible 2 Access Control Markup3 Language (XACML) Version 1.0. http://www.oasis-open.org/committees/download.php/2406/oasis-xacml-1.0.pdf

XML Encryption Donald Eastlake, Joseph Reagle: XML Encryption Syntax and Processing. http://www.w3.org/TR/xmlenc-core/

XML Schema David C. Fallside, Priscilla Walmsley: XML Schema Part 0: Primer Second Edition. http://www.w3.org/TR/2004/REC-xmlschema-0-20041028/

XML Signature Donald Eastlake, Joseph Reagle, David Solo, Frederick Hirsch, Thomas Roessler: XML Signature Syntax and Processing (Second Edition). http://www.w3.org/TR/xmldsig-core/

XMLHttpRequest Anne vanKesteren: XMLHttpRequest. http://www.w3.org/TR/XMLHttpRequest/

XrML ContentGuard Holdings, Inc.: XrML 2.0 Technical Overview. http://www.xrml.org/Reference/XrMLTechnicalOverviewV1.pdf

XSLT James Clark: XSL Transformations (XSLT)Version 1.0. http://www.w3.org/TR/xslt

Zalewski09 M. Zalewski: Google Browser Security Handbook. http://code.google.com/p/browsersec/wiki/Main

II. Recht

Aepfelbach, Rolf/Cimiotti Gerd: Zur Sicherheit des ec-Kartensystems, WM 1998, 1218–1222
Albrecht, Achim/Karahan, Davud/Lenenbach, Markus: Fachanwaltshandbuch Bank- und Kapitalmarktrecht, Münster 2010, zit.: *Bearbeiter*, in Albrecht/Karahan/Lenenbach
Altenhain, Karsten: Der strafbare Mißbrauch kartengestützter elektronischer Zahlungssysteme, JZ 1997, 752–760
Ammann, Matthias: Sind Phishing-Mails strafbar?, AJP/PJA 15 (2006), 195–203
Armgardt, Matthias/Spalka, Adrian: Der Anscheinsbeweis gem. § 371 a Abs. 1 S. 2 ZPO vor dem Hintergrund der bestehenden Sicherheitslücken bei der digitalen Signatur, K&R 2007, 26–32
Arzt, Gunther/Weber, Ulrich/Heinrich, Bernd/Hilgendorf, Eric: Strafrecht Besonderer Teil, 2. Aufl., Bielefeld 2009, zit.: *Bearbeiter*, in Arzt/Weber
Australian Centre for Policing Research: Standardisation of definitions of identity crime terms: A step towards consistency, Report Series No. I 45.3 (March 2006)
Baier, Tobias: Persönliches digitales Identitätsmanagement, Hamburg 2005, zit.: *Baier*
Bankrecht und Bankpraxis (Losebl.), hrsg. v. Hellner/Steuer, Bd. 3, 6, zit.: *Bearbeiter*, in BuB
Bartsch, Michael: Die Vertraulichkeit und Integrität informationstechnischer Systeme als sonstiges Recht nach § 823 Abs. 1 BGB, CR 2008, 613–617
Baumbach, Adolf/Lauterbach, Wolfgang/Albers, Jan/Hartmann, Peter: Zivilprozessordnung, 68. Aufl., München 2010, zit.: *Bearbeiter*, in Baumbach/Lauterbach/Albers/Hartmann
Baumgärtel, Gottfried/Prütting, Hanns: Einführung in das Zivilprozessrecht, 9. Aufl., Köln 2006, zit.: *Baumgärtel/Prütting*
Beck'scher Online-Kommentar Arbeitsrecht, hrsg. v. Rolfs, Christian/Giesen, Richard/Kreikebohm, Ralf/Udsching, Peter, Ed. 15, 2010, zit.: *Bearbeiter*, in Rolfs/Giesen/Kreikebohm/Udsching
Beck'scher Online-Kommentar zum BGB, hrsg. v. Bamberger, Georg/Roth, Herbert, Ed. 14, 2009, zit.: *Bearbeiter*, in Bamberger/Roth
Beck'scher Online-Kommentar Grundgesetz, hrsg. v. Epping, Volker/Hillgruber, Christian, Ed. 4, 2009, zit.: *Bearbeiter*, in Epping/Hillgruber
Bender, Jens: Aktuelle Entwicklung der Haftung bei Phishing – Zugleich Besprechung der Urteile LG Köln, Urteil vom 5.12.2007–9 S 195/07 und AG Wiesloch, Urteil vom 20.6.2008–4 C 57/08, WM 2008, 2049–2059
Bergauer, Christian: Phishing im Internet – eine kernstrafrechtliche Betrachtung, ÖRZ 84 (2006), 82
Bergmann, Lutz/Möhrle, Roland/Herb, Armin: Datenschutzrecht, Stand 2008, zit.: *Bearbeiter*, in Bergmann/Möhrle/Herb
Best, Reba A.: Identity Theft: A Legal Research Guide, New York 2004, zit.: *Best*
Bieber, Klaus: Rechtsprobleme des ec-Geldautomatensystems, WM-Sonderbeilage Nr. 6/1987, 1–20
Blissenbach, Dirk: Bankenhaftung beim Missbrauch des Online-Banking, jurisPR-BKR 4/2008, Anm. 6
Borges, Georg: Rechtsfragen des Phishing – Ein Überblick, NJW 2005, 3313–3317
Borges, Georg: Verträge im elektronischen Geschäftsverkehr– Vertragsabschluss, Beweis, Form, Lokalisierung, anwendbares Recht, 2. Aufl., Baden-Baden 2007, zit.: *Borges*
Borges, Georg [Hrsg.]: Rechtsfragen der Internet-Auktion, Baden-Baden 2007, zit.: *Bearbeiter*, in Borges, Internet-Auktion
Borges, Georg: Rechtliche Aspekte der Internetportale für Heilberufe, Zugang, Beweis, Datensicherung, Baden-Baden 2007, zit.: *Borges*, Internetportale
Borges, Georg/Stuckenberg, Carl-Friedrich/Wegener, Christoph: Zum Entwurf eines Strafrechtsänderungsgesetzes zur Bekämpfung der Computerkriminalität, DuD 2007, 275–278
Bräuer, Viola: Anmerkungen zu „Identitätsdiebstahl" von Karl Rihaczek, DuD 2005, 24
Bräutigam, Peter/Leupold, Andreas: Online-Handel – Betriebswirtschaftliche und rechtliche Grundlagen, Einzelne Erscheinungsformen des E-Commerce, München 2003, zit.: *Bearbeiter*, in Bräutigam/Leupold

Brockhaus Enzyklopädie in 30 Bänden – Band 13 (Hurs-Jem), 21. Aufl., Leipzig 2006, zit.: Brockhaus Band 13

Bruns, Patrick: Beweislastverteilung bei mißbräuchlicher Nutzung elektronischer Zahlungssysteme, MMR 1999, 19–23

Buettner, Andreas: Haftung des Inhabers eines eBay-Mitgliedskontos bei mangelnder Sicherung seiner Zugangsdaten („Halzband"), jurisPR-ITR 10/2009, Anm. 3

Bunte, Hermann-Josef: AGB-Banken und Sonderbedingungen, 2. Aufl., München 2009

Buggisch, Walter: Fälschung beweiserheblicher Daten durch Verwendung einer falschen E-Mail-Adresse?, NJW 2004, 3519–3522

Buggisch, Walter/Kerling, Christoph: Phishing, Pharming und ähnliche Delikte, Kriminalistik 2006, 531–536

Bühler, Christoph: Geldspielautomatenmißbrauch und Computerstrafrecht, MDR 1991, 14–17

Burg, Michael/Gimnich, Martin: Illegale Dialer im Internet – Ein Beitrag zur Erarbeitung einer dogmatischen Grundlage für die Frage der Risikotragung bei illegalen Dialer-Nutzungen, DRiZ 2003, 381–385

Burgard, Ulrich: Der Vorschlag der Kommission für eine Richtlinie über Zahlungsdienste im Binnenmarkt, WM 2006, 2065–2071

Busch, Christoph: Biometrie und Identitätsdiebstahl, DuD 2009, 317

Cartwright, Peter: Retail Depositors, Conduct of Business and Sanctioning, J.F.R. & C. 2009, 17 (3), 302–317

Casper, Matthias/Pfeifle, Theresa: Missbrauch der Kreditkarte im Präsenz- und Mail-Order-Verfahren nach neuem Recht, WM 2009, 2343–2350

CIPPIC Working Paper No. 3 (ID Theft Series): Legislative Approaches to Identity Theft (March 2007), abrufbar unter http://www.cippic.ca/documents/bulletins/Legislation.pdf

Däubler, Wolfgang/Klebe, Thomas/Wedde, Peter/Weichert, Thilo: Bundesdatenschutzgesetz, 3. Aufl., Frankfurt a. M. 2010, zit.: *Bearbeiter*, in Däubler/Klebe/Wedde/Weichert

De Vries, Bald/Tigchelaar, Jet/van der Linden, Tina: Describing Identity Fraud: Towards a Common Definition, (2008) 5:3 SCRIPTed 482

Derleder, Peter/Knops, Kai-Oliver/Bamberger, Heinz G. [Hrsg.]: Handbuch zum deutschen und europäischen Bankrecht, 2. Aufl., Berlin/Heidelberg 2009, zit.: *Bearbeiter*, in Derleder/Knops/Bamberger

Dienstbach, Paul H./Mühlenbrock, Tobias: Haftungsfragen bei Phishing-Angriffen – Zugleich Kommentar zu LG Köln, Urteil vom 5.12.2007–9 S 195/07, K&R 2008, 151–155

Diering, Björn/Schaaf, Michael/Timme, Hinnerk: LPK–SGB X: Verwaltungsverfahren, Baden-Baden 2002, zit.: *Bearbeiter*, in LPK-SGB X

Dietlein, Johannes: Die Lehre von den grundrechtlichen Schutzpflichten, 2. Aufl., Berlin 2005, zit.: *Dietlein*

Eifert, Martin: Informationelle Selbstbestimmung im Internet – Das BVerfG und die Online-Durchsuchungen, NVwZ 2008, 521–523

Eisele, Jörg/Fad, Frank: Strafrechtliche Verantwortlichkeit beim Missbrauch kartengestützter Zahlungssysteme, Jura 2002, 305–312

Erfurter Kommentar zum Arbeitsrecht, begr. v. Dieterich, Thomas/Hanau, Peter/Schaub, Günter, 10. Aufl., München 2010, zit.: *Bearbeiter*, in ErfKomm

Erfurth, René: Haftung für Missbrauch von Legitimationsdaten durch Dritte beim Online-Banking, WM 2006, 2198–2207

Ernst, Stefan: Beweisprobleme bei E-Mail und anderen Online-Willenserklärungen, MDR 2003, 1091–1094

Ernst, Stefan: Hacker, Cracker & Computerviren; Recht und Praxis der Informationssicherheit, Köln 2004, zit.: *Ernst*

Ernst, Stefan: Trojanische Pferde und die Telefonrechnung – Einflussmöglichkeiten von Schadsoftware auf den Anscheinsbeweis für die Richtigkeit von Telefonrechnungen, CR 2006, 590–594

Ernst, Stefan/Seichter, Dirk: Die Störerhaftung des Inhabers eines Internetzgangs, ZUM 2007, 513–518

Europol: EU Organised Crime Threat Assessment (OCTA) 2009, abrufbar unter http://www.europol.europa.eu/publications/European_Organised_Crime_Threat_Assessment_(OCTA)/OCTA2009.pdf

Federal Trade Commission: 2006 Identity Theft Survey Report (Nov. 2007), abrufbar unter http://www.ftc.gov/os/2007/11/SynovateFinalReportIDTheft2006.pdf

Federal Trade Commission: 2006 Identity Theft Survey Report (Nov. 2007), abrufbar unter http://www.ftc.gov/os/2007/11/SynovateFinalReportIDTheft2006.pdf

Fervers, Martin: Die Haftung der Banken bei automatisierten Zahlungsvorgängen, WM 1988, 1037–1043

FIDIS: D5.1: A survey on legislation on ID theft in the EU and a number of other countries (09 May 2005), abrufbar unter http://www.fidis.net/fileadmin/fidis/deliverables/fidis-wp5-del5.1.law_survey.pdf

FIDIS: D5.2b: ID-related Crime: Towards a Common Ground for Interdisciplinary Research (05 May 2006), abrufbar unter http://www.fidis.net/fileadmin/fidis/deliverables/fidis-wp5-del5.2b.ID-related_crime.pdf

FIDIS: D1.11: Identity Law Survey, Migrating from the Database to a Wiki (06 May 2009), abrufbar unter http://www.fidis.net/resources/deliverables/other/#c285

Fischer, Thomas: Strafgesetzbuch und Nebengesetze, Kurzkommentar, 57. Aufl., München 2010, zit.: *Fischer*

Franck, Jens-Uwe/Massari, Philipp: Die Zahlungsdiensterichtlinie: Günstigere und schnellere Zahlungen durch besseres Vertragsrecht?, WM 2009, 1117–1128

Frank, Thomas: Zur strafrechtlichen Bewältigung des Spamming, Berlin 2003, zit.: *Frank*

Frank, Thomas: 20 Jahre Computervirus und 132 Jahre StGB, in: Hilgendorf [Hrsg.], Informationsstrafrecht und Rechtsinformatik, Berlin 2004, 23–55, zit.: *Frank*, in Hilgendorf

Frank, Thomas: You've got (Spam-)Mail, CR 2004, 123–129

Freund, Georg: Urkundenstraftaten, Heidelberg 1996, zit.: *Freund*

Gastroph, Bettina: Die Haftung der Banken im Überweisungsverkehr auf Grundlage des Überweisungsgesetzes, Frankfurt a. M. 2002, zit.: *Gastroph*

Geerds, Friedrich: Einwilligung und Einverständnis des Verletzten im Strafrecht, GA 1954, 262–269

Gercke, Marco: Analyse des Umsetzungsbedarfs der Cybercrime Konvention – Teil 1: Umsetzung im Bereich des materiellen Strafrechts, MMR 2004, 728–735

Gercke, Marco: Die Strafbarkeit von „Phishing" und Identitätsdiebstahl, CR 2005, 606–612

Gercke, Marco: Die Entwicklung des Internetstrafrechts im Jahr 2006, ZUM 2007, 282–293

Gercke, Marco: Die Entwicklung des Internetstrafrechts im Jahr 2007, ZUM 2008, 545–556

Gercke, Marco: Legal Approaches to Criminalize Identity Theft, UN Doc. E/CN.15/2009/CRP.13 (14. April 2009); zit.: *Gercke*

Gerhard, Horst: Psychosoziale Praxis, Drogengebrauch und das Problem der Identität, Diss. Gießen 2001, zit.: *Gerhard*

Gietl, Andreas: Störerhaftung für ungesicherte Funknetze – Voraussetzungen und Grenzen, MMR 2007, 630–634

Gillette, Clayton P./Walt, Steven D.: Uniformity and Diversity in Payment Systems, 83 Chi.-Kent L. Rev. 499 (2008)

Goeckenjan, Ingke: Phishing von Zugangsdaten für Online-Bankdienste und deren Verwertung, wistra 2008, 128–136

Goeckenjan, Ingke: Auswirkungen des 41. Strafrechtsänderungsgesetzes auf die Strafbarkeit von „Phishing", wistra 2009, 47–55

Gogger, Martin: Die Erfassung des Scheck-, Kredit- und Codekartenmißbrauchs nach Einführung der §§ 263a, 266b StGB durch das Zweite Gesetz zur Bekämpfung der Wirtschaftskriminalität, Aachen 1995, zit.: *Gogger*

Gola, Peter/Schomerus, Rudolf: Bundesdatenschutzgesetz, 9. Aufl., München 2007, zit.: *Gola/Schomerus*

Gounalakis, Georgios: Rechtshandbuch Electronic Business, München 2003, zit.: *Bearbeiter*, in Gounalakis

Graf, Jürgen-Peter: Phishing derzeit nicht generell strafbar!, NStZ 2007, 129–132
Greger, Reinhard: Praxis und Dogmatik des Anscheinsbeweises, VersR 1980, 1091–1104
Gruhl, Jens: Nicht nur Geheimagenten leben gefährlich – sondern auch „Finanzagenten", Anm. zu AG Hamm, Urteil vom 5.9.2005–10 Ds 101 Js 244/05-1324/05, JurPC Web-Dok. 91/2006
Grundmann, Stefan: Das neue Recht des Zahlungsverkehrs – Teil II, WM 2009, 1157–1164
Haedicke, Maximilian: Lex informatica oder allgemeines Deliktsrecht? – § 5 TDG und § 5 MDStV als gesetzlich normierte Verkehrssicherungspflichten und ihre Einordnung in das System des allgemeinen Deliktsrechts, CR 1999, 309–313
Halfmeier, Axel: Beweislast der Bank bei Missbrauch einer Zahlungskarte, ZEuP 2009, 613–623
Hanau, Max Ulrich: Handeln unter fremder Nummer, VersR 2005, 1215–1220
Hansen, David: Strafbarkeit des Phishing nach Internetbanking-Legitimationsdaten, Hamburg 2007, zit.: *Hansen*
Hansen, Marit/Krasemann, Henry/Rost, Martin/Genghini, Riccardo: Datenschutzaspekte von Identitätsmanagementsystemen, DuD 2003, 551–555
Hansen, Marit/Meissner, Sebastian [Hrsg.]: Verkettung digitaler Identitäten, 2007, zit.: *Hansen/ Meissner*
Härtel, Ines: Altes im neuen Gewande? Die Fortentwicklung der Grundrechtsdogmatik am Beispiel des BVerfG-Urteils zur Online-Durchsuchung, NdsVBl 2008, 276–283
Hauck, Karl/Noftz, Wolfgang: Sozialgesetzbuch SGB X, Stand 2009, zit.: *Bearbeiter*, in Hauck/ Noftz
Hecht, Florian: Verantwortlichkeit für Benutzerkonten im Internet – Zugleich Kommentar zu BGH, Urteil vom 11.3.2009–I ZR 114/06, K&R 2009, 401 ff., K&R 2009, 462–464
Hecker, Bernd: Die Strafbarkeit des Ablistens oder Abnötigens der persönlichen Geheimnummer, JA 1998, 300–306
Hecker, Bernd: Europäisches Strafrecht, 2. Aufl. 2007; zit.: *Hecker*
Heckmann, Dirk: juris Praxis Kommentar Internetrecht, 2. Aufl., Saarbrücken 2009, zit.: *Bearbeiter*, in jurisPK-ITR
Hefendehl, Roland: Vermögensgefährdung und Exspektanzen. Das vom Zivilrecht konstituierte und vom Bilanzrecht konkretisierte Herrschaftsprinzip als Grundlage des Strafrechtlichen Vermögensbegriffs, Berlin 1994, zit.: *Hefendehl*
Heghmanns, Michael: Strafbarkeit des „Phishing" von Bankkontendaten und ihre Verwertung, wistra 2007, 167–170
Heiderhoff, Bettina/Zmij Grzegorz: Law of E-Commerce in Poland and Germany, München 2005, zit.: *Bearbeiter*, in Heiderhoff/Zmij
Herresthal, Carsten: Haftung bei Account-Überlassung und Account-Missbrauch im Bürgerlichen Recht, K&R 2008, 705–711
Heymann-Handelsgesetzbuch, hrsg. v. Norbert Horn, Bd. 4, 2.Aufl., Berlin 2005, zit.: *Bearbeiter*, in Heymann-HGB
Hilgendorf, Eric: Grundfälle zum Computerstrafrecht, JuS 1997, 130–136
Hilgendorf, Eric/Frank, Thomas/Valerius, Brian: Computer- und Internetstrafrecht, Berlin 2005, zit.: *Hilgendorf/Frank/Valerius*
Hoar, Sean B.: Identity Theft: The Crime of the New Millenium, 80 Or.L.Rev. 1423 (2001)
Vortrag auf der Veranstaltung Hoeren, Thomas/Sieber, Ulrich [Hrsg.]: Handbuch Multimedia-Recht, 22. Aufl., München 2009, zit.: *Bearbeiter*, in Hoeren/Sieber
Höffe, Otfried: Identität im Zeitalter der Globalisierung, abrufbar unter http://www.privacy-security.ch/sps2003/deutsch/anmeldung/pdf/07_Hoeffe_text.pdf, zit.: *Höffe*
Hoffmann, Helmut: Die Entwicklung des Internet-Rechts bis Mitte 2004, NJW 2004, 2569–2576
Hoffmann-Riem, Wolfgang: Der grundrechtliche Schutz der Vertraulichkeit und Integrität eigengenutzter informationstechnischer Systeme, JZ 2008, 1009–1022
Hömig, Dieter: Neues Grundrecht, neue Fragen? Zum Urteil des BVerfG zur Online-Durchsuchung, Jura 2009, 207–213
Hoofnagle, Chris Jay: Identity Theft: Making the Known Unknowns Known, 21 Harv. J.L. & Tech. 97 (2007)

Hornung, Gerrit: Die digitale Identität, Rechtsprobleme von Chipkartenausweisen: Digitaler Personalausweis, elektronische Gesundheitskarte, JobCard-Verfahren, Baden-Baden 2005, zit.: *Hornung*

Hossenfelder, Martin: Onlinebanking und Haftung. Zu den Sorgfaltspflichten des Bankkunden im Lichte des neuen Zahlungsdiensterechts, CR 2009, 790–794

Huber, Michael: Grundfragen der Entscheidungsgründe im Zivilurteil, JuS 1987, 464–470

Hufen, Friedhelm: Staatsrecht II – Grundrechte, 2. Aufl., München 2009, zit.: *Hufen*

Ipsen, Jörn: Staatsrecht II, 12. Aufl., Köln 2009, zit.: *Ipsen*

Jakobs, Günther: Strafrecht Allgemeiner Teil, 2. Aufl., Berlin/New York 1991, zit.: *Jakobs*

Janisch, Sonja/Schartner, Peter: Internetbanking, Sicherheitsaspekte und Haftungsfragen, DuD 2002, 162–169

Jescheck, Hans Heinrich/Weigend, Thomas: Strafrecht Allgemeiner Teil, 5. Aufl., Berlin 1996, zit.: *Jescheck/Weigend*

Johnson, Samuel H.: Who We Really Are: On the Need for the United States to Adopt the European Paradigm for Identity Fraud Protection, 15 Currents: Int'l Trade L.J. 123 ff. (2006)

Karper, Irene: Sorgfaltspflichten beim Online-Banking – Der Bankkunde als Netzwerkprofil? – Zur möglichen Neubewertung des Haftungsmaßstabs, DuD 2006, 215–219

Kind, Michael/Werner, Dennis: Rechte und Pflichten im Umgang mit PIN und TAN, CR 2006, 353–360

Knupfer, Jörg: Phishing for Money, MMR 2004, 641–642

Koch, Frank A.: Updating von Sicherheitssoftware – Haftung und Beweislast – Eine Problemskizze zur Verkehrssicherungspflicht zum Einsatz von Antivirenprogrammen, CR 2009, 485–491

Koch, Robert: Haftung für die Weiterverbreitung von Viren durch E-Mails, NJW 2004, 801–807

Koch, Robert: Versicherbarkeit von IT-Risiken, Berlin 2005, zit.: *Koch*

Koch, Robert: Geltungsbereich von Internet-Auktionsbedingungen, CR 2005, 502–510

Kögel, Andreas M.: Die Strafbarkeit des „Finanzagenten" bei vorangegangenem Computerbetrug durch „Phishing" – Zugleich Besprechung des Urteils des LG Darmstadt, Urteil vom 13.6.2006–212 Ls 7 Ns, wistra 2007, 206–211

Kümpel, Siegfried: Bank- und Kapitalmarktrecht, 3. Aufl., Köln 2004, zit.: *Kümpel*

Kutscha, Martin: Mehr Schutz von Computerdaten durch ein neues Grundrecht?, NJW 2008, 1042–1044

Lackner, Karl: Zum Stellenwert der Gesetzestechnik. Dargestellt an einem Beispiel aus dem zweiten Gesetz zur Bekämpfung der Wirtschaftskriminalität, in: Festschrift für Herbert Tröndle, 1989, S. 41–60, zit.: *Lackner*, in FS-Tröndle

Lackner, Karl/Kühl, Kristian: Strafgesetzbuch, Kommentar, 26. Aufl., München 2007, zit.: *Lackner/Kühl*

Langenbucher, Katja/Gößmann, Wolfgang/Werner, Stefan: Zahlungsverkehr, München 2004, zit.: *Bearbeiter*, in Langenbucher/Gößmann/Werner

Laue, Christian: Der praktische Fall – Strafrecht: Kreditkarte und Internet, JuS 2002, 359–364

Leible, Stefan/Sosnitza, Olaf: Schadensersatzpflicht wegen Virenbefall von Disketten, K&R 2002, 51–52

Leible, Stefan/Sosnitza, Olaf: Versteigerungen im Internet, Frankfurt a. M. 2004, zit.: *Bearbeiter*, in Leible/Sosnitza

Leipziger Kommentar zum Strafgesetzbuch, hrsg. v. Jähnke, Burkhard/Laufhütte, Heinrich Wilhelm/Odersky, Walter, Band 6, 11. Aufl. 2005, zit.: *Bearbeiter*, in Leipziger Kommentar, 11. Aufl.

Leipziger Kommentar zum Strafgesetzbuch, hrsg. v. Jähnke, Burkhard/Laufhütte, Heinrich Wilhelm/Odersky, Walter, Band 7, 11. Aufl. 2005, zit.: *Bearbeiter*, in Leipziger Kommentar, 11. Aufl.

Leipziger Kommentar zum Strafgesetzbuch, hrsg. v. Jähnke, Burkhard/Laufhütte, Heinrich Wilhelm/Odersky, Walter, Band 8, 11. Aufl. 2005, zit.: *Bearbeiter*, in Leipziger Kommentar, 11. Aufl.

Leipziger Kommentar zum Strafgesetzbuch, hrsg. v. Laufhütte, Heinrich Wilhelm/Rissing-van Saan, Ruth/Tiedemann, Klaus, Band 2, 12. Aufl. 2006, zit.: *Bearbeiter*, in Leipziger Kommentar

Leipziger Kommentar zum Strafgesetzbuch, hrsg. v. Laufhütte, Heinrich Wilhelm/Rissing-van Saan, Ruth/Tiedemann, Klaus, Band 9/Teil 2, 12. Aufl. 2009, zit.: *Bearbeiter*, in Leipziger Kommentar

Leipziger Kommentar zum Strafgesetzbuch, hrsg. v. Laufhütte, Heinrich Wilhelm/Rissing-van Saan, Ruth/Tiedemann, Klaus, Band 10, 12. Aufl. 2008, zit.: *Bearbeiter*, in Leipziger Kommentar

Leistner, Matthias: Von „Grundig-Reporter(n) zu Paperboy(s)" – Entwicklungsperspektiven der Verantwortlichkeit im Urheberrecht, GRUR 2006, 801–814

Lepa, Manfred: Beweiserleichterung im Haftpflichtrecht, NZV 1992, 129–136

Huber, Michael: Grundfragen der Libertus, Michael: Zivilrechtliche Haftung und strafrechtliche Verantwortlichkeit bei unbeabsichtigter Verbreitung von Computerviren, MMR 2005, 507–512

Lochter, Manfred/Schindler,Werner: Missbrauch von PIN-gestützten Transaktionen mit ec- und Kreditkarten aus Gutachtersicht, MMR 2006, 292–297

Lohmann, Mareike/Koch, Christian: Richtlinie des Europäischen Parlaments und des Rates über Zahlungsdienste im Binnenmarkt, WM 2008, 57–65

Löhnig, Martin/Würdinger, Markus: Zum Phishingrisiko: Bereicherungsausgleich und Stornierungsrecht nach Nr. 8 Abs. 1 AGB-Banken, WM 2007, 961–963

Malek, Klaus: Strafsachen im Internet, Heidelberg 2005, zit.: *Malek*

Mankowski, Peter: Für einen Anscheinsbeweis hinsichtlich der Identität des Erklärenden bei E-Mails, CR 2003, 44–50

Mankowski, Peter: Wie problematisch ist die Identität des Erklärenden bei E-Mails wirklich?, NJW 2002, 2822–2828

Mantz, Reto: Störerhaftung bei ungesichertem WLAN-Funknetz, MMR 2006, 764–766

Mantz, Reto: Haftung für kompromittierte Computersysteme – § 823 Abs. 1 BGB und Gefahren aus dem Internet, K&R 2007, 566–572

Marberth-Kubicki, Annette: Computer- und Internetstrafrecht, München 2005; zit.: *Marberth-Kubicki*

Markus, Simon/Dornis, Tim W.: "Phishing" im Markenstrafrecht, CR 2007, 642–646

Marquard, Odo/Stierle, Karlheinz [Hrsg.]: Identität, München 1979, zit.: *Bearbeiter*, in Marquard/Stierle

Maunz, Theodor/Dürig, Günter [Begr.]: Grundgesetz, 55. Aufl., München 2009, zit.: *Bearbeiter*, in Maunz/Dürig

May, David A./Headley, James E.: Identity Theft, New York/Bern/Berlin u. a. 2006; zit.: *May/Headley*

Meder, Stephan/Blissenbach, Dirk: Zu den Sorgfaltspflichten des Kontoinhabers beim Online-Banking, EWiR 2008, 243–244

Meints, Martin: Identität, DuD 2006, 576

Meurer, Dieter: Urkundenfälschung durch Verwendung des eigenen Namens, NJW 1995, 1655–1657

Meyer, Julia: Identität und virtuelle Identität natürlicher Personen im Internet. Schutz durch besondere Persönlichkeitsrechte und das Allgemeine Persönlichkeitsrecht, Diss. Bochum 2009, zit.: *J. Meyer*

Mezler-Andelberg, Christian: Identity Management – eine Einführung, Heidelberg 2007, zit.: *Mezler-Andelberg*

Mitchison, N./Wilikens, M.A./Breitenbach, L./Urry, R./Portesi, S.: Identity Theft – A Discussion Paper (EUR 21098 en), abrufbar unter https://www.prime-project.eu/community/furtherreading/studies/IDTheftFIN.pdf

Mitsch, Wolfgang: Rechtsprechung zum Wirtschaftsstrafrecht nach dem 2. WiKG, JZ 1994, 877–889

Model Criminal Law Officers' Committee of the Standing Committee of Attorneys-General: Discussion Paper Identity Crime (April 2007), abrufbar unter http://www.ag.gov.au/www/agd/agd.nsf/Page/Modelcriminalcode_IdentityCrimeDiscussionPaper

Model Criminal Law Officers' Committee of the Standing Committee of Attorneys-General: Final Report on Identity Crime (March 2008), abrufbar unter http://www.ag.gov.au/www/agd/agd.nsf/Page/Publications_FinalReport-IdentityCrime-March2008

Möhrenschlager, Manfred: Das zweite Gesetz zur Bekämpfung der Wirtschaftskriminalität (2. WiKG), wistra 1986, 128–142

Mühlbauer, Tilo: Ablisten und Verwenden von Geldautomatenkarten als Betrug und Computerbetrug, NStZ 2003, 650–655

Münchener Kommentar zum Bürgerlichen Gesetzbuch, hrsg. v. Rebmann, Kurt/Säcker, Franz Jürgen/Rixecker, Roland, Band 2, 5. Aufl. 2007, zit.: *Bearbeiter*, in MünchKommBGB

Münchener Kommentar zum Bürgerlichen Gesetzbuch, hrsg. v. Rebmann, Kurt/Säcker, Franz Jürgen/Rixecker, Roland, Band 4, 5. Aufl. 2009, zit.: *Bearbeiter*, in MünchKommBGB

Münchener Kommentar zum Handelsgesetzbuch, hrsg. v. Schmidt, Karsten, 2. Aufl. 2009, zit.: *Bearbeiter*, in MünchKommHGB

Münchener Kommentar zum Strafgesetzbuch, hrsg. v. Joecks, Wolfgang/Miebach, Klaus, Band 1, 2003, zit.: *Bearbeiter*, in MünchKommStGB

Münchener Kommentar zum Strafgesetzbuch, hrsg. v. Joecks, Wolfgang/Miebach, Klaus, Band 3, 2003, zit.: *Bearbeiter*, in MünchKommStGB

Münchener Kommentar zum Strafgesetzbuch, hrsg. v. Joecks, Wolfgang/Miebach, Klaus, Band 4, 2006, zit.: *Bearbeiter*, in MünchKommStGB

Münchener Kommentar zur Zivilprozessordnung, hrsg. v. Rauscher, Thomas/Wax, Peter/Wenzel, Joachim, Band. 1, 3. Aufl. 2008, zit.: *Bearbeiter*, in MünchKommZPO

Musielak, Hans-Joachim: Zur Sachverhaltsaufklärung im Zivilprozess – unter besonderer Berücksichtigung der in jüngerer Zeit geschaffenen gesetzlichen Regelungen, in: Neue Wege zum Recht, Festgabe für Max Vollkommer zum 75. Geburtstag, hrsg. v. Greger, Reinhard/Gleußner, Irmgard/Heinermann, Jörn, Köln 2006, zit.: *Musielak*, in FG Vollkommer

Musielak, Hans-Joachim: Kommentar zur Zivilprozessordnung: ZPO, 27. Aufl., München 2009, zit.: *Bearbeiter*, in Musielak ZPO

Neuheuser, Stephan: Die Strafbarkeit des Bereithaltens und Weiterleitens des durch „Phishing" erlangten Geldes, NStZ 2008, 492–497

Neumann, Dania/Bock, Christian: Zahlungsverkehr im Internet, Rechtliche Grundlagen klassischer und innovativer Zahlungsverfahren, München 2004, zit.: *Bearbeiter*, in Neumann/Bock

Noack, Ulrich/Kremer, Sascha: Online-Auktionen: e-Bay-Recht als Herausforderung für den Anwalt?, AnwBl 2004, 602–606

Nomos Kommentar zum Strafgesetzbuch, hrsg. von Kindhäuser, Urs/Neumann, Ulfrid/Paeffgen, Hans-Ullrich, 2. Aufl., Baden-Baden 2006, zit.: *Bearbeiter*, in NK-StGB

OECD, Directorate for Science, Technology and Industry, Committee on Consumer Policy: Scoping Paper on Online Idenity Theft, DSTI/CP(2007)3/FINAL (unclassified), abrufbar unter http://www.oecd.org/dataoecd/35/24/40644196.pdf, zit.: *OECD2007*

OECD: OECD Policy Guidance on Online Identity Theft, OECD Ministerial Meeting on the Future of the Internet Economy, Seoul, Korea, 17–18 June 2008, abrufbar unter http://www.oecd.org/dataoecd/49/39/40879136.pdf, zit.: *OECD2008*

OECD: Online Identity Theft, März 2009, ISBN 9789264056596; zit.: *OECD2009*

Otto, Harro: Grundkurs Strafrecht, die einzelnen Delikte, 7. Aufl., Berlin 2005, zit.: *Otto*

Oerter, Rolf/Montada, Leo [Hrsg.]: Entwicklungspsychologie, 5. Aufl., Weinheim/Basel/Berlin 2002; zit: *Bearbeiter*, in Oerter/Montada

Owen, Katy/Keats, Gemma/Gill, Martin: The Fight Against Identity Fraud: A Brief Study of the EU, the UK, France, Germany and the Netherlands, The Perpetuity Research and Consultancy International Ltd. (PRCI), 2006, zit.: *Owen/Keats/Gill*

Pahlke, Armin/Koenig, Ulrich: Abgabenordnung: §§ 1 bis 368, 2. Aufl., München 2009, zit.: *Bearbeiter*, in Pahlke/Koenig

Palandt, Otto [Begr.]: Bürgerliches Gesetzbuch, 68. Aufl., München 2009, zit.: *Bearbeiter*, in Palandt 2009

Palandt, Otto [Begr.]: Bürgerliches Gesetzbuch, 69. Aufl., München 2010, zit.: *Bearbeiter*, in Palandt

Pausch, Manfred: Risiken im automatisierten Verkehr mit Magnetstreifen, VuR 1997, 121–126

Pausch, Manfred: Die Sicherheit von Magnetstreifenkarten im automatisierten Zahlungsverkehr, CR 1997, 174–180

Pausch, Manfred: Risikobetrachtung des elektronischen Zahlungsverkehrs mit ec-Karten und Kreditkarten, CR 2004, 308–314

Peifer, Karl-Nikolaus: Individualität im Zivilrecht: Der Schutz persönlicher, gegenständlicher und wettbewerblicher Individualität im Persönlichkeitsrecht, Immaterialgüterrecht und Recht der Unternehmen, Tübingen 2001, zit.: *Peifer*

Pfitzmann, Andreas/Hansen, Marit: Anonymity, Unlinkability, Undetectability, Unobservability, Pseudonymity, and Identity Management – A Consolidated Proposal for Terminology, v0.31 (2008), abrufbar unter http://dud.inf.tu-dresden.de/literatur/Anon_Terminology_v0.31.pdf, zit.: *Pfitzmann/Hansen*

Pichler, Rufus: Kreditkartenzahlung im Internet, NJW 1998, 3234–3239

Pickel, Harald/Marschner, Andreas: Kommentar zum Sozialgesetzbuch Zehntes Buch, Stand 2009, zit.: *Pickel/Marschner*

Popp, Andreas: Phishing, Pharming und das Strafrecht, MMR 2006, 84–86

Popp, Andreas: Von „Datendieben" und „Betrügern" – Zur Strafbarkeit des so genannten „phishing", NJW 2004, 3517–3518

Prütting, Hanns: Gegenwartsprobleme der Beweislast, München 1983, zit.: *Prütting*

Prütting, Hanns/Wegen,Gerhard/Weinreich, Gerd (Hrsg.), BGB. Kommentar, 5. Aufl., Köln 2010, zit.: *Bearbeiter*, in Prütting/Wegen/Weinreich

Puppe, Ingeborg: Zur Abgrenzung von Urkunden-„Echtheit" und Urkundenwahrheit in Fällen von Namenstäuschung – BGH-Beschl. v. 21.3.1985–1 StR 520/84, Jura 1986, 22–28

Puppe, Ingeborg: Namenstäuschung und Identitätstäuschung – OLG Celle, NJW 1986, 2772, JuS 1987, 275–279

Puppe, Ingeborg: Die neue Rechtsprechung zu den Fälschungsdelikten, JZ 1997, 490–500

Puppe, Ingeborg: Urkundenschutz im Computerzeitalter, in: Canaris et al. (Hrsg.), 50 Jahre Bundesgerichtshof, Festgabe aus der Wissenschaft, Band IV, München 2000, S. 569–591, zit.: *Puppe*, BGH-Festgabe

Ranft, Otfried: Grundprobleme des Betrugstatbestandes, Jura 1992, 66–77

Recknagel, Einar: Vertrag und Haftung beim Internet-Banking, München 2005, zit.: *Recknagel*

Redeker, Helmut: IT-Recht, 4. Aufl., München 2007, zit.: *Redeker*

Reiser, Cristof: Rechtliche Aspekte der Zahlungsverkehrsnetze, WM 1986, 1401–1408

Rieder, Markus S.: Die Rechtsscheinhaftung im elektronischen Geschäftsverkehr – Eine rechtsvergleichende Untersuchung nach dem Recht der Bundesrepublik Deutschland, der Vereinigten Staaten vom Amerika und Regelwerken internationaler Organisationen, Berlin 2004, zit.: *Rieder*

Roggenkamp, Jan Dirk: Haftung der Betreiber privater WLAN-Hotspots, jurisPR-ITR 12/2006, Anm. 3

Rosenberg, Leo/Schwab, Karl-Heinz/Gottwald, Peter: Zivilprozessrecht, 17. Aufl., München 2010, zit.: *Bearbeiter*, in Rosenberg/Schwab/Gottwald

Rösler, Patrick/Werner, Stefan: Erhebliche Neuerungen im zivilen Bankrecht: Umsetzung von Verbraucherkredit- und Zahlungsdiensterichtlinie, BKR 2009, 1–10

Rossa, Caroline Beatrix: Missbrauch beim electronic cash. Eine strafrechtliche Bewertung, CR 1997, 219–229

Rössel, Markus: Zur Haftung des Inhabers eines eBay-Mitgliedskontos für über das Mitgliedskonto begangene Schutzrechtsverletzungen durch einen Dritten, CR 2009, 453–455

Roßnagel, Alexander: Auf dem Weg zu neuen Signaturregelungen, MMR 2000, 451–461

Roßnagel, Alexander: Handbuch Datenschutzrecht – Die neuen Grundlagen für Wirtschaft und Verwaltung, München 2003, zit.: *Bearbeiter*, in Roßnagel

Roßnagel, Alexander/Schnabel, Christoph: Das Grundrecht auf Gewährleistung der Vertraulichkeit und Integrität informationstechnischer Systeme und sein Einfluss auf das Privatrecht, NJW 2008, 3534–3538

Rottenburg, Franz von: Rechtsprobleme beim Direktbanking, WM 1997, 2381–2393

Roxin, Claus: Strafrecht Allgemeiner Teil, Band 1, 4. Aufl., München 2006, zit.: *Roxin*

Rühl, Wolfgang: Weitreichende Änderungen im Verbraucherdarlehensrecht und Recht der Zahlungsdienste, DStR 2009, 2256–2263

Rüßmann, Helmut: Haftungsfragen und Risikoverteilung bei ec-Kartenmißbrauch, DuD 1998, 395–400

Sachs, Michael [Hrsg.]: Grundgesetz, 5. Aufl., München 2009, zit.: *Bearbeiter*, in Sachs

Sachs, Michael/Krings, Thomas: Das neue „Grundrecht auf Gewährleistung der Vertraulichkeit und Integrität informationstechnischer Systeme", JuS 2008, 481–486

Saenger, Ingo [Hrsg.]: Zivilprozessordnung – Handkommentar, 3. Aufl., Baden-Baden 2009, zit.: *Bearbeiter*, in Hk-ZPO

Samson, Erich: Grundprobleme der Urkundenfälschung, JuS 1970, 369–376

Sander, Günther M./Fey, Tessa: Zur Identitätstäuschung bei der Urkundenfälschung, JR 1995, 209–210

Schaar, Peter: Biometrische Reisekontrolle – Ein maßloser Plan, MMR 2008, 137–138

Schäfer, Frank A./Lang, Volker: Die aufsichtsrechtliche Umsetzung der Zahlungsdiensterichtlinie und die Einführung des Zahlungsinstituts, BKR 2009, 11–18

Schaffland, Hans-Jürgen/Wiltfang, Noeme: Bundesdatenschutzgesetz, Stand 2010, zit.: *Bearbeiter*, in Schaffland/Wiltfang

Scheibengruber, Christian: Zur Zulässigkeit und Sinnhaftigkeit der Verlagerung des Missbrauchsrisikos bei Zahlungsdiensten, BKR 2010, 15–23

Schemmann, Till: Die Beweiswirkung elektronischer Signaturen und die Kodifizierung des Anscheinsbeweises in § 371 a Abs. 1 S. 2 ZPO, ZZP 118 (2005), 161–183

Scherrer, Armandine: A Clandestine Group Ruling the International Mobilisation against Crime? The Case of the G8 Experts on Transnational Organized Crime, abrufbar unter http://www.allacademic.com//meta/p_mla_apa_research_citation/2/5/0/5/3/pages250537/p250537-3.php

Scherrer, Armandine: The G8 and Transnational Organized Crime: The Evolution of G8 Expertise on the International Stage, abrufbar unter http://www.g7.utoronto.ca/speakers/scherrer2008.htm

Scherzer, Robert: Zu den Sorgfaltspflichten des Geschädigten und zur Beweislastverteilung beim Missbrauch von Online-Kontodaten (sog. Phishing), jurisPR-ITR 3/2008, Anm. 3

Schimansky, Herbert/Bunte, Hermann-Josef/Lwowski, Hans-Jürgen [Hrsg.]: Bankrechts-Handbuch, 3. Aufl., München 2007, zit.: *Bearbeiter*, in Schimansky/Bunte/Lwowski

Schlegel, Ralf Oliver: Die für den durchschnittlichen Anschlussnutzer unbemerkbare Installation eines Dialers in Computer, MDR 2004, 620–622

Schliesky, Utz (Hrsg.): Gesetz über Personalausweise und den elektronischen Identitätsnachweis, 2009, zit.: *Bearbeiter*, in Schliesky

Schlüchter, Ellen: Zweites Gesetz zur Bekämpfung der Wirtschaftskriminalität, Heidelberg 1987, zit.: *Schlüchter*

Schlüchter, Ellen: Bankomatenmißbrauch mit Scheckkarten-Blanketten, JR 1993, 495–497

Schmidt-Bleibtreu, Bruno/Hofmann, Hans/Hopfauf, Axel [Hrsg.]: Kommentar zum Grundgesetz, 11. Aufl., Köln 2008, zit.: *Bearbeiter*, in Schmidt-Bleibtreu/Hofmann/Hopfauf

Schmitz, Roland: Ausspähen von Daten, § 202a StGB, JA 1995, 478–484

Schneider, Egon: Beweis und Beweiswürdigung, 5. Aufl., München 1994, zit.: *Schneider*

Schneider, Jochen: Handbuch des EDV-Rechts, Köln 2009, zit.: *Schneider*, EDV-Recht

Schneider, Jochen/Günther, Andreas: Haftung für Computerviren, CR 1997, 389–396

Schomburg, Wolfgang/Lagodny, Otto/Gleß, Sabine/Hackner, Thomas: Internationale Rechtshilfe in Strafsachen, 4. Aufl., München 2006, zit.: *Schomburg/Lagodny/Gleß/Hackner*

Schönke, Adolf/Schröder, Horst [Begr./Hrsg.]: Strafgesetzbuch, 27. Aufl., München 2006, zit.: *Bearbeiter*, in Schönke/Schröder

Schulte am Hülse, Ulrich/Klabunde, Sebastian: Abgreifen von Bankzugangsdaten im Onlinebanking – Vorgehensweise der Täter und neue zivilrechtliche Haftungsfragen des BGB, MMR 2010, 84–90

Schwarzenegger, Christian: Die internationale Harmonisierung des Computer- und Internetstrafrechts durch die Convention on Cybercrime vom 23. November 2001. Am Beispiel des Hackings, der unrechtmässigen Datenbeschaffung und der Verletzung des Fernmeldegeheimnisses, in: Festschrift für Stefan Trechsel, Zürich 2002, S. 305–324, zit.: *Schwarzenegger*, in FS Trechsel

Shamah, Daniel S.: Password Theft: Rethinking an Old Crime in a New Era, 12 Mich.Telecomm. & Tech.L.Rev. 335 (2005–6)

Sick, Philipp: Objektiv-rechtlicher Gewährleistungsgehalt oder Abwehrfunktion des neuen „Computergrundrechts"? – Anmerkung zum Urteil des BVerfG vom 27.2.2008 (NJW 2008, 822 ff.) zum NRWVerfSchG, VBlBW 2009, 85–91

Simitis, Spiros [Hrsg.]: Bundesdatenschutzgesetz, 7. Aufl., Baden-Baden 2010, zit.: *Bearbeiter*, in Simitis

Sosnitza, Olaf/Gey, Michael: Zum Beweis von E-Mails, K&R 2004, 465–469

Spindler, Gerald: Haftungsrisiken und Beweislast bei ec-Karten, BB 2004, 2766–2769

Spindler, Gerald: Online-Banking – Haftungsprobleme, Vortrag auf der Veranstaltung „3. Tag des Bank- und Kapitalmarktrechts" 23. und 24.11.2006, Karlsruhe, abrufbar unter http://www.bankundkapitalmarkt.de/2006/II_Spindler_1.pdf, zit.: *Spindler*, Online-Banking – Haftungsprobleme

Spindler, Gerald: „IT-Sicherheit und Recht", Studie für das BSI, 2007, zit.: *Spindler*, BSI-Studie

Spindler, Gerald: IT-Sicherheit – Rechtliche Defizite und rechtspolitische Alternativen, MMR 2008, 7–13

Spindler, Gerald/Schuster, Fabian [Hrsg.]: Recht der elektronischen Medien, München 2008, zit.: *Bearbeiter*, in Spindler/Schuster

Spindler, Gerald/Wiebe, Andreas [Hrsg.]: Internet-Auktionen und Elektronische Marktplätze, 2. Aufl., Köln 2005, zit.: *Bearbeiter*, in Spindler/Wiebe

Stadler, Astrid: Der Zivilprozeß und neue Formen der Informationstechnik, ZZP 111 (2002), 413–444

Stang, Felix/Hühner, Sebastian: Haftung des Anschlussinhabers für fremde Rechtsverletzungen beim Betrieb eines ungesicherten WLAN-Funknetzes – Zugleich Anmerkung zu OLG Frankfurt a.M., GRUR-RR 2008, 279 – Ungesichertes WLAN, GRUR-RR 2008, 273–275

Stögmüller, Thomas: Vertraulichkeit und Integrität informationstechnischer Systeme in Unternehmen – Ausstrahlungswirkungen des neuen Grundrechts in die Privatwirtschaft, CR 2008, 435–439

Strube, Hartmut: Richter und Technik – Zur Sicherheit der PIN Systeme von Banken, BKR 2004, 497–502

Stuckenberg, Carl-Friedrich: Zur Strafbarkeit von „Phishing", ZStW 2006, 878–912

Systematischer Kommentar zum Strafgesetzbuch, hrsg. von Rudolphi, Hans-Joachim/Horn, Eckhard/Samson, Erich/Günther, Hans-Ludwig/Hoyer, Andreas, 118. Ergänzungslieferung, Stand: Juli 2009, zit.: *Bearbeiter*, in SK-StGB

Teichert, Dieter: Personen und Identitäten, Berlin/New York 2000, zit.: *Teichert*

The Law Commission: Fraud (Law Com No. 276, Cm 5560), 2002, abrufbar unter http://www.lawcom.gov.uk/docs/lc276.pdf

The President's Identity Theft Task Force: Combating Identity Theft – A Strategic Plan (April 2007), 2 Bände, abrufbar unter http://idtheft.gov/reports/StrategicPlan.pdf und http://idtheft.gov/reports/VolumeII.pdf

The President's Identity Theft Task Force Report, September 2008, abrufbar unter http://idtheft.gov/reports/IDTReport.pdf

Timme, Michael: Girovertrag – Anscheinsbeweis bei Missbrauch von ec-Karten, MDR 2005, 304–306

Tinnefeld, Marie-Theres/Ehmann, Eugen/Gerling, Rainer W.: Einführung in das Datenschutzrecht–Datenschutz und Informationsfreiheit in europäischer Sicht, 4. Aufl., München 2005, zit.: *Tinnefeld/Ehmann/Gerling*

United States Sentencing Commission: Identity Theft, Final Report (December 15, 1999), abrufbar unter http://www.ussc.gov/identity/identity.htm

United States Sentencing Commission: Sentencing Guidelines Manual (Nov. 2008), abrufbar unter http://www.ussc.gov/guidelin.htm

Vacca, John R.: Identity Theft, Upper Saddle River 2003, zit.: *Vacca*

Volkmann, Christian: Der Störer im Internet, München 2005, zit.: *Volkmann*

Wabnitz, Heinz-Bernd/Janovsky, Thomas: Handbuch des Wirtschafts- und Steuerstrafrechts, 3. Aufl., München 2007, zit.: *Bearbeiter*, in Wabnitz/Janovsky

Walter, Gerhard: Der Anwendungsbereich des Anscheinsbeweises, ZZP 90 (1977), 270–284

Weber, Caroline Beatrix: Zahlungsverfahren im Internet: Zahlung mittels Kreditkarte, Lastschrift und Geldkarte, Köln 2002, zit.: *Weber*, Zahlungsverfahren im Internet

Weber, Caroline Beatrix: Recht des Zahlungsverkehrs: Überweisung – Lastschrift – Scheck – ec- und Kreditkarte – Internet–Insolvenz, 4. Aufl., Berlin 2004, zit.: *Weber*, Recht des Zahlungsverkehrs

Weber, Helmut: Der Kausalitätsbeweis im Zivilprozeß, 1997, zit.: *H. Weber*

Weber, Roman: Phishing: Brauchen wir einen Sondertatbestand zur Verfolgung des Internetphishing?, HRRS 2004, 406–410

Wegscheider, Herbert: Strafrechtlicher Urkundenbegriff und Informationsverarbeitung (I), CR 1989, 923–926

Wegscheider, Herbert: Strafrechtlicher Urkundenbegriff und Informationsverarbeitung (II), CR 1989, 996–1002

Welzel, Hans: Das Deutsche Strafrecht, 11. Aufl., Berlin 1969; zit.: *Welzel*

Wenn, Matthias: Darlegungs- und Beweislast einer missbräuchlichen Nutzung von Benutzerdaten bei Nutzung von Internethandelsplattformen, CR 2006, 137–138

Werner, Dennis: Verkehrspflichten privater IT-Nutzer in Bezug auf die Verbreitung von Schadsoftware, Diss. Bochum 2010, zit.: *D. Werner*

Werner, Stefan: Anscheinsbeweis und Sicherheit des ec-PIN-Systems im Lichte der neuen Rechtssprechung, WM 1997, 1516–1519

Werner, Stefan: Beweislastverteilung und Haftungsrisiken im elektronischen Zahlungsverkehr, MMR 1998, 232–236

Wessels, Johannes/Hettinger, Michael: Strafrecht Besonderer Teil 1, 33. Aufl., Heidelberg 2009, zit.: *Wessels/Hettinger*

Wessels, Johannes/Hillenkamp, Thomas: Strafrecht Besonderer Teil 2, 32. Aufl., Heidelberg 2009, zit.: *Wessels/Hillenkamp*

Wiesgickl, Margareta: Rechtliche Aspekte des Online-Banking, WM 2000, 1039–1050

Willershausen, Claudia: Anwendbarkeit des Anscheinsbeweises auf Zahlungskartentransaktionen auch nach Umsetzung der EU-Zahlungsdiensterichtlinie (PSD), jurisPR-BKR 4/2010, Anm. 6

Winter, Ralf: Beweislast für Teilnahme an Internet-Versteigerung, CR 2002, 768–769

Wulffen, Matthias von [Hrsg.]: Sozialgesetzbuch Zehntes Buch (SGB X), 6. Aufl., München 2008, zit.: *Bearbeiter*, in v. Wulffen

Zaidi, Khamal: Identity Theft and Consumer Protection: Finding Sensible Approaches to Safeguard Personal Data in the United States and in Canada, 19 Loy. Consumer L. Rev. 99 (2006–7)

Zetsche, Dirk/Neef, Andreas/Makoski, Bernadette/Beurskens, Michael: Jahrbuch junger Zivilrechtswissenschaftler 2007, Stuttgart/München u. a. 2008, zit.: *Bearbeiter*, in Zetsche/Neef/Makoski/Beurskens

Zielinski, Diethart: Die Strafbarkeit mißbräuchlicher Benutzung von Geldautomaten nach § 263a und § 266b StGB, CR 1992, 223–228

Zielinski, Diethart: Urkundenfälschung durch den vollmachtlosen Stellvertreter?, wistra 1994, 1–5

Zöller, Richard [Begr.]: Zivilprozessordnung: ZPO, 28. Aufl., Köln 2009, zit.: *Bearbeiter*, in Zöller